国家经济治理研究丛书

中国特色**不良资产**
处置的理论创新与实践

刘晓欣◎著

知识产权出版社

全国百佳图书出版单位

—北京—

图书在版编目（CIP）数据

中国特色不良资产处置的理论创新与实践 / 刘晓欣著 .—北京：知识产权出版社，2022.7

ISBN 978-7-5130-8190-0

Ⅰ.①中… Ⅱ.①刘… Ⅲ.①不良资产—资产管理—研究—中国 Ⅳ.① F832

中国版本图书馆 CIP 数据核字（2022）第 094307 号

内容提要

本书是基于虚拟经济视角对系统性金融风险化解和处置的探索。不良资产与金融危机的历史逻辑表明：不良资产犹如金融危机釜底之薪。如果我们设立一个长效机制，将不良资产维持在不会引爆金融危机的水平上，意味着构建一个既不发生金融危机，又能保障高效资源配置的市场经济。一个没有金融危机的市场经济，是否只能成为各国共同的奢望？本书正是始终贯穿这一核心底色和命题，从中国特色不良资产处置理论价值与中国经济特色的紧密关联高度，构建中国特色不良资产处置的长效机制，以防范系统性风险和避免中国爆发金融危机。目前世界经济陷入"虚拟经济膨胀＋实体经济停滞"的动荡变革期，为下一轮金融危机爆发埋下隐患，如何化解金融风险和稳定经济增长，不良资产处置的"中国方案"将成为经济虚拟化时代各国的典范。

策划编辑：蔡 虹　　　　　　　　　责任校对：潘凤越
责任编辑：王海霞　　　　　　　　　责任印制：孙婷婷

中国特色不良资产处置的理论创新与实践
刘晓欣 著

出版发行：知识产权出版社有限责任公司	网　址：http://www.ipph.cn
社　址：北京市海淀区气象路 50 号院	邮　编：100081
责编电话：010–82000860 转 8790	责编邮箱：93760636@qq.com
发行电话：010–82000860 转 8101/8102	发行传真：010–82000893/82005070/82000270
印　刷：北京九州迅驰传媒文化有限公司	经　销：新华书店、各大网上书店及相关专业书店
开　本：720mm×1000mm　1/16	印　张：29.75
版　次：2022 年 7 月第 1 版	印　次：2022 年 7 月第 1 次印刷
字　数：598 千字	定　价：98.00 元

ISBN 978-7-5130-8190-0

序　言

一

如果把金融危机比喻成火山爆发，不良资产就是火山下的岩浆，它会不断将经济中的负面因素聚集、积累起来，形成巨大的能量，一旦喷发就会无情地"涂炭"一切与之相关的"生灵"。火山爆发与金融危机的区别在于，一个是自然产生的，另一个是人为造成的。后者的危害往往远大于前者，而且会波及整个经济，殃及绝大多数无辜的受害者。因此，无论是从金融制度层面，还是从行为监管角度，采取措施避免金融危机是各国的共同愿望。不良资产为金融危机的釜底之薪，如果我们能建立一种机制，使不良资产维持在一个不会引爆金融危机的水平，就意味着建立了一个没有金融危机的市场经济，一个既不发生金融危机，又能保障高效资源配置的市场经济。《中国特色不良资产处置的理论创新与实践》一书正是始终贯穿这一核心底色和命题，从中国金融不良资产处置意义与中国经济特色关联的高度，探讨构建中国特色不良资产处置的长效机制，防范并化解风险，避免中国金融危机爆发。

《新帕尔格雷夫经济学大辞典》将金融危机定义为"全部或部分金融指标——短期利率、资产（证券、房地产、土地）价格、商业破产数和金融机构倒闭数的急剧、短暂的和超周期的恶化"。可见，金融危机泛指金融指标的恶化。如果只有个别银行和金融机构倒闭，而整个金融系统依然可以正常运行，就不应称之为金融危机，只能说明金融系统中出现了严重问题。因此，本书将金融危机重新定义为：由一个事件或一系列共同发生的事件，引发大批银行和金融机构倒闭或金融系统被迫全面紧缩，从而危及整个金融系统的正常运转。在西方市场经济国家，金融危机的基本逻辑可以概括为：由资产价格下跌等引起的不良资产率大幅度上升，避险成为主流行为，出现银根紧缩、流动性短缺、挤兑和恐慌以及银行等金融机构的大批倒闭。

一旦爆发金融危机，生产力将遭到巨大破坏，失业率大幅度上升，经济增长停滞或负增长。金融危机是系统性风险爆发的极致状态，其中包含两个基本条件：一是不良资产的积累导致不良资产率的大幅度飙升；二是某些看似偶然的突发事件引发恐慌性资产抛售，导致流动性严重短缺。前美联储主席伯南克谈到次贷危机时指出：恐慌因素恶化流动性短缺，共同造成大衰退，加剧危机的深度。

2008年仅经由房地产次级贷款不足以产生如此巨大的破坏，而恐慌导致的信贷冲击严重加剧了对实体经济的冲击才是产生巨大破坏力的重要诱因。所以，控制金融系统风险不至于全面爆发的关键，短期在于对流动性的及时反应和有效管控；但从长期来看，不良资产是形成市场风险、流动性风险等众多风险的根源，金融机构内不良资产通过银行间市场形成网络关联，并引发金融风险传染和扩散。不良资产积累才是系统风险生成的基础，当不良资产率不断飙升的时候，意味着系统风险的基础在加厚，系统风险全面爆发的概率在提高。所以，管理和控制好不良资产率才是金融系统风险防范的根本。

<h1 style="text-align:center">二</h1>

西方经济学理论认为，市场经济只要监管到位就不会发生金融危机，并不存在发生金融危机的内在机制。马克思主义理论则认为，经济危机根植于资本主义制度，它必然会周期性地发生，金融危机作为经济危机的一种方式，也将伴随资本主义经济周期不断发生。金融危机充当不良资产和不良金融企业的"清道夫"，成为西方市场经济过度繁荣的自动"刹车"机制，其对经济造成的危害往往数年甚至数十年都难以恢复。尽管发达国家在每次金融危机之后监管更加趋于严格，但金融危机还是不断发生。如果不良资产率大幅度上升导致大批银行和金融机构倒闭，成为引爆金融危机最为直接的原因，然而在中国，这两者之间并无必然的联系。我国不良资产与经济体制改革的各项措施密切相关，改革初期，"利改税"和"拨改贷"导致国有银行不良资产率高达35%~42%，国家组建了四大资产管理公司负责处置不良资产，使得如此之高的不良资产率并没有产生金融危机，且与中国经济高增长长期并存。相同的情况如果发生在欧美国家，必将引发银行大批倒闭和金融体系崩溃。这体现出中国特色不良资产处置的终极力量和重要意义：在我国经济市场化过程中，第一次全面化解了系统性金融风险，避免了金融危机的爆发。金融系统重新回归健康状态，继续执行其配置资源和推动经济增长的功能。

中国不良资产处置及化解金融风险的基本理论和原则在于：将可能引起金融危机的巨额不良资产与整个金融系统的运行隔离或剥离开，不使其成为金融系统的抑制性因素，不再干扰金融业配置资源及推动经济增长的基本功能，系统性金融风险因此被基本消除。我国金融系统独具特色的定位是由经济制度性质和经济运行需要所决定的，两者相互兼容，能够更好地解决公平与效率之间关系的问题。从经济制度来看，中国经济与西方经济的最大区别在于我国的社会主义性质，社会主义的本质规定和奋斗目标是共同富裕，国家重要资源和经济权利是为全体人民谋福利的"公器"。金融作为关系国家命脉以及资源配置的主要机制，不应成为少数人牟利的工具。虽然金融市场化改革鼓励股份制、混合所有制和民营银行及金融机构的发展，但维持国有股份在金融系统中的主体地位，依然是中国经济社会主义性质的重要标志和基本保证。从经济运行角度看，20世纪80年代以来，金融创新助长了杠杆交易和投机行为，虚拟经济脱离实体经济的独立运行导致金融危机频发。金融的功能已经从传统资金配置的投融资管理，转化为主要考虑风险配置的风险管理，"稳定和低风险运行"成为金融系统效率高低的基本衡量标准。以国有银行为主体的金融系统能够及时调控流动性，防止突发性金融冲击。所以，维持以国有银行为主体的金融系统不仅有利于对系统风险的防范，也是社会主义市场经济运行的需要。

西方发达国家在平时虽然有不少"秃鹫基金"处置不良资产，但其目标不是为整个经济体承担风险和化解风险，而是为了赢利。西方"秃鹫基金"是指那些当企业或国家陷入困境时，通过收购违约债券和恶意诉讼，谋求高额利润的基金。它们最为典型的特征：一是私人所有，绝大多数服务于大资本家；二是唯利是图，认为自身利益重于泰山，而企业乃至国家的生存和发展则轻于鸿毛。"秃鹫基金"作为西方国家处置不良资产的模式之一，通过做空债券、股票，等待企业破产倒闭，榨取企业的残值以获得赔偿和赚取利润，实际上是一种对困难企业掠夺性的纯粹套利模式。当大规模不良资产出现时，常规赢利机会几乎完全消失，就必须依靠金融危机一次性最终解决问题，经营不善的企业、银行和金融机构大批倒闭，大量不良资产被核销，而金融危机造成的高昂社会成本总是由众多的无辜者和广大民众来承担。

实际上，在市场配置资源的条件下，市场积聚起来的系统风险不可能都靠金融市场完全自行化解。大多数企业层面的金融风险是不可能消除的，而是通过与其他好资产绑定，或者期限配置的优化等措施转移、分散风险。这些风险处置的性质不过是"个别风险的系统化"（刘晓欣，2008），它们绝大多数虽能减小个别风险，但却会加大系统风险的规模，强化系统风险爆发的烈度。所以，西方"秃鹫基金"式的市场化处置，通过金融创新化解风险，不可能使困难企业大面积起死回生，更不能避免金融危机的发生。只有非营利的政府及其相关机构才有能力和动机处置系统风险，并较快消除其对经济的拖累。在西方金融危机爆发的特殊时期，由政府成立的不良资产处置机构才具有为整个经济化解不良资产、缓解金融危机损害的功能。当代，各国都认识到大规模不良资产造成的金融风险已经不可能由企业及市场层面自行解决，需要政府出手清除不良资产或注资，缓解金融危机对经济的进一步损害。因此，在金融危机发生的非常时期，资本主义国家多半要暂时将银行国有化，或者向银行注入大量资金，以避免危机进一步扩展和深化。无论是暂时国有化还是注资均属于市场外力量的干预，这些均非民营商业银行或私营金融机构所能达成。与西方"秃鹫基金"相比，中国特色不良资产处置体现了社会主义制度优势，在基本原则与最终目标、机构性质与根本底线、双方关系与介入时机、资产范围与国际影响等方面都有着本质的区别。

<h1 style="text-align:center">三</h1>

　　纵观中国经济的发展，资产管理公司作为收购处置不良资产、防范系统性金融风险的专业化金融机构，是中国特色经济增长模式的开拓者和见证者。四大国有资产管理公司自 1999 年成立至今，经历了三个发展阶段。第一个十年是不良资产政策性处置阶段。这一阶段，资产管理公司积极履行化解金融风险、盘活不良资产的历史使命，协助并推动国有企业市场化改革。经过政策性不良资产处置，商业银行不良资产率大幅降低，为我国经济高速增长提供了独特的制度保障。第一阶段不良资产政策性处置结束后，资产管理公司又迎来了第二个十年，即商业化转型阶段。自此，不良资产处置行业发展路径日趋明确：在充分发挥救助性金融稳定器、降低系统性风险功能的同时，其盈利能力稳步提高、覆盖范围逐渐拓宽、业务种类不断增加，逐渐从处置不良资产的单一经营模式向市场化、商业化的全牌照金融控股公司的发展方向转变。但是，由于这一阶段资产管理公司过度追求利润、盲目扩张、偏离主责主业，导致对实体经济服务能力弱化，行业内部滋生了大量债务风险。这不仅对我国经济稳定造成了严重打击，消除金融危机的最后防线也面临严峻挑战。党的十九大提出要守住不发生系统性风险的底线，为资产管理公司的扩张模式敲响了警钟，监管要求资产管理公司回归不良资产主业，强化化解系统性风险、服务实体经济的功能。这意味着资产管理公司迎来了转型升级、高质量发展的第三个发展阶段。我国未来应创建具有中国特色的不良资产处置体制机制，重新确定资产管理公司的现代职能和发展方向。

　　2008 年金融危机源于虚拟经济与实体经济的过度背离，发达资本主义国家因实体经济空心化而加剧的经济虚拟化的大变动，成为世界经济风暴绵延不断的气旋。金融危机后，各国的大规模流动性刺激政策继续促进了虚拟经济繁荣，全球金融资产规模扩张、房地产泡沫膨胀、债务高企。尤其是在美元主导的国际货币体系下，全球金融系统脆弱性增加，其他国家面临输入型流动性膨胀、汇率和利率波动等金融风险。2020 年新冠肺炎疫情以来，各国投放了大量货币稳定经济基本面，中长期内有可能催生新一轮资产泡沫和债务攀升。世界经济正陷入"虚拟经济膨胀＋实体经济停滞"的动荡变革期，系统性金融风险加速积聚，为下一轮金融危机爆发埋下了隐患。近几年，我国经济也出现了"脱实向虚"的不良倾向，同时经济发展面临需求收缩、供给冲击和预期转弱等多重压力。面对世界百年未有之大变局，中国应处理好"防风险"和"稳增长"之间的关系，不让局部风险发展成系统性风险、区域性风险演化为全国性风险，用经济高质量发展化解系统性金融风险，防止

中国特色不良资产处置的理论创新与实践

在处置其他领域风险中引发次生金融风险，将矛盾消解于未然、风险化解于无形。

本书在总结和梳理中国不良资产处置前十年的政策性阶段和后十年的市场化阶段的历史与特点的基础上，从金融本质、金融职能和金融制度特色的视角，阐述中国金融系统的特色，探讨中国特色不良资产处置的理论创新与实践，揭示金融为实体经济服务的经济学意义与现实逻辑。提出应构建中国特色社会主义市场经济的不良资产处置长效机制，将政策性处置与市场化处置相结合，避免出现西方市场经济国家因不良资产导致系统性风险引发金融危机的情况；发挥国有金融的制度优势，用中国特色不良资产处置替代金融危机的"清道夫"功能，阻遏中国爆发金融危机。这是关乎未来国有资产管理公司不良资产处置发展方向的重大问题，也是作者撰写本书的目的所在。

四

本书是目前国内外这一领域有理论深度、实践价值以及数据支撑的较新研究成果。全书包括发展演变、理论逻辑、实践应用和国际经验四篇内容。

（1）发展演变。通过对中国不良资产政策性处置和市场化处置两阶段历史的回顾，分析不良资产总量规模和结构变动的趋势，指出未来不良资产处置的基本职能和发展方向；收集整理我国1994—2018年不良资产的数据资料，包括不良资产在银行金融机构、非银行金融机构、不同地区、不同行业和不同所有制下的分布状态，以及四大国有资产管理公司的不良资产处置状况；在数据基础上，对不良资产的现代特点和趋势进行详尽的分析，为中国不良资产处置工作以及理论研究提供较好的参考。

（2）理论逻辑。首先，揭示工业化和经济虚拟化两个时期"不良资产与金融危机"的关联逻辑，探讨当代经济危机与金融危机哪一个先爆发、两者先后顺序发生转变的重要理论依据。其次，对虚拟经济与实体经济的关系进行诸多探讨：一是通过货币金融发展演化史揭示货币金融的"公器"性质以及服务实体经济是其初衷和实质；二是中国经济改革成功及持续高增长与不良资产划账"出表"，以隔离和化解系统风险的金融制度设计密切相关；三是经济系统中不良资产运行和债务膨胀构成的投机活动导致资金自我循环和空转，积累虚拟财富，也积累系统风险，加速金融"脱实向虚"的不良倾向；四是企业为回避个别风险采取各类金融创新活动容易导致个别风险系统化，进而引发金融危机；五是不良资产处置的本质是化解和消除风险，而非转移风险，更不是平添和制造风险，这也是资产管理公司回归主责，为实体经济服务本源的现实所在。再次，理论创新及实证还体现在：一是我国优于西方发达国家不良资产的处置机制是以国有银行和金融机构为基础的金融体系，也是我国没有发生金融危机的制度定力；二是中国特色不良资产处置模式与西方"秃鹫基金"具有本质区别，中国不良资产处置立足于救助性金融，支持实体经济发展，而非"乘人之危"，不良资产处置的目的在于提升企业价值、引导预期发展，具有稳定增长、防范风险以及促进就业的重要职能，而非只追逐榨取破产企业残值；三是在剖析国有和民营企业不良资产处置问题的基础上，提出未来发展的思路。最后，基于理论与实证，论述不良资产与经济增长的关系、不良资产与银行稳定性的关系、不良资产与商业银行的效率和收益的关系等。

（3）实践应用。阐述中国特色不良资产处置的目标和原则，基于救助效果的视角对不良资产处置模式进行分类，概括不良资产处置的操作规程，同时对相关政策进行解读，并对产生的市场影响进行预测。从不良资产处置方式上，分析了我国重启市场化债转股、资产证券化两种模式的现状、存在的问题及对策。从不良资产产生和处置机构实践的视角进行分析：一是说明中国商业银行不良资产处置现状、问题和对策；二是揭示资产管理公司市场化改革后，特别是激进扩张后出现的问题，在此基础上提出我国不良资产处置公司的现代职能定位、构建防范风险的长效机制，强调中国金融市场发育的核心是法制化和规范化；探讨中国不良资产处置的制度优势与创新实践，并基于包商银行的处置实践，分析其不良资产成因、处置措施、损失承担和社会效应，揭示中国不良资产处置的政策性与市场化结合、事前化解危机、秉持救助目标和防范系统风险等鲜明特色，总结"监管＋大行"不良资产处置模式的历史逻辑及制度优势。

（4）国际经验。对市场经济国家不良资产处置的比较研究是目前国内外基于虚拟经济视角及实践具有理论深度的探讨。总结美国、日本、韩国、德国、英国和瑞士六个发达资本主义国家的经验和教训，包括美国的储贷危机和次贷危机；日本的泡沫经济；韩国的亚洲金融危机；德国、英国、瑞士等国的欧债危机等情况。一方面，针对上述国家不同时期不良资产的产生背景、处置措施、处置模式和处置效果等方面进行系统梳理。研究表明：危机期间不良资产处置的成功经验是需要一个效果良好的不良资产处置机制和模式，包括良好的法制环境、合理的顶层设计、强有力的执行机构、权责清晰的分担机制、综合性的救助措施等配套设施的综合支持。另一方面，区分以直接融资为主的美国、英国和瑞士和以间接融资为主的日本、韩国和德国，在危机期间不良资产处置与对金融机构与实体产业的救助，以及在目标导向、政策措施和成本收益方面的不同特征。警示中国不良资产处置不仅要注重对问题金融机构的及时救助，更要关注实体经济的复苏，促进金融与企业、产业的共同再生，实现实体经济与金融的良性循环；明确政府干预在不良资产处置中的重要作用，资产管理公司应处理好一般危机救助与系统性危机救助的关系。

五

　　当代中国金融系统在不断发展和完善，并呈现以下特点与趋势：首先，中国金融系统不再是计划配置资源的辅助系统，而是以市场机制为基础，由相关法律法规规范，并由专业机构严格监管的市场化金融系统。其次，以国有银行为基础，多种所有制并存的银行和金融机构构成了中国金融的实体框架。一方面，保证了金融系统的"公器"性质，从根本上杜绝了金融系统为少数人牟利的现象；另一方面，维护了市场运行规则，各类金融企业一律按市场规则经营业务，基本保证了中国金融市场的活力。再次，中国特色社会主义市场经济倡导"金融为实体经济服务"的业务导向，坚持"房住不炒"等原则，坚决不走单纯"以钱生钱"的经济虚拟化道路，将金融系统进一步打造为既可以高效配置市场资源，又可以有效管控系统风险的中国特色市场机制。最后，中国金融坚持对外开放融入世界，坚持平等互利又包容合作的精神，坚持世界各国人民命运共同体的目标。在国内坚持金融的"公器"性质，在国际同样坚持国际货币体系为世界人民服务的理念，体现大国的责任担当。

　　当代全球经济形势动荡不安，受政治、社会等多重因素影响，发达国家与发展中国家经济都面临新的挑战，这些挑战对全球经济治理提出了新要求，急需找出导致经济发展迟缓的"病根"，找到改善经济的"良方"。有着强大实体经济基础的中国金融，不断激发世界经济活力，为世界经济输入稳定因素，中国是世界经济增长的重要动力，同时也是国际金融及经济秩序的建设者，未来中国将助推世界从危机应对向长效治理机制转型，中国金融国际化发展方向与促进世界经济增长、防范金融危机、完善全球金融体系的趋势是完全一致的。本书在对中国经济发展和金融系统认识的基础上，确定不良资产处置的职能及定位是化解风险和稳定增长。中国特色不良资产处置畅通了中国经济的发展，使中国在没有金融危机的情况下保持经济高速增长，这在任何西方国家都是不可能的。我们有理由相信：伴随着中国特色社会主义市场经济的深入发展，不良资产处置创新理论与实践的结合，将构成中国特色社会主义经济理论的重要部分，并为国际社会提供可借鉴的中国方案和宝贵经验。

刘晓欣

2022 年 2 月 24 日 于南开园

目　录

中国特色不良资产处置的理论创新与实践

目

录

中国特色不良资产处置的理论创新与实践

图目录

中国特色不良资产处置的理论创新与实践

图
目
录

表目录

表
目
录

中国特色不良资产处置的理论创新与实践

表
目
录

发展演变

第一章　中国不良资产处置的
历史回顾与发展方向

　　"不良资产处置"这一概念首先出现于 1999 年 4 月 4 日国务院办公厅印发的《国务院办公厅转发人民银行、财政部、证监会关于组建中国信达资产管理公司意见的通知》（国办发〔1999〕33 号）（以下简称《通知》）。《通知》指出：组建资产管理公司，是我国金融体制改革的一项重要举措，对于防范和化解金融风险，依法处置国有商业银行的不良资产，改善银行资产结构，加强对国有商业银行的考核，降低不良贷款率，促进我国金融业的健康发展具有重要意义。从国家成立资产管理公司（Asset Management Company，AMC）的目的来看，"处置"一词的含义，应包括对不良资产及其风险的"剥离""清算""化解""盘活""管理"等核心内容。我国的不良资产处置一般分为三大发展阶段，分别是1999—2008 年的政策性处置阶段、2009—2017 年的市场化（商业化）处置阶段和2018 年以后的新阶段。在政策性处置阶段，资产管理公司承担起其历史使命，作为金融"安全网"与"稳定器"，在国有银行与国有企业间建立起"防火墙"。在商业化处置阶段，四大 AMC 顺利完成股改，实现市场化转型，不良资产处置全面进入市场化阶段。自 2018 年来，不良资产处置步入了新的发展阶段，未来，不良资产处置要回归主业，防范化解重大金融风险，做好金融稳定工作，更好地支持实体经济，以推动经济高质量发展为服务宗旨。本章主要对我国不良资产处置发展的前二十年历史进行回顾，同时，对正在开启的第三个十年不良资产处置发展的基本方向和回归本源做出展望。

一、不良资产政策性处置历史回顾

　　早期我国不良资产的处置方式主要采用了由银行将不良资产批量转让给资产管理公司，以快速化解不良贷款的方式。资产管理公司作为处置不良资产的主体，其历史最早可以追溯到美国。1988 年，美国发生的储贷危机致使上千家银行倒闭，当时美国成立了重组信托公司（Resolution Trust Corporation，RTC）来解决储蓄贷款机构的信用危机问题。RTC 获授权接管了所有资不抵债的储蓄贷款机构，然后采用资产证券化、个别销售、招标出售等方式处置不良资产，成功地在 5 年内将储蓄贷款机构的不良资产售清，并实现高达 55% 的资产收回率。1997 年亚洲金融危机爆发后，内外部经济形势的恶化使我国大量国企陷入经营困境，国有商业银行不良资产急剧增加。中国人民银行公布的数据显示，1997 年年末不良贷款率为 25%（按国际五级分类标准）左右，整个商业银行体系的不良贷款率相当于所有者权益的 4 倍。如此高的不良贷款率不仅高于中国人民银行（以下简称"央行"）规定的警戒线，也远远高于泰国银行、马来西亚银行等处于金融危机中的东南亚国家银行。

有鉴于东南亚金融危机的破坏性，我国政府加快了解决国有银行不良资产问题的步伐。1999 年，在参照美国解决储蓄信贷协会危机的经验的基础上，中央相继成立中国信达资产管理公司（以下简称"信达公司"）、中国东方资产管理公司（以下简称"东方公司"）、中国长城资产管理公司（以下简称"长城公司"）、中国华融资产管理公司（以下简称"华融公司"）四家 AMC❶，以收购、管理、处置四大国有商业银行剥离的不良资产，在有效化解金融风险的同时尽可能实现资产保全。与之对应，2000 年 11 月，国务院颁布了《金融资产管理公司条例》，其第一章总则规定，金融资产管理公司是国有独资非银行金融机构，其主要经营目标是最大限度地保全资产、减少损失，其监管部门是中国人民银行、财政部和中国证券监督管理委员会（以下简称"证监会"）。原中国银行业监督管理委员会（以下简称"银监会"）成立后，其监督管理部门变成银监会（现为银保监会），而其再贷款的管理部门变成中国人民银行。可见，四大金融管理公司的设立具有极强的政策性背景。四家 AMC 于 1999 年成立以来，主要负责政策性剥离处置，对国有商业银行进行了两轮大规模的不良资产处置。

（一）第一轮不良资产政策性剥离处置

第一轮不良资产政策性处置始于 1999 年四大 AMC 成立。2000 年年底，四大 AMC 采用不良贷款本金和利息账面价值收购的方式从四大国有商业银行及国家开发银行资产负债表中剥离约 1.39 万亿元逾期、呆滞、呆账贷款不良资产（以下简称"一逾两呆"）（见图 1-1）。其中，华融公司收购中国工商银行不良资产 4077 亿元，占比 29.2%；信达公司收购中国建设银行不良资产 3730 亿元，占比 26.8%；长城公司收购中国农业银行不良资产 3458 亿元，占比 24.8%；东方公司收购中国银行不良资产 2674 亿元，占比 19.2%。在接管不良资产后，四大 AMC 通过债转股的形式处置了 4596 亿元的不良资产，并通过资产转让、诉讼追偿和资产证券化的方式对其他不良资产进行了处理。收购第一轮不良资产的资金来源主要有三笔：一是 1999 年四大 AMC 成立时财政部注资的 400 亿元（财政部购买资产管理公司的 400 亿元特别金融管理公司债，期限 10 年）；二是资产管理公司向四大国有银行发行的 8110 亿元金融债券（年利率 2.25%，期限 10 年）；三是资产管理公司从央行获得的 6041 亿元再贷款（年利率 2.25%，期限 10 年）。

中国信达资产管理公司—对接中国建设银行和国家开发银行

- 1999年4月20日于北京正式成立。注册资本100亿元人民币，财政部全部划拨。
- 成立伊始，收购中国建设银行不良资产3730亿元，占比 26.8%。
- 2000—2004年接收财政部、中国建设银行委托管理和处置的债券和债转股资产1123亿元。

中国东方资产管理公司—对接中国银行

- 1999年10月15日于北京正式成立。注册资本100亿元人民币，其中人民币60亿元，外汇5亿美元，财政部全部划拨。
- 成立伊始，收购中国银行不良资产2674亿元，占比 19.2%。

中国长城资产管理公司—对接中国农业银行

- 1999年10月18日于北京正式成立。注册资本100亿元人民币，财政部全部划拨。
- 成立伊始，收购中国银行不良资产3458亿元，占比24.8%。

中国华融资产管理公司—对接中国工商银行

- 1999年10月18日于北京正式成立。注册资本100亿元人民币，财政部全部划拨。
- 成立伊始，收购中国工商银行不良资产4077亿元，占比29.2%。

图 1-1　四大 AMC 第一轮不良资产政策性剥离

资料来源：作者整理。

四大 AMC 所收购的银行不良贷款的账面价值共约 13939 亿元人民币，扣除为了债转股而剥离的部分正常贷款及表外利息，实际剥离的不良贷款为 10760 亿元（唐双宁，2002）。10760 亿元的总额相当于四家国有商业银行 1998 年贷款总额的 16.74%，或相当于 1999 年贷款总额的 16.33%，这意味着此次剥离使银行不良资产率总体水平下降 16% 左右。表 1-1 显示了 1998—2002 年四大国有银行的不良资产状况，依此可推算出四大国有银行在剥离前的不良资产率实际值在 40% 左右，此次剥离使银行背负的不良资产相对减少约 40%（周兆生，2004）。

表 1-1　1998—2002 年四大国有银行的不良资产状况

年份		1998	1999	2000	2001	2002
中国建设银行	贷款额（亿元）	12579.43	12009.45	13863.86	15059.06	17663.88
	不良贷款额（亿元）			2810.20*	2913.93*	2679.60*
	不良贷款率（%）			20.27	19.35	15.17
中国工商银行	贷款额（亿元）	22715.39	24271.22	24135.91	26594.66	29578.37
	不良贷款额（亿元）			8309.99	7919.89	7598.78
	不良贷款率（%）			34.43	29.78	25.69
中国农业银行	贷款额（亿元）	14055.35	15896.66	14782.93	16461.78	19129.60
	不良贷款额（亿元）				6933.70*	6982.03*
	不良贷款率（%）				42.12	36.50
中国银行（集团合并表）	贷款额（亿元）	14939.12	13692.30	15058.07	15853.21	18161.89
	不良贷款额（亿元）	5877.68	3940.17	4096.04	4360.20	4085.31
	不良贷款率（%）	39.34	28.78	27.20	27.51	22.49
表中合计与平均值	贷款额（亿元）	64289.29	65869.63	67840.77	73968.71	84533.74
	不良贷款额（亿元）				22127.72	21345.72
	不良贷款率（%）				29.91	25.26

中国特色不良资产处置的理论创新与实践

年份		1998	1999	2000	2001	2002
实际合计与平均值	贷款额（亿元）				69835.59	80003.83
	不良贷款额（亿元）				21663	20881
	不良贷款率（%）				31.02	26.10

注：不良资产均按五级分类，加"＊"数据系根据表中关联数据计算得出，未加说明的数字均直接来自四大银行各年年报（合计除外）。

资料来源：作者根据公开资料整理。

（二）第二轮不良资产政策性剥离处置

第二轮不良资产政策性剥离均开始于中国银行、中国工商银行（以下简称"工商银行"）、中国建设银行（以下简称"建设银行"）、中国农业银行（以下简称"农业银行"）、中国交通银行（以下简称"交通银行"）上市前夕。

1.2003年中国银行、建设银行和交通银行不良资产剥离

2003年12月，中国银行、建设银行分别获得中央汇金投资有限责任公司（以下简称"中央汇金公司"）225亿美元、200亿美元外汇储备注资，年底两家银行分别核销1424亿元、569亿元损失类不良贷款，减记的不良贷款无偿转让给资产管理公司。通过公开招标的方式，中国银行和建设银行选择资产管理公司作为接管其不良资产的批发公司，再剥离2787亿元可疑类不良贷款并整体打包出售。信达公司在一级市场以32%账面价格中标后（与50%的名义收购价格之间存在差价，在实际回收率低于50%的情况下，这部分差额由中央财政承担），又通过公开招标的方式将接管的不良资产在市场上进行了再次处置。本次四大AMC收购不良资产的资金来源为：央行先向中国银行、建设银行、工商银行、交通银行发行5672.5亿元票据筹款，再向资产管理公司提供6195亿元贷款（期限5年，年利率2.25%）用于收购可疑类不良贷款。

同年，交通银行一次性核销损失类不良贷款116.05亿元，以账面价值的50%向信达公司出售可疑类不良贷款414亿元（实际承接资产和权益931亿元），回收资金207亿元；2004下半年，交通银行再核销损失类不良贷款22.66亿元。信达公司收购不良资产的资金来源于央行向交通银行发行的5年期、年利率为1.89%、金额为207亿元的专项中央银行票据，以及向信达公司提供的再贷款。2004年6月，中央汇金公司注资交通银行25亿美元。

2. 2005年工商银行不良资产剥离

2005年4月，中央汇金公司注资工商银行150亿美元；2005年6月，工商银行完成股改上市，其2460亿元损失类不良贷款被等值剥离给华融公司。剥离的不良资产存放在财政部和中央汇金公司的共管账户中，交给华融公司委托处置，工商银行获得应收财政部款项2460亿元，年利率为3%；利息和本金由工商银行上缴税费、分红偿还。2005年6月，工商银行将其4560亿元的不良资产分成了35个资产包、总额约4590亿元可疑类贷款的转让协议，平均转让价格为资产面值的26.38%，采用竞标方式，逐包报价出售，其中华融公司中标226亿元，信达公司中标580亿元，长城公司中标2569亿元，东方公司中标1212亿元。资产管理公司收购资金来源于央行先向中国银行、建设银行、工商银行、交通银行等发行的5672.5亿元票据筹款，以及向资产管理公司提供的6195亿元贷款（期限5年），用于收购可疑类不良贷款。

截至2006年年底，四大AMC累计处置不良资产1.21万亿元，占剥离总额的83.50%，现金回收约2110亿元，回收率约20%。经过上述几次不良资产剥离后，商业银行的不良贷款率显著下降，截至2004年年底，中国银行、建设银行、交通银行的不良资产率分别达到了5.12%、3.92%、3.00%，2005年工商银行约7000亿元的不良贷款剥离后，直接推动当年商业银行不良贷款率下降至4.69%。

3. 2008年农业银行不良资产剥离

2008年，农业银行为了配合上市也进行了一次大规模的不良资产剥离。2008年11月，中央汇金公司向农业银行注资1300亿元人民币等值美元。在股改前夕剥离8157亿元不良贷款，使农业银行当年的不良贷款率下降19.3%。与工商银行的模式类似，农业银行按账面原值的方式剥离了8157亿元的不良资产，剥离的不良资产进入财政部、农业银行的共管账户。相对于其他四大国有银行皆有对应的AMC，农业银行剥离不良贷款后，财政部再委托农业银行来处置这部分资产，这部分债务的偿还方式是：财政部持有农业银行的股权分红、上缴税收、处置回购及股权溢价。

表1-2概括了我国1999—2008年期间两轮不良资产政策性剥离处置中，四大国有银行不良资产的账面价值、转让价值和转让折扣，以及不良资产收购的资金来源及政府注资额。

表1-2　两轮不良资产政策性剥离处置情况

批次		不良资产账面价值（十亿元）	转让价值（十亿元）	转让折扣(%)	资金来源	政府注资额（十亿元）
第一轮政策性剥离（1999—2000年）	1999—2000年：四大国有银行、国家开发银行	1393.9	1393.9	100	财政部、AMC债券、央行再贷款	1455.1

批次		不良资产账面价值（十亿元）	转让价值（十亿元）	转让折扣(%)	资金来源	政府注资额（十亿元）
第二轮政策性剥离（2004—2008 年）	2004 年：中国银行、建设银行	278.7	89.2	32	央行再贷款	619.5
	2004 年：交通银行	41.4	20.7	50	央行再贷款	
	2005 年：工商银行	705.0	367.6	52	央行再贷款	
	2008 年：农业银行	815.7	815.7	100	财政部、农业银行共管账户	130.0

资料来源：根据公开资料收集整理。

（三）政策性不良资产处置成效

为加强金融资产管理公司政策性业务处置的正面激励作用，财政部设计了对金融资产管理公司的激励约束机制，不仅建立了如下的奖励基金激励制度：国家按照现金回收净额的 1%~1.2% 予以奖励（信达公司和华融公司按照 1% 执行，东方公司和长城公司按照 1.2% 执行），并规定了相关的执行方式；而且建立了如下的目标考核约束制度：资产管理公司每年向财政部报送年度财务计划时，应该根据不良资产的实际情况制订相应的年度资产处置计划和现金回收计划，同时财政部在批复资产管理公司年度财务计划时，应根据公司上述计划确定资产管理公司的基本费用开支；有关监督部门在对资产管理公司进行检查时，若发现问题并可以确认损失金额，可按照损失金额相应扣减下年度的奖励基金。以上制度安排对提高资产管理公司政策性处置不良资产的积极性起到了重大作用，2001 年四大资产管理公司的资产和现金回收率均高于计划回收率，第一轮对不良资产的政策性剥离处置达到了相应的效果（见表 1-3）。

表 1-3　四大 AMC 不良资产的收购与处置

业务内容	2000 年	2001 年
不良资产收购业务	收购银行不良资产 13922 亿元，接受银行无偿划转的表外应收利息 3652 亿元	国务院特批 352 亿元，加上从银行接收的不良资产（本金和表内应收利息）13939 亿元，剥离合计 14291 亿元；收购金额 14013 亿元，清算金额 13983 亿元

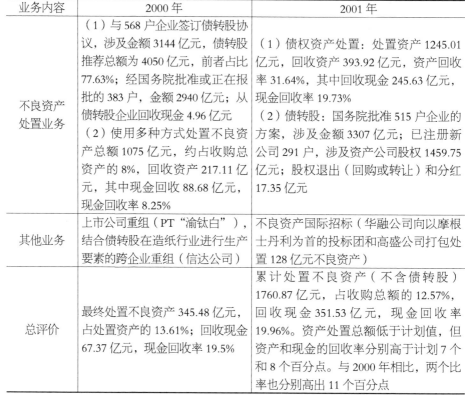

业务内容	2000 年	2001 年
不良资产处置业务	（1）与 568 户企业签订债转股协议，涉及金额 3144 亿元，债转股推荐总额为 4050 亿元，前者占比 77.63%；经国务院批准或正在报批的 383 户，金额 2940 亿元；从债转股企业回收现金 4.96 亿元 （2）使用多种方式处置不良资产总额 1075 亿元，约占收购总资产的 8%，回收资产 217.11 亿元，其中现金回收 88.68 亿元，现金回收率 8.25%	（1）债权资产处置：处置资产 1245.01 亿元，回收资产 393.92 亿元，资产回收率 31.64%，其中回收现金 245.63 亿元，现金回收率 19.73% （2）债转股：国务院批准 515 户企业的方案，涉及金额 3307 亿元；已注册新公司 291 户，涉及资产公司股权 1459.75 亿元；股权退出（回购或转让）和分红 17.35 亿元
其他业务	上市公司重组（PT "渝钛白"），结合债转股在造纸行业进行生产要素的跨企业重组（信达公司）	不良资产国际招标（华融公司向以摩根士丹利为首的投标团和高盛公司打包处置 128 亿元不良资产）
总评价	最终处置不良资产 345.48 亿元，占处置资产的 13.61%；回收现金 67.37 亿元，现金回收率 19.5%	累计处置不良资产（不含债转股）1760.87 亿元，占收购总额的 12.57%，回收现金 351.53 亿元，现金回收率 19.96%。资产处置总额低于计划值，但资产和现金的回收率分别高于计划 7 个和 8 个百分点。与 2000 年相比，两个比率也分别高出 11 个百分点

资料来源：徐放鸣．探索之路：金融资产管理公司五年历程回顾［M］．北京：中国财政经济出版社，2004.

四大 AMC 在 1999—2008 年期间共剥离了 26871 亿元不良资产，国有商业银行不良资产率由 2000 年的 44.18% 下降到 2010 年的 1.1%，同期不良资产额也由 22866.87 亿元下降到 4336 亿元，降幅达 81.04%。在此过程中，四大资产管理公司通过对国有商业银行及国有企业不良资产的剥离，显著降低了不良资产率，协助国有商业银行完成股份制改革、引入战略投资者并成功上市。同时，也有效化解了系统性金融风险，保证了国民经济持续健康发展，尤其是在中国经济高速增长过程中，没有与西方资本主义国家一样，因大规模不良资产的生成而引发金融危机和经济危机。

二、不良资产市场化处置历史回顾

（一）不良资产处置主体多元化格局

四大 AMC 经过上一轮不良资产政策性处置后，面对国内外金融发展新形势，纷纷选择走市场化转型之路。2009 年是不良资产市场化处置的开篇之年，此后，四大 AMC 先后进入全面商业化、市场化运营阶段。本轮不良资产处置的市场化，主要体现在参与主体的市场化与资产管理公司定价能力的市场化。具体而言，上一轮不良资产处置的参与主体是四大 AMC，本轮参与的主体包括四大 AMC、地方 AMC、银行系金融资产投资公司（Asset Investment Company，AIC）等各类资产管理公司，以及保险资产管理公司、国有资本投资运营公司等；在定价能力上，上一轮是四大 AMC 以原价承接银行不良贷款，而本轮则是根据各 AMC 和处置公司的实际情况，采取更加灵活的市场化定价方式。总体上形成了以四大 AMC 为主，各省最多可设立两家地方 AMC 为辅（单列地级市除外），外加地方非持牌 AMC 以及银行系 AIC 为补充的"4+2+N+ 银行系 AIC"的市场竞争格局。

1. 四大 AMC

1997 年亚洲金融危机爆发后，我国财政部出资设立的四家 AMC 完成上一轮接收处置银行业不良资产后，于 2010 年进入全面商业化转型阶段，并完全通过竞标等商业化方式实施不良资产的收购，经营模式由财政出资转向自负盈亏，业务范围也从仅针对银行业发展到涵盖银行业、非银行业金融机构以及非金融机构等各行各业的不良资产。四大 AMC 中，信达公司于 2010 年率先成为股份制改革试点；2012 年，华融公司成为第二家完成股份制改革的 AMC；2016 年，东方公司和长城公司纷纷完成股改，这意味着四大 AMC 不仅在业务上进行了商业化转变，在体制上也开始了市场化改革。

2012 年以来，四大 AMC 的市场化、多元化经营模式日趋成熟，并呈现出资产规模迅速发展的态势。2012 年 4 月，信达公司引入社保基金、瑞银、中信资本、渣打银行四家战略性投资者，并于 2013 年在中国香港上市。2012 年，华融资产管理股份有限公司挂牌成立，由政策性金融机构正式转变为市场化金融机构，并获准进入银行间同业拆借市场；2014 年 8 月，华融公司获得中国人寿（保险）集团、美国华平投资集团、中信证券国际有限公司、马来西亚国库控股公司、中金公司、中粮集团、复星国际、美国高盛集团八家战略投资者的投资，并于 2015 年 10 月在中国香港上市。东方资产管理股份有限公司和长城资产管理股份有限公司两家 AMC 也分别于 2016 年 10 月和 11 月挂牌成立，实现了股份制改革。至此，我国四大 AMC 均完成了股份制改革，进入了全面商业化、市场化运营阶段。

在经营业务结构上，四大 AMC 呈现出差异化发展的趋势，信达公司作为首个获准处置地产等非金融类资产的 AMC，在房地产行业不良资产处置领域有着丰富的经验。华融公司通过与大客户（如大企业、大集团、大金融机构以及政府）之间保持密切的战略合作关系，获得了持续性、大规模的不良资产收购订

第一章　中国不良资产处置的历史回顾与发展方向

单，在不良资产处置规模上逐渐超过了信达公司。长城公司的服务领域主要集中在中小企业，开发了中小企业集合债券、中小企业财务顾问及不良资产收购综合服务等业务模块。东方公司则集中于处置金融类业务，专注管理银行的不良资产，建立了银行不良资产处置的丰富经验与专业优势。

除了将不良资产收购和处置作为核心业务之外，四大 AMC 也逐渐发展成为自营投资、私募股权甚至全牌照金融控股公司。虽然四大 AMC 仍以不良资产处置为经营核心，但是从市场化改革到全牌照经营后，四大 AMC 发展的目的也随之由救助性、稳定器性质的非营利性金融机构，转变为通过处置不良资产而实现企业营利的商业性金融机构，而全牌照金融控股公司的建设完成，也标志着四大 AMC 拥有了更多从事非不良资产处置业务的权利和能力，与市场上的投资银行、基金公司、信托公司等营利性金融机构的差异越来越小。四大 AMC 的金融牌照情况见表 1-4。

表 1-4 四大 AMC 的金融牌照情况

公司	银行	证券	期货	保险	基金	信托	金融租赁	评级
信达公司	√	√	√	√	√	√	√	—
华融公司	√	√	√	—	√	√	√	—
东方公司	√	√	√	√	√	√	√	√
长城公司	√	√	√	√	√	√	√	—

数据来源：根据四大 AMC 公开资料整理。

进入 2019 年，AMC 行业迎来新的变化，其中最具瞩目的是中国不良资产市场进入五大 AMC 格局。2020 年 3 月，银保监会批复建投中信资产管理有限责任公司申请转型为中国银河资产管理有限责任公司（以下简称"中国银河资产"）。经过两年多的转型准备和开业筹备，2020 年 12 月，中国银河资产获银保监会开业批复并取得金融许可证，并于 2021 年 1 月正式开业。第五家全国性资产管理公司正式开业，标志着中国不良资产市场进入五大 AMC 格局。与四大 AMC 相同，中国银河资产的主要任务仍是聚焦主责主业、全面服务实体经济、切实防范金融风险。从其早前剥离券商资产成立的背景看，该公司未来会以证券类不良资产处置等为主，在债券市场违约事件频发的环境下，以疏导和隔离风险，避免对证券业流动性造成冲击。

2. 地方AMC

在市场化主导的不良资产处置时期，不良资产仍呈现碎片化、分散化的特点，为防止因零散化的不良资产累积而产生地区系统性金融风险，国家释放政策设立地方AMC。2012—2018年是地方AMC的蓬勃发展阶段。

2012年2月，财政部联合原银监会发布《金融企业不良资产批量转让管理办法》（以下简称《办法》）。《办法》在明确四大国有AMC市场主体地位的基础上，规定各省级人民政府原则上只可设立或授权一家资产管理或经营公司参与本省范围内的不良资产批量转让处置工作。这一文件的发布打破了原有的四大AMC垄断局面，并初步形成了"4+1"市场架构。2013年，原银监会发布《关于地方资产管理公司开展金融企业不良资产批量收购处置业务资质认可条件等有关问题的通知》，明确鼓励设立地方AMC，并鼓励民营企业参股。该通知规定，地方AMC的准入门槛为注册资本10亿元，业务范围限于以重组方式参与当地的批量不良资产处置，且不得以转让方式处置。在财政部和原银监会的大力支持下，各省纷纷设立或授权省级地方AMC。

2016年，我国不良资产处置市场化的各项细则相继落地，设立地方AMC的约束开始松绑。2016年10月21日，原银监会办公厅下发《关于适当调整地方资产管理公司有关政策的函》，提出放宽2012年《金融企业不良资产批量转让管理办法》第三条第二款关于各省级人民政府原则上可设立一家地方AMC的限制，允许确有意愿的省级人民政府增设一家AMC。这一政策与国务院的债转股文件相近，为民营企业参与国企改革提供了一个有效渠道。除了放宽各省只能设立一家AMC的限制外，还放宽了《金融企业不良资产批量转让管理办法》第三条关于地方AMC收购的不良资产不得对外转让、只能进行债务重组的限制，允许以债务重组、对外转让等方式处置不良资产，对外转让的受让主体不受地域限制。2016年10月27日，财政部、原银监会联合下发新的《金融企业不良资产批量转让管理办法》，与2012年的版本不同，新办法规定不良资产批量转让组包门槛由之前的10户可批量转让降低至3户。各项政策的落地，标志着不良资产处置行业模式逐步升级为"4+2"的竞争格局。

截至2018年年底，共有53家地方AMC明确获得银保监会批准，且集中批复于2014—2018年。最早一批地方AMC的批复时间是2014年7月4日，共批复了上海国有资产经营有限公司、广东粤财资产管理有限公司、江苏资产管理有限公司、浙江省浙商资产管理有限公司及安徽国厚资产管理股份有限公司5家地方AMC，其余的48家地方AMC于2018年3月中旬前得到批复，具体情况见表1-5。

表 1-5　2014—2018 年地方 AMC 的具体批复情况

批复时间	批复文件	具体名称
2014 年 7 月 4 日	《中国银监会办公厅关于公布江苏、浙江、安徽、广东、上海等五省市地方资产管理公司名单的通知》（银监办便函〔2014〕634 号）	上海国有资产经营有限公司、广东粤财资产管理有限公司、江苏资产管理有限公司、浙江省浙商资产管理有限公司及安徽国厚资产管理有限公司
2014 年 11 月 14 日	《中国银监会办公厅关于公布北京、天津、重庆、福建、辽宁等五省市地方资产管理公司名单的通知》（银监办便函〔2014〕1061 号）	北京市国通资产经营有限责任公司、辽宁省国有资产经营有限公司、福建省闽投资产管理有限公司、天津津融投资服务集团有限公司及重庆渝富资产经营管理集团有限公司
2015 年 7 月 10 日	《中国银监会办公厅关于公布山东、湖北、宁夏、吉林、广西等五省（区）地方资产管理公司名单的通知》（银监办便函〔2015〕927 号）	广西金控资产管理有限公司、山东省金融资产管理股份有限公司、湖北省资产管理有限公司、吉林省金融资产管理有限公司及宁夏顺亿资产管理有限公司
2015 年 10 月 13 日	《中国银监会办公厅关于公布河南省、内蒙古自治区地方资产管理公司名单的通知》（银监办便函〔2015〕1314 号）	河南中原资产管理有限公司、内蒙古金融资产管理有限公司
2015 年 11 月 20 日	《中国银监会办公厅关于公布四川省地方资产管理公司名单的通知》（银监办便函〔2015〕1540 号）	四川发展资产管理有限公司
2015 年 12 月 9 日	《中国银监会办公厅关于公布河北省地方资产管理公司名单的通知》（银监办便函〔2015〕1673 号）	河北省资产管理有限公司
2016 年 2 月 22 日	《中国银监会办公厅关于公布青岛市地方资产管理公司名单的通知》（银监办便函〔2016〕340 号）	青岛市资产管理有限公司
2016 年 5 月 25 日	《中国银监会办公厅关于公布江西省、甘肃省和厦门市地方资产管理公司名单的通知》（银监办便函〔2016〕931 号）	江西省金融资产管理股份有限公司、甘肃资产管理有限公司、厦门资产管理有限公司

中国特色不良资产处置的理论创新与实践

批复时间	批复文件	具体名称
2016 年 10 月 8 日	《中国银监会办公厅关于公布湖南省、山西省和西藏自治区地方资产管理公司名单的通知》（银监办便函〔2016〕1692 号）	湖南省资产管理有限公司、华融晋商资产管理股份有限公司、西藏海德资产管理有限公司
2016 年 11 月 3 日	《中国银监会办公厅关于公布江苏省地方资产管理公司名单的通知》（银监办便函〔2016〕1857 号）	苏州资产管理有限公司
2016 年 11 月 7 日	《中国银监会办公厅关于公布陕西省、青海省、黑龙江省、浙江省、上海市地方资产管理公司名单的通知》（银监办便函〔2016〕1862 号）	陕西金融资产管理股份有限公司、华融昆仑青海资产管理股份有限公司、黑龙江省嘉实龙昇金融资产管理有限公司、光大金瓯资产管理有限公司及上海睿银盛嘉资产管理有限公司
2017 年 4 月 25 日	《中国银监会办公厅关于公布云南省、海南省、湖北省、福建省、山东省、广西壮族自治区、天津市地方资产管理公司名单的通知》（银监办便函〔2017〕702 号）	云南省资产管理有限公司、海南联合资产管理有限公司、湖北天乾资产管理有限公司、兴业资产管理有限公司、泰合资产管理有限公司、广西广投资产管理股份有限公司及天津滨海正信资产管理有限公司
2017 年 7 月 28 日	《中国银监会办公厅关于公布广东省、深圳市地方资产管理公司名单的通知》（银监办便函〔2017〕1265 号）	广州资产管理有限公司、深圳市招商平安资产管理有限责任公司
2018 年 1 月 2 日	《中国银监会办公厅关于公布贵州省、辽宁省、黑龙江省、甘肃省、安徽省地方资产管理公司名单的通知》（银监办便函〔2018〕18 号）	贵州省资产管理股份有限公司、辽宁富安金融资产管理有限公司、黑龙江国投稽穗甬资产管理有限公司、甘肃长达金融资产管理股份有限公司及安徽省中安金融资产管理股份有限公司
2018 年 3 月 16 日	《中国银监会办公厅关于公布内蒙古自治区、山西省、河南省、宁夏回族自治区、新疆维吾尔自治区地方资产管理公司名单的通知》（银监办便函〔2018〕385 号）	内蒙古庆源绿色金融资产管理有限公司、晋阳资产管理股份有限公司、河南资产管理有限公司、宁夏金融资产管理有限公司及新疆金投资产管理股份有限公司

资料来源：根据公开资料整理。

第一章　中国不良资产处置的历史回顾与发展方向

进入 2019 年以来，地方 AMC 的审批速度明显变缓。2019 年 7 月，银保监会发布《中国银保监会办公厅关于加强地方资产管理公司监督管理工作的通知》，规定对地方 AMC 的设立从严把握，并对公司设立的可行性与必要性进行全方位论证。随后的两年内，仅 4 家地方 AMC 获得银保监会的批准，分别是 2019 年 11 月获批的江西瑞京金融资产管理有限公司及 2019 年 12 月获批的北京资产管理有限公司、长沙湘江资产管理有限公司、成都益航资产管理有限公司。截至 2022 年 3 月，经银保监会批准成立的地方 AMC 共 59 家。

3. 银行系 AIC

在市场化主导的不良资产处置时期，市场中存在产能过剩企业的杠杆率高的问题，为了防范企业因杠杆问题引发金融风险，时隔 17 年，国家开展了新一轮企业债转股处置不良资产。由此，债转股的实施主体——银行系 AIC 应运而生。

2016 年 10 月 10 日，国家发改委、央行、财政部等七部门联合发布了《关于市场化银行债权转股权的指导意见》（以下简称《意见》），该《意见》作为采用债转股方式降低企业杠杆率的重要指导文件，标志着我国债转股在 17 年后正式重新启动。《意见》明确指出，支持银行充分利用现有符合条件的所属机构，或允许申请设立符合规定的新机构开展市场化债转股，鼓励实施机构引入社会资本，发展混合所有制，增强资本实力，并鼓励 AMC、保险资产管理机构、国有资本投资运营公司等多种类型实施机构参与开展市场化债转股。2017 年 8 月 7 日，原银监会发布《商业银行新设债转股实施机构管理办法（试行）》（征求意见稿），进一步规范商业银行新设债转股实施机构，为商业银行设立 AMC 进行不良资产处置业务作出具体指导，指出银行通过实施机构实施债转股，应当先由银行向实施机构转让债权，再由实施机构将债权转为对象企业股权，银行不得将债权直接转化为股权，解决了之前掣肘银行进行债转股经营的问题。

在政策的指导下，银行系 AIC 开始逐步建立形成。2017 年，建设银行、农业银行、工商银行、中国银行和交通银行五大商业银行各自的金融 AIC 获得了原银监会同意开业的批复。公开数据显示，建信金融资产投资有限公司截至 2017 年年底，累计与 48 家企业达成市场化债转股合作意向，签订了总额 5897 亿元框架协议，落地资金 1008 亿元，市场份额超过 50%。截至 2018 年年底，农银金融资产投资有限公司签约项目累计金额 3000 多亿元，主要涉及与债转股相关的债权收购，债权转股权，持有、管理及处置转股企业股权等业务，累计落地实施金额超 500 亿元。至此，我国不良资产处置行业 "4+2+ 银行系 AIC" 的市场格局也基本形成。表 1-6 详细介绍了五大商业银行 AIC 的具体情况。

表 1-6　五大商业银行 AIC 的具体情况

公司名称	对应银行	获批开业时间	注册资金（亿元）
建信金融资产投资有限公司	中国建设银行	2017 年 7 月 20 日	120
农银金融资产投资有限公司	中国农业银行	2017 年 7 月 27 日	100
工银金融资产投资有限公司	中国工商银行	2017 年 9 月 14 日	120
中银金融资产投资有限公司	中国银行	2017 年 11 月 6 日	100
交银金融资产投资有限公司	中国交通银行	2017 年 12 月 26 日	100

数据来源：根据上述公司相关资料整理。

　　由商业银行下设的全资子公司开展不良资产处置业务具有其特殊的优势。首先，银行在债转股项目操作过程中具有信息优势，有利于缩短处置时间，使不良资产包的定价更为有效，同时也提高了体系内债权划转的效率；其次，大型国有银行具有充足的资金成立全资子公司，能够保证处置不良资产获得的损益内化，使处置收益最大限度地留存于银行体系内；最后，全资子公司的建立，可以在一定程度上实现与母公司的风险隔离，将不良资产从母公司银行表内真正转出。根据维基百科"bad bank"条目，最早的坏账银行先例是梅隆银行于 1988 年设立的格兰特街国家银行。银行作为债转股的主要参与机构，首批以大型国有银行成立全资 AIC 形式开启，预计未来还将有更多银行探索设立独资或合资资产管理子公司开展债转股业务，主动剥离自身的不良资产。

4. 民营等非持牌 AMC

　　按照《金融资产管理公司条例》获批成立的 AMC，或经银保监会批准的地方 AMC 称为持牌 AMC，其多具有国有资本背景；与之对应，民营资本等非持牌 AMC 也是不良资产处置行业中的一员。非持牌 AMC 的不良资产主要来源是持牌 AMC、股份制商业银行、地方商业银行或者信用社等中小金融机构，因此其主要优势在于不良资产的后续处置，逐步减少低买高卖的粗放型处置模式，通过提供增值服务来取得业务回报。非持牌 AMC 主要分为三类：一是专门从事不良资产管理业务的民间 AMC，二是大型公司设立的用于处置企业内部不良资产的 AMC，三是为不良资产提供流动性的拍卖所等机构。

　　从 2014 年开始，非持牌 AMC 开始涉入地方 AMC 市场。2014 年 10 月 22 日，原银监会向省级政府下发《关于适当调整地方资产管理公司有关政策的函》，鼓励民营资本入驻地方 AMC，对于非持牌 AMC，由于当时并没有建立相关的法规和制度（非持牌互联网资产管理业务除外），市场参与者众多，且投资范围也没有地域限制，只限定不良资产的组包转让不得超过10户。由此，不良资产的行业模式进入"4+2+N"时代，加上银行系AIC，2010—2018年，不良资产处置行业形成"4+2+N+银行系AIC"的格局。

2019年以后，AMC行业格局发生了新的变化。从第五大AMC、新的地方AMC获批成立，到高盛集团、贝恩资本等多家知名外资机构参与我国不良资产处置业务，我国不良资产市场格局已经由原本的"4+2+N+银行系AIC"变成"5+2+N+银行系AIC+外资系AMC"多元化局面（见表1-7）。截至2020年5月，我国不良资产市场处置行业的参与主体包括五大AMC、地方AMC、银行系AIC、外资系AMC和其他非持牌机构，以及由它们衍生出的大量第三方服务机构和服务平台，共同推动着不良资产行业向更加规范化和专业化的方向发展。

表1-7 不良资产处置行业"5+2+N+银行系AIC+外资系AMC"格局

行业格局	具体含义
5	5大全国性AMC：信达公司、东方公司、长城公司、华融公司、中国银河资产
2	各省级可设立2家地方性AMC
银行系AIC	工商银行、农业银行、中国银行、建设银行、交通银行
外资系AMC	橡树资本管理有限公司、新创建资产管理（中国）有限公司等
N	非持牌机构：私募基金公司、P2P平台等

（二）不良资产处置模式与交易结构演变

我国政策性不良资产处置方式总体上包括不良资产的表内消化、出表和消除三种。表内消化的主要手段为核销；出表是指将不良贷款通过资产管理公司进行剥离或买断，也就是不良资产处置中较早使用的收购处置类业务，或者将不良贷款进行重组，与借款人达成一致从而修改还款条件，延长还款期限等，但是这种处置方式有些情况下仅仅是推迟了风险爆发的时间，不良资产仍存于系统内；消除则是通过债转股、债务重组、资产重组等方式改变企业自身经营状况，将不良资产转为优质资产。在开启不良资产处置的市场化过程中，由于不良资产传统的处置方式在实际操作过程中存在诸多限制和缺陷，因此，商业银行和资产管理公司对不良资产的处置方法也发生了变化。一方面，传统的收购处置、收购重组、债转股等经营业务面临着美国金融危机后全新的外部经济环境；另一方面，一些新的市场化业务模式也开始形成规模，如用于表内处置的并购基金，用于出表的通道、基金、资产证券化等。其中以通道类、基金类、资产证券化类和债转股类业务的变化最为突出，同时新型不良资产处置模式"互联网+不良资产处置"正式上线，成为不良资产处置的新趋势。

1. 通道类业务导致资金在金融系统内部空转，信用风险加剧

通道类业务即借助一方或多方形成通道，实现不良资产的间接出表，通道类业务大致可以分为 AMC 代持模式、银银互持模式以及收益权转让模式。

（1）AMC 代持模式。AMC 代持模式的交易结构是银行为 AMC 授信，并认购 AMC 发行的债券，将银行的资金注入 AMC，AMC 再通过募集的资金收购银行的不良资产。这种代持模式的主要特点是银行承诺未来会回购 AMC 接受的不良资产。对于银行来说，可以将出售和回购不良资产看作两种不相关的业务，然后实现不良资产的当期出表；而由于回购协议的存在，AMC 也无须将这笔不良资产纳入自身的资产负债表，并且可以获得通道费用拥有收入。实际上，AMC 代持模式仅仅是将资金留在金融系统内部空转，同时金融系统也在集聚风险，还通过通道谋取利益的虚假出表模式。针对这一情况，国家多次下发文件，对资产转出和转入方有明确的规定，明确禁止 AMC 代持模式。

对于金融机构，2009 年 12 月 23 日，原银监会发布的《中国银监会关于规范信贷资产转让及信贷资产类理财业务有关事项的通知》规定，银行业金融机构在进行信贷资产转让时，应严格遵守资产转让真实性原则；转出方将信用风险、市场风险和流动性风险等完全转移给转入方后，方可将信贷资产移出资产负债表，转入方应同时将信贷资产作为自己的表内资产进行管理；禁止资产的非真实转移，在进行信贷资产转让时，转出方自身不得安排任何显性或隐性的回购条件；禁止资产转让双方采取签订回购协议、即期买断加远期回购协议等方式规避监管。

针对金融资产管理公司，2016 年 3 月 17 日原银监会发布的《中国银监会办公厅关于规范金融资产管理公司不良资产收购业务的通知》（银监办发〔2016〕56 号，以下简称"56 号文"）中也强调，资产公司收购银行业金融机构不良资产要严格遵守真实性、洁净性和整体性原则，通过评估或估值程序进行市场公允定价，实现资产和风险的真实、完全转移；不得与转让方在转让合同等正式法律文件之外签订或达成影响资产和风险真实性完全转移的改变交易结构、风险承担主体及相关权益转移过程等的协议或约定，不得设置任何显性或隐性的回购条款，不得违规进行利益输送。此规定的出台基本断绝了 AMC 传统的"不良资产收购 + 返委托银行保底清收"的结构化业务可能，使得 AMC 业务开始回归本源。

（2）银银互持模式。银银互持模式是指 AMC 将从银行收购的不良资产的收益权转让给资管计划或者信托计划，再通过银行间同业授信，利用理财资金对接。这种交易结构虽然实现了银行不良资产的出表、表面上的风险转移，同时也不涉及回购协定，但仍存在一些弊端：一是 AMC、券商、信托等机构均扮演了通道的角色，延长了不良资产处置的信贷链条，提高了处置成本；二是在实务中，银行与银行之间存在使用理财资金相互代持不良资产的情况，另外，有些银行为了"简化"不良资产处置流程，并不选择其他银行的理财资金，而是使用自身的理财资金对接自家的不良资产。这种情况下，不良资产风险并没有从银行系统内部实质性地转移和隔离出去，属于一种不良资产虚假出表的交易行为。同时，交易各方的每个通道环节均可赚取手续费，推高了成本，集聚了风险。针对这一情况，2010年12月3日，原银监会发布《中国银监会关于进一步规范银行业金融机构信贷资产转让业务的通知》，规定银行业金融机构不得使用理财资金直接购买信贷资产，银银互持模式被彻底禁止。

（3）收益权转让模式。收益权转让业务大体分为通道模式和不良资产处置基金模式。不良资产处置基金模式将在后面介绍，这里先讨论通道模式。收益权转让通道模式是指银行首先将不良资产打包出售给AMC，同时利用理财资金认购一个与资产包规模大致相匹配的资产管理计划，AMC将资产包的收益权转让给资产管理计划，将处置权和管理权委托给银行与AMC成立的合资公司，由合资公司委托银行子公司对不良资产进行清收处置，回收资金返还至资产管理计划，并对理财本金和利息进行支付。这种操作模式下，AMC、资产管理计划及合资公司均只执行了通道业务，尤其是AMC完全没有发挥处置不良资产、剥离并化解风险的职能，反而增加了银行自己处置自身不良资产所带来的风险。原银监会2016年"56号文"要求资产公司收购银行业金融机构不良资产要实现资产和风险的真实、完全转移，不得为银行业金融机构规避资产质量监管提供通道。2016年4月27日发布的《中国银监会办公厅关于规范银行业金融机构信贷资产收益权转让业务的通知》（银监办发〔2016〕82号，以下简称"82号文"）中明确规定，出让方银行不得通过本行理财资金直接或间接投资本行信贷资产收益权，不得以任何方式承担显性或者隐性回购义务。这实际上叫停了收益权转让业务中的纯通道模式。

2. 不良资产基金模式是解决通道业务弊端的有效途径

不良资产基金是前文所述的收益权转让的另一种模式，根据其组织结构可以分为两类：一是银行和AMC共同出资设立的不良资产基金；二是银行、AMC和社会投资者共同出资设立的不良资产基金。其特点是不良资产真实出表，消除通道业务，使风险得以缓解，同时，实现了银行、金融资产管理公司及社会资本的共赢，促进了可持续发展。

第一类基金模式中，AMC以不良资产债券收益作价出资担当有限合伙人（LP），AMC子公司与银行投资子公司以现金出资担任普通合伙人（GP），共同组建设立不良资产基金。基金委托信托等资产服务商对不良资产进行处置，并获取相应收益。作为有限合伙人的AMC享有优先级收益权，资产管理子公司和银行投资子公司享有次级收益权。这种结构的不良资产基金的优点在于可以有效地解决通道业务模式产生的风险：一方面，银行避免了以极低的折扣转移不良资产，而且能够分享不良资产基金带来的收益；另一方面，AMC 也不需要独自承担收购不良资产的资金压力，是实现银行和 AMC 资金与收益双赢的有效途径。其交易结构如图 1-2 所示。

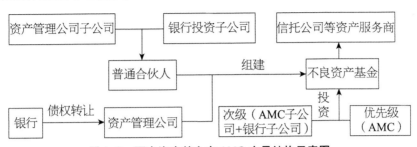

图 1-2　不良资产基金中 AMC 交易结构示意图

第二种不良资产基金与第一种不良资产基金的不同之处在于：一是有社会投资者参与出资，二是会涉及二级市场交易。具体而言，假设商业银行自身或者 AMC 将从商业银行处购买的不良资产在二级市场上公开转让，然后一家银行（既可以是卖出该不良资产的银行，也可以是市场上的其他银行）以 50% 的出资额购买该不良资产并成为其中一个有限合伙人（LP1），一家 AMC（同理，既可以是卖出该不良资产的 AMC，也可以是市场上的其他 AMC）以 25% 的出资额购买该不良资产成为另一个有限合伙人（LP2），还有 25% 被社会上的其他投资者出资购买，成为该不良资产基金的普通合伙人（GP）。这种不良资产基金的优势在于，银行既将不良资产成功剥离并交给信托等第三方协助处置，从不良资产基金中获取高于单纯折价出售的收益，同时又汇聚了社会各方资金力量，也减轻了AMC 的收购成本。由于上述两种结构的不良资产基金既不涉及回购、委托保底等协议，也无理财资金参与，因此较为合规，是解决通道业务的有效途径。其交易结构如图 1-3 所示。

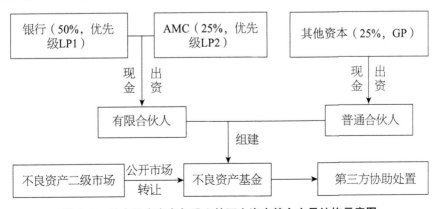

图 1-3　社会投资者参与设立的不良资产基金交易结构示意图

3. 不良资产证券化模式重启，不良资产出表作用相对有限

我国不良资产证券化大致经历了三个发展时期：1999—2008 年探索和试点阶段、2009—2015 年停滞阶段和 2016 年至今重启阶段。2016 年 2 月，央行重启不良资产证券化试点工作，首批试点机构有中国农业银行、中国工商银行、中国交通银行、中国建设银行、中国银行以及招商银行 6 家银行。同年 3 月，工商银行首先正式启动不良资产证券化试点。期间国家出台了一系列文件，不良资产证券化试点范围进一步扩大。第二批试点扩展到 12 家银行，包括国家开发银行、8 家股份制银行（分别为中信银行、光大银行、华夏银行、民生银行、兴业银行、平安银行、浦发银行、浙商银行），以及 3 家城市商业银行（分别为北京银行、江苏银行、杭州银行）。实际上，前两批试点的结果并不理想：不良资产证券化规模小，但呈增长趋势；发行机构集中，产品呈多元化；不良资产证券化在资产证券化市场占比小；不良资产证券化的市场活跃度较低，参与者的热情有待提升，不良资产出表作用相对有限。中央国债登记结算有限责任公司发布的数据显示，2016 年，6 家试点银行先后发行 14 只不良资产证券化（Asset-Backed Securitization，ABS）产品，总计发行 156.10 亿元，约占发行试点额度的 31%，2017 年的发行规模为 129.61 亿元，2018 年为 158.80 亿元，三年时间未完成不良资产证券化的试点额度。究其原因，一方面是投资主体范围有限，导致部分专业机构无法进入；另一方面是不良资产现金流回收不确定性较大，导致各参与方态度较为谨慎。此外，市场在定价、质押、交易等环节也存在难题，使不良资产证券化的推进过程相对较缓。

不良资产证券化是资产证券化的一种类别，其特殊之处在于基础资产是不良资产，虽然一般资产证券化与不良资产证券化的业务逻辑基本相同，但在基础资产、产品定价、信用增级、投资者及次级证券投资人的参与程度、资产服务机构的激励机制、信息披露等方面存在差异。2007 年美国房地产泡沫破裂，产生了大规模次级抵押贷款的逾期和违约，金融系统内的呆账、坏账不断累积。此时，美国在导致经济危机级别的不良贷款集中爆发的情况下，实施了问题资产救助计划（Troubled Asset Relief Program，TARP）和公私合营投资计划（Public-Private Investment Program，PPIP），但处置效果都相当有限。2008—2010 年，美国仍有大批银行、券商、投行等金融机构相继破产倒闭，资产证券化市场遭到重创。随着我国防范和化解重大金融风险的战略部署，近年来国家陆续出台了一系列政策，鼓励不良资产证券化发展，商业银行不良资产证券化进程进一步加快，已成为商业银行处置不良贷款的重要手段。不良资产证券化作为处置不良资产的市场化方式之一，在一定程度上起到了积极化解风险的作用，但同时也是一把"双刃剑"，如果过度发展，将成为金融风险的制造者，导致更大的风险扩散，因此要警惕过度不良资产证券化。

中国特色不良资产处置的理论创新与实践

4. 债转股业务重启，切实消除不良资产

债转股是将银行持有的企业债权转变为对企业的股权投资，改变了债务的性质，也将债权人对债务的约束转变为出资人对经营者的约束。实施市场化、法治化债转股，是支持有市场前景的企业缓解债务压力、促进稳增长和防风险的重要举措。债转股成为能够真正消除不良资产的三大主要方式（收购处置、收购重组、债转股）之一。四大 AMC 在 1999—2000 年一年左右的时间里，完成了 580 余家企业的政策性债转股工作，转股金额高达 4050 亿元，此后债转股业务一直处于停滞状态。2016 年 10 月 10 日，国务院发布《关于市场化银行债权转股权的指导意见》，标志着时隔 17 年后，我国债转股业务再次启动。我国两轮债转股背景及基本情况见表 1-8，新一轮债转股与上一轮债转股在不良资产成因及实施目的、实施债转股的制度、实施主体与对象以及主要运作模式等方面有所不同，具体参见第十四章。

表 1-8 我国两轮债转股基本情况

项目	1999 年第一轮债转股	2016 年新一轮债转股
宏观经济环境	（1）1999 年 GDP 不足 10 万亿元 （2）经济面临下行压力 （3）实体经济利润率下滑，企业资金不足	（1）2015 年 GDP 突破 68 万亿元 （2）经济再次出现下行压力 （3）实体经济增速放缓，中小企业融资难度提高
资本市场发展状况	（1）资本市场建立初期 （2）二级市场起步阶段	（1）资产证券化水平提升 （2）多层次资本市场体系建立
债转股作用	（1）降低不良贷款率 （2）国有企业改革	（1）降低不良贷款率 （2）优化经济结构
银行不良率	高达 40% 左右	不足 2%
巴塞尔协议要求	巴塞尔协议Ⅱ：银行资本充足率为 8%	巴塞尔协议Ⅲ：银行资本充足率为 10.5%，系统重要性银行（中国银行）为 11.5%
债转股资产类别	不良资产	不良资产、关注类和正常类贷款
实施路径	以政府为主导，资产管理公司进行债转股	以银行为主导，交由地方金融机构或银行子公司进行债转股
承接资金来源	向商业银行和央行融资	自有资金、社会融资
不良资产对价标准	按照账面价值	账面价值的 20%~40%
转股定价	以等价进行转股	采用市场化定价
退出机制	回购、转让、上市	回购、转让、上市
不良资产是否出表	出表	出表

数据来源：根据公开资料整理。

本轮债转股的政策背景是供给侧结构性改革的"三去一降一补"（去产能、去库存、去杠杆，降成本，补短板），目的不仅是去杠杆、降风险，更在于调结构，通过债转股修复银行资产负债表，缓解民营企业、中小企业融资难、融资贵的问题，同时提高整个经济系统中债权的质量。设定了债转股的适用企业，坚持"三个鼓励"原则；债转股主体除了四大AMC，还新增了包括金融AMC、保险资产管理机构、国有资本投资运营公司等多种类型实施机构及私募股权投资基金、银行、信托公司、证券公司、基金管理公司发行的资产管理产品；债转股的资金来源更加市场化，包括AMC自有资金以及社会融资，发展直接融资，鼓励居民和政府部门承接企业杠杆；在转股与否、转股资产的类别及定价方面，自主性更强，受政策影响较小，没有既定的最优模式，只要是有利于债转股的规范化运作，能够防范道德风险、助推企业降低杠杆率、服务实体经济，都可以采用。2016—2018年，市场化债转股签约金额达18928亿元，资金到位5050亿元，项目总数达226个。此轮债转股在推动企业降低杠杆率方面已经取得了一定成效，截至2018年6月末，规模以上工业企业资产负债率为56.6%，同比降低0.4个百分点，其中国有控股企业资产负债率为59.6%，同比降低1.2个百分点，国有企业去杠杆成效更加明显，这不仅有助于化解金融风险，而且有助于资金流向实体经济，减少实体经济对政策性救助拨款的依赖，促进实体企业依据市场化原则建立合理的风险防控体系，实现高质量发展。

为抑制不良资产的持续增长和加大不良资产处置力度，银保监会于2017年批准成立了五大金融资产投资公司（AIC），AIC这一债转股实施机构在市场债转股方面发挥着积极的作用。AIC成立的背景是2008年次贷危机，新一轮债转股重启，政府各项新政策进一步提升了AIC的战略地位，明确提出要推动AIC发挥市场化债转股的主力军作用。虽然当前债转股的资金落地率较低，但未来随着银行体系存量风险的逐步释放，不良资产处置力度将稳步回升，债转股规模势必将稳步回升，债转股业务也将得到迅速推进。

5."互联网＋不良资产处置"模式成为不良资产处置的新模式

随着供给侧结构性改革及"三去一补一降"政策的推进，金融机构和实体经济产生和释放了更多的不良资产。传统的不良资产处置方式如债权清收、诉讼、债务重组等具有处置效率低、处置费用高、地域限制明显的特点，同时，虽然四大AMC转型提供了更加多元的金融服务，但资产处置业务占比却逐渐下降，无法满足大规模不良资产的处置需求。因此，市场急需创新运用更加专业化的技术和工具，盘活问题资产，寻找新的渠道，将不良资产处置工作转移给专业化的处置服务机构和有意愿的投资者。而基于互联网平台的不良资产处置模式能够打破地域、信息和时间等壁垒，以其特有的快速"价值发现"和"市场发现"功能，实现不良资产的重新配置及价值重塑。所以，在大规模不良资产处置需求、传统不良资产处置模式存在缺陷，以及"互联网＋"加速发展的背景下，"互联网＋不良资产处置"模式应运而生。

"互联网＋不良资产处置"模式是一种新型的处置不良资产的渠道，其既包括资产管理公司等市场参与主体通过互联网金融平台处置不良资产，也包括新兴机构通过互联网手段来介入传统不良资产的处置。2015年是我国四大AMC通过互联网处置不良资产的元年。2015年3月，信达公司通过淘宝资产处置平台成功招商并处置两户债权资产，开创了不良资产互联网平台招商与处置的先河。随后，信达公司与淘宝建立全面战略合作关系，开启了传统不良资产O2O招商与处置新模式；同年11月，天津金融资产交易所与蚂蚁金融服务集团在云计算、支付系统、数据管理体系以及征信体系等方面开展深度合作；同年12月，华融公司与淘宝达成合作，集中推介了全国24个省市规模超过500亿元的不良资产；东方公司利用旗下的互联网金融平台"东方汇"来推进资产证券化，提高不良资产处置效率。自2015年以来，"互联网＋不良资产处置"线上平台快速涌现，为不良资产处置主体在不同的环节提供相应的配套服务。按照处置主体介入不良资产处置流程的节点和方式，"互联网＋不良资产处置"模式大致可分为不良资产信息发布平台模式、不良资产委托处置居间服务平台模式、不良资产网络拍卖平台模式以及不良资产众筹投资平台模式。

与传统不良资产处置模式相比，"互联网＋不良资产处置"模式具有以下优势。一是提供丰富的市场信息，有效提升资产定价的准确性。互联网信息获取渠道的丰富和畅通为定价环节提供了更多的参照指标，互联网创新技术也使定价模型更加科学、参数设计更加准确。二是培育不良资产二级市场，丰富不良资产处置模式。借助不良资产线上处置平台，供需双方可以直接发布不良资产信息，培育不良资产交易所的交易方式，极大地提高资产处置效率，例如，天津金融资产交易所专门设立了资产流转平台和信息撮合平台。三是降低交易成本，挖掘融资机会，实现不良资产处置价值最大化。互联网交易方式便捷，突破了时间和地域限制，大大降低了交易成本。同时，新型资产处置方式可以借助网络工具降低融资成本，拓宽融资渠道。近年来，"互联网＋不良资产处置"以其无限的可能性和创造力创新了不良资产运营及处置模式，并逐渐成为不良资产处置市场上不可小觑的力量和新趋势。但是，不良资产处置平台也面临着如"小、散、乱、差"等不规范、不透明现象突出，不良资产"非标化"业务特点与互联网属性存在矛盾和冲突，风险控制机制过于简单，信息披露不够透明等问题，这些亟待国家与AMC、商业银行及其他不良资产处置主体们共同解决。2020年年底，国家开展了互联网金融业的法制化建设，有理由相信，我国未来将打造出更加完善与规范的不良资产市场。

总之，我国不良资产的处置方式发生了一系列变化，资金空转的通道类业务被叫停，基金模式、资产证券化及市场化债转股等方式得到逐渐推进，"互联网＋不良资产处置"模式也逐渐规范。未来，我国日益多元化的市场参与者、日趋成熟的不良资产处置手段、日渐完善的法律法规，将使不良资产处置更加有利于风险防范和经济增长。

（三）市场化不良资产处置主体及模式简评

我国不良资产处置主体已实现多元化，这里主要针对国有 AMC、地方 AMC 和银行系 AIC 关于履行主职主业、防范风险的基本情况及风险隐患进行评述；不良资产处置模式及方式多种多样，这里主要讨论基本的处置方式是否有利于风险隔离和化解，提倡主动"首胜"化解风险理念，保障社会安定、金融稳定，促进实体经济发展。

1. 不良资产行业的参与主体

（1）国有 AMC。部分国有 AMC 脱离主业，甚至制造出新的风险。我国在第一轮政策性不良资产处置完成后继续留存 AMC，是为了通过其专业的不良资产经营能力，进一步发挥其处置不良资产、剥离风险、熨平经济周期的重要作用。但就股改完成后现阶段的发展情况来看，不良资产处置业务在 AMC 经营结构中的核心地位出现了降低，相反，其他能够获取高额利润的业务，如金融服务、投资等占比开始逐渐提升。这样一来，AMC 自身的债权债务关系规模也随之膨胀，一方面，导致 AMC 防范系统性风险的功能弱化，反而在企业内部和市场上本没有风险的系统中又增加了新的债务风险；另一方面，对现有风险企业处置的过程中，一旦 AMC 自身的巨额债务出现偿还危机，又会进一步加重当前已有的风险，并逐渐隐藏、累积直至集中爆发。有鉴于此，2017 年 12 月 26 日，原银监会印发了《金融资产管理公司资本管理办法（试行）》，引导 AMC 在经营中突出主业，服务实体经济和供给侧结构性改革，回归不良资产管理，规范多元化经营。同时设立资本充足性监管标准，确保资本能够充分覆盖所面临的各类风险，严格防控 AMC 表外资产的相关风险。

（2）地方 AMC。部分地方 AMC 机构过度逐利，平添更多风险隐患。我国地方 AMC 的迅速发展，改变了四大 AMC 垄断不良资产经营及处置业务的格局，在我国银行及非金融机构不良资产持续增长的背景下，这种格局的改变具有积极的现实意义，但同时也带来了一定的挑战。一方面，地方 AMC 因更熟悉其所在省份的环境和企业而产生的灵活性，对现有不良资产处置行业具有重要的补充作用；但另一方面，也对现有四大 AMC 不良资产的市场收购空间产生了一定挤压，并加剧了四大 AMC 与地方 AMC 的竞争压力。

设立地方 AMC 的目的，是通过让地方金融机构参与不良资产收购与处置业务，成为地方金融的稳定器，防范和化解区域性金融风险。但是，利益的相争

中国特色不良资产处置的理论创新与实践

在很大程度上导致了地方 AMC 对不良资产的处置更多地是为了获取高额利润，而不是真正为了剥离地方经济风险、缓解地方债务危机，由此导致其逐渐偏离主业，甚至通过套利手段开展能够实现更快、更多收益的经营业务，不良资产处置业务的核心度也因此而下滑。此外，地方 AMC 相比于四大 AMC，总体上存在资金相对匮乏、不良资产处置能力不足以及缺乏整体的战略布局等突出问题，尤其是在 2014 年后不良资产处置的参与主体中，中小银行和非银行金融机构占比不断攀升，不良资产结构呈现出零散化、碎片化等特征时，地方 AMC 对不良资产的处置能力和对风险的防控水平相互掣肘，很有可能导致因过度逐利而给市场平添更多风险隐患。例如，2020 年 4 月，最高人民法院判决吉林省金融资产管理有限公司解散，原因在于：该公司大股东违规将大量注册资本借给关联公司，且长期无法收回，导致资产管理公司无法正常开展不良资产处置业务，化解风险的初衷落空。

（3）银行系 AIC。退出机制不完善，加剧了银行内部风险。银行虽然将自身的呆坏账"剥离"至全资子公司，可以将收益留存在银行体系内，但由不良资产带来的债务风险也一同被留在了银行集团内部，并未真正地将不良资产风险从银行体系中有效隔离并释放。这种将呆坏账与债务风险在银行体系内部空转的处置模式，也正是系统性金融风险生成的重要根源。2018 年 6 月 29 日，银保监会发布的《金融资产投资公司管理办法（试行）》（2018 年第 4 号令）指出，银行系债转股公司的主营业务包括收购银行对企业的债权，对于未能转股的债权进行重组、转让和处置，投资企业股权，向合格投资者募集资金等，但这些业务必须以转股为目的，且主营业务收入占比原则上不应低于总业务或者总收入的 50%。也就是说，银行系不良资产处置公司的经营主业是债转股业务。

从实践来看，债转股业务属于资金高消耗型业务，同时由于对资金要求的期限较长，银行系债转股业务对企业实施增量资金的支持能力有限，使企业脱困、扭亏为盈并锁定银行未来退出收益的难度较大，这也在很大程度上限制了银行实施债转股业务的成功退出。此外，困难企业能否脱困，还受到其他不确定因素的影响，如企业自身改革举措、行业性和周期性因素、政策影响等，这些均会对准确判断转股企业未来经营转折点造成阻碍，容易形成因无法成功退出而生成更多不良资产的情况，从而加剧银行内部的系统性风险。因此，银行系 AIC 单独进行不良资产处置业务仍存在较高风险，需要联合四大 AMC 共同实施推进。

2. 不良资产的处置模式

实体厂商的信用违约或预期信用违约使商业银行的债权价值贬损，这不仅是债权银行的金融风险与经济成本，同时也可能成为整个金融系统的金融风险与经济成本。基于此思路，本文将不良资产的处置分为了三个模式，即不良资产的转移、转化和清算。

（1）不良资产的转移。不良资产的转移指的是通过将银行持有的不良资产进行剥离或出售，从而实现金融风险的隔离。不良资产个体风险的系统化主要发生在虚拟经济领域，将不良资产从系统重要性机构中分离，能够降低金融风险的外部性与传染性，随后，AMC能通过市场交易进一步转移不良资产，以实现金融风险分散。

不良资产简单地出表并不一定意味着不良资产的真正转移。例如，AMC与银行间的通道业务就仅仅是一种将资金和风险在金融系统内部空转，通过通道获利的虚假出表，银银互持模式也是一种不良资产虚假出表的交易行为，不良资产的金融风险最终还是由产生坏账的银行自己承担。

除此之外，不良资产的转移仅仅起到了风险缓释的作用，没有改变资产的"不良"本质，也就是说，不良资产依然是尚未收回或者无法收回的贷款，风险虽然暂时从银行中剥离出去，但是仍然停留在经济系统内，潜在的系统性金融风险并未化解。

（2）不良资产的转化。不良资产的转化意在通过缓解或解决"债务人的危机"，以此来恢复与提升银行所持有的不良资产的价值。银行不良资产来源于实体经济领域，债权人对债务人的让步或对债务人资产的重组，都是对不良资产发掘价值的过程，从更大的领域对其进行优化配置。

不良资产的转化有两个主要路径：债务重组与资产重组。债务重组的核心是债权人对债务关系的让步。债权人与债务人一般就清偿债务的时间、金额或方式等达成重新协议，以减轻债权人的债务压力。债务重组的意图不是债权人对债务人的债务赦免，而是通过对债务的暂时妥协，以期在将来实现双方收益提升、降低损失的目标。

债务重组的效果取决于其能否有效解决实体厂商流动性的暂时性困难问题。然而，除了流动性的暂时性困难，生产技术低下、经营理念落后，或产能过剩、产业结构升级等原因都可能导致实体厂商的信用违约。这些情况下的不良资产问题并不能通过对债务的简单妥协而得到解决，而是需要进行资产重组，即对实体厂商进行大刀阔斧的改革，来实现厂商效率与不良资产价值的提升。

资产重组的可行性受制于不良资产本身，其根本逻辑是通过在更大范围内推动资产的优化配置来提升资产价值，这个过程是寻找潜在帕累托改进的过程，尽管存在失败的风险，但相比于实体经济的损失、金融风险的扩散、金融援助造成的道德风险等一系列后果，资产重组仍应该作为不良资产处置过程中最应该优先考虑的选项。

（3）不良资产的清算。AMC可以采用各种手段来尽可能地提升不良资产的价值，但大部分情况下，经济损失始终是在所难免的。因此，对不良资产进行清算往往是AMC的最后选择。对于价值提升空间有限的不良资产，AMC会采取债权出售、依法清收等手段，尽可能地将其仅存的价值变现，并用权益资本来冲销损失，将其视作经营过程中的经济成本，因此，不良资产清算的本质是通过支付经济成本来消除个体金融风险。然而，不良资产清算的经济成本有时会超出AMC 的承受能力，此时，AMC 就需要接受国家财政或同业的金融援助，以避免自身成为"问题金融机构"。

三、不良资产处置的基本职能及发展方向

（一）不良资产处置的基本职能

化解不良资产风险关乎国计民生，如果将不良资产比喻为火山下的岩浆，将金融危机视为火山喷发，那么火山一旦喷发，就会无情地"涂炭"一切与之沾边的"生灵"。也就是说，当经济体中的不良资产达到一定数量却得不到化解时，金融危机就会横空出世：大量的银行、实体企业将会倒闭，国有银行此前承担的经济职能、社会责任以及由此推动的国家经济发展也都会因此而功亏一篑。我国不良资产处置的职能是通过化解风险，发挥经济社会稳健运行的"安全网"和"稳定器"的作用。

如前所述，我国不良资产处置经历了政策性处置和市场化处置阶段。1999年，国家组建华融、长城、东方、信达四家大型国有资产管理公司，它们奉命化解不良贷款，是改革链条中不可或缺的一环，并在 2005 年前后基本完成政策性处置任务。随着不良贷款处置告一段落，四大 AMC 纷纷开启了商业化转型道路。2006 年，财政部主导制定四大 AMC 转型方案，通过股份制改造—引入战略投资者—上市三部曲，建立起了现代企业制度；同时，其经营范围从不良资产收购处置，扩展到银行、保险、证券、基金、信托、融资租赁、期货、评估、财务顾问等所有金融服务领域。截至 2016 年 12 月，长城公司改制为中国长城资产管理股份有限公司，四大 AMC 的股改工作收官，10 年的商业化转型之路宣告完成。党的十九大报告提出要坚决打好防范化解重大风险等三大攻坚战，按照中央精神和金融监管部门的部署，前期在商业化道路上大迈步的四家公司开始了二次转型，回归不良资产主责主业。

（二）不良资产处置的发展方向

我国不良资产处置的发展方向是回归"化解风险"的初衷，维护经济和金融稳定，促进经济高质量发展。金融改革初期，我国高经济增长率与高不良资产率并存，是由以四大国有银行为基础的金融系统的性质决定的，银行自行消除不良资产的机制欠缺，银行治理尚未走上正轨，需要加快银行业和金融业的改革，

强化国有银行治理和风险管控迫在眉睫，消除积累起来的不良资产也同样迫在眉睫。为消除金融系统中的不良资产，国家成立了四大 AMC，"对口"向四大国有银行发债，四大国有银行用存款（银行储蓄）购买这些债券，AMC 再用融资的钱买下四大国有银行的不良资产。这样，银行系统的不良资产被剥离了。不良资产不再是银行的资产，它的处置也与银行系统的运行隔离开来，属于 AMC 的不良资产不再影响银行的正常业务，整个金融系统重回健康状态。银行可以继续发挥其配置资源、推动经济增长的功能，而四大 AMC 则负责处理不良资产。

我国不良资产处置是将不良资产从金融系统中剥离出来，将不良资产与正常的资金配置系统分割开，使其不再是金融系统的抑制性因素，系统性金融风险从而被基本消除，达到了稳金融、稳增长的目的。我国不良资产处置的本质是如此，美联储向金融系统大规模注资的本质也是如此，区别在于我国是"事前"干预，美国是"事后"干预；我国是直接剥离不良资产，美国则是对关键金融机构稀释不良资产和加注资金，以增强其抗风险能力。我国避免了银行倒闭的风潮，经济增长也不会因不良资产的上升而中断；美国则是在金融危机已经开始，经济下滑已经发生时，才被迫采取空前的官方干预手段——注资（临时国有化）等。美国采取的官方干预方式虽不能立即恢复经济，甚至不能阻止中小银行的继续倒闭，但有效阻止了金融危机的进一步发展，减弱了金融危机对经济的损害。无论是中国还是美国，无论是学术界还是政策层面，客观上都认识到：大规模不良资产造成的金融风险应由政府出面进行干预，企业及市场层面已无法自行解决。无论什么国家，只要是市场配置资源，市场积聚起来的系统风险都不可能只依靠金融市场完全自行化解。"秃鹫基金"式的市场化处置方式可能有巨额盈利的机会，却无法实现大面积起死回生，更不能避免金融危机的发生。只有非营利的政府及其相关机构有能力和动机处置它们，并尽可能快地消除它们对经济的拖累。绝大多数企业层面的金融风险是不可能完全消除的，而是通过与其他好资产绑定，或者期限配置的优化等措施转移、分散风险。这些风险处置的性质不过是"个别风险的系统化"（刘晓欣，2008），它们绝大多数只能减小个别风险，却会加大和积聚系统风险的规模，强化系统风险爆发的烈度。

金融自由化和经济虚拟化导致美国、欧洲等资本主义国家和地区多次经历了金融危机，但是，金融危机并没有在中国爆发，其重要原因就是我国拥有以国有资产管理公司为核心的风险防控和化解体系，以不计盈亏的处置原则及时化解了社会中的不良资产，使整个金融系统重回健康状态，最终"化险为夷"。有鉴于此，在社会主义市场经济背景下，我国不良资产处置的发展方向是回归"化解风险"的职能和初衷。当前，我国正处于"三期叠加"的经济新常态，加上新冠肺炎疫情的负面冲击，我国不良资产呈现"大且难"的递增趋势，截至 2020 年年末，我国商业银行不良贷款余额已达 2.7 万亿元，同比增加 2878 亿元。不良资产俨然已成为我国系统性金融风险的主要引爆点之一，有效化解不良资产刻不容缓。作为不良资产化解的重要参与方和主体，资产管理公司在控风险、稳金融和促增长中的重要性不言而喻。可喜的是，不良资产处置行业的全国性新成员——中国银河资产管理有限责任公司，将为市场注入新思维、新模式、新机制，促进行业良性竞争。另外，作为服务于人民银行的国有金融机构——汇达资产托管有限责任公司，于2020年受央行委托对锦州银行实施救助，切实发挥了通过金融救助化解金融风险的作用。未来，随着社会主义市场经济的发展，国有 AMC 不良资产处置应更多关注救助性金融结构的社会职能，在此基础上，处理好经营业务的政策性与商业性、营利性和非营利性的关系问题。

第一章　中国不良资产处置的历史回顾与发展方向

第二章　中国不良资产规模变动趋势与结构特征

1999 年财政部印发的《金融保险企业财务制度》规定，银行贷款划分为正常、逾期、呆滞、呆账四类，后三类合称为不良贷款，简称"一逾两呆"。1998 年，依照国际惯例，人民银行将银行贷款划分为正常、关注、次级、可疑、损失五种，后三类贷款属于不良贷款，也被定义为"不良资产"，这是不良资产最基础的概念。在关注、次级、可疑三类贷款中，按照贷款本金偿还的情况依次分别为"可能要承受损失""大概率要承受损失""肯定要承受损失"三种情形，反映了债务人的还款意愿、还款能力的逐渐递减。关注贷款是指借款人可以偿还贷款本息，但由于各种因素后期贷款偿还会受到影响；次级贷款是指经营收入难以保证偿还贷款，需要通过出售、变卖资产或对外融资，或者执行抵押担保来还款；可疑贷款是指贷款要发生一定的损失，需要依据借款人重组、兼并、合并、抵押物处理和诉讼未决等因素确定损失金额。在"不良贷款"基础上定义的"不良资产"，使"不良资产"的外延可扩展为"不良债权资产、债转股资产、抵债资产及问题实体"，因此不良资产的持有者可以是经济中的各类主体。然而，不良资产问题却总是频繁地发生于银行业之中，银行不良贷款仍是我国金融体系内不良资产的大头。金融机构除了银行以外，还有保险公司、证券公司、信托公司等，这些机构通过银行表外理财、资管计划、信托贷款、上市公司股权质押等各种融资创新工具导致金融风险积聚，不良资产大量产生。与金融机构对应的非金融机构的不良资产，一般是指企业集团内部、企业之间发生的不良借款，实体企业间的不良借款只要符合"真实、有效、洁净"三原则，就可以认定为"不良资产"，纳入不良资产范围。二十多年来，国内"不良资产"的概念更新多次，不断外延扩张，从无到有，从债权到股权实物机构，从金融不良资产到非金不良资产。

本章将阐述不良资产的总量规模及变动趋势，提炼不良资产的行业结构、区域结构、金融机构结构的特性及变化趋势，简要介绍四大 AMC 的资产负债、经营和处置不良资产业务的基本情况。

一、不良资产的总量趋势

（一）不良资产的总量规模及变动趋势

根据银保监会统计口径，我国银行业金融机构包括政策性银行、大型商业银

中国特色不良资产处置的理论创新与实践

行、股份制商业银行、城市商业银行、农村合作金融机构、邮政储蓄银行、外资银行、民营银行、中德住房储蓄银行、非银行金融机构、新型农村金融机构。

2010—2018 年，我国银行业金融机构的不良贷款余额呈上升趋势，经 2011 年最低点的 10533.4 亿元一路上升至 2018 年的 28426.2 亿元，7 年年均增长率约为 11.8%。与此不同的是，同期银行业金融机构的不良贷款率变动不大，在经历一个小幅 U 形走势后保持在 1.9% 左右的水平，整个时期总体稳定在 1.5%~2.4%。不良贷款余额与不良贷款率年度变化的差异反映出该时期信贷总量的激增，如图 2-1 所示。

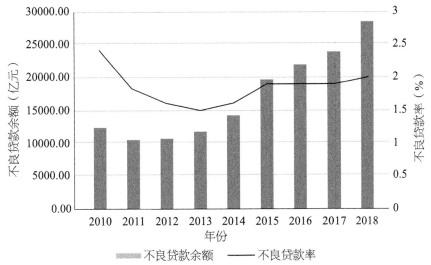

图 2-1　2010—2018 年银行业金融机构不良贷款余额和不良贷款率

数据来源：银保监会。

为进一步拉长样本期以分析变动趋势，综合考虑数据的可得性和代表性，我们以 1994—2019 年商业银行不良贷款余额和不良贷款率分析样本期内我国不良资产规模的演变特点。由于商业银行不良贷款的增减与不良资产总量的波动具有较强相关性，在全国不良资产相关数据难以获取的情况下，以国内商业银行不良贷款率和不良贷款余额的波动情况衡量同时期我国不良资产总量的波动情况具有较高的稳健性。

1994—2019 年，商业银行不良贷款率经历了一个先升后降的过程。根据变化特点，可以将其划分为三个阶段：第一阶段是 1994—2000 年，这段时期我国商业银行不良贷款率不断提高，从 1994 年的 25% 六年间连续飙升至 44.18%；第二阶段是 2001—2010 年，不良贷款率快速、稳步下降，截至 2010 年年底，我国商业银行的不良贷款率下降至 1.14%；第三阶段是 2011—2019 年，这段时期我国商业银行的不良贷款率基本在 1%~2% 之间小幅波动。

对应的，我国商业银行不良贷款余额在 1994—2019 年间大致经历了一个 N 形波动。其中，2010 年之前的波动趋势基本与不良贷款率一致：从 1994 年的 7964.08 亿元一路攀升至 1999 年的最高点 28236.12 亿元，此后一路下降至 2011 年的最低点 4279.00 亿元。与不良贷款率变化趋势不同的是，2011—2019 年的这段时期，商业银行的不良贷款余额从 4279.00 亿元逐步攀升至 2019 年的 24135.00 亿元，而同一时期的不良贷款率趋于上升，达到 1.86%。两者变动趋势的异化反映出该时期我国商业银行信贷总量的激增。1994—2019 年我国商业银行不良贷款余额和不良贷款率见表 2-1。

表 2-1　1994—2019 年商业银行不良贷款余额和不良贷款率

年份	不良贷款余额（亿元）	不良贷款率（%）	年份	不良贷款余额（亿元）	不良贷款率（%）
1994	7964.08	25.00	2007	12684.20	6.17
1995	10551.27	27.00	2008	5602.50	2.42
1996	13946.55	29.40	2009	4973.30	1.58
1997	16924.30	32.00	2010	4293.00	1.14
1998	24517.95	40.00	2011	4279.00	1.00
1999	28236.12	44.00	2012	4929.00	0.95
2000	22866.87	44.18	2013	5921.00	1.00
2001	22473.80	30.37	2014	8426.00	1.25
2002	22080.60	26.10	2015	12744.00	1.67
2003	21044.60	17.90	2016	15122.00	1.74
2004	17176.00	13.21	2017	17057.00	1.74
2005	13133.60	8.61	2018	20254.00	1.83
2006	12549.20	7.09	2019	24135.00	1.86

数据来源：1994—2002 年数据转引自高鹤. 中国银行业不良资产生成机制：基于经济转型的分析框架［J］. 财经科学，2006（12）：1-9；2003—2010 年数据根据 Wind 数据库资料整理；2011—2019 年数据来源于银保监会。

（二）各等级不良资产规模及变动趋势

从不良贷款细分数据的年度结构变动来看，2010—2018 年，我国银行业金融机构不良贷款率在相对稳定的情况下，不良贷款的整体"质量"在下降。这体现于相对次级类不良贷款，可疑类、损失类不良贷款的占比逐渐提高。2010 年，次级类、可疑类、损失类贷款占总贷款的比例分别为 1.1%、10%、0.3%，到 2018 年这一结构变为 0.8%、0.8%、0.3%。考虑到近年银行业贷款总量的激增，这一结构变动所反映的银行业不良贷款整体劣化趋势值得关注。2010—2018 年银行业金融机构不良贷款细分数据如图 2-2 所示。

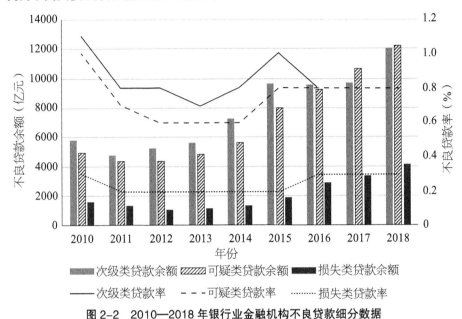

图 2-2　2010—2018 年银行业金融机构不良贷款细分数据

数据来源：银保监会。

二、不良资产的产业与区域结构特征

（一）不良资产的行业分布特征

以 2018 年为例，我国商业银行分行业不良贷款余额排名前五的依次为：制造业（6537.50 亿元），批发和零售业（5320.90 亿元），农、林、牧、渔业（1458.10 亿元），建筑业（865.80 亿元）以及房地产业（857.10 亿元）。其中，制造业、批发和零售业的不良贷款余额远超其他行业，两者在不良贷款余额总量的占比上分别高达 36.7% 和 29.9%。排名后五位的行业为：科学研究和技术服务业（33.30 亿元），金融业（23.60 亿元），卫生和社会工作（21.90 亿元），教育业（18.80 亿元）以及公共管理、社会保障和社会组织（2.80 亿元）。

从不良贷款率排名上看，前五位的行业依次为：农、林、牧、渔业（5.60%），批发和零售业（5.00%），制造业（4.80%），住宿和餐饮业（4.30%）以及采矿业

（3.30%）；排名后五位的行业为：教育业（0.50%），卫生和社会工作（0.50%），金融业（0.30%），水利、环境和公共设施管理业（0.20%）以及公共管理、社会保障和社会组织（0.20%），具体分布如图 2-3 所示。

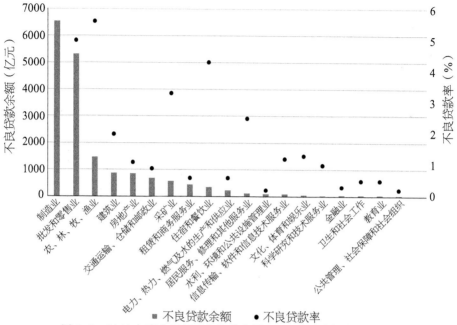

图 2-3　2018 年商业银行不良贷款余额、不良贷款率年末行业分布

数据来源：银保监会。

综合来看，制造业，批发和零售业，农、林、牧、渔业在商业银行不良贷款余额总量和不良贷款率两个方面均排名靠前，这反映出当前这三类行业信贷需求较高、信贷质量低的特点。而不良贷款总量和比率均排名靠后的教育业，金融业，卫生和社会工作以及公共管理、社会保障和社会组织这几个行业则相反。此外，制造业、批发和零售业的不良贷款余额总和占不良贷款余额总量的 66.6%，且两行业的不良贷款率很高，在贷款审批和不良资产处置的相关过程中值得重点关注。2013—2018 年商业银行年末不良贷款余额行业分布见表 2-2，不良贷款率行业分布见表 2-3。

表 2-2　2013—2018 年商业银行年末不良贷款余额行业分布　　　　（亿元）

行业	2013 年	2014 年	2015 年	2016 年	2017 年	2018 年
农、林、牧、渔业	263.90	388.30	636.50	748.10	1054.00	1458.10
采矿业	48.80	181.60	438.60	676.50	677.10	583.20
制造业	2149.80	3035.60	4298.20	5018.10	5478.40	6537.50

行业	2013 年	2014 年	2015 年	2016 年	2017 年	2018 年
电力、热力、燃气及水的生产和供应业	137.00	98.60	117.20	120.90	182.90	235.20
建筑业	128.60	214.30	458.50	575.60	699.60	865.80
批发和零售业	1700.40	2695.00	3997.70	4523.60	4726.20	5320.90
交通运输、仓储业和邮政业	323.90	274.30	335.10	342.10	504.90	685.10
住宿和餐饮业	78.60	104.80	169.60	204.20	272.20	362.90
信息传输、软件和信息技术服务业	28.20	36.00	41.80	40.70	73.20	88.50
金融业	3.30	8.10	13.20	11.00	18.90	23.60
房地产业	214.40	263.30	455.90	576.90	706.90	857.10
租赁和商务服务业	77.90	107.20	212.10	263.20	375.50	449.10
科学研究和技术服务业	8.40	9.20	12.60	20.70	17.50	33.30
水利、环境和公共设施管理业	22.20	18.40	30.60	49.40	58.90	97.10
居民服务、修理和其他服务业	34.00	50.40	78.20	98.10	112.40	124.10
教育业	23.20	17.30	14.60	14.20	19.10	18.80
卫生和社会工作	4.70	3.40	4.00	6.10	10.80	21.90
文化、体育和娱乐业	9.70	13.60	22.10	26.30	43.80	50.50
公共管理、社会保障和社会组织	7.90	6.40	5.60	6.00	2.90	2.80

数据来源：银保监会。

表 2-3　2013—2018 年商业银行不良贷款率行业分布　（%）

行业	2013 年	2014 年	2015 年	2016 年	2017 年	2018 年
农、林、牧、渔业	2.27	2.64	3.54	3.57	4.40	5.60
采矿业	0.31	1.04	2.33	3.57	3.70	3.30

第二章　中国不良资产规模变动趋势与结构特征

行业	2013 年	2014 年	2015 年	2016 年	2017 年	2018 年
制造业	1.79	2.42	3.35	3.85	4.20	4.80
电力、热力、燃气及水的生产和供应业	0.51	0.34	0.37	0.35	0.50	0.60
建筑业	0.50	0.72	1.39	1.67	1.80	2.00
批发和零售业	2.16	3.05	4.25	4.68	4.70	5.00
交通运输、仓储业和邮政业	0.68	0.52	0.58	0.54	0.70	0.90
住宿和餐饮业	1.27	1.47	2.26	2.68	3.40	4.30
信息传输、软件和信息技术服务业	0.95	1.15	1.06	0.79	1.10	1.20
金融业	0.12	0.21	0.19	0.13	0.30	0.30
房地产业	0.48	0.50	0.81	1.04	1.10	1.10
租赁和商务服务业	0.29	0.33	0.53	0.52	0.60	0.60
科学研究和技术服务业	0.68	0.66	0.80	1.12	0.80	1.00
水利、环境和公共设施管理业	0.11	0.08	0.12	0.16	0.10	0.20
居民服务、修理和其他服务业	1.05	1.43	2.07	2.55	2.60	2.50
教育业	0.89	0.58	0.46	0.42	0.50	0.50
卫生和社会工作	0.18	0.11	0.12	0.16	0.30	0.50
文化、体育和娱乐业	0.57	0.65	0.82	0.87	1.30	1.30
公共管理、社会保障和社会组织	0.32	0.25	0.20	0.19	0.10	0.20

数据来源：银保监会。

从债券违约视角分析各行业的不良资产情况，截至 2019 年年末，依据商业银行的数据，违约债券余额在 100 亿元以上的四个行业为：制造业（647.67 亿元）、批发和零售贸易业（507.06 亿元）、综合类（451.34 亿元）、建筑业（375.30 亿元），如图 2-4 所示，而这四个行业的债券余额违约率也均高于其他行业。其中，违约债券余额排名居前的制造业、批发和零售贸易业分别占违约债券余额总

中国特色不良资产处置的理论创新与实践

量的 28.6% 和 22.4%，而批发与零售贸易业的债券余额违约率高达 7.68%，远高于其他行业，这与国内外当前所处的经济周期密切相关，也是国内产业转型的必经之痛。

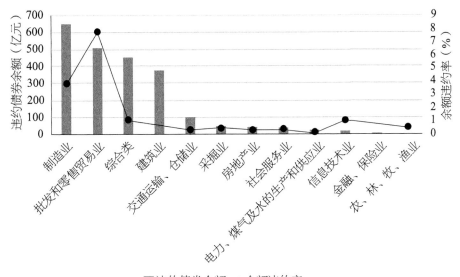

图 2-4 2019 年年末分行业违约债券余额、债券余额违约率

数据来源：银保监会。

值得注意的是，相对于其他行业，2019 年年末制造业违约发行人个数远高于其他行业，超过在列行业违约发行人总数的一半，见表 2-4。这在很大程度上反映出制造业不良资产的分散性和复杂性，这种特征也给制造业不良资产的处置带来了一定的难度。

表 2-4 截至 2019 年年末违约债券行业分布

行业	违约债券只数	违约债券余额（亿元）	余额违约率（%）	违约发行人个数	发行人个数违约比率（%）
制造业	116	647.67	3.81	47	12.70
综合类	54	451.34	1.09	15	2.39
批发和零售贸易业	45	507.06	7.68	11	7.91
建筑业	33	375.30	0.84	10	0.62
交通运输、仓储业	13	99.99	0.33	6	2.70

行业	违约债券只数	违约债券余额（亿元）	余额违约率（%）	违约发行人个数	发行人个数违约比率（%）
房地产业	9	42.90	0.32	1	0.31
采掘业	7	49.00	0.45	2	2.56
社会服务业	4	37.49	0.36	2	0.69
电力、煤气及水的生产和供应业	2	27.00	0.17	2	0.70
农、林、牧、渔业	1	1.50	0.51	1	4.76
信息技术业	1	20.00	1.03	1	2.56
金融、保险业	1	5.00	0.01	1	0.15
合计	286	2264.25	16.60	99	100

数据来源：银保监会。

（二）不良资产的区域分布特征

从 2018 年商业银行不良贷款余额的省际分布上看，东部地区沿海省份的不良贷款量明显高于内陆省份，其中排名靠前的五个省份依次为：山东（2495.7 亿元）、广东（1588.2 亿元）、辽宁（1470.7 亿元）、江苏（1302.9 亿元）及浙江（1113.0 亿元）。不良贷款余额年度排名靠后的五个省份分别为：宁夏（168.8 亿元）、新疆（155.1 亿元）、青海（97.8 亿元）、海南（84.0 亿元）及西藏（11.3 亿元）。

从综合排名来看，商业银行不良贷款余额的省份排名与同年省际地区生产总值（GDP）排名具有一定相关性。一般逻辑上，经济体量较大的省份，其贷款量也较大，在不良贷款率差异不大的前提下，对应的不良贷款余额也应较高。但从数据来看，有些省份两者排名存在较大差异，其中，GDP 省际排名明显高于不良贷款余额排名的省份有：湖北（GDP 排名 7，不良贷款余额排名 13）、湖南（GDP 排名 8，不良贷款余额排名 15）、上海（GDP 排名 11，不良贷款余额排名 21）、北京（GDP 排名 12，不良贷款余额排名 24）、陕西（GDP 排名 15，不良贷款余额排名 22）、重庆（GDP 排名 17，不良贷款余额排名 23）、广西（GDP 排名 18，不良贷款余额排名 26），反映出这类省级行政区整体经济相对健康。相反，GDP 排名明显低于不良贷款余额排名的省份有：辽宁（GDP 排名 14，不良贷款余额排名第 3）、天津（GDP 排名 19，不良贷款余额排名第 9）、云南（GDP排名20，不良贷款余额排名18）、内蒙古（GDP排名21，不良贷款余额排名14）、贵州（GDP排名25，不良贷款余额排名20）、甘肃（GDP排名27，不良贷款余额排名16），反映出这些省份整体经济相对不够健康，经济结构的稳定性相对较差。

从2018年商业银行不良贷款率的省际分布上看，与不良贷款余额分布不同，东部沿海省份总体不良贷款率相对较低，不良贷款率较高的省份多分布在胡焕庸线沿线省份（人口密度由高向低的过渡省份）。其中，不良贷款率排名靠前的五个省份依次为：甘肃（4.40%）、辽宁（4.10%）、山东（4.00%）、宁夏（3.70%）、内蒙古（3.50%）。不良贷款率排名靠后的五个省份分别为：浙江（1.20%）、重庆（1.10%）、上海（0.60%）、北京（0.40%）、西藏（0.40%）。总体来看，东南沿海经济活力较强的省份虽然不良贷款余额较高，但不良贷款率明显低于其他省份。而经济发展相对滞后的省份大多不良贷款率较高。2013—2018年商业银行年末不良贷款余额分地区数据见表2-5，不良贷款率的地区分布见表2-6。

表2-5　2013—2018年商业银行年末不良贷款余额分地区数据　（亿元）

地区	2013年	2014年	2015年	2016年	2017年	2018年
东部地区	3931.3	5418.3	7463.0	8198.4	8843.4	10734.9
北京	176.9	293.0	366.3	260.2	274.1	262.1
天津	121.8	190.6	304.0	375.8	525.5	758.2
河北	108.0	146.2	272.3	502.2	619.9	787.9
辽宁	233.1	362.6	444.3	606.2	928.5	1470.7
上海	313.1	370.7	397.3	307.7	281.2	340.5
江苏	717.5	848.0	1104.4	1146.1	1148.6	1302.9
浙江	1035.7	1219.9	1600.7	1568.1	1305.8	1113.0
福建	246.3	454.1	719.2	782.4	646.8	531.7
山东	426.7	716.8	1081.1	1321.1	1726.8	2495.7
广东	541.9	802.2	1151.5	1300.9	1352.5	1588.2
海南	10.3	14.2	21.9	27.7	33.7	84.0

地区	2013 年	2014 年	2015 年	2016 年	2017 年	2018 年
中部地区	894.4	1359.1	2170.0	2849.2	3298.4	4298.8
山西	107.2	196.4	315.1	409.5	407.3	434.6
吉林	58.9	93.3	140.2	290.1	347.3	401.2
黑龙江	53.2	110.0	138.5	182.6	237.7	250.4
安徽	147.1	219.1	362.3	357.9	402	562.1
江西	116.7	158.3	268.3	357.8	433.3	617.4
河南	127.9	178.5	316.8	473.9	571.5	1051.7
湖北	161.1	236.7	341.2	415.8	434.9	500.8
湖南	122.3	166.8	287.6	361.6	464.4	480.6
西部地区	663.3	1215.2	2485.6	3186.0	3873.2	3997.7
重庆	51.7	75.9	180.3	256.3	267.4	283.7
四川	173	319.8	573.4	763.9	951.1	930.4
贵州	44.9	82.0	165.6	249.0	427.3	361.8
云南	58.2	107.8	273.6	409.7	448.0	426.4
西藏	4.5	3.5	4.3	6.0	9.2	11.3
陕西	77.7	143.1	319.7	389.9	377.2	338.0
甘肃	23.4	25.3	85.8	155.3	336.1	480.4
青海	21.7	25.3	57.4	72.0	90.6	97.8
宁夏	22.1	37.5	54.5	77.4	97.0	168.8
新疆	46.7	60.0	83	125.4	138.4	155.1
广西	61.1	113.8	246.9	242.2	223.1	249.7
内蒙古	78.3	221.2	441.1	438.9	507.8	494.3

数据来源：银保监会。

中国特色不良资产处置的理论创新与实践

表 2-6 2013—2018 年商业银行年末不良贷款率的地区分布　　（%）

地区	2013 年	2014 年	2015 年	2016 年	2017 年	2018 年
东部地区	1.12	1.35	1.68	1.64	1.60	1.70
北京	0.54	0.72	0.84	0.55	0.50	0.40
天津	0.79	1.11	1.60	1.79	2.30	3.10
河北	0.64	0.74	1.18	1.87	2.00	2.20
辽宁	1.18	1.46	1.64	2.09	2.90	4.10
上海	0.91	1.02	1.01	0.68	0.60	0.60
江苏	1.23	1.31	1.55	1.42	1.30	1.30
浙江	1.98	2.04	2.50	2.26	1.70	1.20
福建	1.22	1.94	2.77	2.73	2.10	1.60
山东	1.17	1.72	2.32	2.48	3.00	4.00
广东	0.86	1.15	1.43	1.38	1.30	1.30
海南	0.49	0.55	0.69	0.73	0.80	1.60
中部地区	0.99	1.28	1.75	1.97	2.00	2.30
山西	1.04	1.70	2.34	2.72	2.40	2.30
吉林	0.87	1.14	1.47	2.68	3.00	3.10
黑龙江	0.91	1.55	1.72	2.01	2.40	2.30
安徽	1.03	1.30	1.86	1.60	1.60	1.90
江西	1.28	1.44	2.08	2.22	2.30	2.80
河南	0.82	0.97	1.48	1.84	1.90	2.90
湖北	1.02	1.28	1.58	1.68	1.50	1.50
湖南	0.99	1.16	1.67	1.75	1.90	1.70
西部地区	0.67	1.05	1.87	2.15	2.30	2.10
重庆	0.35	0.46	0.99	1.28	1.20	1.10
四川	0.79	1.26	2.00	2.33	2.50	2.20

地区	2013 年	2014 年	2015 年	2016 年	2017 年	2018 年
贵州	0.69	0.97	1.6	2.02	3.00	2.10
云南	0.56	0.94	2.18	3.07	3.00	2.50
西藏	0.45	0.23	0.23	0.27	0.30	0.40
陕西	0.68	1.08	1.99	2.23	2.00	1.50
甘肃	0.55	0.47	1.13	1.77	3.40	4.40
青海	1.08	1.00	1.90	2.10	2.40	2.30
宁夏	0.84	1.20	1.58	2.05	2.30	3.70
新疆	0.80	0.84	1.00	1.40	1.40	1.40
广西	0.69	1.13	2.18	1.91	1.60	1.50
内蒙古	0.88	2.16	3.97	3.57	3.80	3.50

数据来源：银保监会。

三、不良资产的金融机构结构特征

（一）不良资产商业银行分布特征

首先将商业银行划分为国有商业银行、股份制商业银行、城市商业银行、农村商业银行以及外资银行，进而分析其年末不良贷款余额和不良贷款率的变化趋势。

在年末不良贷款余额上，2005—2019 年，除农村商业银行不良贷款规模基本保持增长外，其他各类商业银行的不良贷款规模均经历了一个先降后升的 U 形波动期（见表 2-7 和图 2-5）。整个时期内，我国国有商业银行的不良贷款总量始终高于其他性质的商业银行。2005—2010 年，各类商业银行按不良贷款规模从大到小排序依次为：国有商业银行、股份制商业银行、城市商业银行、农村商业银行。值得关注的是，2010 年后，农村商业银行的不良贷款规模快速增加，2011年，农村商业银行的不良贷款规模超过城市商业银行，2018 年超过股份制商业银行。

在不良贷款率上，2005—2019 年，除外资银行的不良贷款率在 0.40%~1.15%之间小幅波动外，其他类别商业银行的不良贷款率也均经历了一个先降后升的 U

形波动期。除农村商业银行外，2005—2015 年，国有商业银行的不良贷款率均高于其他类商业银行；2015 年后，国有商业银行的不良贷款率降速较快，截至 2019 年，国有商业银行的不良贷款率仅高于外资银行，且有进一步下降的趋势。整个样本期内，农村商业银行的不良贷款率均处于相对高位，自 2008 年其不良贷款率超过国有商业银行后直至样本期末，农村商业银行的不良贷款率均明显高于其他类商业银行。一个值得注意的异化趋势是，2016 年后，农村商业银行不良贷款率的增速开始远高于其他类商业银行（见表 2-8）。

表 2-7   2005—2019 年商业银行年末不良贷款余额分类对比数据   （亿元）

年份	国有商业银行	股份制商业银行	城市商业银行	农村商业银行	外资银行
2005	10724.80	1471.80	841.70	57.10	38.20
2006	10534.90	1168.10	654.70	153.60	37.90
2007	11149.50	860.40	511.50	130.60	32.20
2008	4208.20	657.10	484.80	191.50	61.00
2009	3627.30	637.20	376.90	270.10	61.80
2010	3081.00	565.10	325.60	272.70	48.60
2011	2996.00	563.00	339.00	341.00	40.00
2012	3095.00	797.00	419.00	564.00	54.00
2013	3500.00	1091.00	548.00	726.00	56.00
2014	4765.00	1619.00	855.00	1091.00	96.00
2015	7002.00	2536.00	1213.00	1862.00	130.00
2016	7761.00	3407.00	1498.00	2349.00	103.00
2017	7725.00	3851.00	1823.00	3566.00	85.00
2018	7744.00	4388.00	2660.00	5354.00	90.00
2019	8959.00	4805.00	4074.00	6155.00	94.00

数据来源：银保监会。

第二章   中国不良资产规模变动趋势与结构特征

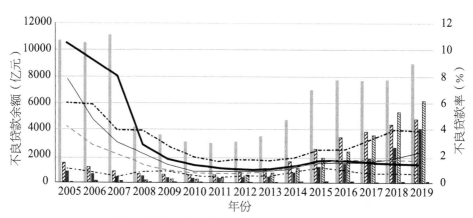

图 2-5　2005—2019 年商业银行不良贷款余额、不良贷款率分类数据变动

数据来源：银保监会。

表 2-8　2005—2019 年商业银行不良贷款率分类对比数据　　　　　　（％）

年份	国有商业银行	股份制商业银行	城市商业银行	农村商业银行	外资银行
2005	10.49	4.22	7.73	6.03	1.05
2006	9.22	2.81	4.78	5.90	0.78
2007	8.05	2.15	3.04	3.97	0.46
2008	2.81	1.35	2.33	3.94	0.83
2009	1.80	0.95	1.30	2.76	0.85
2010	1.31	0.70	0.91	1.95	0.53
2011	1.10	0.60	0.80	1.60	0.40
2012	0.99	0.72	0.81	1.76	0.52
2013	1.00	0.86	0.88	1.67	0.51
2014	1.23	1.12	1.16	1.87	0.81
2015	1.66	1.53	1.40	2.48	1.15
2016	1.68	1.74	1.48	2.49	0.93
2017	1.53	1.71	1.52	3.16	0.70
2018	1.41	1.71	1.79	3.96	0.69
2019	1.38	1.64	2.32	3.90	0.67

数据来源：银保监会。

中国特色不良资产处置的理论创新与实践

（二）不同类型非银行金融机构不良资产分布特征

根据银保监会分类统计口径，非银行金融机构包括信托公司、企业集团财务公司、金融租赁公司、货币经纪公司、汽车金融公司和消费金融公司。非银行金融机构在社会融资活动中的参与度越来越高，信托、券商资管、基金公司等产生类信贷资产的规模越来越大，由此也会产生大量的非银行金融机构不良资产。

1. 信托项目风险上升

2011—2017 年，信托资产规模持续上升，2017 年达到 26.25 万亿元，2018年下降到 22.70 万亿元，是 2011 年规模的 4.72 倍，增长幅度巨大，2019 年则继续下降。同期，2019 年新增信托项目累计达到 21124 个，与 2011 年相比增长了7697 个（见表 2-9）。由于信托业与实体经济关系紧密，且投资收益率较高，信托资产规模及项目数量的持续性较快增长，在宏观经济周期下行的情况下，存在较大的债务兑现风险，由此可能产生较大规模的不良资产。

表 2-9   2010—2019 年信托资产规模及新增项目

年份	信托资产规模（万亿元）	新增信托项目（累计）（个）
2011	4.81	13427
2012	7.47	16729
2013	10.91	20672
2014	13.98	36612
2015	16.30	19396
2016	20.22	20974
2017	26.25	24849
2018	22.70	16350
2019	21.60	21124

数据来源：中国信托业协会。

2. 基金规模持续上升

2013 年以来，我国基金业保持着持续较快增长的势头，2019 年基金资产净值达到 147673.00 亿元，是 2013 年 42213.10 亿元的 3.5 倍，基金份额也由 2013 年的 31179.84 亿份增长到 2019 年的 136937.00 亿份（见表 2-10）。随着资产管理规模的提升，在收益率的压力下，资产管理公司庞大的资金规模势必要增加配置高风险资产，加大了形成不良资产的可能性。

表 2-10　2013—2019 年中国基金业发展情况

年份	基金数量（只）	基金份额（亿份）	基金资产净值（亿元）	基金管理公司数量（家）
2013	1552	31179.84	42213.10	89
2014	1897	42011.99	66811.36	95
2015	2722	76674.13	83971.83	100
2016	3867	88428.31	91593.05	108
2017	4841	110190.10	115996.90	113
2018	5626	128969.50	130346.50	120
2019	6544	136937.00	147673.00	142

数据来源：中国证券投资基金业协会。

3. 债务违约风险上升

2014 年 3 月，我国第一只公募债"11 超日债"违约，债券市场刚性兑付被打破，2016 年债券违约事件频发，2019 年违约债券数量高达 184 只，涉及金额 1494.04 亿元（见表 2-11）。从目前违约债券的处置情况来看，一般采取债务重组的方式来避免生成不良资产，但是如果违约债券规模进一步上升，由此产生的不良资产可能就难以避免。

表 2-11　2015—2019 年违约债券数量和金额

年份	数量（只）	金额（亿元）
2015	25	115.19
2016	56	393.77
2017	35	337.49
2018	125	1209.61
2019	184	1494.04

数据来源：Wind 资讯。

在 2016—2018 年的三年内，发生债券违约事件的行业主要为制造业、批发和零售贸易业、综合类、采掘业、建筑业、交通运输与仓储业，这些行业均为周期性行业，在宏观经济下行时期，行业盈利能力下降，偿债能力也由此降低（见表 2-12）。在宏观经济增速持续放缓的情况下，这些行业债券违约的可能性还会进一步加大，如果未能应用债务重组等手段化解风险，就会生成大量的不良资产。

中国特色不良资产处置的理论创新与实践

表 2-12　2016—2018 年违约债券行业分布

行业	违约债券数量（只）	违约债券余额（亿元）	余额违约率（%）	违约发行人个数	发行人个数违约比率（%）
制造业	87	473.95	40.85	43	48.86
批发和零售贸易业	31	422.15	14.55	8	9.09
综合类	23	182.29	10.80	9	10.23
采掘业	20	206.27	9.39	4	4.55
建筑业	17	238.50	7.98	6	6.82
交通运输、仓储业	11	87.99	5.16	4	4.55
电力、煤气及水的生产和供应业	7	49.37	3.29	3	3.41
房地产业	6	34.90	2.82	2	2.27
社会服务业	5	36.49	2.35	4	4.55
农、林、牧、渔业	3	16.50	1.41	2	2.27
信息技术业	1	12	0.47	1	1.14
金融、保险业	1	5	0.47	1	1.14
传播与文化产业	1	0.73	0.47	1	1.14
合计	213	1766.14	100	88	100

数据来源：Wind 资讯。

　　由表 2-13 可以看出，2017—2019 年我国信用债市场违约率呈现攀升趋势，东、中、西部三个地区均表现出上升势头。2019 年，债券违约率排名前五位的省市是：青海（13.27%）、宁夏（7.92%）、辽宁（6.28%）、黑龙江（5.07%）和山西（3.65%）；排名后五位的省市是：江西（0）、贵州（0）、西藏（0）、云南（0.03%）和陕西（0.03%）。虽然个别省市企业债券违约率较高，但 2019 年我国整体企业债券违约率为 0.91%，低于我国银行业 2% 的不良资产率，也低于全球企业平均债券违约率，保持基本可控的状态。但结合违约主体开始由民营企业向国有企业和高评级企业蔓延以及信用债融资成本升高的趋势，未来我国信用债违约率可能继续增加，因而必须警惕出现大量不良资产的情况。

表 2-13 2017—2019 年各地区债券违约率 （％）

地区	2017 年	2018 年	2019 年
东部地区	0.52	0.93	1.56
北京	0.17	0.29	0.50
天津	0.02	0.02	0.19
河北	1.47	1.44	2.80
辽宁	2.53	4.54	6.28
上海	0.35	1.65	1.49
江苏	0.11	0.28	0.85
浙江	0.21	0.93	1.48
福建	0.02	0.24	0.46
山东	0.74	0.63	1.36
广东	0.06	0.23	0.34
海南	0.00	0.00	1.38
中部地区	0.09	1.32	1.85
山西	0.00	2.99	3.65
吉林	0.21	1.19	1.19
黑龙江	0.00	3.79	5.07
安徽	0.01	0.90	2.51
江西	0.00	0.00	0.00
河南	0.39	0.65	1.20
湖北	0.12	1.07	1.02
湖南	0.00	0.00	0.12
西部地区	0.27	0.50	2.34
重庆	0.06	0.06	0.06
四川	0.70	0.85	0.74
贵州	0.00	0.00	0.00
云南	0.00	0.00	0.03

中国特色不良资产处置的理论创新与实践

地区	2017 年	2018 年	2019 年
西藏	0.00	0.00	0.00
陕西	0.04	0.28	0.03
甘肃	0.00	0.28	2.13
青海	0.00	0.00	13.27
宁夏	0.00	1.47	7.92
新疆	0.00	0.24	0.22
广西	0.40	0.39	0.36
内蒙古	2.00	2.40	3.28
合计	0.25	0.62	0.91

数据来源：Wind 资讯。

4. 城投债券规模持续上升

2008 年以来，我国城投债券发行规模和发行数量由于经济发展、市场需求以及政策干预等因素而呈现波动状态，但整体呈现上升趋势。2008 年我国城投债券发行规模为 992.00 亿元，2019 年达到 33513.58 亿元，增长 33.78 倍。2008 年我国城投债券发行数量为 65 只，2019 年达到 4058 只，增长 62.43 倍（见表 2-14）。随着城投债券规模的快速增长，其信用风险随之上升。自 2011 年"滇高速"出现实质性违约以来，"六师国资""射阳城投""常德经投"等融资平台相继发生违约事件，刚性兑付将被打破的市场预期已经形成。2018 年以来，全国共发生 186 起城投非标违约事件，近期华晨、紫光、永煤等高级别国企也发生了违约事件，可以预判未来随着城投债券规模的持续上升和城投刚兑的市场规则被打破，城投债券信用风险势必不断暴露，将形成大量的不良资产。

表 2-14　2008—2019 年城投债券发行规模与发行数量

年份	发行规模（亿元）	规模占比（%）	发行数量（只）	数量占比（%）
2008	992.00	0.57	65	0.36
2009	3223.30	1.86	195	1.07
2010	3126.50	1.81	238	1.30
2011	3996.40	2.31	324	1.78

年份	发行规模（亿元）	规模占比（%）	发行数量（只）	数量占比（%）
2012	9670.30	5.59	837	4.59
2013	10398.30	6.01	910	4.99
2014	19203.08	11.10	1883	10.32
2015	18395.86	10.63	1887	10.34
2016	25697.95	14.85	2632	14.43
2017	20049.98	11.59	2346	12.86
2018	24772.36	14.32	2868	15.72
2019	33513.58	19.37	4058	22.24
合计	173039.61	100.00	18243	100.00

数据来源：Wind 资讯。

四、四大资产管理公司经营及处置不良资产概况

当前，不良资产处置的市场主体仍以四大资产管理公司为主。在政策性处置任务完成后，信达、华融、长城和东方四家资产管理公司逐步进入市场化转型阶段，并取得了积极的经营业绩。

（一）四大资产管理公司资产和负债

表 2-15 列出了 2014—2019 年四大资产管理公司基本经营情况。资产规模方面，四大资产管理公司的经营规模总体呈上升趋势。其中，2014—2016 年，四大 AMC 资产规模增长迅速，信达、华融、长城和东方公司的资产规模分别增长115.73%、135.12%、79.37% 和 153.73%；2017 年以来，四大 AMC 资产规模增速明显放缓，华融和长城两家公司的资产规模有所收缩。杠杆率方面，2014—2019年，四大 AMC 资产负债率总体均有不同幅度的提高；净利润方面，2014—2017年，四大 AMC 净利润总额表现出较高增长态势，信达、华融和长城的盈利能力增长率虽有所下滑，但仍保持较高增长率；2018 年四大 AMC 盈利能力增长率均大幅下跌，2019 年华融、长城和东方恢复至正的盈利能力增长率，长城的盈利能力依旧下滑。

表 2-15　2014—2019 年四大资产管理公司基本经营情况

项目	公司	2014 年	2015 年	2016 年	2017 年	2018 年	2019 年
资产规模（亿元）	信达	5444.27	7139.75	11744.81	13869.38	14957.59	15132.30
	华融	6005.21	8665.46	14119.69	18702.60	17100.87	17050.12
	长城	2714.49	3656.78	4868.99	6395.40	6693.01	6010.16
	东方	3174.67	4113.70	8055.21	9803.06	10867.55	11315.79
资产负债率（%）	信达	81.29	84.47	87.40	87.87	88.06	87.55
	华融	86.09	86.29	89.37	90.23	90.14	90.41
	长城	87.96	87.74	89.59	90.40	90.36	89.68
	东方	87.30	86.34	88.16	88.06	88.30	88.47
净利润（亿元）	信达	121.43	147.04	159.82	187.58	118.80	147.49
	华融	130.31	169.51	231.09	265.88	15.09	22.69
	长城	58.80	73.61	89.68	104.99	25.59	12.46
	东方	70.52	83.67	89.50	124.32	95.51	104.22
净利润增长率（%）	信达	—	21.09	8.69	17.37	−36.67	24.15
	华融	—	30.08	36.33	15.06	−94.32	50.38
	长城	—	25.20	21.83	17.07	−75.63	−51.29
	东方	—	18.64	6.98	38.90	−23.18	9.12

数据来源：中国信达资产管理股份有限公司、中国华融资产管理股份有限公司数据来源于各年度财务报表，中国长城资产管理股份有限公司、中国东方资产管理股份有限公司数据来源于全国银行间同业拆借中心，http://www.chinamoney.com.cn/chinese/index.html（下同）。

（二）信达和华融的不良资产经营业务收入

四大 AMC 中，信达和华融在总资产、净资产等财务指标和不良资产主业资产规模、营业收入占比、资产占比以及利润贡献等方面均领先于长城和东方。因此，选择信达、华融两公司的不良资产业务收入、结构占比及增长率，不良资产处置的不同来源分类，以及不良资产债转股的股权类型分布等指标来描述资产管理公司经营与处置不良资产的概况。

信达、华融的经营业务包括三个部分：不良资产业务、金融业务、投资及资产管理业务，其中不良资产经营业务是核心业务，是公司收入、利润的主要来源。由表 2-16 中的数据可见，2014—2019 年，信达、华融的不良资产业务在绝大多数年份里保持了快速增长。信达的不良资产业务收入占营业收入的比重在 2014 年为 52.68%，2017 年降至 37.71%，2018 年又回升至 73.60%，2019 年保持在 70% 以上。华融的不良资产业务收入占营业收入的比重一直在 53% 以上，从 2014 年的 56.10%，上升到 2019 年的 61.95%；但不良资产业务收入增长率呈下降趋势，尤其是 2018 年增长率降低为 −6.01%。

与华融相似，信达不良资产业务收入增长率也呈下降趋势，但在 2018 年上升至 74.04%，2019 年降低至 −3.97%。在不良资产经营总额方面，信达、华融均表现出较快的增长趋势，2014—2019 年分别上涨 1.94 倍和 2 倍；在不良资产经营回报率方面，两者均逐年下降，2014—2019 年分别下降 45.46% 和 32.32%。

表 2-16　2014—2019 年信达和华融不良资产业务收入、结构占比及增长率

公司	项目	2014 年	2015 年	2016 年	2017 年	2018 年	2019 年
信达	业务收入（亿元）	314.95	328.76	320.69	452.69	787.86	756.54
	结构占比（%）	52.68	41.75	34.99	37.71	73.60	70.20
	增长率（%）	44.14	4.38	−2.45	41.16	74.04	−3.97
	不良资产经营税前利润（亿元）	111.17	121.77	144.25	150.76	186.08	152.38
	不良资产经营总额（亿元）	3209.74	3928.63	4576.07	5930.62	9583.66	9452.29
	不良资产经营税前净资产回报率（%）	25.3	22.4	21.7	12.3	15.3	13.8
华融	业务收入（亿元）	286.47	406.48	506.96	689.13	647.71	697.91
	结构占比（%）	56.10	53.92	53.25	53.81	60.39	61.95
	增长率（%）	44.64	41.89	24.72	35.93	−6.01	7.50
	不良资产经营税前利润（亿元）	93.40	11.90	158.91	202.76	129.04	195.91
	不良资产经营总额（亿元）	2833.39	3701.31	6287.13	9349.66	8662.50	8528.50
	不良资产经营税前净资产回报率（%）	26.3	20.2	20.7	22.1	12.1	17.8

数据来源：信达、华融财务报表。

（三）信达和华融不良资产经营与处置业务来源及分布

1. 不良资产来源的金融与非金融分类

目前，资产管理公司不良资产来源渠道分为两类：金融机构与非金融企业。其中，来源于金融机构的不良资产一般是以公开竞标或协议转让方式收购的不良资产包，来源于非金融企业的不良资产主要包括应收账款等（如逾期应收款项、逾期违约应收款项和债务人存在问题的应收款项）。

表 2-17 为 2014—2019 年信达和华融不良债权资产来源分类。非金融类不良资产是信达、华融新增不良债权资产的主要形式，均在 50% 以上，其中华融维持在 70% 左右；金融类不良债权资产占比有所下滑。与此相对应，在当期不良债权资产经营收入方面，非金融类当期不良债权资产经营收入占比较高，成为主要业务收入来源，绝大部分在 50% 以上；金融类不良资产经营收入占比逐年下降。

表 2-17   2014—2019 年信达和华融不良债权资产来源分类

项目	公司	类型	2014 年	2015 年	2016 年	2017 年	2018 年	2019 年
新增收购不良债权资产	信达	金融类占比（%）	37.20	48.35	43.78	46.16	44.33	40.83
		非金融类占比（%）	62.80	51.65	56.22	53.84	55.67	59.17
		账面合计（亿元）	1495.00	1673.32	2068.80	2020.54	1695.98	1167.11
	华融	金融类占比（%）	29.66	34.53	33.72	27.95	27.99	26.28
		非金融类占比（%）	70.34	65.47	66.28	72.05	72.01	73.72
		账面合计（亿元）	1500.92	2244.08	3480.23	4079.94	1994.15	1911.41
期末不良债权资产总额	信达	金融类占比（%）	40.48	44.99	42.29	46.23	47.75	49.88
		非金融类占比（%）	59.52	55.01	57.71	53.77	52.25	50.12
		账面合计（亿元）	2068.04	2480.68	2782.38	3639.85	4052.48	3854.50
	华融	金融类占比（%）	41.82	34.89	25.14	27.24	31.86	31.34
		非金融类占比（%）	58.18	65.11	74.86	72.76	68.14	68.66
		账面合计（亿元）	1917.50	2708.69	3282.02	4688.92	5329.46	5518.14
当期不良债权资产经营收入	信达	金融类占比（%）	43.39	37.59	46.06	44.23	41.42	43.73
		非金融类占比（%）	56.61	62.41	53.94	55.77	58.58	56.27
		账面合计（亿元）	223.48	232.70	214.93	265.70	305.84	301.01
	华融	金融类占比（%）	50.11	30.24	24.07	17.19	22.43	24.53
		非金融类占比（%）	49.89	69.76	75.93	82.81	77.57	75.47
		账面合计（亿元）	165.48	246.23	285.34	337.43	397.48	414.25

数据来源：信达、华融财务报表。

2. 不良资产来源的金融机构分类

金融类不良资产主要来源于大型商业银行、股份制商业银行、城市和农村商业银行、非银行金融机构出售的不良贷款和其他不良债权资产。其中，非银行金融机构不良资产主要为企业的应收账款和其他不良债权，包括逾期应收款、逾期可能发生违约的应收款、债务人出现流动性问题的应收款。

表2-18为2014—2019年信达和华融不良资产金融机构来源情况，具有如下特征：第一，信达、华融从大型商业银行收购的不良资产占比呈下滑态势，2014—2019年分别下降31.13%和26.63%；第二，信达、华融从股份制商业银行+城市和农村商业银行收购的不良资产占比呈上升趋势，2014—2019年分别上升31.74%和51.76%。主要原因在于，在经济上行时期，股份制和城商行风险偏好相对较高，业务模式更为激进；而在经济下行和严格监管的大背景下，其自身面临较高的信用风险压力，不良资产出表规模也会快速增加。

表2-18　2014—2019年信达和华融不良资产金融机构来源情况　　　　（%）

	项目	2014年	2015年	2016年	2017年	2018年	2019年
信达	大型商业银行	45.71	28.03	37.62	46.72	29.91	31.48
	股份制商业银行	22.56	34.65	41.61	25.33	42.38	28.22
	城市和农村商业银行	5.13	14.93	4.30	11.26	14.80	8.26
	其他银行	3.94	0.49	1.31	10.20	9.99	3.26
	非银行金融机构	22.67	21.90	15.16	6.49	2.92	28.78
	账面合计（亿元）	556.16	809.09	905.63	932.60	751.87	476.55
华融	大型商业银行	31.32	22.59	48.97	51.94	36.00	22.98
	股份制商业银行	12.78	34.48	29.97	35.08	40.84	32.23
	城市和农村商业银行	9.07	14.40	6.92	4.26	1.88	0.93
	其他银行	1.06	0.36	0.93	0.70	0.89	6.94
	非银行金融机构	45.77	28.17	13.21	8.02	20.40	36.91
	账面合计（亿元）	445.17	774.94	1173.51	1140.23	558.20	502.32

数据来源：信达、华融财务报表。

3. 不良资产业务模式的处置与重组分类

不良债权资产经营业务可以分为收购处置类业务和收购重组类业务，表2-19为2014—2019年信达和华融不良债权资产经营模式。从新增不良债权贷款以及不良债权资产净额来看，重组类不良资产在信达、华融两个公司中几乎均超过

50%，占有较大比重；处置类不良资产在不良债权中占比较小，但近年来呈上升趋势，2014—2019 年，信达、华融新增处置类不良贷款占比分别上升 116.94% 和 42.36%，处置类不良债权资产净额占比分别上升 152.10% 和 168.20%。与此相对应，重组类不良债权收入在两个公司中也占有较大比重，均超过 50%，但近年来呈下降趋势，2014—2019 年，信达、华融重组类不良债权收入占比分别下降 32.86% 和 20.18%；处置类不良债权收入呈上升趋势，2014—2019 年，信达、华融处置类不良债权收入占比分别上升 146.00% 和 424.23%。

表 2-19　2014—2019 年信达和华融不良债权资产经营模式

项目		2014 年	2015 年	2016 年	2017 年	2018 年	2019 年
新增不良债权贷款	信达 处置类占比（%）	20.60	50.88	35.12	42.90	44.78	44.69
	信达 重组类占比（%）	79.40	49.12	64.88	57.10	55.22	55.31
	信达 账面合计（亿元）	1495.00	1673.32	2068.80	2020.54	1695.98	1167.11
	华融 处置类占比（%）	14.47	25.86	30.65	33.72	24.83	20.60
	华融 重组类占比（%）	85.53	74.14	69.35	66.28	75.17	79.40
	华融 账面合计（亿元）	1500.92	2244.08	3480.23	4079.94	1994.15	1911.41
不良债权资产净额	信达 处置类占比（%）	20.39	33.57	33.70	40.88	46.75	51.41
	信达 重组类占比（%）	79.61	66.43	66.30	59.12	53.25	48.59
	信达 账面合计（亿元）	2068.04	2480.68	2782.38	3639.85	4052.48	3854.50
	华融 处置类占比（%）	11.65	17.99	18.16	30.05	30.53	31.24
	华融 重组类占比（%）	88.35	82.01	81.84	69.95	69.47	68.76
	华融 账面合计（亿元）	1917.50	2708.69	3282.02	4688.92	5329.46	5518.14
不良债权收入	信达 处置类占比（%）	18.37	17.72	27.15	33.11	36.86	45.19
	信达 重组类占比（%）	81.63	82.28	72.85	66.89	63.14	54.81
	信达 账面合计（亿元）	223.48	232.70	214.93	265.70	305.84	301.01
	华融 处置类占比（%）	4.54	5.55	11.35	12.67	21.50	23.80
	华融 重组类占比（%）	95.46	94.45	88.65	87.33	78.50	76.20
	华融 账面合计（亿元）	195.03	275.43	321.56	361.82	402.47	415.51

数据来源：信达、华融财务报表。

第二章　中国不良资产规模变动趋势与结构特征

4. 不良资产债转股的股权类型分布

债转股是处置不良资产的重要形式之一，是将债权转化为股权，进行特殊债务重组的一种方式，以此降低金融系统的风险。表 2-20 为 2014—2019 年信达和华融不良资产债转股的基本情况。第一，从不良资产债转股股权户数来看，2014—2019 年信达、华融均有所降低；在不良资产债转股账面价值方面，信达提高了 68.14%，华融则降低了 37.29%。第二，从不良资产债转股的内部结构来看，未上市企业的不良资产债转股是信达、华融的主要处置类型，但近年来呈降低趋势；对已经上市公司的不良资产债转股占比较低。

表 2-20 2014—2019 年信达和华融不良资产债转股的基本情况

公司	股权类型	2014 年	2015 年	2016 年	2017 年	2018 年	2019 年
信达	债转股股权（户）	213	183	165	170	167	—
	未上市（户）	196	164	152	153	144	—
	已上市（户）	17	19	13	17	23	—
	账面价值（亿元）	415.64	387.51	404.79	623.81	698.87	—
	未上市（亿元）	326.52	316.38	294.10	461.17	497.28	—
	已上市（亿元）	89.12	71.13	110.69	162.64	201.59	—
华融	债转股股权（户）	230	217	200	177	174	151
	未上市（户）	197	189	173	157	150	127
	已上市（户）	33	28	27	20	24	24
	账面价值（亿元）	243.89	242.03	191.29	124.55	167.33	152.95
	未上市（亿元）	117.37	111.05	98.63	85.10	113.25	96.07
	已上市（亿元）	126.52	130.98	92.66	39.45	54.08	56.85

数据来源：信达、华融财务报表。

中国特色不良资产处置的理论创新与实践

第 二 篇

2

理论逻辑

第三章　不良资产与金融危机的
一般逻辑及现实依据

本章首先对金融危机进行重新定义，并揭示不良资产与金融危机的一般逻辑：认为金融系统性风险的全面爆发，大批的金融机构倒闭就是金融危机；金融系统性风险全面爆发的关键和基础是不良资产率大幅度上升，导致为避险形成的挤兑和恐慌引发了大批银行和金融机构倒闭；提出金融危机是西方市场经济过度繁荣的自动"刹车"机制，也是市场经济中不良资产和不良金融企业的"清道夫"的观点。其次，分析西方主要发达国家在不同经济背景下，不良资产产生与金融危机爆发的内在机制、主导因素及变化差异，并以美国为例，阐述不良资产与金融危机爆发的历史及理论逻辑一致性：工业化时期的不良资产更多地源于制造业企业普遍的生产过剩，经济危机的爆发导致金融机构不良资产规模攀升，引发金融危机，此时金融危机尚是经济危机的附属物，典型例证有 1857 年、1929年和 20 世纪 70 年代的金融危机。经济虚拟化后，庞氏债务和金融杠杆的断裂使得不良资产大量发生于虚拟经济内部，导致金融危机先于经济危机。典型例证有20 世纪 90 年代股市泡沫和 2008 年次贷危机。本章希望通过分析不良资产与金融危机的理论逻辑与现实经验，探讨中国特色不良资产处置和化解风险的机制，从而使中国社会主义市场经济能够避免金融危机。

一、不良资产与金融危机的基本关系

（一）金融危机的重新定义

广义的不良资产包括非金融企业、银行和非银行金融机构、政府机构等会计科目里的坏账或不良债权。非金融业通常是金融业不良资产的重要来源，当分布在各个行业的不良资产逐渐累积起来的时候，个别风险将通过借贷关系网传染、聚集而成为金融系统性风险。从西方发达国家的经验来看，金融系统风险全面爆发的结果就是金融危机。一旦爆发金融危机，生产力就会遭到巨大破坏，经济增长将停滞或呈现负增长。毫无疑问，不良资产的处置涉及经济兴衰、国计民生，是任何经济体都无法回避的一个重大课题。

《新帕尔格雷夫经济学大辞典》将金融危机定义为"全部或大部分金融指

标，诸如短期利率、资产（证券、房地产、土地）价格、商业破产数和金融机构倒闭数的急剧、短暂的和超周期的恶化"。从这个定义来看，金融危机似乎就是指金融指标恶化。理论学界将金融危机分为四个类型：货币危机、银行危机、外债危机和综合性金融危机。前三个类型实际上是以不同单一因素为基础来演绎金融危机的内在关系。如货币危机描述了汇率波动会导致资金大量外流、经济紧缩、不良资产率上升、银行和金融机构倒闭等情况的发生；而银行危机和外债危机爆发的背后则有不良资产增加与外债无法偿还导致的流动性短缺从而使大批银行倒闭的逻辑。这三种原因综合在一起引起的危机就是第四种类型的综合性金融危机。

在这些因果关系的模型中，有一个共同点：不管起因强调的是哪一个金融指标，其基本的结果都是大批银行和金融机构倒闭。因此，可以将大批银行和金融机构倒闭定义为金融危机。如果只有个别银行和金融机构倒闭，而整个金融系统依然可以正常运行就不算是金融危机，只能算是金融系统中出现了问题。

（二）系统性风险全面爆发的关键和基础

在西方市场经济国家，金融危机爆发的基本逻辑可以概括为：由资产价格下跌等引起的不良资产率大幅度上升—避险成为主流行为—银根紧缩—流动性短缺—挤兑、恐慌—银行和金融机构大批倒闭。前美联储主席伯南克在《行动的勇气：金融风暴及其余波回忆录》（*The Courage to Act: A Memoir of Crisis and Its Aftermath*）一书中指出：2008年金融危机爆发有两个最明显的原因：一个是次级贷款的泛滥，另一个是房地产价格的暴跌，但最重要的则是恐慌本身。次贷和房地产价格暴跌不过是引起不良资产率大幅度上升的导火索，而恐慌把这一切都放大了若干倍，造成挤兑和流动性短缺。

金融危机就是金融系统风险的全面爆发，它有两个基本条件：一是不良资产的积累导致不良资产率的大幅度飙升；二是某些看似偶然的突发事件引发恐慌性资产抛售，导致流动性严重短缺。所以，控制金融系统风险的关键在于对流动性进行及时有效的调控，或者说，防范系统风险全面爆发的关键在于及时对流动性短缺做出反应。当不良资产率不断飙升的时候，意味着系统风险的基础在加厚，系统风险全面爆发的概率在提高。从长期看，不良资产积累是系统风险生成的基础，因此，管理和控制好不良资产率才是防范金融系统风险的根本。

（三）金融危机的"清道夫"作用与不良资产处置

金融危机一旦爆发，经济增长就会停滞甚至倒退，失业率大幅度上升，普通工薪阶层收入下跌，有些人甚至会陷入困境。金融危机给生产力带来的巨大破坏，往往数年甚至数十年都难以恢复。这些就是金融危机的高昂代价，金融危机造成的高昂社会成本总是由众多的无辜者和广大民众来承担。在金融危机中，经营不善的企业、银行和金融机构倒闭，大量不良资产被核销。从这个意义上说，金融危机是市场经济过度繁荣时的自动"刹车"机制，也是西方市场经济中不良资产和不良金融企业的"清道夫"。需要强调的是，尽管发达国家的金融监管体系比较完善，每次金融危机之后的监管也更加严格，但金融危机还是会不断发生。

按照西方经济学理论，市场经济并不存在发生金融危机的内在机制，只要监管到位就不会发生金融危机。按照马克思政治经济学的理论则完全不同，马克思认为经济危机植根于资本主义制度，是必然要周期性发生的，金融危机作为经济危机的一种方式，将伴随资本主义经济周期不断发生。经济危机的发生与经济制度有关，计划经济制度就不存在生产过剩的经济危机。20世纪30年代，当全世界陷入大危机和随后的大萧条时，只有实施计划经济的苏联能够置身于危机之外。

我国社会主义市场经济能否避免金融危机的发生？我们需要思考这些问题：中国社会主义市场经济制度是否因市场机制就具有发生金融危机的必然性？中国社会主义性质是否对金融危机具有天生的免疫力？中国是否需要建立长效机制来避免金融危机？下面将分析美国不同时期不良资产与金融危机的关系，揭示工业化、经济虚拟化背景下经济危机与金融危机关系的逻辑顺序变化的基础，为中国特色不良资产处置理论创新与实践提供思路。

二、工业化背景下不良资产与金融危机的一般逻辑

不良资产问题历来被看作金融危机的导火索。对任何一个银行来说，避免不良资产大量积累是其风险控制的最重要目标。金融当局一方面要敦促金融机构自律并予以监督，另一方面要防止金融机构倒闭引起连锁反应。在资本主义早期，金融危机通常是生产过剩和有效需求不足引起的经济危机的伴生物。当工商企业出现销售困难和财务危机的时候，银行便会出现大规模不良资产，从而引发信用紧缩并使得经济持续低迷甚至衰退。这使经济呈现出周期性特征，表现为"繁荣、危机、萧条、复苏，然后再繁荣"的循环。从1825年到第二次世界大战之前，这种规律性的周期一直困扰着西方成熟的市场经济，其背后逻辑主要体现在以下几个方面。

（一）生产相对过剩与社会再生产过程中断

生产过剩与经济危机有着本质的联系。马克思指出，资本主义危机在现象层

面上是一种生产相对过剩的危机，主要体现为社会生产出来的商品相对于劳动群众有限购买力的过剩："一切真正的危机的最根本原因，总不外乎群众的贫困和他们有限的消费，资本主义生产却不顾这种情况而力图发展生产力，好像只有社会的相对消费能力才是生产力发展的界限。"❶ 从资本的角度看，生产的相对过剩意味着生产资料的限制和工人的失业，同时影响到资本效能的发挥，对资本积累造成阻碍，并且在客观上加剧了工人的贫困。而从商品生产的角度看，生产相对过剩会阻碍资本家从事生产活动，导致生产过程中创造的剩余价值难以最终实现，并因再生产活动的难以为继而使原有资本遭受实质性破坏。因此，生产的相对过剩意味着商品不能转换成货币，生产者实现再生产的现金得不到回流，也就意味着生产者无法按时偿还银行的贷款。这种结构性的、局部的生产过剩造成了个别银行不良资产的积累。

但是，由局部过剩引发的不良资产还不至于造成全面经济危机的爆发，严格地说，每一次经济危机都始于局部过剩，但每次局部过剩又都具有普遍的意义，并且常常会演变为普遍的过剩。而经济危机就其性质而言正是总体性的，并非市场竞争导致某个生产部门的生产过剩或者亏损，"在生产过剩的普遍危机中，矛盾并不是出现在各种生产资本之间，而是出现在产业资本和借贷资本之间，即出现在直接包含在生产过程中的资本和在生产过程以外（相对）独立地作为货币出现的资本之间。"❷ 当这种危机形势下的矛盾出现在生产者和货币所有者（银行）之间时，也就意味着由于普遍的生产过剩，企业大规模地出现亏损甚至倒闭，社会再生产过程全面中断。资金回流链条的断裂导致银行借贷出去的巨额资金无法得到偿还，不良资产大规模爆发。此时银行信用开始紧缩，个别银行出现不良资产问题并引起连锁反应，最终导致银行大规模倒闭，引发金融危机。

（二）有效需求与消费能力不足

经济危机产生的另一个直接原因是有效需求不足，经济出现周期性波动的主要原因是资本边际效率的周期性变动。从经济周期的角度来看，当经济周期处于扩张阶段时，人们盲目乐观，过高估计产品的需求、价格和利润，这不仅会增加与自己直接相关的货物或服务的需求，也会影响到其他行业，从而导致总需求的增加。而收入的上升、对货币需求的增加提高了利率，利息对利润产生了侵蚀，导致经营者无法从其经营的项目中获利。这些因素综合起来发生作用，使扩张投

❶ 马克思，恩格斯．马克思恩格斯全集：第 25 卷［M］．中共中央马克思恩格斯列宁斯大林著作编译局，译．北京：人民出版社，1974：548.

❷ 马克思，恩格斯．马克思恩格斯全集：第 30 卷［M］．中共中央马克思恩格斯列宁斯大林著作编译局，译．北京：人民出版社，1995：394.

资产生了负效应，经济下滑，人们不再持有乐观预期。财富的减少引起自发消费的减少，厂商存货相对过多，形成前文所述的生产过剩。因此，厂商开始缩减生产，通过乘数作用引发经济萧条；同时，生产过剩和由此产生的经济萧条进一步阻碍了厂商的利润回流，企业倒闭的同时银行内部也形成大量不良资产，出现银行信用紧缩、流动性短缺、挤兑和恐慌等问题，最终导致银行大规模倒闭，引发金融危机。

而从生产的过程来看，生产过剩条件下工人有限的消费水平和能力，同样是经济危机爆发的一个先决条件。资本主义经济的独特性质，必然导致"生产"在局部总是力求超越"消费"，从而使整个社会的生产相对过剩，体现了生产无限扩大与消费相对缩小之间的矛盾。马克思曾科学地指出："因为一种生产推动另一种生产，从而给自己创造了作为他人资本的工人而出现的消费者，所以对于每一单个资本来说，工人阶级的由生产本身造成的需求表现为'足够的需求'。这种由生产本身造成的需求驱使生产超越它按照工人'有支付能力的需求'所应进行的生产的比例；一方面，生产必须超越这种比例；另一方面，如果超过工人本身需求的，需求消失了和缩减了，那就会出现崩溃。"❶"普遍生产过剩之所以会发生，并不是因为应由工人消费的商品相对地'消费'过少，或者说，不是因为应由资本家消费的商品相对地'消费'过少，而是因为这两种商品生产过多，不是对消费来说过多，而是对保持消费和价值增殖之间的正确比例来说过多；对价值增殖来说过多。"❷

显然，在马克思看来，资本主义制度下的生产主体和消费主体完全不同于此前的简单商品经济，他们在生产和消费中的地位比以前更复杂，且产生了分离的趋向。其背后的逻辑是，当工人的劳动力转化为商品进入资本主义生产过程时，工人不仅要出现在劳动力市场上，还被要求出现在商品市场上，作为消费者为生产者的资本积累提供货币。生产者为谋求利润最大化，不仅要尽可能地扩大生产，还要尽可能地压低工人的工资水平。但低工资带来的消费能力有限，反过来又直接阻碍了生产者剩余价值的实现，导致再生产循环中断，引起银行债务不断积压，形成大量不良资产，从而引发金融危机。

（三）工商业周期与资本周转

在生产过程的失衡中，社会再生产中的资本周转和工商业周期等因素也具有

---

❶　马克思，恩格斯．马克思恩格斯全集：第 46 卷（上）［M］．中共中央马克思恩格斯列宁斯大林著作编译局，译．北京：人民出版社，1979：407.

❷　马克思，恩格斯．马克思恩格斯全集：第 46 卷（上）［M］．中共中央马克思恩格斯列宁斯大林著作编译局，译．北京：人民出版社，1979：437.

重要影响。在现实资本的完整循环中，经济危机期间构成资本主义生产周期的一个阶段，但并不是独立的阶段。从现实层面来看，经济危机的发生总是与现实矛盾的极端尖锐化有关。这种矛盾的尖锐化，不仅体现为生产迅速扩大和有支付能力的消费者需求相对狭小的高度对立，还体现为社会资本再生产的现实条件遭到严重破坏。马克思认为，资本主义经济危机的实质是通过强迫生产力倒退，去适应狭小的支付能力，从而使社会资本再生产实现的条件暂时得到恢复。

从历史的视角来看，工业资本取代商业资本占据主导地位，是资本主义崛起的标志。因而，危机周期首先与大工业的再生产周期具有紧密的联系。由于现代资本主义生产体系以工业化为特征，因此，决定了大工业生产周期的物质条件，同样也成为经济危机周期性的物质基础。在《资本论》第二篇"资本周转"中，马克思揭示了危机的周期性及其物质基础："这种由一些互相连结的周转组成的长达若干年的周期（资本被它的固定组成部分束缚在这种周期之内），为周期性的危机造成了物质基础。在周期性的危机中，要依次通过松弛、中等活跃、急剧上升和危机这几个时期。" ❶

不论从哪个角度看，危机总是构成资本主义经济中新一轮大规模投资的起点，也是资本主义逐步恢复、走向发展和繁荣的真正起点。当进行大规模固定资本更新时，首先会产生对机器设备等生产资料的新的需求，银行也会在经济上行周期中降低贷款标准，为生产者提供大规模信贷支持，新一轮投资的旺盛促使生产资料生产部门逐步得到恢复和发展。而生产资料生产部门的逐步恢复和发展，带动了大批失业工人的就业，也带动了对消费资料的需求，从而推动了消费资料生产部门的恢复与发展，此时经济由萧条阶段过渡到复苏和高涨阶段。但是，固定资本的大规模更新又为下次危机的到来创造了物质前提。因为固定资本的大规模更新推动了生产的快速增长，社会生产的快速增长远远超过了消费者的购买力，当生产过剩导致企业利润下降，固定资本更新速度下降、投资能力减弱导致资本周转速度放缓时，生产者获取的利润开始难以清偿其银行债务，利润率降到银行利率以下，大批企业开始因资不抵债而破产倒闭，引发新一轮的经济危机，这时大批的银行也因数额巨大的不良资产开始紧缩银根。这又加剧了危机期间工业企业的资金短缺与倒闭浪潮，导致不良资产规模进一步扩张，最终形成银行和金融机构大规模倒闭的金融危机。

（四）固定资本形成与平均利润率下降

利润率的变动之所以成为引发经济危机的因素之一，原因在于扩大再生产

 马克思.资本论：第2卷［M］.中共中央马克思恩格斯列宁斯大林著作编译局，译.北京：人民出版社，2004：207.

中所使用资本的价值量主要通过利润量的增加来实现。从资本主义生产发展和技术变革的内在联系来看，技术进步一般以资本有机构成提高为特征，如机器设备更加广泛的使用导致物化劳动更多地替代了活劳动；劳动力转向更多的监督性工作，从而导致生产社会化程度提高，劳动力维护功能变得更加重要；工业建筑投资相对应的设备投资比例变小，生产周期、流通周期缩短，进而使资本周转更迅速；研发费用上升，折旧速度加快，商品价值中不变资本的比例增加。所有这些变化标志着生产的无限扩张对于货币资金的无限需求，货币需求的增加在扩大了银行贷款规模的同时，也推高了银行借贷资金的利率，企业负担的债务规模将越来越庞大，需要从利润中支付的利息数额也越来越巨大。在经济上行周期中，资本有机构成、资本周转速度等因素发挥作用，共同导致平均利润率快速上升，此时，导致平均利润率下降的因素与生产过剩和企业的债务风险一同被抵消了。

但是，在资本主义生产方式下，经济的快速扩张不可能永远持续下去，其生产方式内部的固有矛盾蕴含着平均利润率下降的固有趋势：企业固定资本投资持续提高，由此带来的超额利润最终会因新型机器设备的普及而消失，商品价格下降，从而导致平均利润率下降。加之资本周转的速度会受到分配制度、国家干预等限制而无法进一步提高。企业家为了得到更高的利润，不得不加快固定资本折旧速度以更换效率更高的新机器，但这又带来了利润率下降与为实现价值增殖所必需的资本最低限额不断提高之间的矛盾。此时，资本有机构成或者说固定资本投资比例提高，如果不能相应地提高剩余价值率，将会直接引起利润率的下降，效率最低的企业就难以继续生存下去，逐渐丧失了清偿能力，无法支付银行的利息、偿还债务，进而形成大规模不良资产。在大批低效率企业相继破产的过程中，新一轮经济危机形成，最终导致由银行业等大批金融机构倒闭引发的金融危机。

三、经济虚拟化背景下不良资产与金融危机的一般逻辑

（一）经济"脱实向虚"

大多数经济危机始于实体经济领域，即马克思所谓的生产性过剩的危机。一般是需求的萎缩引起商品生产企业破产，并进一步引起银行倒闭，进而引起整个金融系统混乱，使经济陷入萧条。也就是说，经济危机的主要表现形式是从实体经济领域向金融系统蔓延。

西方市场经济发展到 20 世纪 80 年代以后，上述情形发生了转变，经济衰退不再主要是因对制造业等实体经济的需求不足而发生的，金融危机也不再是经济

危机的伴生物，它通常率先发生。金融危机和经济泡沫破灭造成资产价格下降，导致大量不良资产产生，引起经济衰退、收入下降和消费持续萎缩。引起不良资产积累的也不再主要是制造业和其他实体经济部门，多是因为股市、债市、房地产等虚拟经济领域的泡沫破灭造成的。情况刚好和早期资本主义相反，金融危机不再是经济危机的伴生物，它正在成为引发经济危机的罪魁祸首。例如，无论是日本 20 世纪 90 年代以来"泡沫经济"所导致的经济萧条，还是 1997 年东南亚地区爆发的金融危机，均是由金融市场的突然崩溃引起的。

西方国家经济结构和经济运行方式的重大变化，说明过去依附于实体经济部门的金融市场逐渐取得了独立的运行地位，并成为经济运行的主角，即出现了一个与实体经济相对应的虚拟经济新形态。在虚拟经济领域，资产收益越来越多地成为企业和个人的重要收入来源，随着货币的虚拟化，财富积累超越了传统的实物财富积累模式，以价值化积累为主要特点的虚拟财富成为社会和家庭的主要财富持有形式。随着全球财富的急剧增长，物质生产领域消化不了那么多的剩余资金，这类资金就进入了虚拟经济领域，依靠自身的炒作创造利润、自我循环。与实体经济不同，以金融市场为主要载体的虚拟经济部门有着天生的高流动性和高波动性，在资产价值的暴涨与湮灭的波动中，形成大量的不良资产，从而导致了金融危机的率先爆发以及由此带来经济危机的全面爆发。

（二）信用与债务膨胀

信用关系是商品经济发展到一定阶段的产物，信用制度的建立不仅意味着交易关系的根本性变化，也加速了资本杠杆的积累。充当支付手段的虚拟资本在数量上越是超过现实中的硬通货数量，货币和信用危机发生的可能性就越大，后果也越严重，最终，随着信用扩张达到极限，繁荣必将中断。在这一分析框架下，信用扩张的极限意味着信用的收缩，而信用收缩必然会引发货币危机或金融危机。不仅如此，信用的破裂还会使危机变得漫长且难以恢复。

在经济虚拟化进程中，与信用扩张相对应的是庞氏债务的膨胀。所谓庞氏债务膨胀，是指由借新债还老债方式造成的债务膨胀。由于所有虚拟经济活动都是由货币资金推动的，而大规模虚拟经济活动的主要资金来源不是自己的现金收入，而是债务。因此，持续扩张的虚拟经济活动最终必然导致庞氏债务膨胀，反过来庞氏债务又会推动重复交易额膨胀和资产价格上升。例如，依靠抵押资产增加的债务可以增加购买房地产的资金，从而可以推动房地产价格膨胀并增加其创造的货币收入和实际 GDP；房地产价格的提高反过来又会提高房地产开发商的贷款能力，增加流入房地产开发的资金。于是，房地产价格与相关债务就会相互促进、共同膨胀。随着债务增加，无论是房地产开发商还是买房者，其还债能力

中国特色不良资产处置的理论创新与实践

会越来越依赖于房地产价格持续上涨，直到借新债还老债成为唯一的生存途径，等待房地产价格的更大上涨成了最后希望。这时，现金流就成了关键，一旦现金流中断，就会立即引发信用违约。同样，反映在银行等金融部门的不良资产的形成，将通过多米诺骨牌效应引爆金融危机。

从国际上债务危机的产生来看，随着西方发达国家经济虚拟化程度的不断加深，过度依靠流入资本发展的经济体外债负担过重，造成债务结构严重错配。大量外来资本进入房地产领域和股市，导致了严重的经济泡沫，在泡沫破灭后，失去了掩体的各国金融机构市场的大量不良资产充分暴露，最终爆发债务危机。

（三）金融杠杆的断裂

金融杠杆的广泛使用，使靠虚拟经济获得利润比靠一般制造业获得利润更容易。金融杠杆的应用有两种主要形式，一种是用借款去炒资产，如房地产按揭、炒股票的融资融券，以及金融衍生物交易的保证金与交易额相差的倍数等。这种金融杠杆的风险十分明显，往往被金融监管机构和金融机构自身的风险管理者严格加以限制（如自有资金比率、保证金比率等）。另一种是将收入流证券化，也就是将定期稳定获得的收入流资本化为可以销售的金融资产。对于出售（或抵押）收入流的卖者（或融资者）来说，其收入流可以转化为数倍到数十倍的资产，其比率就是收入流资本化的杠杆率。买者可以接替卖者享受原来的收入流，资金募集者也会得到销售部分股权的大量现金（包括经纪人的佣金收入和企业上市的创业利润）。在这个过程中，原来的收入流并没有发生变化，却增加了新的资产和相应的现金购买力。无论是以收入流为抵押发行债券，还是企业凭借稳定的收入流在证券交易所上市，资产和现金收入都会成倍增加。其宏观条件仅仅是由增加的货币或延长的金融杠杆来支撑新增资产的发行。

这种收入流的资本化不但可以将实体经济的收入流变成资产，也可以将各种虚拟经济活动的收入流资本化为资产。金融创新创造出大量金融资产，于是金融资产的膨胀带来了金融业表外业务膨胀，场外交易膨胀，投机活动猖獗。金融创新也设计出大量人们无法确切了解的金融资产。金融杠杆跨银行、跨金融机构、跨行业、跨期叠加和延长，风险被分散到各个角落且不断积累。这一方面使证券化的金融杠杆几乎无法监控，另一方面也将风险的分布变得繁杂而诡异，导致风险传染链条深入整个经济的各个方面，将各个金融机构之间的资产负债表都相互联系起来。当杠杆的断裂导致不良资产在局部爆发时，将通过资产负债关联传导至各个金融机构，一荣俱荣，一损俱损，这就将金融业的脆弱性带给了整个经济，引发从杠杆化尖端金融产品开始的金融危机。

四、不良资产产生与金融危机爆发的现实依据

（一）工业化时期经济危机引发金融危机

1. 1857 年金融危机

1857 年经济危机在资本主义历史上是第一次具有世界性特点的普遍生产过剩危机，也是历史上首次不在英国而在美国开始的危机。1843 年后美国经济逐步复苏，进入 19 世纪 50 年代后出现了一段时期的繁荣。

这一时期，美国的铁路交通事业蓬勃发展，以铁路为代表的运输业生产过剩，同时由于经济的快速发展，工业企业固定资本更新速度加快，进一步推动了生产的过剩。1855 年前后，除了联邦政府和州政府发行的政府债券以外，市场上也出现了大量的企业债券。尤其是铁路投资热吸引了众多的投资者，他们投资铁路的主要动机是获得未来的收益。美国铁路繁荣的一个重要原因是东部居民向西部迁徙，参与西部大开发。1850—1860 年，美国的铁路长度增加了 2 倍多，1857 年铁路的长度差不多有 4 万公里。❶ 美国的铁路建设是和侵占公有土地联系在一起的，铁路建设刺激了工业的发展，外国资本，特别是英国资本流入了美国，这在铁路建设的发展和工业的发展中起到了显著的作用。与此同时，美国保险公司俄亥俄人寿保险和信托公司（Ohio Life Insurance and Trust Company）深陷铁路投资的狂热中。当时，美国正在大规模建设东西相连的铁路，许多金融机构在这个宏大的项目中投入了重金。

由于国外对美国粮食需求的减少，美国铁路面临的运输需求突然下滑，这导致大量前期建成或在建的铁路工程无法按期收回成本，其营利性也受到严重影响，伴随着全国恐慌和流动性紧缩，金融机构产生了大量不良资产。可见，由生产过剩和有效需求不足导致的实体经济危机蔓延到了金融领域。相关资料显示，1857 年 7 月，铁路公司的股票价格见顶并开始下跌。8 月 11 日，纽约最古老的粮食企业破产。这一事件对市场信心的打击很大，市场的卖压一直持续到月底。由于对铁路股票的风险敞口太大，并且杠杆过高，深陷铁路投资热的俄亥俄人寿保险和信托公司股价下跌，8 月 24 日，该公司宣告破产。其出人意料的倒闭引发了全国性的恐慌，这场恐慌在当年 10 月 13 日达到高潮，银行暂停铸币支付，贷款被银行收回，形势进一步恶化。除了化学银行（Chemical Bank）和信托公司（Trust Company），纽约的银行都暂停了铸币支付，纽约证券交易所的若干个会员失去了清偿能力。许多西部的银行也暂停了铸币支付，肯塔基州的银行由于

---

❶ 瓦尔加. 世界经济危机（1948—1935）［M］. 戴有振，等译. 北京：世界知识出版社，1958.

其银行券由距离很远的分行发行，经纪人找不到银行兑付铸币。11月7日，在利物浦、格拉斯哥、纽约和新奥尔良都设有分行的美国银行 Dennistoun Cross & amp 公司倒闭之后，银行倒闭的数量越来越多，美国财政部试图通过向银行提供铸币给予其帮助，但这种努力并不足以抵挡恐慌浪潮。1857年的金融危机减缓了铁路建设的速度，也打击了工业。仅1857年当年美国就有超过5000家企业倒闭，纽约市有900家公司倒闭，负债超过12亿美元。1856—1858年，生铁产量减少了20.2%；1857—1858年，棉花的消费量减少了27.4%，1858年整年都处于危机中。❶

2. 1929 年金融危机

1929年世界金融危机是实体经济危机向金融部门传导的又一个典型案例。第一次世界大战后，主要资本主义国家为改善战后国内形势，纷纷大力发展工业，固定资本快速更新，短短几年内就造成了生产过剩。同时由于固定资本更新速度加快、压低工人工资和延长工人劳动时间等因素，市场需求骤减。大量生产设备闲置、工厂关停，生产企业不能获得销售收入，利润无法正常回流，进而导致企业贷款无法按期偿还，银行业产生大量不良资产，危机蔓延至金融领域。

在20世纪30年代的资本主义世界经济危机中，工业产值下降和生产水平倒退的幅度是资本主义历史上前所未有的。这次危机使整个资本主义世界的工业产值下降了44%，大约倒退到1908年的水平。其中美国的工业产值降低了46.2%，大约倒退到1905年的水平。由于第一次世界大战后各主要资本主义国家快速地进行固定资本的更新，扩大生产，造成了大量生产资料过剩，导致生产生产资料的重工业部门受到严重打击。从个别重工业部门来看，生产水平倒退的情况更为严重。美国的采煤量减少了40.9%，生铁产量减少了79.3%，钢产量减少了75.8%，分别倒退了约28年、36年和31年。危机前的最高点与危机中的最低点相比，美国的机车制造业、车厢制造业、汽车制造业的产量分别下降了94.6%、97.3%和74.4%。在发生危机的年代中，美国生产资料的总产量甚至还不能补偿它的自然损耗量。❷

在生产迅速扩张的过程中，企业主不断提高工人的劳动强度、延长劳动时间，并压低最低工资，导致市场上对商品的需求极度缩减。在市场缩小、大批商品卖不出去、债务无法偿付等情况出现后，企业主总是力图通过削价抛售自己的商品，将危机转嫁给别人。各个企业之间的互相竞争引起了商品价格的暴跌，在这次危机中，物价的跌落平均达到了47%，较危机发生前几乎跌落了一半；平均

❶　王志军.欧美金融发展史［M］.天津：南开大学出版社，2013.

❷　复旦大学政治经济学系.三十年代资本主义世界经济危机（1929—1933）［M］.
上海：上海人民出版社，1975.

年度商品批发价格指数比危机前下降了32.6%。生产过剩迫使资本家缩小生产规模，导致生产设备大量闲置，大企业缩减生产，中小企业大批破产，使许多工商业资本家因商品卖不出去而无力按期偿还债务，由此导致社会陷入普遍的支付困境。

许多工商业资本家对于现金的需求急剧增加，开始向银行大量提取存款，这就使各国银根紧缩，银行放款和存款急剧减少，使许多银行，特别是中小银行因现金缺乏、不能偿还债务而宣告破产，由此引发的连锁反应导致银行倒闭事件几乎天天发生。仅1930年，美国就有约1300家银行倒闭。肯塔基国民银行（National Bank of Kentucky）是第一批倒闭的大银行之一，它的倒闭引发了周边多个州的银行恐慌，引发存款人挤兑，迫使众多银行收回贷款与出售资产，这又对市场造成了向下的压力。1931年银行业更加艰难，当年美国有超过2000家银行倒闭；1932年形势进一步恶化，美国每4家银行中就有一家倒闭。美国联邦储备体系本来是要在危机中发挥救助作用的，但美联储在危机爆发后一直无所作为，导致1933年超过4000家银行倒闭，1930—1933年倒闭银行总数超过9000家，超过美国银行总数的1/3，损失的存款总额超过80亿美元。❶

3. 20世纪70年代滞胀时期的金融危机

美国在经历了从第二次世界大战结束到20世纪60年代前所未有的经济繁荣与扩张后，1965—1973年，随着支撑经济繁荣的各种因素的潜力耗尽，美国的经济开始重新出现下滑，这次危机不但幅度大、持续时间长，而且表现出以往经济危机所没有的新特点：经济停滞、高失业率和高通货膨胀率并存的"滞胀"。第二次世界大战中，一大批新技术被开发出来，战后这些新技术在生产中得到了广泛应用，形成第三次科技革命，极大地推动了生产力的发展。尽管生产力的高速增长已使国际市场日趋饱和，但是私人资本的逐利冲动和生产的盲目性驱使它们仍然不断扩大投资。随着市场竞争的加剧，产品价格不断下降，利润率下滑。

实际上，美国制造业和私人实体部门的利润率从1965年就已经开始下降，随着企业利润减少与亏损增加，破产企业数量迅速增加，私人固定资本投资逐步减少，到1969年年底，终于爆发了经济危机。从1969年12月到1970年11月这一年间，美国破产企业数量达到1.2万家，经济增长率变为负数。主要资本主义国家除日本外，经济增长率都大幅下滑。为了应对危机，西方各国政府利用财政政策和货币政策对经济实行干预。这些措施虽然在短期内扩大了需求，但不仅没能解决生产过剩的问题，反而使问题进一步加重，在经历了短暂的恢复之后，到1973年年底，危机再一次爆发。从1973年12月到1975年5月，美国私人固定资本投资下降了16%，破产企业数达1.5万家，银行债务规模急剧增加。而且自

❶ 王志军. 欧美金融发展史［M］. 天津：南开大学出版社，2013.

第二次世界大战后流向海外市场的美元趋于在离岸市场流通，而非回流美国，商业银行为了保住存款而支付了更高的利息，使得存款利率大幅上升，美联储为应对通胀，甚至将隔夜利率升至 20%，从而导致更大规模的银行债务无法偿还，最终引发了金融危机。现实表明，这样的政策无异于饮鸩止渴。到 1979 年 4 月，危机以更为迅猛的方式再次爆发，一直持续到 1982 年 11 月，在这 44 个月期间，美国私人固定资本投资下降了 26.6%，破产企业数量累计达 2.5 万家。❶

因此，20 世纪 70 年代的经济危机本质上也是由实体经济的生产过剩和有效需求不足引起的，平均利润率下滑、固定设备快速更新等因素，导致大量实体企业生产经营停滞，面临关停倒闭。实体经济的衰退进一步引发了商业银行不良贷款的大规模产生，最终导致金融风险爆发。

（二）经济虚拟化时期金融危机引发经济危机

1. 20 世纪 90 年代互联网泡沫 ❷

20 世纪 90 年代美国互联网的兴起，给信息技术及其相关产业带来了高速发展和丰厚利润，大规模的资本流入信息技术领域，引发了互联网投资狂潮。20 世纪 90 年代后期，在信息技术高速发展和政府相关政策激励下，美国纳斯达克市场掀起了一场由互联网产业引领的投资热潮。1995—1999 年，美国总计有包括亚马逊、雅虎在内的 1908 家公司上市，1999 年新上市公司中有 78% 来自科技领域，大量风险投资涌入电子商务、电信、软件服务等互联网相关领域，投资回报率远超化工、能源、金融等其他行业。1999 年，美国投资于互联网相关行业的金额达到 287 亿美元，是 1995 年的近 10 倍，约占当年风险投资总金额的 52%。1999—2001 年，全球共有 964 亿美元的风险投资进入互联网创业领域，其中投向美国的就有 780 亿美元。美国股市借助互联网和信息技术的腾飞和推动持续高涨，科技股呈爆炸式上涨态势，2000 年 3 月纳斯达克指数一路飙升至 5132 点的巅峰，2000 年 1 月 14 日，道琼斯指数一举达到历史最高水平 11722.98 点。

美国经济在这一时期的强劲增长引发了美联储对通货膨胀的担心，美联储于是采取措施，从 1999 年 6 月至次年 5 月不到一年的时间里连续六次上调利率，致使股市泡沫破裂，股价随之全面下跌。到 2001 年 3 月，道琼斯指数已跌至 9400 点以下，较 2001 年 1 月时的最高点下跌了近 20%。而纳斯达克指数随着泡沫的

❶ 胡乐明，杨静. 资本主义经济危机与经济周期：历史与理论 [M]. 北京：中国社会科学出版社，2018.

❷ 互联网与虚拟经济并非同一概念，也不隶属于同一经济范畴。互联网行业隶属于实体经济，只有当大量资本进入互联网行业并由此推高股价，形成股市泡沫时，才称之为虚拟经济。

破裂一蹶不振，2001 年 3 月 13 日更是跌至 2000 点以下，像 1999 年那样一路飙红的局面随即消失。取而代之的是各网络公司股价急速下滑，投资者相继抛售股票，导致公司流动资金紧缺，一大批公司破产倒闭，如 eToys、环球电信、世通等。雅虎股价从 97 美元的最高价跌至 10 美元以下，亚马逊市值从 228 亿美元跌至 42 亿美元。据统计，在此次泡沫崩溃中，美国电信业损失了 2 万亿美元的资产，约 50 万人失业。伴随着股价的狂跌，美国消费者信心指数大幅下降，到 2001 年降至 1993 年 11 月以来的最低点。严重的生产过剩导致高科技企业盈利状况恶化，许多企业开始压缩生产、缩减投资，金融危机演变为全面的经济危机。到 2001 年第二季度，美国的外国直接投资（FDI）增长率下降 14.6%，其中主要是对设备和软件的投资大幅下降，降幅达 15.1%。消费与投资需求增长乏力致使工业生产和经济出现明显萎缩。从 2000 年 9 月起，美国工业产值连续 10 个月下滑，GDP 增长率从 2000 年第二季度的 5.6% 下滑至 2001 年第二季度的 0.7%。❶

2. 2008 年金融危机

美国次贷危机是"大萧条"以来最严重的金融动荡，也是第二次世界大战以后第一次由美国引发的全球性金融危机。在其产生的经济虚拟化背景下，金融创新、金融杠杆拉长、资产价格泡沫共同作用，最终引致实体经济大规模债务违约。

2003 年以来，华尔街在将大部分普通人的收入流资本化（发放房地产按揭贷款）开发殆尽后，又将目光盯上了一些根本"不合格的人"的收入流，即美国 1000 万贫困或信誉不好的穷人和新移民的收入流，亦即次级贷款。进而华尔街又在次级抵押贷款收入流基础上创新推出抵押贷款证券、债务抵押凭证等金融资产，然后又进一步通过金融创新推出 CDO 平方以及 CDO 立方等金融产品，每一次收入流的重新资本化，都能创造出新的虚拟资本，这种新的虚拟资本代表原来的货币资本距离初始借款人贷款更远一步，虚拟性也越发增强，长年累月积累下来，造成了美国虚拟资产的过度膨胀和泛滥，仅美国未到期债务类资产总规模就达到了 50 万亿美元，这还不包括房地产和股票、衍生品等金融资产。经济虚拟化会进一步推进经济的杠杆化，低收入者的收入流一再被杠杆化，形成了杠杆链，这一方面延长了风险源头到最终持有者之间的风险传导路径，另一方面也使各类金融杠杆的作用交织在一起，导致经济中的风险不断增大。

原则上，贷款配置的次序是按收入从高到低、风险从低到高来进行，而美国次级贷款是给低收入者的住房抵押贷款。贷款给低收入者本身就比贷款给高收入者风险大，加上首付资金比例过低，有不少甚至达到零首付，使得杠杆率过高。当这种风险偏大的债务被大规模证券化后，风险被分散的同时也被大面积转移到

❶ 杜传忠，郭美晨. 20 世纪末美国互联网泡沫及其对中国互联网产业发展的启示［J］. 河北学刊，2017，37（6）：147-153.

众多的买主手中，而这些买主多数是金融企业或银行，这一方面使风险传导路径延长，另一方面也使次级房地产的资产被多层虚拟化。其实，次级贷款的抵押物——房地产并不是问题的核心，核心是低收入者的收入流，它们才是维持这个虚拟价值增值链条的关键。不是他们购买的房地产被资本化，而是这个收入流被资本化。这样，这个收入流就被放大成数倍资产，这就是证券化的虚拟性质的来源，一旦这个收入流出现问题，一旦房地产价格下降导致抵押物的价值低于贷款的价值，一旦本币汇率和其他资产收益率变化引起人们对该证券的抛售等，就会迅速引起大面积亏损，导致人们恐慌，使资产价格进一步下跌。

次贷危机在 2007 年已初见端倪。2007 年美联储上调利率导致家庭债务负担和次贷违约率上升。美国房价在 2007 年下降 5%~10%，并在 2008 年加速下降。2007 年第四季度，210 万人无法按期支付贷款，次级可变利率抵押贷款占所有取消赎回权贷款的 42%，形成崩溃的中心。2008 年第二季度，房屋赎回权取消比例达到前所未有的水平。房地产市场危机始于次级贷款进而扩展到优质贷款部门，利率的提高和房价的下降迫使越来越多的可变利率抵押货款持有者违约。随着抵押贷款违约情况的增加，次级债券贬值，各大金融机构财务状况开始恶化，银行的偿付能力受到质疑，进而造成银行间货币市场的流动性短缺。2008 年 3 月，第 5 大投行贝尔斯登因资金困难被摩根大通收购；2008 年 9 月，美国政府接管了两家最大的非银行住房抵押公司——房利美和房地美；2008 年 9 月 15 日，雷曼兄弟公司宣布倒闭，引起了巨大恐慌，掀起了银行等金融机构倒闭的浪潮。2008 年破产的金融机构数量增长至 25 家，2009 年和 2010 年则急剧攀升至 140 家和 157 家。

从美国银行业的不良资产率来看，2008 年第 4 季度，美国银行不良资产率不足 3%；随后迅速上升，2010 年达到 5.46%，不良资产的账面价值高达 4100 亿美元。从美国企业债券违约率来看，由 2008 年的不足 1% 上涨至 2010 年的 10.74%，违约企业债券的票面价值高达 1239 亿美元；从美国实体经济中破产的企业数量来看，在次贷危机期间，美国实体经济受损严重，申请破产保护的实业企业大量增加，债务违约风险迅速上升。资料显示，仅 2009 年，债务规模 10 亿美元以上的申请破产保护企业就有 50 家，1 亿美元以上的有 234 家，包括克莱斯勒、通用在内的大量实体企业面临债务违约困境。

（三）经济危机与金融危机爆发次序转变及其影响

综上所述，通过分析以美国为代表的主要资本主义国家系统性风险全面爆发引发的危机，不难看出，经济危机与金融危机爆发的次序在发生改变。工业化时期，危机的发生次序为先有经济危机，后有金融危机。即首先由以工业企业生产过剩、有效需求不足为主要原因引起实体经济危机，企业关停倒闭、利润无法正常回流后，在银行系统内产生了大量不良贷款，进而将危机蔓延至金融领域，导致金融领域内系统性风险的爆发。工业化时期不良资产与金融危机的基本逻辑如图 3-1 所示。

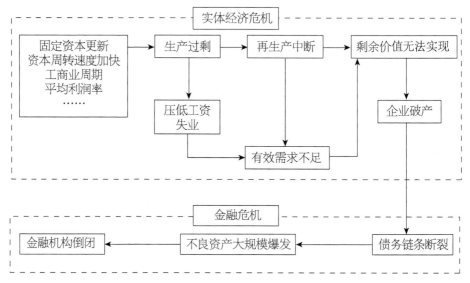

图 3-1 工业化时期不良资产与金融危机的基本逻辑

经济虚拟化时期是先有金融危机，后有经济危机。即在信用宽松、金融自由化背景下，由于虚拟经济内大规模投机炒作导致的庞氏债务膨胀、资产价格泡沫破裂，进一步引发企业生产经营陷入困境、总需求萎缩、收入下滑的实体经济危机。经济虚拟化时期不良资产与金融危机的基本逻辑如图 3-2 所示。

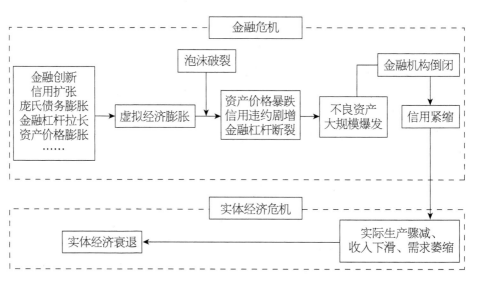

图 3-2 经济虚拟化时期不良资产与金融危机的基本逻辑

经济危机与金融危机爆发次序的变化意味着随着经济虚拟化程度的加深，资本逐利本性使世界主要资本主义国家经济进入"虚拟经济火爆，实体经济低迷"的发展通道，产业空心化背景下的金融体系更加脆弱，金融危机爆发带给世界的灾难将比工业化时期的影响更加深重，各国应积极对其加以防范和应对。

第三章　不良资产与金融危机的一般逻辑及现实依据

第四章 虚拟经济视角下不良资产
处置的经济学探讨

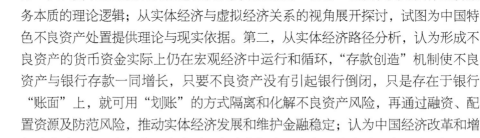

　　本章从虚拟经济的视角探讨不良资产处置的经济学内涵。主要内容包括：第一，从货币金融发展演化过程认识货币金融的"公器"性质和其为实体经济服务本质的理论逻辑；从实体经济与虚拟经济关系的视角展开探讨，试图为中国特色不良资产处置提供理论与现实依据。第二，从实体经济路径分析，认为形成不良资产的货币资金实际上仍在宏观经济中运行和循环，"存款创造"机制使不良资产与银行存款一同增长，只要不良资产没有引起银行倒闭，只是存在于银行"账面"上，就可用"划账"的方式隔离和化解不良资产风险，再通过融资、配置资源及防范风险，推动实体经济发展和维护金融稳定；认为中国经济改革和增长的成功，在一定程度上取决于不良资产划账"出表"的金融制度设计。第三，阐述不良资产处置中划账"出表"是如何剥离和化解风险的理论与现实，运用资产负债表实例分析了商业银行和政府部门购买不良资产的处置流程及会计核算的差异；分析"核销"对各方的损失及对金融机构企业信用、盈利能力、风险管理的影响，以及对宏观经济信贷空间腾挪、系统性风险防范和通货膨胀抑制的影响等。第四，从虚拟经济角度探讨经济"脱实向虚"的机制，描述了庞氏债务、金融杠杆、资产价格操作和重复交易等投机炒作创造 GDP 的经典方式；说明了不良资产资金及债务参与投机活动，既积累了财富，也积累了系统风险；投机活动与实体经济创造个人收入和企业利润一样，都是以增加值形式计入各行业中构成 GDP，由此，GDP 中包含了许多虚拟财富，成为人们无法预测金融危机的重要原因；进一步追溯金融货币核算制度理论与历史，并认为反思和改革统计会计核算体系势在必行。第五，探讨不良资产循环及债务与系统性风险生成机制，提出回避个别风险的处置技术可能会导致个别风险系统化的观点，以美国 2008 年金融危机为例说明了有效市场理论的局限性。中国加大力度治理"脱实向虚"不良倾向，强调不良资产处置要化解风险、消除风险，而非转移风险、平添风险及制造风险。这是监管理念所包含的个别风险与系统风险之间关系的理论价值，也是不良资产管理公司回归主责、回归金融为实体经济服务本源的现实意义所在。

一、金融为实体经济服务的本质及其"公器"性质

（一）货币金融的本质和初心——服务实体经济

金融与实体经济之间是辩证统一的关系。一方面，实体经济是金融的运行基础，金融的本质是服务实体经济；另一方面，金融具有脱离实体经济独立运行的内在逻辑，其过度膨胀制约了实体经济发展并容易引发金融危机。服务实体经济是金融的天职，也是防范金融风险的根本保障。

1. 金融服务实体经济的共识及职能

在宏观经济分析框架中，均衡状态下的储蓄—投资是恒等的，储蓄转化为投资，形成固定资本积累，这就是积累理论。积累理论是在"固定资本形成"判断标准下来考察储蓄与投资的关系。金融投资，购买股票和债券的投资被归为储蓄，只有将人们存款和购买债券及其他金融资产的货币转化为固定资本，拉动经济增长和就业才是投资。从这个角度看，工业化时期的这一经典西方经济学观点与"金融为实体经济服务"理念是一致的。

马克思认为，资本主义的生息资本与封建社会生息资本（高利贷资本）的本质区别在于：封建社会的高利贷资本盘剥借款人，而资本主义的生息资本则是生产企业中"游离"出的货币资本被聚集在一起。为更多产业资本服务而形成的资本主义性质的生息资本源自产业资本，是产业资本发展的产物，为产业资本服务并分享产业资本到利润。所以，货币资本的初衷是为实体经济服务。❶

资本主义金融的本质是资本主义生产方式中的价值增殖。马克思认为，资本主义生产过程是物质生产过程与价值增殖过程的统一，其中价值增殖过程是资本主义生产过程中的生产关系，也是资本主义生产的本质。资本主义金融的诞生是价值增殖脱离物质生产过程相对独立化的最初方式，随着资本主义生产关系和技术的发展，经济虚拟化逐步达到摆脱物质生产过程自我膨胀的状态，价值增殖获得资本主义生产关系最纯粹的表现形式。这是资本主义最为本质的生产关系，凡是维持着工业化基本格局的经济体和国家，无论是 20 世纪 70 年代之前的美国，还是现在的德国和日本等，其金融的基本功能均是通过为实体经济服务来谋取利润。在美国和英国经济中金融彻底偏离这一"初衷"，成为直接牟利的主要方式，于是出现了"去工业化"和经济虚拟化。

2. 虚拟资本与产业资本的关系

虚拟经济源自马克思的虚拟资本理论。虚拟经济包含以金融业、房地产业等为主的服务业（不包括建筑业），但不仅仅局限于某一行业，涵盖以金融为主，包括大宗商品、收藏业、无形资产等众多定价复杂，可以容纳泡沫持续存在的各

---

❶ 哈维.资本的限度［M］.张寅，译.北京：中信出版社，2017：429.

种经济活动和各类投机活动。马克思认为，虚拟资本是信用制度充分发展背景下，资本为寻求自身无限增殖的必然产物。虚拟资本运动是"代表已积累的对于未来生产的索取权或权利证书"❶ 的连续倒卖，其本身不创造任何价值。信用制度的双重性质，使虚拟资本作为信用资本的运动具有两种增殖方式：参与产业资本循环和自行增殖。虚拟资本参与产业资本循环就是虚拟经济服务实体经济，资本通过金融体系进入实体经济领域，服务产业资本循环。

马克思论述了虚拟资本与产业资本的关系及运动规律：虚拟资本参与产业资本循环，价值增殖方式为 $G—(G—W\cdots P\cdots W'—G')—G'$，其中，$G—W\cdots P\cdots W'—G'$ 为产业资本循环。马克思认为，产业资本循环需要经过购买、生产和销售三个阶段，在此过程中，产业资本相应地采用货币资本（G）、生产资本（P）和商品资本（W）三种形式。在产业资本循环过程中，资本家首先在市场上购买劳动力和生产资料等生产要素，此时，产业资本由货币资本向生产资本转变，即 $G—W\cdots P$；然后，资本家将买入的生产资料投入生产，实现生产资本向商品资本的转化，即 $P\cdots W'$，其中，W' 代表包含剩余价值的商品资本；最后，资本家将生产得到的包含剩余价值的商品卖出，完成由商品资本向货币资本的转变，即 $W'—G'$，G' 代表包含着剩余价值的货币。因此，当金融为实体经济服务创造价值时，虚拟资本的增殖是实体经济中购买、生产、售卖三个阶段的统一，是实体经济中物质生产过程与流通过程的统一。马克思和恩格斯指出，"当这些证券的积累表示铁路、矿山、汽船等的积累时，它们也表示现实再生产过程的扩大"。在此过程中，货币资本作为实际资本积累的中介，全程服务于实体经济企业生产的各个阶段，提高了社会生产力，产生了真实经济价值，创造出真实财富计入 GDP。

现代，虚拟经济服务实体经济主要体现在以下三个方面：一是发挥资源配置的核心功能，利用期限转换、信用转换等方式实现资本的跨时空配置，通过资本流通和金融交易引导实体经济资源配置；二是发挥交易实现和价值交换功能作用于流通过程，使各生产部门彼此衔接，维护货币资本、生产资本和商品资本循环的空间并存性和时间继起性，有助于生产、分工和交换的不断扩大；三是发挥风险管理功能，通过风险转换来分散单一经济主体风险，降低实业企业经营风险，提高实体经济的风险防控和化解能力。所以资源配置、价值实现和风险管理等功能应成为虚拟经济服务实体经济的本源和本质。

3. 虚拟经济背离实体经济发展的危害

当虚拟资本自我循环创造价值时，增殖过程表现为 $G—G'$。虚拟资本的自行增殖是脱离了实际生产过程的独立的价值增殖过程，表现为资本在虚拟经济内部的空转。马克思指出，追求价值增殖是资本的固有本性。在虚拟资本参与产业资

❶ 马克思 . 资本论：第 3 卷［M］. 中共中央马克思恩格斯列宁斯大林著作编译局，译 . 北京：人民出版社，2004：351.

本循环的过程中，从货币资本到生产资本再到商品资本等的转化不过都是资本追求价值增殖的结果，而虚拟资本在自行增殖时，则可以跳过那些"为了赚钱而必须干的倒霉事"，绕过产业资本直接追逐货币利润。因此，虚拟经济（以金融业、房地产业为主）自我循环创造价值正是虚拟资本长期追求价值增殖的必然结果，但这个过程产生的只是借贷性、投机性收益而非真实的经济价值。

虚拟资本背离产业资本发展，追逐自我循环创造价值容易引发金融危机，危害实体经济。虚拟资本自我循环创造价值体现在虚拟经济自我循环和实体经济的"脱实向虚"两个方面。

（1）虚拟经济自我循环。资本不进入实际生产过程，仅在虚拟经济领域空转，成为纯粹投机的社会符号。❶资本在金融和房地产市场直接依靠资产价格上涨、反复转手交易和庞氏债务膨胀等方式自我循环。在高杠杆叠加等金融创新方式下，大量资本流向房地产市场投机，同时，大量房地产抵押贷款被证券化为资产支持证券和债务抵押债券，并通过表外渠道衍生出新的金融资产。虽然单纯的金融交易可能降低独立经济个体的风险，但虚拟经济信用资本的无序扩张加剧了经济系统风险存量以及个体风险传染，最终将导致金融危机的爆发。

（2）实体经济"脱实向虚"。随着金融自由化和经济虚拟化，资本的逐利导致资本"脱实向虚"。其中，实体经济"脱实向虚"指的是资本绕过产业资本的形式，通过金融体系进入虚拟经济领域投机。周期性生产过剩、有效需求不足以及不断提高的资本最低限额与平均利润率下滑之间的矛盾，加剧剩余价值实现困难，大量资本从生产和流通领域脱离出来，流向金融资产和房地产市场，实体经济产业资本循环的内在逻辑被虚拟资本独立增殖的逻辑所压倒。当代虚拟资本的垄断性和寄生性的不断强化，具有如下经典表现形式：对冲基金对企业的干预，使其越来越重视短期投机收益，放弃长期价值创造；同时利用纯粹的金融创新工具对实业企业进行杠杆收购，一旦完全掌控股权就迅速瓜分或转卖，致使实业企业成为虚拟资本逐利的工具和牺牲品，阻断了实体经济的高质量发展。

（二）货币金融的"公器"性质及其平衡机制

1. 货币金融的"公器"性质及内涵

当代的货币金融体系，包括银行、证券、保险以及一切定价、价值评估、风险测评、资产处置等的活动。它们不仅执行着货币职能，而且其通过资金配置资源和配置风险的新功能也在不断发展与深化。货币是价值的独立化表现形式，其最基本的社会职能是价值尺度或价值标准，它可以衡量商品价格、维持等价交换

---

❶ 方军.社会符号论的批判向度与力度：基于唯物史观的一种考察［J］.中国社会科学，2020（7）：4-25.

的公平和秩序，成为维持市场经济秩序的基本工具和原则，货币金融的"公器"性质是市场经济社会化发展的产物，所有牟利活动离开货币这一"公器"都将无从继续，所以，货币金融自然就成为构建市场经济生产关系和社会制度的基础，成为社会共同的价值标准。

货币金融是一种基础的社会化工具，它既为个人服务，也为整个公共社会服务，货币金融同时是一个不断社会化的大系统，货币的基本职能除了价值尺度外，还有支付手段和价值储藏手段，并在此基础上演化出三大系统："计价、核算和估价系统""支付和结算系统"以及"价值储藏系统"。这三大系统共同构成了当代货币体系，执行着价值尺度、交易媒介（或支付手段）和价值储藏三大职能。

价值尺度的功能体现在计价和估价系统中，包括会计核算、统计核算及债务评级、资产估值等系统及相关规则。这些系统反映了货币衡量、估测市场价值的规则和方法。所有的价值核算均采用货币标识，并构成一切市场交易的前提和人们的经济活动行为。货币的价值储藏功能，主要以银行存款、债券或其他金融资产的形式来展现。此外，与之相关的交易系统与规则也在一定程度上体现了货币的价值储藏职能。例如，通过市场利率、债券价格，在维系其交易的同时也决定其价格，但这个价值系统也意味着风险，包括债务存量、资本存量以及与实际产出流量的关系等。支付系统包括所有媒介商品交易和金融交易的支付系统。货币在一定程度上依托支付系统的方式流通于经济生活中，成为市场经济的血液循环系统，并决定着货币金融系统和市场经济的兴衰。当代的支付系统，如基于网络技术兴起的第三方支付系统对当代货币的发展方向具有重大影响。

2. 当代货币金融运行的平衡机制——现代中央银行制度

货币金融的供求平衡机制经历了从完全自动调节到完全丧失自动调节功能的过程，主要有贵金属直接流通、兑换贵金属的信用货币流通和法币流通三个阶段。一是以黄金为货币的阶段，货币数量的供求平衡机制是靠黄金自身价值来实现的，当贵金属货币在交易中的媒介商品价值普遍高于其自身价值时，贵金属就自动进入流通领域，反之就退出流通领域被窖藏，货币数量是靠价值规律自动调节的。二是银行发行的"信用货币"可兑换贵金属阶段，从事货币存贷的中介金融机构通过发行信用货币获取信贷中介收益，同时将失信和挤兑的风险带入市场经济，这是货币"公器"的首次"私用"。此时，可兑换（贵金属）信用货币供求之间的主要自动均衡机制便是"挤兑"。三是法币制度的出现，货币不再有自动进入和退出流通领域的机制，一旦滥发货币，必然会导致通货膨胀，极大地损害公众利益。货币的符号化其实就是货币的社会化、系统化，这是货币社会属性发展的结果。所以，法币制度下的货币供求需要中央集权来调整，但这也为大规模"公器"私用的行为敞开了大门。现代中央银行制度的出现，就是要通过货币集权，维护货币的稳定性和"公器"性质。货币当局的重要经济职责是以保护公众利益为基础来调控货币供求关系，一旦"公器"私用或政策失误，货币就成了损害公众利益的利器。

（三）金融市场活力与"公器"性质

在当代，资源配置的市场机制已经不是"一般均衡理论"所述那样，仅仅靠价格系统来完成，而是越来越依靠货币资金的流动来完成。于是，货币金融市场就成为市场经济资源配置机制的核心，而货币金融系统的市场化程度也就成为衡量资源配置效率的关键。

当资金流入一些国家和地区的时候，这些国家的经济会快速发展，而当资金大量流出时，这些国家的经济就会衰落，甚至突然崩溃。经济增长不再过度依赖自然资源这类有形资源，而是更加依赖货币和资金的支持。在国际上，谁取得了国际货币流通的话语权，谁就可以在全球范围内配置资源；谁的金融业发达，谁就可以配置资金，从而引导其他资源的流向和流量。这也是主要资本主义国家与发展中国家贫富差距逐渐拉大的重要原因。

在一个经济体内部，资金配置对于资源配置有着决定性作用，而资源配置对于资金配置的作用却相对较小。所以，价格系统初次分配的地位正在被资金配置的机制所占据。金融正在由第二序的资源再分配机制转变为第一序的资源配置机制。资金的流动不再主要是为了配置自然资源，而是为了支持经济高增长地区的发展和分享其高收益。20世纪90年代以来频繁发生的金融危机，都与大规模的资金流动有着密切关系。一方面，资源对经济的影响在衰减；另一方面，金融对经济的影响在上升。一个国家的经济越现代化，就越依赖于虚拟经济活动。20世纪70年代以前需求不足或生产相对过剩的经济危机在前，银行倒闭的危机在后的次序如今已经完全颠倒：先有由次贷等大规模违约引起的银行倒闭的金融危机，再有由失业上升、收入下降、需求萎缩导致的经济危机。

从这个意义上说，货币、金融系统是市场经济中最重要的社会系统，一个社会应在维持金融市场的活力与"公器"性质之间保持平衡。货币金融不仅应该发挥好优化资源配置的作用，而且应该发挥好优化社会关系的作用，以促进人类文明的发展。

二、实体经济路径：不良资产的宏观性质

（一）不良资产形式的货币资金在宏观经济中的循环机制

不良资产处置是所有市场经济国家都存在的一种金融活动，对不良资产处置

经济学内涵的探讨一直是虚拟经济研究的主要方向。本章从实体经济路径和虚拟经济路径分析不良资产的宏观性质。

首先分析实体经济路径形成不良资产货币资金的循环机制。从企业微观角度来看，银行贷款成为不良贷款有许多原因。例如，企业在经营水平蒸蒸日上时，金融供给特别是授信额度可能大大超过其自身的实际需求，企业容易在没有仔细调研的情况下匆匆上马新的产品，埋下资金断裂的种子。另外，导致企业资金链断裂的原因有：用短期流动性贷款资金去新建厂房，变成难以变现的固定资产；投入房地产行业，以招商引资的名义开发新楼盘；挪用资金进入股市等。但是，当企业出现第一次没有偿还利息的情况时，企业征信情况的恶化会引发各家银行的警惕，银行可能会争先恐后抽贷，发生"踩踏效应"，从而加速企业资金枯竭，助推了不良贷款问题的最终爆发。

从宏观经济运行来看，形成不良资产的资金仍在宏观经济系统中循环，其循环机制使银行存款与不良资产一同增长。我们从不良资产基本生成途径观察其宏观性质：假如某商业银行为投资者提供了100万元的贷款，用于购买机器设备、雇用职工以及高级管理人员，但由于经营不善，该企业大幅度亏损、资不抵债，现金流中断，无力偿还贷款，于是形成商业银行的不良贷款。对于投资者而言，这无疑是一场灾难；对银行来说，这也造成了100万元的资金损失。但是，这笔贷款真的消失了吗？虽然其表现为从投资者的账户中消失了，但从宏观来看，这笔钱并没有消失。实际上，这100万元已经在生产过程中转化成了机器制造商、工人和企业高管的收入。它有一部分为机器制造商的生产提供了货币回流，使机器制造商得以进行再生产，同时，另一部分资金支持了工人和高管的消费。

这其中的逻辑蕴含着"存款创造"机制：在投资者花费100万元的同时将创造100万元的收入。例如，A企业从银行贷款100万元，其中的80%用于购买B企业的机器设备，其余20%用来雇用职工。只要A企业用借款购买了机器设备并雇用了员工，这100万元贷款就会转化为B企业以及其他提供职工消费品和服务的企业的收入（工资和利润），这些收入会继续转化为支出，从而形成一个以递减方式推动经济增长的传导过程。最终这100万元的贷款会通过储蓄的形式重新成为商业银行的存款，它可能是这个交易链条中每个交易环节上多余货币累积而成的存款，也可能是最终得到收入的人不再购买任何商品而形成的存款。

实际上，在每天的交易过后，大部分资金都会以存款的方式回到各交易者的账户上。结果是给予投资者的100万元贷款在交易过程中重新配置，成为新增收入存入银行。货币并没有损失，只是银行多了100万元的不良资产和由其造成的新增存款。如果上述"存款创造"机制规模不断扩大，银行的存款会与不良资产一起增加，不良资产率就会逐渐提高。在这个过程中，即使有部分资金再被存入银行，也会由银行继续以贷款形式给予其他需要资金的企业。只要贷出这笔贷款，不管它是否会成为不良资产，这个过程都会产生。只要信贷扩张不因不良资产而中断或减缓，不良资产就与经济的紧缩无关。图 4-1 显示了形成不良贷款的货币在宏观经济中的流动过程。

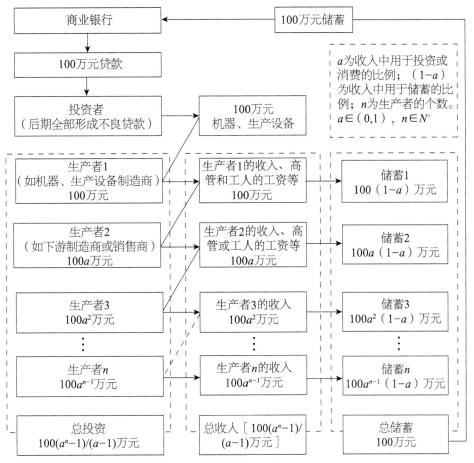

图 4-1　形成不良贷款的货币在宏观经济中的流动过程

（二）不良资产与对应的实物资产

与宏观经济中形成不良资产货币资金对应的物质相比较，由于投资者造成的损失，物质价值总量要小于账面损失。例如，投资者购买设备、原材料、燃料及租用厂房后，一旦企业面临倒闭，一方面，这些厂房和设备等会在清产核资过程中被拍卖或转让，最后通过资源的重新配置，它们多数还会发挥其物理功能，生产出市场需要的产品。所以，不良资产引起的物质损失仅仅是一些生产设备和厂房被闲置时的折旧损失。这种损失的大小取决于二手设备市场的成熟程度，以及从确定企业倒闭到清产核资的程序等因素。另一方面，通过企业间的重组、并购等方式处置了不良资产风险，使企业经营摆脱困境，重新焕发生机，甚至创造出一个全新的企业，并走上逐步稳定发展的道路，这个过程不但没有造成更大的损失，反而实现了不良资产的回收。

一个典型的破产案件，破产处置会经历一系列流程：财产拍卖完毕，按照拖欠工资、税款、工程款、优先债权（有抵押物的债权）、普通债权（保证债权、信用借款）分组，并按照不同的比例偿付。其中，工资、税款、工程款在偿付中往往优先于抵押债权，可以获得全部清偿；然后是优先债权，将在抵押最高额范围内获得清偿；最后有剩余的，用来偿还普通债权，但一般清偿比例都比较低，少则为 0，多则为本金的 10%。另外，除了破产清算，对于一部分资质较好的债务人，法院会同意其引入第三方进行破产重整，以期恢复企业活力，重新回到市场中。所以，不良资产形成的货币资金会以另一种形式依然在经济系统中循环。

从就业的角度来看，虽然企业工人可能会暂时失业，但如果贷款数量是在增加的，总需求就会不断增加，总就业量就不会下降，所以不管不良资产率多高，就业都会进一步增加。总之，如果不良资产未引起银行倒闭和信用紧缩，就不会引起金融危机，其造成的物质损失是微不足道的，对就业没有太大负面影响。所以，从宏观上看，在形成不良资产的货币资金的创造及循环过程中，呆坏账仅仅存在于企业的账面上，对社会就业、经济增长及基本面没有影响。对投资实体经济形成不良资产的循环机制的刻画，为不良资产从金融系统中剥离出来，金融系统可以继续正常运行，以支持经济增长提供了理论支持。

（三）"划账"金融制度设计与不良资产风险化解

运用宏观经济政策调控银行业流动性的紧缩和扩张，不会引起公众恐慌，也不会引起银行信用紧缩。因此，处理不良资产的原则是用国家信用来支持银行信用。

不良资产"处置"包括对不良资产及其风险的"剥离""清算""化解""盘活"和"管理"等。如果呆坏账仅仅是账面上的"符号"，就不会造成银行倒闭或大幅度紧缩信贷，也不会引起经济衰退，从银行账面上将不良资产划掉就好了（柳欣，2010）。这就衍生出了资产的"划账"理论，所谓"划账"就是将不良资产与金融系统的运行分割开来，将呆坏账从表内转移到表外，或者另立账户进行管理。例如，我国四大国有银行将有可能造成金融危机的巨额不良资产从自身体系中划出来，由资产管理公司进行管理与处置，这样四大国有银行的资产质量得到提高，并跻身可以开展国际业务的大银行之列，有利于金融业的资源配置及推动经济增长。"相较于金融资源跨时配置的长期收益，国有银行体系账面上的不良资产只能算是一笔微不足道的必要成本付出而已"（张杰，2015）。这种

"划账"剥离风险的处置方式，早期大都属于政策性处置，例如，国家用计划额度内的准备金予以冲销、财政在资本市场上募集资金向商业银行注入资本金等，来提高商业银行的抗风险能力。

不良资产处置有政策性处置和非政策性处置两种方针。非政策性不良资产处置方式包括常规的自主清收、坏账核销、不良资产转让、债务重组、债转股和资产证券化等。在市场化条件下，通过这些处置方式对风险进行"剥离"和"化解"。在我国，商业银行化解不良资产风险有三道防线：第一道防线是拨备覆盖率，拨备覆盖率的基本标准是150%，如果银行有1.6万亿元的不良资产，就需要2.4万亿元的贷款损失准备金，银行依靠自己的拨备化解不良资产；第二道防线是银行利润，当银行的贷款损失准备金耗光之后，需要用自己的利润来化解不良资产；第三道防线是净资产，当银行自身利润也耗光之后，银行净资产可用来弥补亏损。如果银行的三道防线都消耗殆尽后仍资不抵债，银行将面临破产倒闭，国家或将考虑采取一种系统性的化解风险方式，如将不良资产"划账"给资产管理公司等。

我国不良资产率对银行业紧缩信贷的影响非常有限，因为国家宏观政策调控影响着银行业流动性的紧缩和扩张。事实上，中国民众对银行及金融机构的信任一直贯穿于整个经济转型过程中。国家组建和控制的金融资产管理公司及时收购和处置不良资产，有效地隔离了金融风险，发挥了经济金融体系中稳定器、防火墙及救火队的独特作用。面对当下不良资产余额和不良资产率"双升"的局面，中国人民银行等部门强调加大核销范围和核销力度，消除风险，防止金融风险通过不良资产在各个金融机构之间进行传递，以充分发挥"存量资产盘活"功能，盘活陷入债务困境的实体企业等。所以，我国经济改革与增长的成功，在一定程度上取决于不良资产"划账"与"出表"的金融制度设计，也取决于中央银行隔离和化解风险的职能作用的发挥。

三、不良资产"出表"处置的资产负债分析

（一）不良资产如何"出表"隔离风险

1. 受灾银行的资产负债分析

银行在产生不良资产之后，将采用不良资产核销以及转让等多种方式进行处置，实现不良资产从表内到表外的"出表"。下面以银行自己核销和政府购买为例，阐述不良资产如何"出表"。

会计准则中规定，资产等于负债加所有者权益，如果银行低价把它的不良资

产转出去，在其负债不变的情况下，银行岂不是会亏损？是的，因为银行要核销它的利润。通常银行需要做实资产分类，维持一个正常、良好的形象及信誉。如果银行的不良资产超过监管部门规定的标准，或者自己核销掉，或者卖给资产管理公司。对不符合监管部门规定标准的，监管部门会进行干预。所以，银行通过自己核销不良资产、将不良资产转让给资产管理公司和政府购买等方式，将不良资产"划账"出表，意味着不良资产从表内转移到表外，隔离和化解了银行自身的风险，属于不良资产的快速处置方式。

下面以简化的商业银行资产负债表（表4-1）为例，说明不良资产处置的核销方式，即如何使不良贷款从资产负债表内转移至表外。

中国特色不良资产处置的理论创新与实践

表4-1　受灾银行的资产负债表（名义计价）　　　　　　（亿元）

资产		负债和所有者权益	
发放贷款（优良资产）	500	负债总额	900
发放贷款（问题资产）	500	股东权益总额	100
资产总额	1000		

从账面来看，这家银行的资产比负债多100亿元，资产净值情况比较乐观，但问题资产的实际价值肯定不是账面上的记录价值，假设问题资产实际上全部为损失类资产，即问题资产实际价值为0，那么该银行真实的资产净值将变为负值，处于"资不抵债"状态，见表4-2。

表4-2　受灾银行的资产负债表（实际计价）　　　　　　（亿元）

资产		负债和所有者权益	
发放贷款（优良资产）	500	负债总额	900
发放贷款（问题资产）	0	股东权益总额	−400
资产总额	500		

面对账面上的损失类资产，商业银行如果通过核销来处置，需要动用资产负债表外的贷款减值准备，冲抵掉资产负债表内的问题资产。核销后的资产负债表见表4-3。

表4-3　贷款核销后受灾银行的资产负债表　　　　　　（亿元）

资产		负债和所有者权益	
发放贷款（优良资产）	500	负债总额	900
现金（来自贷款减值准备）	500	股东权益总额	100
资产总额	1000		

由表 4-3 可知，经过核销后，银行账面才真正处于"资可抵债"的状态。资产负债表内原来的问题资产被来源于银行的贷款减值准备等额现金替代，表外的贷款减值准备减少。这样一来，表内的坏账损失通过核销便转移到了表外。

2. 政府购买不良资产后的资产负债

当银行的不良资产庞大到通过核销处置不了时，就需要政府的干预，以防止危机的扩散。政府帮助银行处置不良资产的一种方式是政府出资购买不良资产。依然以简化的商业银行资产负债表（表 4-4）为例进行说明。

表 4-4　受灾银行的资产负债表（名义计价） （亿元）

资产		负债和所有者权益	
发放贷款（优良资产）	500	负债总额	900
发放贷款（问题资产 -30% 损失）	500	股东权益总额	100
资产总额	1000		

名义上银行账面的资产大于负债，假设这些问题资产有一个 30% 的损失，也就是说，问题资产实际只值 350 亿元，那么实际上银行处于"资不抵债"的状况（表 4-5）。

表 4-5　受灾银行的资产负债表（实际计价） （亿元）

资产		负债和所有者权益	
发放贷款（优良资产）	500	负债总额	900
发放贷款（问题资产）	350	股东权益总额	-50
资产总额	850		

此时，若政府以实际价值 350 亿元去购买问题资产，银行还是"资不抵债"。若政府以名义价值 500 亿元出资收购银行的不良资产，银行的资产负债将变为表 4-6 所列情况。

表 4-6　政府购买不良资产后受灾银行的资产负债表 （亿元）

资产		负债和所有者权益	
发放贷款（优良资产）	500	负债总额	900
现金（来自政府购买计划）	500	股东权益总额	100
资产总额	1000		

从表 4-6 可见，现在银行有了偿债能力之后可以继续正常经营，实际上它获得了政府价值 500 亿元的馈赠，即政府为只值 350 亿元的问题资产支付了 500 亿元。

3. 基于资产负债表各方损益的简要分析

（1）股东、债务人及各金融机构。不良资产核销后，一是银行股东权益受损，以中国农业银行披露的 2020 年半年报为例，中央汇金公司和财政部分别持有股份占比 40.39%❶ 和 38.09%，国家财政在不良资产处置中承担了主要的成本，减少了财政部的"收入"，进而减少了"可用之于民"的可支配资本，使大众承担了一定的核销损失。二是债务人依然还有责任。核销情况下，虽然银行依然保留债权责任，但银行用其贷款减值准备弥补了企业的账面亏损，及时减轻了其债务压力，尤其是在特殊情况下，如受灾的企业依然可以从银行申请新的贷款，对企业和个人尽快恢复生产、生活都有积极意义。三是不同银行损失不一。由于贷款经过循环往复最终以新增存款的形势流入银行业，从宏观上看，不良贷款并没有造成太大损失；但从银行个体来看，各家银行不良贷款造成的损失可能并不会由等量的新增存款或利润来弥补，银行存款会在不同的客户和银行之间转移，也就是说，各家银行核销后的损失会有差异性。

（2）政府和监管部门。政府购买不良资产，注资给银行以补充资本金，相当于政府投资于银行，改善银行经营状况，因此而得到分红；当在低价位收购不良资产时，通过重组等系列操作，资产可能由不良转良，政府会获得利润，弥补部分支出损失。以 2008 年美国政府应对金融危机的 7000 亿美元救助计划为例，美国政府支出巨额财富购买银行的坏账，最终实际只花费纳税人 320 亿美元净成本，这是由于政府入股分红收获了高额回报，❷ 反映了政府干预经济的积极作用。对于监管部门，当某家金融企业出现危机时，监管机构首先要判断其危机性质属于流动性问题还是清偿性问题，两者的区别在于，若确属流动性问题，则不需要动用公共资金来化解风险，可以通过外在的担保、救助等形式加以化解。但若属于清偿性危机，为抑制不良资产通过传导机制造成金融危机，监管机构通常会为了防止危机的大范围传播而及时采取风险隔离、接管等系列处置措施，并承担处理金融危机的成本。❸

（二）中国不良资产"核销"力度加大的现实

不良资产核销处置方式充分体现了快速剥离和化解金融风险的积极作用。近年来，我国商业银行不良贷款余额和不良贷款率呈现"双升"趋势，不良贷款余额翻了近一番。在银行核销额度增加和核销标准放宽的政策引导下，商业银行不良资产核销力度不断加大。2017—2020 年累计处置不良贷款 8.8 万亿元，超过此前 12 年的总和（郭树清，2021）；2021 年不良贷款核销力度又进一步加大，为及时化解不良资产带来的风险，维持银行体系的稳定，提升服务实体经济质效，中国人民银行、国务院、银保监会等机构都在推动银行业加大呆账核销力度，银行自主核销是用银行的贷款损失准备金冲抵不良资产，减少账面上的不良资产余额。贷款损失准备能够提升商业银行贷款损失准备的动态性和前瞻性，增强商业银行的风险防范能力，促进商业银行稳健运行。该方法可以快速优化资产负债表，能在及时确认资产损失、提升贷款质量、优化贷款结构的同时，发挥前瞻性熨平利润波动、维护公众对银行体系信心的作用。不良资产的核销具有以下内涵与特点。

1. 不良资产"核销"的内涵

核销是指金融企业将认定的呆账冲销已计提的资产减值准备 ❶ 或直接调整损益，并将资产冲减至资产负债表外的账务处理方法。所谓呆账，通俗地说，是指已过偿付期限，经催讨尚不能收回，长期处于呆滞状态，有可能成为坏账的应收款项。根据财政部《金融企业呆账核销管理办法（2017 年版）》（以下简称《呆账核销办法》）的定义，呆账是指金融企业承担风险和损失，符合认定条件的债权和股权资产。贷款核销后，将不再在银行资产负债表上进行会计确认和计量。对于核销后的呆账，金融企业要继续尽职追偿，尽最大可能实现回收价值最大化。核销不良贷款的重要资金来源是贷款损失准备，根据原银监会 2011 年制定的《商业银行贷款损失准备管理办法》，银行业监管机构设置贷款拨备率和拨备覆盖率指标来考核商业银行贷款损失准备的充足性。贷款拨备率为贷款损失准备与各项贷款余额之比，拨备覆盖率为贷款损失准备与不良贷款余额之比。❷ 其中，贷款拨备率基本标准为 2.5%，拨备覆盖率基本标准为 150%。这两项标准中的较高者为商业银行贷款损失准备的监管标准。❸ 商业银行应当按月向银行业监管机构提供贷款损失准备的相关信息。

2. 不良资产"核销"的特点

（1）不良资产核销是一种内部账务处理过程。根据《呆账核销办法》的规定，具体账务处理过程是指，对于已经发生的呆账，金融企业要统筹风险管理、

---

❶　是指金融企业对债权、股权等金融资产（不包括以公允价值计量并且其变动计入当期损益的金融资产，使用交易性金融资产科目进行核算）进行合理估计和判断，对其预计未来现金流量现值低于账面价值部分计提的，计入金融企业成本的，用于弥补资产损失的准备金。

❷　参见《商业银行贷款损失准备管理办法》（银监会令〔2011〕4 号）第六条。

❸　同 ❷。

财务能力、内部控制、审慎合规、尽职追偿等因素，及时从计提的资产减值准备中核销，❶ 资产减值准备计提不足时则直接调整损益。核销使得呆账从金融企业的资产负债表中分离出来，单独成账。通过这种会计处理，金融企业从"一本账"变成"两本账"。

（2）不良资产核销后，金融机构继续保留追索权。核销遵循"账销案存，权在力催"的基本原则。呆账核销只是银行内部的账务处理，并未免除借款人承担的还款义务，并不表明银行放弃了债权。账销案存，银行应继续积极催收和追偿，最大限度地保护银行资产少受损失，切实维护银行的合法权益。除特殊规定外，金融企业应对已核销资产做好台账记录、立卷归档、专人管理、加强追索等工作来维护权益。❷

（3）不良资产"核销"需要经过一套内部管理流程。金融企业核销呆账，要履行内部审核程序。各级行（公司）接到下级行（公司）的申报材料，应当根据内部机构设置和职能分工，组织核销处置、信贷管理、财务会计、法律合规、内控等有关部门进行集体审议，由有权人审批。❸2017 年出台的《呆账核销办法》对核销程序在规定上进行了较大修改，扩大了呆账核销范围，放宽了呆账认定条件，核销程序也有所简化，在降低取证成本、缩短核销周期的同时，极大地提高了核销效率。

（三）不良资产"核销"的影响与作用

1. 不良资产核销对金融企业的影响

（1）核销对金融企业信用的影响。核销对金融企业最直接的影响是账面上的呆坏账大幅减少，企业的不良资产率降低，资产质量上升。表现在外部便是储

---

❶　参见《金融企业呆账核销管理办法（2017 年版）》（财金〔2017〕90 号）第十一条。

❷　特殊规定是指，列入国家兼并破产计划核销的贷款；经国务院专案批准核销的债权；法院裁定终结执行或被法院判决（或者仲裁裁决）借款人不承担（或者部分承担）责任，并且了结债权债务关系的债权；法院裁定根据重整协议或者和解协议核销的债权；在重整协议或者和解协议执行完毕后，自法院裁定破产案件终结之日起超过 2 年的债权；金融企业按规定采取打包出售、公开拍卖、转让、债务减免、债转股、信贷资产证券化等市场手段处置债权或者股权，受让方或者借款人按照转让协议或者债务减免协议履行相关义务完毕后，其处置回收资金与债权或股权余额的差额；被法院驳回起诉，或者超过诉讼时效（或者仲裁时效），并经 2 年以上补救未果的债权；其他依法终结债务关系或投资关系的情况。

❸　参见《金融企业呆账核销管理办法（2017 年版）》（财金〔2017〕90 号）第十二条。

户对于企业经营状况和抵御风险的信心上升，金融企业的信用增强。企业信用对于市场化的金融企业来说尤其重要，因为绝大多数金融企业的倒闭都是源于信心崩塌导致的挤兑。如果呆坏账仅存于银行账面之外，则既不会引起公众恐慌，也不会引起银行信用紧缩。金融企业信用的提升对于降低以商业银行为主导的金融企业的经营风险作用有限，更多地体现在提升金融企业的竞争力。

（2）核销对金融企业盈利能力的影响。核销也直接影响到金融企业的利润指标。短期来看，核销呆账需要冲减资产减值准备，而资产减值准备的计提直接关系到企业前一期的利润，坏账核销需要由银行利润支持，对银行的利润影响较大。并且核销需要经过严格的内部流程，也会增加一定的业务运营成本。所以，核销短期内会降低金融企业的利润指标。但从长期来看，核销能够释放贷款存量，加速金融企业的资产周转，减少风险资本消耗，提高金融企业的盈利能力。此外，呆账核销还能对银行利润起到"抽水蓄能电站"的作用，在利润丰厚的年份，金融企业加大计提拨备，加大呆账核销力度；当风险显现时，金融企业便加大已核销呆账的清收力度，充分挖掘已核销呆账的资产价值，实现本金和利息的收回，直接增加金融企业利润，释放拨备，较好地发挥呆账核销对金融企业利润的杠杆调节作用。❶

（3）核销对金融企业风险管理的影响。核销有助于加强金融企业的内部风险管理。举例来说，核销测算出的违约损失率（Loss Given Default，LGD）是商业银行执行高级内部评级法的重要基础。通过评级，商业银行可以完成企业的信用风险估值，对企业的信用风险进行宏观把控，进而及时对企业运营做出相应调整。违约损失率高，金融企业的信用风险就高，金融企业就会强化客户、产品、商户、运营、风控等业务环节的风险经营意识，提升自己的风险管理能力。在多次评级和调整之后，核销的反馈机制将使商业银行的信用风险维持在一个相对合理的水平。

核销的过程也是对大量不良资产损失原因的分析以及经验教训的总结过程，有助于金融企业重新审视其业务发展策略和制度的科学性。通过对呆账核销的审查、审计，全面分析查找形成呆账和损失的原因，金融企业可以从中汲取有益经验，形成以核销促进债权和投资管理机制不断改善的正向机制。❷同样以商业银行为例，核销将有利于商业银行从贷款选择、准入条件授信方案、后续管理及内部控制等方面进行认真总结，从源头做好不良资产防控工作，将处置损失的防控

❶ 刘皓，别姝姝.经济新常态下商业银行呆账核销的变革与展望［J］.中国商论，2018（33）：34−36.

❷ 参见《金融企业呆账核销管理办法（2017年版）》（财金〔2017〕90号）第二十二条。

关口前移。

2. 不良资产核销对经济稳定的作用

（1）腾挪信贷空间。短期来看，我国银行业持续加大不良资产的核销力度，可快速降低银行不良贷款率，盘活存量贷款，为新增信贷投放腾出空间，进一步满足实体经济的融资需求。不良贷款核销并不是放弃债权，只是通过银行财务账面的处理方式将银行坏账从表内划转到表外，腾出可用信贷资金的空间，如果将坏账核销转到表外后，不良资产率会下降，那么可用的信贷资金会相应增加，也就有了新的放贷空间。长期来看，可以培育商业银行信贷业务向良性、稳健发展，形成"收紧管理—压降不良—释放额度—支持实体"的良性循环，对商业银行中长期效益产生更加深远的影响。[1] 因此，核销不仅缓冲了"去杠杆"给金融企业带来的冲击，也避免了金融企业大规模处理不良资产引起信贷紧缩情况的出现，从而创造平稳有序的金融环境。

（2）防范系统性金融风险。核销作为一种积极的处置呆账隐患的方法，是以银行为主导的金融企业主动顺应经济发展趋势，防范和化解金融风险的重要手段之一。以"预期信用损失"计算应计提的资产减值准备，在呆账实际发生时冲销资产减值准备，是以经常的"小震"释放压力，避免出现严重的"大震"。加强不良贷款核销力度能有效地防范金融风险，及时化解信用风险隐患，避免风险集聚而产生系统性风险。银行不良资产如果仅靠自身盈利能力来逐步消化，盈利能力跟不上不良贷款增长的幅度，得不到及时有效的处置，将制约商业银行经营水平的提高，还可能因不良贷款不断累积而加大经营风险，诱发系统性金融风险。

（3）通过信用扩张刺激经济。由于核销呆账后部分贷款存量被盘活，金融企业会向实体企业注入新的流动性。银行的再贷款会增加流通中的货币数量，因为银行的呆坏账并不意味着银行贷出的资金在流通中消失了，它还在流通中参与各种交换和投资，这导致实际的货币供应量有所增加。如果是在经济虚拟化背景下，被释放的社会资金会流入收益更高的虚拟经济领域，过多的资金投资需求与过少的高收益投资资产形成反差，这一反差引发了金融投资领域的"资产荒"，进而掩盖了资产的真实价值，形成了经济系统中的"局部泡沫"。金融市场的膨胀还具有放大效应与传染效应，这进一步干扰了实体领域对于产品需求与价格的预期判断，致使实体领域中资产价格脱离合理轨道。[2] 也就是说，呆坏账的核销

中国特色不良资产处置的理论创新与实践

---

[1]　王昕，任书亮. 呆账核销在防范和化解金融风险中的运用 [J]. 中国国情国力，2018（12）：31-34.

[2]　陆岷峰，杨亮. 我国经济金融化的形成逻辑、风险问题与治理路径 [J]. 华侨大学学报（哲学社会科学版），2019（2）：59-67.

会在一定程度上引起流动性扩张，刺激经济扩张，但这种流动性的注入是暂时的，只要宏观调控得当，完全可以得到控制。

四、虚拟经济路径：经济"脱实向虚"以及财富创造机制

（一）虚拟经济自我循环与经济"脱实向虚"机制

1. 实体经济与虚拟经济的分类依据

依据马克思生产劳动理论并按国际标准产业分类（ISIC Rev4.0），本书将国民经济活动分为虚拟经济、实体经济Ⅰ和实体经济Ⅱ三大部分。虚拟经济再分为金融保险（L）和房地产（M）；实体经济Ⅰ再分为农、林、牧、渔业（A），采矿业（B），制造业（C），电气、蒸气等（D），供水、废物管理等（E），建筑业（F），批发零售和修理等（G），运输仓储（H）；实体经济Ⅱ再分为餐饮住宿（I），信息通信（J），科学技术（M），行政服务（N），公共管理与国防等（O），教育（P），社会工作活动（Q），文娱活动（R），其他服务活动（S），家庭作为雇主活动（T），国际组织活动（U）。实体经济Ⅰ与实体经济Ⅱ的划分依据在于：就人类的物质生产和物质生活而言，"生产本身又有两种。一方面是生活资料，即食物、衣服、住房以及为此所必需的工具的生产；另一方面是人自身的生产"。❶ 实体经济Ⅰ是以产业资本循环为主的经济活动，表现为生产过程和流通过程的统一，其中"食物、衣服、住房以及为此所必需的工具"涉及农业、建筑业和工业等。随着社会分工不断扩大，生产者和消费者之间的时空距离扩大，一部分商品资本从产业资本中独立为商业资本，仍然执行产业资本循环中的商品资本职能，直至商品进入生活最终消费领域。现代仓储货运和批发零售业是直接生产过程在流通中的延伸，因此将它们都纳入实体经济Ⅰ。实体经济Ⅱ以服务业为主，间接参与产业资本循环，并服务于劳动能力扩大再生产活动。

2. 虚拟经济自我循环与经济"脱实向虚"机制

实体经济是虚拟经济的运行基础，但虚拟经济具有脱离实体经济独立运行的内在趋势，其过度膨胀会破坏实体经济发展，容易引发金融危机。虚拟经济主要有两种增殖方式：一是为实体经济服务，二是自我循环。当虚拟经济为实体经济服务创造 GDP 时，虚拟资本参与产业资本循环；当虚拟经济自我循环创造 GDP 时，可通过庞氏债务膨胀、货币投入、金融杠杆、资产价格炒作、重复交易等创造财富，这些资金在一定程度上脱实向虚"空转"创造财富，推高了金融风险，造成了不良资产集聚。经济虚拟化使价值增殖的形式多样化了，不再是仅仅依靠

第四章　虚拟经济视角下不良资产处置的经济学探讨

---

❶　马克思，恩格斯 . 马克思恩格斯选集：第 4 卷［M］. 中共中央马克思恩格斯列宁斯大林著作编译局，译 . 北京：人民出版社，1997.

物质生产过程，如图 4-2 所示。

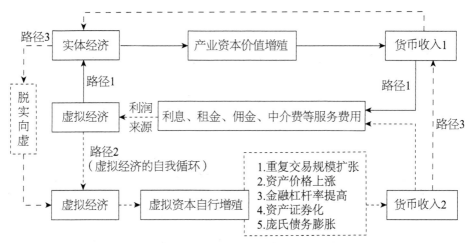

图 4-2　虚拟经济自我循环与经济"脱实向虚"机制

一方面，虚拟资本的循环隐藏了生产过程，正如图 4-2 所示的虚拟经济自我循环与经济"脱实向虚"机制，虚拟经济部门的主要收入来源于通过为自身和实体经济提供资本和服务，并按交易量或标的价格比例收取相应的利息、租金、佣金、中介费等服务费用。支付这些利息和服务费用的利润来源有两个渠道：一个是路径 1 中虚拟经济将货币资本和服务提供给实体经济部门，通过产业资本的循环、周转和全部生产过程的最终实现，带来一定的价值增殖并转化为利润后，将产业利润的一部分切割出来作为费用支付，转移到虚拟经济部门；另一个是路径 2 所示的虚拟经济将资本和服务提供给虚拟经济本身，如金融机构贷款给房地产企业、商业银行同业业务或影子银行业务等，与路径 1 不同的是，支付这类利息和服务费用的利润，无须再通过实体经济的生产过程来实现，而是直接依靠房地产和证券等资产价格的上涨、股票和债券等信用票据重复交易规模的扩张、庞氏债务的膨胀，甚至通过纯粹炒作资产的差价来实现。❶ 也就是说，虚拟经济的利润本质上源于虚拟经济。但值得注意的是，第一，通过这种方式形成的利润或者说货币收入，并不来自对生产领域创造的剩余价值的分割，而仅仅表现为"生产更多货币的货币，是没有在两极间起中介作用的过程而自行增殖的价值"。❷ 第二，这种利润形成脱离了实体经济，价值增殖脱离了实际生产过程，但是这种增殖会随着交易量的骤减和资产价格的暴跌而瞬间蒸发，因而具有非常强的虚拟性

❶　刘骏民，刘晓欣.经济增长理论创新及其对中国经济的实践意义：兼论如何重开中国经济高增长之门［J］.政治经济学评论，2016（6）：78-81.

❷　马克思.资本论：第 3 卷［M］.中共中央马克思恩格斯列宁斯大林著作编译局，译.北京：人民出版社，2004：440-441.

质。由此，不能增加任何实物产品的虚拟资本便在虚拟经济内部形成一个完整但脆弱的、自行增殖的循环系统。

另一方面，任何资本周转时间的缩短都意味着资本的游离。虚拟经济的自我循环实际上是一种零和博弈，因此，使虚拟经济各部门总利润增长的唯一途径就是依靠货币数量的扩张。如路径3所示，实体经济资本有机构成的提高缩短了产业资本的周转时间，产生了大量游离资本，由于"以钱生钱"要比实体经济靠生产产品赚钱更快、更多，因此这些游离资本不再选择进入实体经济发挥生产职能，而是选择参与金融投资活动，并为虚拟资本规模扩张提供充足的追加货币。虚拟经济则依靠虚拟资产重复交易规模的扩张、资产交易价格的上涨、资产证券化、金融杠杆率的提高以及债务甚至是庞氏债务的扩张，在与实体经济争夺资金的同时，实现自我循环规模的膨胀。与此同时，金融创新带来的虚拟经济交易方式的变革和交易速度的极大提升，加快了虚拟资本的周转速度，推动自我循环规模以超过实体经济增长的速度增长，更加缩短了实体经济资金进入虚拟经济后的增殖周期。虚拟经济的自我循环机制由此成为经济"脱实向虚"最重要的机制。

3. 虚拟经济自我循环下的膨胀与收缩机制

虚拟经济的本质是虚拟经济作为市场经济的产物，是以心理定价为基础，以货币为基本动力，以单一利润最大化行为为基础，具有正反馈效应，价格失去自动调节，供求达到稳定状态，从而具有内在不稳定性的特殊经济运行方式。通俗地说，虚拟经济是由虚拟货币推动，相对脱离了实体经济，通过资产价格上涨、金融资产数量膨胀、重复交易额膨胀等以及与各类债务相关的创造货币财富和货币收入的货币现象。在认识货币内生机制的基础上，总结虚拟经济自我膨胀和收缩模型，对于不良资产风险化解具有重要意义。

在当代，各国的货币数量都是由其中央银行控制的。如果在已知央行机制（如存款创造）之外发现货币数量的自行变动，就意味着货币具有内生性。这里货币产生影响的因素是货币数量和货币流通速度，两者共同作用于经济。如果货币流通速度也是一个易变的量，它就与货币数量同样重要。货币流通速度是由货币媒介的交易速度决定的。在实体经济中，因为物质生产周期基本固定不变，交易速度通常不会发生剧烈变动，但在股市、债市、汇市以及其他资产市场上，交易速度的可变性较强，会导致货币总量出现很大的内生性。

当债务增加导致流入虚拟经济的货币增加时，无论是推动资产价格上升还是推动资产数量上升（如新发行的债券、股票，新投入市场的土地等），资产的名义价值量都会增加。这会导致可抵押的资产规模扩张，于是交易变得活跃，平均交易速度上升，货币量增加，更多资金进入虚拟经济领域，导致资产价格和交易额进一步上涨，同时也推动虚拟经济创造的 GDP 增加。但随着债务增加，金融杠杆率会提高，现金和自有资金的比例会逐渐减小，直到银行和金融机构为防范风险开始紧缩信用，发生与之前完全相反的过程。这种资产价值与货币的互动关系是虚拟经济周期性波动的重要机制，其核心就是资产价值与货币数量如何互动以推动经济自我膨胀和收缩的机制，这也是虚拟经济自我膨胀的基本机制。其重要意义在于强调了货币的内生性、货币与资产价值之间的互动关系，也反映了货币数量与名义 GDP 之间的互动关系。

（二）虚拟经济自我循环与创造 GDP 的典型方式

当代外汇市场的交易中，真正参与实际生产的相关资金不超过 3%，其余 97%都与投机活动有关❶。将投机活动作为基本行为来研究，将经常发生投机活动的领域看作一个整体，重视虚拟经济的特性及其对实体经济和整个经济的影响，有利于中国特色不良资产处置更好地化解风险，而不是在其中制造风险与扩大风险。以下为几种典型的虚拟经济自我循环及空转创造财富的方式。

1. 庞氏债务膨胀

大规模虚拟经济活动的主要资金来源不是自己的现金收入，而是债务，而借新债还老债的庞氏债务活动在现实中常常出现。虚拟经济活动最终必然导致庞氏债务膨胀；反过来，庞氏债务又会推动重复交易额膨胀和资产价格上升等纯粹的货币现象。在现实中，规模越大的集团和金融控股公司越容易卷入庞氏债务膨胀的漩涡。这些大型集团的分公司和子公司众多，股权和债权关系复杂，因此，往往可以在较长时间内掩盖其真实财务状况。直观地，假定一家大型煤炭企业通过借新债还老债的方式运营，先在市场上发行新债券融资 10 亿元，其中 5 亿元用于向投资者支付老债券的本息，并将剩余的 5 亿元投资于金融和房地产市场，年投资收益率按 10% 计，则一年后该煤炭企业的公允价值变动收益为 5000 万元，将直接以企业利润的形式创造 GDP。如果煤炭行业中有 100 家类似的企业，那么这些煤炭企业仅仅通过借新债还老债，并将其投资于资产市场，而无须从事煤炭开采和加工业务等实体经济活动，就能创造出 50 亿元的 GDP。

2. 金融杠杆

金融技术的一大代表是资产证券化。我国资产证券化自 2012 年重启之后迅速发展，2019 年全年共计发行资产证券化产品 2.34 万亿元，同比增长 17%，年末市场存量为 4.20 万亿元，同比增长 36%。在资产证券化过程中，参与机构如发起机构、受托机构、主承销商、资金保管机构、评级机构、会计事务所、律师事务所等收取的服务费以金融部门和非金融部门产出的形式计入了 GDP。直观地，现假设将一个年净收入 3000 万元的收入流证券化，其理论价值是这个收入流除以利

❶ 刘晓欣.经济全球化的本质：虚拟经济全球化［J］.南开经济研究，2002（5）：22-26.

率。假定利率为 3%，则 3000 万元的收入流可以证券化为 10 亿元的金融资产。粗略假定参与证券化的所有机构按资产价格的 1‰收取费用，参与机构的收入就为 100 万元。在此过程中，3000 万元的收入流保持不变，因此证券化创造出了 100 万元的 GDP。

3. 资产价格炒作

资产价格炒作是虚拟经济中一种常见的投机行为，如炒股、炒房、炒币等。虽然资产价格的上涨本身不计入 GDP，但是针对一定资产价格收取的交易服务费用却可以创造出 GDP。近年来，房地产价格炒作频频发生，在投机者哄抬房价而后倒卖获利的过程中，买卖双方需要支付一系列中介服务费用，如信息咨询费、价格评估费、买卖代理费等。直观地，现假设房地产市场上有一套原价为 500 万元的普通住宅，经投机者的哄抬炒作后价格膨胀至 700 万元，粗略假设各类中介服务费率之和为 8%，则当房屋以原价在市场上出售时，中介服务产出即缴纳的费用总额为 40 万元，而在炒高房价后，相应的费用上涨至 56 万元。因此，在这笔交易中，投机者通过哄抬房价就多创造出来 16 万元的 GDP。现假设市场上有 100 万套相同的房屋出售，那么，仅仅通过推高房地产价格就能凭空创造出 1600 亿元的 GDP。

4. 重复交易

2019 年，我国非金融企业境内股票融资额和企业债券融资额分别为 0.35 万亿元和 3.34 万亿元，但是股票成交额和债券成交额却分别为 127.46 万亿元和 247.37 万亿元，分别为融资额的 364 倍和 74 倍。由此可见，股票、债券等的成交金额之大已经超过了为实体经济融资的范畴，其中大多是来自纯粹想要通过低买高卖来实现套利的重复交易。一定数量的股票或债券，重复交易次数越多，证券公司、证券交易所等提供的中介服务就越多，收取的印花税、证管费、经手费、过户费、交易佣金等就越多，这些金融服务产出越多，GDP 也就越高。直观地，现假定上述各项服务费率之和为交易额的 0.03%，股市日均交易额为 6250 亿元，重复交易占比 80%，一年 250 个交易日，那么仅仅在股票市场上，每年因重复交易而产生的实际 GDP 就高达 375 亿元。如果重复交易创造的 GDP 是真实财富的话，只要交易频率足够高，几个人之间反复交易同样的股票就可以创造出一个国家的 GDP。

5. 货币投入

自由主义经济学坚持货币中性理论，认为货币增加不会带来真实的经济增长，只能带来物价及资产价格的上涨。然而，不同于实体经济中企业使用货币购买原材料投入生产创造产出，虚拟经济中货币的投入可通过间接测算的金融中介服务（FISIM）的形式直接创造 GDP。国民经济核算体系（The System of National Accounts，SNA）中将提供与存贷款利息费用相关的金融服务称为 FISIM，即金融机构从事存款活动从存款者获得的间接收入与金融机构从事贷款活动从借款者获得的间接收入之和。SNA2008 推荐使用参考利率法核算 FISIM，其计算公式为 FISIM= 贷款额 ×（贷款利率 − 参考利率）+ 存款额 ×（参考利率 − 存款利率）。当货币投入增加时，金融机构存款增加，带动贷款增加，存贷款业务持续扩张，存贷款额上升，FISIM 增加，GDP 上涨。于是，货币的投入无须经过企业的生产经营过程就可在金融机构中直接创造出数目可观的 GDP。

（三）不良资产及债务循环与虚拟性财富积累

1. 不良资产处置中的资金空转

金融服务实体经济要求资金直接从金融机构流向"实体经济"，而流向实体经济之前的环节都视为"资金空转"。不良资产处置应聚焦问题企业和问题资产，充分发挥金融逆周期救助实体经济的功能，抑制资金空转，严防新增风险。

不良资产处置是为了化解风险，以让虚拟经济更好地为实体经济服务。不良资产资金在宏观经济系统中循环，通过中央银行制度以及中国特色不良资产处置方式，充分发挥逆周期金融救助功能，服务实体经济，保增长、促就业和维持金融稳定。但当投资者将银行贷款资金运用至虚拟资产投资造成亏损时，不良资产的持续形成相当于为虚拟资产领域注入源源不断的货币。在虚拟经济自我循环以及资金空转机制中，不良资产及债务也参与其中，其在金融体系多个机构间流转，形成不良资产货币资金在经济系统中循环，一方面在积累虚拟财富，另一方面也在积聚金融风险。通过庞氏债务膨胀等方式带来金融服务产出的增加，进而创造收入和利润，并计入 GDP，导致 GDP 中包含许多虚拟财富。

例如，投资者从银行获取了 500 万元贷款，这 500 万元被其投资于期货市场，假如该投资者在期货市场操作失利，资金完全亏损，一方面，该投资者亏欠银行的贷款形成银行的坏账，记录在银行的账户上，另一方面，该笔 500 万元资金在宏观上看并未消失，而是形成了其他盈利投资者的收入，在期货市场中继续流转，并且由于虚拟资产的增殖性，500 万元可能衍生至 1000 万元、2000 万元乃至更多。如果上述机制规模不断扩大，不良资产越多，进入期货市场的货币越多，资产泡沫也越大。

近年来，金融监管部门开展了多个专项治理和综合治理，遏制了银行业资金空转和"脱实向虚"的势头，加强了对各类风险的防范和化解。例如，银行将自营或者表内、表外的理财资金委托给非银行机构管理，而非直接将资金投向债券或者信贷，流入实体经济；银行通过信托计划、资产管理计划等方式投向非标、股权、房地产等受限的领域，实现规避监管限定投资范围、降低风险资本计提、绕过存货比等监管指标的效果；减少超过风险承受能力的质押式回购；实施同业存单和同业理财互买等。未来国家将进一步促进形成金融和实体经济、金融和房地产、金融体系内部三个方面的良性循环。

2. 债务循环与瞬间蒸发的虚拟财富

现有 GDP 核算体系没有区分真实经济价值和借贷性、投机性收益，导致 GDP 成为一个有欺骗性的衡量经济的尺度（张宇燕和方建春，2020）。当下的 GDP 核算体系中，没有区分依靠真实收入产生的居民消费和政府投资与依靠借债产生的居民消费和政府投资，也没有区分金融市场上为生产进行的融资与为赢利进行的投机炒作。如果 GDP 来自债务拉动，那么国家表面的经济增长的背后可能是不断加剧的债务风险（马苏德，2016；马骏，2021）。后面我们将追溯货币金融统计核算制度演变以及其依据的经济学理论基础，为未来金融核算制度的改革提供参考。

统计核算方面的虚幻性对所有国家的 GDP 都产生了影响。一项关于美国的研究得出结论："做一个保守的假设，1997—2007 年，现有的官方统计将商业银行的服务产出起码高估了 21%（在 2007 年第四季度达到了 1168 亿美元），并将 GDP 高估了 0.3%（在 2007 年第四季度达到了 529 亿美元）。"❶ 在欧元区，如果根据银行的风险承担进行调整，那么金融业产出的测量值将会降低 25% ~ 40%。如果在英国采用同样的系数，那么金融业对该国 2008 年 GDP 的贡献测量值则为 6% ~ 7.5%，而不是 9%。这些数据是令人震惊的：近年来金融业的规模起码被高估了 1/5，甚至还可能高达 1/2。❷ 即便现有核算体系试图对价格变化使用居民消费价格指数（CPI）进行剔除，对物量变化使用产出指标法、平减法（如使用 PPI 指数、GDP 平减指数等）和综合法等进行平减，仍然无法改变虚拟经济过度膨胀带来的金融服务产出的增加。即使未来在不变价核算方面采用滚动链式指标方法进行核算，但其依据仍是物价平减指数的概念。如果使用"金融服务价格指数"从资产价格视角进行平减，而非使用不包括资产的物价指数进行平减核算，理论上可以消除价格变化的影响，但现实中这一指数很难计算或者并不存在。

从经济增长的角度来看，当传统的资本积累转变为以价值形式表现的股票、债券及金融衍生品等虚拟资产的积聚与增长时，虚拟经济自我循环及金融空转中，金融与房地产、外汇和股票炒作以及借新债还老债的庞氏游戏等联系在一起，就会将资产价格膨胀和债务膨胀连同巨大的连锁违约风险引入金融系统；当金融资本大规模进入期货市场时，以巨额资金操控价格和交易来牟利，期货市场就失去了价格发现的功能，成为偏离实际供求状况、扰乱实体经济资源配置、降

---

❶ BASU S，INKLAAR R，WANG J C. The Value of Risk：Measuring the Services of U.S.Commercial Banks［J］.Economic Inquiry，2011，49（1）：226−245.

❷ 科伊尔 . 极简 GDP 史［M］. 邵信芳，译 . 杭州：浙江人民出版社，2017.

低市场效率的因素。炒作、价格暴涨等为投机者带来了货币财富，但经济学家和政府则必须清楚地认识到通货膨胀不是真实财富增加，靠资产价格膨胀和重复交易额膨胀导致的 GDP 增加也不是真实财富增加，离开物质财富的支撑，货币财富将变得一文不值。货币金融如果违背了为实体经济服务的初衷，成为少数金融寡头盘剥实体经济和公众的工具，那么当虚拟经济过度发展时，就会破坏公众利益，将工业化社会生产引向金融资本统治的去工业化和经济虚拟化的社会。

（四）货币金融核算制度改良的理论思考

1. 金融业统计测度演变

货币金融的统计测度经历了一个从无到有的漫长演变过程。最初的统计核算是为了衡量一个国家发动战争的经济能力，此时并不包含对金融的统计测度。国民经济核算的目的在于支持战争。[1]20 世纪三四十年代，国民经济核算的重要指标 GDP 在发明之初是对国家动员所有资源来生产飞机大炮、导弹坦克、干粮被服等军需物资，从而赢得对外战争的一国实体经济发展水平的衡量，此时，金融业作为各行业的中间投入被排除在 GDP 的测度范围之外。

但在第二次世界大战结束后，GDP 开始纳入且逐渐深化了对金融业的统计测度。最初的国民经济核算体系（1953 年）显示，金融服务业是一种"非生产性的"活动，因为利息流大体上被当作金融业的中间投入，因而该行业对 GDP 的最终增加值贡献被扣除掉了。1968 年版 SNA 将金融业纳入 GDP，且这种方法在全球范围内被正式确定下来，金融业转变成一种生产性的行业。随着 20 世纪 80 年代金融服务业的发展，银行靠赚取利差来提供中介服务。为衡量通过利差而产生的金融服务价值，"间接测算的金融中介服务"（FISIM）被引入 1993 年联合国国民账户体系（SNA）。[2] 2008 年版 SNA 在 1993 年版 SNA 的基础上，用参考利率法计算 FISIM 产出，核算范围不仅包括银行的贷款和存款，还包括非银行金融机构的所有贷款和存款。[3] FISIM 核算方法的修订：扩大了金融中介服务的定义，将银行自有资金借贷行为纳入核算范围，任何利用自有资金投机所产生的金融中介服务都可以被计入 GDP。[4] 与此同时，当金融风险上升时，金融机构提高

❶ DAVENANT C. An Essay upon Ways and Means of Supplying the War ［M］. London：Jacob Tonson，2007.

❷ 安德鲁·霍尔丹，王胜邦，俞靓. 金融体系的贡献：奇迹还是幻觉？（下）［J］. 银行家，2012（11）：80-83.

❸ 国家统计局. 中国国民经济核算体系 2016［Z］. 2017.

❹ CHRISTOPHERS B. Making Finance Productive［J］. Economy and Society，2011，40（1）：112-140.

利率应对预期损失，导致利息收入被视为产出增长，意味着使金融风险的上升被记录为 GDP 的增加。

英格兰银行高级官员安德鲁·霍尔丹认为，2008 年英国金融业 GDP 被高估正是金融风险上升的结果。因此，2008 版 SNA 针对金融业的重大修订使虚拟经济对 GDP 的贡献相对提高，GDP 反映实际生产活动的功能减弱，金融投机行为产生的财富被完全纳入 GDP 核算，成为衡量经济增长的主要指标之一。

2. 货币金融核算制度演变源于经济学理论的变化

事实上，将金融业纳入 GDP 统计核算制度的变化源于支撑它的经济学理论的变化：国民经济核算的理论依据从劳动价值论转变为效用价值论。马克思从生产力和生产关系两个不同的角度把劳动区分为生产性劳动和非生产性劳动，因此有了 MPS 的核算及其发展。[1] 20 世纪 80 年代正是西方国家金融自由化、经济虚拟化兴起之时，SNA 在加速发展，与此同时，注重生产性劳动核算的 MPS 却在逐步退出舞台。

效用价值论认为，对人有效用的任何事物都有价值。无论是满足生理需要还是心理需要，无论是有形的产品还是无形的服务，无论是人类生产的还是大自然赐予的，效用就是价值。效应价值论一方面继承了古典经济学"土地、劳动、资本共同创造价值的理念"；另一方面又将心理因素引进了价值创造过程。效用价值论中效用的概念与马克思所提出的使用价值的概念有本质区别，效用具有主观性，它本质上不是物的性质，而是人的感觉。效用价值论用对人与物效用或用处的大小来判定、解释价值及其形成过程，被广泛用于研究人与物之间的经济关系。[2]

当支撑 GDP 统计核算制度的经济学理论从劳动价值论转变为效用价值论后，GDP 统计核算制度也发生了相应的变化，许多非生产性的、具有破坏性的活动也被计入 GDP，包括实体经济扩张至金融、房地产等虚拟经济中空转和自我循环危及实体经济等有害活动。所以，不良资产处置中如何看待这些虚拟财富，如何通

---

[1]　物质产品平衡表体系（The System of Material Product Balance，MPS）是反映生产活动的经济理论，该理论由亚当·斯密（Adam Smith）在 200 多年前创立。在他的名著《国富论》中，亚当·斯密限制了生产劳动的范围，认为价值是由物质生产部门的劳动创造的。众所周知，在亚当·斯密之后的一个多世纪，即 19 世纪后半叶到 20 世纪前半叶，在发展的世界中，物质生产理论是国民收入概念和估计的理论基础。许多杰出的经济学家接受国民收入的理论基础，并将这一理论原封不动地纳入他们的著作之中。国民收入的基础概念起源于亚当·斯密的劳动创造价值理论。所以，MPS 核算的理论基础也源于马克思社会再生产理论。

[2]　刘骏民，李宝伟 . 劳动价值论与效用价值论的比较：兼论劳动价值论的发展 [J]. 南开经济研究，2001（5）：33-36，41.

过中国特色不良资产处置方式来隔离和化解风险，对于防范金融风险、维护金融稳定来说具有重要的理论与现实意义。

五、不良资产处置及其个别风险系统化的隐患和监管

（一）不良资产循环及债务违约与系统性风险生成机制

当形成不良资产的货币资金流向虚拟资产时，不良资产的持续形成相当于为虚拟资产领域注入源源不断的货币，在积累财富的同时，也在积聚金融风险。依然以投资者向银行借款 500 万元投资期货市场并完全亏损为例，虽然货币表现为从投资者的账户中消失了，但从宏观上看并没有消失，不良资产越多，进入市场的货币就越多，资产泡沫越大，无形之中积聚着泡沫破灭的风险。不良资产以更加膨胀的虚拟财富形式流回至金融机构，国民收入中新创造的虚拟财富可能数倍于源起的不良资产。若不及时化解大量的不良资产，及时遏制流入虚拟经济活动的货币，虚拟资产泡沫将越吹越大，泡沫越大，其破灭造成的后果就越严重。图 4-3 描述了债务扩张、债务违约及庞氏债务中断如何引发系统性风险爆发。所以，把握形成不良资产的货币资金走向，对于如何处置这笔不良资产，以防范金融风险、稳定经济有重要意义，也是不良资产处置方式选择的理论与现实依据。

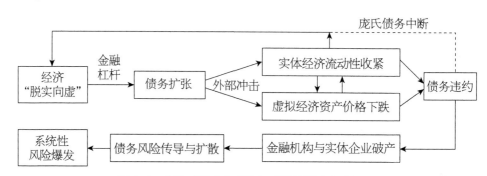

图 4-3　经济"脱实向虚"与系统性风险生成机制

现代金融被描绘得与任何一种经济活动一样，就像制造商将原材料加工转化成更有价值的产品，不良资产处置向资金来源方（最终的储户或贷方）以及资金接收方或借款人提供服务。这种基于风险的收益流量是否能够代表金融机构产出尚不清楚。管理风险是有价值的，但利润是经过夸大的，是尽可能利用资本杠杆来承担更大风险。这些利润是"虚无缥缈"的，不过奖金当然是实实在在的。金融业增加值核算的高估，虚化了资产负债表，从账面上看，金融机构的资产多于负债，金融机构有资产净值，但是以公平市值计量资产负债表中的问题资产后，

原来藏匿于会计下的"资不抵债"问题便会暴露出来。

金融市场是执行货币资金融通功能的基本经济活动，作为虚拟经济的重要组成部分，金融市场同时又是债权与债务关系生成的主要领域。不论是从宏观角度还是从会计准则角度来看，总有等量的债务与债权相对应，二者始终处于均衡状态。但实际上，债权、债务在核算意义上的均衡或者在数量上的相等，并不等同于物质产品供求相等所代表的均衡状态，相反，这种表面上的均衡背后通常隐藏着巨大的风险：当庞氏债务盛行时，债权方和债务方对应的资产和负债虽然始终相等，但会不可避免地因债务链条断裂引发债务违约，最终导致系统性风险的爆发。

（二）回避个别风险的处置技术导致个别风险系统化

1. 个别风险与系统风险的关系

目前，对于金融风险的管理有两个层面：第一个层面是金融企业为赢利而进行的风险管理，其目的是回避个别风险；第二个层面是行业、交易所以及政府专业监管部门维持市场规则的自律性监管和带有干预性质的政府监管。

第一个层面主要是个别风险的管理，第二个层面主要是系统风险的监管和宏观调节。以探讨 2008 年全球性金融危机原因的众多文献为例，监管层面的问题集中在三个方面：一是在企业风险管理层面上，表外业务过多是导致银行和金融机构风险失控的主要原因；二是在市场层面上，场外交易过大是造成市场风险失控的主要原因；三是在宏观经济层面上，资金充裕、投机过多则是使市场风险增大的一个宏观主导因素。这样，无论是次级贷款出问题，还是"金融衍生物投机过度"出问题，都可能引发巨大的金融危机。在金融危机原因的探讨中，监管方面的问题的确存在，这也是引发金融危机的直接原因。但是，在这三方面的原因中隐含着一个重要的关系，即系统风险与个别风险的关系。

虚拟经济理论认为，个别风险减小并不意味着系统风险一定减小，它们之间并不具有完全的一致性。造成个别风险与系统风险不一致的原因有两个：一是个别风险的回避往往仅仅是对投资者减少了风险，对系统却增大了风险；二是由制度、规则和市场发展趋势等非个别行为引起的系统风险增减与个别行为无关，这样，即使达到了消除违规行为的监管目标，系统风险还是会增大，甚至会引发金融危机。当然，这个论点并不否认 2008 年金融危机与监管缺失有密切关系，而仅仅是要强调在监管层面之外还有更深层次的原因需要我们去挖掘。系统风险的积聚和扩散不但与放松金融监管直接相关，而且与虚拟经济的独特运行方式以及资本积累的特殊方式密切相关。正是美国核心经济由制造业到金融与房地产服务业的转变，导致了其经济运行方式的改变，而价值化积累则为金融资产的膨胀、流动性膨胀以及投机活动的猖獗铺平了道路，因此监管的放松既是这种经济运行方式改变的必然结果，也是促使系统风险不断积聚的催化剂。

2. 回避个别风险的处置技术可能导致个别风险的系统化

个别风险的消除与回避是完全不同的概念：当一笔银行的不良资产因企业重组或其他原因导致经营状况好转而可以还款时，风险被消除；当企业依然面临倒闭威胁，坏账仅仅是由于事先曾有其他金融机构担保或做了某种"对冲"操作而可以收回款项时，则风险被回避。前者消除了个别风险，后者则仅仅是回避了个别风险，风险还在金融系统中，只是被转给了有更大承受风险能力的金融机构。所以，个别风险的回避并不代表风险消除，而仅仅是风险转移❶。

回避个别风险的活动往往也是风险扩散的活动，将风险转移也就是将风险扩散到其他成员身上，于是本来是 A 的风险现在也牵涉到了 B、C、D 等，个别风险随着交易的扩散而扩大影响，其引起个体损失的风险越来越小，但影响的范围却越来越大，隐藏的危害也越来越大，这就是个别风险的系统化。也就是说，回避风险的处置技术可以导致个别风险的系统化。

一是个别风险的集中处理。承担风险的一方往往被视为冒险者，当它们处理的个别风险数量不止一个而是许多个的时候，它们就成为职业处理风险的金融机构，风险就会在它们那里汇集，而它们寻求"再担保"和回避风险的行为又会继续使个别风险向更广、更多的投资者扩散，风险的汇集和扩散导致了个别风险的系统化。例如，当"两房"为许多 MBS 债券担保的时候，虽然对于付保费的金融机构来说，个别风险不存在了，但风险却被转移和集中在两房系统网络的某个"节点"上，形成了系统风险。

二是资产打包出售。将资产打包出售是自 20 世纪 90 年代以来广泛应用的一种风险对冲技术。打包的资产风险大小不一，新资产组合了不同风险，因此对这些资产的投资者来说，这种组合证券的抗个别风险的能力增加，但并未消除个别风险。资产打包技术在将新资产的抗风险能力提高到坏资产以上的同时，也降低了优良资产的抗风险能力。于是在某些严重事件发生的时候，如果资产没有打包，只有风险大的坏资产会崩盘；而在资产打包后，则会将优良资产也牵扯进来。因此，资产打包的对冲交易活动也是将个别风险转化为系统风险的一种方式。

如果没有资产打包技术和对冲技术，个别风险会不断爆发，导致个别资产贬值，成为垃圾资产直到消失，随着这些有毒资产的消失，系统会被重新修复。应该充分肯定的是，专业风险承担者的存在，使经济的整体抗风险能力有所提高，但这也将通过小风险不断爆发来化解其系统化危机的机制破坏了。失去了随时消

中国特色不良资产处置的理论创新与实践

---

❶ 刘晓欣. 个别风险系统化与金融危机：来自虚拟经济学的解释［J］. 政治经济学评论，2011（4）：64-80.

除小风险的机制，"优胜劣不汰"就会为大风险的爆发埋下祸根。

3. 个别风险系统化过程中的风险扩散与聚集

个别风险的回避方式实际上是转移了这些风险，当风险被分散的时候，就意味着风险不但仍然存在于系统之中，而且被扩散到了系统的各个角落。销售风险资产的过程也是一种将个别风险扩散的系统化过程。对于购买资产的投资人来说，由广大投资者共有持有某种风险资产比未证券化之前将风险集中在少数金融机构中的风险更分散，也更小；而对于债务人（借入资金的一方），风险依旧存在，只是一旦违约，影响会被分散到更多人身上，对众多的投资人来说，这点儿风险几乎可以忽略不计。这意味着更多的人在承担风险，风险承担能力随着系统的扩散而不断增强。于是扩散继续进行，直到越来越多的收入流和资产被证券化，越来越多的人被牵扯进风险对冲游戏中。随着风险资产的膨胀，系统中就会存在越来越多的风险。一方面，通过金融系统投资于风险资产的投资主体越来越大；另一方面，通过金融系统创造风险资产的积极性也越来越高，这就是个别风险系统化过程中的风险扩散。系统风险是个别风险的网络化，而网络由两大类节点构成：一是"空间节点"，二是"时间节点"。这样，系统风险就既是空间意义上的网络，也是时间意义上的网络。在风险对冲工具被广泛应用、个别风险不停转移的过程中，每一种金融工具、每一家金融机构为了逐利，将大量使用金融杠杆，收入放大的同时风险也在放大。

（三）化解金融风险与服务实体经济并举的监管理念

1. 有效市场理论及其失效

有效市场理论是现代金融学的经济学基础，它源于从瓦尔拉斯到阿罗—德布鲁的均衡理论体系。现代金融学的基础理论认为，只要经济充分自由化，市场就一定是有效的；有效市场一定是自动达到均衡状态，均衡意味着大家会管理好自己的风险；当所有当事人在自己的风险和收益之间达到均衡的时候，系统的风险一定是最小的。但随着 2008 年雷曼兄弟公司的倒闭，次级贷款引发的金融危机震惊了全世界，人们开始疑惑：高超的风险管理技术并没有让大多数金融机构和个人躲过风险，自由化也没有使人们远离金融危机，"有效市场理论"受到强烈的质疑。人们看到，以回避风险为己任的金融活动在帮助人们回避个别风险的同时却在积累系统风险，直至引爆金融危机。

对金融危机爆发原因最多的解释就是金融监管的缺失，而监管理念则是由理论支撑的。新自由主义的理论认为，监管是市场自由的保证，二者并不矛盾，但是，历史上却不断出现二者相悖的情况。1929—1933 年的大危机和随后的长期萧条，导致了美国《格拉斯—斯蒂格尔法案》的出台，并在战后保持了 30 多年对金融市场的严格监管。20 世纪 70 年代中期到 80 年代初，严格的金融监管越来越阻碍金融创新和资本市场的发展，而这正是黄金非货币化之后，美国维持美元及其金融霸权的关键时期。在金融自由化的旗帜下，旧有监管制度不断受到冲击，1999年《格拉斯—斯蒂格尔法案》被废除，一系列事件为全面金融自由化铺平了道路，也为10年后的金融危机敞开了大门。2008年的金融危机重新将自由化与监管之间的关系问题提上了美国国会，新的监管法案《多德—弗兰克华尔街改革与消费者保护法案》以及严格的"沃克尔规则"于2010年7月通过，美国金融业又被戴上了"笼头"。2019年，特朗普执政时期颁布的《经济增长、放松监管和消费者保护法案》对"沃克尔规则"进行了重点修改，包括放松对大型商业银行在杠杆率、补充杠杆率和流动性等方面的监管要求，放松对中小商业银行在从事住房抵押贷款等业务范围以及财务信息和营运等方面的监管，减少资本市场的监管主体、融资限制和信息披露要求等。

2. 监管理念涉及的个别风险与系统风险的关系

金融监管之所以存在，一方面是因为金融风险具有外部性，另一方面是因为金融活动具有社会性的属性。对金融业的监管，包括对银行、保险公司、公共基金等的监管，这是因为它们都是通过吸收公众储蓄进行经营的，其经营好坏涉及大众利益。因此，最初监管的目的是防止欺诈、内幕交易以及少数人牟取私利而损害公众利益的行为，监管理念是"公开、公正、公平"。当人们意识到金融活动的外部性会对无辜者造成损害之后，便有了针对金融业的特殊监管，例如对"分业经营"的监管，因为混业经营的活动本身并不违背"三公"原则，最多是会鼓励投机行为，创造更容易违规的环境，这意味着监管并不完全针对违背"三公"的行为，它涉及对市场规则的设计。

由于金融业有着吸收公众储蓄代为经营的性质，因此要对银行自有资金比率、法定准备金率等进行监管。这些措施，特别是中央银行制度和存款保险制度的建立，已经超出了对金融活动的外部性进行监管的范畴，它意味着对整个金融业的监管和控制体系已经成为金融市场的一个组成部分。这种"监管"的潜意识在于承认金融业的外部性不是偶然发生的小概率事件，它们广泛、频繁地发生，在金融业普遍存在，需要时刻加以监控。当它们集中爆发的时候，往往还需要在正常监管之外及时进行干预。从对违规行为的监管到对宏观货币环境的控制，再到必要的危机干预的实际监管过程及其必要的延伸，无法仅用与制造业"污染"类似的"外部性"来解释。

金融活动带给社会的巨大好处并不会因为它们的牟利目标而发生改变，也不是因为这些"银行家"有什么非凡的"聪明才智"或"奉献精神"，而仅仅是他们所处的位置是货币经济的顶端。银行是"公器"，因为银行配置全社会的资金，从而影响资源配置和收入分配。金融活动有着社会化的性质，金融活动越是涉及社会的各个角落，它的社会性就越强，金融机构也就越具有"公器"的性质，"公器私用"也就必须监管。这才是对"自有资金比率""准备金率"以及各类金融行为及其条件等进行监管和调控的真正原因。

目前，"公平、公正、公开"的监管理念的核心目的是规范金融从业者的行为，一方面督促其管理好自己的风险，另一方面防止其做出损人利己的败德行为。在这样的监管理念下，隐含着系统风险与个别风险一致性的假定，即个别风险的大小与系统风险是正相关的，个别风险减小意味着系统风险减小，个别风险增大也意味着系统风险增大。这是目前监管理念所涵盖的个别风险与系统风险之间的关系。

3. 不良资产处置应实现化解系统性风险和服务实体经济并举

在以制造业为核心的市场经济中，金融危机是经济危机的伴生物，有效需求不足是产生经济危机的主要原因。而在高度虚拟化的经济中，金融危机是先于经济危机爆发的，引起金融危机的因素不再附属于经济危机和有效需求不足，相对独立的金融系统中的金融杠杆断裂，导致系统风险网络中高风险节点处危机全面爆发，金融机构大批倒闭，引爆金融危机，金融危机打破正常经济秩序，使收入下降、失业率上升，从而引起全面经济危机。现在的发达市场经济国家是金融危机在先，经济危机在后。发达市场经济的这种变化源自经济虚拟化过程中引起系统性风险长期积累和集聚的新机制，这种新机制与长期的价值化积累方式有关，也与依靠虚拟经济的 GDP 增长方式有关。

系统风险积累的新机制就是个别风险被大规模系统化的机制，以及这一过程中风险扩散、集聚和重新配置的机制。在高度虚拟化的经济中，系统风险不但来源于企业不可回避的偶然事件，也来源于针对个别风险的避险活动，它使得个别风险被系统化了。个别风险的回避活动导致了金融机构所用金融杠杆的延长和叠加，从而形成网络化的系统风险。系统风险的网络化使得系统风险会在时间点和空间点上聚集，形成系统风险网络上的高风险节点，这些高风险节点是金融危机爆发的导火索。

不良资产处置和化解风险过程中，需要特别关注在"脱实向虚"的不良倾向下，风险管理中的担保和其他回避个别风险的手段往往会将更多企业和机构牵扯进来，导致个别风险系统化。一方面，民营企业普遍存在互保、联保等关系，各种担保、抵押和高利贷之间以及民间资本之间形成了复杂的关系网；另一方面，高利贷的资金也要储存在银行中。因此，民间资本与正规银行之间、表内业务与表外业务之间形成了错综复杂的连带关系。这使得企业家跑路、高利贷债务链断裂等都会引起连锁反应，使小事件被放大并发展为系统性风险，从而加剧整个金融系统的不稳定性。

中国特色不良资产处置要重视和维护公众利益，为实体经济、中小企业服务，辅助实体经济发展。不良资产处置过程中，防范金融风险的长期措施关键在于控制好虚拟经济与实体经济之间的关系，短期则要监控系统风险网络在时间和空间上的高风险节点。系统风险理论不能仅限于对传染机制的研究，以系统风险与个别风险之间的关系为基础建立系统风险理论，不是仅仅将风险管理的重点放在回避风险的技术上，而是在深刻揭示系统风险产生的原因和机制的基础上，寻求长期控制和短期监控的措施。我国通过不良资产处置来化解重大金融风险与服务实体经济高质量发展的监管目标具有一致性，应促进经济增长和就业，真实化解和消除风险，而非转移风险、平添风险及制造风险。这也是国家要求不良资产管理公司回归主责、回归金融为实体经济服务的本源的意义所在。

中国特色不良资产处置的理论创新与实践

第五章　中国特色不良资产处置与西方"秃鹫基金"本质属性的区别

从金融危机爆发的机制来看，西方金融危机中最明显的现象是大批银行和金融机构倒闭，而其倒闭的直接原因是不良资产大幅度增加。中国经济长期以来的高增长与不良资产规模的增长是并行的，如果说不良资产是引发金融危机的直接原因，那么中国对不良资产的处置无疑是成功的。究其原因，中国特色不良资产处置与西方"秃鹫基金"有着本质上的区别，中国具有化解金融风险的制度定力，并秉持效率与公平原则。本章首先提出了在信用和金融体系发达的市场经济中，债务违约不可避免，不良资产会自然产生，如何对不良资产进行有效处置便成为经济稳定重要选择的观点，认为中国不良资产与经济增长、信用紧缩和流动性膨胀三者的关系均存在一定的特殊性：高不良资产率与经济高增长可以并存，同时不会引起严重的信用紧缩，对不良资产的处置也不会引起通货膨胀。其次，在西方发达国家，不良资产是引发金融危机的导火索，而金融危机又是不良资产和不良金融企业的"清道夫"，是市场经济过度繁荣时的自动刹车机制。相反，中国不是通过金融危机来处置不良资产，而是在以国有银行和金融机构为主的金融系统的基础上，设立资产管理公司等对不良资产风险进行剥离，将经济的惰性转为经济增长的新生动力。国有银行和金融机构是中国处置不良资产的制度定力，是防范金融风险的重要防线。最后，分析了中国特色不良资产处置与西方"秃鹫基金"的特点，对两者在处置机构性质与最终目标、处置双方关系与介入时机、处置资产范围与处置底线方面进行了比较；体现了我国不良资产处置立足于金融的"公器"性，支持实体经济发展，引导企业的价值提升、预期发展，具有稳增长、防风险及保就业的重要职能，而非"乘人之危"、恶意诉讼、制造风险及榨取破产企业残值的资本本性。

一、中国经济高增长背景下不良资产的特殊性

（一）不良资产与经济增长关系的特殊性

从我国经济发展实践来看，与经济高速增长相伴的就是不良贷款规模的剧

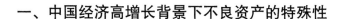

增，从这个意义上来说，不良资产在我国经济高增长的逻辑中具有一定的特殊性。美国经济学家麦金农和肖创立了金融深化理论，其中一个有关发展中国家的理论命题是：发展中国家普遍存在"金融压抑"，通过"金融自由化"可以有效解决发展中国家的"金融压抑"问题。而当 2004 年麦金农来华演讲的时候，他意识到中国成功地解决了"金融压抑"问题，但却不是通过"金融自由化"的方式。

这里将用一个模拟数据来解释在没有"金融自由化"的前提下，"金融压抑"问题是怎样消除的。假定一个发展中国家申请贷款的有 1000 人，其中真正能实现收益的潜在企业家只有 500 人，另外 500 个贷款申请人由于本身不具备相应的生产能力和发展前景，是潜在的不良资产制造者。银行只要筛选出 500 个潜在的企业家并给予其贷款，整个经济就可以迅速发展起来。但是，发展中国家的银行治理水平较低，由于对市场不熟悉等原因引起的决策失误和其他问题比一般成熟市场经济国家要多一些。因此，从这 1000 个人里将 500 个潜在企业家合理合规地筛选出来比较困难。那么，如何解决"金融压抑"问题？

在现实中，我国解决"金融压抑"问题的典型案例有：在改革初期，农业银行等用贷款支持了广东、浙江、江苏等各地乡镇企业和其他民营企业的发展，大大推动了中国经济的市场化和经济高增长。商业银行为民营企业提供贷款，由于种种原因，难以确保将 1000 个申请者中的 500 个潜在企业家筛选出来，为了鼓励其发展，一个简单的办法就是对 1000 个申请者全都给予贷款，这样 500 个潜在企业家一定会获得贷款，但另外 500 个失败者也一定会造成不良资产。所以，只要贷款条件足够宽松，多数潜在企业家就会得到贷款。但不少企业由于经营不善而亏损倒闭，形成不良资产，导致农业银行不良贷款率在大型国有商业银行中常年位居第一，这与其支撑了一大块中国经济增量密切相关。乡镇企业的兴起是中国工业化过程中十分特殊的现象，民办企业直接形成工业化生产力推动了中国的工业化进程，强化了中国工业的市场化。如果国有银行为了保证不良贷款率指标而缩减信贷规模，那么也就不会有历史上大量乡镇企业甚至民营企业的迅速崛起，自然也就不会产生中国经济增长奇迹。所以，从这一角度来看，我国不良资产的形成与经济高增长具有一定的特殊性。

（二）不良资产与信用紧缩关系的特殊性

无论是发达的还是不发达的市场经济，都不会存在高不良资产率与高经济增长率并存的现象。当发现不良资产率升高时，企业自己会减少负债，银行也会避免为这样的企业提供融资，于是经济增长会随不良资产率的上升而自我抑制，减缓增长幅度。当整个经济中的不良资产率过高的时候，就会引发金融危机和经济危机，经济增长会停滞甚至呈负增长，出现信用紧缩，经济衰退。金融危机是

中国特色不良资产处置的理论创新与实践

市场经济中不良资产的"清道夫"。正是由于不良资产自动清理机制的存在，市场经济才会通过金融危机来定期清理不良资产以及资不抵债的银行和其他金融机构。这种自动清理机制之所以存在，是因为市场经济国家的银行和企业都是自负盈亏的。

如果通过剥离的办法来处理不良资产，那么不良资产就不会导致银行倒闭危机，也不引起信用紧缩，经济将保持稳定发展。改革初期，中国经济市场化过程中积累的不良资产最终都集中在银行系统，造成了不良资产剧增的现象。为了剥离不良资产，国家成立了专门的资产管理公司，这是具有中国特色的解决不良资产问题的措施。四大国有银行率先剥离不良资产，先后成立了独立的资产管理公司处理这些不良资产，这一做法使商业银行的不良资产率大幅度降低。所以，正是因为银行剥离了不良资产，没有倒闭，还可以继续发放贷款支撑经济增长，导致了高不良资产率与高经济增长率并存；正是因为中国没有发生因不良资产引起的经济紧缩，金融危机的避免也就顺理成章。

20 世纪 90 年代，不良资产对我国经济的自动抑制功能尚未建立，只能靠政府对信贷的控制来实现"刹车"功能。信贷扩张、紧缩与不良资产之间既然没有相互作用机制，它们在客观上就可以分开处理。我国商业银行的流动性在很大程度上是央行控制的，它通过存款准备金率，通过再贷款，通过对银行间市场的干预来控制商业银行的流动性，银行业的紧缩和扩张，基本上是受宏观调控的，央行保持信贷总量增长的稳定性，保持货币供应量及社会融资规模与经济增速的配比，所以，不良资产率对银行业紧缩信贷的影响极其有限，这也是我国与西方国家的重要区别之一。四大国有银行的"帽子戏法"，使得它们从不良资产率极高的金融机构一下子变为可以跻身国际前列的大银行。这一方面说明我国四大国有银行自身竞争力还有待大幅度提高；另一方面也说明我们处理不良资产的办法实际上是用国家信用来支持银行信用。当代，金融危机爆发后，美国等西方发达国家对不良资产的干预与中国对不良资产的干预都是不得已而为之，二者虽有区别，但处理不良资产的原则是一样的，即用政府信用来支持银行信用，避免危机发生，保持经济增长。

金融危机是一种紧缩机制：不良资产导致银行倒闭，银行倒闭引起更多的企业陷入困境，从而产生更多的不良资产，二者互相促进，导致经济陷入螺旋形衰退。中国特色不良资产处置方式避免了这种螺旋形衰退的紧缩漩涡，避免了金融危机的爆发及更大的损失。不良资产处置使信用扩张对经济的支撑作用没有受到抑制，只要信贷扩张不因不良资产而中断或减缓，不良资产就与经济的紧缩无关。基于不良资产与信用紧缩关系的特殊性，改革初期中国特色不良资产处置可以看成是中国经济市场化过程中，第一次全面化解系统性金融风险，避免金融危机爆发的实践。

（三）不良资产与流动性膨胀关系的特殊性

发达市场经济中，不良资产会引起银行自动紧缩信用以避免出现资不抵债的危机，因此，银行的风险管理行为对整个银行系统起着自动抑制信用膨胀的作用。随着银行信用膨胀，不良资产率会逐渐上升，银行也会逐渐紧缩其贷款增长速度，这就是银行风险管理中自动抑制信用过度扩张的功能。如果银行不再关注不良资产率，或对其关注程度下降，整个银行系统就失去了对信用膨胀的自动抑制机制，或使得这种抑制机制的功能减弱。整个经济中缺乏信用膨胀的自动抑制机制，央行的货币总量控制就变成了唯一或最主要的抑制流动性膨胀的力量。

我国在逐渐确立市场原则的同时，坚持"稳定第一"原则是人们对官方机构的信任，也是对公共机构的信心。政府也从来没有令储户失望过，保护了这种尚未受过打击的公众信心，在一定程度上，没有经历过金融恐慌的公众可以化解风险。例如，如果某家银行出现大量不良资产，引起储户挤提，央行为处理不良资产，会临时增加对该银行的再贷款，或者支持另一家银行在接管该银行的同时通过再贷款冲销其部分不良资产。如前面不良资产运行机制所阐述，银行的再贷款会增加流通中的货币数量，因为银行的不良资产并不意味着银行贷出的资金在流通中消失了，它还在流通中媒介着各种交换和投资。这就意味着，如果央行为处理不良资产增加了货币投放，而这笔新增的货币并不是为了补充不良资产引起的货币流失，于是货币供应量增加，会引起流动性膨胀。

大量呆坏账是进行金融改革实验必须付出的代价，关键是虽然解决了呆坏账问题，但应由谁来支付成本？我们以政策性处置为例分析不良资产处置的社会成本问题，成本可以分为明成本和暗成本两类。1999年我国借鉴国外经验出资成立四大资产管理公司，专门处理对口国有商业银行的不良资产。当时处置不良资产的资金来源：一是财政部出资400亿元，为四家公司各提供了100亿元资本；二是央行发放了5700亿元再贷款；三是各资产管理公司向对口国有商业银行发行了8200亿元金融债券，用这些筹来的钱向四大国有商业银行收购了总共1.4万亿元的不良资产。财政部拿出的400亿元可以视为全民的负担，属于公众承担的明成本；其他款项中，用银行再贷款处理不良资产，则不同于财政拨款；金融债券融资处理不良资产，也不同于财政拨款。问题在于：这些贷款是否会引发央行的货币增发？增发的货币是否会全部转化为通货膨胀？故这两类属于暗成本。

（1）通货膨胀成本如何分担。货币资金在实体经济与虚拟经济构成的经济系统中循环，如果增加的货币全部流向实体经济及消费市场，必然全部转化为物价上涨，先是CPI上升，然后引致PPI上升。如果有一部分甚至一大部分货币流向虚拟经济，如股市、债市和房地产市场，物价上涨幅度则相对缓和得多。增加的资金越是流向资产市场，普通人承担的损失就越小，富人承担的损失就越大，因为富人承担风险的能力相对较强。只有全部增加的货币都转化为通货膨胀，才可以解释为由普通公众承担不良资产引起的全部成本。即使如此，与大批银行倒闭引起经济增长停滞甚至负增长相比，这一社会成本也要小得多。

（2）"账面变更"的合理性。四大资产管理公司向对口商业银行发行债券的行为逻辑：四大资产管理公司向原属商业银行发行债券，各商业银行用其吸收的存款买下这些债券，资产管理公司再用从商业银行筹得的款项买下这些商业银行的不良资产。即四大商业银行用自己吸收的存款买下自己的不良资产，其账户上的不良资产被四大资产管理公司的债券所替代，不良资产划转到了资产管理公司的账上，实现了"账面变更"。但整个经济中不良资产并没有减少，只是交给资产管理公司处理，货币和存款并没有其他增加量。关键是不良资产从国有银行负资产，转变为资产管理公司正资产，不良资产被"划掉"了。由于我国没有发生银行大批倒闭的金融危机，处理不良资产的过程就不会妨碍经济增长，这一时期经济的持续增长增加了社会产品和服务，这会化解增发货币造成的通货膨胀压力，加之我国经济是以实体经济为主。

在这个"账面变更"的过程中，本身并没有引起通货膨胀的因素，只有央行的 5700 亿元再贷款可以看作货币增发的一些"负作用"。但是其膨胀规模不一定与不良资产的规模相等，即使全部储户前来银行挤提，央行需要提供贷款冲销全部不良资产款，这种流动性的注入也仅仅是暂时的。当最初的恐慌过后，储户会将自己提出的款项转存到其他银行或重组的新银行，只要控制得当，大部分为处理不良资产而增加的央行再贷款会在事件处理完成后，通过央行收回而不致引起流动性膨胀。这个过程其实就是产生我国货币内生性的"倒逼机制"。所以，中国 1999 年及其之后处理不良资产的一系列措施是成功的，其经验具有普世价值。

综上，我国处理不良资产的方式关键是将不良资产与正常的资金配置系统隔开，将有可能引起金融危机的巨额不良资产与整个金融系统的运行隔离开来，使其不再干扰金融业配置资源及推动经济增长的基本功能，不成为金融系统的抑制性因素，系统性金融风险就会被基本消除，也不会导致中国经济增长中断，经济增长会直接对冲通货膨胀的压力。只要经济增长还在继续，持续的经济增长就会弥补因收购不良资产而造成的财政损失。即不良资产出现后，央行向金融业注资以及提供可能的财政性支持，会在一定程度上引起流动性扩张，但这是完全可控的。中国成功地解决了"金融压抑"问题，但没有利用"金融自由化"，剥离不良资产的方法具有应对金融危机的意义。20 世纪 80 年代后，金融的核心功能逐渐由传统的投融资转向了风险管理，未来，金融的核心功能将转化为以风险配置为主来考虑资产配置和资金配置。随着金融市场化进程的推进，中国特色不良资产处置对于社会成本的分担机制将秉持公益性和市场化相结合的原则。

二、中国不良资产处置的制度定力与市场运行机制

（一）中国避免金融危机的制度定力

中国社会主义市场经济是否可以避免金融危机的爆发？中国是否因为是市场经济就存在发生金融危机的必然性？中国的社会主义性质对金融危机是否具有天生的免疫力？还是因为我国有独特的制度和防范机制？

导致金融危机最重要的两个因素：一个是不良资产率高，另一个是公众金融恐慌引起的流动性短缺。2001年，我国四大国有银行的不良资产率平均达到30.37%，不良资产率最高的中国农业银行达到了42.12%。当时国有银行不良资产率之所以如此之高，是因为我国经济转型过程中存在一系列特殊情况，如"拨改贷""利改税"等问题的长期积累等。我国虽然有过比西方高得多的不良资产率，却没有因此而出现西方那种普遍的金融恐慌，也就没有出现过大批银行倒闭的金融危机。我国银行系统是以国有银行为基础，正是这种独特的金融制度给我国的货币当局留下了相对充足的政策调整时间和空间，也为后来加强监管、完善银行和其他金融企业的治理结构留有充分的余地。这也就是我国没有爆发金融危机的基本原因和制度定力保障。

伯南克于2018年在《2007—2009年危机中的金融恐慌和信贷动荡》（"Financial panic and credit disruptions in the 2007–2009 crisis"）一文中谈及恐慌因素在危机中的作用。他认为，仅仅是房地产次级贷款不足以产生如此巨大的破坏，而恐慌导致的信贷冲击则加剧了对实体经济的冲击。恐慌因素造成了大衰退，加剧了危机的深度。例如，当新闻使投资者相信他们所持有的"安全"短期资产实际上可能并不完全安全时，就会出现恐慌，从而导致流动性和信贷冲击。即使在雷曼兄弟公司倒闭和政府对美国国际集团（AIG）进行救助后，金融恐慌仍变得更加强烈。2007年夏天次贷风险爆发后，恐慌几乎蔓延到所有金融市场。

我国目前只出现过对不良资产率上升的忧虑和担心，且主要集中在金融界、决策层及投资圈，从未形成过公众的金融恐慌，公众对政府的信任是根深蒂固的。人们不相信国有银行会倒闭，也不相信金融系统会真的失控、崩盘，在明知银行不良资产率已经达到30%以上的时候，依然保持着对国有银行的信任。有人将此解释为公众没有其他选择，我们则更愿意将此解释为公众在危急时的最佳选择。因为越是在遇到危机的时候，公众越愿意相信国有银行，越不相信私营银行。中国特色社会主义的不良资产处置制度定力和风险化解机制避免了我国金融危机的发生，这是一个不争的事实。后续需要深入讨论的问题是，这是否只是我国金融业市场化过程中的一个暂时现象，还是可以持续的、独有的中国社会主义经济特征？

（二）金融系统制度定位与风险管控的兼容

下面将从理论角度对我国金融体系的性质进行深入探讨。金融体系在整个经济中的定位一方面由经济运行的需要来决定，另一方面也由经济制度的性质来决定。制度上的定位与经济运行的需要之间越是相互兼容，越是可以更好地解决公平与效率的兼顾问题。

经济制度上，我国与西方国家的最大区别就在于社会主义的性质，社会主义的本质要求是实现共同富裕。金融关系国家命脉，是资源配置的主要机制，金融系统不能成为少数人牟利的工具。在马克思主义经济理论中，银行是具有公共权力的机构，必须实行国有化。列宁在建立苏维埃政权之初就明确提出了银行国有化的主张："谈'调节经济生活'而避开银行国有化问题，就等于暴露自己的极端无知，或者是用华丽的词句和事先就拿定主意不准备履行的漂亮诺言来欺骗'老百姓'；银行所支配和银行所汇集的那些资本的所有权，是有印制和书写的凭据为证的，这些凭据就叫作股票、债券、期票、收据等；只有实行银行国有化，才有可能实行真正监督银行这个资本主义周转过程的中枢、轴心和基本机构，才能在行动上而不是口头上做好对全部经济生活的监督，否则这必将仍然是欺骗老百姓的一句部长式的空话。"❶ 列宁谈及资本主义国家时指出："无论美国或德国'调节经济生活'的结果都是给工人（在某种程度上也给农民）建立了军事苦役营，给银行家和资本家建立了天堂。这些国家的调节就是把工人'勒紧'到挨饿的地步，就是保证（在私下用反动官僚手段）资本家获得比战前更高的利润。他们也是用反动官僚手段来掩护银行的'不可侵犯'，掩护它们获取暴利的神圣权利。"❷ 中国特色社会主义市场经济鼓励私人企业、合伙企业等非国有企业的发展，但是，让国家的重要资源和经济权力成为少数人牟利的工具却是不符合社会主义性质的。同样，中国金融制度改革鼓励股份制、混合所有制和民营银行及金融机构的发展，但维持国有股份在金融系统中的主体地位依然被看作中国经济社会主义性质的重要标志和基本保证之一。

从经济运行的角度看，在出现经济危机的非常时期，绝大多数资本主义国家也多半要暂时将私营银行或金融机构国有化，或者向银行注入大量资金以避免危机进一步扩展和深化。无论是暂时国有化还是注资，都不是民营商业银行或私营金融机构所能做到的，这些都属于市场外力量的干预。例如，美国政府在次贷危机期间接管房地美和房利美国有化的事件，暂时缓和了人们对信贷危机短期内扩大的担忧，重树了对金融市场的信心。在金融市场功能缺失的重要关头，美国

❶ 列宁.列宁选集：第3卷［M］.中共中央马克思恩格斯列宁斯大林著作编译局，译.北京：人民出版社，2012.

❷ 同❶.

第五章　中国特色不良资产处置与西方『秃鹫基金』本质属性的区别

政府的行为有效地挽救了市场无序、信心崩溃的危局，使下跌市场得到了喘息的机会。同样，在以私有化、市场经济为主导的英国经济中，英国政府将北岩银行"国有化"，这是对银行的一种保护方式，避免了北岩银行、英国金融系统出现更大的波动和风险。

金融系统的基本功能是投融资、配置资金，但在 20 世纪 80 年代后，由于金融创新和证券化，金融全球化上升到经济全球化的核心位置，金融的核心功能逐渐由投融资转向了风险管理，甚至金融的定义就是风险管理（宋逢明，2002）。金融的功能已经从主要是资金配置，转化为主要是以风险配置为主来考虑资产配置和资金配置。所以，"稳定和低风险运行"已经是金融系统效率高低最基本的衡量指标。银行是整个经济中支付系统的中枢，所有支付结算都在这个系统中进行，商业银行系统就是流动性的"管""网"。对于越来越复杂的金融活动以及动荡不断加剧的国际金融环境，以国有银行为主体的金融系统是及时调控流动性、防止突发性金融冲击的有力保证。当代无论是国内还是国际，在盈利与风险之间"走钢丝"的金融企业已经将风险管控当作第一要务，银行和金融企业越大，越是上升到国家层面，就越是如此。从这个角度看，我国维持以国有银行及金融机构为主体的金融系统有利于对系统风险的防范，这也是中国社会主义市场经济运行的需要。

（三）货币金融的"公器"性质及其市场活力

金融业的"公器"性质主要表现在三个方面：其一，金融业的活动涉及广大公众，一个稳定、公平和有效的金融业带来的利益为社会公众所共同享受。其二，金融危机具有自我实现的机制和扩散性。公众的怀疑与信心的丧失会导致金融危机的自我实现，而金融企业与同业及其他债权人、债务人广泛的联系会使局部危机在整个金融体系中扩散开来，导致系统性的金融危机。其三，金融危机的成本由社会承担。金融企业经营失败造成的危机，其成本往往超出自身能够承受的范围，严重时甚至会破坏正常的经济秩序，造成社会的不稳定。鉴于金融业的"公器"特性，需要政府对其加以管理和约束。为了保证金融市场的公平性，首先要确保整个金融系统在进行资金配置和收入配置的过程中，不成为少数人牟利的工具；其次，要建立一个公平、规范的交易环境，不给任何人通过不公平交易来牟利的机会。

中国特色金融体系中金融的"公器"性质，又以国有金融市场为主要体现，它是整个金融体系的"镇宅剑"和"压舱石"，起着完善资源配置、增进公共利益和防范金融风险的关键作用。国有金融体系凝聚了我国最广大人民群众的信赖与支持，在我国经济中参与度更深、牵涉面更广，但这也意味着一旦国有金融市场出现问题，社会公众的信心势必遭受巨大的打击，公共利益的损害与金融风险的扩散也会更加严重。因此，坚持党领导国有金融市场的重大原则，依据国有金融市场在维护公共利益和防范金融风险这两方面的职能，稳步推进国有金融市场的规范化与法制化，是国有金融市场发育的核心，也是维护我国金融安全的基石。但是，以国有大银行为主体的金融系统骨架只是其"公器"性质的基本保证，更重要的是依靠整个系统运行的规范化来保证其"公器"性质，同时又有市场活力。既有活力又允公而不济私，依靠的是体系的运行机制和相关规则。只有中国特色的市场运行机制，才能既保持活力，又具有公正、公平的性质。

在西方资本主义经济中，反垄断既是保证市场活力，也是维持市场公平，不使少数企业靠垄断地位获取不当收入的重要法规。允许不同所有制金融机构存在和发展，就是完善和提高金融系统活力及资源配置效率的重要保证。必须坚持由市场决定资源配置的中国特色社会主义经济原则，同时，要重视市场活力与监管的循序渐进。在中国特色社会主义市场经济下，市场在资源配置中起决定性作用，市场化的金融系统则会为其融资，有效地将人、财、物聚集到创业者和企业家手中，并由市场筛选形成新产业、新技术和新产能，推动经济增长。例如，我国在反对资本无序扩张方面，对网络经济和网络金融的监管，在制度、法规和监管方面实行初期宽松、中期适度、成熟期从严的循序渐进的政策调整，既促进了网络支付的发展，也使得我国的网络金融活动逐渐进入稳定有序的发展轨道，履行了"公器"的职能。

中国社会主义市场经济的基本原则是走共同富裕的道路，而维持货币金融体系的"公器"性质与社会主义性质相一致。由央行、金融监管机构、四大国有银行为骨架形成的中国金融体系，这样的体制基本上保证了中国金融体系不会成为少数富人的"俱乐部"，体现了"公器"性质。

三、中国特色不良资产处置的意义与作用

（一）经济增长的逆周期因子

中国特色不良资产处置本质上是将经济中银行和企业的负资产变为专业不良资产处置机构的正资产。从经济增长角度看，也就是将经济增长的负面因素转化为正面因素。如果经济增长具有周期性的话，在经济增长的下行期，不良资产率上升导致经济下行压力增大，而不良资产处置不但可以缓解下行压力，如果能够成为新的盈利点，就具有推动经济增长的功能，因此，我国不良资产处置可以看作经济增长的逆周期因子。不良资产代表企业经营不善的状况，然而经营不善有很多种类，那些既无市场又无技术的企业当然应该从市场中淘汰掉，但还有大约1/3～1/2是可以通过重组、技术改造、管理规范化等措施重焕生机的企业。

从理论上说，如果有足够的时间，不少经营不善的企业能在一定时期内完成技术改造、资金注入、部门整顿等措施，成为盈利企业，重新加入我国经济增长的主流。也就是说，我国不良资产处置在经济中的功能不仅是在账面上将不良资产化解掉，更重要的是可以将经济增长的负面因素转变为正面因素。

（二）防范系统性金融风险的必要途径

如果银行系统不良资产过度积累而不加以处置，则极有可能催生系统性风险，而我国的不良资产处置可有效化解这一风险。首先，银行系统不良资产的累积增大了单个银行或银行体系的信用风险，当宏观经济形势恶化时，企业不良贷款的增多会进一步放大这种信用风险。资产管理公司通过对银行系统不良资产进行有效的出表处置，优化了银行的资产负债结构，在盈利端和债务端两侧都降低了银行的信贷压力，增强了银行抵御金融风险的能力。其次，不良资产在银行体系中的累积会严重制约信贷投放空间和信贷政策的有效性，这会对宏观经济增长和补充企业流动资金产生抑制作用，而我国不良资产处置通过对流动性紧张的企业进行债务、资产重组，不仅缓解了问题企业流动性紧张的局面，也进一步降低了企业自身和经济系统的风险水平。最后，在市场经济进一步发展的背景下，企业之间、企业与银行之间、企业与资本市场之间形成了错综复杂的债权与债务关系，单个企业或金融机构产生的信用危机有可能成为全局危机的导火索，因此防微杜渐，有效处置微观经济主体的不良资产对防范全局的系统性金融风险起到了极为重要的作用。

（三）保障社会就业，创造就业机会

银行不良资产持续累积会对宏观经济产生紧缩效应，从银行资金运用的角度看，在宏观经济周期的下行阶段，因不良资产所产生的紧缩效应表现得更为显著。如果经济增长率在一段时期内持续下滑，生产、消费、投资都必然会随之向下调整，这样企业的经济效益就难以提高。在企业经济效益下滑、融资渠道单一、负债率高企的环境下，中国特色不良资产处置机制的引入能够迅速通过企业间、企业与金融系统间的债务关联链条，将不良资产经营风险转移至资产管理公司。通过资产管理公司的专业化处置，一方面，使金融体系得以盘活旧有的不良资产；另一方面，也阻止了现有资产结构下新不良资产的产生，降低了不良资产对信贷投放空间的挤压效应，进而缓解了由不良资产产生的紧缩效应。因此，我国不良资产处置机制一方面化解了实体企业的经营风险，避免了企业倒闭潮以及由此引发的大规模失业，稳定了社会就业，并且通过重组形成的新企业创造了更多的就业机会；另一方面，降低了不良资产对金融和货币政策有效性的制约，促进了金融与实体经济的良性互动。

四、中国特色不良资产处置与西方“秃鹫基金”的区别

（一）西方“秃鹫基金”的起源与特征

西方发达国家只有在金融危机爆发的特殊情况下，由官方成立的不良资产处置机构才具有为整个经济化解不良资产、缓解金融危机损害的功能。这种资产管理公司与我国四大资产管理公司的职能类似。虽然西方发达国家平时有不少资产管理公司处理不良资产，但其目标不是为整个经济体承担风险和化解风险，而是为了赢利。当大规模不良资产出现时，常规的盈利机会几乎完全消失，就不得不靠金融危机来一次性最终解决问题。金融危机中有相当部分的不良资产由“秃鹫基金”（Vulture Hedge Fund）处置，“秃鹫基金”生于金融危机，长于金融危机，某种程度上它是金融危机时期市场出清的“清道夫”。

“秃鹫基金”指的是那些通过收购违约债券和恶意诉讼，来谋求高额利润的基金。有时也泛指那些买卖破产倒闭公司股权、债权、资产而获利的私募基金。“秃鹫基金”这一称呼最早起源于自然界中的秃鹫。秃鹫是一种鹰科动物，素以其他动物腐烂的尸体为食。美国著名博物学家约翰·詹姆斯·奥杜邦在其作品《美国鸟类》中写道：“大自然赋予秃鹫一种神秘的力量，它能准确地察觉到死亡正在降临到哪只负伤的动物。秃鹫密切关注着每一只大难临头的‘可怜虫’，不紧不慢地紧跟着它们，直到生命从它们的身上一点点流逝，最终成为自己的猎物。”事实上，约翰·詹姆斯·奥杜邦对秃鹫的刻画同样完美地体现了西方“秃鹫基金”的特点。正如秃鹫冷眼旁观受伤的动物血流如注直至奄奄一息，而后蜂拥而上竞相撕咬那样，“秃鹫基金”在面对身陷困境的企业或发展中国家时也不会表现出怜悯。人们通过“野蛮人”和“秃鹫”来想象他们的残酷无情，敌意收购被称为“清理企业的腐肉”的秃鹫，往往在哀鸿遍野的状况下获得惊人的收益，这种从别人的痛苦中获取利润的方式被视为“门口的野蛮人”。

21世纪以来，美国企业破产的规模和频率急剧上升。其中2006年有66家公司破产，诉讼保全资产合计220亿美元；2007年有78家公司破产，诉讼保全资产合计710亿美元；2008年则有138家公司破产，诉讼保全资产累计超过11000亿美元。但是，有许多破产公司会利用《美国破产法》中第十一章“重组资产机构”的规定，试图让自己获得重生。但是在这个过程中，“秃鹫基金”便会介入进来，它们专向面临困境的企业下手，不担心企业偿还不了债务的风险，反而以此作为纯粹的套利活动。例如一些企业将要倒闭，其已发行的债券属于违约级别，“秃鹫基金”会用极低的价格在二手市场购入这些债券，再以债权人的身份向企业讨债，譬如以债权人的身份要求企业出售资产去还债，或以强制形式令其债权优于其他债权人，借此在债券权益上赚取丰厚利润。其购入的问题资产的价

格可能只是资产票面价值的数个百分点，但向企业追讨的却是百分之百，有时企业偿还不了全部金额，"秃鹫基金"也会逼令企业偿还部分金额，即便只是票面价值的十多个百分点，其获取的利润也已翻倍。当然，这并不等于有关企业因偿还了部分本金便可免除债务，"秃鹫基金"还是会继续盯着这些企业，再度找机会向企业追讨余下的债务。例如，菲利普·法尔科恩因成功做空次贷而跻身2007年美国十大最赚钱的基金经理之列。由于信贷紧缩和股票市场熊市的突然来临，美国的对冲基金在2009年上半年累计下跌0.75%，创下近20年来表现最糟的记录。而菲利普·法尔科恩管理的先驱资本伙伴基金（Harbinger Capital Partners Fund）仅在2009年6月收益率就达到了42%。同样，次贷风暴开始时，专做按揭证券的贝尔斯登对冲基金因在与次贷相关的衍生品中耗尽了其所有资产而申请破产。这使一些大的对冲基金，如高盛（Goldman Sachs Group Inc.）管理的全球证券机会基金（Global Equity Opportunities），宣布对新加入的投资者放弃收取2%的年管理费，且把利润提成从惯例20%降至10%。但与它们的悲惨处境相反，保尔森基金和兰德资本这两只"秃鹫基金"却在次贷危机中赚得盆满钵满。

西方的"秃鹫基金"是当企业或国家陷入困境时，采取低价收购问题企业或重债贫困国的违约债券、做多或做空问题企业的股票等手段谋求高额利润的基金。其最典型的特征是私人所有和唯利是图。其一，大多数西方"秃鹫基金"都服务于大资本家。例如，从事美国地产行业不良资产处置并在2008年金融危机中迅速成长起来的"秃鹫基金"——柯罗尼资本的创始人汤玛斯·巴瑞克就是一名实力雄厚的大资本家，他曾是2016年特朗普竞选团队的最大金主。其二，西方"秃鹫基金"唯一看重的是利润。"秃鹫基金"在面对问题企业或重债贫困国时唯一的考量是如何最大限度地利用它们的痛苦获取更大的利润，在它们看来，自身利益重于泰山，而企业乃至国家的生存和发展则轻于鸿毛。

总之，"秃鹫基金"作为西方国家处置不良资产的模式之一，通过做空债券、股票，等待企业破产倒闭，榨取企业的残值以获得赔偿和赚取利润，是一种对困难企业掠夺性的纯粹套利模式。但是，我国的经济发展实践表明，中国不良资产处置的本质及目的与西方"秃鹫基金"有着本质的区别，主要体现在处置基本原则与根本底线、处置机构性质与最终目标、处置双方关系与介入时机、处置资产范围与国际影响四个方面。

（二）处置基本原则与根本底线的区别

1. 处置的基本原则

金融具有完善资源配置、增进公共利益和防范金融风险的"公器"性质。西方"秃鹫基金"在不良资产处置过程中将金融这一国家"公器"挪作私用，侵蚀实体经济的发展根基。"秃鹫"投资者如果对某个行业感兴趣，是因为这个行业

中国特色不良资产处置的理论创新与实践

在走下坡路。曾有海外"秃鹫"投资者说：我从不留心什么行业，只要哪家公司发生财务困难，我就会感兴趣，而这些公司通常属于传统行业。所以，即便是作为国家经济发展命脉和重要支柱的能源行业，也无法抵抗来自"秃鹫基金"的鲸吞蚕食。

一个著名的例子是做空达力智。达力智有限公司曾是美国最大的独立发电企业，其旗下的子公司达力智控股公司运营着天然气和煤炭发电厂，其中，尤以煤炭发电厂的业绩最为突出，为美国经济的运转提供了源源不断的动力。2010年年末，由于电力生产行业不景气，达力智控股公司难以为继，此时一家"秃鹫基金"提出买断，但因出价过低而被拒。倘若达力智控股公司位于中国，考虑到它对国民经济的重要性，中国政府势必帮它渡过暂时的难关，而后它便可继续为数以千万计的企业提供电力。然而，在现实中，达力智控股公司未能逃脱"秃鹫基金"的撕咬。鉴于低价买断被达力智控股公司拒绝，最终"秃鹫基金"采取了欺诈性转让重组加做空的手段，以极其低廉的价格获得了煤炭发电厂这项优质资产，满足了个人的一己私利。

中国特色不良资产处置"坚持和完善社会主义基本经济制度，充分发挥市场在资源配置中的决定性作用，更好发挥政府作用，推动有效市场和有为政府更好结合" 。我国是社会主义市场经济，政府在市场失灵的时候会主动地、常态化地进行调控。我国不良资产处置始终坚持金融是"公器"而非少数人牟利的工具这一原则，秉承服务实体经济的使命，推动经济高质量发展，在不良资产处置过程中发挥了对实体经济的支持作用。其中，四大资产管理公司进行了两轮政策性不良资产剥离：第一轮政策性剥离（1999—2000年）使我国四大国有银行不良资产总额减少约40%，从而轻装上阵，继续为实体经济企业提供资金支持；第二轮政策性剥离（2004—2008年）使五大国有商业银行顺利完成了股份制改革，引入了战略投资者并成功上市，完善了金融服务实体经济的职能。2009—2017年的市场化处置阶段也较为注重运用债务重组、市场化债转股等手段，帮助问题企业走出困境，清除了实体经济发展面临的障碍。近年来，强调坚守不良资产处置的主责主业，华融提出"服务实体经济"，长城坚持"服务经济发展"，信达强调"支持供给侧结构性改革和服务实体经济"，东方致力于"进一步提升服务实体经济质效"。

2. 处置坚守的最终底线

企业的风险往往意味着"秃鹫基金"的机遇，企业的风险越高，不良资产越多，"秃鹫基金"的机会就越多，盈利空间就越大。因此，它们无意控制风险，甚至加剧了系统风险，引发了金融危机。某些"秃鹫基金"在处置不良资产时甚

---

❶ 中国共产党第十九届中央委员会第五次全体会议公报［N］.新京报，2020-10-29.

至可能会推高金融风险。美国"秃鹫基金"创始人乔治·舒尔茨在阐述其做空策略时指出，"秃鹫基金"往往提前发现高风险企业，但是不会纠正，而是大量介入该企业的股票，坐等该企业的状况继续恶化，金融风险持续攀升，等到公司股价下跌至最低点时，再以"低收购价"买入股票获得巨额收益。显然，"秃鹫基金"在等待该公司股价下跌的过程中，极易引起资本市场的恐慌，进而触发多米诺骨牌效应，造成个别风险系统化，最后引爆金融危机。查尔斯·米拉德认为，"秃鹫投资本质上不增加价值，且其投资策略带有破坏性"。

我国以不发生系统性金融风险为底线，筑起了金融危机的防火墙，创造性地提出了"政策性＋市场化"的中国特色不良资产处置方法。回顾我国的不良资产处置历史可以发现，最初我国采取的是政策性处置方法，其优势在于能够充分发挥政府的主体作用，但是完全政策性导致政府承担了企业经营风险的无限责任，容易引发企业的道德风险。在此背景下，四大资产管理公司开启了市场化转型，经营模式由财政出资转向自负盈亏，不良资产定价更灵活，但缺乏政府监管的完全市场化又难以控制个别金融风险的系统化和全局化。因此，我国提出"政策性＋市场化"的新型处置方法，采取"监管＋大行"的模式。其中，"监管"是指由央行进行事前宏观审慎监管，"大行"是指由金融系统中占重要地位的大型银行实施接管。

一个典型的例子是2019年包商银行等金融机构的不良资产处置。2019年5月，央行监管在发现包商银行出现严重信用风险，但尚未出现兑付危机和引发系统性金融风险时就提前介入，将包商银行交由中国建设银行实施托管，第一时间从源头上掐断了系统性金融风险传染和加剧的苗头，规避了金融危机的爆发对社会造成的巨大损失，守住了不发生系统性金融风险的根本底线，凸显了中国特色不良资产处置模式的优越性。

（三）处置机构性质与最终目标的区别

1. 处置机构的性质

西方"秃鹫基金"一般为私募股权基金，普遍都被秃鹫资本家而非政府所控制，众多知名"秃鹫基金"，如乔治·舒尔茨创立的舒尔茨资产管理公司、托尼·汤普森发起的汤普森国立资产管理有限公司、保罗·辛格创办的NML资本有限公司、罗伯特·吉宾斯创办的自治资本等都服务于私人资本家。

我国绝大部分资产管理公司都是国有企业。我国不良资产处置机构的构成以四大资产管理公司为主，各省最多可设立两家地方资产管理公司作为辅助，外加银行系资产管理公司以及地方非持牌资产管理公司作为补充。首先，截至2018年年底，四大资产管理公司中，华融第一大股东为财政部；信达第一大股东为财政部，第二大股东为财政部下属事业单位全国社会保障基金理事会；长城和东方也

中国特色不良资产处置的理论创新与实践

仍为国有控股。其次，绝大多数地方资产管理公司也为地方国资，如浙江省浙商资产管理有限公司、北京市国通资产管理有限责任公司、天津津融投资服务集团有限公司等。再次，银行系资产管理公司建信、农银、工银、中银和交银均为五大国有商业银行的全资子公司。最后，仅少数非持牌资产管理公司为民营资本或外资所掌控。

处置机构性质的不同，导致两者处置不良资产的资金来源以及对政府干预的态度不同。西方"秃鹫基金"的资金主要来自私人资本，在处置不良资产时更倾向于自行其是，较少采纳政府基于国家战略层面的意见建议，甚至强烈抗议政府干预。一个典型的例子是"抢夺克莱斯勒"。汽车行业是美国的一大支柱产业，而克莱斯勒汽车公司曾是美国汽车制造业三巨头之一。但在2008年金融危机期间，美国经济受到严重冲击，汽车行业因此显得尤为艰难，汽车销量直线下降，汽车公司进行了大规模裁员和减产。克莱斯勒汽车公司甚至提交了破产申请，这不仅意味着大规模失业潮即将来临，员工津贴、医保和退休人员福利都将化为泡影，也对汽车产业造成致命打击，此外，还有可能加剧金融风险传导。即便是在如此危急的情况下，以乔治·舒尔茨为代表的一批"秃鹫"资本家仍将自身利益置于社会乃至国家利益之上，要求克莱斯勒按照正常的破产程序出售资产以得到赔付，极力阻拦政府对克莱斯勒的救助补贴。然而，幸运的是，奥巴马上台后提出了再工业化的主张，这是20世纪70年代以来美国政府首次对一个行业进行如此大规模的破产干预。奥巴马政府声明了"不会与一小撮死硬的对冲基金同流合污"的坚定立场，并对克莱斯勒进行了经济救援干预，使其成功渡过了困境，阻止了"秃鹫基金"侵蚀汽车产业，重建了消费者信心，为使汽车行业恢复繁荣做出了努力。而"秃鹫基金"责难政府的干预，认为"此案开了一个很坏的先例，大大地伤害了资本市场，政府不是让企业按照自己的路径发展，让'秃鹫'来清理'垃圾'，而是采取了非常的措施，复活了一个将死的企业"。❶相比之下，由于我国不良资产处置机构多为国有企业，资金主要来自国有资本，因此在处置不良资产时易于接纳政府意见，体现公平、公正的原则，重视社会公共利益和国家长远利益。

2.处置的最终目标

西方"秃鹫基金"在处置不良资产时秉持"榨取企业残值，最大化自身利润"的非救助性目标。对于问题企业不良资产的处置，西方"秃鹫基金"选择任由企业破产倒闭，而非实施救助。企业破产的好处在于能够自然地重新给那些成功的企业配置资金。虽然贷款人被迫对其贷款做了减值处理，以前的低等级

---

❶　舒尔茨，刘易斯.秃鹫投资：重组股如何以低得惊人的风险获得高得惊人的回报［M］.何正云，张晓雷，译.合肥：安徽人民出版社，2016.

债权人和股权投资人损失了他们的资本，但这是一种有益的教训，迫使贷款人和股权投资人在未来更加小心。如果尝试以补贴的方式实施救助，让奄奄一息的企业复活，那么这些企业将来肯定会面临更剧烈的痛苦。此外，"秃鹫基金"还认为被救助企业会产生道德风险，政府一旦启动这个大而不能倒的策略，就很难停下来，它将在一个挑选赢家和输家的游戏中谢幕，而过程并不总能保证公平。所以，自由市场经济条件下，"秃鹫基金"对即使有希望的企业也不进行修复救助。

前面的例子中，奥巴马政府意欲挽救克莱斯勒对于国家和公众具有重要意义，但以乔治·舒尔茨为代表的秃鹫资本家仍一意孤行，置政府的意见于不顾，执意推动克莱斯勒进入破产程序以满足一己私利，"秃鹫基金"贪婪的嘴脸一览无遗："公司 2009 年 1 月 31 日资产负债表上面的现金、可销售证券、存货和资产以及设备价值超过 350 亿美元，要负担的一级留置权贷款只有区区 69 亿美元。这块骨头上留下来的肉，就算再饥饿的秃鹫也吃不完。"❶ 有鉴于此，企业的价值不在西方"秃鹫基金"的考量之内，相反，它们的目标在于极尽所能地追讨破产企业债务，从而获取最大利润，即便对企业造成更大损失也在所不惜。最后，政府斥巨资干预，要求投资人用 70 亿美元的贷款交换不到 20 亿美元的现金，而且没有股权。"秃鹫基金"最后是"抢夺克莱斯勒，刻骨铭心的亏损"。❷

中国特色不良资产处置秉持"提升企业价值，最小化企业损失"的救助性目标。相较于西方"秃鹫基金"任凭企业破产倒闭，我国资产管理公司则持续救助有希望的企业，修复经济系统中的问题企业，注重其未来发展和长期价值，通过提升企业自身资产质量、盈利能力，以及降低负债总额等方法，提升企业价值。处置资产目标的不同导致了两者在处置过程中盈利的差异。"秃鹫基金"通过在二级市场以折扣价购买债务然后使用多种方法软硬兼施，追求比购买价格更大的金额来牟取暴利。相比之下，我国不良资产处置以协助企业化解风险、提升价值为主，利润方面较为合理公道，而非一味地追求利润最大化。

（四）处置双方关系与介入时机的区别

1. 处置双方的关系

西方"秃鹫基金"与债务人之间有着类似"猎人"与"猎物"的关系，"秃鹫基金"素以嗜血成性著称，与存在不良资产问题的企业或个人处于对立甚至敌对状态。对于问题企业，"秃鹫基金"无异于梦魇般的存在。一方面，在问题企业走向破产的过程中，"秃鹫基金"往往都会通过做空来使企业的境况雪上加

❶ 舒尔茨，刘易斯. 秃鹫投资：重组股如何以低得惊人的风险获得高得惊人的回报［M］.何正云，张晓雷，译.合肥：安徽人民出版社，2016 年.

❷ 同❶.

霜，以乔治·舒尔茨为例，他曾做空包括全球星、达力智、雷曼兄弟、通用汽车、美国航空、联合航空、卡尔派恩电力、新世纪金融、太平洋乙醇在内的多家公司的股票。另一方面，在问题企业进入破产程序后，"秃鹫基金"要么等公司彻底破产无法偿付时向法院发起恶意讼诉，要求企业全额偿还债务或趁机索要优质资产，要么在企业完成重组后向企业施压，要求派发特别红利或回购相当数量的股票以牟取暴利。鉴于其恶劣行径，企业对于西方"秃鹫基金"往往避之不及。对于个人或家庭而言，他们也难逃"秃鹫基金"的血盆大口。在爱尔兰，超过6000笔的住房抵押贷款被PTSB以大幅折扣卖给了"秃鹫基金"，而这些秃鹫投资者要求的巨额偿付使成千上万个居民面临无家可归、流离失所的危险。这样的举措激化了爱尔兰国内的矛盾，百姓呼吁"像驱逐蛇一样"将"秃鹫基金"驱逐出爱尔兰。

中国不良资产处置机构与问题企业之间有着类似"医生"与"病人"的关系，建立了友好的合作伙伴关系。一方面，在1999—2008年不良资产政策性处置阶段，四大资产管理公司通过两轮剥离完成了对商业银行不良资产的处置，帮助商业银行将其不良资产率由2000年的44.18%减少到2010年的1.1%，同期不良资产余额也由22866.87亿元下降到4336亿元，降幅达81.04%，从而降低了商业银行的经营风险，减轻了商业银行的包袱，改善了其资产质量，提升了其价值。另一方面，在2009—2017年不良资产处置进入商业化阶段后，尽管资产管理公司行业格局发生了较大的变化，不良资产处置主体更为多元化，但其与问题企业仍然维系着良好的合作关系。以四大资产管理公司为例，华融与大客户（如大企业、大集团、大金融机构以及政府）之间保持着密切的战略合作关系，实现了持续性、大规模的不良资产处置；长城则关注中小企业的状况，为中小企业量身制作了中小企业集合债券、中小企业财务顾问及不良资产收购综合服务等业务模块；东方、信达分别与银行业、房地产行业建立了长期合作。因此，我国问题企业普遍对资产管理公司持开放、友好的态度。

2. 处置介入的时机

西方"秃鹫基金"往往坐等企业因不良资产问题而病入膏肓，接近破产或正在破产的危急时刻才会介入处置，而非不良资产问题萌芽之初。这由"秃鹫基金"的逐利本性所决定。"秃鹫基金"将这个时间称为最理想的"进入点"，此时情绪化卖家对基础价值最不关注，也最急于脱手，对"秃鹫基金"而言套利空间最大。在此之前，"秃鹫基金"对问题企业的关注可能已长达数年之久。尽管"秃鹫基金"已经先于市场发现了那些"跑偏"的企业，意识到了它们的不良资产问题，但是它并不会出手解决问题，相反地，它往往会通过多次做多或做空，进一步加速不良资产问题的恶化，等待"进入点"的到来，即便在此过程中企业不得不承受原本可以避免的巨额损失。"秃鹫基金"通过"发现不良—恶

第五章 中国特色不良资产处置与西方『秃鹫基金』本质属性的区别

127

化不良—介入解决不良"的处置程序，恶化企业财务以寻找最佳的获利时机。金融危机爆发更是"秃鹫基金"的饕餮盛宴。例如，美国"秃鹫基金"柯罗尼资本是第一家关注收购储蓄贷款不良资产债务的私人基金公司，其掌舵者汤玛斯·巴瑞克资本积累最快的时期，正是美国社会遇到储蓄与贷款危机之时。次贷危机的2007—2010年，柯罗尼资本旗下私募基金管理的资本额以每年10亿美元以上的速度增长，到2010年达到峰值112亿美元。但危机过后，不良贷款收购成本上升，其投资收益率反而下降。

在我国，一般在不良资产出现的早期阶段或不良资产尚未对企业造成破产等严重威胁时，国家会通过各种措施力求将不良资产问题扼杀于摇篮之中。我国资产管理公司通常在观测到不良资产后立即着手处置，致力于早发现、早处理，将风险因素消灭在萌芽状态。与"秃鹫基金""发现不良—恶化不良—介入解决不良"的处置程序相比，我国资产管理公司"发现不良—介入解决不良"的处置程序更为省时，对于问题企业不良资产的处置效率也更高，我国的不良资产处置力求积极防范和化解风险，避免金融危机爆发。

（五）处置资产范围与国际影响的区别

1. 处置资产的范围

西方"秃鹫基金"处置的不良资产除个人、公司的违约债务外，还涉及主权债务，而中国特色不良资产处置通常不涉及主权债务。西方"秃鹫基金"除了处置个人和公司的不良资产之外，还频繁地对其他贫穷国家进行肆意掠夺。"秃鹫基金"通常在一些国家发生债务违约，或者一些贫穷重债国达到世界银行和国际货币基金组织认定的债务减免标准之后，对这些国家下手，以非常低廉的价格购买其债券，然后进行恶意诉讼，要求其全额偿还债务本息，甚至要求支付债务违约金，以攫取巨额回报。

"秃鹫基金"低价购债、恶意诉讼，妨碍穷国债务纾困。个人和公司需要从包括银行、私人投资基金等在内的贷方那里借钱来从事需要资金支持的生产活动，如购买设备、拓展业务。同样的，穷国由于无力支付大规模基础设施、公共工程等项目可能高达数十亿美元的费用，也需要从银行、私人贷款机构和他国政府借钱。数据显示，"过去50年，债务一直是发展中国家获得资金的最大来源"（Randall Dodd，2010）。这就使得"秃鹫基金"有机可乘，它们利用极低的价格买进陷入困境的发展中国家政府或国有企业的债务（债券），然后将发展中国家政府推向被告席，要求其全额偿还债务，甚至要求支付债务违约金，以攫取巨额回报，否则就要用该国的境外资产作为抵扣。

在国际上，这样的案例比比皆是，其中秘鲁和阿根廷较为典型。1997年4月，一家国际"秃鹫基金"以2070万美元的折扣价格购买了几笔由秘鲁政府担

中国特色不良资产处置的理论创新与实践

保的商业贷款，但该基金并未接受债务重组的条件，而是向纽约联邦法院起诉，要求全额支付本息。2000 年 6 月，法院判决这家国际"秃鹫基金"获得 5600 万美元的赔付，如果秘鲁政府拒付，则将以秘鲁政府在美国的商业资产作为补偿。秘鲁政府被迫同意支付这笔债务，政治和经济上都遭受了很大损失。另外，NML 资本隶属于美国艾略特管理公司，由亿万富翁保罗·辛格掌管。让辛格声名鹊起的是其对秘鲁和刚果共和国的攻击。1996 年，艾略特管理公司花费大约 1140 万美元买入秘鲁的违约债券，经过法律诉讼，得到秘鲁支付的 5800 万美元。之后，辛格又以同样手法，迫使刚果（布）向其支付 1.27 亿美元，而他当初买入该国债券的花费不到 2000 万美元。

同样，阿根廷也有类似的遭遇。由于受到东南亚危机和巴西金融动荡的冲击，阿根廷爆发经济危机，于 2001 年 12 月发生了创纪录的 950 亿美元的主权债务违约，包括艾略特管理公司、NML 资本管理公司、Aurelius 资本管理公司在内的一批对冲基金趁机以极大的折扣抢购了大量阿根廷国债。在随后的 2005 年和 2010 年，93% 的债权人接受了阿根廷提出的债务重组方案，以价值减记超过 50% 的新债券替换债权人持有的原有债券。但这批对冲基金拒绝参与该国任何减少自家基金可能利益的债务重组方案，不择手段地全额获取国债本息，并将该国政府告上法庭，要求对方 100% 全额偿付本息。当年，阿根廷债券一度跌到 18 美分，但对冲基金仍然坚持要求本息按 100 美分计价。根据法庭文件，艾略特管理公司申请索赔金额为 25 亿美元，Aurelius 资本管理公司申请索赔 15 亿美元。经过 15 年的官司后，阿根廷同意赔偿原告索赔金额的 75%，总计 46.5 亿美元。其中，"秃鹫基金"Bracebridge 资本管理公司获得了 9.5 亿美元的赔偿金，而其当年的初始投资本金仅为 1.2 亿美元，收益率约为 800%。

2. 处置的国际影响

西方"秃鹫基金"对发展中国家，特别是一些重债穷国的趁火打劫引发了各个国家强烈的不满和谴责。原本这些国家可以为农民提供小额信贷，为孩子建造教室，改善当地的水和卫生条件，但种种努力都在"秃鹫基金"的活动下化为泡影，"秃鹫基金"将急需的债务减免，从地球上最贫穷的国家转移到银行富人的账户上。英国前首相布朗谴责"秃鹫基金""道德上无耻"，英国政府在 2010 年立法限制"秃鹫基金"对最贫穷的国家提起诉讼。联合国大会于 2014 年为主权国家颁布了《破产法》，要求将"秃鹫基金"排除在重组过程之外。2015 年 7 月，比利时议会通过法案，不允许"秃鹫基金"索要其所购折扣债券的面值。

在"秃鹫基金"的恶意投机下，主权债务风险极有可能以更加严重的方式蔓延开来，加剧国际资本市场波动，导致全球金融恐慌，在金融一体化背景下，甚至会反过来波及国内资本市场，引发一系列连锁效应。此外，西方"秃鹫基金"为一己私利，对于一些弱小的重债穷国蚕食鲸吞，国际上，其所到之处哀鸿遍野。那些被掠夺的国家极易发生债务危机，导致公共财政遭受巨额损失，社会福利水平下降，国内居民生活水平下跌，进而引发政治动荡甚至动摇主权完整，上述南美和东南亚国家的事实就是最好的例证。欧债危机期间，欧洲市场也频现"秃鹫基金"疯狂套利的现象，对世界上最贫穷的非洲国家之一——刚果共和国也是故伎重演。

相比之下，我国主要关注对国内公司及个人不良资产的处置。与西方"秃鹫基金"四处流窜、煽风点火的行径不同，我国不良资产处置集中精力于解决自身问题，不给他国制造问题，不仅降低了自身的金融风险，减少了风险传导，而且作为全球金融市场中的一员，为国际金融市场的稳定做出了重要贡献。立足解决自身问题，与我国金融业融入国际程度不高有关。2020 年 1 月 15 日，中美签订《金融资产管理（不良债务）服务协议》，随着金融对外深度开放，一方面，中国金融要走出去，应修炼灵活运用不良资产处置工具的投行化思维经验，并体现与大国身份相匹配的责任与担当力；另一方面，已有国际投资管理有限公司在国内注册，要注意防止其利用优势恶意收购，制造风险，并引发外部金融冲击威胁国家安全。

第六章 中国实体经济企业"账期"与不良资产处置基本导向

为确保实体经济健康发展，对于阻碍实体经济发展的有害因素，政府要采取有效措施予以消除。2015年出台的《金融资产管理公司开展非金融机构不良资产业务管理办法》，将非金融机构不良资产简称为"非金业务"，一般指企业集团内部、企业之间发生的不良借款，如应收账款，只要符合"真实、有效、洁净"三原则，即资产客观存在且对应的基础经济行为真实发生、属于国家法律法规允许转让的范围、资产权属关系能够得到交易相关方的认可，就可认定为"不良资产"。这意味着将实体企业间的不良借款也纳入了不良资产。由此，四大资产管理公司内都成立了专门的非金不良部门，收购企业间、集团内部的不良借款，处置不良资产。我国经济结构以实体经济为主，这与美国以虚拟经济为主的经济结构有很大区别。实体经济发展的好坏直接关乎整个国民经济能否健康发展和亿万人民的就业问题，而在众多阻碍实体经济发展的因素中，实体经济企业"账期"延长，是加速不良资产形成的重要因素。"账期"延长，尤其是民营企业的"账期"延长，是导致我国当前不良资产高涨的主要原因。本章从实体经济企业"账期"与不良资产关联入手，提出民营和国有企业"账期"测度及其形成不良资产的监测指标，以便尽早预警化解不良资产风险；在结合两者差异的基础上，分析民营和国有企业不良资产处置市场的角色及处置难点，提出两种不良资产处置的基本导向和措施。

一、实体经济企业"账期"延长形成不良资产

（一）"账期"及其延长对企业的危害

1. 账期和账期延长

供应商在规定的时间内，给予购买者一定金额的信用额度，购买者在信用额度内不用付款就可以进货，但是必须在规定的时间内付款，这个规定的时间称为账期。Bruno Biais、Christian Collier（1997）和王彦超（2014）认为，"账期"从本质上讲是一种商业信用，企业间的这种商业信用是正规金融机构配置资源以外

的一种重要补充。❶Mitchell A.Peterse 和 Raghuram G.Rajan（1997）认为，特别是在中国存在"金融抑制"的情况下，商业信用起到二次配置资金的功能。❷

账期延长，其本质是购买者利用规模、交易环节等方面的优势对相对弱势企业的资金进行占用，以提高自己利润的行为。当账期普遍被延长时，就会蚕食整个实体经济的利润，推高实体经济的运营成本，对整个经济构成压抑，并严重破坏市场秩序，这对我国正在规范之中的市场经济是一个巨大的负面干扰因素。由于账期普遍延长是逐渐发生的，如同温水煮青蛙，不像突然爆发的呆坏账那样引人瞩目，因此其危害的严重性往往会被忽视，久而久之将贻害无穷。

2.账期延长对企业的危害

账期延长问题最重要的危害是使市场不规范，并且不规范的现象愈演愈烈，使市场在资源配置中的决定性作用受到限制，资源将得不到有效配置。对于企业，应收账款规模越来越大，账期越来越长，应收账款的逾期天数也在延长，企业的账款不能及时收回，资金就无法回笼，对企业的发展将产生不利的影响，主要表现在以下三个方面：

（1）账期过度延长会给企业带来沉重的资金负担。大量应收账款的存在令企业的流动资金困在非生产环节，使企业的生产经营资金短缺，企业的资金周转速度降低，影响到企业的正常生产经营活动。

（2）账期过度延长会给企业带来经营风险，增加制造业企业的管理成本。过长的账期使企业资金周转出现困难，对生产、缴税、促销活动等带来不利影响，给企业的正常运营带来风险。同时，若客户出于各种原因无法及时还款，甚至永远无法还款，形成呆坏账，将会严重拖累制造业，引起企业经营困难甚至倒闭。大量应收账款的存在使企业不断派人催收，造成收账费用增加，企业的运营成本上升。❸

（3）账期过度延长会影响企业的利润。企业的很多资金也是借贷而来，对于这部分资金来说，应收账款其实就是将带息负债无偿地提供给客户使用，侵占了制造业的利润。企业应收账款过多，将不可避免地产生一部分呆坏账，这部分在会计上处理为企业管理费用，冲减利润。账期延长本来是企业使用商业信用引起的一个问题，它在严重时可能导致企业经营困难甚至倒闭。当账期延长向其他企业和其他行业扩散的时候，这种个别风险就被系统化了，成为可能导致大面积

❶　BIAIS B, GOLLIER C. Trade Credit and Credit Rationing［J］.Review of Financial Studies, 1997, 10（4）：903-937.

❷　PETERSEN M A, RAJAN R G. Trade Credit：Theories and Evidence［J］.Review of Financial Studies, 1997, 10（3）：661-691.

❸　刘晓欣，梁志杰.缩短账期规范市场 切除实体经济"毒瘤"［N］.天津日报，2017-04-24（009）。

经济压抑甚至企业倒闭风潮的推手。此外，账期延长导致的流动性短缺会推高利率，应收账款的证券化也会将流动性短缺和个别风险集中到金融系统，从而影响整个金融系统的正常运转。❶

3. 账期延长与不良资产形成

适度的账期可以给企业带来好处，账期过度延长则使得企业的应收账款极有可能产生完全损失的风险，当回收无望时，应收账款有可能成为企业不良资产，形成呆坏账，致使企业亏损、倒闭，影响经济正常增长。

我国自 2018 年以来，尤其是 2018 年下半年以来，持续数年的企业应收账款增速降低趋势发生逆转，全国企业应收账款增长提速。2013—2017 年，全部工业企业应收账款同比增幅分别为 14.0%、10.0%、7.9%、9.6%、8.5%，总体上趋于下降。然而，自 2018 年以来，全部工业企业应收账款同比增幅指标开始上升，同比增幅达到 10.3%，比 2017 年上升了 1.8 个百分点。❷ 国家统计局数据显示，2018 年我国规模以上工业企业应收账款净额为 143418.2 亿元，占当年 GDP 的 15.9%，为当年销售收入的 14.0%。与 2008 年相比，规模以上工业企业应收账款净额增长了 2.26 倍，而销售收入同一时期增长了 1.04 倍。可见，我国目前企业的"账期"问题相比于 2008 年更为严重。特别需要注意的是，目前企业"账期"问题与 20 世纪 90 年代出现的"三角债"有很大的不同。当前企业"账期"问题受影响的主体由 20 世纪 90 年代初的"国有企业"变成"民营经济中的中小企业"，由"固定资产投资项目拖欠"变为以"制造业为主行业"欠款。❸ 但是，当前困扰民营中小企业发展的突出问题就是融资难、融资成本高，而其为了增加企业竞争优势所提供的商业信用——账期的延长无形中提高了企业的融资成本，融资成本的提升侵蚀了企业利润，造成实体经济企业资金链紧张，加速了不良资产形成，所以，应关注企业账期延长导致不良资产规模上升的问题。

（二）实体经济企业"账期"测度与特征分析

1. "账期"测度指标与样本企业选择

（1）衡量"账期"的三个指标。

第一，应收账款增长率与销售收入增长率的差值。差值为正说明应收账款增长速度比销售收入增长速度快，如果一个行业的应收账款增长率大于销售收入增

---

❶ 刘晓欣，梁志杰. 缩短账期规范市场 切除实体经济"毒瘤"［N］. 天津日报，2017-04-24（009）。

❷ 梅新育. 企业三角债风险突增须警惕［N］. 国际商报，2019-04-15（B02）。

❸ 刘晓欣，宋立义，梁志杰. 中国实体经济"账期"问题及对策［J］. 经济与管理研究，2017，38（1）：3-15。

长率，说明该行业应收账款占销售收入的比重越来越大；差值为负说明应收账款增长速度比销售收入增长速度慢，同理可说明该行业应收账款占销售收入的比重越来越小。因此，该差值的变化可以反映行业账期引起的应收账款规模的变化。

第二，应收账款周转率。应收账款周转率是报告期内应收账款转为现金的平均次数。应收账款周转率越高，账款转为现金的次数越多，说明平均收现的期限越短、应收账款的收回速度越快。该指标的高低是一个企业营运能力的反映，公司的应收账款若能及时收回，便可大幅提高公司的资金使用效率。

第三，应收账款占营业总收入的比值。应收账款占营业总收入的比值 = 应收账款 / 营业总收入，一个企业的营业总收入是该企业各种形式收入的总和，这些形式中应收账款占据的比例可以从相对量上衡量出一个企业应收账款的规模大小。

（2）我国样本企业的选取。以刘晓欣等（2017）[1] 的分析为例，本章样本企业选用 2000—2014 年我国上市公司数据，选取实体经济（除去金融、房地产、租赁和职业服务业之外的经济）。样本企业共 2608 家，其中国有企业 949 家，民营企业 1659 家，国有经济占比 36.4%，民营企业占比 63.6%（见表 6-1）。

表 6-1　2000—2014 年上市企业行业分布数量及国有和民营企业比重

行业名称	企业总数	国企数	民企数	民企占比（%）
农、林、牧、渔业	44	18	26	59.1
采矿业	76	45	31	40.8
装备制造业	925	253	672	72.6
装备制造业中的计算机、通信及其他电子设备制造业	246	70	176	71.5
非装备制造业中的制造业	913	296	617	67.6
建筑业	74	33	41	55.4
电力、热力、燃气及水生产和供应	94	79	15	16.0
服务业 [2]	482	225	257	53.3
总计	2854	1019	1835	64.3

资料来源：根据 Wind 数据库、行业经济效益指标（IEPI）整理计算所得。

2.实体经济企业"账期"特点分析

（1）赊销企业占比逐渐增加且账期不断延长。科法斯历年的《中国企业信用管理风险调查报告》显示：

一是采取赊销方式的企业占比出现上升趋势。2007 年样本企业存在赊销行为

中国特色不良资产处置的理论创新与实践

---

[1]　刘晓欣，宋立义，梁志杰.中国实体经济"账期"问题及对策［J］.经济与管理研究，2017，38（1）：3-15。

[2]　这里"服务业"是指一般服务业，不包括金融、房地产和职业服务业等高端服务业。

的占 54.1%，2015 年上升至 88.5%，上升了 34.4 个百分点。这说明在金融危机后，越来越多的企业延长了账期，普遍采取赊销方式经营。虽然近两年采取赊销方式的企业占比有所下降，2017 年为 71.6%，2018 年为 62%，但 2018 年有 40% 的逾期企业的逾期金额有所增长，这比 2017 年的 29% 增加了不少。

二是企业应收账款期限不断延长。近年样本企业应收账款平均期限逐渐拉长，由 2015 年的 56 天猛增至 2017 年的 76 天，2018 年，我国企业面临一定的压力，因此不得不提供更长的信用期限来维持业务，平均信用期限从 2017 年的 76 天增长至 86 天，延续了 2015 年以来的上升趋势。企业中期限长的赊销占比逐渐增大。应收账款期限为 90 天的比例由 2007 年的 15.5% 增加到 2017 年的 27.2%，账期为 120 天的比例由 2007 年的 2.4% 增加至 2017 年的 7.1%，120 天以上的也由 2007 年的 1% 上升至 2017 年的 12%。

三是欠款逾期天数快速攀升。2007—2017 年，样本企业平均逾期在 90~120 天的占比由 3.3% 上升至 7.1%，逾期 120~150 天的占比由 2.4% 上升至 6%，逾期 150 天以上的占比迅速上升，由 2.9% 上升至 20%（见表 6-2）。根据科法斯的经验，超长期（超过 180 天）延迟付款当中有 80% 从未支付过，这意味着当该比率提高时，即使其他逾期金额的平均长度低于 180 天，公司的现金流也可能存在较大的风险，企业面临的应收账款逾期形势将快速恶化。可见，样本期间内制造业企业遭遇的应收账款逾期归还的期限越来越长，而如果制造业企业回收应收账款的时间越来越长，再加上 90% 的制造业企业主动采取账期作为经营手段，这会导致账期给制造业企业带来的风险也越来越大。

表 6-2　2007—2018 年企业账期不断延长情况　　　　　　　（%）

年份		2007	2008	2009	2010	2011	2012	2013	2014	2015	2016	2017	2018
样本企业存在赊销状况比例		54.1	64.9	79.9	87.6	89.6	86.5	91.8	89.6	88.5	—	71.6	62.0
平均赊销期限天数占比	90 天	15.5	14.4	21.8	20.5	19	18.4	20.3	23.1	—	—	27.2	
	120 天	2.4	4.2	3.6	3.8	3.0	1.8	3.9	3.4	—	—	7.1	
	120 天以上	1.0	1.1	5.4	4.8	3.4	2.4	7.5	4.1	—	—	12.0	20.0
平均逾期账款天数占比	60~90 天	15.3	15.2	25.2	21.9	21.9	18.4	20.4	20.9				
	90~120 天	3.3	7.7	7.9	8.0	5.6	5.2	5.9	9.2			7.1	
	120~150 天	2.4	2.8	3.0	2.2	2.6	2.8	5.5	4.6			6.0	
	150 天以上	2.9	4.1	10.2	4.0	3.0	4.8	6.4	5.8			20.0	

资料来源：根据历年科法斯《中国企业信用管理风险调查报告》整理所得。其中超过 70% 为制造业企业，约 20% 为贸易类企业；超过 50% 为民营企业，20%~30% 为国有企业。表中空缺部分未查询到。

四是上市公司各板块应收账款周转率近年来连续下滑。根据Wind数据计算，2012—2017年我国上市公司各板块的应收账款中位数均出现连续下滑的趋势，下滑幅度大：大盘企业应收账款周转率中位数由6.64下降至5.20，降幅达21.7%；创业板企业应收账款周转率中位数由3.56下降至3.12，降幅达20.1%；中小板企业应收账款周转率中位数由5.72下降至4.75，降幅达17.0%；新三板企业应收账款周转率中位数由4.94下降至3.96，降幅达19.8%。2018年以来，各板块应收账款周转率中位数同比继续下滑，三季度大盘、创业板、中小板、新三板同比降幅分别为1.7%、3.9%、4.1%和17.0%。

（2）应收账款规模大幅增加，且大多聚集在制造业。

一是欠债规模快速增加。图6-1展示了2012—2018年，全国规模以上工业企业应收账款总额的变化情况，可以发现，应收账款规模保持持续增长趋势。截至2018年12月，我国规模以上工业企业应收账款余额达14.34万亿元，同比增长8.6%，与2012年12月的8.22万亿元相比，增长了74.5%。2018年12月，制造业应收账款总额为13.30万亿元，约占工业企业总应收账款的92.7%，可见，应收账款主要聚集于制造业产业。若将制造业产业细分，应收账款主要集中在计算机、通信和其他电子设备制造业，电气机械和器材制造业，汽车制造业，这三个行业的应收账款占比达40%。

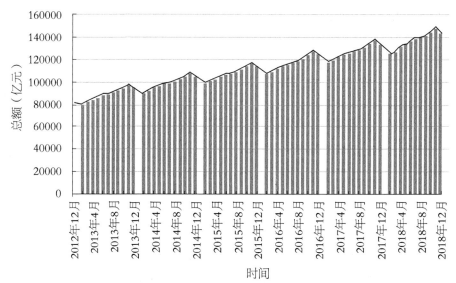

图6-1 2012—2018年规模以上工业企业应收账款总额

资料来源：国家统计局。

二是应收账款占收入的比重增速明显。根据科法斯研究报告，经历超长期延迟支付（180天以上）企业的应收账款占其营业额2%的比例从2016年的35%增加到2017年的47%。更为严重的是，超长期延迟支付额超过年营业额10%的企业占比 2016 年为 11%，2017 年则大幅增加至 21%。应收账款占流动资产的比重也呈现逐年增加的趋势，国家统计局数据显示，截至 2018 年 7 月，应收账款占流动资产的比重为 25.9%，高于 2017 年年底 0.7 个百分点。从各行业来看，计算机、通信和其他电子设备制造业的比率较高，一直处于 39% 以上；其次是电气机械和器材制造业、专用设备制造业，通用设备制造业、金属制品业，一直处于 33% 的临界点上下。

三是中小企业应收账款问题突出。根据 Wind 数据，A 股中小板中剔除银行、券商等后共 910 家企业，当中大部分为民营企业，2018 年三季报显示 910 家中小板企业共形成了 9789.01 亿元的应收账款，而前三季度总的营业收入为 3.24 万亿元，应收账款占营业收入的比例高达 30%。其中，有 9 家企业应收账款超过 100 亿元，而应收账款超过营业收入的企业达到 86 家，占比接近 10%；应收账款占营业收入比例超过 50% 的多达 268 家。如果企业年底前无法顺利收回应收账款，那么将面临巨大的资金压力。上述企业主要集中在机械设备、电气设备、建筑装饰和建筑材料行业，其中有 44 家生产机械设备、43 家生产电气设备、37 家生产建筑装饰和建筑材料。此外，整体来看，中小板的应收账款也是居高不下。

四是应收账款增长率与销售收入增长率的差值变化。表 6-3 计算的是制造业部分行业应收账款增长率与销售收入增长率的差值。可以分两个阶段从制造业整体来看，第一个阶段 2000—2006 年，应收账款增速都低于销售收入增速，第二个阶段是经历了金融危机之后的 2012—2014 年，应收账款增速都高于销售收入增速，说明近年来中国制造业由于账期引起的应收账款的规模越来越大，占销售收入的比重呈上升趋势。制造业细分行业情况也是如此，2000—2006 年制造业细分行业中 94% 企业销售收入增长速度较快，账期适度，并促进企业发展。而 2012—2014 年则是 71% 的企业应收账款增长速度较快。特别是农副食品加工业，石油加工、炼焦及核燃料加工业，化学纤维制造业，计算机、通信和其他电子设备制造业，仪器仪表制造业，废弃资源综合利用业，黑色金属冶炼及压延加工业以及文教、工美、体育和娱乐用品等制造行业，账期不断延长，问题更加突出。

表 6-3 2000—2014 年制造业部分行业应收账款增长率与产品销售收入增长率之差 ❶ （%）

序号	增长率之差	2000 年	2003 年	2006 年	2012 年	2013 年	2014 年
1	农副食品加工业	−7.21	−13.99	−2.98	9.89	2.03	10.95

---

❶ 资料来源为国家统计局公布的工业企业主要经济效益指标数据。表中序号 20 为制造业总体、19 为装备制造业总体。装备制造业包括：金属制品业，通用设备制造业，专用设备制造业，汽车制造业，铁路、船舶、航空航天等运输设备，电气机械和器材制造业，计算机、通信和其他电子设备制造业，仪器仪表制造业七个行业。空格表示原始数据缺失。

序号	增长率之差	2000 年	2003 年	2006 年	2012 年	2013 年	2014 年
2	食品制造业	−3.31	−1.64	−12.26	2.59	−5.06	3.24
3	酒、饮料和精制茶制造业	−6.64	−15.16	−19.11	2.87	9.86	1.91
4	纺织业	−16.05	−5.83	−1.95	2.84	−3.22	2.47
5	木材加工及木、竹、藤、棕、草制品业	−17.97	−7.27	−10.86	4.89	0.80	2.51
6	家具制造业	5.80	2.79	−12.45	0.48	5.10	6.95
7	文教、工美、体育和娱乐用品制造业	−1.84	−3.06	−4.04	−38.34	13.20	14.92
8	石油加工、炼焦及核燃料加工业	−53.73	−30.43	−24.19	25.56	6.05	14.87
9	化学原料及化学制品制造业	−11.87	−19.43	−1.31	9.34	3.16	1.40
10	医药制造业	−10.24	−10.97	−8.60	3.17	1.56	2.31
11	化学纤维制造业	−26.31	−17.69	−7.15	19.46	15.67	16.01
12	橡胶和塑料制品业					0.35	0.89
13	非金属矿物制品业	−4.18	−16.51	−15.38	19.66	6.24	4.67
14	黑色金属冶炼及压延加工业	−37.09	−56.45	−0.35	19.93	8.40	9.84
15	有色金属冶炼及压延加工业	−14.91	−19.20	−23.45	13.30	3.18	4.59
16	计算机、通信和其他电子设备制造业	−5.27	0.17	−7.59	5.36	−5.39	9.97
17	仪器仪表制造业	−5.34	−10.56	0.25	7.51	−2.29	4.78
18	废弃资源综合利用业			−35.48	16.63	2.30	11.47
19	装备制造业	−8.18	−4.53	−7.61	14.09	0.09	2.16
20	制造业	−12.76	−9.94	−7.70	8.25	3.05	3.02

资料来源：根据 Wind 数据库、行业经济效益指标（IEPI）整理计算所得。

（三）民营与国有企业"账期"差异及不良资产监测

1. 民营与国有企业应收账款的差异明显

民营企业面临着更为严重的欠债问题。图 6-2 显示了民营企业相对国有企业，往往需要提供更长的还款期限，且国有企业与民营企业提供的还款期限的差距呈现出扩大的趋势。根据样本上市公司数据分析发现，2001—2007 年，国有上市企业应收账款周转率由 11.97% 上升到 24.59%，上升幅度达 105.43%，而同期民营企业应收账款周转率只上升了 32.66%，民营企业应收账款周转速度较国有企业慢，差距逐步扩大。2008 年以后，国有企业和民营企业的应收账款周转率均有所下降，但民营企业的应收账款周转率明显低于国有企业，其中 2014 年国有企业应收账款周转率达到民营企业的 1.8 倍，两者依旧保持着较大的差距。2001—2008 年应收账款占营业总收入的比值均呈现出下降趋势，国有企业和民营企业下降幅度分别为 39.1% 和 40.7%，2008 年后应收账款占营业收入的比值则不断上升，上升的幅度分别为 45.8% 和 62.5%，民营企业的上升速度明显快于国有企业。2014 年，民营企业该比值为 0.176，国有企业该比值为 0.092，民营企业的比值是国有企业比值的 1.91 倍，说明民营企业的应收账款相对规模明显大于国有企业。

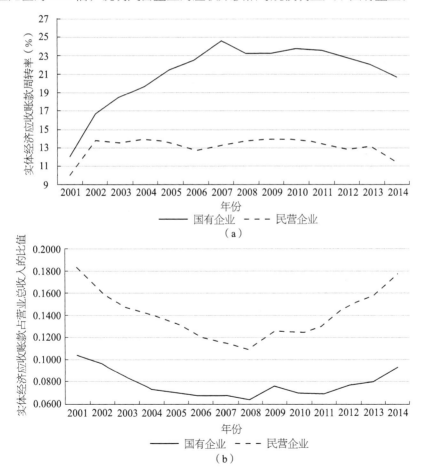

图 6-2　2001—2014 年实体经济国有企业与民营企业账期

资料来源：作者根据 Wind 数据库数据绘制。

2. 民营与国有企业装配制造业的账期延长加剧

装备制造业包括金属制品业，通用设备制造业，专用设备制造业，汽车制造业，铁路、船舶、航空航天等运输设备、电气机械和器材制造业，计算机、通信和其他电子设备制造业，仪器仪表制造业。目前，我国装备制造业占整个制造业的比重不到30%，比发达国家的平均水平低5%以上，远低于美国的41.9%、日本的43.6%和德国的46.6%。装备制造业是为国民经济和国防建设提供生产技术装备的制造业，是制造业的核心组成部分，是国民经济发展特别是工业发展的基础。建立起强大的装备制造业，是提高我国综合国力，实现工业化的根本保证。国家特别重视装配制造业的发展，专门成立了装配制造业发展领导小组。值得注意的是，在我国，体现国家制造水平的装备制造业的账期问题相当严重。例如，2014年年底装备制造业应收账款余额占销售收入的比值为0.164，而整个制造业的相应比值只有0.099。截至2014年年底，在上市企业中，装备制造业中民营企业占比达73%，其账期问题比国有企业更加严重，如图6-3所示。

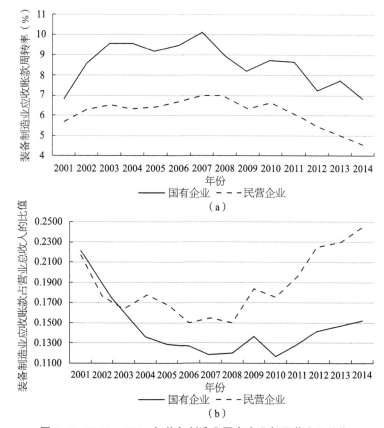

图6-3 2001—2014年装备制造业国有企业与民营企业账期

资料来源：根据Wind数据库数据整理绘制。

3. 民营企业计算机、通信和其他电子设备制造业的账期延长严重

装备制造业中的计算机、通信和其他电子设备制造业是国家目前倡导的"互联网+"发展战略模式的基础，但是这部分制造业账期延长情况非常严重，且民营企业及中小企业占了绝大部分比重。目前因为账款难以收回，资金周转困难，使不少企业濒临破产倒闭。计算机、通信和其他电子设备民营企业资金周转率低于国有企业 1.17 倍；民营企业应收账款占营业总收入的比值是国有企业的 1.61 倍，其中计算机、通信和其他电子设备民营企业增幅达 80.4%，如图 6-4 所示。

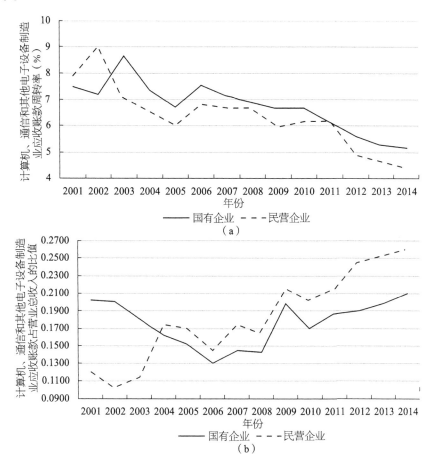

图 6-4　2001—2014 年计算机、通信和其他电子设备制造业国有企业与民营企业账期

资料来源：作者根据 Wind 数据库数据整理绘制。

4. 民营工业企业应收账款占流动资产的比值长期高于国有控股工业企业

2012—2018 年，民营工业企业应收账款占流动资产的平均比值比国有控股工业企业约高 6.7 个百分点，如图 6-5 所示。说明民营企业相对国有企业来说，

需要承受更长期限的欠款，承担更大规模的债务，从而加剧了民营企业的经营困境。

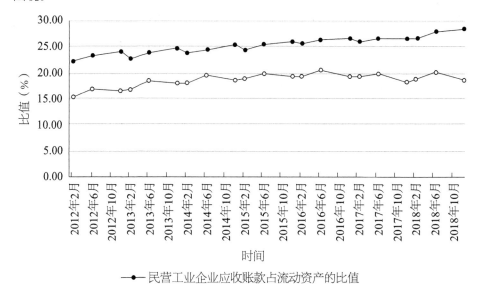

图 6-5　2012—2018 年民营及国有控股工业企业应收账款占流动资产的比值

资料来源：国家统计局。

综上，在经济"脱实向虚"、中小企业融资困难的背景下，制造业企业账期的延长容易造成企业的呆坏账，产生不良资产。因此，对"账期"问题的严重性及其解决的紧迫性要给予高度的关注。特别是民营和国有企业由于企业性质的不同导致其"账期"具备不同特点，民营企业比国有企业更加艰难。应及时将逾期资产纳入不良资产监测范围，监管由账期延长引发的不良资产规模加大的问题。

二、民营企业在不良资产市场中的角色与处置导向

（一）民营企业在不良资产市场中的角色与处置难点

1. 民营企业在我国经济发展中的地位

改革开放以来，中国经济的年均增长速度超 9%，当前的经济规模是 1978 年的 30 多倍，如此长期快速的增长放眼人类历史也极为罕见，而实现这样的成就离不开民营企业的参与。我国经济 40 多年飞速发展的过程，也是伴随着民营企业从无到有、从小到大的发展过程。1978 年，我国国民经济结构以全民所有制经济与集体所有制经济为主体，分别占 80.8% 和 19.2%，个体经济、私营企业、合资企业、外资企业数量均为零。到了 2017 年，我国个体工商企业总数已经达到

6579 万家，民营工商企业达到 2720 多万家。其对我国税收贡献率超过 50%，对国内生产总值、固定资产投资、对外投资的贡献率均超过 60%，在高新技术企业中的比重超过 70%，对城乡就业的贡献率达到 80%，对每年新增就业的贡献率达到 90%，这是总结的民营经济"五六七八九"的特征。这四十多年来，中国创造了人类历史上不曾有过的奇迹，民营企业的发展更是奇迹中的奇迹。

近年来，面对国内消费转型升级和产业结构、发展方式转型升级的巨大压力，加之国内、国际市场竞争日益升级，民营经济遇到了前所未有的困难，但也重新奠定了新时期民营经济在我国经济社会发展中不可或缺的地位。在庆祝改革开放 40 周年大会上的讲话中，习近平总书记指出，必须毫不动摇巩固和发展公有制经济，毫不动摇鼓励、支持、引导非公有制经济发展。充分肯定了民营企业在创业就业、技术创新、国家税收等方面的重要贡献，提出了大力支持民营企业发展壮大等六个方面的政策举措。实现了理论上、政策上的重大突破，为民营经济走向更加广阔的舞台注入了坚定信心，为保持民营经济发展的良好势头注入了强大动力，成为指导新时代非公有制经济领域工作的纲领性文件。

2. 民营企业融资问题是不良资产风险的爆发点

现阶段民营经济已经成为国民经济的重要组成部分，与国有企业需要承担一定的国家调控职能相比，民营企业是真正遵照市场规律运行的企业组织，其生存和发展与完善我国市场经济体制息息相关。民营经济中的中小企业更是民营经济的基础，只有中小企业生存状况得到改善，我国的民营经济才能得到进一步的发展和壮大，社会主义市场经济体制才可能得到完善和发展。然而，当前困扰民营中小企业发展的突出问题就是融资难、融资成本高。相对于大型国有企业，我国中小企业普遍存在贷款违约风险高、抵押担保不充分等问题，导致直接融资渠道不畅通、核准周期过长、融资比例低，很难通过正规金融市场获得足额融资，不得不依赖于民间借贷等非正规金融市场。

一方面，借贷资本需求的旺盛以及中小企业相对弱势的地位，抬高了民间借贷资金的利率，导致实体经济融资成本高，严重挤压了企业的利润空间，一旦企业投资收益率降低，资金周转速度变慢，贷款无法及时、足额偿还，就会导致银行不良资产。另一方面，为了追求更高的货币收益和充足的流动性储备，企业将本应作为生产性投资的资金绕过实体经济，转投到虚拟经济内部循环、增殖，其账面利润也越来越依赖于虚拟经济的自我膨胀，而非实际物质财富的增长。然而，资产价格的波动产生的资金蒸发，往往会导致企业出现更加严重的财务危机，使流动性风险凸显。大量陷入虚拟经济和民间借贷等资金困境的大型企业集团为确保不发生资金链断裂，通常会借助多种渠道，不惜以较高价格吸收相当数量的资金，借新债还旧债，导致债务规模越来越大，这也成为拖垮企业资金链的重要因素，造成了中小企业出现倒闭潮。作为商业银行，由于企业失去偿债能力，导致不良贷款余额、不良贷款率"双升"，形成系统性风险的爆发点。

3. 民营企业多集中在实体经济，研发等对资金需求量大

制造业仍占主导地位。2017年，民营企业500强中制造业仍占主导地位，民营企业500强中有88家制造业企业，与上一年持平。制造业企业营业收入占民营企业500强营业收入的比重同比下降0.31个百分点，资产总额占比同比增长0.15个百分点，缴税额占比同比下降1.06个百分点，税后净利润占比同比增长2.58个百分点，从业人员占比同比下降2.79个百分点，研发费用占比同比下降4.30个百分点。调研显示，在经济下行压力加大的背景下，民营企业500强中的制造业企业研发投入仍保持较高占比，原始创新能力不断提升。例如，2020年浙江民营企业研发投入100强上榜门槛为1.86亿元，上榜企业在2019年研发投入总额高达957.88亿元，户均9.58亿元。广大民营企业成为浙江省的创新主体。但民营企业的基础科研项目是短板，仅以投入周期为例，在芯片领域没有数十年的科研积累和投入，难以见到"真金白银"，单凭社会资本力量往往难以长期维持，而一旦发生抽贷则意味着前功尽弃，同时将产生大量不良资产。

4. 民营企业不良资产的处置难点

2012年以来，在我国经济增速下滑的同时，投资刺激经济的边际效果也逐步弱化，投资回报率趋于降低。产能过剩的行业内部正聚集大量风险，民营企业公司治理问题以及实际控制人的风险也逐步显现，个别主体触发回售或交叉违约条款。并且很多强周期的行业在长时间里未体验过下行周期，风险应对能力也相当薄弱。伴随着企业经营的主动违规、应对政策的被动违规、信贷策略的不准确，以及产品经营策略的失误，少部分民营企业每年的现金流入覆盖投资开始出现困难，开始依靠债务融资去偿还利息，部分企业的债务融资已经向庞氏特征发展，并逐步沦为困境企业，深陷风险的沼泽之中，越陷越深，难以自拔。这类资产的处置难度也非常大，这里以较为典型的民营企业信贷违约的形成分类以及处置难点为例，做一简要表述，见表6-4。

表6-4　部分民营企业不良资产的典型处置难点

分类	处置难点
涉及违规、违建、超建的房产	（1）手续不全
	（2）不可销售
	（3）导致所有权人资金无法回笼，进而影响其他资金需要，产生多米诺骨牌效应
政策性原因导致的经营困难	（1）政府政策变更
	（2）政府领导换届
	（3）城市规划调整导致困境

分类	处置难点
资产规模与管理能力失衡	（1）资产包袱过大
	（2）债务负担过重
基于债券、债务纠纷产生的信贷违约	（1）法律关系交错复杂
	（2）司法程序错误
项目定位失误导致信贷违约	（1）项目或经营不切合市场
	（2）生产能力、技术落后
	（3）赢利、变现能力弱
	（4）资金回流阻力大
滞销导致的信贷违约	库存积压

资料来源：姜何.资产市场新规则［M］.北京：中信出版集团，2018：19.

（二）民营企业不良资产的处置导向

1.不歧视民营企业是金融服务实体经济的良好体现

2019年2月14日，国务院颁发的《关于加强金融服务民营企业的若干意见》中指出："提高金融机构服务实体经济能力。支持金融机构通过资本市场补充资本。加快商业银行资本补充债券工具创新，支持通过发行无固定期限资本债券、转股型二级资本债券等创新工具补充资本。从宏观审慎角度对商业银行储备资本等进行逆周期调节。把民营企业、小微企业融资服务质量和规模作为中小商业银行发行股票的重要考量因素。研究取消保险资金开展财务性股权投资行业范围限制，规范实施战略性股权投资。聚焦民营企业融资增信环节，提高信用保险和债券信用增进机构覆盖范围。引导和支持银行加快处置不良资产，将盘活资金重点投向民营企业。"

资产管理公司作为我国专业的救助性企业，在民营企业普遍出现生存困难而"脱实向虚"的背景下，更应该对民营企业的不良资产问题投入更多的关注，将民营企业与国有企业同等对待，不应因民营企业不良资产处置相比于国有企业存在更大难度而有所歧视。资产管理公司支持民营企业不良资产处置，不仅能更大程度地发挥市场经济的内在活力，而且通过对民营企业纾困、引进战略投资者、提升企业价值，一方面，能使民营企业回归本源，大力发展实体经济，抑制经济"脱实向虚"的不良倾向；另一方面，也能更好地响应国家政策，回归主业，服务实体经济，真正发挥救助性金融机构的经济职能和社会价值。

第六章 中国实体经济企业『账期』与不良资产处置基本导向

2. 建立民营企业转型升级的救助机制

受国内外经济形势下行影响，民营企业依靠传统的模式发展正面临着前所未有的挑战。一方面，只有通过转型升级，才能实现企业持续科学发展，否则只能被市场淘汰；另一方面，转型升级意味着二次创业，有着艰难的发展历程，并面临企业转型失败而破产倒闭的风险。原因在于，转型升级过程中会不可避免地遇到诸如宏观环境不确定、融资难、创新力不足、税费负担重、人才短缺、缺乏监管与风险控制意识等问题，一旦外界环境发生变化，企业转型升级就有可能出现较大风险，造成不可估量的损失。当前，我国民营企业在遇到这些风险时，大多只能依靠企业自身来化解。大部分情况下，这些风险中有些可能是暂时的，但由于企业自救能力不足，又缺乏外力支持，导致不少本来很有前景的民营企业在转型升级过程中夭折，从而形成大规模不良资产。

未来推动制造业高质量发展是我国稳增长的重要依托，要引导传统产业加快转型升级，做强做大新兴产业。应有效支持民营经济和中小企业发展，加快金融供给侧结构性改革，着力解决融资难、融资贵的问题，引导优势民营企业加快转型升级。因此，资产管理公司在处置民营问题企业不良资产的过程中，应该在提升企业自身价值的同时，引导企业的未来发展方向，帮助企业成功实现转型升级。具体而言，可通过资金注入、股权投资、收购重组等方式，帮助正在转型升级并身陷困境的民营企业渡过难关，化解债务风险。待所救助的民营企业转型升级成功后，在适当时机通过将股权优先转让给其他股东、公开转让股权股份、股权清算等途径完成退出，实现保值增值。同时，在所救助行业的选择上，应重点支持符合国家产业结构调整方向的民营企业，包含新能源、节能环保、新材料、医药、生物育种和电子科技、通信等战略性新兴产业以及现代服务业中的民营企业；发展潜力较好、具有较强创新能力的民营企业；吸纳劳动力较多、对社会就业贡献较大的民营企业；而对于产能过剩、生产力不强、发展前景不佳和需要淘汰的高污染、高消耗的民营企业则不应给予支持。

3. 利用纾困基金发挥金融服务实体经济的职能

提升科技水平是提升金融服务实体经济能力的重要部分。一些核心技术买不到、等不来，要立足自主研发，面对数以亿计的基础科研投入资金，民营企业自筹资金进行基础科研的风险极大。国家通过限定符合国家产业发展方向的基础研究领域的方式，提升国家基础研究能力，帮助企业规避基础研究风险，"补齐"科技民营企业在基础科研上的投入"短板"。一方面，可将民营企业的科研能力建设纳入国家基础科研的整体布局；另一方面，要加强民营基础科研的政策性金融投入，参照国家对基础设施建设、扶贫开发等领域设立的政策性资金、政策性银行等项目，在民营基础科研领域同样设立政策性、低成本、大额度、长效性的纾困和扶持资金。民营企业的地位得到了提升，其作用也日益凸显，民营企业家投身基础科研领域的信心和决心也将更加坚定。纾困受助企业所在行业通常以高端制造、信息技术、医药生物等重点行业为主，对资产质量有一定要求。因此，设立纾困基金一方面要重点选择有技术优势的高新技术企业，以及暂时有困难、但长期有发展前景的民营企业上市公司；另一方面要对资产质量有一定要求，救助标的应尽量以实体企业为主，传媒、房地产等行业应属于规避行业。通过对问题企业进行流动性支持，重点降低融资成本、拓宽融资渠道、提升资本质量、改善资本结构，使问题企业能够发挥技术、管理、运营等方面的优势，提升经营、财务表现，走出当前的困境。在此基础上，同时实现有效降低承受的信用风险，进一步完成促进战略行业发展、推动产业结构升级的政策目标，充分发挥金融服务实体经济的功能。

纾困模式主要分为债权型、股权型两类，债权型纾困模式提供流动性支持，核心是增信机制，可以分成借款、股权质押、抵质押融资、债权转让等基本操作方式。股权型纾困模式改善企业资本结构，分为财务投资和战略投资，财务投资大多要求增信和退出，战略投资则更注重投后服务和战略整合。由于民间资本市场对企业的基础科研投入行为长期存在不理解，认为资本永远是逐利的，但基础科研需要的投入周期极长、投资风险极大，在融资方面具有先天劣势。在合法合规、有效监管的前提下，可以鼓励市场化资金入市，以市场化、专业化为导向进行纾困投资，并扩大纾困资金的来源。

三、国有企业在不良资产市场中的角色与处置导向

（一）国有企业在不良资产市场中扮演的角色

1. 国有企业是不良资产的主要来源

近年来，我国的非金融企业债务总额与 GDP 之比快速上升，其中相当大一部分来自国有企业的贡献。张文魁（2017）[1] 研究表明：1998—2015 年，国企资产负债率基本上一直处于上升趋势，2015 年达到 66.3%，超过 1998 年近 4 个百分点；相比之下，私营工业企业资产负债率从 2001 年的 59.7% 持续稳定下降到 2014 年的 52.1%。王一鸣等（2017）[2] 估算表明：2016 年我国国有企业负债占非金融企业整体负债的比例接近 70%，国有企业杠杆率明显高于其他类型企业。规模以上工业国有企业 2016 年年末企业负债率达 66.1%，而同期全部规模以上工业企业资产负债率仅为 55.8%，前者较后者高 10.3 个百分点。在不良债务方面，国家统计数据显示：30.2 万户国有企业中资产负债率在 100% 以上的有 5.1 万户，而

❶ 张文魁. 国有企业债务分析［J］. 中国金融，2017（6）：50-52.
❷ 王一鸣，宋�娜. 降低企业杠杆率的重点［J］. 中国金融，2017（4）：24-25.

在资产负债率低于100%的企业中，有6.1万户企业的损失挂账大于所有者权益，处于实际上的资不抵债状态。这意味着11.2万户企业是资不抵债的，占总户数的37.2%。国有企业高企的资产负债率折射出金融风险的不断攀升，特别是那些效率低下、无法自我维持但又占据了大量金融资源的企业成为我国金融风险的重要源头。我国的金融风险是否会爆发，在很大程度上取决于国企债务及其处理情况，要加强国有企业债务风险处置和防范应对工作，有效防范化解企业重大债务风险的能力。

2. 国有企业债务问题牵扯面广

国有企业最主要的债权人是银行，但不仅包括银行以及非银金融机构，还包括其他债权人，如员工（拖欠工资及福利）、税务局（拖欠税款）、其他企业（供应商、关联企业）等。张文魁（2017）推算，国有企业对金融部门的带息债务约占70%，企业间正常的应付账款、对职工的应付工资等部分大约占30%。另外，由于受利益驱使银行可能刻意隐藏不良资产，隐藏的不良贷款多与腐败相连，腾挪不良贷款使成本飙升，窟窿不断扩大，最终无法用经济周期、投资失败等正常理由来解释，其代价往往远大于不良贷款本身。另外，在贸易融资、供应链融资中，有些国有企业通过假贸易、假收入的空转，仓库大宗商品不用真的出库，通过贸易空转虚增销售收入，成为做假账的温床，其危害性可想而知。相比于民营企业，国有企业的债务处置不仅程序、影响因素等更为复杂，而且中央政府职能部门、地方政府会更多地介入，因为它往往关系着一个地方的产业结构调整和经济发展，也关系着相关当事人的权益维护和社会稳定。不同债权人、当事人的利益诉求相互牵连，甚至可能有所冲突，增加了债务处置的难度。

3. 国有企业债务问题是不良资产处置和化解系统性风险的关键

2017年以来"结构性去杠杆"成为地方政府和企业特别是国有企业工作的主旋律。国有企业降杠杆作为重中之重，要求企业特别是国有企业尽快把杠杆降下来，努力实现宏观杠杆率稳定和逐步下降，抓好处置"僵尸"企业工作，同时推动高质量发展和防范化解风险。国有企业的"去杠杆"具有系统性重要意义。

通过国有企业的债务处置，至少可以完成以下三项任务：一是去杠杆，有利于企业甩掉包袱轻装上阵，降低自身债务风险；二是清退"僵尸"企业，释放被这些企业长期占据的土地、劳动力、能源等资源；三是通过并购、重组等方式，来优化国有资产布局，推进结构调整和转型升级。上述三项任务对于防控金融风险、推动我国经济健康发展意义重大。在国有企业降杠杆的过程中，清退具有负债过多、效率低下但仍靠政府、银行"输血"维持等特征的"僵尸"企业，也是债务处置工作的重中之重。

1. 提高国有企业的独立生存能力和市场竞争力

我国国有企业普遍存在市场化程度落后、经营效率低，以及过度依赖国家财政等问题，导致其市场竞争力弱于民营企业，因经营不善而导致产业发展不足、债务负担严重、经济状况愈发下降，甚至导致企业濒临破产的地步。因此，我国在处置国有企业类不良资产的过程中，首先应通过兼并重组，使国有企业可以将现有的资源和优势进行聚拢，降低企业在今后的生产成本和经营风险；其次，在不良资产处置的同时，弱化国有企业对国家财政的依赖程度，提高国有企业的独立生存能力；再次，通过不良资产处置重置国有企业配置，发展产业资源，通过改善企业的生产经营模式来有效提高企业的经济实力和效益，达到长远发展的目的，增强企业的市场竞争力。国有企业只有具备了充分的经济实力，才能提高自己的市场占有率，囤积丰厚的资源，从而在今后逐步扩大自己的产业规模和对经济市场的控制力，不断增强自己的综合实力，提高竞争实力来适应全球经济一体化。

2. 不同处置方式相结合，提升国企债务处置多元化水平

国有企业不良资产处置应在法律框架下，将清算、重组、重整、债转股、证券化等多种方式相互结合、灵活运用。实施过程中要注意分类处置：一是能救则救，将不良资产处置与国有企业并购重组、结构调整、混合所有制改革等密切结合，特别要注意重组和重整手段的区别，选择最适当的、能兼顾各方利益的债务处置方式。兼并重组这种市场化的债务处置方式多运用于处境相对较好的企业。对有品牌、有市场，但无规模、负担过重的企业，应实施资产债务重组，通过增资减债、同类同质企业兼并重组、引入社会资本实行产权多元化改革等手段减轻企业负担，推进主业发展。破产重整主要运用于可能或已经发生破产原因但又有希望再生的企业。如对工艺性技术较为先进、市场前景较好，但资不抵债的困难企业，可通过依法破产重整，全面清理企业资产、债务、人员，积极引入战略投资者，合理调整股权结构，以期摆脱财务困境，重获经营能力。二是该退必退，进行破产清算。破产清算适用于非持续经营、供给侧结构性改革中重点去产能行业，如煤炭、钢铁等行业所属企业，以及明显缺乏救助价值和市场前景、处于产业链低端的企业。这类国有企业应直接进入破产清算程序，由法院强制执行其全部财产，按照偿还顺序，公平清偿全体债权人。

3. 更多借助市场的力量推动国企债务处置工作

如前所述，我国依据不良资产处置的基本原则对资产进行改良，让资产整体价值得到提升，在改造过程中，不良资产生态圈上下游产业链将迸发新的活力，包括律师事务所、会计师事务所、评估事务所、拍卖公司、评级公司、产权交易所。在不良资产的处置过程中，不良资产生态圈上下游产业链发挥着极其重要的作用。因为不良资产处置中的一个重大问题就在于信息不对称，从而导致买卖双方在价格上的重大差异。要解决信息不对称所造成的各种问题，最重要的途径就是充分发挥市场各类主体的作用，特别是充分发挥投资银行、会计师、财务及交易顾问、律师、行业专家及评估机构等中介的专业优势，帮助识别资产风险、评估资产价值、设计处置方案、搭建产品架构、扩大销售渠道、协调沟通模式和方法。与此同时，知名机构的高信誉背景更有助于提升投资人对不良资产处置的信心，促进交易的达成。

中国特色不良资产处置的理论创新与实践

第七章　中国不良资产的形成阶段与影响因素

本章首先分析中国不良资产形成的宏观原因，主要基于：一是市场化改革背景下，我国"拨改贷"改革及现代银行体系建立，从而产生了首批商业银行不良资产。银行承接国有企业的大量转制成本，逐渐积淀、演变并最终体现为银行的不良贷款，同时，民营企业在迅速发展过程中也产生了相当规模的不良资产。二是 2008 年，后金融危机阶段政府减少"僵尸"企业补贴，促进产业转型升级；企业"账期"延长，利润被侵占；经济脱实向虚，实体经济被挤压；政府融资平台下出现庞氏隐性债务；金融全球化带来的冲击影响等因素产生了大量的不良资产。其次，具体地从微观角度，分析企业、政府和银行自身因素形成不良资产的综合原因，包括企业自身对项目投资决策、成本控制核算；地方政府对项目论证、新增项目定位、官员短期行为及贪污腐败；银行对项目尽职调查、抵质押手续、客户选择等。最后，分析 2020 年以来这一阶段，由于新冠肺炎疫情冲击助推了不良资产高涨：债务违约率上升、中小企业经营困难、房地产迎来拐点以及政府债务到期偿还期集中等问题的出现是不良资产冲高的主要原因。

一、不良资产形成的宏观原因分析

（一）市场化改革背景下不良资产成因

1. "拨改贷"与现代银行体系的建立

我国现代银行体系发展于 1979 年，此前 20 多年中，我国银行体系作为国家财政系统的一个附属部门而存在。财政支出一直是国有企业资金的主要来源，银行只起到一定程度的补充作用，银行主要承担企业的资金结算、临时性资金贷款等任务，其本质是从属于财政部门的"会计出纳"。这一时期，银行对国有企业所需资金进行拨付，对于因国有企业经营不善导致的亏损，银行并不计入不良资产，而是在财政部门通过核算财政收支来反映。

1979 年开始，我国经济体制改革加速推进，其中财政体制改革对我国银行体系的影响最为深远。一方面，财政资金不再是国有企业投融资资金的主要来源，财政职能开始从银行职能中脱离出来；另一方面，银行业由计划经济时期的财政拨款逐步转向市场化的信用贷款（以下简称"拨改贷"），随着交通银行、农业银行到工商银行从人民银行分离，我国现代银行体系逐渐形成。1979年，"拨改贷"首先在北京、上海、广东三个省市及纺织、轻工、旅游等行业试点；1980年，国家又扩大基本建设投资拨款改为贷款的范围，规定凡是实行独立核算、有还贷能力的建设项目，都要进行"拨改贷"改革。1985年1月，"拨改贷"在全国各行业全面推行。"拨改贷"的全面推进，意味着银行的财政职能被逐渐剥离，其资金运作逐渐由过去的政策性拨款转为以市场化借贷的方式为企业筹集资金，并成为国有企业生产资金来源的主要承担者。

2. 首批商业银行不良资产的成因与规模发展

20世纪90年代，国有企业加速转型，外部经济环境急剧变化。虽然《中华人民共和国商业银行法》颁布后，国有商业银行的企业性质第一次得到了法律上的确立，但是，在国有企业市场经济地位还没有完全确立的背景下，国有银行仍然无法摆脱政府行政性配置资金的体制惯性。银行扮演企业投融资资金承担者的角色，使得银行对企业的贷款"软约束"无法实现，企业与银行之间的依存关系越来越严重。由于国有银行与国有企业产权上的同构性，当计划经济条件下以企业产品统购包销以及财政拨款为主导的资金供应方式消失后，国有银行贷款大量流向经营效率低下的国有企业。随着国有企业改制的深入，银行承接的大量转制成本逐渐积淀、演变并最终体现为银行的不良贷款。加之商业银行对内部和外部风险管控能力严重缺失，国有银行的不良资产包袱日益沉重。到1994年，我国商业银行不良资产率达到了25%，不良资产余额为7964.08亿元。

长期以来，粗放型经济高增长在带来产品迅速扩张的同时，也导致了产业结构不合理，表现出商品供过于求、企业产品积压、社会有效需求不足等一系列问题。产能过剩、有效需求不足，意味着实体经济的商品和资本周转受到阻碍，因产业资本、货币资本和商品的循环链条断裂所产生的债务问题，又进一步导致银行信贷资产转化为不良资产。特别是1997年亚洲金融危机后，世界经济面临结构调整，增长缓慢，国际市场竞争加剧，出口企业效益欠佳，其负债难以归还。至1999年，我国商业银行系统已经积累了相当比例的不良资产，商业银行不良资产率从1994年的25%上升至1999年的44%，同期不良贷款余额也由7964.08亿元增长至28236.12亿元，增幅达254.54%。2020年不良资产率达44.18%（表7-1）。如此巨额的不良资产，不仅给银行的正常经营带来了沉重的负担，也对我国实体经济的稳定增长产生了严重的制约，解决国有商业银行巨大不良贷款问题已成为我国防范和化解金融风险的核心任务。

表 7-1　1994—2010 年我国的不良资产率与余额

时期	年份	不良资产率（%）	不良资产余额（亿元）
不良资产形成阶段	1994	25.00	7964.08
	1995	27.00	10551.27
	1996	29.40	13946.55
	1997	32.00	16924.30
	1998	40.00	24517.95
	1999	44.00	28236.12
第一轮政策性处置阶段	2000	44.18	22866.87
	2001	30.37	22473.80
	2002	26.10	22080.60
	2003	17.90	21044.60
第二轮政策性处置阶段	2004	13.20	17175.60
	2005	8.61	13133.60
	2006	7.09	12549.20
	2007	6.17	12684.20
	2008	2.40	5602.55
	2009	1.58	4973.30
	2010	1.10	4336.00

数据来源：2003—2010 年数据根据 Wind 数据库资料整理；1994—2002 年数据转引自：高鹤 . 中国银行业不良资产生成机制：基于经济转型的分析框架 [J] . 财经科学，2006（12）：1-9.

（二）后金融危机时代不良资产成因

1. 政府减少对"僵尸"企业的补贴，促进产业转型升级

产能过剩是制约制造业发展的一个重要问题，也是制约经济发展的一个重要因素。产能过剩的主要原因是供给和需求的结构性不匹配，2013 年我国出台的《国务院关于化解产能严重过剩矛盾的指导意见》提出，加速对盲目投资、产业集中度低及污染产业进行治理，提高产业竞争力，增强高端产品的竞争优势，实现供给和需求相匹配，推动中国制造业产业升级。国际公认的产能利用率正常水平为79%~83%，低于75%即为严重过剩。随着供给侧结构性改革的推进、去产能政策的深化，我国产能利用率逐步回升，2018年全国工业产能利用率为76.7%，摆脱了产能严重过剩的问题。

同时，政府减少了对产能过剩行业中连年亏损的"僵尸"企业的补贴，过去政府补贴"僵尸"企业在经济中是一种比较普遍的现象，不但地方政府对企业进行补贴，中央政府同样对企业进行补贴，而且补贴力度大于地方政府。据统计，2005—2013年，我国工业部门"僵尸"企业所占比例为7.51%，而制造业中钢铁业补贴为51.43%、化学化纤制造业为18.1%、黑色金属冶炼及延压加工业为15%、有色金属冶炼及延压加工业为11.13%，等等。其中钢铁企业中有27家获得政府补贴65.6亿元，平均补贴金额为2.43亿元，仅新兴铸管一家企业就获得了10.12亿元的财政补贴，获得财政补贴后的净利润为4.67亿元，即其净亏损为5.45亿元。2014年共有2235家上市公司收到政府补贴322.63亿元，占披露上市公司总数的88.1%。2014年在A股300家"僵尸"企业中有276家获得了高达362亿元的补贴，亏损最多的中国远洋在2012—2015年连续获得政府补贴，金额高达72.35亿元。政府减少对"僵尸"企业的补贴、深化去产能的过程导致企业倒闭，产品库存上升，销售停滞，产销率下降，产品价格回落，出现大面积企业亏损，引发大量的不良资产。这也是近年来导致制造业、批发和零售业的不良贷款余额远超其他行业的主要原因。

2. 实体经济企业"账期"延长，侵占企业利润

目前，实体经济中的制造业企业回收应收账款的时间越来越长，从而产生的不良资产占比越来越大，加上这种趋势越演越烈，使得"账期"给制造业企业带来的风险也越来越大。2015年之后，"账期"进一步延长。企业平均赊销期限从2015年的56天增加到2019年的86天，增加了1.5倍。与此同时，赊销积聚的风险也在逐渐显现，超过80%的超长付款延迟根本没有得到支付。当这些支出占年营业额的2%以上时，公司现金流将面临风险，比例越高风险就越高。相关数据显示，超长逾期付款占营业额百分比超过2%的企业数量显著增长。其中，超长逾期付款占营业额百分比为5%~10%的企业，从2015年的9%增加到2019年的14%，增加到近1.6倍；超长逾期付款占营业额的百分比大于10%的企业增幅更大，从2015年的9%增加到2019年的27%，增加到3倍。可见，超过一半的企业面临着现金流断裂的危险，账期风险不容忽视。2015—2019年企业"账期"风险显露情况见表7-2。

表 7-2　2015—2019 年企业"账期"风险显露情况

年份		2015	2016	2017	2018	2019
平均赊销期限（天）		56	68	76	86	86
超长逾期付款占企业营业额之比	2%~5%	16	15	13	19	11
	5%~10%	9	9	13	15	14
	大于 10%	9	11	21	21	27

资料来源：根据历年科法斯《中国企业信用管理风险调查报告》整理所得。其中 70% 以上为制造业企业，约 20% 为贸易类企业；50% 以上为民营企业，20%~30% 为国有企业。

近年来，制造业企业"账期"变化最为突出的一点：制造业应收账款增长率与主营业务收入增长率的差值越来越大。2017—2018 年应收账款增速大大低于主营业务收入增速。伴随着经济持续下行，前期积聚的"账期"风险显露出来，企业"账期"延长使呆坏账增加，资产不良率攀升。尤其要关注民营企业"账期"，其"账期"延长情况尤其严重，应收账款周转率近年来趋于下降，应收账款占营业收入的比值逐年提高；相比较而言，国有企业应收账款周转率始终明显高于民营企业，这表明国有企业平均收账速度更快，平均收账期更短，可能形成的呆坏账损失也相对较少。2017 年国有企业应收账款占主营业务收入的百分比是 5.59%，而民营企业的这一比值是国有企业的 1.66 倍，民营企业的应收账款相对规模明显大于国有企业。这也是导致农村商业银行、城市商业银行不良资产增加的重要原因。

3. 资金"脱实向虚"对实体经济造成挤压，导致不良资产形成

近年来，信贷条件宽松，货币供给量增加和资产价格上升，我国经济呈现"脱实向虚"的倾向，虚拟经济服务于实体经济的资金循环和周转职能已逐渐被弱化，更多的是在虚拟经济内部自我循环，并与实体经济争夺资金，同时进一步导致实体经济投资动力和利润空间被压缩，提高了实体经济的融资成本。官方贷款利率为年利率 6%~7%，而影子银行业务至少有 1/4 平均年利率为 18%~20%，形成利率的"双轨制"。这催生了将资金从银行正常贷款渠道"倒出"的冲动，融资趋于高利贷化使得金融行业的融资方向"脱实向虚"。我国是以中低端制造业为主的初步工业化的实体经济，承受不了高利率，这就导致资金越来越倾向于虚拟经济领域，实体经济严重"干旱""缺血"。工业企业利润相比于金融、房地产业增长缓慢，特别是近年来工业企业利润增长速度较慢，在 2014 年和 2015 年，工业企业利润总额甚至出现了负增长，而虚拟经济收益却大大高于实体经济。

表 7-3 为 2009—2017 年我国金融业、房地产业上市公司的利润构成，金融

业上市公司的"投机收益/净利润"由2009年的38.73%迅速攀升至2017年的91.95%，上升了约53个百分点；房地产业上市公司的"投机收益/净利润"由2009年的33.01%攀升至2017年的86.23%，同样上升了约53个百分点。2009年危机后，金融业、房地产业上市企业的经营更偏重于对金融资产和房地产的投机炒作，追逐高额的投机收益，导致"投机收益/净利润"逐年攀升。虚拟经济脱离了服务实体经济的本质要求，资金"脱实向虚"的核心是由投资转向投机，这将导致实体企业违约，成为引发银行巨额不良资产的前奏。

表7-3　2009—2017年我国金融业、房地产业上市公司的利润构成

年份	金融业			房地产业		
	金融资产规模（亿元）	投资性房地产规模（亿元）	投机收益/净利润（%）	金融资产规模（亿元）	投资性房地产规模（亿元）	投机收益/净利润（%）
2009	153465.36	295.77	38.73	473.05	509.39	33.01
2010	182111.55	309.76	43.43	563.08	710.73	46.57
2011	191372.13	361.34	45.50	685.71	871.51	26.16
2012	231729.45	455.79	82.92	788.56	1178.29	39.00
2013	263435.63	548.20	81.72	928.54	1402.82	43.61
2014	288001.42	702.83	76.10	1270.73	1825.65	44.23
2015	352313.81	847.72	80.65	2026.36	2556.23	52.60
2016	416198.37	1132.90	131.08	3701.60	3356.88	45.71
2017	467411.98	1235.45	91.95	5008.46	4104.38	86.23

数据来源：Wind数据库。

4. 金融自由化和经济全球化

自20世纪80年代以来，世界经济的金融化进程不断加快，全球经济活动重心从生产部门转移至金融部门，经济发展过度虚拟化。以美国为例，2008年金融危机爆发之际，其金融资产是当年名义GDP的10.2倍，与半个世纪前相比扩张了近100倍，远超实体经济增速。❶当代，经济全球化成为世界经济的重要特征之一，也成为世界经济发展的重要趋势。随着经济全球化程度加深，我国金融业对外开放的大门越敞越大，逐渐融入金融全球化体系之中，但是我国在享受金融

❶　侯亚景，罗玉辉."供给侧结构性改革"背景下我国金融业不良资产的"处置之道"［J］.经济学家，2017（1）：16-23.

全球化的便利之时，同样承担了外部金融冲击带来的不利影响。美国次贷危机和欧债危机对我国推进经济金融全球化进程敲响了警钟。在这场危机中，利率上升和资产泡沫破灭导致金融衍生品体系崩溃，并且不利影响从信贷市场逐渐传递至资本市场。同时，在金融过度自由化和金融创新产品泛滥的情况下，又再度从资本市场传递至信贷市场，进而导致银行、证券、信托、保险等金融机构陷入发展危机。❶ 由此，我国金融机构产生了大量不良资产。

同样，国内的金融创新出现高杠杆，资金成本提高，但能够承受高利率的情况大致有三类：一是房地产业和相关高收入行业；二是由于到了还债期或资金链出现问题，为解燃眉之急不惜以高利率举债；三是还债能力一开始就存在虚拟成分的融资，如城投债的一部分一开始就注定无法按期偿还，以及一些打着金融创新旗号的被合法化的庞氏骗局。这些债务中的大部分因尚能拖延而不致现在就成为呆坏账，一旦债务负担沉重、流动性短缺，像银信合作、通道业务等融资模式，往往会规避重重监管，为房地产企业、城投融资，助长了这些部门的低效率膨胀，导致金融机构"乱搞同业、乱加杠杆、乱做表外"的金融乱象层出不穷，以及互联网金融、P2P无序膨胀并频繁"爆雷"，这些风险积聚从而形成大量的不良资产。

二、不良资产形成的微观原因分析

（一）企业自身角度的原因分析

1. 往来款项管理不善

企业往来款项是指企业在日常的生产经营过程中，因提供或接受产品或劳务而发生的债权或债务关系的资金数额，主要包括应收款项、应付款项、预收款项、预付款项等。因此，企业往来款项管理不善势必会影响其最终的还款能力，进而产生不良资产。一是企业应收款项管理不善。应收款项是企业最终向银行等金融机构还款的重要来源之一，倘若企业在应收款项上管理混乱，出现以下两种情况，则会导致不良资产增加：第一，应收款项取得不及时，例如，在对方企业收到商品或劳务后，财务人员未能通过催款等方式获得全额应收款项，甚至为了完成考核指标伪造虚假的应收款项财务记录，最终将会影响企业的还款能力；第二，应收款项去向不合理，例如，当企业财务人员取得应收款项后，私下克扣部分金额或随意出借获得的款项，造成企业资金损失。二是应付款项偿还不及时。应付款项是指企业应当支付而尚未支付的款项。财务人员在资金管理过程中如果

❶ 侯亚景，罗玉辉."供给侧结构性改革"背景下我国金融业不良资产的"处置之道"〔J〕.经济学家，2017（1）：16-23.

对应付款项管理不善，未能及时偿付，容易引起外界对企业信用水平的质疑，影响企业的生产经营和后续还款，进而形成不良资产。

2. 营运成本控制不佳

企业营运成本是指企业在商品或劳务的生产过程中，在融资、采购、研发和销售等环节投入的资金成本。企业的成本控制出现问题将会导致不良资产增加。一是融资成本高。这一问题最容易发生在中小民营企业身上，相比于国有企业，中小企业的经营风险较大，信用水平较低，抵押担保不足，因此，其获取资金的来源少、价格高，通常国有银行在对其发放贷款时会收取更高的利息。而那些即便缴纳高利息也难以获得国有银行贷款的企业则不得不转向更为高昂的民间借贷，导致企业债务高企，不良资产增加。二是采购成本高。一方面，企业缺乏与供应厂商长期合作的意识，没有建立可靠的合作伙伴关系，没有稳定的原材料来源，不断更换供应厂商，导致无法降低采购成本。另一方面，企业的采购人员成本控制意识不足，或者存在收受回扣等违法违规行为，也会导致采购成本居高不下。三是研发成本高。企业在研究开发一项新技术或新产品时面临的不确定性高，风险较大，投入未知。这就需要对研发过程进行合理的规划和管控，必要时及时退出，否则可能导致企业陷入财务困境。四是销售成本高。企业通过在网络、自媒体等平台投放广告等销售手段固然可以提高产品或服务的知名度，吸引更多的顾客，但销售成本应控制在合理的范围内，避免入不敷出，产生不良资产。

3. 投资管理决策失误

企业的投资管理是其经营管理中的一个重要组成部分。企业因决策失误而在投资环节产生的不良资产在企业不良资产总额中的占比最大。一是企业投资实体经济决策失误。企业高层管理人员和相关技术人员事先对于其投资企业的财务、研发、生产、销售等方面的情况没有仔细考察，对于实体经济中的某些新技术、新产品、新服务没有进行严密详细的市场调研，在对其投资项目缺乏清晰客观认识的情况下就轻率地投入大量资金。而后被投资企业在生产研发环节出现问题，或者生产出的新技术、新产品和新服务进入市场后才发现与消费者的需求不匹配，造成销售停滞等，都会导致企业投资失败，企业资金无法收回，从而产生不良资产。二是企业投资虚拟经济决策失误。由于实体经济项目从投入到生产销售往往需要经历较长的周期和付出更大的努力。因此，部分企业为获取高额利润，会以自有资金或借入资金投资股市、债市、房市、外汇市场、期货市场、金融衍生品市场等虚拟经济部门炒作获取投机性收入，但是虚拟经济风险较高、泡沫较大，一旦遭受外部冲击，财富将会瞬间蒸发，企业的投入资金将血本无归，也会因此无法偿还银行贷款。

（二）地方政府角度的原因分析

1. 基建项目导致拖欠

2008 年的金融危机席卷全球，我国也未能幸免。金融危机极大地挫伤了企业家、投资者、消费者等的信心，他们纷纷采取谨慎的观望态度，导致国内投资和消费都陷入停顿。为了应对这场来势汹汹的金融危机，扩大内需，提振投资者和消费者信心，我国地方政府采取扩张性的财政政策和货币政策，举债开展地方基础设施建设。相关数据显示，我国地方政府市政基础设施建设贷款大约占直接显性债务的 50% 以上。而地方政府的基础设施建设项目也因为以下三个方面的原因促成了不良资产的形成。一是基础设施项目建设周期长、回款慢。地方政府举债修建的基础设施项目包括铁路、公路、隧道、港口、水库、商场等，这些项目通常需要耗费较长的修建周期，因此地方政府的还款速度较慢。二是基础设施项目的收益相对较低，变现能力不足。例如，学校、道路和桥梁等大多属于公益性项目，收入难以完全覆盖成本，因此导致地方政府的还款能力受限。三是地方政府属于权力机关，这就意味着其在与银行等金融机构的债务关系中居于强势地位，银行难以对其采取诸如催收、诉讼等强制性还款措施，导致地方政府的不良资产持续累积。

2. PPP 项目论证不足

PPP 项目是指政府与社会资本合作开展的项目。政府和社会资本在对 PPP 项目论证不足和缺乏了解的情况下贸然投资导致项目因以下几个方面的问题失败后，将无法偿还银行等金融机构的资金，从而形成不良资产。一是项目工期延误。PPP 项目如果对实施条件准备不到位，一旦出现停水停电停气、恶劣气候状况或劳动力不足等情况，导致无法按时开工或者如期完工，项目收益无法及时到位，此时政府和社会资本方资金可能出现债务违约。二是项目成本超支。如果前期调查人员未充分考虑到项目的复杂性、资金支出的各个方面以及相关原材料价格的波动，那么项目开展过程中极易出现成本超支的情况，严重时可能导致项目烂尾，从而使投入资金都化作乌有。三是遭遇技术瓶颈。在 PPP 项目推进过程中，倘若专业人员技术不到位，难以突破技术瓶颈，将会直接影响 PPP 项目建成投入后的营收水平，从而制约政府和社会方的还款能力，造成银行等部门的不良资产风险上升。

3. 地方政府官员短期行为

地方政府官员的短期行为主要包括两种：政绩工程和贪污腐败，这两者都会造成地方政府的不良资产上升。一是政绩工程。由于我国地方政府的领导在任期完成后往往会调往别处，导致部分官员在任时为谋求升迁，捞取政治资本，不顾当地实际情况，不顾自身财务状况和偿还能力，大举借债搞面子工程、政绩工程，至于几年后的还款事宜则留给下一任官员，不在自己的考虑范围内，造成不良资产的增加。一个典型的例子来自贵州省的独山县。独山县作为一个曾经每年财政收入不足 10 亿元的贫困县，却在原县委书记潘某的带领下举债近 2 亿元打造"天下第一水司楼""世界最高琉璃陶建筑"等政绩工程，最终不仅工程烂尾，还导致全县债务高达 400 多亿元。二是贪污腐败。地方政府的项目在招投标、合同拟定和实施过程中都可能滋生贪污腐败行为。例如，地方官员可能私下收受贿赂帮助投标企业暗箱操作中标，而后在合同拟定和项目实施过程中收取回扣，放低项目要求，导致项目最终延期或出现"豆腐渣"工程，无法产生稳定的收益流用于偿还之前借入的投资资金，出现地方政府债务违约，推高银行不良资产。

（三）银行角度的原因分析

1. 尽职调查不够全面

银行在向企业发放贷款之前需要进行全面细致的尽职调查，对其生产经营的风险和后续还款的能力做出合理评估。尽职调查不全面是导致银行贷款后续无法收回从而形成不良资产的重要原因。银行对企业的尽职调查主要包括三个方面：法律尽职调查、财务尽职调查和业务尽职调查。一是法律尽职调查不全面。银行需要全面掌握企业设立、存续、资质、纳税、债权债务、重大合同、关联关系、股东情况等的合法性和合规性，倘若没有发现企业潜在的法律风险而发放了大额贷款，后续可能无法收回贷款而出现坏账。二是财务调查不全面。企业的财务报表反映了其生产经营状况、资产负债结构、投资项目状况、现金收入情况等，银行在尽职调查过程中如果忽略了企业的某项重要负债，或者相关财务人员收受贿赂隐瞒财务风险，都有可能导致不良资产的产生。三是业务调查不全面。银行在发放贷款前应考察企业所在行业未来的发展前景，这决定着生产和销售的产品或服务是否存在盈利，进而决定着偿还贷款的可能性。此外，银行也需要考量企业的经营投资战略、生产技术、治理结构、业务模式等，评估其未来的利润情况，否则，如果对企业的发展前景判断失误，银行贷款极有可能有去无回。

2. 多头贷款时有发生

银行不良资产的一大来源是企业的多头贷款。企业的多头贷款分为两种情况。一是企业同时在同一银行的不同分支机构贷款。一些大型银行分支机构繁多，且不同机构之间存在官僚主义问题，信息透明度低，缺乏沟通交流渠道，业务开展各自为政，不了解彼此的信贷发放情况和具体信息。这使得某些高风险的企业有机可乘，它们利用不同分支机构间的信息不对称，在多个分支机构借入贷款，使得单个分支机构在评估其信用风险时受到蒙蔽，增加了不良资产形成的风险。二是企业同时在不同银行贷款。企业同时在多家不同银行或者其他金融机构借入资金时，通常意味着其已经出现了较为严重的流动性问题，后续还款能力存疑。此时，倘若贷款银行未能及时洞悉这一情况并停止对其贷款的审批和发放，那么未来不良资产很有可能上升。

3. 贷款担保形同虚设

企业或个人向银行申请贷款时通常会提供抵押担保物品作为无法偿还现金时的还款来源。某些特殊情况下，银行发放的信用贷款、空头贷款可能没有抵押担保物品，因此后续无法用于化解不良资产风险。大多数情况下银行收取了抵押担保物品，但却可能出现以下状况导致其无法顺利地足额变现。一是抵押物品变现过程手续复杂烦琐，倘若银行某个手续不健全就可能无法变现。二是抵押物品价值不高、吸引力不足。比如抵押房产或土地位于偏远地区、以在建工程抵押而工程出现烂尾、抵押物品前期估价虚高后期贬值严重等都会导致变现困难。三是企业多头开户导致重复抵押。企业如果在不同银行或金融机构同时使用同一抵押物品进行借贷就可能导致最终抵押物品归属不清从而无法变现。四是抵押物品交易市场尚不成熟，交易法规也不完善，银行很难发挥对抵押物品的处置权，导致抵押物品形同虚设。

4. 客户类型过于单一

银行发放贷款的企业集中在个别行业时容易引发不良贷款风险。俗语有云，鸡蛋不要放在一个篮子里，对于银行而言亦是如此。各个行业都有经济周期，如果贷款集中在某个行业，那么当这一行业处于下行周期时，银行不良贷款就会急速增加。相反，倘若银行将贷款分散发放至各个不同行业，其中一些行业处于下行周期时，另一些行业可能恰好处于上行周期，由此可以对冲不良贷款风险。例如，近年来，我国房地产行业发展迅速，银行针对各家房企和个人发放了大量贷款。而在新冠肺炎疫情突如其来的冲击下，房地产企业的复工和销售困难重重，还款压力和违约风险持续上升，造成房地产抵押贷款发放较多的银行不良资产增加。除房地产外，其他行业的企业也有可能在某一特殊时期遭受产品销售不畅、存货大量积压，从而无法及时回款的情况，致使银行坏账风险上升。

三、新冠肺炎疫情冲击助推不良资产高涨

（一）债务违约率上升，银行不良贷款幅度增加

新冠肺炎疫情蔓延引发的经济下行压力传导至银行体系，将给银行信贷需求和资产质量等带来负面影响，银行系统面临的不确定性陡增。一方面，受中美经

贸摩擦等内外部不利环境影响，2019 年我国经济处于结构调整期，全年经济增速约 6.1%，银行体系也因此出现了大量贷款违约，银行体系韧性面临严峻考验。根据压力测试，标普集团预计疫情的持续发展可能导致 2020 年我国银行系统坏账率高达 6.3%，新增约 8000 亿美元不良资产账面价值。

另一方面，受疫情防控措施影响，我国经济供需两端均受到严重冲击，其中疫情直接冲击消费和服务业，破坏总需求；生产经营停滞，破坏总供给。由于疫情导致的区域封闭、人员禁行、较长的停工时间以及居民自我的居家隔离，导致大众消费日益减少，一些中小型企业的流水明显低于预期值，众多中小企业面临巨大沉没成本压力，库存积压，部分企业甚至停工停产，企业运输成本上升，生产要素流动受阻，致使短期内各中小型企业的债务清偿能力有了明显的下降，债务违约率上升。现金流的断裂导致了银行不良资产的形成。此外，中小企业日常流水的减少导致企业员工的收入降低，进一步导致员工个人信用卡和房贷的偿还能力下降，也会导致银行零售金融不良资产的大幅上升。

国家金融与发展实验室发布的《2020 年第一季度银行业报告》显示，银行不良资产仍面临一系列压力，主要的因素是受疫情影响，餐饮、住宿、房地产、文化娱乐等行业复工复产延迟，导致这些行业的中小企业不良资产上升相对较快，个人客户收入下降也会增加信用卡业务的违约；监管要求银行做实真实不良资产，金融资产风险分类强化监管和非标置换将逐步完成，会进一步加快不良资产的暴露。

（二）中小企业经营困难，实业不良资产积累加速

2019 年在产业升级转型及监管趋严的背景下，国内市场累积的不良资产规模已有所增加。加上疫情对部分行业造成了较大冲击，一些企业经营面临较大压力甚至出现可持续风险，其中旅游、住宿、餐饮、零售、交通运输、娱乐文化、线下教育等服务行业受疫情影响比较直接，而这些行业多以中小企业为主，企业营业能力、现金流以及还款能力的减弱可能会出现数量不少的不良贷款甚至坏账。另外，以制造业、批发零售业为主的中小企业面临的资金压力较大，存在积聚信用风险的可能，而且短期内企业正常的经营计划将被打乱，经营中断导致订单合同违约、资金周转困难，部分体量较小、抗风险能力较弱的中小微企业将面临破产倒闭的困境，风险还可能沿着供应链和担保链上下及横向传导，引发局部性危机。在全球疫情蔓延的背景下，广东、浙江等出口大省也受到了一定影响，外贸订单减少，出口企业生存压力加大，违约风险上升，这将推高不良资产率。而且部分地区，如东北、西部省份本身不良资产率就较高，叠加新冠肺炎疫情影响导致企业经营困难，同时部分区域性银行风险管控能力较弱，不良资产率或将继续上升。

而监管要求对于困境中的中小企业实行"不盲目抽贷、断贷和压贷"等政

策，客观上放宽了对于相关行业不良资产的容忍度，可能导致不良资产规模有所增长。从数据看，我国 A 股上市公司应收账款周转天数由 2012 年的平均 72 天延长至 2019 年的平均 130 天，2020 年第一季度更是增加至 302 天这一历史最高值，疫情对企业资金流的负面影响十分突出。受此影响，商业银行不良贷款率由 2012 年的 1.1% 持续上升至 2020 年第一季度的 1.91%，2020 年第二季度银行业金融机构不良贷款率已达到 2.1%，二者均为近十年的新高。❶

（三）房地产市场迎来拐点，风险积聚，不良资产攀升

1. 疫情对房地产业的不良影响

受新冠肺炎疫情的负面影响，"停摆""零成交""断崖式下跌"等触目惊心的现实成为 2020 年房地产行业的关键词。2020 年以来已有近百家房地产企业宣布破产。与此同时，房地产企业融资成本持续上升，也进一步催生了不良资产。在销售方面，房地产线下销售活动受到很大冲击，销售现金流入较少，销售额大幅下降。销售遇阻意味着去库存和回款压力加大，开发投资也将受阻；在开发投资方面，尤其是高杠杆企业，管理费用和利息成本的高额支出也让房地产企业"大伤元气"，对于杠杆率较高的房地产行业，快速资金回笼具有重要的意义。部分中小型房地产企业资金面趋紧，经营风险有所加大。在融资受阻、销售停滞、开工延迟等多种因素叠加影响下，这些中小型房地产企业会面临债务违约，甚至破产；在商业地产方面，疫情期间有时实行居家办公、远程办公，新型办公模式推动企业经营方式发生转变，对灵活度更高的共享型办公租赁需求可能上升，写字楼市场则将面临阵痛期。同时，受实体商贸下滑的影响，商业地产受到的冲击明显，由于线下零售、旅游营业收入大幅下滑，商铺类地产和旅游类地产（如酒店、特色小镇）受到了较大冲击。

房地产每个环节所涉及的面太广，从投入生产线、设计到施工，再到最后的交付所面对的各种供应商、合作伙伴，以及施工单位，再到线下销售环节和售后的物业管理等，任何一个环节消失或出现断层，都将影响整个行业闭环。房地产行业涉及的上下游产业链也比任何一个行业的覆盖范围都要广，一荣俱荣，一损俱损，房地产不良资产激增，部分房地产企业受疫情影响倒闭，和房地产相关的行业也必受影响，所以也加大了其他行业不良资产的激增。

2. 房地产宏观调控趋严

房地产是高度依赖金融机构的行业，房地产企业无力偿还亏欠银行的债务，会导致银行账面的不良贷款高涨。房地产行业在市场经济中之所以特殊，就在于

---

❶ 梁斯，新冠疫情下商业银行资产质量变化趋势及其应对策略 [J]. 宏观观察，2020（30）：1-12.

第七章　中国不良资产的形成阶段与影响因素

其社会属性承载的社会功能。房地产行业在市场经济中最主要的社会功能就是它是各类债务中最主要的抵押资产，占抵押资产的 70% 左右。而房地产通常以其价值 60% 左右的折扣，撑起巨额债务。在现代市场经济中，多数企业要依靠债务才能正常运转，而企业又是经济增长的主体。依靠抵押资产增加的债务可以增加购买房地产的资金，从而可以推动房地产价格膨胀，并增加其创造的货币收入和实际 GDP。价格的提高反过来又会提高房地产开发商的贷款能力，增加流入房地产开发的资金。于是，房地产价格与相关债务便相互促进、共同膨胀。随着债务增加，无论是房地产开发商还是买房者，其还债能力会越来越依赖于房地产价格的持续上涨，直到借新债还老债成为唯一的生存途径，等待房地产价格的更大上涨成了最后希望。

所以，房地产就像中国"杆秤"的秤砣，它以自身的名义价值托起秤杆另一头的巨额债务，而债务又通过金融杠杆托起全部经济。一旦房地产价格暴跌，就像秤砣突然失重坠落一样，不是引起金融杠杆断裂，就是整个债务链断裂，爆发违约、债务挤兑，从而造成流动性短缺、银行紧缩，引爆金融危机。近年来，我国对房地产市场的调控逐渐趋严，在国家"房住不炒"的要求下，一些依赖银行贷款支撑的房地产行业的经营风险加剧，尤其是庞氏债务膨胀，迅速增大了系统风险，不良资产规模将有大幅增加的趋势。

（四）政府债务集中偿还高峰，不良资产持续高涨

2008 年以来，城投平台背靠政府隐性担保如雨后春笋般浮现，但发展至今实际上已经沦为"金融中介"，政府融资平台下的隐性债务许多是依靠庞氏债务支撑的。所谓庞氏债务膨胀是指借新债还老债方式造成的债务膨胀，在我国，有不少地方政府也积累了大量这样的债务。在企业层面，越是大集团、大金融控股公司，越容易卷入庞氏债务膨胀的漩涡。这些大集团公司的分公司、子公司众多，股权、债权关系复杂，往往可以较长时间地掩盖其真实财务状况。民间资本与正规银行之间、表内业务与表外业务之间形成错综复杂的连带关系。这使得企业家跑路、高利贷债务链断裂，都会引起连锁反应，使小事件被放大并传染为系统性风险，从而加剧整个金融系统的不稳定性。这时，现金流就成了关键，一旦现金流中断，就会立即引发信用违约，导致不良资产形成。

截至 2021 年 12 月末，全国地方政府债务余额 304700 亿元，其中，一般债务 137709 亿元，专项债务 166991 亿元；政府债券 303078 亿元，非政府债券形式存量政府债务 1622 亿元。尽管地方债务总量依然控制在全国人大的批准限额 332774.3 亿元之内，但从债务率的角度来看，一些地方政府已经逼近甚至超过了 100% 的警戒线。要控制杠杆，待宏观经济好转后法定债务特别是专项债务规模要逐步退坡，防止形成路径依赖和债务风险持续累积。所以，部分地方政府融资

平台短期内的偿债压力增大，流动性风险加剧。同时，疫情期间，部分地方政府融资平台成为贷款主体，承担疫情防控应急贷款任务，在扩大业务范围的同时，客观上也推高了不良资产的形成概率。受疫情影响，地方政府隐性债务风险也进一步加大。同时因为疫情政策管控限制，银行等金融机构会对逾期贷款困难企业引而不发，出包量会相对较少，导致未来几年不良资产的市场规模将有较大幅度的增加。

第七章 中国不良资产的形成阶段与影响因素

第八章 金融杠杆对不良资产形成影响的理论与实证分析

本章从理论角度分析了金融杠杆对银行业不良资产形成的直接与间接影响机制，同时基于我国部分省市 2005—2016 年的面板数据，对金融杠杆、房地产价格和不良资产之间的关系进行了实证研究。结果表明：金融杠杆的上升会促进银行业不良资产的增加；金融杠杆对房地产价格具有显著的正向效应；金融杠杆通过房地产价格影响银行业不良资产的传导效应占比为 27.7%。以上分析反映了金融杠杆对银行业不良资产具有直接影响和间接影响：一方面，我国采取的刺激政策带动了宏观金融杠杆的上升，也提升了微观企业的资产负债水平，随着刺激政策的结束，社会有效需求锐减，相应产业经营困难，构成了金融杠杆影响不良资产的直接效应；另一方面，宏观金融杠杆的上升释放了大量货币，资本逐利引致大量货币涌入房地产市场，推升了房地产价格，房地产价格的快速上涨，从资金的供给端和产品的有效需求端对实体经济进行了双向挤压，加剧了实体经济的经营困难，这是金融杠杆对不良资产的间接影响。

一、理论分析

（一）金融杠杆对不良资产形成的直接影响

近几十年来，伴随科技的进步和经济形态的演进，管制放松、创新加速、市场全球化等已成为现今世界主要经济体金融发展的潮流。实体经济经过金融危机爆发后十多年的调整，对金融的依赖程度以及与金融的融合程度均达到了历史新高。当前实体经济的发展相较过去更加依赖于金融和金融界各种方式的介入，而与此同时，相较金融在广度和深度上的高速发展，相关监管措施却有所滞后。金融杠杆的普遍使用和杠杆率的不断推高，促使不良资产增速提高，从而进一步提高了宏观经济的整体运行风险。

具体来看，为了应对国际金融危机，在以美国为首的西方发达经济体带领下，世界各国相继进入了利率宽松时代，我国也及时出台了增加货币供给的救助措施，开启了利率下行通道，广义货币大量投放，利率持续走低，信贷规模不断膨胀，提升了整个社会的金融杠杆水平。其中既有金融部门的杠杆水平，也包括非金融部门的杠杆水平，相当部分的资金流向了企业部门，金融杠杆高企推升了企业部门的资产负债水平，加之利率宽松的货币政策一般是在经济处于下行时期执行，随着经济下行压力的不断加大和货币刺激政策的结束，一部分企业产品的社会需求开始大幅度下降，微观企业的经营效益开始下滑，部分行业出现产能过剩问题，企业部门陆续陷入了不同程度的经营困难，为了维持生存，只能继续借贷，提高资产负债率，加大杠杆水平，从而进一步降低了资产利润率。因此，在国内外经济增长乏力的背景下，金融杠杆的大幅上升，导致债务规模滚动增加，利息支出不断侵蚀利润，使大量企业的资金链无比脆弱，加大了企业的经营风险，如此循环往复，企业净资产逐步减少，部分企业开始出现亏损，无力偿还贷款，商业银行的不良资产也逐步显现。以融资相对方便的国有企业为例，在我国基础设施投资拉动经济增长的模式下，随着经济刺激政策的结束，我国经济发展步入了新常态，由于国有企业一时无法找到这么大的替代性需求，短期内又不能实现产品的迭代升级和企业的转型发展，导致债务规模滚动增加，债务支出持续消耗利润，企业净资产减少出现亏损，再加上国有企业破产可能性的缺失，直至沦为僵尸企业，相应银行的贷款也就成了不良资产。

金融杠杆的普遍使用与杠杆率的提高是导致不良资产形成与扩大的重要原因。事实上，科技进步的迟缓—经济发展进入下行周期—货币刺激以提振经济—杠杆率提升—货币刺激的不可持续—不良资产规模的扩大是一个更为宏观的逻辑脉络。而在可控的范围内，分析金融杠杆与不良资产形成的关系就成了一个有价值的现实问题。

（二）金融杠杆对不良资产形成的间接影响——房地产视角

回望我国十多年间的经济发展，房地产行业对宏观经济的支撑作用意义重大，而该行业庞大的规模以及鲜明的高杠杆率特点使其成为分析金融杠杆与不良资产形成关系的典型。

源于房地产本身具有的居住属性和投资属性，以及我国住房的相对稀缺，投资房地产成为人们配置财富的一种普遍方式。在货币政策持续宽松的背景下，各种资产价格开始出现上涨，加上老百姓普遍具有追涨杀跌的心理，对房地产具有刚性需求的人们急于在价格低位购房，加大了对房地产的需求，进一步助推了房地产价格的上涨。与此同时，世界经济的不景气，加重了国内实体经济发展的困难，实业资本的利润率明显下降，终于在2013年酿成了"资产荒"，长期的资产短缺导致资本趋于"脱实向虚"（杨胜刚和阳旸，2018），过多的货币开始追逐少量的资产，在众多行业利润趋于下降的情况下，房地产市场却"风景这边独好"，于是房地产便成为大量货币争相配置的优质资产，在资本逐利的引导下，各路资本通过各种包装以不同的形式本能地涌向房地产领域，驱动房地产价格进一步快速上涨。另外，货币政策的持续宽松，引致了金融部门杠杆的提高，降低了房地产企业的融资成本，使其更容易获得信用贷款，导致房地产企业拥有充足的资本进而"捂盘惜售"，加剧了房地产价格的上行趋势。例如，自 2013 年以来，我国房地产贷款在金融机构各项贷款余额中的占比开始快速上升，至 2016 年年末房地产贷款占比已超过 50%，如图 8-1 所示。

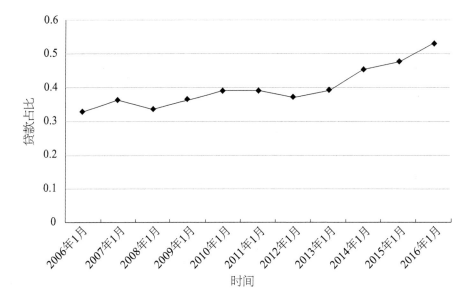

图 8-1　2006—2016 年房地产贷款在各项贷款余额中的占比

数据来源：Wind 数据库。

　　同时，房地产价格的上涨，提升了房地产这一资产的货币价值，从需求端分析，将房地产作为抵押，可以从商业银行获得更多贷款，促使需要贷款的企业或个人沿着房地产抵押的路径进行贷款，提高了金融部门和非金融部门的杠杆水平。实体经济的企业为了维持经营或者实现转型发展，需要更多的资金投入，鉴于实业资本利润率的低下，且很难从其他渠道获得资本，只能借助房地产抵押途径申请贷款。而热衷于房地产投机的资本，对于房产抵押这一流程更是轻车熟路，以房地产进行抵押放大自身的杠杆水平。从供给端商业银行的角度分析，在房地产价格快速上涨的背景下，房地产是一种优质资产，商业银行乐于接受房地产的抵押来发放贷款；再者，由于房地产资产的优质性，提升了商业银行的资产质量水平，引致银行经理对经济发展形势的乐观预期，增加了商业银行进一步放贷的意愿。于是，在金融杠杆和房地产价格之间就形成了"金融杠杆上升—房地产价格上涨—金融杠杆再上升"的闭路循环。伴随着金融杠杆与房地产价格相互强化的趋势，各部门债务规模不断放大，利息支出的负担愈发沉重，经营的稳定性水平逐渐降低，整个经济体系的运行自发地向"明斯基时刻"逼近。❶ 这套运行逻辑深刻地影响了过去十多年间中国经济的发展，同时也将影响中国经济未来的发展。

然而在经济发展新常态的背景下，房地产价格的快速上涨不但提高了非金融企业的资产负债率，而且加大了对住房具有刚性需求的广大居民的债务负担，提高了居民部门的杠杆水平，对居民部门的消费需求具有很大的挤出效应。因此，房地产市场的繁荣从产品需求和资金供给两端对实体经济企业进行挤压，加之外部经济环境不景气，使得实体经济企业的经营愈发困难，导致部分企业陆续出现违约，不良资产逐步显现。金融杠杆影响不良资产形成的简化机制如图 8-2 所示。

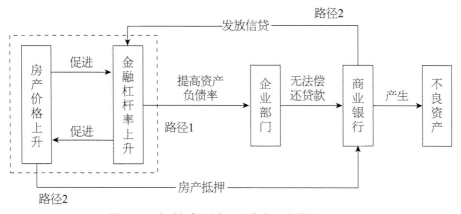

图 8-2　金融杠杆影响不良资产形成的简化机制

二、实证分析

改革开放以来，我国先后出现了两次不良资产问题，现有文献多数是针对上次不良资产问题的研究。两次不良资产问题爆发的背景不同，形成的原因也应有所不同，上次不良资产产生于我国体制转轨的背景下，而本轮不良资产的爆发则是在市场经济条件下产生的。在新的历史时期，我国经济社会发展呈现出新的面貌，进入了新的历史阶段，经济体制、社会体制都发生了深刻的变化。从前文的研究中可知，在经济发展"脱实向虚"的背景下，金融杠杆和房地产价格高企是现阶段我国银行业不良资产问题爆发的主要原因，本部分将通过实证分析进一步研究金融杠杆和房地产价格对不良资产形成的影响。本章在实证部分囊括了房地产价格变量，主要原因是房地产业作为样本期内经济发展的主要动力，其对金融、实体经济的影响难以忽略，进一步考虑房地产的价格波动对不良资产变动的

---

❶　明斯基时刻是指随着借款人资产负债率的上升，杠杆率上升至一定程度时，收入无法覆盖债务，资产价格转而向下的时刻。

影响能够提高分析的合理性和稳健性。

（一）变量说明与数据描述

根据前文的理论分析，不良资产、金融杠杆和房地产价格是本节的核心变量，不良资产为被解释变量，金融杠杆和房地产价格为解释变量。表征各变量的指标选取情况如下。

（1）不良资产。不良资产的指标主要采用不良资产率和不良资产余额两种。不良资产率是指不良资产余额与商业银行贷款类资产总额之比，是一个比值的概念，反映了不良资产的相对值水平；不良资产余额是一个数值的概念，能够直接反映不良资产的绝对值水平。在本章的研究中，为了能够更好地验证金融杠杆、房地产价格和不良资产之间的关系，需要选取不良资产增长率指标，它能够更加明确地反映出解释变量产生的影响效应。在有关不良资产的两个指标中，不良资产余额能更好地构建不良资产增长率，因此，选取不良资产余额作为原始变量，通过取对数后一阶差分进而构建了不良资产余额增长率指标。实证研究中，不良资产余额增长率为被解释变量。

（2）金融杠杆。关于金融杠杆指标的构建，陈雨露和马勇（2016）将私人部门信贷与国内生产总值之比作为金融杠杆的代理变量。刘晓欣和雷霖（2017）采用信贷总额与国内生产总值的比值表征金融杠杆水平，这一指标综合考虑了国有企业部门和政府部门的贷款，而国有企业与政府部门是贷款的一大来源。因此，本章借鉴刘晓欣和雷霖构建的金融杠杆指标，即贷款总额与国内生产总值之比。

（3）房地产价格。采用各种类型房地产的平均价格作为房地产价格的代理变量。

在市场机制下，金融机构的经营状况和经济发展形势是影响不良资产的主要因素（Vasiliki Makri 等，2014），而金融杠杆水平和房地产价格很好地体现了整体的金融稳定水平，谭政勋和王聪（2011）证明了房地产价格的波动对金融稳定水平具有显著的影响。另外，经济发展形势的变量尤为重要，因此，我们选择国内生产总值增长率、失业率、居民消费价格指数和市场化程度作为控制变量。此外，为使文中各变量量纲一致以确保稳健性，对房地产价格和不良资产余额进行了取对数处理，变量的详细说明见表 8-1。

<table>
<tr><td colspan="2" align="center">表 8-1　变量说明</td></tr>
<tr><td align="center">变量名称</td><td align="center">变量说明</td></tr>
<tr><td align="center">金融杠杆率（fl）</td><td align="center">贷款总额与国内生产总值之比</td></tr>
<tr><td align="center">房地产价格（lnrep）</td><td align="center">各种类型房地产的平均价格，取对数处理</td></tr>
</table>

变量名称	变量说明
不良资产余额（ln*npl*）	次级、可疑和损失三类贷款之和，取对数处理
国内生产总值增长率（*gdp*）	GDP 增长率
失业率（*ue*）	城镇居民失业率
居民消费价格指数（*cpi*）	CPI
市场化程度（*dm*）	来自 Wind 数据库

对理论分析的验证，本文选取了 2005—2016 年我国部分省市的面板数据，这一区间的数据不仅涵盖了设定研究的时段，也是不良资产在市场机制下产生的时期。此外，由于我国土地面积辽阔、人口众多，不同地区之间发展的不平衡现象比较突出，因此，根据各省市房地产市场的发展程度将样本分为较发达地区和欠发达地区两组。其中，房地产已明显具有投资属性的地区为较发达地区，其他省市均为欠发达地区。其数据均来自 Wind 数据库，各变量的描述性统计见表8-2。

表 8-2　变量的描述性统计

变量	均值	标准差	最小值	最大值
ln*npl*	5.01	1.18	1.25	7.69
ln*rep*	8.37	0.54	7.33	10.22
fl	9.81	5.00	0.63	28.38
gdp	11.29	2.91	−2.50	23.80
cpi	2.81	1.95	−2.35	10.09
ue	3.54	0.66	1.21	5.70
dm	6.26	2.06	−0.30	11.71

数据来源：Wind 数据库。

（二）计量模型的设定

在市场经济体系中，市场是决定资源配置的主要力量。Vasiliki Makri 等（2014）认为，经济的增长形势和金融系统的经营状况是不良资产的主要催生因素，为了检验金融杠杆和房地产价格对不良资产的影响，构建了相关回归模型：

$$\mathrm{d}\ln npl_{it} = \alpha_0 + \alpha_1 fl_{it} + \alpha_2 controls_{it} + \mu_i + \varepsilon_{it} \qquad (1)$$

模型（1）采用不良资产余额的增长率作为被解释变量，对不良资产余额的对数作了差分处理，即 dlnnpl，指不良资产增长率。式中：i 是具体省市，t 是时间；fl 是金融杠杆率；$controls$ 是控制变量，包括 GDP 增长率、居民消费价格指数、失业率和市场化程度；α_0 表示固定截距项；α_1 表示金融杠杆增加 1 个单位，不良资产平均增长 α_1 %；α_2 表示控制变量增加 1 个单位，不良资产平均增长 α_2 %；μ_i 是个体效应；ε_{it} 是残差项。

根据理论分析，金融杠杆的上升引起了房地产价格的上涨，二者之间具有相互强化的趋势，并导致了企业杠杆率的提升。为了验证金融杠杆影响不良资产增长率的传导路径，构建如下回归模型：

$$\ln rep_{it} = \beta_0 + \beta_1 fl_{it} + \beta_2 controls_{it} + \mu_i + \varepsilon_{it} \tag{2}$$

$$\mathrm{d}\ln npl_{it} = \alpha_0 + \alpha_1 \ln rep_{it} + \alpha_2 fl_{it} + controls_{it} + \mu_i + \varepsilon_{it} \tag{3}$$

式中，lnrep 是房地产价格；β_0 表示固定截距项；β_1 表示金融杠杆增加 1 个单位，房地产价格平均增长 β_1 %；β_2 表示控制变量增加 1 个单位，房地产价格平均增长 β_2 %；控制变量与上部分模型中的变量相同。

（三）实证结果与分析

1. 金融杠杆与银行业不良资产

在实证研究中，分别对回归模型进行了固定效应回归和随机效应回归，从回归结果可以看出：随机效应模型虽然拟合优度比固定效应模型高，但其部分解释变量没有通过显著性检验，因此，本文主要对固定效应模型的结果进行分析。这基本符合经济理论中异质性存在的现象。实证结果表明：我国的金融杠杆水平能显著促进银行业不良资产增长率的提高，这源于我国为了应对国际金融危机带来的经济衰退而采取的货币宽松政策，随着大量货币短期投放入市，提高了微观企业主体的资产负债率，抬升了我国整体的杠杆水平，当刺激政策结束时，许多企业的社会有效需求锐减，出现库存高企、产能过剩，很快陷入经营性困难，相应银行的贷款也逐渐沦为不良资产。

实证结果如模型 1 和模型 2 所示（见表 8-3），一是金融杠杆对不良资产呈显著正向影响，估计结果在 1% 的水平上高度显著；二是国内生产总值增长率对不良资产的影响系数为负，并在 1% 的水平上高度显著，说明经济快速增长能够有效抑制商业银行不良资产的上升，在经济高速增长时期，企业往往具有较好的经营效益，对商业银行的贷款有能力进行还本付息，此时，不良资产往往处于下降的趋势；三是居民消费价格指数的影响系数显著为负，且在 1% 的水平上显著，表明在通货膨胀处于合理区间正常发展时期，一定程度的通货膨胀有利于经济快速增长，增加企业经营效益，因此，对不良资产具有负面影响；四是失业率对不良资产产生的影响效果与居民消费价格指数类似。

表 8-3　金融杠杆与不良资产模型的回归结果

变量名称	全样本		较发达地区		滞后一期	
	模型 1 （dlnnpl）	模型 2 （dlnnpl）	模型 3 （dlnnpl）	模型 4 （dlnnpl）	模型 5 （dlnnpl）	模型 6 （dlnnpl）
金融杠杆 （fl）	0.0002*** （5.72）	0.0002*** （5.86）	0.0001*** （4.91）	0.0002*** （4.90）	0.0002*** （5.69）	0.0001** （2.21）
国内生产总值增长率（gdp）	−0.035*** （−3.69）	−0.0401*** （−5.58）	−0.0352*** （−3.57）	−0.0398*** （−5.13）	−0.0722*** （−8.46）	−0.0650*** （−7.87）
居民消费价格指数（cpi）	−0.0815*** （−9.37）	−0.0879*** （−10.54）	−0.0735*** （−7.87）	−0.0799*** （−8.46）	−0.0595*** （−7.30）	−0.0586*** （−6.78）
失业率（ue）	−0.342*** （−4.24）	−0.0251 （−0.50）	−0.3365*** （−4.07）	−0.0041 （−0.07）	−0.2569** （−3.62）	−0.0384 （−0.88）
市场化程度（dm）	0.138*** （5.27）	0.0112 （1.21）	0.1452*** （4.86）	0.0308* （1.92）	−0.1460** （−4.68）	−0.0291** （−2.37）
常数项	0.965*** （3.66）	0.7237*** （4.53）	0.7859** （2.56）	0.4739** （2.02）	2.8455*** （9.08）	1.2471*** （7.11）
观测值	338	338	275	275	337	337
R^2	0.16	0.31	0.17	0.30	0.19	0.29
F	86.58		60.38		33.79	
Wald		263.73		196.17		135.04

注：模型 1、模型 3 和模型 5 是固定效应回归，模型 2、模型 4 和模型 6 是随机效应回归；*、**、*** 分别表示在 10%、5%、1% 的水平上显著。

2. 稳健性检验

模型稳健性检验从全样本中剔除了房地产投资属性尚不明显的省份，主要有新疆、西藏、内蒙古、青海、甘肃和宁夏 6 个省份，得到了房地产投资属性比较发达地区的样本范围。进而对房地产市场发展相对较好的 25 个省市进行了实证分析，发现金融杠杆对银行业不良资产具有明显的促进效应。如模型 3 和模型 4 所示（见表 8-3），以较发达地区作为回归样本，分别进行了固定效应检验和随机效应检验，金融杠杆对不良资产的影响系数依然显著为正，通过了 1% 水平的显著性检验。控制变量中的国内生产总值增长率、居民价格消费指数、失业率和市场化程度对不良资产的影响系数分别与基本模型的检验结果一致，表明了构建的回归模型具有稳健性。

3. 内生性检验

针对模型可能出现的内生性问题，本文进行内生性检验。内生性问题在本文中指金融杠杆对不良资产比例可能存在反向因果作用，即不良资产比例过高，会迫使银行降低金融杠杆。同样的，其他控制变量也可能存在内生性。采用金融杠杆、国内生产总值增长率、居民消费价格指数、失业率和市场化程度等变量的一期滞后值对不良资产增长率进行了固定效应回归和随机效应回归，得到了和全样本分析、较发达地区样本分析相一致的结论，如模型 5 和模型 6（见表 8-3）所示，进一步说明了本部分构建模型的稳健性。

在其他控制变量中，国内生产总值增长率和不良资产率负相关，并且在所有回归模型中均是高度显著，表明经济增长能够抑制不良资产的增加，这与 Vasiliki Makri 等（2014）的研究一致，反映经济发展形势变量的居民消费价格指数和失业率也与不良资产增长率负相关。市场化程度与不良资产增长率的变化关系不确定，市场化程度与当期的不良资产率正相关。市场化程度越高，其不良资产率也越大，但它对未来的不良资产率呈现的是显著的负向作用。这说明随着市场化程度的加深，不良资产率会下降。在不同的回归模型中，表现出的结果不同。

4. 金融杠杆影响银行业不良资产的路径

（1）金融杠杆、房地产价格与不良资产。在本部分的实证研究中，首先进行了 Hausman 检验，根据检验结果，对本部分中所有模型进行了固定效应回归。在全样本的回归分析中，由模型 7（见表 8-4）可知，金融杠杆能显著促进房地产价格上涨，这与刘晓欣和雷霖（2017）的研究结论一致；根据模型 8（见表 8-4），发现金融杠杆和房地产价格均能够明显促进不良资产增长率的上升。这是因为在经济发展步入新常态的背景下，实体产业利润趋于下降，高金融杠杆率所释放的大量货币追逐少量的优质资产，而相对来说房地产又是一种能吸引大量货币的优质资产，在众多货币的追逐下，房地产价格快速上升，同时金融杠杆和房地产价格具有相互加强效应，引导更多货币进入房地产市场，并抬升实体企业的杠杆水平，从资金的供给端对实体产业形成了挤压。再加上房地产价格的高企提升了居民部门的杠杆率，对人们的消费需求造成了很大的挤出，从社会需求端加剧了实体企业的经营困难。

（2）稳健性检验。为了避免内生性问题，首先采用金融杠杆和控制变量的一期滞后值对房地产价格进行了固定效应回归，然后使用房地产价格、金融杠杆和控制变量的一期滞后值对不良资产增长率进行固定效应回归，根据模型 11 和模型 12（见表 8-4）的回归结果进一步印证了全样本分析中的结论。

中国特色不良资产处置的理论创新与实践

表 8-4　金融杠杆、房地产价格与不良资产模型的回归结果

变量名称	全样本		较发达地区		滞后一期	
	模型 7（ln*rep*）	模型 8（dln*npl*）	模型 9（ln*rep*）	模型 10（dln*npl*）	模型 11（ln*rep*）	模型 12（dln*npl*）
房地产价格（ln*rep*）		0.6901*** （5.75）		0.6188*** （5.04）		0.3082*** （4.23）
金融杠杆率（*fl*）	0.00005*** （3.03）	0.00009*** （3.12）	0.00004** （2.35）	0.00008** （2.66）	0.00003** （2.57）	0.0002*** （5.70）
国内生产总值增长率（*gdp*）	−0.0586*** （−7.39）	0.0040 （0.31）	−0.0626*** （−6.81）	0.0017 （0.13）	−0.0504*** （−7.17）	−0.0557*** （−6.27）
居民消费价格指数（*cpi*）	0.0085** （2.41）	−0.0803*** （−9.61）	0.01064** （2.69）	−0.0734*** （−7.84）	0.0035 （1.28）	−0.0618*** （−7.76）
失业率（*ue*）	−0.4814*** （−6.96）	−0.0465 （−0.49）	−0.4749*** （−5.34）	−0.0824 （−0.80）	−0.4259*** （−5.34）	−0.1020 （−1.33）
市场化程度（*dm*）	−0.0764*** （−4.14）	0.1828*** （5.24）	−0.0654*** （−2.99）	0.1779*** （4.70）	−0.1120*** （−6.27）	−0.1184*** （−4.32）
常数项	11.1993*** （35.34）	−6.6057*** （−4.55）	11.2524*** （25.67）	−6.0010*** （−3.92）	11.2262*** （34.37）	−0.6344 （−0.73）
观测值	368	338	300	275	337	337
R^2	0.18	0.12	0.29	0.14	0.07	0.29
F	102.76	99.82	129.08	97.5	33.43	45.71

注：*、**、***分别表示在 10%、5%、1% 的水平上显著。

另外，采用上文对房地产市场较发达地区的分组，单独对较发达地区进行了固定效应回归，得到的回归结果与全样本分析一致，表明本部分实证研究所构建的回归模型是稳健的。

在上文的理论分析中，我们认识到金融杠杆对不良资产的影响可分为直接影响和间接影响。为了在定性分析的基础上进一步量化金融杠杆对不良资产的影响效应，本节借鉴了 Mackinon 等（1995）对中间传导效应的计算方法。根据式（2）和式（3）可知，金融杠杆通过房地产价格影响不良资产的中间传导效应占比为

$$\frac{\alpha_1 \beta_1}{\alpha_1 \beta_1 + \alpha_2} = 27.7\% \qquad (4)$$

因此，金融杠杆影响不良资产增长率的直接效应为 72.3%，间接效应为 27.7%。

（四）结论

在国际金融危机的影响下，国内外经济发展形势陷入低迷，我国政府及时采取果断措施进行应对，数年来财政政策和货币政策持续宽松，名目繁多的金融创新产品不断出现，然而实体产业多层次融资的需求并没有得到满足，当前，实体经济融资难、融资贵的问题依然突出，而房地产市场却相对火热。在这种鲜明对照的背后，我国银行业不良资产风险渐渐显露，为我国银行业的稳健发展埋下了隐患。

为了探究本轮不良资产产生的原因，本章基于我国 2005—2016 年度部分省市的面板数据，对金融杠杆、房地产价格和不良资产之间的关系进行了实证研究，实证结果包括：①金融杠杆的上升会促进银行业不良资产的增长；②金融杠杆对房地产价格具有显著正向效应；③金融杠杆具有通过房地产价格影响银行业不良资产的传导效应。金融杠杆上升促进银行业不良资产扩张的直接效应和间接效应分别为 72.3% 与 27.7%，因此，金融杠杆对银行业不良资产不仅具有直接影响效应，还有间接影响效应。一方面，我国采取的刺激政策带动了宏观金融杠杆的上升，也提升了微观企业的资产负债水平，随着刺激政策的结束、社会有效需求的锐减，将相应产业拖入了经营困难的境地，构成了金融杠杆影响不良资产的直接效应；另一方面，宏观金融杠杆的上升释放了大量货币，在资本逐利的引导下，大量货币涌入房地产市场，推升了房地产价格，而房地产价格的快速上涨，从资金的供给端和产品的有效需求端对实体经济进行了双向挤压，加剧了实体经济的经营困难，这就是金融杠杆对不良资产的间接影响效应。

基于研究结论，宏观经济政策的制定及实施应进一步强化对金融杠杆的规制，以降低不良资产规模的增速，防范中长期风险。正如前面所述的逻辑脉络：科技进步迟缓—经济进入下行周期—量化货币刺激—金融杠杆率提升—货币刺激不可持续—不良资产规模扩大。世界范围内金融杠杆率的提高与量化货币政策有密切关系，但更深的源头在于经济下行周期中的宏观调控理念所引致的一系列刺激措施。政府长远考虑是为了防范风险、稳定经济，但在经济下行周期，系统中本应被市场力量自然淘汰的落后企业却得以延长存续期，而这个过程是经济体不良资产规模骤升的主要原因。宏观刺激政策代价之一就是下行周期中高杠杆率引致的不良资产快速增长，从长远计，这种调控理念可视为理性选择，但这一过程中对金融杠杆率的调控就显得尤为关键且微妙。与此同时，完善的不良资产处理机制对经济的平稳运行也会起到不可替代的重要作用。合理、稳健的不良资产处置过程能够在对宏观经济不产生恶性冲击的前提下，以最小的成本消化不良资产，其本质上与化解风险、抑制经济波动的理念殊途同归。

第九章　不良资产对商业银行稳定性和信贷效率影响的理论与实证分析

本章从理论层面研究了不良资产对商业银行稳定性与信贷效率的作用机制，并基于我国大型商业银行2003—2017年的数据，分析了不良资产和商业银行稳定性水平之间的影响效应，对不良资产影响商业银行稳定性水平的中间路径进行了实证检验；同时，刻画了不良资产影响商业银行信贷效率的机制。结果表明：商业银行在市场化经营过程中产生的不良资产显著降低了其稳定性水平；市场化形成的不良资产对商业银行的资产收益率具有负向影响；不良资产通过渐次侵蚀商业银行的附属资本和核心资本，显著降低了银行的资本充足率，进而推升了银行的杠杆水平；相比于资产收益率，不良资产对资本充足率的影响程度更为显著；不良资产的增加通过降低商业银行的收益水平，对商业银行的信贷效率产生负面影响。通过分析不良资产对我国商业银行运行稳定性和信贷效率的影响，描述不良资产积累对我国金融体系的冲击过程，为不良资产处置提供参考。

一、理论分析

（一）不良资产对商业银行稳定性的影响

1. 杠杆率路径

为了厘清不良资产对商业银行经营稳定性的影响机制，本章首先从追溯银行系统内部资金的流动路径入手进行分析。商业银行本身是一种以经营货币为主业的中介机构，它一方面吸收有闲置资金的居民部门和企业部门的存款，另一方面向有资金需求的居民或单位发放有偿贷款，从中赚取存贷的利差，这也是商业银行的主要利润来源。从资金流动的路径来看，资金从居民部门和企业部门经过商业银行这一中介桥梁流向了有资金需求的居民和企事业单位，形成了"存款—银行—贷款"的资金流动轨迹，这一过程只有在商业银行与存款人和贷款人分别签订了债权债务合约以后才能实现。当贷款人的某项贷款因某种原因变为不良资产时，商业银行将不能全部收回此项贷款的本金和利息，其本金往往也会遭受比较大的损失，但是其与存款人签订的债权债务合约却没有因此而受到影响，依然需要按时履约，并向存款人支付约定的本金和利息。此时，商业银行收回的款项将不足以全部覆盖相对应的负债，只能使用事先计提的拨备或自有资本填补之间的差额，以保证其与存款人签订的合约得到履行。如此一来，银行业不良资产的形成将首先损耗商业银行的附属资本，当附属资本不足以化解不良资产的损失时，商业银行的核心资本也将用于不良资产的冲销，进而遭受损失，因此不良资产将依次侵蚀商业银行的附属资本和核心资本。另外，不良资产的生成使资产质量发生了变化，商业银行风险加权资产的数量上升，根据《巴塞尔协议》的计算准则可知，不良资产降低了商业银行的资本充足率，推升了商业银行杠杆率❶，从而对商业银行的稳定性水平产生影响。

2. 收益率路径

不良资产是指资产质量已经恶化到一定程度的资产，如果一部分贷款沦为不良资产，商业银行不仅丧失了这部分贷款的正常收益，而且贷款的本金也难以全部收回。与此同时，不良资产的逐步显现，也会迫使商业银行计提更多的坏账准备，这部分资本只能躺在资产负债表上，不能用作他途，因此会导致商业银行的潜在收益下降。这两部分的收益损失共同影响了商业银行的资产收益率，进而影响商业银行的稳定性水平。不良资产对商业银行稳定性的影响机制如图 9-1 所示。

图 9-1　不良资产对商业银行稳定性的影响机制

根据以上分析，在商业银行的市场化经营过程中，不良资产一方面损害了商业银行的收益水平，另一方面侵蚀了商业银行的附属资本和核心资本，通过降低资产收益率和推升杠杆率的中间路径对商业银行的稳定性水平产生负面影响。

另外，与前一轮政策性处置的不良资产相比，新一轮不良资产是在市场化的条件下形成的，生成数量占比应该是在一定范围之内，考虑到商业银行总资产规模比较大的因素，不良资产余额相较于资产总额而言仍然相对较少，即不良资产在资产总额中的占比较低。不良资产对资产收益率的影响程度是有限的，因此，可以认为不良资产影响商业银行稳定性水平的主要路径是杠杆率路径。

（二）不良资产对商业银行信贷效率的影响

一般情况下，商业银行是通过从事资金的存贷业务来赚取收益。商业银行以相对较低的利率吸收存款，然后再以较高的利率发放贷款，存贷形成的利差便

---

❶　商业银行杠杆率是资本充足率的倒数。

是商业银行的利润来源之一。在我国的金融体系中，商业银行占据主导地位，加之我国实行严格的分业经营制度，商业银行不能从事证券投资业务，进而决定了利息收入是商业银行收入的主要来源。然而，随着经济进入新常态，企业的经营效益发生逆转，部分企业陷入经营困境，商业银行的不良资产逐步显现。从上文的分析中可知，随着不良资产增多，资产质量发生恶化，减少了资产的利息性收入，甚至会损失一部分本金，虽然不良资产本质上是一种不良股权，但由于债权债务关系的存在，致使不良资产的风险都集中到了商业银行体系，不良资产会渐次侵蚀商业银行的利润和自有资本，降低商业银行的经营效益。在成熟的市场经济体系中，理性的市场经济主体面对由不良资产带来的利润水平的下降，商业银行天然地会收缩该领域的贷款，严格审查机制，降低放贷规模。因此，在维持一定存款投入的前提下，不良资产的产生增加了商业银行的损失，拉低了经营效益和信贷效率。不良资产对商业银行信贷效率的影响机制如图 9-2 所示。

图 9-2　不良资产对商业银行信贷效率的影响机制

　　总体来说，商业银行不良资产的积聚主要从以下几个方面影响银行的健康运营：一是过高的不良资产率影响银行的资金周转。近年来商业银行信贷资产质量低下，不良贷款一直居高不下已是广为人知的事实。大量信贷资金的沉淀，使得商业银行的资金难以合理流动继而影响到资金的优化配置，加大了信贷资产的风险和损失。银行资金难以保全，结果将造成商业银行经营缺乏活力、效益低下，前景令人担忧。不良资产妨碍了商业银行的商业化进程，降低了商业银行的盈利水平和竞争力。特别是在现阶段银根紧缩或出现存款滑坡的情况下，银行无法通过贷款回收来增加头寸，往往会出现支付困难，进而影响银行声誉。二是过高的不良资产率会进一步造成银行的资产损失。现代银行业发放贷款一般均要求财产抵押，当不良资产率过高时，即使有抵押物可以变现，也存在一定的资金损失。不良资产过高，银行可动用的资金大大减少，也就制约着资金周转，使银行资金无法运用到收益更大的项目上，这对银行资金来说也是一种损失。三是过高的不良资产率导致银行利润减少、费用增加，不利于银行业的经营活动。不良资产对银行经营的影响是"双刃剑"：一方面，较多的贷款利息无法收回，银行却要如实支付这部分资金的利息及其他相关费用；另一方面，国家财务制度规定，一定时间内无论利息是否实收，都要计入营业收入。由此而论，企业所欠利息越多，银行虚盈实亏现象就越严重。

二、实证分析

近年来，我国银行业不良资产逐渐增多，加大不良资产处置力度的问题再次进入公众视野，引起了社会各界的高度关注。为了保持我国金融业的平稳健康发展，面对银行业不良资产快速增长的态势，加快不良资产的处置进程已成为金融业的共识。然而，为什么要加快处置银行业的不良资产？银行业的不良资产对银行体系会产生什么样的影响？不良资产影响银行系统的机制和路径是什么？系统地厘清不良资产对银行系统的影响机制与路径，将有助于我们理解不良资产处置在防范化解金融风险攻坚战中的地位和作用，同时也可为我国不良资产的常态化处置提供理论依据。

（一）不良资产影响商业银行稳定性的实证分析

1. 变量选取与数据描述

（1）商业银行稳定性。自从 Roy❶ 创造性地提出 Z 指数以后，国内外众多文献都将其应用于商业银行经营稳定性的研究中，用以度量商业银行的破产风险。Boyd 和 Jalal（2006）、Laeven 和 Levine（2009）、Michalak 和 Uhde（2012）、张健华和王鹏（2012）、高蓓等（2016）均采用 Z 指数作为表征商业银行稳定性的代理变量。本章借鉴已有文献的研究成果，选择 Z 指数作为评价商业银行稳定性的指标。Z 指数的计算公式为

$$Z = \frac{ROA + CAR}{\sigma(ROA)} \tag{1}$$

式中，ROA 是平均资产收益率；❷CAR 是平均资本充足率；$\sigma(ROA)$ 是平均资产收益率的标准差。Z 指数的数值越大，说明商业银行的稳定性水平越高。

从 Z 指数的构成来看，其主要成分包含商业银行的资产收益率和资本充足率，能够较好地反映出商业银行的收益水平和安全性，进而体现商业银行的经营效益和抗风险的能力，因此选取 Z 指数表征商业银行的稳定性是合理的，而且是可行的。根据张健华和王鹏（2012）的研究，在回归分析中采用 Z 指数，并利用5 年移动平均法计算其数值。例如，某商业银行的数据期限是 2003—2017 年，应采用 2003—2007 年、2004—2008 年、…、2013—2017 年共 11 个年份跨度计算相

---

❶ Roy 于 1952 年在杂志 *Econometrica* 上发表的文章 "Safety First and the Holding of Assets" 中，首次构建了 Z 指数，以作为表征商业银行稳定性的指标。

❷ 平均资产收益率是一个年份跨度内的资产收益率的平均值。

应的 Z 值，ROA、CAR 采用每个年份跨度内的平均值，将数据不足 5 年的商业银行剔除。本文采用 Z 指数表征商业银行的稳定性水平，因此选取 Z 值作为被解释变量。

另外，在不良资产影响商业银行稳定性水平中间路径的实证研究中，资本充足率和资产收益率将分别作为被解释变量。本文对 Z 指数的构成成分进行了分解，实证检验了不良资产对 Z 指数构成成分产生的影响，从而验证了不良资产影响商业银行稳定性的渠道。

（2）不良资产。不良资产余额和不良资产率指标能够从不同的角度体现不良资产情况，探究不良资产对商业银行稳定性的影响，可以理解为不良资产对商业银行经营风险水平的影响。不良资产余额指标直观地反映了一个商业银行拥有的不良资产的绝对水平，但相对而言，它却不能反映一家商业银行拥有多少数额不良资产带来的风险水平的高低。而不良资产率指标则可以较好地反映这一现象。不良资产率是不良资产余额与贷款类资产总额之比，表明了不良资产余额与贷款类资产总额之间存在一一对应的关系，贷款类资产总额越高，相应产生的不良资产余额也越高，比较好地衡量了商业银行的风险水平，这里选取不良资产率作为解释变量。

（3）控制变量。根据 Salah 和 Fedhila（2012）、Houston（2010）、张健华和王鹏（2012）、高蓓等（2016）的文献，控制变量的选取应含有反映商业银行经营状况和宏观经济发展形势的变量。在张健华和王鹏（2012）的控制变量中，选取了银行规模、营业收入增长率、手续费净收入占比、其他非利息收入占比、权益资本占比、不良资产率、不良资产准备金率、证券投资占比和银行治理变量等反映商业银行的经营状况，采用经济规模、经济增长率、金融发展深度和政府与市场的关系等变量反映宏观经济的发展形势。而高蓓等（2016）则选取了贷款比率、流动性比率、银行规模、资产收益率和资本充足率等指标反映商业银行的经营状况，采用经济增长率、资产价格、利率和通货膨胀指数作为反映宏观经济发展形势的代理变量。依据上述文献对控制变量的选择，可以发现资产收益率、资本充足率、流动性比率、不良资产率、银行规模等变量是反映商业银行经营状况的核心变量，由于资产收益率、资本充足率和不良资产率在本章的研究中已经用作被解释变量和解释变量，因此调整后选择了银行规模、贷存比、流动性比率、非利息收入占比和所有者权益与资产总额之比作为反映商业银行经营状况的控制变量。在借鉴上述研究成果的基础上，结合国民经济核算中关于经济形势的统计指标，特选取了 GDP 增长率、居民消费价格指数、失业率和金融发展深度等变量来衡量宏观经济发展形势。各变量的说明见表 9-1。

表 9-1　变量说明

变量名称	详细说明
商业银行稳定性（Z）	采用 Z 指数指标，Z 值越大，说明银行稳定性水平越高
不良资产率（npl）	不良资产与总资产的比值，反映了商业银行的资产质量
资本充足率（car）	根据《巴塞尔协议》的规定，资本充足率是资本总额与风险加权资产的比值
资产收益率（roa）	净利润与平均资产总额之比
银行规模（size）	参照张健华和王鹏（2012）的研究，用银行的总资产表示
贷存比（ldraio）	贷款资产与负债之比
流动性比率（liqratio）	流动性资产与流动性负债之比
非利息收入占比（niratio）	非利息收入与营业收入之比
所有者权益与资产总额之比（leverate）	商业银行实际贡献的所有者权益与资产总额的比值
GDP 增长率（gdpgrowth）	按不变价计算的 GDP 增长率
居民消费价格指数（cpi）	国民经济监测的重要指标，来源于国家统计局网站
失业率（unemployment rate）	国民经济监测的重要指标，来源于国家统计局网站
金融发展深度（dfd）	参照张健华和王鹏（2012）的研究，金融发展深度是年末贷款与 GDP 之比，全国性银行采用全国数据，城商行采用所在地区数据

中国特色不良资产处置的理论创新与实践

（4）数据来源及处理。拨改贷以后，我国银行业先后发生了两次不良资产的显现与爆发，上次的不良资产问题主要产生于国有商业银行，经过政策性处置阶段后，风险逐步得到化解。然而，本轮不良资产滋生的土壤已经扩展到商业银行的所有领域，通过梳理商业银行不良资产来源构成的占比可以发现，国有商业银行和全国性股份制商业银行在滋生不良资产的体系中一直居于主体地位，如图9-3 所示。自 2005 年以来，源于二者不良资产的占比始终在 86% 以上，最高时期达到了 96%，大部分时期高于 88% 的水平，截至 2017 年年底，我国商业银行共产生了 13399 亿元的不良资产，而其中源于国有商业银行和全国性股份制商业银行的不良资产为 11576 亿元，占比为 86.4%，因此，可以认为我国商业银行不良资产主要来国有商业银行和全国性股份制商业银行。考虑到这部分全国性的大型商业银行长期处于我国商业银行体系垄断地位的现实，其产生的风险水平就直接构成了我国商业银行整体的风险水平，二者的不良资产对商业银行稳定性水平的影响也足以说明不良资产对商业银行稳定性水平的影响。基于上述原因，本节选取的样本范围包括五大国有商业银行和12家全国性股份制商业银行，鉴于我国银行业监管指标数据的可得性，这里采用的是各大银行2003—2017年以人民币计的年度数据。表9-2列出了所有变量的均值、标准差、最小值和最大值，商业银行稳定性的均值是132.214。

图 9-3　2005—2017 年我国银行业的不良资产率

数据来源：Wind 数据库。

表 9-2　数据的描述性统计

变量名称	均值	标准差	最小值	最大值
商业银行稳定性（Z）	132.214	101.1548	17.47	621.23
不良资产率（npl）	1.74679	1.9783	0.09	16.08
资本充足率（car）	11.51752	2.052413	4.49	24.66
资产收益率（roa）	0.9538675	0.2747557	−0.18	1.43
银行规模（$size$）	4.37e+08	5.10e+08	9853210	2.24e+09
贷存比（$ldraio$）	69.2711	5.657131	54.17	81.56
流动性比率（$liqratio$）	44.20304	7.724133	30.04	75.25
所有者权益与资产总额之比（$leverate$）	8.858581	2.066834	3.43	23.32
非利息收入占比（$niratio$）	18.77812	6.454094	1.23	35.68
GDP 增长率（$gdpgrowth$）	9.652727	1.70078	7.12	11.68
居民消费价格指数（cpi）	2.867273	0.5382514	1.92	3.74

变量名称	均值	标准差	最小值	最大值
失业率（*unemployment rate*）	4.116364	0.0448969	4.02	4.16
金融发展深度（*dfd*）	1.325455	0.0882822	1.16	1.47

数据来源：Wind 数据库、国家统计局、银保监会和各大商业银行年报。

由于采用的数据是非平衡面板数据，根据陈强（2010）的研究，采用费雪式检验方法对各变量进行了单位根检验，经检验可知，Z 值、不良资产率、资本充足率、资产收益率、贷存比、流动性比率、所有者权益与资产总额之比、非利息收入占比、GDP 增长率、居民消费价格指数、失业率和金融发展深度等变量均是平稳变量，而银行规模却是非平稳变量，因此对银行规模进行了一阶差分处理，经检验其是一阶差分变量。另外，为了与计算的 Z 值相对应，我们对所有变量分别采用 5 年移动平均法进行了均值处理。

2. 计量模型的设定

本部分首先进行验证的是不良资产对商业银行稳定性的影响，根据上文的分析进行模型的设定，构建的基本回归模型为

$$Z_{it} = c + \alpha npl_{it} + \theta controls_{it} + \mu_i + \varepsilon_{it} \qquad (2)$$

式中，商业银行稳定性水平 Z 是被解释变量；不良资产率 *npl* 是解释变量；*controls* 是控制变量，衡量了商业银行的经营状况和宏观经济的发展形势，包括银行规模、贷存比、流动性比率、所有者权益与资产总额之比、非利息收入占比、GDP 增长率、居民消费价格指数、失业率和金融发展深度；α 表示不良资产率提高 1 个单位，商业银行稳定性水平平均变化 α 个单位；θ 表示控制变量增加 1 个单位，商业银行稳定性水平平均变化 θ 个单位；μ_i 是商业银行的个体效应；ε_{it} 是残差项；i 指商业银行个体，t 指时间。

3. 实证结果与分析

在基本的回归模型下，通过 Hausman 检验分析，拒绝了固定效应回归，分别进行了混合效应回归和随机效应回归，观察回归结果可知：不良资产率对商业银行的稳定性具有显著的负向效应，即不良资产率的上升能够显著降低商业银行的稳定性水平，不良资产率每提升一个百分点，将导致商业银行稳定性水平的 Z 值下降 10 个百分点以上，并在 5% 的显著性水平上显著，如模型 1 和模型 2（见表 9-3）。这是因为不良资产会渐次侵蚀商业银行的利润和自有资本，随着不良资产的持续上升，商业银行面临的损失越来越大，从而对商业银行的资产收益率和资本充足率产生负面影响，降低了商业银行的经营效益和抗风险能力，威胁着商业银行的稳定性。

在其他变量的回归中，银行规模对商业银行稳定性的影响系数为正，这是因为商业银行规模的膨胀往往是在经济发展形势较好的时期，随着商业银行规模的扩张，资产总额不断升高，在信用贷款投放增加的过程中，很大可能上放松了贷款的审查机制，加大了商业银行的风险水平，从而对商业银行的稳定性水平产生了不利影响。银行规模对商业银行的稳定性水平产生正向影响，银行的总资产越大，抗风险能力越强，稳定性也越高。贷存比对商业银行稳定性具有负向影响效应，贷存比是贷款与存款之比，贷存比越大，在存款保持不变时，贷款规模越大，与银行规模的影响机制一致，其不良资产规模也会加大，增大了银行风险。另外，贷存比的加大也反映了商业银行杠杆水平的加大，扩大了商业银行的脆弱性，进而从两个角度减弱了商业银行的稳定性水平。流动性比率的影响不确定，这可能与我国商业银行的数据存在偏差有关。所有者权益与资产总额之比对商业银行稳定性的影响系数为负，可能的解释是商业银行往往将资本充足率保持在监管部门要求的水平，资本充足率的分子——资本净额包括所有者权益和其他资本，在资产总额一定的情况下，一定的资本充足率对应着一定的资本净额，所有者权益越高，资本净额中的其他资本就越少，而这些其他资本往往来源于商业银行的盈利，表明商业银行的盈利水平较低。这一点也体现了资本充足率与商业银行稳定性之间的关系。非利息收入占比的影响系数为正，这是因为商业银行的经营收入主要有利息收入和非利息收入两个来源，利息收入来源于商业银行投放贷款的利差，非利息收入源自商业银行的其他经营性活动，非利息收入越高，表明商业银行对贷款利息的依赖性越小，其他经营性活动比较活跃，商业银行的贷款活动相对较为平稳，资产质量也相对较好。GDP 增长率与商业银行稳定性高度负相关，并在 1% 的显著性水平上显著，与张健华和王鹏（2012）的研究一致，可能的解释是商业银行的顺周期信贷行为，在经济发展形势好的时期，信贷的投放量大幅度增加，提高了商业银行的杠杆率，也相应地增加了高风险业务的规模。金融发展深度与商业银行稳定性也是负相关，并通过了显著性检验，比较可能的解释是金融发展程度越深，国民经济的各种产业对金融的依赖程度越深，在我国特别是对银行信贷的依赖越深，从而提高了企业的资产负债率，加大了企业经营的风险水平。

4. 稳健性检验

下面对设定的模型进行稳健性检验，分别从考虑模型的内生性和引入金融危机的冲击两个角度进行了实证检验。

在解决模型的内生性问题时，采用了作为解释变量的不良资产率的一期滞后值建立回归模型，分别进行了固定效应回归和随机效应回归，得到的回归结论是不良资产率的一期滞后值对商业银行的稳定性产生了显著的负面影响，不良资产率提升 1 个百分点，将导致商业银行稳定性水平的 Z 值下降 10 个百分点以上，并在 1% 的显著性水平上显著，如模型 3 和模型 4（见表 9-3）。对此解释是，上一期产生的不良资产拉低了资产整体的质量水平，根据《巴塞尔协议》的规定，商业银行需要计提对应的风险准备，进而占用了大量的资本，降低了商业银行的收益。

考虑到选取的时间期限内爆发了全球性金融危机，而金融危机的影响是广泛而深远的，特引入表征金融危机的虚拟变量，来考察在金融危机的影响下，不良资产率是否依然能够对商业银行的稳定性产生负面影响。在基本回归模型的基础上，本文引入了金融危机变量和不良资产率与金融危机交叉项，同时采用不良资产率的一期滞后值作为解释变量来建立回归模型：

$$Z_{it} = c + \alpha_1 npl_{i,t-1} + \alpha_2 crisis + \alpha_3 npl_{it} \times crisis + \theta controls_{it} + \mu_i + \varepsilon_{it} \qquad (3)$$

式中，$crisis$ 表示金融危机；$npl_{it} \times crisis$ 表示不良资产率与金融危机的交叉项。由于国际金融危机爆发于 2008 年，而且整个国际国内的经济发展形势仍然没有走出金融危机的阴影，还处于深度调整之中，因此本文取 2008 年之前的金融危机变量为 0，2008 年之后的金融危机变量为 1。

固定效应回归和随机效应回归的结果均表明，在引入金融危机这个虚拟变量以后，不良资产率依然能够显著降低商业银行的稳定性水平，而且金融危机对商业银行稳定性水平的影响具有正向效应，但并不显著。这表明我国银行业的稳定性受国际金融危机的影响程度较小，主要原因可能是：一方面，我国银行业的对外开放程度有限，国际化经营尚处于初始阶段；另一方面，与我国采取积极应对金融危机的有效措施有关。

表 9-3　不良资产与商业银行稳定性模型的回归结果

变量名称	模型 1 Z	模型 2 Z	模型 3 Z	模型 4 Z	模型 5 Z	模型 6 Z
不良资产率	−15.84** （−2.74）	−10.60** （−1.97）	−15.60** （−2.81）	−13.33*** （−3.46）	−15.28** （−2.65）	−12.58*** （−3.09）
金融危机	—	—	—	—	27.93 （0.48）	26.67 （0.50）
金融危机 × 不良资产率	—	—	—	—	−12.48 （−0.31）	−13.22 （−0.36）
银行规模	3.55e−08 （1.58）	3.50e−08 （1.40）	−1.85e−08 （−0.38）	3.22e−08 （1.29）	−2.12e−08 （−0.44）	3.38e−08 （1.54）
贷存比	−2.67 （−1.46）	−2.78* （−1.86）	−1.59 （−0.83）	−2.45** （−2.05）	−1.54 （−0.76）	−2.55** （−2.31）

变量名称	模型 1 Z	模型 2 Z	模型 3 Z	模型 4 Z	模型 5 Z	模型 6 Z
流动性比率	−0.83 （−0.51）	0.71 0.37	0.33 （0.16）	−0.42 （−0.23）	0.38 （0.20）	−0.28 （−0.16）
所有者权益与资产总额之比	−3.81 （−0.90）	−2.83 （−0.85）	−4.78 （−0.40）	−0.91 （−0.11）	−5.03 （−0.45）	−1.36 （−0.18）
非利息收入占比	3.02 （0.86）	4.75 （0.98）	1.74 （0.33）	1.63 （0.38）	1.81 （0.34）	1.69 （0.38）
GDP 增长率	−47.51*** （−4.37）	−45.79*** （−4.81）	−43.77*** （−3.74）	−39.18*** （−4.09）	−34.09 （−1.36）	−30.59 （−1.49）
居民消费价格指数	36.84 （1.58）	42.80* （1.87）	49.45** （2.54）	48.22** （2.49）	49.40** （2.49）	48.47** （2.42）
失业率	−263.38 （−1.10）	−119.10 （−0.41）	−325.91 （−1.09）	−314.08 （−1.29）	−475.36** （−2.87）	−439.38*** （−2.62）
金融发展深度	−945.31** （−2.16）	−807.46* （−1.88）	−565.68 （−1.65）	−604.18* （−1.86）	−497.10 （−1.33）	−531.31 （−1.48）
常数项	3034.57** （2.64）	2111.88* （1.70）	2643.08* （1.95）	2637.97** （2.39）	3060.65*** （3.26）	2967.19*** （3.43）
R^2	0.26	0.24	0.15	0.29	0.14	0.29
F	25.03		18.72		16.00	
观察数	149	149	139	139	139	139
Wald 统计量		188.19		354.41		292.91

注：模型 1 为混合效应回归；模型 2 为随机效应回归；模型 3 为解释变量一期滞后值的固定效应回归；模型 4 为解释变量一期滞后值的随机效应回归；模型 5 是引入金融危机和不良资产率与金融危机交叉项变量后的解释变量的一期滞后值的固定效应回归；模型 6 是引入金融危机和不良资产率与金融危机交叉项变量后的解释变量的一期滞后值的随机效应回归；*、**、*** 分别表示在 10%、5%、1% 的水平上显著。

5. 不良资产影响商业银行稳定性的路径

（1）不良资产与资产收益率、资本充足率。本部分验证的是不良资产对商业银行稳定性水平的影响路径，这里的被解释变量分别是资产收益率（roa）和资本充足率（car），解释变量与控制变量和上一实证部分相同，根据上文的理论分析，本节建立的基本回归模型分别为

$$roa_{it} = c + \alpha npl_{it} + \theta controls_{it} + \mu_i + \varepsilon_{it} \tag{4}$$

$$car_{it} = c + \alpha npl_{it} + \theta controls_{it} + \mu_i + \varepsilon_{it} \tag{5}$$

基本回归模型的固定效应回归和随机效应回归结论表明，不良资产率对商业银行的资产收益率有着显著的负向效应，不良资产率每提升 1 个百分点，将导致商业银行的资产收益率降低 3 个百分点以上，并在 1% 的显著性水平上显著，如模型 7 和模型 8 所示（见表 9-4）；再者，不良资产率能够显著降低商业银行的资本充足率，不良资产率每提升 1 个百分点，将导致商业银行的资本充足率降低 20 个百分点以上，并在 1% 的显著性水平上显著，如模型 9 和模型 10 所示（见表 9-4）。另外，资产收益率的降低和资本充足率的下降都会造成商业银行稳定性水平的下降，但是通过观察对比不良资产率对商业银行资产收益率和资本充足率影响效应的实证结果可知，受不良资产率的影响，商业银行资本充足率下降的幅度远大于资产收益率下降的幅度。可见，不良资产是通过以降低资本充足率为主要路径，再辅以降低资产收益率的途径来影响商业银行稳定性的。

（2）稳健性检验。在本部分模型的稳健性检验中，采用引入金融危机虚拟变量的方式进行实证检验，关于虚拟变量取值的设定与上述稳健性检验部分相同，因此包含金融危机虚拟变量和不良资产率与金融危机交叉项的回归模型为

$$roa_{it} = c + \alpha_1 npl_{it} + \alpha_2 crisis + \alpha_3 npl_{it} \times crisis + \theta controls_{it} + \mu_i + \varepsilon_{it} \qquad (6)$$

$$car_{it} = c + \alpha_1 npl_{it} + \alpha_2 crisis + \alpha_3 npl_{it} \times crisis + \theta controls_{it} + \mu_i + \varepsilon_{it} \qquad (7)$$

通过 Hausman 的检验分析，分别对资产收益率和资本充足率作为被解释变量的模型进行了固定效应回归，得到的结论与基本回归模型相似：不良资产率能够显著降低商业银行的资产收益率和资本充足率，而且对资本充足率产生的影响程度依然远大于对资产收益率产生的影响程度，实证结果在 1% 的显著性水平上显著，如模型 11 和模型 12 所示（见表 9-4）。另外，金融危机对商业银行的资产收益率具有正向影响，对资本充足率具有负向影响，但结果都不显著，表明金融危机对我国银行业的影响程度有限，和上一部分的实证结果相似。

表 9-4　不良资产与资产收益率、资本充足率模型回归结果

变量名称	模型 7 roa	模型 8 roa	模型 9 car	模型 10 car	模型 11 roa	模型 12 car
不良资产率	-0.05^{***} （-4.52）	-0.04^{***} （-3.04）	-0.22^{***} （-3.07）	-0.24^{***} （-3.47）	-0.05^{***} （-4.78）	-0.21^{***} （-2.91）
金融危机	—	—	—	—	0.01 （0.46）	-0.20 （-1.37）
金融危机 × 不良资产率	—	—	—	—	-0.06^{**} （-2.37）	0.09 （0.54）
银行规模	$-1.45e-10^{*}$ （-1.97）	$6.54e-11$ （1.37）	$6.40e-10^{*}$ （1.87）	$3.44e-10^{***}$ （2.69）	$-1.44e-10^{*}$ （-1.92）	$6.82e-10^{*}$ （1.95）

变量名称	模型 7 roa	模型 8 roa	模型 9 car	模型 10 car	模型 11 roa	模型 12 car
贷存比	−0.004 （−0.88）	−0.008* （−1.79）	−0.039** （−2.53）	−0.020 （−1.62）	−0.005 （−1.00）	−0.043** （−2.60）
流动性比率	−0.006*** （−3.33）	−0.006*** （−2.67）	0.021 （1.57）	0.011 （0.90）	−0.006*** （−3.24）	0.020 （1.44）
所有者权益与 资产总额之比	−0.03** （−2.81）	−0.03 （−1.59）	0.86*** （33.71）	0.85*** （28.68）	−0.03*** （−3.02）	0.86*** （34.36）
非利息收入占 比	−0.004 （−1.22）	−0.004 （−1.18）	−0.030 （−1.50）	−0.020 （−1.11）	−0.005 （−1.34）	−0.030 （−1.56）
GDP 增长率	−0.110*** （−6.57）	−0.100*** （−5.53）	−0.013 （−0.16）	−0.030 （−0.34）	−0.120*** （−5.75）	−0.080 （−0.70）
居民消费价格 指数	0.080*** （6.77）	0.080*** （6.62）	−0.030 （−0.45）	−0.040 （−0.68）	0.080*** （6.17）	−0.014 （−0.27）
失业率	0.12 （0.35）	0.45 （1.51）	−1.35 （−0.79）	−1.85 （−1.13）	0.32 （0.90）	−0.37 （−0.19）
金融发展深度	0.42 （1.06）	0.44 （1.13）	0.44 （0.35）	−0.33 （−0.32）	0.59 （1.44）	0.25 （0.18）
常数项	1.73 （1.04）	0.36 （0.24）	11.40 （1.51）	13.93** （1.99）	0.92 （0.56）	8.67 （1.02）
R^2	0.04	0.30	0.92	0.94	0.03	0.92
观察数	149	149	149	149	148	148

注：*、**、*** 分别表示在 10%、5%、1% 的水平上显著；模型 7 是资产收益率为被解释变量的固定效应回归；模型 8 是资产收益率为被解释变量的随机效应回归；模型 9 是资本充足率为被解释变量的固定效应回归；模型 10 是资本充足率为被解释变量的随机效应回归；模型 11 是引入金融危机和不良资产率与金融危机交叉项变量后的资产收益率为被解释变量的固定效应回归；模型 12 是引入金融危机和不良资产率与金融危机交叉项变量后的资本充足率为被解释变量的固定效应回归。

（二）不良资产影响商业银行信贷效率的实证分析

1.变量选取与数据描述

（1）变量选取。

1）商业银行的信贷效率。现有文献中对商业银行信贷效率的测度方法主要有包络分析法（DEA）和随机前沿模型法（SFA）两种，包络分析法采用线性规划的方法进行效率评价，不依赖具体的生产前沿模型，其所用的投入产出数据也不需要统一量纲，即采用不同领域的投入与产出数据；而随机前沿模型则需要依赖具体的生产函数才能进行效率评价，在可靠性方面优于包络分析法。因此，这里特采用随机前沿模型法（SFA）对商业银行的信贷效率进行测算，在使用随机前沿模型进行测算之前，应对模型进行设定，即确定投入变量和产出变量的衡量指标。

在借鉴袁云峰和董敏（2009）研究成果的基础上，结合研究需要，从商业银行金融中介的角色出发，选取投入与产出变量，能够更加清晰地展示不良资产对商业银行信贷效率的影响机制。商业银行的主要业务是资金的存贷，因此，选取的投入变量是存款总额和资产规模，产出变量为贷款总额。在信贷效率模型中，对投入变量和产出变量分别进行了取对数处理，构建的信贷效率模型如下

$$\ln(loan_{it}) = \alpha_0 + \alpha_1 t + \alpha_2 \ln(deposit_{it}) + \alpha_3 \ln(size_{it}) + v_{it} + u_{it} \qquad (8)$$

式中，i 表示商业银行个体；t 表示时间；$deposit$ 代表存款总额；$loan$ 代表贷款总额；v 是服从独立同分布的随机变量；u 是与 v 相互独立的代表技术无效率的随机变量。

由表 9-5 中的估算结果可见，投入变量存款总额和产出变量资产规模都通过了 1% 的显著性水平检验，表明上述构建的贷款效率模型是合理的。

表 9-5　商业银行信贷效率的估算结果

参数	估计值	标准差	Z 值	P 值
α_3	0.0999897	0.0260408	3.84	0.000
α_2	0.9182847	0.0267441	34.34	0.000
常数项	−1.369702	0.2459953	−5.57	0.000
变差率 Gamma	3.190334	0.0152252	—	—
LR 检验	32.46	—	—	0.000

表 9-5 中 LR=32.46，通过了 1% 的显著性水平检验，似然比检验拒绝了原假设，即认为存在技术无效率项 u，根据 Gamma 的系数，u 在复合扰动项中占据了主导地位。

2）不良资产。本部分的解释变量为不良资产，由上文的分析可知，不良资产率能够比较好地反映商业银行的风险水平，故选取不良资产率作为不良资产的代理变量。

3）商业银行的收益水平。商业银行的净利润、收入和净资本都能不同程度地表征商业银行的收益水平，由于数据的可得性以及考虑到利息收入是我国商业银行收入主要来源的因素，故选取利息收入指标表征商业银行的收益水平。

本部分选取信贷效率作为商业银行效率的代理变量，依据上述分析，本文的被解释变量为信贷效率，在不良资产对商业银行效率的影响机制的检验中，中介变量为商业银行的收益水平。

根据 Hsiao 等（2010）和陈雨露等（2012）的研究，选取的控制变量应能反映商业银行自身的经营特征和宏观经济形势，在借鉴上述文献成果的基础上，结合国民经济的核算指标和银行业的监管指标，选取了资本充足率、所有者权益与资产总额之比、流动性比率、资产收益率、贷存比和非利息收入占比等变量来反映商业银行自身的经营特征，采用 GDP 增长率、居民消费价格指数、失业率和金融发展深度等变量反映宏观经济形势。

（2）数据描述。样本范围包括国有商业银行、全国性股份制商业银行和部分城商行 2005—2016 年的年度数据，鉴于我国银行业监管指标数据的可得性，这里采用的是各大银行 2003—2017 年以人民币计的年度数据。

表 9-6 列出了所有变量的均值、标准差、最小值和最大值，商业银行效率的均值约为 0.882。

表 9-6　变量的统计性描述

变量名称	均值	标准差	最小值	最大值
商业银行效率（*te_loan*）	0.88	0.08	0.64	0.98
商业银行收益水平（*profit*）	1238.34	1863.15	7.70	8717.79
不良资产率（*npl*）	2.16	3.53	0	30.31
资本充足率（*car*）	12.13	5.65	−4.56	86
资产收益率（*roa*）	0.98	0.40	−2.07	3.02
贷存比（*ldratio*）	67.18	8.41	40.36	94.54
流动性比率（*liqratio*）	46.06	12.88	25.39	115.93
所有者权益与资产总额之比（*leverate*）	9.50	4.13	−4.53	62.04
非利息收入占比（*niratio*）	16.69	9.83	−4.73	56.47
GDP 增长率（*gdpgrowth*）	10.23	2.79	−2.50	17.40

变量名称	均值	标准差	最小值	最大值
居民消费价格指数（cpi）	2.58	1.72	−1.64	7.03
失业率（unemployment rate）	3.85	0.63	1.21	6.70
金融发展深度（dfd）	1.32	0.33	0.58	2.58

数据来源：Wind 数据库、国家统计局、银保监会和各大商业银行年报。

2. 计量模型的设定

本节首先验证不良资产的增加对商业银行的信贷效率具有负面影响的假设，构建的基本回归模型如下

$$te\_loan_{it} = c + \alpha npl_{it} + \beta controls_{it} + \mu_i + \varepsilon_{it} \tag{9}$$

式中，te_loan 是商业银行信贷效率；npl 是不良资产率；$controls$ 是控制变量；μ_i 是商业银行的个体效应；ε_{it} 是残差项；i 指商业银行个体；t 指时间。

3. 实证结果与分析

基本模型的回归采用了混合效应、随机效应和固定效应分别进行检验，检验结果显示：不良资产率的提高能够显著降低商业银行的信贷效率，并通过了显著性检验，如模型 1、模型 2 和模型 3 所示（见表 9-7）。这是因为存款人、商业银行和贷款人之间存在双层债权债务关系，一项不良资产生成以后，贷款人没有能力偿还贷款，商业银行无法收回贷款的本金和利息，但这并不会影响存款人与商业银行之间的债权债务合约，商业银行仍然需要向存款人支付本金和预先约定的收益，不良资产造成的损失理应由商业银行承担，因而理性的商业银行便会谨慎经营，加强贷款的审查。

在控制变量中，贷存比对商业银行信贷效率的影响系数为正，并通过了 1% 的显著性水平检验。可能的解释是贷存比越高，在存款一定的情况下，商业银行贷款越多，以存款作为投入、贷款作为产出的投入产出比越大。GDP 增长率的上升能显著提升商业银行的信贷效率，并在 1% 的显著性水平上显著，这主要是因为在经济增长速度较高时，企业经营效益好，能够及时归还商业银行的贷款，不良资产的形成较少，商业银行的经营效益好，从而倾向于扩大信贷规模。金融发展深度可能会降低商业银行的信贷效率，但回归结果并不显著，对此可能的解释是资本具有逐利的本性，在金融发展程度较大时，资本具有"脱实向虚"的趋势，加深了经济的虚拟程度，对作为财富来源的实体经济形成了挤压。

4. 稳健性检验

出于检验基本模型稳健性的考虑，采用了不良资产率的一期滞后值作为解释变量进行检验，得到的结果与模型 1、模型 2 和模型 3 的结论相同，即不良资产

中国特色不良资产处置的理论创新与实践

率的上升能显著降低商业银行的信贷效率，如模型 4 所示（见表 9-7）。

5. 不良资产影响商业银行信贷效率的路径

（1）不良资产与商业银行收益水平。为了对不良资产的上升以降低商业银行的经营效益为传导中介对商业银行的信贷效率产生负面影响进行检验，将商业银行收益水平纳入了基本回归模型中，得到如下回归模型：

$$te\_loan_{it} = c + \alpha_1 profit_{it} + \alpha_2 npl_{it} + \beta controls_{it} + \mu_i + \varepsilon_{it} \quad (10)$$

式中，te_loan 是商业银行信贷效率；$profit$ 是商业银行收益水平；npl 是不良资产率；$controls$ 是控制变量；μ_i 是商业银行的个体效应；ε_{it} 是残差项；i 指商业银行个体，t 指时间。

根据表 9-7 中的检验结果，商业银行收益水平的上升能够显著提高商业银行信贷效率，通过了 1% 的显著性检验，主要原因是在市场经济体系下，商业银行作为一个市场化的经济主体，会理性地依据经营效益做出贷款决策。不良资产率的上升依然会显著降低商业银行的信贷效率，与基本模型中的回归结论相同，并通过了显著性水平检验，如模型 5 所示（见表 9-7）。因此，不良资产的增加以降低商业银行的收益水平为传导中介，从而对商业银行的信贷效率产生负面影响。

（2）稳健性检验。出于检验模型稳健性的考虑，采用商业银行的净息差作为利息收入的替代变量，来衡量商业银行的收益水平并进行检验，得到的结论与模型 5 相同，表明本节构建的模型是稳健的，如模型 6 所示（见表 9-7）。

表 9-7　不良资产与商业银行信贷效率模型的回归结果

变量名称	模型 1 te_loan	模型 2 te_loan	模型 3 te_loan	模型 4 te_loan	模型 5 te_loan	模型 6 te_loan
商业银行收益水平	—	—	—	—	0.00001*** （2.91）	0.0081*** （3.30）
不良资产率	−0.0057* （−1.96）	−0.00494* （−1.84）	−0.0025** （−2.14）	−0.0023* （−1.87）	−0.0056* （−1.90）	−0.00621** （−2.24）
资本充足率	−0.0028 （−1.10）	−0.0036 （−1.47）	−0.0041 （−1.63）	−0.0028 （−1.04）	−0.0041 （−1.56）	0.00059 （0.24）
资产收益率	−0.0046 （−0.41）	−0.0063 （−0.64）	−0.0069 （−0.70）	−0.00296 （−0.26）	−0.0114 （−1.00）	0.0004 （0.04）
贷存比	0.0091*** （21.97）	0.0093*** （25.65）	0.0094*** （26.12）	0.0091*** （21.88）	0.0087*** （19.44）	0.0093*** （23.03）
流动性比率	0.00013 （0.55）	0.00024 （1.12）	0.0003 （1.20）	0.0001 （0.42）	0.00004 （0.19）	−0.00008 （−0.36）

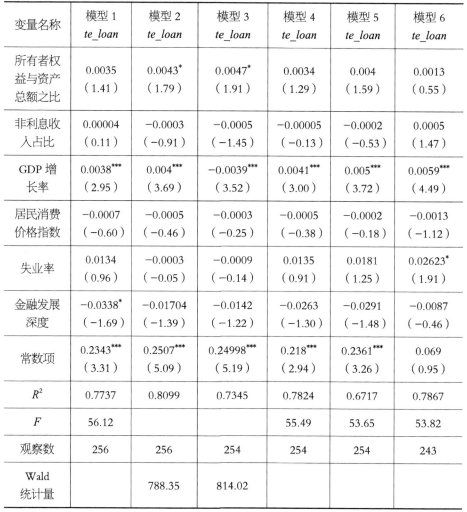

变量名称	模型 1 *te_loan*	模型 2 *te_loan*	模型 3 *te_loan*	模型 4 *te_loan*	模型 5 *te_loan*	模型 6 *te_loan*
所有者权益与资产总额之比	0.0035 （1.41）	0.0043* （1.79）	0.0047* （1.91）	0.0034 （1.29）	0.004 （1.59）	0.0013 （0.55）
非利息收入占比	0.00004 （0.11）	−0.0003 （−0.91）	−0.0005 （−1.45）	−0.00005 （−0.13）	−0.0002 （−0.53）	0.0005 （1.47）
GDP 增长率	0.0038*** （2.95）	0.004*** （3.69）	−0.0039*** （3.52）	0.0041*** （3.00）	0.005*** （3.72）	0.0059*** （4.49）
居民消费价格指数	−0.0007 （−0.60）	−0.0005 （−0.46）	−0.0003 （−0.25）	−0.0005 （−0.38）	−0.0002 （−0.18）	−0.0013 （−1.12）
失业率	0.0134 （0.96）	−0.0003 （−0.05）	−0.0009 （−0.14）	0.0135 （0.91）	0.0181 （1.25）	0.02623* （1.91）
金融发展深度	−0.0338* （−1.69）	−0.01704 （−1.39）	−0.0142 （−1.22）	−0.0263 （−1.30）	−0.0291 （−1.48）	−0.0087 （−0.46）
常数项	0.2343*** （3.31）	0.2507*** （5.09）	0.24998*** （5.19）	0.218*** （2.94）	0.2361*** （3.26）	0.069 （0.95）
R^2	0.7737	0.8099	0.7345	0.7824	0.6717	0.7867
F	56.12			55.49	53.65	53.82
观察数	256	256	254	254	254	243
Wald统计量		788.35	814.02			

注：*、**、***分别表示在 10%、5%、1% 的水平上显著。

（三）结论

本章基于 2003—2017 年我国全国性大型商业银行的面板数据，首先实证研究了不良资产对商业银行稳定性水平的影响机制；继而对不良资产影响商业银行稳定性水平的中间路径进行了实证检验。实证结论包括：①商业银行在市场化经营过程中产生的不良资产能够显著降低其稳定性水平；②市场化形成的不良资产对商业银行的资产收益率具有负向影响效应；③不良资产通过渐次侵蚀商业银行的附属资本和核心资本，显著降低了银行的资本充足率，进而推升了银行的杠杆水平；④相比于资产收益率，不良资产对资本充足率的影响更为显著。总之，不良资产以提升商业银行的杠杆水平为主要路径，降低了商业银行的稳定性水平，增加了商业银行经营过程中的风险。同时，基于2005—2016年样本范围，包括国有商业银行、全国性股份制商业银行和部分城商行的数据，采用随机前沿模型法对商业银行的信贷效率进行了估算，在此基础上，实证研究了不良资产影响商业银行信贷效率的机制，得到的结论为：不良资产的增加通过降低商业银行的收益水平，对商业银行的信贷效率产生负面影响。

第九章　不良资产对商业银行稳定性和信贷效率影响的理论与实证分析

第十章　不良资产与中国经济增长关系的理论与实证分析

　　本章从宏观经济运行的视角切入，分析不良资产对我国经济增长的影响。首先通过理论模型分析了不良资产对经济增长的作用机制，其次基于2005—2016年全国部分省份的面板数据，实证分析不良资产对经济增长的影响机制和传导路径，结果表明：不良资产的上升会抑制经济增长；不良资产对全社会固定资产投资总额的影响程度最大，对进出口总额的影响次之，对消费水平的影响最小；不良资产通过全社会固定资产投资总额、进出口总额和消费水平影响经济增长的传导效应的占比分别为26.60%、11.97%和45.71%。因此，不良资产的上升以全社会固定资产投资总额、进出口总额和消费水平的降低为中间传导路径，进而对经济增长产生负向影响效应。

一、理论分析

（一）不良资产对经济增长的影响机制

　　从微观的角度来看，企业的经营及其进行的项目投资具有一定风险，可能取得成功，也可能面临失败。当投资成功时，由于双层债权债务关系的存在，银行和储蓄存款人都将获得事先约定的收益；当投资失败时，企业出现经营性困难，丧失或部分丧失了偿还银行贷款的能力，银行不能全部收回发放的贷款，这时银行系统便产生了不良贷款。既然不良贷款本质上可以视为一种不良股权，也就是一种受到损失的所有者权益，这里应该和资本市场的情况一样，不存在不良资产问题。但问题的关键是储蓄存款人实际上拥有的却是对银行的债权，这种所有者权益的损失不是由作为股东的储蓄存款人投资失败造成的，而是由银行作为其代理人进行的失败投资造成的。于是便实现了资本收益权与投资管理权的分离，当企业不具有偿还或足额偿还贷款的能力时，显然银行无法收回全部贷款的本金，但是银行与储蓄存款人之间的债权债务关系却没有受到任何影响，银行依然需要向储蓄存款人支付事先约定的本金和收益，而银行自身必须承担这种差额所带来的损失。这也可以看作对银行侵犯存款人资本投资管理权的一种惩罚，最终投资的风险全部转移至银行体系。

因此，当不良贷款生成时，银行必须使用自有资本或利润来弥补损失，以保证储蓄存款人的利益不受侵犯，如此一来，银行的资本充足率和流动性也将受到一定影响。由于大型银行的自有资本相对于其提供的贷款可以忽略不计，因此可以认为银行提供的贷款都来自储蓄存款。

具体来讲，假设某一时点上某家银行拥有 100 万元的收益资产，对应的，该银行必然有 100 万元的对存款人的负债，依据《巴塞尔协议》和监管法则的规定，银行需要保持 8% 的资本充足率，即银行拥有 8 万元的总资本。如果此时银行的不良贷款率为 2%，而且这些不良贷款完全无法收回，银行就有 2 万元的资产损失，总资产仅剩下 98 万元，银行为了保证存款人的利益，必须使用其利润或总资本填补这 2 万元的损失，银行的资本充足率和流动性必然下降。

20 世纪 90 年代，中国农业银行的不良资产率高达 40% 以上，银行全部的总资本和利润也不足以弥补这种损失，此时的农业银行实质上已处于破产境地，致使国家不得不出面进行救助。事实上，一直以来，商业银行都是使用新增的储蓄存款来弥补不良资产损失，只有当新增储蓄存款无法填补资产损失的缺口时，这一过程方才结束。值得庆幸的是，到目前为止，我国国有商业银行的不良资产损失规模还未曾超过其新增储蓄存款，但是居民的储蓄存款一直被用于弥补商业银行不良资产损失也是事实。

从宏观的角度来看，商业银行天然地具有顺周期性的经营特征，在经济快速发展时期，倾向于扩大信贷投放，放大本身的杠杆率；在经济发展衰落时期，收缩信用，降低经营的杠杆水平，致使银行杠杆也具备了顺周期的特性。然而，企业经营效益在很大程度上受到经济发展形势的影响，其对银行贷款的违约率也明显地呈现出逆周期效应。企业贷款出现违约，相应银行部门的资产便转变成了不良资产。

不良资产与经济发展形势具有显著的负相关性，其变化趋势表现出一定的逆周期性质，经济快速增长时，不良资产趋于下降，反之则趋于上升。可以发现，不良资产变化趋势的逆周期特性是商业银行顺周期性经营特征的微观基础。商业银行是以负债作为投入、资产作为产出，进行货币专业化经营的市场化经济组织，和其他类型的企业一样，通过服务于投入产出的货币循环赚取利润，积累资本，进而实现商业银行的"扩大再生产"。如果资产质量下滑，某项贷款沦为不良资产，往往意味着该项资产的货币价值小于相应负债的价值，犹如企业的某个项目投入大于相应产出，侵蚀企业的资本积累，则该项投资将以失败而结束。

在经济发展形势乐观时期，银行业不良资产趋于减少，失败的项目投资持续降低，提振了商业银行决策者（企业投资者）的信心，并提升了其对经济前景的预期，从而无意识地放松了风险管控和审查机制，加大了信贷的投放。一旦经济发展形势发生逆转，不良资产陆续暴露，失败的项目投资趋于上升，商业银行的决策者将本能地进行谨慎放贷，主动降低信贷意愿。因此，不良资产的逆周期性变化趋势决定了商业银行的顺周期性经营特征。

另外，根据《巴塞尔协议》的有关规定，不良资产增加了商业银行的风险加权资产，需要计提相应的风险准备，进而占用了大量资本，削弱了商业银行可用于提供信贷的能力。综合分析，不良资产的增加降低了商业银行的信贷规模。进一步分析，从社会总需求的角度观察，投资、消费和净出口是拉动经济增长的"三驾马车"，而企业部门申请贷款的目的主要是扩大再生产，增加对生产资料的购买和投资，居民部门申请贷款主要为了进行消费，因此不良资产的上升降低了全社会的固定资产投资总额、进出口总额和消费水平。例如，从我国不良资产所在各部门的分布来看，企业部门的不良资产始终居于首位，占比一直处于90%左右；居民部门的不良资产次之，占比为10%左右；而政府部门的不良资产占比几乎为0。可见，不良资产主要来自商业银行对企业部门和居民部门的贷款。

（二）不良资产影响经济增长的理论模型

不良资产对经济增长不仅具有直接影响，还具有间接影响。不良资产本身是一种不良股权，其对经济增长的直接影响有限，主要通过产生不良资产的微观经济主体所占据的资源来影响经济增长。不良资产的产生源自微观经济主体的贷款违约，微观经济主体本身占有一定的固定资产和信贷资源，这部分资源暂时无法用于他处，对国民经济体系来说是一种资源配置效率的损失，对经济增长会直接产生一些负面的影响。然而，随着不良资产处置的完成，不良资产涉及的债权债务关系得以清算，不但微观经济主体占据的那部分资源得到了释放，可以改作他用重新流向高效率的部门，而且深受不良资产束缚的商业银行和微观经济主体也会获得解放，找回其在市场经济体系中本属于自己的角色，重新成为市场经济体系中的一名投资者，再次寻找具有市场前景的投资项目，经济增长也会重新回到正常的发展轨道上。因此，在能够被及时高效处置的前提下，不良资产对经济增长产生的直接影响是比较小的。

不良资产对经济增长的间接影响是以银行体系为传导中介，进而间接影响经济增长的。不良贷款本身是一种不良股权，但不良资产会不断侵蚀商业银行的利润或自有资本，威胁银行体系的稳定，随着不良资产数量的增长，如果银行体系的稳定遭到破坏，商业银行将接连出现破产倒闭，继而引发金融危机，不良资产对经济增长的影响不言而喻。但是，只要银行体系拥有足够强的抗风险能力，同时不良资产能够得以及时处置，不爆发银行业危机，不良贷款对整个国民经济的发展就不会造成破坏性的影响。但是，不断积累的不良贷款会不断侵蚀银行的自有资本，降低银行抵御风险的能力，从而对经济的发展产生负面影响。从信贷的供给端来看，银行在实际的经营过程中，只要满足各种监管指标，就认为其经营是稳健的。

一方面，根据计算准则，银行的资本充足率等于总的资本净额与表内外风险加权资产期末总额之比。相对来说，不良资产面临损失的风险更高，必然拥有更大的风险权重，因而表内外风险加权资产期末总额也会相应增加，在维持资本充足率不变的情况下，只能增加总的资本净额，从而使银行被动地减少了可用于贷款的资本金，降低了银行提供信贷的能力。在没有不良资产时，银行能够收回借出的本金并获得应得的收益，其信贷能力没有降低，将表现出正常甚至扩张信贷的意愿。但是，一旦不良资产生成，银行不仅损失了不良资产这部分本金，而且这部分资产还会占用其他的资本金，以保持银行的资本充足率不会下降。被占用的资本金无法用于提供信贷，只能躺在银行的资产负债表上，不但不能带来收益，还要遭受资产贬值的损失，这相当于银行承受了双重损失。在心理上，银行会本能地规避风险，主动降低信贷扩张的意愿，甚至偏向于收缩信贷。因此，不良资产的上升降低了商业银行储蓄转化为投资、消费、出口的能力。

考虑到不良资产总是在经济下行周期开始显现的事实，由不良资产引发的银行被动和主动降低信贷的联动效应将进一步恶化经济下行的趋势。反过来，经济的下行又会增加企业经营的风险，银行贷款转变为不良资产的概率也将变大，也可称为宏观经济的反馈效应，不良资产与经济下行之间可能出现螺旋上升的局面。不良资产对经济增长的影响机制如图 10-1 所示。

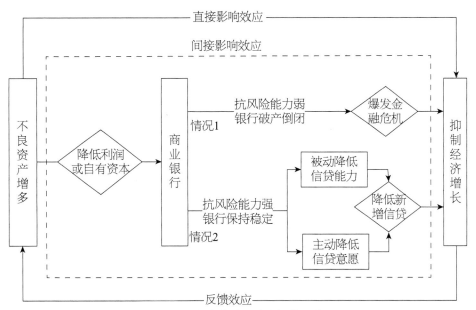

图 10-1 不良资产对经济增长的影响机制

从上述分析中可知，储蓄转化率与不良资产呈负相关，即

$$\phi_1 = -\alpha npl \tag{1}$$

式中，从信贷的需求端来看，商业银行作为一种金融中介，在进行存贷款业务的同时，承担着信贷违约的风险，根据 Bernanke 和 Gertler 的研究，商业银行贷款的风险利率应满足：

$$E_t(r_{t+1}) = E_t[y(P_tQ_{t+1}/Z_{t+1})R_t] \tag{2}$$

$$y(P_tQ_{t+1}/Z_{t+1}) = (P_tQ_{t+1}/Z_{t+1})^u \tag{3}$$

式中，r_{t+1} 是 $t+1$ 期的风险利率；P_t 是 t 期末的资产价格；P_tQ_{t+1} 是 t 期末企业总的资产价值；Z_{t+1} 是 $t+1$ 期企业的资产净值；R_t 是 t 期的无风险利率；u 是金融摩擦指数；$\dot{y} > 0, y(1) = 1$，$y(\cdot)$ 表征了商业银行的信贷风险溢价。

随着商业银行资产质量的恶化，相应企业的资产净值 Z_{t+1} 也会逐渐下降，资产净值与不良资产呈负相关，即

$$Z_t = -\beta npl_t \tag{4}$$

不良资产的上升会使信贷风险溢价 $y(\cdot)$ 上升，继而推动风险利率上升，增加了企业的融资成本，降低了企业的信贷水平，从而拉低了储蓄向投资、消费等的转化率。因此，可以得到

$$\phi_2 = -\gamma E(r) = -\gamma E[y(-\frac{PQ}{\beta npl})R] \tag{5}$$

从不良资产对经济增长影响机制的分析中可以发现，在银行体系保持稳定的情况下，不良资产主要通过降低商业银行的信贷对经济增长产生负面影响。为了阐明这一影响机制，本书将金融加速器模型纳入了马尔科·帕加诺的"信贷—经济增长"理论的分析框架，构建了以下模型。

由内生增长理论的 AK 模型可知，经济体的生产函数为

$$Y_t = AK_t \tag{6}$$

式中，Y_t 是 t 期的总产出；A 是资本的边际产出；K_t 是资本存量。假定技术水平和外生的储蓄率固定不变。

总的投资水平可表示为

$$I_{t+1} = K_{t+1} - K_t + \delta K_t \tag{7}$$

式中，δ 是资本的折旧率；I_{t+1} 是 $t+1$ 期的投资总额。

在储蓄转化为投资的过程中存在漏损，现实经济系统中的储蓄不可能完全转化为投资，假设储蓄转化为投资的转化率为 ϕ，则有

$$I_t = \phi S_t \tag{8}$$

式中，ϕ 是储蓄的转化率；S_t 是经济体的总储蓄。

经济的增长率为

$$g_{t+1} = \frac{Y_{t+1}}{Y_t} - 1 \tag{9}$$

将式（6）代入式（9）可得经济增长率为

$$g_{t+1} = \frac{K_{t+1}}{K_t} - 1 \tag{10}$$

将式（7）两端同时除以 K_t 得

$$\frac{I_{t+1}}{K_t} = \frac{K_{t+1}}{K_t} - 1 + \delta \tag{11}$$

经整理可得

$$\frac{K_{t+1}}{K_t} = \frac{I_{t+1}}{K_t} + 1 - \delta \tag{12}$$

将式（12）代入式（10）得

$$g_{t+1} = \frac{I_{t+1}}{K_t} - \delta \tag{13}$$

将式（8）代入式（13）得

$$g_{t+1} = \phi \frac{S_{t+1}}{K_t} - \delta \tag{14}$$

将式（14）中 $\phi S_{t+1} / K_t$ 的分子、分母同时乘以 A 得

$$g_{t+1} = A\phi \frac{S_{t+1}}{AK_t} - \delta = A\phi \frac{S_{t+1}}{Y_t} - \delta \tag{15}$$

当经济达到稳态时，经济增长率可表示为

$$g = A\phi s - \delta = A(\phi_1 + \phi_2)s - \delta \tag{16}$$

式中，s 是经济体的储蓄率。

将式（1）和式（5）代入式（16）可得

$$g = A\left\{ -\alpha npl - \gamma E\left[y\left(-\frac{PQ}{\beta npl} \right)R \right] \right\}s - \delta \tag{17}$$

将式（17）两端对 npl 求导数得

$$\frac{\partial g}{\partial npl} = As\left\{ -\alpha - \gamma E\left[\dot{y}\frac{PQ}{\beta (npl)^2}R \right] \right\} < 0 \tag{18}$$

式（18）中所有参数均为正值，且 $\dot{y} > 0$，因此经济增长率对不良资产的导数小于零。

二、实证分析

商业银行在现代经济体系中具有重要作用，其往往是微观企业主体的资金来源，这在我国以商业银行为主导的金融体系中更是如此，因此，不良资产的上升

也会对经济增长产生影响。下面将对不良资产影响经济增长的机制和路径进行实证研究，分析不良资产影响经济增长的传导路径。

（一）变量的选取与数据来源

为了验证不良资产对经济增长的影响机制，需要进行进一步的实证分析。依据上文的论述，选取不良资产率、新增贷款总额和国内生产总值的增加值三个指标。

（1）不良资产率。不良资产率反映了银行资产经营管理过程中的收益资产与风险程度之间的关系，在市场化的经营过程中，银行所面临的损失风险是与收益资产规模大小成比例的。因此，不良资产率能够比较合理地解释银行资产的风险损失程度。不良资产率数据来源于中国银行监督管理委员会网站。

（2）新增贷款总额。新增贷款总额是指借款企业在某一时期，第一次获得某家银行的贷款总额度，或在偿还了贷款后再次获得的贷款总额度。由于银行能够根据企业的还款状况对其贷款额度进行调整，新增贷款在一定程度上也是银行剔除风险损失后的贷款，因而新增贷款是银行对风险的响应函数。新增贷款总额数据来源于中国人民银行网站、东方财富网、和讯网。

（3）国内生产总值的增加值。为了更加精准地研究不良资产对经济增长的影响，选取国内生产总值的增加值（*dgdp*）作为反映宏观经济波动的指标，直接实证分析不良资产对国内生产总值增量的影响。采用数据按不变价格计算所得，来源于国家统计局网站。

本文将相关变量定义为 *npl*（不良资产率）、*nc*（新增贷款总额）、*dgdp*（国内生产总值的增加值）。样本数据采用 2004 年第一季度至 2017 年第二季度的季度数据，每一年度的各指标数据均采用累计值处理。

（二）计量模型的设定

本部分构建不良资产率、新增贷款总额和国内生产总值增加值的 SVAR 模型，进一步分析不良资产对经济增长的影响机制。另外，许多学者关于经济增长对不良资产率的影响已经有大量研究文献，这里只对不良资产对经济增长的影响机制进行实证研究，不涉及经济增长对不良资产影响的实证分析。

1. 单位根检验

只有各变量均是平稳的，才能建立 SVAR 模型。因此在构建 SVAR 模型前，需要对各变量进行单位根检验，这里采用 ADF 检验对变量 *npl*、*nc*、*dgdp* 进行平稳性检验。各变量的 ADF 检验结果见表 10-1。

表 10-1　各变量的 ADF 检验结果

变量	检验类型（c, t, n）	ADF 统计量	P 值	结论
npl	（0, 0, 0）	−5.657	0.0000*	平稳
nc	（c, t, 4）	−3.908	0.0191**	平稳
$dgdp$	（c, 0, 3）	−3.938	0.0383**	平稳

注：*、**、*** 分别表示在 10%、5%、1% 的水平上显著。

ADF 检验的结果表明，变量 npl、nc、$dgdp$ 是平稳的，因此可以构建关于变量 npl、nc、$dgdp$ 的 SVAR 模型。

2. 格兰杰因果关系检验

格兰杰因果关系检验是检验某个变量的滞后值（过去的信息）对被解释变量的信息是否有预测能力。为了进一步厘清变量之间的因果关系，接下来分别对三组变量（npl, nc）（npl, $dgdp$）和（nc, $dgdp$）进行格兰杰因果关系检验。格兰杰因果关系检验的结果见表 10-2。

表 10-2　格兰杰因果关系检验结果

滞后阶数	零假设	F 检验值	P 值	结果
1	nc does not granger cause npl	0.00111	0.9736	接受
	npl does not granger cause nc	14.3903	0.0004	拒绝
2	nc does not granger cause npl	0.08359	0.9199	接受
	npl does not granger cause nc	6.77031	0.0026	拒绝
3	$dgdp$ does not granger cause npl	0.13425	0.9391	接受
	npl does not granger cause $dgdp$	6.61361	0.0009	拒绝
1	$dgdp$ does not granger cause nc	3.43343	0.0699	拒绝
	nc does not granger cause $dgdp$	6.19462	0.0163	拒绝
2	$dgdp$ does not granger cause nc	7.56900	0.0014	拒绝
	nc does not granger cause $dgdp$	1.39850	0.2573	接受

格兰杰因果关系检验的结果表明，不良资产率（npl）能够解释新增贷款总额（nc）未来的变化，但新增贷款总额不能解释不良资产率未来的变化；不良资产率能直接解释国内生产总值增加值（$dgdp$）未来的变化，但反之则不能；新增贷款总额与国内生产总值增加值存在双向的格兰杰因果关系。

3. 最优滞后阶数的确定

为了能够顺利地对 SVAR 模型进行设定，还必须事先确定最优滞后阶数。滞后阶数的确定需要根据 LR、FPE、AIC、SC、HQ 五种检验方法的结果而定。采用上述五种方式进行检验，检验结果见表 10-3，最优滞后阶数为 1。

表 10-3　最优滞后阶数

滞后阶数	LR	FPE	AIC	SC	HQ
0	NA	1.54e+16	45.78616	45.89980	45.82958
1	262.1532*	8.29e+13*	40.56137*	41.01592*	40.73507*
2	13.13799	8.79e+13	40.61572	41.41118	40.91969

注：* 表示从每一列标准中选择的滞后阶数。

4. SVAR 理论模型

实际上，SVAR 模型就是 VAR 模型的结构式，与 VAR 模型简化式的不同之处在于，SVAR 模型中包含了变量之间的当期关系，而 VAR 模型简化式中并没有给出各变量之间的当期关系。首先，构建 VAR 模型的简化式

$$\boldsymbol{y}_t = \phi_0 + \phi_1 \boldsymbol{y}_{t-1} + \varepsilon_t \qquad (19)$$

即

$$\phi(L)\boldsymbol{y}_t = \varepsilon_t \qquad (20)$$

而 VAR 模型的结构式为

$$\boldsymbol{A}\boldsymbol{y}_t = \varphi_0 + \varphi_1 \boldsymbol{y}_{t-1} + \boldsymbol{B}\boldsymbol{u}_t \qquad (21)$$

本节构建了新的 SVAR 模型，$\boldsymbol{A}\phi(L)\boldsymbol{y}_t = \boldsymbol{A}\varepsilon_t$，矩阵 $\boldsymbol{A}$、$\boldsymbol{B}$ 满足条件 $\boldsymbol{A}\varepsilon_t = \boldsymbol{B}\boldsymbol{u}_t$，其中矩阵 $\boldsymbol{A}$ 给出了各变量之间的当期相关关系，矩阵 $\boldsymbol{B}$ 反映了各变量对当期冲击的响应；简化式中的扰动项 ε_t 允许同期相关，但不允许与其滞后值相关；结构式扰动项 $\boldsymbol{u}_t$ 满足 $E(\boldsymbol{u}_t) = 0_k$，$E(\boldsymbol{u}_t \boldsymbol{u}_t') = \boldsymbol{I}_k$；$\boldsymbol{y}_t$ 是含有三个内生向量的列向量；式中满足 $\boldsymbol{A}\phi_0 = \varphi_0, \boldsymbol{A}\phi_1 = \varphi_1$（高铁梅，2009）。

5. 模型的识别

在 SVAR 模型与 VAR 模型之间进行相互转化时，最容易遇到的问题便是模型的可识别问题，因此需要对结构式参数施加约束，进而实现模型的识别。根据上述不良资产对经济增长影响机制的剖析，SVAR 模型的约束条件设置如下

$$\begin{bmatrix} 1 & 0 & 0 \\ a_{21} & 1 & 0 \\ a_{31} & a_{32} & 1 \end{bmatrix} \begin{bmatrix} \varepsilon_t^{npl} \\ \varepsilon_t^{nc} \\ \varepsilon_t^{dgdp} \end{bmatrix} = \begin{bmatrix} b_{11} & 0 & 0 \\ 0 & b_{22} & 0 \\ 0 & 0 & b_{33} \end{bmatrix} \begin{bmatrix} u_t^{npl} \\ u_t^{nc} \\ u_t^{dgdp} \end{bmatrix} \qquad (22)$$

约束条件体现的经济含义：不良资产率通过对新增贷款总额产生直接影响，进而间接影响国内生产总值增加值的波动；同时，不良资产率自身也能对国内生

产总值的增加值产生直接影响；而国内生产总值增加值的波动不会对不良资产率和新增贷款总额产生直接影响，新增贷款总额对不良资产率也没有直接影响。

为了确保实证结果的有效性，必须检验构建的 SVAR 模型的稳定性，只有当 SVAR 模型满足稳定性条件时，其脉冲响应的结果才是可信的。由检验结果（见图 10-2）可知，构建的 SVAR 模型的所有特征值都位于单位圆内，因此其是稳定的。

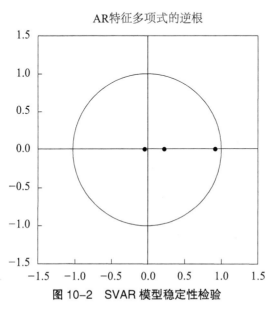

图 10-2　SVAR 模型稳定性检验

（三）实证结果与分析

在 VAR 模型中，脉冲响应函数反映的冲击响应不是一个变量对另一个变量变化的响应，而是受到冲击的某个误差项对所有变量产生的影响，即系统的内生变量对该误差项冲击的动态响应。

1. 不良资产率与新增贷款总额

图 10-3 表示的是新增贷款总额对不良资产率的误差项受到一个冲击时的脉冲响应。从图中可以看出，当不良资产率受到一个正向冲击时，新增贷款总额会随不良资产率的增加产生一个较长的负向效应，随着时间的推移，这种效应逐渐减弱。这是因为当银行体系内产生不良资产时，一方面，银行为了满足监管机构的监管指标，保证资本充足率不发生变化，只能增加总的资本净额，因而银行被动减少了可用于贷款的资本金，降低了其信贷能力。另一方面，一旦不良资产生成，银行不仅损失了不良资产这部分本金，而且这部分资产还会占用其他资本金，以保持银行的资本充足率不会下降。被占用的资本金无法用于提供信贷，只能躺在银行的资产负债表上，不但不能带来收益，还要遭受资产贬值的损失，这

相当于银行承受了双重损失。在心理上，银行会本能地规避风险，主动降低信贷扩张的意愿，甚至偏向于收缩信贷。

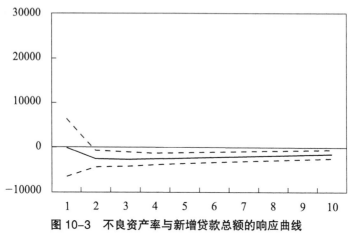

图 10-3　不良资产率与新增贷款总额的响应曲线

2. 新增贷款总额与国内生产总值增加值

图 10-4 表示的是国内生产总值增加值对新增贷款总额的误差项受到一个冲击时的脉冲响应。从图中可以看出，当新增贷款总额受到一个正向冲击时，国内生产总值增加值会随新增贷款总额的增加产生一个正效应，而后正效应减弱，转变为负效应，随着时间的推移，该效应逐渐趋向于零。这意味着，新增贷款总额的增加将会引起社会新增投资或消费的增加，投资和消费也将带动国内生产总值增加值出现一定程度的上升。随着此轮刺激的结束，增长动力消失，产能过剩、库存积压和消费透支，致使国内生产总值增加值开始下降，逐渐转为负值，随着时间的推移，经济体自我调整，恢复到市场出清的状态，此时源于新增贷款总额增加的冲击效应结束。

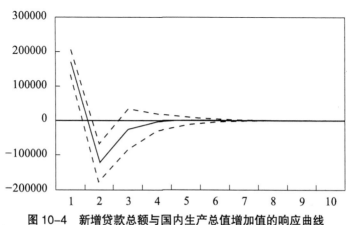

图 10-4　新增贷款总额与国内生产总值增加值的响应曲线

3. 不良资产率与国内生产总值增加值

图 10-5 表示的是国内生产总值增加值对不良资产率的误差项受到一个冲击时的脉冲响应。从图中可以看出，当不良资产率受到一个正向冲击时，国内生产总值增加值会随不良资产率的增加产生一个负向效应，随着时间的推移，该效应逐渐趋向于零。这是因为不良资产本质上是一种不良股权，本身占有一定的经济资源，而且处于投资失败的状态，投入的资源无法收回并转用于其他地方，对于国民经济来说也是一种损失，继而对经济的发展产生了负面影响。

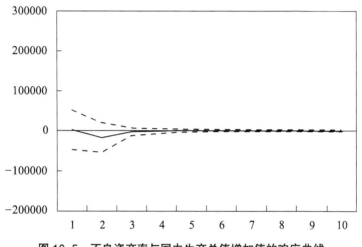

图 10-5　不良资产率与国内生产总值增加值的响应曲线

4. 稳健性检验

不良资产和经济增长可以选取不同的衡量指标加以反映。本文研究结论与岳蓓蓓和郑循刚（2011）采用不良资产变化率和经济增长速度作为研究指标进行实证分析所得出的结论相似，一定程度上印证了所构建模型的稳健性。

（四）不良资产影响经济增长的路径

1. 变量选取与数据说明

（1）变量选取。经济增长形势的衡量指标很多，这里选取国内生产总值作为被解释变量，以不良资产率为解释变量，根据国内生产总值支出法的计算方法，投资、消费、进出口是推动经济增长的主要因素，因此在不良资产对经济增长影响机制的实证研究中作为解释变量。另外，借鉴经济增长相关文献的研究成果，将教育发展程度、城镇化率、外贸依存度和外商直接投资水平作为控制变量，相关变量的说明见表 10-4。

表 10-4 变量说明

变量名称	变量说明
国内生产总值（lngdp）	本年度的 GDP 总量，取对数处理
不良资产率（lnnpl）	不良资产余额与风险加权资产总额之比，取对数处理
社会投资总额（lniv）	省市全社会固定资产投资总额，取对数处理
进出口总额（lntie）	省市进出口总额，取对数处理
消费水平（lncl）	省市最终消费总额，取对数处理
教育发展程度（led）	省市普通高等学校的在校生数
城镇化率（ur）	省市城镇人口与总人口之比
外贸依存度（ftd）	省市进出口总额与国内生产总值之比
外国直接投资水平（fdi）	省市外国直接投资总额与国内生产总值之比

（2）数据描述。到目前为止，我国已经出现了两轮比较大的不良资产问题：第一轮起因于政策性的不良资产已经得到了较好的处置，相关工作于 2004 年前后结束；第二轮不良资产的爆发是市场性的，这一时期的样本更适用于不良资产与经济增长形势之间关系的研究。本研究选取了 2005—2016 年我国部分省市的面板数据。考虑到我国经济发展不平衡的现实，根据每个省份的发展程度，将样本分为东部地区和中西部地区两个组别，其中北京、上海、天津、重庆、江苏、浙江、广东、山东和福建 9 个省份为东部地区，其余为中西部地区。数据的描述性统计见表 10-5。

表 10-5 数据的描述性统计

变量名称	均值	标准差	最小值	最大值
国内生产总值（亿元）	9.19	1.09	5.52	11.30
不良资产率（%）	0.75	1.02	−1.47	3.21
社会投资总额（亿元）	8.75	1.10	5.20	10.88
进出口总额（亿元）	14.78	1.74	9.93	18.51
消费水平（亿元）	8.50	1.02	5.01	10.62
教育发展程度（人）	715584.3	461186.6	18984.0	1995880.0

变量名称	均值	标准差	最小值	最大值
城镇化率（%）	51.45	14.72	20.85	89.60
外贸依存度（%）	456.63	553.14	48.34	2444.55
外商直接投资水平（%）	32.67	26.65	0.01	127.79

2. 计量模型的设定

本部分构建的基本回归模型为

$$\ln gdp_{it} = \alpha_0 + \alpha_1 \ln npl_{it} + \alpha_2 controls_{it} + \mu_i + \varepsilon_{it} \tag{23}$$

式中，i 指具体省份，t 指时间；因变量 $\ln gdp$ 是国内生产总值；$\ln npl$ 是不良资产率；控制变量 $controls$ 包括教育发展程度、城镇化率、外贸依存度和外国直接投资水平；μ_i 是省份的个体效应；ε_{it} 是残差项。

在借鉴景维民和莫龙炯（2017）模型构建方法的基础上，引入了国内生产总值支出法的计算法则，全社会固定资产投资总额、消费水平和进出口总额是影响经济增长的重要因素，将这三个因素纳入基本回归模型，构建的新的回归模型为

$$\ln gdp_{it} = \alpha_0 + \alpha_1 \ln npl_{it} + \alpha_2 \ln iv_{it} + \alpha_3 \ln tie_{it} + \alpha_4 \ln cl_{it} + \alpha_5 controls_{it} + \mu_i + \varepsilon_{it} \tag{24}$$

$$\ln iv_{it} = \beta_0 + \beta_1 \ln npl_{it} + \beta_2 controls_{it} + \mu_i + \varepsilon_{it} \tag{25}$$

$$\ln tie_{it} = \gamma_0 + \gamma_1 \ln npl_{it} + \gamma_2 controls_{it} + \mu_i + \varepsilon_{it} \tag{26}$$

$$\ln cl_{it} = \delta_0 + \delta_1 \ln npl_{it} + \delta_2 controls_{it} + \mu_i + \varepsilon_{it} \tag{27}$$

式中，i 指具体省份，t 指时间；$\ln iv$ 是全社会固定资产投资总额；$\ln tie$ 是进出口总额；$\ln cl$ 是消费水平；控制变量与基本回归模型相同。

3. 实证结果与分析

（1）不良资产与经济增长。本研究分别对基本回归模型进行了固定效应回归和随机效应回归，结果均表明，不良资产对经济增长具有明显的负向效应，不良资产率每上升 1 个百分点，国内生产总值降低 0.16 个百分点，如模型 1 和模型 2 所示（见表 10-6）。这是因为银行业不良资产的逆周期性变化趋势是商业银行顺周期性经营行为的微观基础，随着不良资产数量的上升，商业银行的信贷投放规模逐渐降低，进而导致经济增长形势衰退。

其他变量的回归结果显示：城镇化率对经济增长具有显著的促进作用；教育发展程度在东部地区与经济增长呈正相关，而在中西部地区相关关系并不显著，这可能与广大中西部地区仍然处于工业化前期，大部分中西部地区人口外出前往东部地区就业有关；外贸依存度在中西部地区与经济增长正相关但不显著，而在全国和东部地区，外贸依存度对经济发展有显著的负向效应，这可能与我国的产

第十章　不良资产与中国经济增长关系的理论与实证分析

业结构调整和升级有关。

表 10-6　不良资产与经济增长模型的回归结果

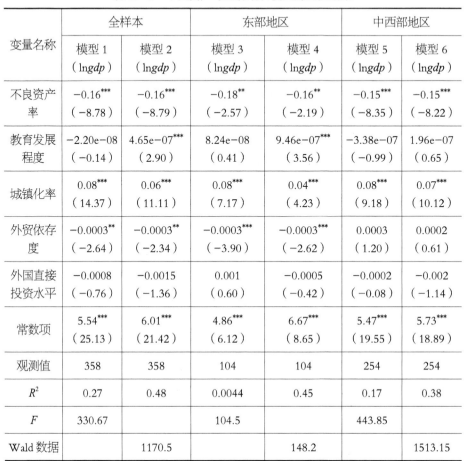

变量名称	全样本		东部地区		中西部地区	
	模型 1 （ln*gdp*）	模型 2 （ln*gdp*）	模型 3 （ln*gdp*）	模型 4 （ln*gdp*）	模型 5 （ln*gdp*）	模型 6 （ln*gdp*）
不良资产率	−0.16*** （−8.78）	−0.16*** （−8.79）	−0.18** （−2.57）	−0.16** （−2.19）	−0.15*** （−8.35）	−0.15*** （−8.22）
教育发展程度	−2.20e−08 （−0.14）	4.65e−07*** （2.90）	8.24e−08 （0.41）	9.46e−07*** （3.56）	−3.38e−07 （−0.99）	1.96e−07 （0.65）
城镇化率	0.08*** （14.37）	0.06*** （11.11）	0.08*** （7.17）	0.04*** （4.23）	0.08*** （9.18）	0.07*** （10.12）
外贸依存度	−0.0003** （−2.64）	−0.0003** （−2.34）	−0.0003*** （−3.90）	−0.0003*** （−2.62）	0.0003 （1.20）	0.0002 （0.61）
外国直接投资水平	−0.0008 （−0.76）	−0.0015 （−1.36）	0.001 （0.60）	−0.0005 （−0.42）	−0.0002 （−0.08）	−0.002 （−1.14）
常数项	5.54*** （25.13）	6.01*** （21.42）	4.86*** （6.12）	6.67*** （8.65）	5.47*** （19.55）	5.73*** （18.89）
观测值	358	358	104	104	254	254
R^2	0.27	0.48	0.0044	0.45	0.17	0.38
F	330.67		104.5		443.85	
Wald 数据		1170.5		148.2		1513.15

注：模型 1、模型 3 和模型 5 是固定效应回归，模型 2、模型 4 和模型 6 是随机效应回归；*、**、*** 分别表示在 10%、5%、1% 的水平上显著。

（2）不良资产与投资、消费、进出口。在不良资产影响经济增长路径的实证研究中，经豪斯曼检验，对所构建的模型进行了固定效应回归。在全样本回归分析中，根据模型 7、模型 8 和模型 9（见表 10-7）的回归结果可知，不良资产对社会投资总额、进出口总额和消费水平具有显著的负向影响效应，均在 1% 的水平上显著；通过对比影响系数可以发现，在不良资产上升的影响下，社会投资总额下降的幅度最大，进出口总额次之，消费水平最低，不良资产每上升 1 个百分点，社会投资总额下降 0.22 个百分点，进出口总额下降 0.18 个百分点，消费水平下降 0.14 个百分点。这是因为不良资产率的上升，会引致商业银行降低贷款规模，而微观经济主体贷款主要用于投资或消费，带动社会投资总额、进出口总额

中国特色不良资产处置的理论创新与实践

和消费水平下降，经济增长动力减弱，经济增长出现衰退趋势。

表 10-7 不良资产与投资、消费、进出口模型的回归结果

变量名称	全样本				东部地区	中西部地区
	模型 7 （$\ln iv$）	模型 8 （$\ln tie$）	模型 9 （$\ln cl$）	模型 10 （$\ln gdp$）	模型 11 （$\ln gdp$）	模型 12 （$\ln gdp$）
不良资产率	−0.22*** （−9.05）	−0.18*** （−5.39）	−0.14*** （−5.96）	−0.026** （−2.76）	−0.018*** （−4.09）	−0.027** （−2.17）
社会投资总额				0.20*** （3.91）	0.25*** （6.48）	0.18** （2.32）
进出口总额				0.11*** （4.22）	0.09** （3.08）	0.29*** （5.30）
消费水平				0.54*** （9.32）	0.59*** （14.39）	0.36*** （3.74）
教育发展程度	−2.13e−07 （−1.25）	5.45e−07*** （2.93）	−6.32e−08 （−0.39）	−5.49e−09 （−0.08）	−2.41e−08 （−0.80）	−6.66e−08 （−0.46）
城镇化率	0.12*** （17.46）	0.07*** （8.79）	0.078*** （14.66）	0.003 （0.45）	−0.005 （−1.85）	0.005 （0.55）
外贸依存度	−0.0003* （−1.99）	0.0012*** （2.83）	−0.0004*** （−4.29）	−0.0001** （−2.68）	−0.00004 （−0.99）	−0.0012*** （−3.64）
外国直接投资水平	0.00008 （0.05）	0.0015 （1.05）	−0.0006 （−0.48）	−0.0006 （−1.29）	−0.0007 （−1.54）	−0.001 （−1.36）
常数项	2.96*** （10.60）	10.3*** （23.08）	4.81*** （21.01）	1.26*** （6.03）	1.08*** （5.21）	0.38 （0.68）
观测值	358	358	358	358	104	254
R^2	0.15	0.72	0.23	0.99	0.99	0.98
F	353.41	128.93	288.44	911.21	12506.99	1608.58

注：*、**、*** 分别表示在 10%、5%、1% 的水平上显著。

另外，本部分借鉴了 Mackinon 等（1995）提出的传导效应的计算法则，分别对不良资产以社会投资总额、进出口总额和消费水平为中间路径的传导效应占比进行了计算，计算公式分别为

$$\frac{\beta_1 \alpha_2}{\alpha_1 + \beta_1 \alpha_2 + \gamma_1 \alpha_3 + \delta_1 \alpha_4} = 26.6\% \tag{28}$$

$$\frac{\gamma_1 \alpha_3}{\alpha_1 + \beta_1 \alpha_2 + \gamma_1 \alpha_3 + \delta_1 \alpha_4} = 11.97\% \tag{29}$$

$$\frac{\delta_1 \alpha_4}{\alpha_1 + \beta_1 \alpha_2 + \gamma_1 \alpha_3 + \delta_1 \alpha_4} = 45.71\% \tag{30}$$

计算结果分别为 26.6%、11.97% 和 45.71%，可见不良资产通过消费水平的传导效应占比最高，社会投资总额次之，进出口总额最低。本研究得到这个结论原因是，依据模型 10 的回归结果，消费水平对经济发展的促进作用最大，社会投资总额次之，进出口总额最低。

4. 稳健性检验

在基本回归模型中，为了检验模型的稳健性，本部分将样本分为了东部地区和中西部地区，并分别对东部地区和中西部地区的样本进行了回归分析，得到的结论与全样本分析一致，如模型 3、模型 4、模型 5 和模型 6 所示，表明本部分所构建模型的稳健性良好。另外，通过对比东部地区和中西部地区的回归结果，发现东部地区不良资产对经济增长的影响效应略高于中西部地区，这可能与东部地区金融产业相对比较发达有关，银行业集聚、营业网点密集分布和金融深化程度较高，经济增长与银行业的联系更为紧密。

继续对依据国内生产总值支出法建立的模型进行检验，实证研究不良资产影响经济增长的路径，为了检验模型的稳健性，分别对全样本、东部地区和中西部地区的样本进行了回归分析，根据模型 10、模型 11 和模型 12 的结果（见表 10-7），可以发现不良资产率的上升会显著抑制经济增长，社会投资总额、进出口总额和消费水平的提高会显著促进经济增长。

（五）结论

首先，本节基于 2004 年第 1 季度至 2017 年第 2 季度的相关数据，构建了有关不良资产率、新增贷款总额和国内生产总值增加值等变量的 SVAR 模型，实证研究了不良资产率对新增贷款总额和国内生产总值增加值的影响，以及新增贷款总额对国内生产总值增加值的影响，进而阐明了不良资产对经济增长的影响机制。研究结果表明，不良资产本身是一种不良股权，在银行体系拥有足够强的抗风险能力的前提下，不良资产对国民经济的发展不会产生破坏性影响，对国民经济来说至多是一种资源配置效率的损失，同时通过由不良资产引发的银行被动和主动降低信贷的联动效应，对经济增长产生负面影响。

其次，基于 2005—2016 年我国部分省份的面板数据，实证研究了不良资产对经济增长的影响机制和传导路径，得到的回归结果包括：①不良资产率的上升会抑制经济增长；②不良资产对社会投资总额的影响程度最大，进出口总额次之，消费水平最低；③不良资产通过社会投资总额、进出口总额和消费水平影响经济增长的传导效应的占比分别为 26.6%、11.97% 和 45.71%。因此，不良资产率的上升以社会投资总额、进出口总额和消费水平的降低为中间传导路径，进而对经济增长产生负向影响效应。

此外，从长远计，我们还应关注不良资产积聚所产生的一些更为宏观的问题。例如，第一，企业对银行的巨额不良债务直接影响经济体制改革，特别是微观企业制度改革。不良资产的积聚会阻碍负债企业的制度创新。实行股份制是现代企业制度的重要形式，而背负着沉重不良债务的企业很难改造成股份公司，因为无论是自然人还是法人，都不可能积极入股这样的企业。第二，加剧通货膨胀。不良债务越多，说明企业占用资金越多，资金使用效率越低，又没有一种机制能够终止对这些企业的资金注入。这样，一方面，这些负债企业占用了大量资金，而且还要不断向其注入资金；另一方面，其他没有不良债务的企业更需要注入资金。双重的资金需求压力，必然倒逼银行扩大贷款规模，最后会导致中央银行多发货币，加剧通货膨胀。第三，可能导致严重的信用危机和整个国民经济的混乱。因为银行资金来源主要是储蓄存款，不良债务不能得到合理化解，也就是银行债权不能得到保证，最终承担损失的主要是存款的居民，而居民不可能长期不明白或容忍这种局面。如果通货膨胀率居高不下，很可能导致存款人挤兑现象，这将带来灾难性的后果，可能使整个银行信用崩溃，甚至使整个国民经济陷入混乱。

在一定程度上，近年来我国不良资产的不断积累，与当前国际经济疲软及中国经济处于"三期叠加"（增速换档期、结构调整阵痛期、前期刺激政策消化期）的局面相吻合；不良资产事实上成了我国经济的"晴雨表"，深刻反映了我国经济所面临的困难现实。不良资产的不断积累则会进一步威胁整个国民经济的运行，国家监管方面也愈发关注我国不良资产的合理合规处置问题。在后面的章节里，我们会进一步探讨中国特色不良资产处置的理论与实践。

第 三 篇

3

实践应用

第十一章　不良资产处置的目标、基本原则与政策解读

本章首先阐述了中国特色不良资产处置的总体战略目标在于"救助实体企业，服务实体经济，防范和化解系统性风险"。在不良资产的实践操作层面，金融资产管理公司的目标应在于降低资产负担、债务负担和提升盈利能力，并同时兼顾处置成本和处置收益。不良资产处置不仅关乎问题企业的生死存亡，对支持我国实体经济发展、防范和化解系统性风险、稳定经济增长和促进就业也具有重大意义。其次，从救助效果的视角，将不良资产的处置方式分为两类：止损型不良资产处置方式和价值提升型不良资产处置方式。再次，指出在处置不良资产的实践中，金融机构应秉承快速处置、公开化、市场化、专业化和动态化的基本原则。最后，对最近金融监管部门发布的多项监管新规及其政策影响进行了梳理，这些监管新规在金融机构回归主责主业，不良资产的收购、市场化债转股，以及不良资产市场的参与者、业务行为和发展环境方面产生了重要影响。

一、不良资产处置的目标

（一）总体目标

习近平总书记在党的十九大报告中明确提出要"深化金融体制改革，增强金融服务实体经济能力"，同时要"健全金融监管体系，守住不发生系统性金融风险的底线"。随后，习近平总书记又在多次会议和讲话中强调，要"以服务供给侧结构性改革为主线，着力提高金融服务实体经济能力，打好防范化解金融风险攻坚战"。这是对金融领域的根本要求，是指导金融改革发展稳定的行动指南，是做好新时代金融工作的根本遵循，不良资产的处置恰恰是金融资产管理公司和商业银行服务实体经济发展、防范系统性风险的重要方式。

中国特色不良资产处置更应体现出支持实体经济发展、防范和化解金融风险的战略目标，更应凸显对产生不良资产企业的"救助功能"，通过金融机构的介入，使有前景的问题企业起死回生，恢复其正常的生产能力。尤其是在当前我国经济下行压力加大、经济结构调整、产业新旧动能转换和供给侧结构性改革的深化时期，"僵尸"企业、产能落后和产能过剩企业数量爆发，占用大量无效或低效

的社会经济资源，大批国有企业面临结构调整，不良资产处置更是解决这些社会经济问题的重要抓手，是救助问题企业的主要手段，是救助性金融服务的核心支点。

因此，中国特色不良资产处置的总体战略目标在于"救助实体企业，服务实体经济，防范和化解系统性风险"。通过灵活运用多种处置手段，对有前景、技术和市场需求的问题企业进行有效救助，帮助其恢复正常的生产能力和运转经营，实现企业价值的提升，并服务于经济结构调整、产业资源整合、新旧动能转化等现实中重大的经济问题，支持实体经济发展和国家重大战略的实现。这使得不良资产的处置不仅关乎单个问题企业的生死存亡，在支持我国实体经济发展、防范和化解系统性风险、稳定经济增长和扩大就业等方面也具有重大的现实意义。

（二）处置目标

国务院颁布的《金融资产管理公司条例》第三条明确规定，"金融资产管理公司以最大限度保全资产、减少损失为主要经营目标"。因此，在不良资产处置的实践操作层面，金融资产管理公司的目标应在于降低资产负担、债务负担和提升盈利能力，并同时兼顾处置成本和处置收益。这要求金融资产管理公司灵活运用债转股、不良资产证券化、债务重组等多种处置手段，对问题企业的资产、债务等进行重新配置，为企业注入新的生产能力，使企业摆脱生产困境，提升企业价值。

一是优化问题企业的资产结构，将不良企业的庞大资产进行瘦身，提高企业的资产配置效率，化解存量风险；二是优化企业的债务水平和期限结构，降低问题企业的杠杆率，减轻债务对其正常生产经营的负面影响；三是通过企业重整和产业资源的重整，为企业注入新的利润增长点和增长极，提升问题企业的盈利能力。同时，金融资产管理公司在对不良资产进行处置时应力求消耗最少的资源，取得尽可能高的资产回收率，提高处置效率，实现资源的合理优化配置，从而实现损失最小化和终极回收价值最大化的结果。

二、不良资产处置的基本分类——基于救助效果视角

不良资产处置是保证经济系统正常运行的关键环节：一方面，它关系到经济中系统性金融风险的防范与化解，是保证我国经济系统"平稳""健康"运行的重要手段之一；另一方面，它也是我国经济实现高质量发展、实体经济稳固和快速发展的重要保障之一。这意味着，不良资产处置业务不应被其他投资类、高杠杆类业务挤压，金融资产管理公司更应回归不良资产处置的"主责主业"，服务

于国家重大经济战略。

中国特色不良资产处置的特色在于提供"救助性服务"，支持我国实体经济的发展。因此，在金融资产管理公司对不良资产进行处置的总体目标下，可以根据救助效果将不良资产的处置方式分为两类：止损型不良资产处置方式和价值提升型不良资产处置方式。

在服务实体经济原则的指导下，一些落后、老旧产能的"僵尸"企业由于缺乏新技术、新的利润增长点而不能满足经济高质量发展的要求，对其的处置应当秉承避免对社会继续造成负担的原则。应当尽快对这类企业采取破产清算等处置方式，避免其本身的生产经营状况进一步恶化，消除其继续亏损的风险，避免给经济系统造成进一步的负担。因此，应尽快清理这些企业的资产和债务，防止其继续亏损，这种方式称为止损型不良资产处置方式。而对于一些具有正常生产能力和一定市场前景、拥有新技术或者可以为其注入新技术和新利润增长点的企业，应当对其实行有效救助，为其注入新的产能，使其继续赢利，提升其企业价值，这种方式称为价值提升型不良资产处置方式。

（一）止损型不良资产处置方式

（1）本息清收：按原借款合同回收现金的处置方式。

（2）诉讼追偿：公司运用法律手段，依法诉讼并按照判决或调解偿还（或强制执行）到期债务的处置方式。

（3）破产清算：通过法律途径申请企业破产，清算企业全部破产财产以收回部分债权的处置方式。

（4）折扣变现：公司经与债务人或保证人协商，将公司拥有的全部债权进行打折后，由债务人一次或分期偿还部分债务，并了结债权债务或担保关系的处置方式。

（5）以资抵债：以债务人、保证人或第三方依法享有处置权的资产折价抵偿公司债权的处置方式。

（6）公开转让：公司采取拍卖、招标、公开竞价等公开方式转让不良资产的处置方式。

（7）协议转让：公司通过与第三方协商转让不良资产的处置方式。

（8）委托处置：公司委托其他金融机构、律师事务所等专业中介机构、企业或个人代为处置不良资产，并按约定支付相关费用的处置方式。

（9）实物资产租赁：公司将其拥有的具备一定使用功能、可用于生产产品或提供服务的资产租赁给他人使用，并按约定收取租金的处置方式。

（10）计划内破产：对符合国家产业政策，列入国家破产计划并经国务院批准，全国企业兼并破产领导小组正式下达进入破产程序的企业，按国家有关规定安置企业职工和清偿债务的资产处置方式。

（11）债务更新：公司与债务人或保证人协商，重新签订还款协议，改变原贷款合同的债务期限、收益率、担保方式等内容的处置方式。

（二）价值提升型不良资产处置方式

（1）资产置换：除以资抵债外，为保障资产的价值，或有利于对资产的处置，公司以拥有的资产对等置换债务人以外的第三方（如其他债权人、股东或愿意同公司进行资产置换的企业或个人）资产的处置方式。

（2）债转股：公司将持有的债权以债务人增资扩股或共同新设公司的方式转为股权，公司成为财务投资者阶段性持股人，持股期间以股东身份参与企业管理、决策等，公司通过股权分红、股权回购、股权转让、股权重组和置换、企业清算或采取其他合法方式实现退出的资产处置方式。其中，股权回购是指实施债转股后，由原债务人或新注册公司以现金或非现金资产一次或分次向公司回购其所持有的全部或部分股权的资产处置方式。

（3）合作处置：其他金融机构、中介机构、企业等第三方以承担部分或全部不良资产处置风险或履行一定义务作为对价，与公司合作处置不良资产，双方按照约定方式对资产处置收益（扣除我方收购成本）分成的处置方式。

（4）实物资产投资：公司将拥有的实物资产以入股的形式与其他经济实体进行合作经营、开发，以达到改善实物资产状态、提升实物资产使用价值和资产回收率目的的处置方式。

（5）资产证券化：公司将拥有的可预测未来稳定现金流的资产，通过结构性重组转变为可以在金融市场上出售和流通的证券，并出售给市场上的投资者以达到出售资产目的的处置方式。

（6）其他处置方式。

三、不良资产处置的基本原则

（一）快速处置原则

处置不良资产所产生的损失，从根本上讲，并不是由处置行为造成的，而是不良资产本身原有的、潜在的，只是通过处置显现了出来。同时，由于处置的不及时和操作中的道德风险与市场风险等一系列因素，会引发或者扩大不良资产原有的、潜在的损失。因此，为减少处置过程中受不良资产处置与管理等不确定因素的影响，最大限度地降低处置成本，应尽快处置不良资产，将资产损失降至最低，实现回收价值最大化。

（二）公开化原则

不良资产处置的过程必须杜绝"暗箱操作"和"内幕交易"，处置客户必须社会化、群体最大化，信息披露必须全面化、公开化，程序操作必须透明化、严格化，将处置工作置于有效监督之下。同时，不良资产的形成是社会性的，涉及很多社会利益主体，由此决定了不良资产处置是一个复杂的系统工程，要处置规模庞大、种类众多的不良资产，不仅要依靠资产管理公司的努力，也需要各种社会专业机构的积极配合。不良资产处置过程中，应由各行业的专业机构参与处置，如投资类公司、投资银行、咨询机构、会计师事务所、律师事务所等，使处置过程公开化，降低道德风险发生的概率，减少资产的流失。

（三）市场化原则

借鉴其他国家处置不良资产的成功经验，市场机制在不良资产处置中发挥了重要作用，发达国家在处置不良资产过程中，主要利用市场机制来筹集资金、分散风险，最大限度地减少损失。利用市场化方式解决银行不良资产问题，其目的在于弥补银行治理结构上的缺陷，从根本制度上改造银行的行为模式，消除银行不良资产产生的制度根源。但这种方式需要有充分发育的资产交易市场以及公开、透明的信息披露机制。而企业不良资产的形成，在很大程度上是因为企业是传统计划经济体制下粗放型经济的产物，大部分是由非市场因素导致的。但是，其处置必须遵循市场经济法则，坚持市场化导向。只有在公开化的市场机制下，才能最大限度地实现公平竞争、公平处置，才能最大限度地通过市场发现资产的真实价格。

（四）专业化原则

由于不良资产规模庞大、种类众多，既有权益性资产，也有实物资产；既有单项资产，也有整个企业，有些资产还附带一定的人员。其处置涉及投资银行、财务会计、法律政策以及其他专业知识，加上坚持市场化原则，均需要用现代投资银行等专业化手段来处置，这便需要各种专业人才和专业机构参与处置，以期达到回收效率与效益最大化。

（五）动态化原则

不良资产具有的周期性，使其会受到宏观经济周期的影响，在发展及处置过程中具有显著的状态依存性。宏观经济形势不好时，好资产可能由于暂时的流动性问题而成为不良资产；而在经济转向复苏和繁荣期后，不良资产的周期依存性又可能使其成为好的资产。当前及今后很长一段时期将是我国经济结构调整的重要时期，加之经济周期、产品寿命周期规律的作用，为了保障经济的平稳发展，应根据国内经济形势和国际形势变化情况，以及我国经济金融结构调整的需要，动态化地处理不良资产。

四、相关政策分析与解读

2017 年下半年到 2021 年年初，金融监管部门发布了多项监管新规，对不良资产市场产生了较大影响。这些政策对不良资产市场的参与者、业务行为和发展环境均有深远影响。本章选择部分政策进行简要分析。

（一）重要监管政策内容概要及其市场影响

1. 建立资本监管三大支柱，引导金融资产管理公司聚焦不良资产处置主业

（1）内容概要。金融资产管理公司是不良资产处置行业的重要参与主体，原银监会发布《金融资产管理公司资本管理办法（试行）》（以下简称《资本管理办法》），引导资产管理公司进一步聚焦不良资产主业，其主要内容如下。

第一，建立资本监管三大支柱，并细化集团母公司及集团双口径资本充足性监管要求。《资本管理办法》沿用了《巴塞尔协议》监管框架，建立了以资本要求、监督检查和信息披露为核心的资产管理公司资本监管三大支柱。原银监会有权根据单家资产公司的特殊经营和风控情况，提出附加资本要求。

第二，通过差异化资产风险权重和资本计提引导资产管理公司聚焦不良资产主业。《资本管理办法》对权重法下各类资产的风险权重进行了详细规定，对收购金融类不良资产和非金融类不良资产、开展问题企业重组等业务设置了较低的风险权重。同时，规定集团母公司或经批准实施债转股的附属机构短期或阶段性持有的债转股企业可不纳入集团资本监管范围。

第三，将管理层级难度系数纳入附属非金融机构最低资本计量。《资本管理办法》明确对管理层级超过三级的附属非金融机构额外计提资本，强调通过资本管理的手段而非行政干预手段限制集团层级，优化集团公司治理结构，引导资产公司聚焦主业，也为金融控股集团的资本监管方式提供借鉴。

（2）政策影响。

第一，引导金融资产管理公司进行业务结构调整，鼓励金融资产管理公司回归不良资产主业。通过资本充足率和杠杆率的新要求和计算方式，设定差异化的资产风险权重，具体体现在对收购的金融不良资产实施优惠风险权重，例如，"批量收购金融不良资产形成的债权"的风险权重为 50%，"其他形式收购金融不良资产形成的债权"的风险权重为 75%。此外，对因实质性重组项目形成的表

中国特色不良资产处置的理论创新与实践

内资产规定 50% 的优惠风险权重，旨在引导资产管理公司开展问题企业实质性重组业务，拓展不良资产深度经营模式。

第二，降低了债转股和围绕不良资产再投资的风险权重比，提高了其他投资业务的风险权重比，鼓励债转股业务的开展。《资本管理办法》为市场化债转股等主营业务设定了优惠资产风险权重，引导资产管理公司聚焦不良资产经营主业。此外，规定集团母公司或经批准实施债转股的附属机构短期或阶段性持有的债转股企业可不纳入集团资本监管范围，就是通过以集团口径对附属机构差异化计提资本来体现支持不良资产经营主业的监管意图。

第三，提出杠杆率监管指标，能够有效防控集团表外管理资产相关风险。《资本管理办法》从总量上规定集团母公司杠杆率不得低于 6%，集团财务杠杆率不得低于 8%，并从结构上将衍生品、交易资产、表外项目和表外管理资产计入集团财务杠杆率计算公式的分母，形成表内外资产全覆盖，实现统一资本监管。在"相对集中、突出主业"和大资管统一监管的要求下，将集团最终承担兑付义务的表外资管业务纳入监管，会造成集团杠杆率快速下降，甚至面临突破监管红线的风险。

2. 银行业乱象治理步入深水区，金融监管再度升级

（1）内容概要。为切实规范银行业经营行为，持续推动整治银行业市场乱象向纵深发展，严守不发生系统性金融风险的底线，2018 年 1 月，原银监会发布《关于进一步深化整治银行业市场乱象的通知》（以下简称《深化整治通知》），进一步深化整治银行业市场乱象，其主要内容如下。

第一，继续推进金融体系内部去杠杆、去通道、去嵌套。《深化整治通知》将同业、理财、表外等业务以及影子银行作为 2018 年的整治重点，同时提出一些具体的、操作性的工作要求，明确设定评估、检查、督查和整改等环节，以评估检验质效，以检查锁定问题，以督查确保真实，以整改促进规范。

第二，明确各方责任，保证政策执行效果。原银监会同时印发了两个附件，一是《进一步深化整治银行业市场乱象的意见》（以下简称《深化整治意见》），《深化整治意见》共 10 条，对深化整治银行业市场乱象提出方向性、原则性和指导性的工作要求，明确银行业金融机构承担主体责任，监管部门承担监管责任。二是《2018 年整治银行业市场乱象工作要点》，明确 2018 年重点整治 8 个方面和 22 条工作要点，系统性地明确了要整治的八大金融乱象。

（2）市场影响。《深化整治通知》及其附件是 2018 年银行业监管方面的纲领性文件，并体现"监管目标更加明确，力度节奏更加合理，监管重点更加明确，惩戒措施更加严厉"四大特征，对市场将产生以下两方面的影响：

第一，监管整顿更加严厉，不良资产供给有望增加。在 2017 年"摸清底数、控制乱象"的基础上，2018 年更进一步，强调"解决乱象根源、实现立刻整改"

的目的，表明了监管层整治乱象的决心，商业银行以往掩盖不良资产规模的手段将面临监管机构的惩处，推包和真实出表的诉求将会增加。

第二，政策引导金融机构合规开展业务，推动资金"脱虚入实"。治理乱象恰恰就是要扭转资金"脱实向虚"趋势，增强金融服务实体经济、防范系统性金融风险的能力。《深化整治通知》内容覆盖之广、标准要求之严前所未有，金融监管步入精细化、精准化的新阶段，整治工作的开展对金融市场的冲击也更趋明显，客观要求合规经营成为金融机构风险管理的第一要务。

3. 下调商业银行拨备覆盖率，加速化解不良资产风险

（1）内容概要。2018年2月28日，原银监会下发《关于调整商业银行贷款损失准备监管要求的通知》（银监发〔2018〕7号，以下简称"7号文"），根据要求，监管部门应按照"同类同质"及"一行一策"的原则，对部分符合相关要求的银行降低贷款损失准备的相关要求。

第一，关于调整内容。拨备覆盖率监管要求由150%调整为120%~150%，贷款拨备率监管要求由2.5%调整为1.5%~2.5%。

第二，关于调整方式及参考因素。监管部门确定单家银行具体监管要求时，根据贷款分类准确性、处置不良贷款主动性和资本充足性确定贷款损失准备水平。

第三，完善商业银行贷款分类工作。商业银行应严格执行贷款风险分类监管要求，完善内部风险分类政策和流程，认真排查整改贷款风险分类不准确等问题，确保分类结果真实反映贷款风险，提高审慎经营水平。

第四，加强商业银行不良贷款监测能力。督促商业银行积极利用贷款损失准备处置不良贷款，切实发挥贷款损失准备的风险缓冲功能，确保释放贷款损失准备与处置不良贷款基本同步。

第五，加大不良贷款处置力度。对下调贷款损失准备监管要求且实际拨备覆盖率低于150%或贷款拨备率低于2.5%的商业银行，各级监管部门应督促其加大不良贷款处置力度，当年处置的不良贷款总额同比不得减少。因少计提贷款损失准备增加的利润不得用于发放奖金，不得增加分红，确保因少计提贷款损失准备增加的利润留存在银行，保持银行损失吸收能力基本稳定。在其他因素不变的情况下，不能将少计提贷款损失准备而节约的支出用于降低信贷成本率。

第六，督促商业银行加强拨备覆盖率和贷款拨备率信息披露，在贷款损失准备监管要求调整后的最近一次公开披露信息中，应披露本行的拨备覆盖率和贷款拨备率监管要求及实际水平。

（2）市场影响。

第一，商业银行释放巨额拨备有利于加快处置不良贷款。7号文实施后，商业银行最大可释放约8000亿元的拨备空间，最多可转化为约6000亿元的净利

润，并增强核心一级资本，使新增信贷规模扩大。由于贷款分类准确性的快速收紧将导致处置贷款主动性及资本充足性指标的下降，上述三个指标存在跷跷板效应，因此，预计商业银行短时间内不会将拨备直接降至最低标准，而是会逐步释放并处置存量不良贷款，改善资产质量。从长期来看，这将带来商业银行信贷业务的良性、稳健发展，形成"收紧管理—压降不良—释放利润—支持实体"的良性循环，有利于加快处置现有不良贷款，同时也使银行有更强的资金实力来支持实体经济发展。

第二，提供表内非标业务及表外业务入表空间。一直以来，商业银行对于非标投资资产减值计提意愿不强，同时其规模庞大的非保本理财产品由于是在表外核算，也未足额对其计提减值准备。随着"金融去杠杆"等政策背景的不断实施与强化，商业银行需要对非标投资资产计提相应的减值准备，同时表外存续的理财产品等也均需处置回表。本次调整有利于商业银行将超额的贷款拨备用于表外业务的计提，减轻资管新规实施所带来的压力。

4. 规范银信类业务，防范金融风险

（1）内容概要。2017年11月23日，原银监会发布《关于规范银信类业务的通知》（银监发〔2017〕55号，以下简称《规范业务通知》），对银信类业务进行规范。《规范业务通知》共10条，分别从商业银行和信托公司两方面规范银信类业务，并提出了加强银信类业务监管的要求。

第一，明确银信类业务及银信通道业务的定义。《规范业务通知》首次明确将银行表内外资金和收益权同时纳入银信类业务的定义，并在此基础上，将银信通道业务明确为信托资金或信托资产的管理、运用和处分均由委托人决定，风险管理责任和因管理不当导致的风险损失全部由委托人承担的行为。

第二，规范银信类业务中商业银行的行为。《规范业务通知》要求在银信类业务中，银行应按照实质重于形式的原则，将穿透原则落实在监管要求中；要求在银信通道业务中，银行应还原业务实质，不得利用信托通道规避监管要求或实现资产虚假出表。同时，《规范业务通知》要求商业银行对信托公司实施名单制管理，应根据客户及自身的风险偏好和承受能力，选择与之相适应的信托公司及信托产品。

第三，规范银信类业务中信托公司的行为。《规范业务通知》要求信托公司积极转变发展方式，立足信托本源支持实体经济发展。《规范业务通知》明确，在银信类业务中，信托公司不得接受委托方银行直接或间接提供的担保，不得与委托方银行签订抽屉协议，不得为委托方银行规避监管要求或为第三方机构违法违规提供通道服务。此外，《规范业务通知》还要求银信类业务应贯彻落实国家宏观调控政策。

第四，加强银信类业务的监管。《规范业务通知》明确，原银监会及其派出

机构应加强银信类业务的监管，应依法对银信类业务违规行为采取按业务实质补提资本和拨备、实施行政处罚等监管措施，并将进一步研究明确提高信托公司通道业务监管要求的措施办法。《规范业务通知》还要求各银监局应强化属地监管责任，切实加强对银信类业务的日常监管。

（2）政策影响。

第一，重申不得通过信托通道将表内资产虚假出表。通过信托通道将表内资产虚假出表，实务中主要是银行将不良资产转让后，通过认购信托受益权的模式，与不良资产受让方签订远期回购协议，将不良资产虚假出表。由于该类业务模式的实质为银行通过资产管理公司和信托计划等通道规避了资产质量监管，因此，原银监会先后在《中国银监会关于进一步规范银行业金融机构信贷资产转让业务的通知》（银监发〔2010〕102号，以下简称"102号文"）、《中国银监会办公厅关于规范金融资产管理公司不良资产收购业务的通知》（银监办发〔2016〕56号，以下简称"56号文"）、《中国银监会办公厅关于规范银行业金融机构信贷资产收益权转让业务的通知》（银监办发〔2016〕82号，以下简称"82号文"）中对其进行了约束。其中，102号文要求银行业金融机构不得使用理财资金直接购买信贷资产；56号文要求资产管理公司不得为银行业金融机构规避资产质量监管提供通道；82号文要求出让方银行不得通过本行理财资金直接或间接投资本行信贷资产收益权，不得以任何方式承担显性或者隐性回购义务。此次"不得通过信托通道将表内资产虚假出表"的规定是对前期监管政策的重申与强调。

第二，《规范业务通知》详细明确了银信类业务及银信通道业务的定义，监管范围和要求更加细化。《规范业务通知》的实施有利于规范银信类业务，引导商业银行主动减少银信通道业务、信托公司回归信托本源，从而有助于促进银信类业务健康发展，防范金融风险，保护投资者合法权益。与原有关规则相比，该通知强化了对银信类业务的监管要求，《规范业务通知》提出，原银监会将进一步研究明确提高信托公司通道业务监管要求的措施办法，预计未来银行通过信托公司将不良资产暂时转移至表外的操作空间将进一步收窄。

5. 多部委联发债转股新规，直面疑难问题，强力推进工作*

（1）内容概要。2018年1月25日，由国家发改委、人民银行、财政部、原银监会、国务院国资委、证监会、保监会联合出台的《关于市场化银行债权转股权实施中有关具体政策问题的通知》（发改财金〔2018〕152号，以下简称《具体政策通知》），对市场化债转股工作推进中遇到的具体问题提出了进一步的实施意见。《具体政策通知》的主要内容如下。

---

* 参考第十四章梳理的债转股政策文献。

第一，支持各类所有制企业开展市场化债转股。相关市场主体依据国家政策导向自主协商确定市场化债转股对象企业，不限定对象企业所有制性质。

第二，扩大转股债权范围。将除银行债权外的其他类型债权纳入转股债权范围，包括但不限于财务公司贷款债权、委托贷款债权、融资租赁债权、经营性债权等，但不包括民间借贷形成的债权。同时，允许实施机构受让各种质量分级类型债权，包括正常类、关注类、不良类贷款。

第三，扩大筹集市场化债转股资金渠道。债转股所需资金由实施机构充分利用各种市场化方式和渠道筹集，鼓励实施机构依法依规面向社会投资者募集资金，特别是可用于股本投资的资金，包括各类受托管理的资金。

第四，丰富完善市场化债转股的实施方案。规范实施机构以发股还债模式开展市场化债转股，在市场化债转股协议中明确偿还的具体债务，并在资金到位后及时偿还债务。同时，允许上市公司、非上市公众公司发行权益类融资工具实施市场化债转股，可以采取向实施机构发行普通股、优先股或可转换债券等方式募集资金偿还债务。另外，允许以试点方式开展非上市非公众股份公司银行债权转为优先股。

（2）市场影响。《具体政策通知》将对金融机构参与市场化债转股产生较大影响，具体包括：

第一，债转股方案形式将会更加丰富。允许采用股债结合的综合性方案，不再拘泥于纯粹的债转股模式。各实施机构可以根据对象企业降低杠杆率的目标，设计股债结合、以股为主的综合性降杠杆方案，并允许有条件、分阶段实现转股，鼓励以收债转股模式开展市场化债转股。

第二，债转股对象范围将得以扩大。《具体政策通知》明确支持各类所有制企业开展市场化债转股，不限定对象企业所有制性质，支持符合规定的各类非国有企业，如民营企业、外资企业开展市场化债转股。

第三，债权的类型将更加多元。《具体政策通知》明确允许将除银行债权外的其他类型债权纳入转股债权范围，包括但不限于财务公司贷款债权、委托贷款债权、融资租赁债权、经营性债权等，但不包括民间借贷形成的债权。同时，允许银行转让各种质量分级类型债权，银行可以向所属实施机构、金融资产管理公司、国有资本投资运营公司、保险资产管理机构以债转股为目的转让各种质量分级类型银行债权，包括正常类、关注类、不良类贷款。

第四，债转股资金来源将被有效拓宽。《具体政策通知》明确允许实施机构发起设立私募股权投资基金开展市场化债转股。各类实施机构发起设立的私募股权投资基金可向符合条件的合格投资者募集资金，并遵守相关监管要求，符合条件的银行理财产品可依法依规向实施机构发起设立的私募股权投资基金出资。

6. 支持金融资产管理公司业务经营中依法办理不动产抵押登记

（1）内容概要。为进一步发挥金融资产管理公司服务实体经济发展、防范和化解金融风险的重要作用，原银监会联合原国土资源部发布《关于金融资产管理公司等机构业务经营中不动产抵押权登记若干问题的通知》（银监发〔2017〕20号，以下简称《抵押权登记通知》）。其主要内容如下：

第一，金融资产管理公司及其分支机构在法定经营范围内开展经营活动，需要以不动产抵押担保方式保障其债权实现的，可依法申请办理不动产抵押权登记。

第二，金融资产管理公司收购不良资产后重组的，与债务人等交易相关方签订的债务重组协议、还款协议或其他反映双方债权债务内容的合同，可作为申请办理不动产抵押权登记的主债权合同。金融资产管理公司收购不良资产涉及大量办理不动产抵押权转移登记或者变更登记的，不动产登记机构要积极探索批量办理的途径和方法。

第三，金融资产管理公司收购不良资产后重组的，需要以在建建筑物、房屋、土地使用权抵押担保其债权实现的，不动产登记机构应根据当事人的申请依法予以登记。

第四，金融资产管理公司、银行等经依法批准设立的金融机构与抵押人持不动产权属证书、主债权合同和抵押合同等必要材料，可以直接向不动产登记机构申请不动产抵押权登记，不动产登记机构应当依法受理、及时办理，不得要求金融资产管理公司、银行或者抵押人提供没有法律法规依据的确认单、告知书等材料，不得将没有法律法规依据的审核、备案等手续作为不动产登记的前置条件或纳入不动产登记流程。

（2）市场影响。不同地区关于抵押登记的政策不同，部分地区存在不支持或者变相拒绝为金融资产管理公司或其分支机构办理抵押登记的情况。《抵押权登记通知》对市场的影响主要包括：

第一，正式确认了资产管理公司具备办理不动产抵押登记的主体资格。部分地区登记机关以不懂、从没办理过以及资产管理公司不具有贷款资格等为由，拒绝为金融资产管理公司及其分支机构办理抵押权登记及相关抵押登记手续。该通知正式确认了金融资产管理公司具备办理不动产抵押登记的主体资格。

第二，认可债务重组协议等作为债权主合同。部分地区登记机关不承认将不良资产收购重组中签订的债务重组协议或还款协议作为抵押担保的主合同。该通知规定："金融资产管理公司收购不良资产后重组的，与债务人等交易相关方签订的债务重组协议、还款协议或其他反映双方债权债务内容的合同，可作为申请办理不动产抵押登记的主债权合同。"

第三，解决了抵押变更登记难的问题。各地登记机关就债权转让后办理抵押权变更登记的要求都非常严格，一般不直接办理变更登记，或者需要先办理转移登记。该通知规定不得将没有法律法规依据的审核、备案等手续作为不动产登记的前置条件或纳入不动产登记流程。同时，支持鼓励登记机关批量办理，切实做到依法规范、高效便利，为金融资产管理公司健康发展提供有力保障。

第四，明确了在建工程可以办理抵押登记。目前，以在建工程抵押进行融资的方式非常普遍，但是部分地区以《城市房地产抵押管理办法》的相关规定为由，不为金融资产管理公司办理在建工程抵押登记。该通知规定资产管理公司收购不良资产后重组的，需要以在建建筑物、房屋、土地使用权抵押担保其债权实现的，不动产登记机构应根据当事人的申请依法予以登记。另外，关于在建工程抵押权人的主体资格，最高人民法院《关于〈城市房地产抵押管理办法〉在建工程抵押规定与上位法是否冲突问题的答复》（〔2012〕行他字第8号）明确规定，"在建工程属于《担保法》规定的可以抵押的财产范围"。

7. 搭建地方资产管理公司监管框架

（1）内容摘要。随着银行不良贷款规模攀升和地方债务逐渐增加，地方资产管理公司在处置不良资产、盘活存量资产和防范化解金融风险等方面的地位愈加重要。因此，2019年7月5日，银保监办发布《关于加强地方资产管理公司监督管理工作的通知》（银保监办发〔2019〕153号，以下简称《加强监管通知》），从市场准入、聚焦主业、压实监管责任和治理市场乱象四个方面搭建了地方资产管理公司的监管框架。其主要内容如下：

第一，严格市场准入和市场退出两道关的标准。《加强监管通知》中提出为整顿不良资产市场秩序，各地方政府必须严守市场入口和出口两道关，防止盲目设立地方资产管理公司。对于地方资产管理公司的设立必须进行严格的可行性和必要性论证，并且地方资产管理公司解散或破产的，应该依法进行清算和注销。

第二，回归本源和聚焦主业。地方资产管理公司应以开展不良资产收购处置业务为主业，以防范化解区域金融风险和服务实体经济为目的。且地方资产管理公司进行不良资产收购处置时，必须符合真实、有效等条件，实现资产和风险的真实、完全转移。

第三，坚持问题导向和压实监管责任。监管工作中，地方政府必须坚持以问题为导向，通过现场检查和非现场监管等多种方式，落实各项监管措施，压实监管责任，防范化解地方资产管理公司经营风险，不能使其成为新的风险增长点。同时，加强银保监会派出机构与地方政府的沟通协商，建立地方AMC监管信息共享机制。

第四，严守风险底线与治理市场乱象。《加强监管通知》中规定，地方AMC应建立全面的公司治理框架、完备的内部控制与风险管理体系、稳健的资本管理政策，并且建立可持续的资本补充机制，提高抵御各类风险的能力。同时，地方 AMC 应建立完善的信息披露制度，提高信息透明度。

（2）市场影响。

第一，地方资产管理公司监管加严。《加强监管通知》提高了地方 AMC 的市场准入和退出标准，致使对于拟成立地方资产管理公司和正在申报银保监会批复备案的地方资产管理公司而言，在股东准入、监督管理和解散退出等方面都将面临愈加严格的审核和监管。

第二，促使地方资产管理公司聚焦不良资产收购处置主业。《加强监管通知》中对于禁止地方资产管理公司与转让方合谋进行不良资产假出表、不得受让禁止批量转让的资产等内容进行了进一步强调。本质上是禁止地方 AMC 为银行等金融机构提供通道服务、签订抽屉协议或暗保等行为，这将对地方资产管理公司的融通服务业务、金融创新业务等造成较大影响。

第三，厘清银保监会和地方金融监管机构的监管职责。《加强监管通知》明确规定了地方金融监管机构对地方资产管理公司的监管内容和方式、协商制度、问责制度等内容，有助于地方金融监管机构在地方 AMC 监管方面作用的发挥。

第四，规避地方资产管理公司风险传染。《加强监管通知》规定，地方金融监管机构的监管方式应结合宏观审慎和微观审慎，针对目前部分地方资产管理公司在省外开拓业务的行为，可以规避其出现风险跨区域、跨市场和跨行业传染的可能性。

8. 提高不良资产处置行业的市场地位，加大开放力度

（1）内容概要。2020 年 1 月 3 日，银保监会发布《中国银保监会关于推动银行业和保险业高质量发展的指导意见》（银保监发〔2019〕52 号，以下简称《推动发展意见》），其首次将不良资产市场与银行市场、保险市场、信托市场等金融市场并列，大幅度提升了不良资产市场在我国金融市场中的重要性。其主要内容如下：

第一，确定不良资产处置行业在金融市场中的地位。《推动发展意见》中将金融资产管理公司首次和银行、保险、信托等金融机构并列，从监管层面落实了不良资产处置行业在金融市场中的主体地位。

第二，不良资产处置行业引进国际专业机构。《推动发展意见》中提出不良资产处置领域将吸引外资金融机构进入境内市场，允许境外资产管理机构与中资银行或者中资保险公司及其子公司合资设立理财公司，且可由外方控股。

（2）市场影响。

第一，提高了资产管理公司在金融机构中的地位。不良资产市场重要性的提升表明，资产管理公司在我国金融机构中具有重要的市场主体地位，并且是维护我国金融稳定和防范化解金融风险的核心力量。

第二，以不良资产市场对外开放促进了不良资产处置能力的提高。鼓励境外

中国特色不良资产处置的理论创新与实践

金融资产管理公司进入我国不良资产市场，可以通过引进先进的不良资产处置技术和理念直接促使不良资产处置化解重大风险能力的提高，也可以间接促进我国资产管理公司提高不良资产处置能力和效率。

9. 设置不良贷款转让试点，拓宽不良贷款处置渠道

（1）内容概要。2021年1月7日，为规范银行不良贷款转让行为，切实提升金融服务实体经济质效，银保监会经与财政部协商一致，批复同意银行业信贷资产登记流转中心（以下简称"银登中心"）以试点方式进一步拓宽不良贷款处置渠道和处置方式，并发布《中国银保监会办公厅关于开展不良贷款转让试点工作的通知》（银保监办便函〔2021〕26号，以下简称《转让试点通知》）。其主要内容如下：

第一，明晰不良贷款转让试点的主要范围。试点机构包括6家国有控股大型银行和12家全国性股份银行。参与试点的不良贷款机构类型包括金融资产管理公司、符合条件的地方资产管理公司和金融资产投资公司。《转让试点通知》进一步明确了可以参加试点的不良贷款类型和不参与本次转让试点工作的不良贷款类型。

第二，强调了不良贷款转让的合规风险及监督管理。《转让试点通知》明确提出，银行、资产管理公司、金融资产投资公司在开展不良贷款转让时应遵循的真实性、洁净性和整体性原则，从而实现资产和风险的真实完全转移，严禁抽屉协议或回购条款等。合规性方面在催收制度、清收方式等方面均有严格规定。

第三，强化了不良贷款转让相关信息的披露与保护。《转让试点通知》规定，转让方应当通过监管部门认可的平台发布详细公告；在不良贷款转让过程中，涉及债务人个人信息的，要求相关主体切实做好个人信息保护，坚决防止发生个人信息泄露和非法使用的情况。同时，《转让试点通知》强调，不良贷款转让后仍属于信贷业务范围，征信权责由有关主体负责。受让人需要原出让方协助的，由双方根据市场化原则在债权转让合同中约定。

（2）市场影响。

第一，有助于缓解商业银行的不良贷款处置压力。目前，经济下行和新冠肺炎疫情的双重风险叠加，致使不良贷款规模持续上升，且处置不良贷款的难度也在显著增加，银行处置不良资产渠道单一、打包困难等长期问题进一步限制了处置效率。《转让试点通知》放开了对单户对公不良贷款和批量个人不良贷款转让的限制，进一步拓宽了银行不良贷款的处置途径，有助于缓解商业银行在现行经济状况下的不良贷款处置压力。

第二，适时突破个人不良贷款批量转让限制。原银监会和财政部联合印发的《金融企业不良资产批量转让管理办法》（财金〔2012〕6号）中规定，个人贷款不良资产不得进行批量转让，这限制了不良资产处置效率的提升。《转让试点通知》开展批量个人不良贷款的转让试点，将纳入不良贷款分类的个人消费贷款、信用卡透支和个人经营性信用贷款纳入试点范围，这有助于压降银行个人不良资产，提供了有效的政策保障。

第三，释放防范化解金融风险的政策空间。"十四五"期间我国金融安全形势仍然十分复杂，国内经济金融运行环境正在发生深刻变化。《转让试点通知》明确了开展对单户对公不良贷款和批量个人不良贷款转让试点，进一步丰富了不良资产处置渠道，促使不良资产处置提速，缓解了商业银行的不良贷款处置压力，降低了金融风险，保障了金融安全，从政策层面确立了正确的金融监管政策价值取向。

（二）监管政策未来展望

强监管背景下，对于不良资产行业而言，重在加快化解不良资产风险，强化金融资产管理公司防范化解金融风险和金融支持实体经济发展的功能。总体来看，不良资产行业监管走势主要集中在以下几个方面。

1. 不良资产行业监管走势

（1）政策推动不良资产的加快化解。监管当局通过调整拨备、整治银行业乱象、开启新一轮金融开放引进外资机构以及搭建地方 AMC 监管框架等方式，加快处置不良贷款存量和积极应对不良资产增量，同时也使银行有更多的资金支持实体经济发展，充分体现防范化解金融风险和服务实体经济的监管目标。同时，具体到资产管理公司不良资产处置业务中可以预见的难题，如抵押权等价变更问题，积极进行不良资产处置立法和制度方面的完善，保障资产管理公司在进行不良资产处置时有法可依，合法合理地进行不良资产处置，在法律法规层面为不良资产处置增质提效。

（2）引导资产管理公司聚焦不良资产处置主业。设立资产管理公司的目的是通过处置经济运行中银行、企业等机构产生的不良资产，防范化解金融重大风险和支持实体经济发展。金融资产管理公司作为不良资产行业的重要参与者，监管机构通过资本管理、非现场监督等方式对其业务模式施加影响，尤其是以资本约束和杠杆要求为基础，对资产管理公司进行三大支柱、六个核心指标的资本监管，引导资产管理公司调整业务重点、发展速度和转型方向。同时，从市场准入、聚焦主业与治理市场乱象等维度搭建地方 AMC 监管框架，促使地方 AMC 以不良资产收购处置为主业，以防范化解区域金融风险和支持地方实体经济发展为目的，发挥地方 AMC 在不良资产规模攀升和地方债务增加背景下的积极作用。

（3）强监管背景下有保有压，多部委联合推动债转股工作。自 2016 年债转股工作重启以来，2016—2021 年，每年均有多部门联合颁发多项政策，加速推动市场化债转股，直指债转股工作中遇到的具体问题和困难。可以预见，债转股将在业务模式、对象、债权种类、资金来源、参与主体等方面实现突破。

2. 未来政策展望

（1）金融开放力度加大，不良资产市场引进外资主体。2018年4月习近平主席在博鳌亚洲论坛上宣布中国将开启新一轮金融开放，紧接着政府就在政策层面取消了中资银行和金融资产管理公司在外资持股比例上的限制。结合当前我国不良资产数量持续增加的局面，为了最大限度地挖掘不良资产价值和加快不良资产处置，AMC行业引进专业化程度高和市场化运作能力强的外资主体十分必要。

因此可以预见，监管机构将进一步放宽境外金融机构进入我国不良资产市场以及参与我国不良资产收购处置的条件和范围，不良资产市场准入制度将更加灵活，利用全球资源加速我国不良资产处置和金融风险的防范化解。同时，考虑到外资金融机构的纯商业化属性，其势必对国有AMC防范化解金融风险和支持实体经济发展的社会性功能造成干扰，且外资金融机构在专业化经营和市场化运作等方面的技术优势将冲击国有AMC的盈利能力。在这种双重挤压下，国有AMC追逐盈利的动机可能增强，从而损害其防范风险和服务实体的社会性功能。所以，监管机构可能采取措施平衡国有AMC政策性目标和营利性目标，坚持国有AMC聚焦不良资产处置的行业定位以及回归主业的经营业务方向长期不变。

（2）信用风险管理加强，坚持风险真实暴露。首先，巩固治理乱象成果，促进合规建设。针对银行业、信托公司、金融资产管理公司等各类金融机构的乱象行为，继续进行高压监管。例如，银行业人为操纵风险分类结果，掩盖不良贷款，隐匿资产质量；违规通过第三方代持、为不良资产受让人提供融资等方式实现不良资产的非洁净出表；利用资管计划实现风险的虚假转移。又如，信托公司通过非标资金池承接不良贷款，隐匿风险。再如，AMC通过内部交易掩盖风险；为银行业金融机构规避资产质量监管提供通道，名义上收购各类不良资产，实质上提供变相融资。其次，不良资产违规出表是重点检查工作，鼓励不良资产真实合规转让，重点打击违规出表行为。可以预见，以往通过表外方式将不良贷款虚假出表、人为调节监管指标的违规行为将受到严惩，这将极大地鼓励商业银行将不良资产打包放在银登中心和相关不良资产交易平台上，推动商业银行真实化解不良资产。最后，监管层对不良资产处置达成共识，不良资产的推出和处置力度继续加大。目前国内银行业不良资产压力总体可控，但关注类贷款规模一直较大，信贷风险呈上升趋势。近期监管部门下调银行拨备监管要求，鼓励银行要真实地反映和处置不良贷款。这能够加快银行隐性不良资产释放，加速不良贷款出清，未来银行将不良资产彻底出表的动力更大，表内核销的数量将会增加。

（3）坚持AMC防范化解金融风险和支持实体经济发展的行业定位，引导AMC聚焦不良资产主业。国有四大AMC建立的初衷是帮助国有银行完成不良资产的剥离和处置，政策性任务完成后，国有四大AMC均选择了市场化、多元化的经营战略。随着宏观经济下行压力加大、金融体系进入风险暴露期以及实体经济资金需求量加大，国有 AMC 需要重回防范化解金融风险和服务实体经济发展的公益性功能和政策性定位，成为我国经济发展的逆周期调节因子、防范风险的安全网以及经济运行的稳定器。

因此，未来监管政策会抑制 AMC 的盲目扩张，并规范 AMC 的多元化经营，从而促使 AMC 聚焦不良资产主业，重回防范化解金融风险和服务实体经济发展的根本性任务。如在金融资产管理公司资本风险权重的设定上做差异化处理，在批量收购金融不良债权资产（或资产包）、以其他方式收购金融不良债权资产和收购一般企业及个人的不良债权资产等主业上，分别设置 50%、75% 和 150% 的风险权重，降低不良资产处置业务的资本考核压力；而在对非财务并表的具备控制权的企业股权投资、对金融机构的股权投资和对非金融机构的股权投资上，分别设定 800%、250% 和 400% 的风险权重。通过差异化资本风险权重设定，引导 AMC 剥离与不良资产主业不相关的业务，鼓励其聚焦于不良资产主业。

（4）市场化债转股的进程加快，参与机构的范围扩大。目前，银行是实施市场化债转股的主力，尤其是资本实力雄厚的国有大行。2017 年下半年以来，五大国有银行债转股实施机构均先后获批开业。但从 2018 年全国银行业监督管理工作会议提到的重点工作和近期监管层的表态来看，市场化债转股是企业降杠杆的重要措施，有关债转股的细则将会推出，同时债转股规模和覆盖面有望进一步加大，未来只要符合相关条件，都有可能成为债转股的实施机构；未来参与市场化债转股的私募股权投资基金的交易结构将变得更加多样化，私募股权投资基金将成为市场化债转股的重要投资主体。同时，吸引社会资金的广泛参与，使债转股实施机构的资金来源多元化，这些都将加快债转股的实施落地。

第十二章　不良资产处置操作与管理规程

本章根据不良资产处置的实践，梳理处置不良资产的相关流程和标准、操作规程和公告管理规程。不良资产处置操作规程包括不良资产的处置目的、适用范围与相关术语定义，总部与各分公司各部门的具体职责以及不良资产处置的工作原则与基本要求；规范了不良资产处置"从前期准备"到"方案的制定、审批和实施"再到"项目的总结及其他"等基本工作程序和工作纪律。不良资产处置公告管理规程包括不良资产处置公告目的和部门职责；根据不同资产的类别和处置方式，确立公告范围、公告内容及有关要求；针对不同的资产类别，对公告方式和公告时间进行了规定和说明；明确公告具体的操作程序以及相关纪律要求等。

一、不良资产处置的目的、适用范围与相关术语定义

（一）目的

为规范公司资产处置行为，确保资产处置收益最大化，防范资产处置风险，根据财政部《金融资产管理公司资产处置管理办法（修订）》（财金〔2008〕85号），制定本规程。

（二）适用范围

适用于公司收购资产（含买断政策性、损失类资产和可疑类资产）的处置。其中，通过债转股、以股抵债等方式形成的股权资产的处置，按照《股权资产处置操作规程》执行；受托管理资产的处置参照本规程执行，委托协议另有约定的，从其约定。

（三）术语定义

（1）资产：公司收购的不良资产以及公司依法享有处置权的其他资产。

（2）债权类资产：公司收购或受托管理的不良债权、资产处置形成的债权以及相对应的表内、表外和孳生利息、收益权。

（3）实物类资产：公司拥有所有权、收益权、使用权、处置权（包括受托

处置权）的实物资产，包括收购的以物抵贷资产、资产处置中收回的实物资产、受托管理的实物资产及其所产生的权益。

（4）其他权益类资产：除通过债转股、以股抵债等方式形成的股权资产以外的权益类资产。

（5）资产的终极处置：通过资产处置行为，将公司非现金资产转化为现金资产，剩余债务予以豁免；对公司收购的以物抵债资产以及处置过程中收回的实物资产，经过规定的审批程序，转为公司自用资产。

（6）资产的阶段性处置：以收回部分资产（含非现金资产和现金资产）、保全资产或改善资产形态、提升资产价值为目的而进行的各种处置行为。

（7）盈亏平衡点：资产处置项目的预计回收现金金额与收购成本，内部借款成本以及资产收购、管理和处置过程中发生的相关成本（不含工资、奖金等人员费用）和各项税费之和之间的临界点。资产处置项目的预计回收价值可以弥补或超过上述各项成本和税费的视为达到或超过盈亏平衡点；不足以弥补各项成本的，视为未达到盈亏平衡点，差额为预计损失。

二、不良资产处置的职责、工作原则与基本要求

（一）职责

（1）总部（分公司）资产管理部门：负责市场调查、投资者营销、立项申请、定价分析、处置谈判、方案制定、审批申报、方案实施和项目的总结、档案的移交等工作。

（2）总部（分公司）资产评估主管部门（岗）：负责审计、评估中介机构的选聘，对债务企业、拟处置资产的审计、评估工作的组织和评估结果的审查。

（3）总部风险管理部、法律事务部、业务审查部：负责根据公司《总部业务审查审批流程》的相关规定履行职责。

（4）分公司风险合规管理部门（岗）：负责对需审查的资产处置项目，从是否已对风险进行了识别和分析、是否提出了相应的风险防范措施等方面提出明确的审查或优化意见。

（5）分公司法律事务主管部门（岗）：负责资产处置的法律审查。

（6）总部（分公司）计划财务部门（岗）：负责资产处置费用审核、会计核算和考核等工作。

（7）总部（分公司）审计主管部门（岗）：负责资产处置项目的内部审计、检查和监督。

（8）公司经营决策委员会、分公司资产处置审查机构（以下统称"资产处

置审查机构"）：按照相关委员会（机构）工作规则履行职责。

（9）董事长、总裁（分公司总经理）、公司（分公司）分管领导、总部部门总经理：根据基本授权书的审批权限，审批资产处置项目的立项和项目方案；审批已经公司经营决策委员会、分公司资产处置审查机构审查、审议的项目方案。

（二）工作原则和基本要求

（1）资产处置工作应坚持效益优先、严控风险、竞争择优和公开、公平、公正的原则，按照有关法律、法规的规定进行。

（2）资产处置实行"统一授权、评处分离、集体审查、分级批准、上报备案"的原则。

（3）审批制度。

1）采取本息清收、股权分红、股权按不劣于原方案中约定条款回购、诉讼追偿方式的资产处置项目，或经人民法院或仲裁机构作出已生效的判决、裁定、裁决的资产处置项目，无须经资产处置审查机构审核通过。但是，该项目在诉讼或执行中通过调解、和解需放弃全部或部分诉讼权利、申请执行终结、申请破产等方式进行处置时，应事先经资产处置审查机构审核通过。

2）采取其他方式处置资产的，资产处置方案无论金额和损失大小，公司任何个人无权单独决定，必须经资产处置审查机构审核通过才能实施。

3）总部（分公司）收购资产的处置权限，按照基本授权书执行。

（4）回避制度。任何个人与被处置方、资产受让（受托）方、受托资产评估机构等有直系亲属关系的，在整个资产处置过程中必须予以回避。

（5）保密制度。公司及任何个人，应对资产处置方案和结果保守秘密，除国家另有规定以及公司为了处置资产必须公布有关信息外，严禁对外披露资产处置信息。

（6）转让资产原则上应采取公开竞价方式，包括但不限于招标、拍卖、要约邀请公开竞价、公开询价等方式。

1）以招标方式处置不良资产的，应按照《中华人民共和国招标投标法》和公司《资产招标处置办法》的规定组织实施。

2）以拍卖方式处置资产的，应按照公司《拍卖机构选用管理办法》的规定选择拍卖中介机构，按照《中华人民共和国拍卖法》和公司《资产拍卖处置办法》的规定组织实施。招标和拍卖的底价确定按资产处置程序办理。

3）以要约邀请公开竞价、公开询价等方式处置资产的，至少要有两人以上参加竞价，当只有一人竞价时，需按照公告程序补登公告，公告7个工作日后，如确定没有新的竞价者参加竞价才能成交。如果分公司通过报纸和公司网站公开发布了竞价公告，在只有 1 人参加竞价的情况下，可以成交，不再补登 7 天公告。

4）未经公开竞价程序，不得采取协议转让方式向非国有受让人转让资产。

（7）通过债权转让方式处置国有企业（包括国有全资和国有控股企业）不良债权时，应当提前 15 天书面通知国有企业及优先购买权人。

1）通知可以采取邮寄、当面呈交、公正送达等多种方式，但必须取得回执、签收确认书或公证书。

2）优先购买权人为相关地方人民政府或者代表本级人民政府履行出资人职责的机构、部门或者持有国有企业债务人国有资本的集团公司。公司向非国有金融机构法人转让不良债权的处置方案、交易条件以及处置程序、方式确定后，单笔（单户）转让不良债权的，应当通知国有企业债务人注册登记地的优先购买权人。以整体"资产包"的形式转让不良债权的，如资产包中主要债务人注册登记地属同一辖区，应当通知该辖区的优先购买权人；如资产包中主要债务人注册登记地属不同辖区，应当通知主要债务人共同的上级行政区域的优先购买权人。

3）按照确定的处置方案、交易条件以及处置程序、方式，优先购买权人在同等条件下享有优先购买权。优先购买权人收到通知后明确表示不予购买或者在收到通知之日起 30 日内未就是否行使优先购买权做出书面答复，或者未在公告确定的拍卖、招标日之前做出书面答复或者未按拍卖公告、招标公告的规定时间和条件参加竞拍、竞标的，视为放弃优先购买权。

（8）采取委托处置方式处置不良资产的，必须遵守回收价值大于处置成本的原则，即回收的价值应足以支付代理处置手续费和代理处置过程中发生的诉讼费、公证费、资产保全费和拍卖佣金等直接费用，并应有结余。受托方应具备合法经营或从业的资格，无不良从业记录和不良信誉记录，具备完成受托业务的优势和专门的从业人员。

（9）除向政府、政府主管部门、出资人及指定机构、资产公司转让外，不得对外转让下列资产：债务人或担保人为国家机关的债权；经国务院批准列入全国企业政策性关闭破产计划的国有企业债权；国防军工等涉及国家安全和敏感信息的债权；国家法律法规限制转让的其他债权。

（10）不得向下列人员转让不良资产：国家公务员、金融监管机构工作人员、政法干警、资产公司工作人员、国有企业债务人管理层以及参与资产处置工作的律师、会计师、评估师等中介机构人员等关联人。公司在处置公告中有义务提示以上人员不得购买资产。

三、不良资产处置的工作程序及要求

（一）资产处置的前期准备

1. 资产处置的调查与营销

（1）资产管理部门在依据《不良资产收购处置业务办法》《债权资产管理规程》《实物资产管理规程》对相关资产进行管理的过程中，要对公司拥有或控制的各项财产、债权和其他权益进行认真调查，并将收集和整理的资产信息，完整、及时地录入综合业务管理平台。

调查的主要内容包括：公司债权状况，借款企业、担保企业的资产负债情况、生产经营情况、产品及市场情况、组织结构、领导班子及企业人员状况，实物资产的现状和使用情况等。

（2）资产管理部门在资产调查的基础上，根据资产的实际质量、可能的价值提升（贬损）情况，结合当地市场发展状况和地方经济发展规划、属地行政管理（包括法院诉讼）特点、各类投资者需求和处置前景等有针对性地开展资产分类和整合，对资产价值进行初步评价。

（3）资产管理部门在提出资产处置立项前，应提出法律审查需求，由法律事务主管部门（岗）依据《项目法律审查规程》《资产处置法律审查要点》对拟处置资产进行法律审查，并出具法律意见书。

（4）资产管理部门在资产调查和资产分类的基础上，与债务人、保证人、上级主管部门、潜在投资者或购买方，以及其他有关各方进行初步接触与协商，形成初步的处置意向。对不同的处置方式进行调研，并进行可行性分析。

2. 资产处置项目立项

（1）对于买断政策性、损失类和可疑类资产处置项目，资产预计回收价值未达到盈亏平衡点的处置项目，应当立项。对于政策性破产项目、零受偿资产处置项目、诉讼项目、资产预计回收价值达到或超过盈亏平衡点的处置项目、资产收购方案中已经明确处置方式和处置底价的指定收购并处置项目、收购并反委托清收项目和收购重组项目，资产处置时无须立项。

（2）对于符合立项条件的一般资产处置项目，由资产管理人员填报《资产处置立项申请表》（附《法律意见书》），报总部部门总经理（分公司分管领导）审批同意后立项。

（3）总部部门总经理（分公司分管领导）可以根据项目的重要程度，提交公司分管领导（分公司总经理）决定资产处置立项是否需要提交资产处置审查机构审核。对于需要审核的重大资产处置项目，资产管理部门除填报《资产处置立项申请表》外，应同时制定资产处置预案。资产处置预案应包括以下内容：拟处置资产状况；拟处置资产的潜在投资方、购买方的情况和初步意向；整体处置思路或处置方式；是否需要进行资产评估和财务审计；初步估算处置费用和资产回收情况。

（4）对已经批准立项的资产处置项目，应确定项目经理（或成立项目小组），实行项目经理负责制。

（5）诉讼项目的立项按《诉讼案件管理规程》的规定执行。

3. 资产处置公告

资产处置前，必须按规定的范围、内容、程序和时间等要求进行资产处置公告，国家有关政策另有规定的除外。特殊情况不宜公告的需由相关政府部门出具证明。资产处置公告的具体工作按照《资产处置公告管理办法》执行。本章的第四部分将介绍不良资产处置公告管理规程。

（二）资产处置方案的制定、审批和实施

1. 方案准备

（1）资产价值的确定。以债转股、以物抵债方式处置债权资产，除上市公司可流通股权资产外，应由外部独立评估机构对资产进行评估，上市公司可流通股权资产按照交易基准日前 30 个交易日每日加权平均价格的算术平均值为基础确定；以租赁以外的方式（如公开转让、实物资产投资等）处置不动产类实物资产的，应由外部独立评估机构对资产进行评估；以其他方式处置资产的，应根据每个资产处置项目的具体情况，采取尽职调查、内部估值、市场询价等方式进行抵质押资产、抵债资产、债权的价值分析，或者按照公正合理原则、成本效益原则和效率原则聘请外部独立机构对抵质押资产进行评估或对债务人进行偿债能力分析，在此基础上确定资产价值。

对所涉及企业和资产需要进行财务审计和资产评估的，由资产管理部门提出评估需求，由总部（分公司）资产评估业务主管部门（岗）按照《资产评估工作规程》的有关规定，组织实施评估，并将资产评估结果和审核意见及时反馈给资产管理部门。

确定盈亏平衡点及定价：资产管理部门根据收购价格、内部借款成本以及资产收购、管理和处置过程中发生的相关成本（不含工资、奖金等人员费用），确定拟处置资产盈亏平衡点。并根据资产评估或估值结果、市场情况以及资产实际变现能力等因素，按照《资产处置定价分析指引》进行定价。

（2）谈判。资产管理部门通过与债务人或保证人、投资者等有关各方进行协商谈判，确定处置方案的各项具体内容。

与被处置资产方（直接债务人、保证人、持股企业等，下同）、资产受让

（受托）方进行有关资产处置的协商谈判时，公司一方应同时有两位以上资产管理人员（包括外聘人员）出席，谈判内容应形成《资产处置谈判记录表》，并存档备查。谈判记录应至少包括谈判时间、人员、地点和谈判的主要内容，并有公司谈判人员签字。

谈判过程中，根据谈判的需要，在遵守《保密工作管理办法》和《经营项目档案管理办法》等规定的前提下，可以提供必要的资产处置档案、信息资料及相关资料，必要时可签订保密协议。协议中要明确资料的使用范围、移交手续、归还日期、惩罚措施等内容。

必要时可以加大诉讼保全执行力度，向债务人、担保人施加压力。

2. 制定资产处置方案

（1）资产管理部门根据立项批复意见（如有），与债务人或保证人、资产购买方（受让方）、其他有关各方协商谈判结果，拟处置资产的盈亏平衡点，评估、价值分析或估值结果，法律意见书等制定资产处置方案，或对资产处置预案进行优化和完善并形成资产处置方案。

（2）债权资产处置方案的主要内容。

1）债权情况。

①债权收购情况，包括资产出让方、五级分类情况、收购时间、收购价格、持有期间等。

②截至资产处置日的最近一个计息日，拟处置企业的整体债权情况，包括本金、表内利息、表外利息、孳生利息金额。

③债权担保情况，包括信用、抵押、担保贷款的笔数，抵押、担保金额，抵押、担保的效力分析，抵押物的现状、评估结果，担保能力分析。以上分析应以评估（咨询）报告（如有）、担保人保证能力《审计（鉴定）结论》（如有）或《法律意见书》的结论为依据。

2）债务人（保证人）情况。

①基本情况。企业住所，工商登记情况，企业性质、类型，职工情况（在册、在岗、离休、退休人数等）。

②生产经营情况。主导产品及其市场情况，目前生产经营现状（正常生产经营、勉强维持、半停产、无生产经营活动等），企业改制情况。

③财务状况。账面总资产、总负债、资产负债率情况，剔除潜亏后实际资产负债率；实际资产情况及其涉诉、抵押、查封情况等，从实际情况来看，可供债权人受偿的资产情况，企业的有效资产变现能力；实际负债情况，包括欠其他金融机构债务情况（包括相应债务的担保情况以及债务清偿情况），一般往来欠债情况，欠发职工工资、欠缴两金情况，欠缴税款情况等。

④其他影响资产处置的情况，如职工上访情况，是否被政府列为特困企业

（特困企业享受何种政策）等。

3）资产处置方式及其比较。

①简述营销、谈判、协商过程。债务人、其他债权人、地方政府及有关部门意见，有关政策、法规等敏感性因素分析。

②资产管理部门优选采用的处置方式、实施计划和步骤、交易对手等情况介绍。

③通过处置回收现金的，应说明资产预计回收情况，如回款方式、回款期限、资金来源、支付保障措施等；通过以资抵债、资产置换、债转股等方式处置的，应说明折价金额及计算方法，对应资产情况及价值分析，对应资产后期管理、经营和处置计划等。

④资产预计处置费用情况（评估费、诉讼费、土地出让金、拍卖费等），并通过整体债权现金（资产）回收率、收购债权现金（资产）回收率、资产费用率等量化指标，分析资产处置效益情况。

⑤优选处置方式存在的潜在风险及风险防范措施，优选处置方案失败或无法执行时应采取的补救措施。

⑥资产公告、通知国有企业及优先购买权人等的情况（如有）。

⑦其他备选方案变现情况的简单分析。

⑧项目组意见（或分公司资产处置审查委员会的审查结论及审查意见）。

（3）实物资产处置方案的主要内容。

1）实物资产介绍。包括资产性质、资产形成原因（收购、抵债、置换等）及对价、初始入账价值等。

2）实物资产状况分析及处置背景依据。包括资产的权属情况及法律关系、资产现状及用途等。

3）资产评估情况。

4）处置方式及其比较。

5）协商谈判情况以及其他需要说明的情况。

6）项目组意见（或分公司资产处置审查委员会的审查结论及审查意见）。

（4）资产处置方案要点。

1）关于付款方式和期限的谈判。资产处置回收的现金可根据购买方的付款能力，采取一次性或分期方式支付。如果采取分期付款方式，分期还款协议要规定分期付款的具体时间和金额，并明确违约责任。原则上累计还款时间不得超过三年。应付款总额低于1000万元（不含）的，首付款比例原则上应不低于应付款总额的30%；应付款总额在1000万元（含）以上的，首付款比例原则上应不低于应付款总额的20%。

2）明确债务减免的承诺、条件以及违约的惩罚措施。以折扣变现方式对债权资产进行终极处置时，原则上应在债务人或保证人完全履行协议规定的各项承诺和义务后，再减免其债务或担保责任；债务人或保证人发生违约行为时，不得豁免债务人应向公司偿还的任何债务及担保人的担保责任，应按照原债权文件计算债务人应偿还的债务本息余额和担保人的担保责任，已收回的现金等额冲减我方债权。

3）资产处置回收的实物资产应是较易变现的资产。

4）资产处置回收的股权资产尽可能是较易变现、具有发展潜力企业的股权。

5）资产处置回收的应收债权资产应坚持从严掌握的原则，在企业无法提供其他资产（现金、实物和股权资产）时，对部分有清偿价值的企业应收债权，可考虑进行抵债清收。但用于抵债的应收债权必须满足以下要求：债务企业对象明确，法律关系合法、有效，债权清收有一定线索和保证，或债务企业有可供执行的财产。

（5）资产管理部门应提出需求，由法律事务主管部门（岗）对资产处置方案进行法律审查，并出具法律意见书。

（6）对按规定需要进行风险合规审查的项目，由资产管理部门提出需求，风险合规审查部门从是否已对风险进行了识别和分析、是否提出了相应的风险防范措施等方面提出审查或优化意见。

3. 资产处置方案的申报、审查与审批

（1）对于资产收购方案中已经明确处置方式和处置底价的指定收购并处置项目、收购并反委托清收项目和收购重组项目，在严格执行资产收购方案及批复的前提下，资产处置时无须另行制定资产处置方案和申报审查审批。该类项目的处置方式调整时，按照资产收购方案调整的有关审查审批流程执行。对于出现风险的项目，按照风险化解方案的有关审查审批流程执行。

（2）分公司资产处置方案的申报、审查与审批流程。资产管理部门在资产处置方案经分公司分管领导审核同意后，向分公司资产处置审查机构秘书处申报审查。分公司资产处置审查机构秘书处负责审查资产处置方案申报材料的完备性，并将申报材料完备的资产处置方案提请分公司资产处置审查机构审查。具体审查、审议程序按照公司的相关规定执行。

（3）分公司总经理负责资产处置方案的审批。属于分公司审批权限范围内的资产处置方案，秘书处应及时将总经理的审批意见以《资产处置方案批复》通知资产管理部门；超过分公司审批权限的资产处置方案，应将申报材料和分公司审查意见一并报送公司，按照《总部业务审查审批流程》《公司经营决策委员会工作规则》的有关规定申报审查、审批。

（4）总部资产处置方案的申报、审查与审批流程。总部资产管理部门在资产处置方案经部门总经理审核同意后，按照基本授权书，报公司分管领导申报审核（审批），按《总部业务审查审批流程》《公司经营决策委员会工作规则》的有关规定申报审查、审批。

（5）资产处置方案的申报材料包括《关于呈报×××方案的请示》；《资产处置方案》《资产状况一览表》《资产处置方案对照表》，《资产处置方案》中如果已经包含《资产状况一览表》和《资产处置方案对照表》中的内容，可不重复报送；《资产处置方案审批申报表》《主要工作记录》《资产处置谈判记录表》《法律意见书》，以及网站公告的网页截图打印件和报纸公告的复印件。

如有以下材料需一并提供：经审议通过的资产评估（审计）报告、总部资产评估主管部门关于评估结果的相关复函及内部估值相关材料、相关权属证明（复印件）、《处置意向书》、其他需要提供的材料、风险合规管理部门提供的审查意见。

4. 资产处置方案的调整和审批

（1）在处置方案实施过程中，如果遇到导致不良资产处置方案难以实施的重大事项，或不符合原审批处置方案预定条件的，应采取必要的补救措施，并根据实际情况及时调整资产处置方案。

（2）资产处置方案如果涉及以下优于原审批方案或无实质性影响的调整，可不再进行审批：在其他条件不变的情况下，预计回收现金金额高于原审批方案；预计回收金额等于原审批方案但还款期限比原审批方案提前；资产处置方式由协议转让、折扣变现转为公开拍卖、招标、竞价等方式。

（3）如果分公司资产处置方案未按约定期限履行，但方案调整后回收现金金额不变，调整后的资产处置方案经分公司资产处置审查机构审议通过后，报分公司总经理签批即可；如果原方案为总部审批，应按照《总部业务审查审批流程》的有关规定重新报送总部审批。

（4）如果总部资产处置方案未按约定期限履行，但方案调整后回收现金金额不变，调整后的资产处置方案经部门总经理审核后，报公司分管领导审批；如果原方案超出公司分管领导审批权限，应按照《总部业务审查审批流程》的有关规定重新报送审批。

（5）其他情况下的资产处置方案调整按审批权限和程序重新审批。

5. 方案实施

（1）资产管理部门应根据资产处置方案批复组织实施。按照公司《合同管理规程》的规定完成协议的起草和签订工作，并优先使用公司统一制定的参考合同文本。

（2）在与债务人或保证人、资产购买方或受让方签署处置协议后，资产管理部门应对有关各方履行协议的情况进行监督和检查，确保协议完整、有效和按期履行。应加强与债务企业或购买方以及有关开户银行的联系，及时发现问题，采取措施，化解风险。

（3）采取委托处置方式的，应加强对委托处置资产的持续跟踪管理和对受托方的监督。在与受托方签订委托协议及实际操作过程中，应就受托方勤勉、谨

中国特色不良资产处置的理论创新与实践

慎地履行受托义务设定标准，应就未实现处置计划时的违约责任、委托书的出具内容等具体事项进行明确约定，从程序和操作上规范受托方的处置行为，确保公司在受托方存在恶意和过错的情况下可以依法要求赔偿。

（4）以企业或第三人财产设定抵押的，应及时办理相关资产抵押物登记手续；对于第三方提供保证的，应由保证人直接在协议上签字、盖章。

（5）应建立资产保全和追收制度，对未处置和未终结处置的资产继续保留追索的权利，并对这部分资产（包括应计利息、表外应收利息）的应得权益继续催收。

（6）对于破产、诉讼过程中，主债权被法院裁定受偿终结后仍有担保债权的，应继续追索担保人。

6. 资金清算和账务处理

（1）资产处置回收的资产包括现金、实物、股权、债权资产等。在处置方案实施过程中，当收回现金或非现金资产时，或资产形态发生改变（如实施以资抵债，债权资产转化为实物或股权资产），或需要调整贷款利率、期限以及停息挂账的，资产管理部门应及时在综合业务管理平台中进行账务登记，并提交计划财务部门（岗）进行账务处理。

（2）计划财务部门（岗）按照财政部《企业会计准则》、公司会计核算的有关规定和要求，按不同类型的处置方式进行会计核算，进行回收资产的入账和资产处置损益的相关账务处理。

7. 销户

（1）以终结债权债务关系为目的的资产处置方案实施结束后，资产管理部门应认真核实债务人或保证人、资产购买方（受让方）履行协议情况，在确认有关各方完整、有效地履行协议所规定的全部义务后，在1个月内通过综合业务管理平台填制和打印《销户通知单》，与有关证明材料一起，包括资产处置协议（如债务重组协议、资产转让或出售协议等）、历次入账证明、法院执行终结裁定书等，报部门总经理（分公司总经理）或授权分管领导批准后，提交计划财务部门（岗）进行销户。

（2）计划财务部门（岗）在综合业务管理平台中完成销户审核后，在纸质销户通知单上盖章确认，一份留计划财务部门（岗）存档，一份返回业务部门存档。

（三）资产处置项目总结及其他

1. 资产处置项目总结

对处置方式有创新、处置效果好的案例，应在全面总结的基础上及时推广；对未达到处置方案目标，或处置期间出现重大问题的项目，应在资产处置总结中进行分析和说明，并应认真吸取教训。

2. 资产处置项目的审计监督

资产处置的审计监督按照《审计操作规程》和《业务项目审计工作指引》的相关规定执行。

3. 报告制度

公司应按财政部、银保监会的要求及时报告资产处置进度；分公司应按财政部驻各地财政监察专员办事处、银保监局的要求及时报告资产处置进度和终极处置项目情况。报告（报表）内容一般包括资产处置项目、全部债权金额、处置方式、回收非现金资产、回收现金等。

4. 资料归档

资产管理部门对资产处置项目在方案制定、申报、审批、执行等各个环节中所产生的各种重要文档、资料，要严格按照公司关于档案管理的有关规定及时整理归档，妥善保管，确保文档、资料的真实、完整。资产处置档案的归档、移交、保管按《资产档案管理办法》的规定执行。

5. 资产处置工作纪律

（1）资产处置过程中，要严格遵守国家法律、法规以及公司有关规定。禁止随意处置或滥用优惠政策，切实维护和保障社会信用制度，防止企业逃废债务。同时，应加强对资产处置的监控与检查，建立和完善必要的监督和约束机制。

（2）对发生以下行为的，一经查实，按《经营管理行为责任追究办法》的规定，视情节轻重分别追究有关责任人的责任：未经规定程序审批同意，放弃公司应有、应得权益；超越权限或未经规定程序审批同意擅自处置资产；未经规定程序审批同意，擅自更改处置方案；隐瞒或截留处置资产、回收资产和处置收入；在进行收购成本分摊入账时，未经规定程序审批同意，擅自更改资产公司既定的成本分摊入账原则；玩忽职守，造成债务人逃废债务；内外勾结、串通作弊，压价处置资产；暗箱操作，内部交易，私下处置；泄露公司商业秘密；抵债资产管理不善，未经规定程序审批同意，擅自使用，造成资产损失；谋取小集体利益和个人利益；资产处置档案管理混乱；其他因自身过错造成资产损失的行为。

6. 其他事项

（1）对资产处置过程中需要支出的有关费用，按照《业务及管理费用支出管理办法》的有关规定执行。

根据财政部的规定，委托金融机构进行处置的，委托代理费用的支付不超过委托处置项目回收现金总额的1%。委托社会其他机构协助或代理处置不良资产的，支付标准根据资产处置难易程度、受托方工作量大小、回收金额（回收率）高低，由双方协商确定，最高不得超过委托处置项目回收现金总额的5%。委托律师事务所处置的，应按照《律师事务所聘用管理规程》中的代理费标准执行。

中国特色不良资产处置的理论创新与实践

（2）对于打包处置、招标处置、拍卖处置、资产租赁处置、计划内破产等，具体处置工作按照《资产打包处置办法》《资产招标处置办法》《资产拍卖处置办法》《资产租赁处置办法》《政策性破产项目管理办法》的规定执行。

不良资产处置流程如图 12-1 所示。

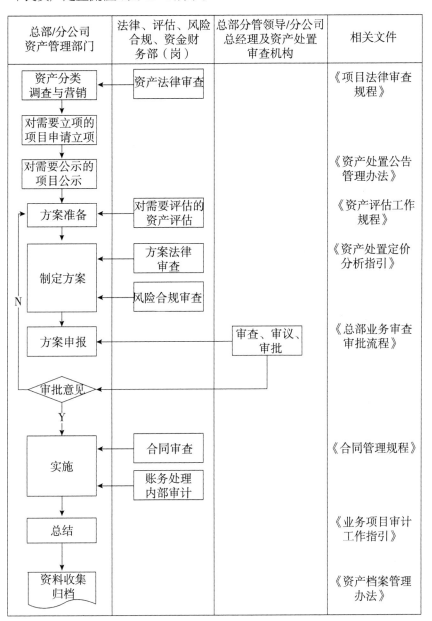

图 12-1 不良资产处置流程

资料来源：根据公开资料整理编制。

四、不良资产处置的公告管理规程

（一）目的与职责

1. 目的

规范公司资产处置行为，增强资产处置透明度，接受社会公众监督，防范道德风险，按照公开、公平、公正和竞争、择优的原则处置不良资产，最大限度地提高资产处置收益。

2. 职责

（1）总部（分公司）资产管理部门：负责公告项目的申报、公告文本的拟制及咨询的受理等事宜，确保及时、准确地根据公司要求发布公告。

（2）总部资产管理部门总经理（分公司分管领导）：负责公告的审批。

（3）总部资产管理部门（分公司）资产处置审查机构秘书处：负责在地方性（地市级、省级）报纸上发布公告的具体事宜。

（4）审计、纪检监察部门：负责对公告活动进行监督检查，受理有关排斥、阻挠征询或异议及其他干扰资产处置活动的举报，并进行核实和相关调查。

（5）董事会办公室：负责联系全国性报纸发布公告；负责在网上发布公告；负责审核总部资产管理部门在报纸上发布公告的相关内容是否符合公司维护对外形象统一性、准确性的有关要求。

（二）公告的范围与内容

1. 公告的范围

（1）公司收购（含附带无偿划转，下同）的各类不良资产及依法享有处置权的其他资产，包括但不限于债权类资产、股权类资产、实物类资产及其他权益类资产。

（2）可不按本办法公告的资产处置项目。一是在诉讼过程中，债务人自觉履行法院判决或通过强制执行方式结案的项目。二是依法破产终结的项目。三是符合国家有关规定宜公开转让的项目，包括：①债务人或担保人为国家机关的项目；②经国务院批准列入全国企业政策性关闭破产计划的企业项目；③国务院批准的债转股企业原股东用债转股企业所得税返还回购公司持有的债转股的项目；④经相关政府部门出具证明的，国防、军工等涉及国家安全和敏感信息的项目，以及其他特殊情形不宜公开的项目。

（3）公司接受委托代为处置的资产，参照本办法执行。委托协议另有约定的从其约定。

2. 公告的内容及有关要求

（1）公告内容。一是资产状态描述，包括资产的名称、种类、所在地，标的金额、数量，涉及的抵押、担保及其他情况等；二是资产处置的意思表示；三是提请对资产处置项目征询或异议的意思表示，征询或异议的有效期；四是对交易对象资格和交易条件的要求，公告中应提示限制受让对象不得购买资产；五是联系人及联系方式；六是对排斥、阻挠征询或异议的举报方式；七是公告发布的日期及有效期限；八是其他需要说明的情况。

（2）公告资产处置相关信息不得违反保密法规和公司《保密工作管理办法》的要求。资产处置的意向购买方和转让价格不列入资产处置信息公告内容。

（3）以拍卖、招投标等方式处置资产时，按相关法律法规的规定进行公告。

（三）公告方式及公告时间

1. 公告方式

（1）属于公告范围内的资产，在未形成资产处置方案前，除另有规定外，均需依据上述要求将资产基本情况逐项刊登在网上，以便于社会查阅。

（2）属于公告范围内的资产，在形成资产处置方案后，应采取网站和报纸两种形式进行公告。

一是网站公告。拟处置项目（含单个处置和打包处置，下同），除另有规定外，均应在资产处置审查机构审查处置方案前，在网站上发布处置公告。其中：①资产处置标的（即整体债权，下同）在1000万元（含）以下的处置项目，只需在网上发布处置公告，无须进行报纸公告；②单个项目的网站公告遵循上述有关规定。打包处置项目，除对资产包中每个项目进行公告外，还应在公告中对资产包做总体介绍，披露资产包的户数、金额、资产形态、债务分布地区、投资者向债权人了解债权具体情况的途径和方法等。

二是报纸公告。对资产处置标的超过1000万元的处置项目，除在网上发布处置公告外，还应在相应级别的报纸上进行公告。其中：①资产处置标的为1000万~5000万元（含）的处置项目，应在资产涉及的地市级（含）以上公开发行的经济类或综合类报纸上进行公告；资产处置标的超过5000万元的处置项目，应在资产涉及的省级（含）以上公开发行的经济类或综合类报纸上进行公告。②单个项目的报纸公告内容遵循上述有关规定。打包处置项目可仅公告资产包总体情况，但应在公告中注明"请投资者登录网站查询或与有关部门接洽查询"等类似字样，以便投资者了解资产包中每个项目的情况。③跨行政区域的资产包应在较其属地高一级公开发行量最大的经济类或综合类报纸上进行公告。

2. 公告时间

（1）对经批准公告的项目，公告时间应掌握在资产处置立项批准后、处置方案上报资产处置审查机构审查之前完成。

（2）资产处置公告应当遵循如下时间期限规定：一是资产处置标的在1000万元（含）以下的处置项目，公告有效期不得少于7个工作日；二是资产处置标的为1000万~5000万元（含）的处置项目，公告有效期不得少于10个工作日；三是资产处置标的为5000万~10000万元（含）的处置项目，公告有效期不得少于15个工作日；四是资产处置标的超过10000万元的处置项目，公告有效期不得少于20个工作日。

（3）依照本办法已公告的资产处置项目，变更处置方案时，如果公告内容不发生变动，原则上可不重新公告；公告的资产包方案增加项目的，应在资产处置审查机构审查日至少5个工作日前刊登补充公告，补充公告的内容应包括资产包内有关项目及金额增加等情况；公告的资产包方案减少项目的，不需要进行补充公告。

（4）分别采取网站公告和报纸公告两种形式进行公告的资产处置标的，应以时间较迟的公告发布日期计算公告期限。

中国特色不良资产处置的理论创新与实践

（四）工作程序

1. 公告申报

项目人员在资产处置立项时，必须对是否公告和公告范围提出具体意见。

2. 公告的组织和实施

（1）对经批准公告的项目，根据处置方案的具体情况，适时进行公告。公告时，对于分公司主办的资产处置项目，由分公司资产管理部门拟制《处置资产公告文本底稿》，报送分公司分管领导签字后，按照确定的公告方式由分公司资产处置审查机构秘书处以分公司名义发布；对于总部资产管理部门主办的资产处置项目，由资产管理部门总经理审批公告文本后，将上述公告文本底稿提交董事会办公室审核后以公司名义发布。需要在全国性报纸上发布公告的，由分公司、总部资产管理部门将上述公告文本底稿提交公司董事会办公室，董事会办公室负责协助联系新闻媒体发布公告。

（2）需要在网站进行公告的，由总部资产管理部门（分公司）资产处置审查机构秘书处将部门总经理（分公司分管领导）签字的公告文本，上传知识管理系统的《业务运作消息》栏目"处置信息公告"专题，由董事会办公室通过网站对外公告，董事会办公室可对公告文本版面做适应性调整。

（3）对于在资产处置立项批准后、处置方案上报资产处置审查机构审议之前，出现是否公告以及公告的内容、方式、范围等调整事项的，项目人员要及时提出拟处置资产公告调整申请，重新报总部资产管理部门总经理（分公司分管领导）审批。

（4）处置方案中列明不需要公告，但资产处置审查机构审查后认为需要进行公告的，应在批复后按照上述规定进行公告，公告期满后方可实施。

3. 公告期间的咨询受理和举报受理工作

（1）资产管理部门负责受理投资者咨询。

（2）审计、纪检监察部门负责受理有关排斥、阻挠征询或异议及其他干扰资产处置活动的举报，并进行核实和相关调查。

4. 公告结果的整理与记载

公告期届满，项目人员要将公告结果记录于公告文本底稿（包括公告的方式、公告媒体的名称、公告的日期、公告结果的结论性陈述等）中，由项目人员、项目负责人或资产管理部门负责人签字确认。同时，应对公告的有关情况和结果在处置方案中做相应表述。

5. 档案管理

（1）网站发布的公告，应将网站公告的网页截图打印成纸质文件，存入资产处置档案，并将网页截图电子版作为备份文件无限期保存。

（2）报纸发布的公告，应将报纸公告的复印件存入资产处置档案，并作为资产处置方案的附件备查。

（3）资产管理部门应按照公司《文书档案管理办法》《经营项目档案管理办法》的有关规定，加强对资产处置公告档案的管理。有关公告过程和结果的资料必须记录真实、留存完整。

（五）工作纪律与其他事项

1. 工作纪律

（1）对以下因玩忽职守、违反规定造成国有资产损失的行为，经查实，按照处理人和处理事项相结合的原则，依照有关规定进行相应的经济处罚和行政处分：一是对应当予以公告的资产处置项目不予公告或无正当理由擅自免除公告进行处置的；二是公告时间不符合规定的；三是公告媒体的级别不符合规定的；四是公告内容不完整或不真实，影响对资产价值做出正常判断的；五是对征询、异议不予受理、消极对待、压制隐瞒的；六是资产处置公告档案管理混乱，重要记录、文件缺失的；七是违反国家及公司有关保密规定的；八是其他干扰资产处置公告的行为。

（2）应坚决抵制任何单位和个人对资产处置公告的干扰，并将干扰情况及时向公司总部和有关监管部门报告。

2. 其他事项

（1）资产处置公告过程中发生的有关费用，在资产处置业务费用中列支。

（2）资产管理部门应结合公告情况，完善和优化资产处置方案。资产处置审查机构发现公告情况有可能对资产处置产生重大影响时，应督促相关资产管理部门进一步寻求更为合理的资产处置方案。

（3）资产管理部门应对刊登公告的媒体选择、发布形式等严格把关，并应将选择确定的发布资产处置公告的媒体报财政部驻各地财政监察专员办事处和各地银保监局备案。

不良资产处置公告操作规程如图 12-2 所示。

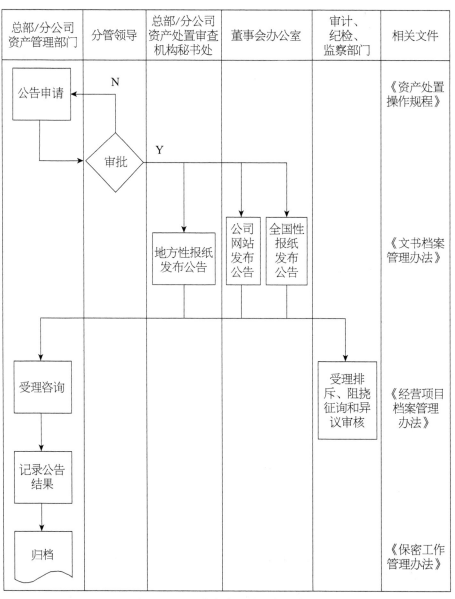

图 12-2　不良资产处置公告操作规程

资料来源：根据公开资料整理编制。

第十三章　商业银行不良资产处置概述、问题及建议

商业银行不良资产是不良资产的主体，商业银行不良资产处置是不良资产处置的重点。深入认识并妥善处理商业银行不良资产处置问题，有助于引导其降低通道类业务的比重，回归主业，治理金融乱象，扭转资金"脱实向虚"趋势，增强金融服务实体经济、防范系统性风险的能力。本章阐述了商业银行不良资产处置原则和手段及其基本特征；剖析了商业银行不良资产处置存在的问题及其成因；在此基础上，为提高商业银行不良资产处置的质效，提出了参考建议。本章最后阐述银行系金融资产投资公司的经营情况以及国家对其发展的政策激励与监管约束。

一、商业银行不良资产处置概述

（一）商业银行不良资产的概念及不利影响

不良资产主要包括银行和非银行金融机构的不良资产、政府和企业的不良资产等，其中银行的不良资产严格上也叫不良债权，主要包括不良贷款。因此，从狭义上来看，商业银行不良资产主要是指银行不能依据事先规定好的还款条件正常收回的贷款。在实际发展中，商业银行将资金贷给某些有资金需求的企业，形成银行自身的资产业务，但部分企业由于经营管理不善等原因导致破产，从而无法在规定的还款日或无法按照规定的贷款协议条件归还资金，这使得银行的资产业务风险超过了预期的估算，从而产生不良资产。但贷款是商业银行的基本业务之一，也是形成存贷款利差、创造资金利润的主要来源之一，所有商业银行都会不断吸收存款和不断发生贷款业务，这就难免出现部分贷款不能按期收回的现象，因此，存在不良资产几乎是每个商业银行都要面临的情况。

不良资产的存在不仅会危及银行的安全运行，降低其抗风险能力，甚至会影响经济稳定发展。首先，不良资产的存在会削弱商业银行的整体盈利能力。如果商业银行不良资产规模增加，说明发放贷款的本金和利息回收难度加大，银行整体盈利能力随之下降，不良资产问题严重时甚至会导致银行出现"资不抵债"现象，面临倒闭风险。其次，不良资产的存在不利于商业银行信用的维护和提升。

如果商业银行不良资产较多，会影响其收益能力以及偿还和支付能力，这会降低公众对该商业银行的信赖程度，不仅不利于银行外在信誉的维护，还会因为信用的下降而增加银行日后吸收存款的难度。再次，不良资产的存在会对银行自身稳定性产生不利影响。如果长期累积的不良资产规模较大，则势必对银行的利润产生挤压，导致内部员工福利下降，降低员工工作积极性，进而使经营效益更加恶化。而且，如果由于商业银行不良资产存在而导致利润下降或亏损的现象不能及时得到扭转，也容易造成银行人才流失，不利于提升银行团队稳定性。最后，不良资产的存在除了不利于银行业稳定外，还会影响经济稳定发展。经济要加快发展，必须有相应信贷资源的大力支持。如果不良资产积累得越来越多，则银行势必缩减信贷规模，在信贷资源减少的背景下，金融服务实体经济不足，势必造成经济发展动力不足，因此，必须有效处置商业银行不良资产。

（二）商业银行不良资产处置原则和手段

1. 商业银行不良资产处置原则

本章主要从金融资产管理公司等不良资产接收方角度阐述了不良资产处置应坚持快速化、公开化、市场化、专业化和动态化五大原则。现实中，不良资产市场中的不良资产主要来源于商业银行，意味着商业银行是第一时间接触到不良资产的经营主体，而其第一时间面对产生的不良资产时具体应坚持的处置原则与第十二章略有不同。本文将商业银行在不良资产的实务操作中应把握的原则归纳为四方面：及时反应、追加增信、把握时机与以诉促谈。

（1）及时反应。当贷款出现逾期时，商业银行的风控部门应及时察觉、及时介入，迅速、全方位地排查借款者的个人财产状况，排查范围主要包括抵押物现状及价值判断、借款人所有银行账户现状及余额、借款人的车辆和房产等其他财产线索以及担保人的财产线索等。同时，银行法务部门要准备好诉前保全的相关资料，及时查询逾期借款人企业涉诉情况，全方位了解借款人的债务现状。

（2）追加增信。当贷款出现逾期时，部分逾期原因可能是由于短期现金流动问题而导致无法偿还债务，因此借款人会希望与银行通过协商来解决债务问题。当借款人有意愿通过追加抵押物或担保人等方式获取更多贷款支持来缓解企业债务问题时，银行方可给予协商的时间及空间，银行应全面评估借款人的实际处境并要求借款人先偿还部分欠款来体现诚意，评估结果在一定安全程度下，银行可以通过向借款人追加增信等方式来更大限度地保障之前所放贷款的安全。

（3）把握时机。当贷款逾期时，一般是由业务部门负责直接和债务人长期沟通，但在贷款下调为不良类后，银行方应及时由法务部门和保全部门负责贷款回收，以业务部门为辅。在一笔贷款从逾期类到下调为不良类的 90 天里，如果借款人未能提出让银行风控部门认可的方案，继续对借款人抱有幻想，可能会出现借款人资产转移、抵押物被其他债权人首封等情况，从而丧失最佳保全时机，加大日后清收的工作成本。

（4）以诉促谈。以诉促谈是商业银行在不良贷款处置过程中经常使用的手段之一，银行面对不良贷款时，往往会通过诉讼等方式逼迫借款人不得不拿出足够的诚意来解决贷款不良问题，借款人在巨大的征信压力下也不得不接受和银行谈判偿还欠款问题，这样一来，银行在收回不良贷款中就占据了谈判的主动地位。

2. 商业银行不良资产处置手段

（1）政策性处置。政策性处置主要包括财政注资等方式。国内大型商业银行的性质为国有企业，当国有大行出现持续性大量不良资产时，为维持金融安全和经济稳定，国家用计划额度内的呆坏账准备金予以现金冲销，同时，国家财政通过在资本市场上募集资金再向商业银行注入资本金，提高商业银行的应对风险能力。这样做短期内能改善银行资产负债表的结构，使银行甩掉不良资产的包袱，轻装上阵，更好地发展，但也会带来不利影响：一方面，我国商业银行不良资产规模庞大，单纯依靠财政注资来解决商业银行带来的"烂摊子"，既增加了国家财政负担，又可能滋生腐败，导致金融犯罪；另一方面，由政府对不良资产买单，容易使国有商业银行养成对政府的依赖，不利于健全金融监管制度和深入推进金融改革，而且银行的不良资产是动态变化的，政府买单模式只可解决一时的问题，而不能永久性地从根本上解决不良资产问题。

（2）非政策性处置。商业银行不良资产非政策性处置可分为常规处置和非常规处置。常规处置方式主要包括七类，分别是自主清收、自主核销、批量转让、以资抵债、重组、债转股和不良资产证券化。根据对相关银行的实地调研，以上七类不良资产处置方式中，自主清收、自主核销和批量转让是最主流的不良贷款处置方式，处置规模占全部不良贷款处置额的 90% 以上，其他四种方式仅处于辅助地位。关于个人不良资产，银行的处置手段相对单一，主要包括清收和核销，重启后试点 5 年的个人不良贷款资产证券化（ABS）规模也较小。个人不良贷款批量转让政策落地有助于拓宽银行处置个人不良贷款的路径。商业银行不良资产非常规处置方式主要指违规使不良资产出表。

第一，常规处置方式。包括自主清收、自主核销、批量转让、以资抵债、重组、债转股和资产证券化。①自主清收。在法律允许范围内，银行自己安排采取一些手段收回不良贷款的本息，就是自主清收。与对外转让相比，自主清收可以灵活把握处置时机，同时更具信息优势，有利于银行修复甚至提升原有价值，在处置收益方面更具优势，适用于不良贷款处置压力不大的常规处置时期；其劣势在于处置速度相对较慢，且对时间和人力投入要求较多，不适用于快速处置不良贷款的要求。②自主核销。自主核销是用银行的贷款损失准备金冲抵不良资产，减少账面上的不良资产余额。自主核销的优势在于处置速度快，可以快速净化资产负债表，能在提升贷款质量、优化贷款结构方面发挥作用，同时还可以发挥前瞻性熨平利润波动、维护公众对银行体系信心的作用。对于我国而言，加大核销力度还可以应对外部对商业银行虚报利润的质疑。自主核销的劣势则在于消耗财务资源，在短期内对利润影响大，同时可能蕴含道德风险。③批量转让。在产生不良资产之后，由于不良资产处置周期长，处置机会成本高，银行无法投入过多精力去追偿，因此通常将不良资产打包折价转让，减少不良资产率，回笼贷款额度。这样，在银行的资产负债表中，贷款资产减少，货币资产增加，达到了"出表"的目的。批量转让的优势在于处置速度快，在不良资产处置压力大时，能满足快速压降不良贷款的需求；同时，由于批量转让市场公开程度高，因此合规性风险低。批量转让的劣势在于处置成本高，收益较低。④以资抵债。优势是适用于有优质抵押物的不良资产；缺点在于税费成本高，处置周期较长。⑤重组。资产重组分为内部重组和外部重组。内部重组是指企业（或资产所有者）将其内部资产按优化组合的原则，进行重新调整和配置，以期充分发挥现有资产的部分和整体效益，从而为经营者或所有者带来最大的经济效益。外部重组是企业或企业之间通过资产的买卖（收购、兼并）、互换等形式，剥离不良资产、配置优良资产，使现有资产的效益得以充分发挥，从而获取最大的经济效益。重组的优势在于可实现商业银行不良资产处置和服务供给侧的存量重组之间的结合；劣势在于存在信息不对称、利益难协调等问题，经办人员风险相对较高。⑥债转股。债转股是由原来的债权债务关系转变为现在的持股与被持股、控股与被控股的关系，由原来的还本付息转变为按股分红。债转股的优势在于可以发挥改革企业产权制度、改善公司治理水平的功能，能够提升不良资产收益；缺点在于面临较大的道德风险，且大规模债转股可能动摇银行不持有非金融企业股权这一根本原则。⑦不良资产证券化。不良资产证券化是由银行业金融机构作为发起机构，将信贷资产信托给受托机构，由受托机构以资产支持证券的形式向投资机构发行收益证券，以该财产产生的现金支付资产支持证券收益的结构性融资活动。不良资产证券化的优势在于为不良资产处置提供了面向资本市场进行批量转让的渠道，有利于不良资产的价格变现，推动其他处置方式提高效率；缺点在于手续烦琐、估值难度高。

第二，非常规处置方式。商业银行为处置不良资产和美化经营业绩，采取违规出表这种非常规处置方式的现象依然存在。目前，商业银行处置不良贷款的非常规方式基本为借助通道间接实现不良资产的出表，包括 AMC 代持、银银互持和收益权转让等方式。以上所述非常规方式多数属于违规操作，商业银行通过将不良贷款暂时出表的方式掩盖了风险，刻意减小不良贷款规模，有意避开监管机构的监管视线。违规出表的非常规方式逐步受到了严格的约束和监管，2017 年 3

月以来，原银监会重点治理通过各种手段隐匿或转移不良贷款的行为，严格规范通过各类资管计划违规实现不良资产非洁净出表或虚假出表以及人为调节监管指标等行为。

（三）商业银行不良资产的基本特征与处置现状

1. 商业银行不良资产的基本特征

（1）不良资产多样性特征明显，非贷款类不良资产应引起重视。商业银行不良资产主要是不良贷款，但并不限于不良贷款。承担信用风险的表内外资产都可能成为不良资产。随着信用债市场快速发展、同业业务及表外资产规模急剧膨胀，商业银行信用风险资产呈现出明显的多样性特征。

相关数据显示，2014—2017 年商业银行非贷款类信用资产发展情况已超过 1/3，其中 2017 年贷款类资产占商业银行总资产的比重为 49.7%，已不足 1/2；占商业银行信用资产的比重为 62.3%，已不足 2/3（见图 13-1）。表明商业银行信用资产中，债券投资、同业资产等非贷款类信用资产已超过 1/3。若将票据承兑、担保、开立信用证、贷款承诺、表外理财等表外资产考虑在内，非贷款类信用资产所占比重将更高。

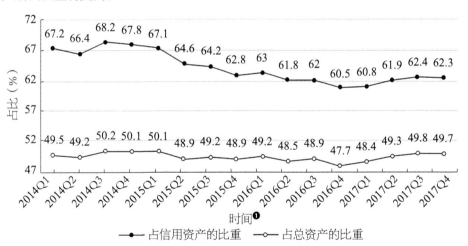

图 13-1　2014—2017 年贷款类资产占商业银行资产总额及信用资产的比重

注：采用扣除法估算商业银行信用资产，扣除储备资产（存放中央银行款项及库存现金）和利率债（国债、地方债、政策性银行债）后的资产。

数据来源：Wind 数据库。

非贷款类不良资产越来越值得关注。一方面，随着债券市场逐步打破刚性兑付，债券违约已经常态化。相关数据显示，2015—2019 年，违约债券金额及数量逐

---

❶　2014Q1～Q4 分别表示 2014 年第一～第四季度，依此类推。

年增长。其中，2019 年银行间市场和交易所市场全年违约债券数量为 184 只，违约债券金额 1424.04 亿元，违约金额相比 2018 年增长了 17.73%（见图 13-2）。未来几年，在去杠杆和融资环境收紧的背景下，债券违约率可能会进一步上升。

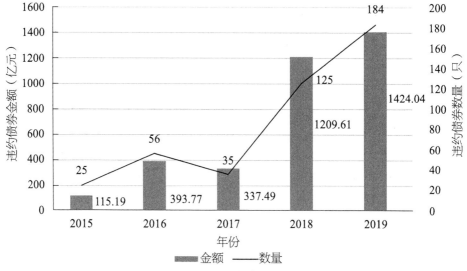

图 13-2　2015—2019 年违约债券金额及数量

数据来源：Wind 数据库。

另一方面，同业资产的信用风险可能集中暴露。传统同业资产（如存放同业及其他金融机构款项和拆出资金）是低风险资产，但经过过去几年的"野蛮生长"，同业业务异化为监管套利的工具，向不符合产业政策或监管政策的融资主体提供了融资，形成了大量类信贷资产（如应收款项类投资），蕴含了不少信用风险。相关数据显示，2017 年 6 月末，8 家上市股份制银行中，应收款项类投资拨备与风险相对较高的非标类应收款项类投资之比（拨备率）为 0.78%，较 2016年年末提高了 0.10 个百分点（见表 13-1）。金融监管加强使同业业务可能遭受明显流动性冲击，信用风险会集中暴露，从而将产生大量不良资产。

表 13-1　2016—2017 年上市股份制银行应收款项类投资拨备情况

银行	2016 年年末			2017 年 6 月末		
	应收款项类投资（亿元）	应收款项类投资减值准备（亿元）	拨备率（%）	应收款项类投资（亿元）	应收款项类投资减值准备（亿元）	拨备率（%）
兴业银行	13030.9	134.0	1.03	14011.2	159.5	1.14
民生银行	10513.4	16.9	0.16	9134.4	20.3	0.22
浦发银行	8592.7	58.1	0.68	6619.7	65.3	0.99

银行	2016 年年末			2017 年 6 月末		
	应收款项类投资（亿元）	应收款项类投资减值准备（亿元）	拨备率（%）	应收款项类投资（亿元）	应收款项类投资减值准备（亿元）	拨备率（%）
中信银行	5568.5	39.1	0.70	4186.0	42.0	1.00
招商银行	5079.2	61.8	1.22	5647.0	43.1	0.76
光大银行	4789.5	17.3	0.36	4923.6	20.9	0.42
平安银行	3542.4	16.6	0.47	3703.4	23.6	0.64
华夏银行	1205.5	10.3	0.85	1741.3	14.7	0.85
小计	52322.0	354.0	0.68	49966.5	389.4	0.78

注：考虑应收款项类投资的信用风险，表中的应收款项类投资主要是风险相对较高的同业类非标投资（如资产管理计划、信托受益权、票据资产等），不包括政府债券、同业理财、金融债券和货币市场基金。

数据来源：Wind 数据库。

（2）不同区域不良资产差异明显，不良资产呈区域分化态势。不同地区的不良贷款率差异明显，从东南沿海地区向中西部地区蔓延，不良资产的增长呈现由点到面的态势。相关数据显示，2013—2017 年，中部和西部地区不良贷款率均呈持续上升趋势，中部地区不良贷款率由 0.99% 升至 2.00%，西部地区由 0.67% 升至 2.30%。到 2018 年，中部地区不良贷款率继续升至 2.30%，西部地区则略下降至 2.10%。东部地区不良贷款率在 2015—2018 年呈持续上升状态，从 1.12% 升至 1.70%，但 2015—2018 年在 1.60%~1.70% 间徘徊（见图 13-3）。

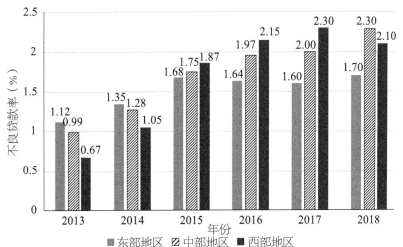

图 13-3　2013—2018 年商业银行不良贷款率地区分布

数据来源：银保监会。

从商业银行年末不良资产余额的区域分布可知，东部、中部和西部地区的不良资产余额均呈逐年上升趋势，但各地区不良资产余额增长速度存在差异：2018年，东部地区不良资产余额是2013年的2.73倍，中部地区是4.81倍，西部地区是6.03倍（见表13-2）。表明2013—2018年，西部地区的不良资产余额增长速度最快，其次是中部地区，最后是东部地区，其中西部地区2013—2018年间增长倍数是东部地区的2倍以上，是中部地区的1.25倍以上。

表13-2 2013—2018年商业银行年末不良贷款余额的区域分布 （亿元）

年份	2013	2014	2015	2016	2017	2018
东部地区	3931.2	5418.2	7463.0	8198.5	8843.5	10734.8
中部地区	894.5	1359.1	2170.0	2849.3	3298.4	4298.9
西部地区	663.4	1215.2	2485.5	3186.0	3873.2	3997.7

数据来源：银保监会。

（3）不良资产贷款余额持续增加，广义不良贷款规模更大。近年来不良贷款余额持续增加，不良资产处置任务越来越重，商业银行广义不良贷款指标反映了未来不良资产处置压力。估算方法是不良贷款数据和关注类贷款的数据加总之和。估算结果显示：2017—2019年广义不良贷款余额持续增加，其中，2019年年末商业银行广义不良贷款余额高达6.2万亿元左右，比2018年年末增加了7021亿元，未来随着金融供给侧改革，广义不良贷款规模会更大（见表13-3）。

表13-3 2017—2019年商业银行广义不良贷款规模估算 （亿元）

时间	不良贷款余额	关注类贷款余额	广义不良贷款余额估算
2017Q4	17057	34092	51149
2018Q1	17742	34709	52451
2018Q2	19571	34241	53812
2018Q3	20322	35321	55643
2018Q4	20254	34555	54809
2019Q1	21571	36018	57589
2019Q2	22352	36318	58670
2019Q3	23672	38173	61845
2019Q4	24135	37695	61830

数据来源：银保监会、Wind数据库。

中国特色不良资产处置的理论创新与实践

2. 商业银行不良资产处置现状

（1）不良资产处置力度持续加大。近年来，银保监会积极贯彻落实党中央防范化解金融风险的战略部署，采取了一系列举措推动商业银行不良资产处置工作，取得了显著成效。2019 年，银行系统全年处置不良贷款约 2.30 万亿元，商业银行逾期 90 天以上贷款全部纳入不良资产，进行更为系统的管理。2020 年银保监会持续加大不良贷款暴露和处置力度，截至年末，银行业共处置不良资产 3.02 万亿元，同比增加 0.72 万亿元，处置力度前所未有，处置金额为历年最高 ❶，但与"银行系统计划全年处置不良贷款 3.4 万亿元左右"的目标略有差距。在不良资产处置中采用了核销、批量转让、定增搭售等多种处置方式。例如，在新三板挂牌的梅州客家村镇银行董事会决议通过《关于不良贷款核销的议案》，对无法收回的 16 户共计 638.16 万元的不良贷款进行核销。多家银行还通过债权挂牌转让方式处置不良资产，江西银行公告称，通过公开挂牌程序转让约 30 亿元人民币的贷款债权及其附属权益。广州产权交易所信息显示，广州银行、广州农商银行等近期也多次转让其拥有的不良贷款债权。部分银行通过定增"配售"方式处置不良资产，河北安国农村商业银行拟定向募集股本金 10000 万股，每股面值为 1 元，投资者每认购 1 股需另行出资 1 元用于购买该银行的不良资产。

（2）处置偏向市场化，方式多样且与处置效益正相关。不良资产由政策性主导转向市场化处置。商业银行不良资产处置的第一阶段，不良资产处置方案是政策性剥离，处置损失由国家财政全额兜底。到了商业银行不良资产处置的第二阶段，不良资产转让是银行自主行为，是用银行自身利润来冲抵处置损失。而如今，不良资产转让过程越来越透明化，因信息不对称而获取暴利的机会越来越少。

不良资产处置方式多样性，一是行司合作，即商业银行与资产管理公司合作处置，商业银行借助资产管理公司购买不良资产包的资质优势，将不良资产转让给资产管理公司，资产管理公司委托商业银行进行清收，双方分享不良资产处置收益。这一模式的优势在于能充分发挥商业银行和资产管理公司的优势，实现快速压降不良贷款和提高处置效益的结合；劣势在于存在合规风险，会虚增利润，需要确保按公允价格洁净出表、真实出表。二是"互联网＋不良资产"处置模式，可整合各类资金、资产、客户、渠道、技术等资源，发挥平台优势，构建"线上＋线下"融合的资产推介模式。中国人民银行明确提出，要进一步拓宽不良资产处置渠道和处置方式，发展不良资产处置市场，加快不良资产交易平台和拍卖平台建设。以互联网交易中心探索的"互联网＋不良资产"业务模式，可以较大范围地服务及覆盖多个省、直辖市、自治区，保障挂牌交易规模持续增长，

第十三章 商业银行不良资产处置概述、问题及建议

---

❶ 银保监会负责人介绍银行业保险业 2020 年改革发展情况，2021 年 1 月 22 日。

业务规模增长势头良好。

处置方式多样性与处置收益呈正相关关系。研究表明，商业银行不良资产处置方式多样性有助于提升处置收益。一方面，处置方式的多样性有利于商业银行更好地根据自身的流动性目标、收益性目标和安全性目标选择更合理的处置时机、处置模式和处置方案。另一方面，处置方式的多样性也有利于增强不良资产处置市场的竞争度和价格发现能力，从而提升商业银行的处置收益。

（3）个贷不良转让政策宽松，不良资产处置渠道拓宽。近年来，在商业银行个人信贷业务快速增长的同时，其不良贷款余额和比率亦有明显上升。面对个人信贷不良资产的快速扩张，2021 年 1 月银保监会办公厅发文 ❶ 对《金融企业不良资产批量转让管理办法》相关规定进行了必要的调整。新政策的实施使得银行类金融机构不良资产转让空间拓展至个贷不良，在此之前，商业银行个贷不良资产不得批量转让到不良资产市场，而个贷不良 ABS 等渠道化解规模有限，基本上还是靠银行自行化解，导致银行积累的个贷不良资产规模较大，这对商业银行信贷资产质量以及利润指标造成了极大的不利影响。而《关于开展不良贷款转让试点工作的通知》为个贷不良的处置带来了更多选择，通知中明确个人不良贷款转让的试点范围是已纳入不良资产分类的个人消费贷款、信用卡透支和个人经营性信用贷款，而这三类贷款正好是个人贷款中占比较高的种类。以信用卡不良贷款为例，截至 2020 年三季度末，信用卡逾期半年未偿还信贷总额高达 906.63 亿元，环比增长了 6.13%。❷ 个人信用卡逾期余额高企，既影响商业银行的资产质量，又严重影响信用卡业务的良性发展。所以，政策放松拓宽了银行业不良贷款的处置渠道和方式，促使不良资产处置提速，进一步化解了银行不良贷款压力，对防范化解金融系统性风险和保障金融安全具有特别的现实意义。

二、商业银行不良资产处置存在的问题、成因及建议

（一）商业银行不良资产处置存在的问题

1. 商业银行资产质量压力犹存

数据显示，2019 年年末商业银行不良贷款余额达 2.41 万亿元，同比增长 18.72%，不良贷款率为 1.86%，同比增加了 0.03 个百分点。受新冠肺炎疫情影响，不良贷款余额进一步扩大，2020 年年末银行业不良贷款余额达 3.5 万亿元，不良贷款率上升为 1.92%，较 2019 年提高了 0.06 个百分点。整体来看，商业银行

---

❶ 银保监会办公厅正式印发的《关于开展不良贷款转让试点工作的通知》（银保监办便函〔2021〕26 号），2021 年 1 月。

❷ 央行发布的《2020 年第三季度支付体系运行总体情况》。

资产质量压力犹存。

随着经济结构调整的推进和受疫情影响,中小型商业银行的风险加剧暴露。以农村商业银行为例:2020 年农村商业银行的不良贷款率由第一季度的 4.09% 增长至第二季度的 4.22%,之后各商业银行积极核销不良资产,因此到第三季度不良贷款率小幅降至 4.17%,但 2020 年前三季度农村商业银行的不良贷款率仍均高于 2019 年的同期水平(见表 13-4)。同样,农村商业银行不良贷款余额也呈现较快增长,2018 年年末达到 5354 亿元,同比大幅增长 50.1%;2019 年年末达到 6155 亿元,同比增长 14.96%,增幅有所下降。2020 年农村商业银行前三季度不良贷款余额的绝对量呈递增趋势,分别为 6831 亿元、7365 亿元和 7514 亿元。与国有商业银行相比,2018 年农村商业银行不良贷款增幅高于同期国有大行 49.9 个百分点,2019 年则几乎与同期国有大行持平。此外,2020 年年底证监会披露了10 家银行的定向发行说明书,有 9 家农村商业银行,其中 6 家明确说明,认购者需要另行购买该行不良资产,即"定增搭售不良",❶ 可见中小银行不良资产处置压力之大。

表 13-4　2018—2020 年各类商业银行季度不良贷款率和不良贷款余额

时间	国有商业银行 不良贷款率 (%)	农村商业银行 不良贷款率 (%)	国有商业银行 不良贷款余额 (亿元)	农村商业银行 不良贷款余额 (亿元)
2018Q1	1.50	3.26	7820	3905
2018Q2	1.48	4.29	7886	5380
2018Q3	1.47	4.23	8018	5534
2018Q4	1.41	3.96	7744	5354
2019Q1	1.32	4.06	8090	5811
2019Q2	1.26	3.95	7940	5866
2019Q3	1.32	4.00	8484	6146
2019Q4	1.38	3.90	8959	6155
2020Q1	1.39	4.09	9553	6831
2020Q2	1.45	4.22	10240	7365
2020Q3	1.50	4.17	10822	7514

　　注:国有商业银行包括工商银行、农业银行、中国银行、建设银行、邮政储蓄银行和交通银行。

　　数据来源:银保监会。

❶　2020 年 11 月至 12 月证监会官网披露。

2. 商业银行处置不良资产的财务资源空间缩减

根据银保监会网站公布的数据，在盈利水平下降和不良贷款规模上升因素的影响下，商业银行拨备覆盖率已由 2018 年年初的 191.28% 降至年末的 186.31%，之后又降至 2019 年年末的 186.08%，而资本利润率已由 2018 年年初的 14.00% 降至年末的 11.73%，之后又降至 2019 年年末的 10.96%。2020 年拨备覆盖率继续下降，从一季度末的 183.2% 持续降至三季度末的 179.89%。而资本利润率从 2019 年年末的 10.96% 短暂上升至 2020 年一季度末的 12.09% 后，接下来的二、三季度又继续下降，直到降至三季度末的 10.05%。这说明整体来看拨备、盈利压力较大，商业银行处置不良资产的财务资源空间缩窄。

拨备覆盖率下降的原因之一是为了鼓励金融机构加大对小微企业的金融支持力度，2020 年上半年国务院下调了中小型银行拨备覆盖率 20 个百分点，从而使金融机构释放更多信贷资源，增大对小微企业的服务能力（见图 13-4）。❶

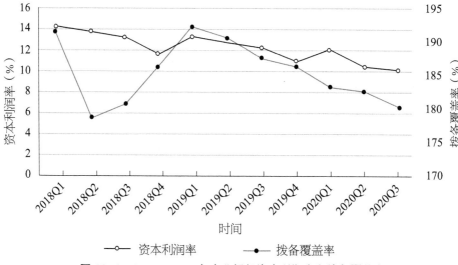

图 13-4　2018—2020 年商业银行资本利润率和拨备覆盖率

3. 商业银行不良资产确认和处置不及时

不良资产确认不及时，集中体现为逾期贷款显著高于不良贷款。其中，农村商业银行、股份制商业银行、城市商业银行的问题较为严重。以上市银行为例，2018 年 6 月末，有 16 家上市银行的逾期 90 天以上贷款与不良贷款之比超过 100%，包括 3 家股份制商业银行、12 家城市商业银行和 1 家农村商业银行。城市商业银行中的中原银行和股份制商业银行中的华夏银行的这一比率分别高达 216.71% 和 198.74%（见图 13-5）。但不良资产的确认速度正大幅度推进，到 2020 年 9 月末，商业银行逾期 90 天以上的贷款与不良贷款的比率为 80.2%，且部

---

❶　2020 年 4 月 21 日国务院常务会议决定下调中小型银行拨备覆盖率。

分银行逾期 60 天以上的贷款也全部纳入不良贷款。❶ 到 2020 年年末，商业银行逾期 90 天以上的贷款与不良贷款的比率进一步下降为 76%，较年初下降 5.1 个百分点。❷ 由于确认不及时，导致不良资产处置也不及时，集中体现为中小型银行不良贷款率快速上升。整体而言，上市银行和大型银行在处置不良贷款和控制不良贷款率方面的力度更大，中小型银行和非上市银行的处置力度相对不足。

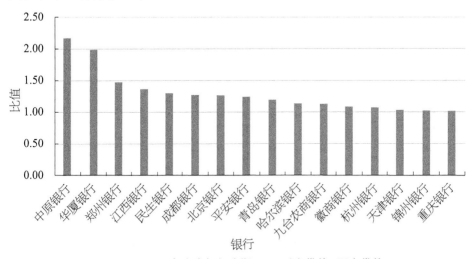

图 13-5　2018 年上市银行逾期 90 天以上贷款 / 不良贷款

数据来源：券商中国。

4. 商业银行不良资产率存在被低估的风险

商业银行账面风险低估真实风险的现象一直存在，不同的是低估幅度存在差异。1998 年以后，我国引进西方的风控机制，将资产分为"正常""关注""次级""可疑""损失"五级分类，其中将"次级""可疑"与"损失"三类归为银行的不良资产。那么，如果商业银行想减小不良资产规模和降低不良资产率，其最大动力是将不良资产等级通过各种方式上调成关注类资产，因此，关注类贷款中水分较大。

作为不良贷款的前行指标，关注类贷款余额在 2019 年年末为 3.77 万亿元，同比增长 9.09%，到 2020 年一季度突增至 4.05 万亿元，而后两个季度逐步下降，但截至三季度末，关注类贷款余额依然高于 2019 年年末水平，为 3.83 万亿元（见图 13-6）。说明整体来看潜在风险仍不容忽视，但在 2020 年一至三季度，关注

第十三章　商业银行不良资产处置概述、问题及建议

类贷款延续下降趋势，反映出监管引导做实资产质量下不良资产加快迁徙，潜在不良资产压力呈现持续缓解趋势，银行资产质量端即将进入底部改善通道。

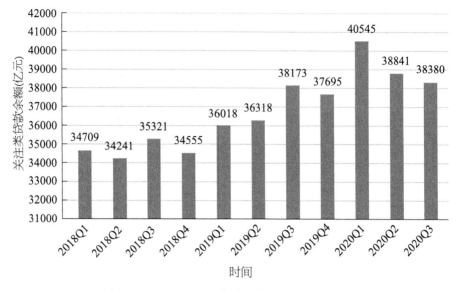

图 13-6 2018—2020 年商业银行关注类贷款余额

商业银行有低估不良贷款率、上调资产质量等级的动机。首先，降低不良贷款率满足内部考核绩效要求。由于不良资产规模和比率的高低会影响高管和员工的绩效工资与福利发放，因此基层员工存在隐瞒不良资产的动机。其次，降低不良贷款率满足监管部门的监管要求。监管部门为防止信贷风险产生和扩散，制定了严格的监管措施和指标标准，为防止业绩数据触碰监管红线，银行方可能会有意隐瞒和转移不良资产。最后，降低不良贷款率防止产生"挤兑"风险，维护银行良好形象。市场化经营背景下各商业银行竞争激烈，为保证自身在当地的信誉和优势，银行会千方百计降低不良资产数据来获取存款人的信任，防止发生"挤兑"风险。

5. 不良资产处置渠道单一，处置方式有限

经济的周期性波动不可避免地会对银行信贷资产产生不利影响，再加上我国经济结构调整进入深水区，银行不良资产可能会加快暴露，但原有不良资产处置机构的处置能力有限，供给和需求不对称，几乎无法有效处置数万亿元规模的庞大不良资产。

尤其是 2020 年受新冠肺炎疫情影响，企业违约率大幅上升，银行不良贷款大幅增加，大量不良贷款占用了有限的信贷资源，导致商业银行收缩放贷规模，实体经济无法获得有效的信贷支持，严重制约了商业银行服务实体经济的有效性和持续性。但是，面对持续性增加的不良资产，商业银行的处置渠道和方式又有所限制，处置不良贷款渠道单一、打包困难等实际问题日益突出，贷款展期、贷款清收、转让、核销等方式处置不良贷款有效但效果有限。另外，不良资产市场上的部分参与主体并没有全面、丰富的金融知识和经验，不能综合利用多样金融手段去提升不良资产的处置价值和处置收益，也就是说，不良资产处置专业能力不能匹配现实中多样化的不良资产类型。因此，面对银行处置不良贷款难度增加的现实情况，拓展商业银行不良贷款处置渠道和方式以及创新不良资产处置业务迫在眉睫。

（二）商业银行不良资产处置问题的成因

1. 不良资产处置缺乏规范化，处置效率较低

不良资产处置中的不规范问题可大致分为两类。一类是不良资产的非洁净出表或虚假出表。这通常需要借助金融资产管理公司（AMC）或各类资管计划（券商资管计划、基金公司专户、基金子公司专户、理财资金）进行违规转让。另一类则是直接在表内掩盖不良资产，常见的方式包括调整贷款分类、重组贷款、虚假盘活、过桥贷款、以贷收贷、平移贷款等。不良资产处置不规范会导致信用风险指标失真，降低监管和风险防控的有效性。但现实中不良资产处置不规范问题并不少见，为解决不良资产处置不规范问题，原银监会 2017 年印发的《中国银监会办公厅关于开展银行业"监管套利、空转套利、关联套利"专项治理工作的通知》（银监办发〔2017〕46 号），就将以上不良资产处置不规范问题列入专项治理范围，同时，监管部门也披露了一批不良资产处置不规范的案件。

关于不良资产的评估机制也存在不规范现象，从目前商业银行不良资产处置现况来看，一些机构并没有建立规范的评估和处置机制，导致处置整体效果大打折扣。例如，在选用评估方法时没有依据相关准则，导致第三方评估机构无法全面评估不良资产的价值和未来效益，因此对不良资产的价格难以达成一致意见。同时由于评估机制不完善，部分借款人还会趁机进行恶意逃废行为，这使得商业银行面临更大的资金流失风险，不良资产的处置和盘活更加艰难，严重损害了商业银行的利益。

2. 不良资产处置政策不完善，部分政策操作性不强

（1）债务减免政策操作性不强。理论和实践表明，对于高负债的困境企业，在有还款意愿和一定现金流保障的情况下，对债务面值的减免反而有助于提升债务的实际价值。财政部于 2014 年出台了《金融企业贷款减免管理办法》（财金〔2014〕54 号），将贷款减免范围由原仅能减免应收未收利息放宽到可减免贷款本金。不过，这一政策的操作性并不强，调研中发现，这一政策出台后，在不良贷款处置规模大幅增加的情况下，贷款减免数反而较出台之前大幅下降。

当前债务减免政策操作性不强主要体现为三个方面的政策障碍：一是借款

人被法院纳入失信被执行人名单的，原则上不得减免。但是，贷款成为不良贷款后，银行为资产保全会尽量第一时间诉讼，诉讼后就被纳入失信名单。二是贷款列入不良的时间或者已经核销的时间超过一年以上。但是，这可能导致债务风险处置错失良机。三是金融企业存在贷后管理不善责任，包括未按规定进行贷后检查、未跟踪贷款用途、贷款风险有所暴露时未及时采取措施，发现借款人逃废债务现象却未果断采取措施等。但在实际工作中，对不良资产形成的内部责任进行认定时，通常都会涉及以上原因，从而导致很难减免。对于这些政策障碍虽有变通办法，比如批量折价转让给资产管理公司，资产管理公司再进行不良资产处置，这实际上就进行了减免。但这样容易陷入单纯追求处置目标的竭泽而渔式处置。

（2）税收政策不配套。一是以物抵债处置方式税负高。在以物抵债处置中，在抵债资产的取得、持有和处置环节均需要缴税，存在明显的重复纳税现象（见表13-5），导致以资抵债处置方式成本太高，严重限制了这一处置方式作用的发挥。二是部分核销呆账不能税前扣除，即对于法院尚未裁定终结或终止（中止）执行，或法院终结或终止（中止）执行裁定仅为程序终结而非事项终结的核销呆账不能税前扣除；无法出具财产清偿证明的债权若不满足时间（三年以上）和金额（300万元以下）要求，便不能税前扣除；借款人上市能力类呆账不能税前扣除。

表13-5　以资抵债处置方式相关税费

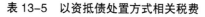

环节	税费名称	税费率
取得环节	营业税	动产3%，不动产5%
	契税	3%~5%
	印花税	0.5‰
	土地出让金	如果原产权人欠缴，则由抵债接收方承担
	营业税	动产3%，不动产5%（针对出租情况）
持有环节	房产税	房产出租的，以房产租金收入为房产税的计税依据，税率为12%；未出租的，则按金融企业会计账簿抵债房产原值一次减除10%~30%后的余值计算缴纳，税率为1.2%
	土地使用税	以东部地区某省为例：市区按6元/平方米；县（市）按4~10元/平方米；建制镇和工矿区按4元/平方米
处置环节	车船使用税	根据排气量不同，每年每车收180~4500元不等

环节	税费名称	税费率
处置环节	营业税	动产 3%，不动产 5%
	增值税	17%
	土地增值税	按增值额与扣除项目金额的比率，实行四级累进税率：不超过 50% 的部分，按 30%；50%~100% 的部分，按 40%；超过 100%~200% 的部分，按 50%；超过 200% 的部分，按 60%
	印花税	0.5‰
	所得税	25%

资料来源：作者自行整理。

3. 商业银行制度不合理，司法保障存在短板

（1）商业银行及时确认和处置不良资产的动力不足，与自身激励机制和监管制度不合理相关。一是监管制度存在监管力度不够、惩戒机制不足等缺陷。商业银行对于贷款企业将资金实际用于何种途径往往监管松懈，一些企业将贷款挪用于股票市场、房地产市场等高风险领域，使得隐含的不良贷款比例上升。二是银行激励机制有待完善，保利润和追求规模是股东层、经营管理层、员工的首要诉求，而确认不良资产、洁净处置不良资产会对短期利润带来冲击，影响股东分红、经营管理层职务晋升、员工薪酬，同时会由于消耗资本而对规模扩张带来约束。受严重侵蚀利润的影响，商业银行核销处置主动意愿较低。虽然近年来商业银行加大了不良贷款核销力度，但在商业银行利润下滑、消化吸收风险能力下降的形势下，进一步加大核销力度存在较大难度。而利润指标在大多数商业银行考核中仍占大部分权重，核销对利润侵蚀严重，导致商业银行无法大规模进行不良贷款核销。而且对利润考核的压力也制约了风险资产拨备的计提使用，进而影响了呆账核销能力。

（2）商业银行不良资产处置过程中司法保障不足。一是立法滞后。长期以来，我国法律在企业归还银行贷款方面对企业给予相当程度的保护政策，法律规定的破产企业的债务清偿顺序对银行贷款的归还极为不利，通常情况下，银行贷款的归还往往被安排在最后。此外，金融创新层出不穷，一些产品处于法律与行业规范的灰色地带。与金融创新相比，立法步伐明显滞后。这导致在针对这些新类型的法律关系所发生纠纷的司法实践中，法院需要时间去研究新情况、新问题。二是司法资源明显不足。在金融规模急剧膨胀、金融风险大规模集中暴露的情况下，相关司法资源并没有同步增加，导致立案难、诉讼难、执行难等问题普

遍存在。三是处置周期较长。目前，随着不良贷款的持续攀升，大量诉讼案件短期集中至法院。同时，金融借款案件中由于互保、联保方式普遍，起诉涉及的担保人众多，诉讼送达、执行送达等流程较慢或无法送达，影响了不良贷款的处置效率。银行提起诉讼后，经过诉讼、审理、判决、执行等法定程序，直到最终结案，通常情况下最快也需要近一年时间，这对于处置效率、资产保全、不良资产价值维护都构成了一定挑战。

4. 不良资产处置中各方缺乏互信，干预因素较多

商业银行不良资产处置中，债权人之间、银行与企业之间、银行和法院之间、银行和政府之间存在较为普遍的缺乏互信问题，严重影响了不良资产处置质效。

（1）债权人之间不互信。在过去一段时间中，企业部门杠杆率快速增加，与此相对应的是多头授信和过度授信。过度授信意味着债权价值的整体损耗。多头授信情况下，银行在风险处置方面的协调难度大，为了避免自身损失，极易陷入"囚徒困境"，对企业形成"挤兑"，导致整体债权价值的进一步损耗。对此，相关部门在全国推行债权人委员会制度，但在实践中也存在协调力度不足、约束力不够等问题，债权人之间不互信的问题仍然存在。

（2）银企之间不互信。金融风险暴露期通常也是银企关系遭受破坏的时期，在担保圈、担保链风险突出的区域更是如此。一方面，银行对企业不信任，部分企业法人或自然人信用观念淡薄，借款出现逾期后，通过各种手段转移资产、恶意逃避债务时有发生，并导致风险传染蔓延；另一方面，由于缺乏债务减免等分担机制以及"抽贷""压贷"普遍存在，企业对银行也不信任，恶意逃废债在一些区域呈蔓延态势，这又导致了银行对企业的不信任。银企不互信既大大减少了商业银行不良资产处置方式的选择空间和处置效益，又可能导致不良资产进一步累积。

（3）银行对法院信任不足。银行对法院不太信任是银行不信任地方政府的延伸，认为法院受地方政府影响，过度保护当地企业的利益；或认为法院效率太低，或在不良资产处置方面不积极作为。法院则认为司法处置不良资产过程中，需要平衡好债权保护和企业发展、公平和效率、金融创新和立法滞后之间的矛盾，认为银行的期望太高。

（4）银行与地方政府之间不互信。一方面，银行对地方政府不信任，认为地方政府过度偏袒当地企业，损害了银行利益。一般来说，大型企业在当地就业、税收等方面发挥着重要作用，地方政府出于对当地经济和就业的考虑，往往在大型企业出现信贷违约的情况下，也不允许银行对这类企业采取极端处置方案，干预了商业银行正常的处置流程。有些地方政府甚至直接要求银行不能对这类企业抽离贷款、追加授信情况下不得强化担保等。另一方面，一些地方政府对

中国特色不良资产处置的理论创新与实践

银行不信任，认为银行"天晴送伞、下雨收伞"、挤兑企业，侵害了当地的产业根基。

（三）提高商业银行不良资产处置质效的建议

1. 健全不良资产处置政策建议

（1）加大不良资产的推出和处置力度。2018年年底以来，商业银行不良资产风险集聚，不良资产处置压力加大。商业银行应当加大力度调整拨备，遵循最新的监管要求，真实反映和处置不良贷款，治理金融乱象，加快隐形不良贷款的释放，增强服务实体经济能力。

（2）促进不良资产真实合规转让，打击违规出表行为。严惩通过表外方式将不良贷款虚假出表、掩盖不良资产规模、人为调节监管指标的违规行为，将不良资产打包放在银登中心和相关不良资产交易所的平台上，真实化解系统性风险。

（3）设立差别化的不良贷款容忍度。商业银行资产质量和经济周期变化高度正相关，不良贷款率的高低并不能完全反映银行信用风险管理的"真实状况"。因此，在监管实践中，在避免对商业银行采取"一刀切"的不良贷款率监管目标，可综合银行经营特点和风险管理能力进行考察，以减少银行为快速降低不良资产率而造成的非理性低价转让。目前，受贷款风险攀升威胁，浙江省辖内多个银行已经陆续执行将逾期60天以上贷款纳入不良贷款分类的举措，对于银行资产质量真实性的标准进一步趋严。

（4）优化不良资产处置相关税收政策，提升债务减免政策的可行性。减免以资抵债中涉及的重复征税：加强核销政策和呆账损失税前扣除政策的衔接，推动尚不能抵扣的核销资产的税前抵扣；适度放宽债务减免政策，取消形成不良资产、核销的时间限制，逐步放开个人贷款减免，区分减免本金和仅减免利息。

（5）补齐不良资产处置制度短板。明确单户债权转让的使用条件，制定商业银行不良贷款单户转让的监管政策；明确个人不良贷款实施债务重组、单户转让、批量转让的政策规定，拓宽个人不良贷款处置渠道。适度放宽对抵债资产处置年限的限制，增强商业银行根据市场情况决定资产处置时间的自主性。

（6）针对不良资产形成原因，实行新老划段管理。政策性投资贷款导致了大量的呆坏账，对于这些由于历史原因产生的存量不良贷款，应采用资产剥离、债务重组、资产证券化等方式进行处置。而对于增量不良贷款，应创新机制、创新观念，营造不良贷款处置的良好氛围，统筹规划、综合处置，下好不良贷款整体处置这盘棋。

2. 完善不良资产处置环境

（1）强化司法保障。建立专门的处置法案，用来规范商业银行不良资产处置方式，赋予商业银行特别的权利义务；加快不良资产证券化法律法规的立法速度，简化诉讼程序，加强对银行申请实现担保物权等简易程序的指导，提高诉讼效率；提高法院对押品司法评估的合理性，加快押品变现速度；提高债务关联人资产查封、保全效率；加强金融司法力量配置，推广建立专业性的金融法庭，进一步推动执转破工作；加大对恶意"逃废债"行为的打击力度，打击恶意逃废债行为，事关金融生态环境建设、金融体系稳健运行和社会秩序稳定，制定操作性强的打击逃废银行债务管理办法，用法律手段对逃废债务企业进行惩戒，对恶意逃废债务行为保持高压态势，维护来之不易的良好金融生态环境，谨防功亏一篑。

（2）完善社会信用系统。进一步明确失信标准、形成禁入制度，加强对失信被执行人的惩戒措施，建立健全失信惩戒机制，增加失信行为的机会成本，以此来帮助社会主体形成守信观念，从源头上杜绝恶意骗取商业银行贷款行为；提高征信系统信息更新速度，在保护个人隐私的前提下，适度扩大银行查询征信的权限；建立健全打击恶意逃废债力度的组织保障，更好地利用公检法力量。

（3）推动信息联网。部分债务人或是将财产转移至亲友名下，或是转移至异地，司法机关要加强执行查控系统建设，决策和立法机关应尽快推进财产全国联网查询；推进全国房地产信息登记系统实现联网，支持债权银行通过系统或法院异地查询。

（4）培育参与不良资产处置的市场主体，同时加强监管。目前，银行业不良资产已经呈现主体多元化的特点，未来在法制化、规范化条件下，应逐步扩大不良贷款受让主体范围，积极引入民间资本和外国资本参与不良贷款处置；允许证券、信托等金融机构参与不良贷款产品交易，鼓励保险、理财等机构资金参与投资不良资产证券化等产品；加快培育律师事务所、会计师事务所、评估公司、评级机构等中介机构，提高中介服务水平，推动处置效率提高。

3. 创新不良资产处置方法

（1）在坚持传统处置手段的基础上，积极拓展专业化、多样化的处置方式，综合运用资产置换、并购重组、以资抵债、减免表外息以及某些投资银行手段，提高处置的成功率。

（2）政府出面组建多角度、多方式的商业银行不良资产交易平台，通过集中竞价公开买卖等方式，实现真正意义上的不良资产市场化运作。信息服务平台要与现今的互联网相结合。机构与当地多家银行和多家资产管理公司、企业在内的客户相互合作。平台依托成熟网站，在提供基本的信息展示、交易撮合服务功能的同时，向征信系统、法律服务、资产评估服务、重组并购服务、融资服务等一站式公共服务延伸，成为具有权威性、专业性、创新性的"不良资产交易＋互联网"的"一站式"公共服务平台。统一的平台将为投资者提供更多的包括数据信息、交易分析与管理等在内的服务，提高市场交易的透明度和自由度，同时通过市场实现资源配置及价值确定，对不良资产交易信息进行检测。

（3）积极拓展不良资产清收处置的新途径，将清收处置工作中的某些环节如市场评估、市场定价以及抵押品管理等外包给中介机构或组建商业银行自身的专门机构，实现专业化清收。此外，应积极运用"互联网＋"的新型处置渠道，通过官网、微信、淘宝、线下推介会等渠道向广大投资者进行推介或拍卖不良贷款业务涉及的司法拍卖资产、协议处置资产、受托资产、抵债资产等，同时充分利用全国性金融资产交易所及经济发达地区较为活跃的地方金融资产交易所等专业平台，积极推进合作，拓宽处置渠道，提高处置收益。

4. 培养不良资产处置人才

（1）加强从业人员技能培训。近年来随着市场经济的发展变化，企业体制机制创新、经营策略调整、产品创新等的频率加快，对金融业务专业性要求较高。而不良资产清收处置是一门专业性和综合性都很强的工作，迫切需要加强对现有清收人员新知识、新技能的培训，组建一支多技术、多专长、多领域的综合性、人才齐备的专业化清收团队，为清收处置提供持续的人力资源支持。应提高处置人员的业务能力，避免评估过程中出现失误，合理处置工作中的不同问题，保证资产处理过程的科学化。

（2）明确从业人员责任。对资产处置工作实行首问制，有问题首先受理，能解决的自己解决，不能解决的迅速呈报上级。急事急办，特事特办，一般事情即时处理，一切为基层服务，切实做到为基层排忧解难，加快不良资产的处置进度，全面提高银行的资产质量。

（3）"引进来"与"走出去"相结合。不良资产处置环节面临的问题较多且复杂，其中一个较大的问题就是目前不良资产处置中的处置团队和人员不够用，专业处置人员供需缺口非常大。不良资产处置不仅是个讲究专业的技术活，而且对人的综合素质与经验积累要求也很高，这导致人才的培养比较慢。所以，应积极培养和引进高素质的专业人才，尽早使资产处置走上规范化、专业化的稳定发展道路。

三、银行系金融资产投资公司（AIC）开展不良资产处置

（一）金融资产投资公司成立背景

金融资产投资公司（AIC）是指经国务院银行业监督管理机构批准，在中华人民共和国境内设立的，主要从事银行债权转股权及配套支持业务的非银行金融

机构。❶AIC 由银行自主发起设立，国家层面目前并未出资，因此，银保监会是 AIC 的主要监管机构。关于经营范围，资产端包括：①收购银行对企业的债权并转股权；②对于未能转股权的债权进行重组、转让和处置；③以债转股为目的投资企业股权；④与债转股业务相关的财务顾问和咨询业务。负债端包括：①发行私募资产管理产品；②发行金融债券；③通过债券回购、同业拆借、同业借款等方式融入资金；④对自营资金和募集资金进行必要的投资管理，自营资金可以开展存放同业、拆放同业、购买国债或其他固定收益类证券等业务，募集资金的使用应当符合资金募集约定用途。

金融资产投资公司成立的背景是 2008 年次贷危机，为应对次贷危机的不利影响，金融部门向市场投放了大量的信贷，再加上影子银行业务的存在，使得实体经济的债务压力大幅上升，商业银行面临较大的资产损失问题，不良资产的存在造成了严重的金融风险隐患，但在 2008—2017 年成立的地方金融资产管理公司却无法从根本上解决此问题，而四大金融资产管理公司早已变成金融控股公司且自身也面临诸多问题。因此，亟须成立一类新的债转股机构，来解决当时的债权质量问题，金融资产投资公司便应运而生。AIC 参与市场化债转股，在市场化债转股方面发挥着巨大作用，并已成为我国开展市场化债转股的主力军。与此同时，AIC 的职能范围正在逐步拓展，从 2020 年 2 月开始，银保监会允许 AIC 通过附属机构在上海开展不以债转股为目的的股权投资，这表明原本专为债转股设立的银行系金融资产投资公司现在也可以从事非债转股业务。

（二）金融资产投资公司经营现状

1. 金融资产投资公司的机构数量

为应对不良资产的持续性增长和加大不良资产处置力度，原银监会于 2017 年批准成立了五大金融资产投资公司，分别是中银金融资产投资有限公司（以下简称"中银投资"）、农银金融资产投资有限公司（以下简称"农银投资"）、工银金融资产投资有限公司（以下简称"工银投资"）、建信金融资产投资有限公司（以下简称"建信投资"）和交银金融资产投资有限公司（以下简称"交银投资"）。五家金融资产投资公司的母公司均为国有大行，注册资本合计达到 540 亿元。

除五大国有银行外，股份制银行中的平安银行宣布要合资设立 AIC，兴业银行宣布要全资设立 AIC，2020 年浦发银行也宣称将出资 100 亿元发起设立 AIC。除全国性银行外，地方性银行中的广州农商银行也宣布将出资 50 亿元（持股比例不低于 35%）合资设立 AIC，这是目前为止地方性银行中唯一宣布要成立 AIC

---

❶　2018 年 6 月 29 日银保监会公布的《金融资产投资公司管理办法（试行）》（中国银保监会 2018 年第 4 号令）。

的银行。至此，我国已成立 5 家金融资产投资公司，另有 4 家拟成立。

2. 金融资产投资有限公司的经营情况

截至 2019 年 6 月，AIC 共落地实施债转股项目 254 个，落地金额 4000 亿元。其中，通过私募股权投资基金、私募资管产品等渠道共募集社会资金 2500 亿元参与债转股项目。❶2019 年五大国有银行年报数据显示：五家 AIC 的年净利润总和为 19 亿元，同比增长率高达 65.65%，总资产规模达 4415.86 亿元，同比增长率高达 192.33%。其中，工银投资的总资产、净资产、全年净利润最高，建信投资的总资产、净资产排在第二，但全年净利润略逊于农银投资和中银投资。五家 AIC 的总资产、净资产和净利润情况见表 13-6。另外，2019 年建信投资累计框架协议签约金额 8543.52 亿元，落地 3146.31 亿元；中银投资落地市场化债转股业务 1188 亿元，通过募集社会资金发行 100 亿元金融债券，通过增资还债、收债转股等模式支持多家行业龙头或具有发展前景的民营企业，建立民营企业"正面引导清单"；交银投资共投放债转股项目 56 个（当年新增项目 40 个），金额为 314.31 亿元（当年新增 236.82 亿元）。可见，AIC 这一债转股实施机构在市场债转股方面发挥着积极的作用。

表 13-6　2019 年五家金融资产投资有限公司经营情况　　　　（亿元）

单位	总资产	净资产	净利润
建信金融资产投资有限公司	1026.80	124.17	2.87
农银金融资产投资有限公司	988.76	109.04	5.50
工银金融资产投资有限公司	1295.67	140.27	5.63
中银金融资产投资有限公司	726.13	103.88	3.26
交银金融资产投资有限公司	378.50	101.54	1.74

数据来源：五大国有银行 2019 年年报。

（三）金融资产投资公司发展的政策激励与监管约束

1. 发展的政策激励

AIC 的发展过程自始至终得到了国家政策的积极支持和鼓励，从而逐步提高了其在市场化债转股方面的地位。2016 年 10 月 10 日，在供给侧改革的大背景下，我国正式拉开了新一轮债转股的大幕，"债转股实施机构"一词也正式写入

---

❶　2019 年 6 月 5 日，国务院政策例行吹风会上，银保监会统计信息与风险监测部负责人在回答记者提问时所述。

市场。❶在2017年国有五大行相继成立金融资产投资公司后，2018年2月的国务院常务会议进一步明确，保险机构也可以新设债转股实施机构。到2018年4月，新的指导意见在资产管理产品的发行主体中新增了"金融资产投资公司"。❷金融资产投资公司开始真正迈入发展的大潮中。

2018年6月29日，银保监会发布2018年第4号令《金融资产投资公司管理办法（试行）》，明确了金融资产投资公司的业务范围、准入门槛、监管要求等相关细则。2018年8月8日，银保监会又印发《商业银行新设债转股实施机构管理办法（试行）》（征求意见稿）。特别是2019年5月22日，国务院常务会议表示，要妥善解决AIC等机构持有债转股风险权重较高、占用资本较多等问题，并支持AIC设立资管成品、鼓励外资入股实施机构等，政策约束的放松有利于AIC的大力发展。2019年7月的新政策进一步提升了AIC的战略地位，将金融资产投资公司的地位提升至新的高度，明确提出要"推动金融资产投资公司发挥市场化债转股主力军作用"。❸

2. 银保监会的监管约束

在政策激励的同时，加强监管约束，以促进市场化债转股健康发展，规范金融资产投资公司资产管理业务，依法保护投资者合法权益。银保监会关于AIC开展资产管理业务的总体要求如下。

（1）金融资产投资公司开展资产管理业务，是指其接受投资者委托，设立债转股投资计划并担任管理人，依照法律法规和债转股投资计划合同的约定，对受托的投资者财产进行投资和管理。债转股投资计划应当主要投资于市场化债转股资产，包括以实现市场化债转股为目的的债权、可转换债券、债转股专项债券、普通股、优先股、债转优先股等资产。❹

（2）金融资产投资公司开展资产管理业务，应当遵守成本可算、风险可控、信息充分披露的原则，诚实守信、勤勉尽职地履行职责，按照约定条件和实际投资收益情况向投资者支付收益、不保证本金支付和收益水平，投资者自担投资风险并获得收益。❺

---

❶《关于市场化银行债权转股权的指导意见》，2016年10月10日。

❷《关于规范金融机构资产管理业务的指导意见》，2018年4月27日。

❸《2019年降低企业杠杆率工作要点》，2019年7月29日。

❹中国银保监会于2020年4月就金融资产投资公司开展资产管理业务的有关事项发布的《中国银保监会关于金融资产投资公司开展资产管理业务有关事项的通知》（银保监发〔2020〕12号）。

❺中国银保监会于2020年4月就金融资产投资公司开展资产管理业务的有关事项发布的《中国银保监会关于金融资产投资公司开展资产管理业务有关事项的通知》（银保监发〔2020〕12号）。

中国特色不良资产处置的理论创新与实践

（3）债转股投资计划财产独立于管理人、托管机构的自有资产，因债转股投资计划财产的管理、运用、处分或者其他情形而取得的财产，均归入债转股投资计划财产。债转股投资计划管理人、托管机构因依法解散、被依法撤销或者被依法宣告破产等原因进行清算的，债转股投资计划财产不属于其清算财产。债转股投资计划管理人管理、运用和处分债转股投资计划财产所产生的债权，不得与管理人、托管机构的自有债务相抵销；管理人管理、运用和处分不同债转股投资计划财产所产生的债权债务，不得相互抵销。❶

---

❶　中国银保监会于 2020 年 4 月就金融资产投资公司开展资产管理业务的有关事项发布的《中国银保监会关于金融资产投资公司开展资产管理业务有关事项的通知》（银保监发〔2020〕12 号）。

第十四章　市场化债转股和不良资产证券化概述、问题及建议

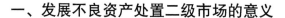

不良资产处置产业链可分为一级市场和二级市场，一级市场为不良资产收购市场，二级市场为处置市场。大力发展二级市场，不仅有利于完善不良资产处置市场体系，提高处置效率，还能够促进形成更为合理的交易价格，从而最终加速解决不良资产问题。时隔多年，我国新一轮市场化债转股和不良资产证券化的重启，拓展了不良资产处置途径，为不良资产的市场化经营带来了历史机遇。本章在推进市场化债转股方面，梳理了本轮债转股与 1999 年第一轮债转股在审批制度、参与主体、退出方式等方面的差异，揭示了当前市场化债转股存在的主要问题，在此基础上提出了改进建议。在推进不良资产证券化方面，梳理了我国不良资产证券化的三个发展阶段以及每个阶段政策文件的主要内容和市场影响，揭示了当前我国不良资产证券化存在的主要问题，并依此提出了相应的政策建议。

一、发展不良资产处置二级市场的意义

（一）不良资产问题的加速解决

从宏观经济发展的视角来看，不良资产的形成具有逆周期特点，当宏观经济出现下行拐点时，出于经济转型需要，不良资产必然会增加。对这部分不良资产进行处置是提升资产价值的重要手段，只有将其从正常资产中剥离出来，并尽可能减少损失，才能促进宏观经济早日恢复正常运行。因此，金融机构在一级市场上将不良资产卖给 AMC 只意味着处置开始，只有进一步对其进行合理、高效的处置，才能从根本上解决不良资产问题，而不仅仅是掩盖不良资产。大力发展不良资产处置二级市场有利于真正解决不良资产问题。一方面，二级市场的培育和发展能够在提升不良资产处置效率的基础上，提供更多的处置渠道和处置方式，加快资产处置速度，提升资产质量，减少损失；另一方面，二级市场的培育和发展能够促进不良资产购买方通过债务重组、资产置换、股权债权转换、外部资金注入等方式处置不良资产，提高了不良资产涉及主体获得重生乃至进一步发展的可能性，从而进一步发挥了金融支持实体经济的作用。

（二）不良资产处置市场体系的不断完善

20世纪90年代末，四大国有资产管理公司承担了剥离四大国有银行不良资产的战略性任务，从而形成了不良资产处置寡头垄断市场。近年来，随着金融业体制改革的持续深入以及与银行业相关的监管制度的变化，银行不良资产处置的市场化程度越来越高，逐渐成为不完全竞争市场。发展二级市场，可以促进不良资产处置市场体系的进一步完善，这主要表现在以下几个方面：一是提升市场的竞争性和主体的多样性，更多的市场主体可以根据市场运行规则参与到这一市场中，适度减少一级市场上持牌AMC获取超额收益的可能性。二是促进一级市场的可持续发展，提升市场活跃度和交易量，并为民营资本未来更多地进入一级市场提供"试验田"，使国有资本和民间资本可以更好地发挥各自优势。三是为不良资产处置市场的交易创新、模式创新、监管创新提供更为广阔的空间，鼓励各类市场主体根据不同不良资产包拿出更有效率、更具收益的处置方案。

（三）不良资产处置效率的提高

在严守金融安全底线的情况下，随着对银行等金融机构监管要求的提升，未来一段时间内不良资产处置效率就成为影响金融业发展的重要问题。单纯依靠拥有牌照的全国性和地方性AMC，难以使不良资产处置市场的供给与需求更好地匹配。培育和发展二级市场，有利于逐步形成合理有序的不良资产流转系统，促进处置效率的进一步提高。主要表现为：一是可以激发各类主体参与不良资产处置的热情，提高市场活跃度和竞争度。许多拥有参与不良资产处置愿望但又不具备进入一级市场资质的市场主体可以通过二级市场参与到不良资产交易中，为市场的可持续发展注入新力量，通过提高市场竞争度，促进处置效率的提升。二是可以发挥专业化分工的优势。不良资产处置的时间跨度较大，涉及的相关利益方较广，专业性较强，这就对专业化分工提出了较高要求。发展二级市场，能够在很大程度上实现不良资产处置的合理化和专业化。一方面，一级市场参与主体能够更好地发挥不良资产整体批发、获取规模化收益的优势，而不再需要涉及与处置不良资产相关的所有工作。另一方面，信息中介、催收团队、资产包整合分拆、渠道咨询、法律咨询、财务管理等中介机构也可以发挥其专业化优势，为不良资产处置提供分工更加明确的平台和更为精细化的中介服务。三是可以丰富资产管理公司、信托公司、证券公司、财务咨询管理企业、网络金融企业等金融机构或类金融机构的业务范围，即在专业化分工的前提下，为各类金融资源的有效整合和优化配置提供新的渠道，从而也为不良资产的高效处置提供新的解决方案。此外，二级市场的健康发展将缩减不良资产"灰色交易""寻租交易"的空间，对规范市场秩序、增强信息透明度具有积极作用。

（四）合理交易价格的形成

近年来，不良资产一级市场的交易价格曾出现较大波动甚至严重背离市场认知的情况，这固然有抢占市场份额的原因，但也与市场参与主体有限、一级市场交易无法充分体现市场价格、不透明的交易渠道耗费了大量成本有关。逐步培育并发展二级市场，有利于通过市场竞争更好地发挥价格发现作用，使得交易价格如实反映不良资产的处置价值和供求关系。一方面，随着二级市场有专业能力和资金实力的主体的增多，无论在一级市场还是二级市场，都可以增加达成公平、透明的市场交易的可能性，使市场价格更好地成为衡量不良资产价值的客观标准。另一方面，近年来很多银行的盈利压力较大，这使得交易双方就不良资产交易价格达成一致的难度加大，导致实际交易量存在很大的波动性和不确定性。发展二级市场，可以通过处置效率的提高增加银行出售不良资产的收益率，减少银行的惜售行为，交易双方更容易达成一致，进而在相当程度上减少价格的不确定性。

二、市场化债转股的基本概述、存在问题及政策建议

我国不良资产处置的特色在于对有前景的企业实行有效救助，支持我国实体经济的发展。而作为处置不良资产的一种方式，债转股可通过调整存量融资规模结构，实现银行和企业双赢的局面，从而更好地服务于实体经济。一方面，银行通过价值经营和提升，可改善贷款对象的财务健康状况，尽可能保全银行的资产。另一方面，负债企业通过债转股，可降低杠杆率，化解系统性风险，同时维持其正常经营，继续生产，壮大实体经济。

（一）市场化债转股的基本概述

1. 市场化债转股的概念及运作模式

债转股是债权转股权的简称，是指债权人以其依法享有的对在中国境内设立的有限责任公司或股份有限公司的债权，转为公司股权、增加公司注册资本的行为。实际操作中是当商业银行的贷款对象出现一定问题时，商业银行所采取的一种资产保全方式。通过债转股，商业银行希望恢复或者在一定程度上恢复贷款对象的盈利能力和财务健康状况，减少商业银行的贷款损失（周小川，1999）。简言之，债转股是将银行持有的企业债权转变为对企业的股权投资，改变了债务的性质，也将债权人对债务的约束转变为出资人对经营者的约束。

市场化债转股属于债转股行为的一种。债转股行为按照其主导对象，可分为政策性债转股和市场化债转股或商业性债转股。前者是由政府主导的债转股行

为，包括政府主导债转股企业的选择、债权转让定价、财政出资设立资产管理公司等。后者是指债权人与债务人在市场主导下，为了各自的利益平等，自愿地将债权转换为对债务企业股权的商事行为。债转股过程中，政府相关部门制定规则和政策、提供担保等适度介入行为，不改变市场化债转股的性质。由于本轮债转股的重心是去杠杆、去产能，因而广泛开展的是市场化债转股。

市场化债转股主要采用的运作模式是间接模式及委托模式。债转股行为按照其承载主体，可分为直接模式、间接模式和委托模式三种运作模式。直接模式是将银行对企业的债权直接转化为银行对企业的股权，其又包括银行直接持股和银行子公司持股两种方式。间接模式是将不良债权打包出售给第三方（如资产管理公司），由第三方将这笔债权转化为其对企业的股权。委托模式是在直接模式后，银行再将其对企业的股权委托给第三方管理，银行从第三方那里获取股息和分红。由于本轮市场化债转股要求银行不得直接将债权转为股权，应通过向实施机构转让债权、由实施机构将债权转为对象企业股权的方式实现，因此广泛采用间接模式及委托模式。

2. 市场化债转股与上一轮债转股的差异

我国于 1999 年实施的第一轮债转股，是在政府主导下，以处置银行不良资产，实现国有企业三年脱困为目的的政策性债转股。区别于上一轮债转股，本轮市场化债转股是以市场化、法治化为原则，通过市场化债转股，降低企业杠杆率，推进供给侧结构性改革，建立现代企业制度。因此，本轮债转股在审批制度、参与主体、退出方式等方面均与上一轮债转股存在较大差异。

（1）政策目的和不良资产成因不同。20 世纪 90 年代，国家重点关注国有企业改革和银行业重组，当时银行的不良贷款率已经高达 40%，亟待处理。所以上一轮债转股的首要目的是盘活商业银行的不良贷款。其形成原因主要是各级政府的行政干预及向国有企业提供的大规模政策性贷款，故上一轮政策性债转股的最终目的是使国有大中型亏损企业扭亏为盈。本轮债转股主要是在企业高负债、银行高不良资产率的背景下实施的。其中商业银行已经逐步商业化、市场化，其不良资产的形成主要是源于周期性和经营性因素。当前，宏观经济处于下行状态，导致的周期性产能过剩问题日益明显，故企业的高负债与高杠杆融资成为引发商业银行不良贷款的重要原因。债转股的主要目的是去杠杆、去产能，使资产的范围扩大到一些正常贷款上。

（2）审批实施债转股企业的制度不同。20 世纪 90 年代实施债转股是审批制。实施债转股的企业需要在以下几方面通过原经贸委、财政部和央行的审批：产品品种适销对路，有市场竞争力；工艺装备为国内、国际先进水平，生产符合环保要求；企业管理水平高、领导班子能力强，善于经营管理；债权债务清楚。相较于上一轮债转股，本轮细致地明确了债转股的适用企业，设立"三个鼓励"

原则，鼓励面向发展前景良好，但暂时遇到困难的优质企业开展市场化债转股，其正面清单包括：因行业周期性波动导致困难但仍有望逆转的企业；因高负债而导致财务负担过重的成长型企业，特别是战略性新兴产业领域的成长型企业；高负债居于产能过剩行业前列的关键性企业以及关系国家安全的战略性企业。

（3）实施主体与对象不同。20世纪90年代实施的债转股是政策性债转股，国家成立四大资产管理公司收购大型国有银行的不良贷款。本轮国家鼓励金融资产管理公司、保险资产管理机构、国有资本投资运营公司、银行附属机构等多种类型实施机构参与开展市场化债转股，支持银行充分利用现有符合条件的所属机构，或允许申请设立符合规定的新机构开展市场化债转股，故本轮债转股更加强调市场化与法治化。同时，本轮债转股不仅设有正面清单，还设有负面清单，设立"四个禁止"原则，确定了救助型债转股的救助对象。规则规定存在以下四种情形的企业禁止实施债转股：扭亏无望、已失去生存发展前景的"僵尸"企业；有恶意逃废债行为的企业；债权债务关系复杂且不明晰的企业；有可能主张过剩产能扩张和增加库存的企业。

（4）主要的运作模式不同。20世纪90年代，财政部出资成立的四大资产管理公司先对口承接四家国有大型商业银行的不良贷款，之后针对不需要破产清算的债务企业进行债转股，故主要采用"收债转股"的运作模式。而本轮债转股没有既定的最优模式，只要有利于债转股的规范化运作、防范道德风险、助推企业降低杠杆率、服务实体经济，都可以采用，故本轮债转股运作模式多样化，主要包括"收股转债""入股还债"及"股债结合"，具体操作步骤如图14-1~图14-3所示。

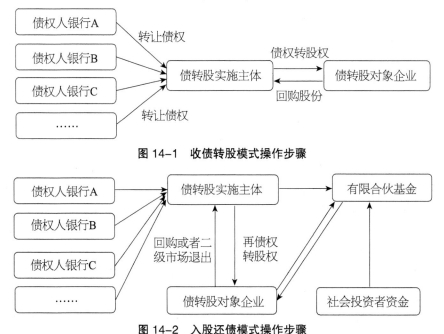

图14-1　收债转股模式操作步骤

图14-2　入股还债模式操作步骤

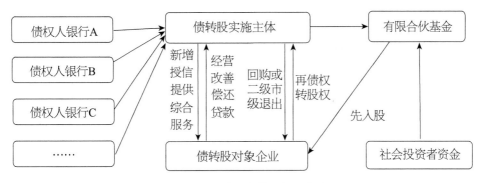

图 14-3　股债结合模式操作步骤

资料来源：作者自行整理。

3. 市场化债转股的制度安排与配套政策

上一轮债转股的指导文件是 1999 年 7 月国务院发布的《关于实施债转股若干问题的意见》，本轮债转股的指导文件是 2016 年 10 月国务院发布的《关于积极稳妥降低企业杠杆率的意见》及附件《关于市场化银行债权转股权的指导意见》，要求以多种方式优化企业债务结构，有序开展市场化银行债权转股权工作，这一文件也标志着债转股时隔 17 年再次卷土重来。本轮将"市场化"写入文件名中，可见市场化是本轮债转股的核心思想。为了促进债转股过程的市场化、法治化，本轮债转股实施以来，配套政策与制度安排也在不断完善。

在制度安排方面，中央层面，2016 年 10 月，国务院批复同意建立降低企业杠杆率工作部际联席会议制度，国家发展改革委员会为牵头单位，并建立了每月轮流召开的部长级"小组会"和司局级联络员例会制度。地方层面，截至 2017 年年底，山东、辽宁等 14 个省份陆续结合本地区实际情况，出台落实国务院文件的实施细则，并建立地方发展改革委员会牵头的债转股联席会议制度。

在配套政策方面，国家发改委、财政部、银保监会等部门陆续发布了一系列配套文件（表 14-1），就市场化债转股的资金来源、实施机构、税收安排、方案形式、对象范围、债权类型等方面予以明确。例如，2018 年 1 月，国家发展改革委员会同人民银行、财政部、原银监会等相关部门联合印发了《关于市场化银行债权转股权实施中有关具体政策问题的通知》（以下简称《通知》），明确允许采用股债结合的综合性方案降低企业杠杆率。这一《通知》具有以下三大突破性意义（曾刚，2018）：一是允许采用股债结合的综合性方案，拓展了债转股的范围和形式；二是支持各类所有制企业开展市场化债转股，拓展了债转股的对象企业；三是首次允许将银行债权外的其他类型债权纳入转股债权范围，拓宽了债转股的实施主体。2018 年 6 月，中国人民银行决定，从 2018 年 7 月 5 日起，下调国有大型商业银行、股份制商业银行、邮政储蓄银行、城市商业银行、非县域农村商业银行、外资银行人民币存款准备金率0.5个百分点。鼓励5家国有大型商业银行和12家股份制商业银行运用定向降准和从市场上募集的资金，按照市场化定价原则实施"债转股"项目。2018年11月，国家发展改革委员会联合五部门发布《关于鼓励相关机构参与市场化债转股的通知》，鼓励保险公司、私募股权投资基金等各类机构依法依规积极参与市场化、法治化债转股，来推动市场化债转股扩量提质。2018年6月出台的《金融资产投资公司管理办法（试行）》在一定程度上缓解了此前债转股业务的部分难点（鲁政委，2018），该办法有三大亮点：一是解决了商业银行难以直接持有实体企业股权的问题；二是巧设债转股形式，缓解了并表资本高消耗的难点；三是创新了债转股方式，灵活多样地落地债转股。2019年7月出台的《2019年降低企业杠杆率工作要点》进一步提出要推动金融资产投资公司成为债转股主力军，从而拓宽社会资本参与市场化债转股的渠道。可见，市场化债转股的国家配套政策在降低企业杠杆率、化解系统性风险及服务实体经济方面发挥了重要作用。

表 14-1　本轮债转股重要政策文件梳理

时间	文件或会议名称	主要内容
2016年10月10日	《国务院关于积极稳妥降低企业杠杆率的意见》及附件《关于市场化银行债权转股权的指导意见》（国发〔2016〕54号）	提出了积极稳妥降低企业杠杆率的主要途径，是指导性文件
2016年11月22日	《财政部　国家税务总局关于落实降低企业杠杆率税收支持政策的通知》（财税〔2016〕125号）	落实降低企业杠杆率的税收政策
2016年12月19日	《市场化银行债权转股权专项债券发行指引》（发改办财金〔2016〕2735号）	明确市场化银行债权转股权专项债券的发行条件
2017年7月15日	《关于发挥政府出资产业投资基金引导作用推进市场化银行债权转股权相关工作的通知》（发改办财金〔2017〕1238号）	明确支持政府出资产业投资基金参与市场化债转股项目
2017年8月7日	《商业银行新设债转股实施机构管理办法（试行）》（征求意见稿）	提出债转股实施机构业务范围、风险管理、监督管理等方面的要求
2018年1月25日	《关于市场化银行债权转股权实施中有关具体政策问题的通知》（发改财金〔2018〕152号）	进一步明确债转股方案的形式、债转股对象的范围、债权类型、资金来源等

时间	文件或会议名称	主要内容
2018 年 2 月 7 日	国务院常务会议	出台国企资产负债约束机制、拓宽社会资金转变为股权投资的渠道、加强市场化债转股实施机构力量、规范引导市场化债转股项目提高质量
2018 年 4 月 27 日	《关于规范金融机构资产管理业务的指导意见》（银发〔2018〕106 号）	鼓励运用私募产品，支持市场化、法治化债转股
2018 年 6 月 24 日	中国人民银行定向降准政策	进一步推进市场化法治化"债转股"，加大对小微企业的支持力度
2018 年 6 月 29 日	《金融资产投资公司管理办法（试行）》中国银保监会令 2018 年第 4 号	确立银行债转股实施机构基本监管制度框架
2018 年 8 月 8 日	《商业银行新设债转股实施机构管理办法（试行）》（征求意见稿）	进一步确定业务范围、准入门槛等监管要求细则
2018 年 11 月 19 日	《关于鼓励相关机构参与市场化债转股的通知》（发改办财金〔2018〕1442 号）	鼓励保险公司、私募股权投资基金等各类机构依法依规积极参与市场化法治化债转股
2019 年 5 月 22 日	国务院常务会议	政策约束的放松有助于 AIC 的大力发展，鼓励外资入股实施机构等
2019 年 7 月 26 日	《2019 年降低企业杠杆率工作要点》（发改财金〔2019〕1276 号）	推动 AIC 发挥债转股主力军作用，采取多种措施解决债转股资本占用过多问题，加快推进债转股资产交易等

资料来源：公开资料以及国务院发展研究中心金融所课题组所著的《不良资产处置与金融风险防控》（中国发展出版社，2018 年 12 月第 1 版）整理而得。

（二）实施市场化债转股存在的主要问题

本轮市场化债转股已实施若干年，参与各方在业务模式探索等方面做出了积极尝试，取得了良好开局，降杠杆综合性措施取得初步进展。国家发展改革委员会相关数据显示：2019 年 4 月末，债转股签约金额已经达到 2.3 万亿元，投放落地 9095 亿元；已有 106 家企业、367 个项目实施债转股。实施债转股的行业和区域覆盖面不断扩大，涉及钢铁、有色、煤炭、电力、交通运输等 26 个行业。❶

---

❶ 2019 年 6 月 5 日国务院政策例行吹风会上国家发展改革委员会负责人所述。

第十四章　市场化债转股和不良资产证券化概述、问题及建议目前，许多企业债转股都比较成功。市场化、法治化债转股在多方面取得了非常明显的成效，未来推进市场化债转股是大势所趋。但市场化、法治化债转股在推进过程中也存在一定难度，截至 2019 年 6 月底，市场化债转股资金到位率为 41.5%。当前市场化债转股仍存在项目落地难、资金募集难的问题，究其原因，主要受以下几方面因素制约。

1. 缺乏丰富的融资渠道

《国务院关于积极稳妥降低企业杠杆率的意见》（国发〔2016〕54 号）规定，除国家另有规定外，银行不得直接将债权转为股权，银行将债权转为股权，应通过向实施机构转让债权、由实施机构将债权转为对象企业股权的方式实现，同时，债转股所需资金由实施机构利用各种市场化方式和渠道筹集，也可以面向社会投资者募集资金。

尽管政策允许实施机构以多种市场化方式募资，但现实中，除了五大银行系金融资产投资公司募集资金规模较大外，其他实施机构仍面临募集资金难的问题。而进一步分析可发现，虽然银行系金融资产投资公司的资金募集规模较大，但募集渠道比较单一。2019 年年末数据显示，五家银行系金融资产投资公司已经落实的资金主要来自两个渠道：一是央行为支持市场化债转股定向降准所释放的资金；二是发行金融债券。❶ 这说明，五家银行系金融资产投资公司债转股资金主要依托自有资金、母行通过央行定向降准释放的资金以及自身发行金融债券募集资金。

2. 市场化债转股选择标的较难

目前，市场化债转股企业大多数为国有企业，以五大银行系金融资产投资公司为例，它们总体上会选择具有较强实力的企业，但都明确指向央企、地方国企和龙头民营企业，这表明债转股标的企业明显集中于国企。从建信金融资产投资公司 2019 年年末数据来看，正常类债转股业务累计签约 7209.78 亿元，项目中 89.01% 为国企，签约金额占比 95.79%。❷ 当国企涉及债转股时，容易引起多方博弈：第一，国企债转股往往需要政府参与，协调企业股权问题；第二，金融机构有降低不良资产率的迫切动机，容易降低准入标准，将不适宜的企业纳入债转股范围，反而会加大不良贷款风险；第三，对于企业来说，这容易导致企业逆向选择，使债转股成为部分企业"逃废债"的通道。平衡兼顾各方利益是债转股顺利实施落地的关键，然而受多方利益掺杂，标的选择可能会受到多重因素的干扰。

标的选择难的问题会影响债转股项目落地情况，良莠不齐的标的企业会挫伤项目实施积极性。根据五家银行系金融资产投资公司数据来看，截至 2019 年年

❶ 王愿．我国市场化债转股的实践进展、难点与对策研究［J］．金融发展评论，2020（10）：29—41。

❷ 同❶。

末，五家实施机构签约债转股协议规模在 2 万亿元左右，但债转股项目落地实施率仅为 50% 左右（见表 14-2）。

表 14-2　2019 年年末五家银行系金融资产投资公司债转股实施情况

项目	工银金融资产投资公司	农银金融资产投资公司	中银金融资产投资公司	建信金融资产投资公司	交银金融资产投资公司
债转股项目签约金额（亿元）	5903.05	4674.27	2516.6	8543.52	—
债转股项目落地金额（亿元）	2625.63	2337.27	1631.2	3146.31	205.66
债转股项目落地实施率（%）	44.48	50.00	64.82	36.83	—

资料来源：王愿．我国市场化债转股的实践进展、难点与对策研究［J］．金融发展评论，2020（10）：29-41．

3. 缺乏成熟的退出机制

债转股的实施机构实施债转股不是为了长期持有，而是待企业经营好转后实现收益并顺利退出。因此，完善的退出机制在债转股中至关重要，能否顺利实现退出以及以何种方式退出直接影响参与机构的积极性。

股权退出主要有如下几种方式：如果标的企业是上市公司，可以通过资本市场进行交易，从而完成股权退出；如果标的企业是非上市企业，主要有股权转让、股权回购等方式，其中股权转让是将实施主体的股权转让给第三方，股权持有者发生变更，债务性质未改变，股权回购是通过与企业签订股权回购协议，确定股权到期日时由原企业回购实施主体的股权。

但从业务实践来看，债转股投资仍较难。针对上市公司股权退出方式来说，将价值稳定的债权转换为上市公司股票价格波动较大的股权后，投资主体容易长期处于账面亏损状态，难以抽身。针对非上市公司股权退出方式来说，由于债转股标的企业大多负债较高、盈利能力较弱，且转股后又可能受行业不景气等因素影响，让标的企业未来以利润回购股权难度较大。而且我国尚未建立专门用于债转股企业股权交易的平台，企业股权转让退出较难。

（三）推进市场化债转股的政策建议

市场化债转股作为推动企业债务重组、降低杠杆率的重要举措，是中国特色救助型不良资产处置方式的一种。其在降低宏观杠杆率、化解系统性风险，帮助金融资产管理公司回归主业，助力实体经济方面起着重要作用。为了使其更好地发挥作用，必须在坚持市场化、法治化的前提下，更好地发挥政府作用。为此，应该扩大债转股实施主体、对象范围，同时使债权的类型多元化；拓宽资金融资渠道，鼓励实施机构依法依规面向社会投资者募集资金；丰富债转股的实施方案，发展股债结合、债转优先股等多样化运作模式；尽快建立和完善配套的政策机制，包括政策补偿性机制、退出机制等，推动市场化债转股尽快落地。

1. 拓宽资金融资渠道

拓宽债转股资金来源渠道，调动多方位资本积极主动参与债转股项目。首先，从政策上继续按照《国务院关于积极稳妥降低企业杠杆率的意见》（国发〔2016〕54号）的规定支持实施机构采取市场化融资方式，继续支持符合条件的实施机构发行专项用于市场化债转股的金融债券，探索发行用于市场化债转股的企业债券，并适当简化审批程序。其次，加大对实施机构发起设立私募股权投资基金开展市场化债转股的支持力度，例如在多项支持债转股实施机构拓宽融资渠道的政策发布后，2018年中国农业银行、中国工商银行市场化债转股实施机构率先成立私募基金子公司，有效拓宽了实施机构融资渠道，效果显著。最后，逐步拓宽融资方式和资金来源，例如以可转债、可交换债等多元化方式积极吸引包括保险资金、民间资金、私募股权基金等社会资本进入债转股项目。

2. 建立债转股企业股权交易平台

由于信息不对称和道德风险，债转股的交易主体之间容易发生摩擦，也存在一定的市场壁垒。建议有关部门牵头成立市场化债转股平台，债转股企业股权交易平台的建立将为银行、企业提供发布需求的场所，也为实施机构提供关于标的企业较为详细的资料，降低收集信息、寻找交易对手、谈判定价等交易成本，节约交易费用，可以高效地实现债权合并。同时，这一平台也能让更多投资者参与债转股过程，在一定程度上可以降低实施债转股的组织成本，从而综合提高债转股项目的签约规模和落地率。

3. 完善合理的退出机制

市场化退出是实施主体的最终归宿，市场化债转股中，实施机构都是阶段性地进入，并非作为战略投资者进入，进入资金是否能获得必要收益且安全退出，是决定市场化债转股成功与否的关键。因此，建立丰富、合理的退出机制能为债转股的发展提供极大保障。为保障退出顺利，一方面，实施机构在参与债转股时，可以通过签署多形式的回购协议、股权质押、利润分配、股权转让等方式保证自身利益；另一方面，我国应加快多层次资本市场建设，让未上市公司的债转股股份，能在相应的市场上流动和出让，同时，适当降低企业上市门槛，通过一定时期的持股使债转股企业IPO上市，股份在二级市场上转让，从而在交易中完成股权退出。

三、不良资产证券化的基本概述、存在问题及政策建议

（一）不良资产证券化的基本概述

1. 不良资产证券化的交易结构和运作流程

不良资产支持证券，是指在中国境内，由银行业金融机构及其他经监管部门认定的金融机构作为发起机构，将不良贷款信托给受托机构，由受托机构以资产支持证券的形式向投资机构发行受益证券，以该不良贷款所产生的现金支付资产支持证券收益的证券化融资工具。

不良资产证券化是资产证券化的一种类别，其特殊之处在于基础资产是不良资产，现金流回收具有很大的不确定性，进而往往内部增信力度较大，以便在一定程度上保障投资者的权益；同时，增加资产服务机构进行债权的催收和管理，不良资产证券化对发行人、资产服务机构以及投资人的要求都高于普通资产证券化，如发行人对基础资产的筛选标准制定、转让定价能力，资产服务机构的管理能力及激励机制，投资人对产品的接受度以及次级投资人的培养等。

不良资产证券化的发行主体分为商业银行和资产管理公司两类，前者直接将表内的不良贷款打包分割后销售；后者往往从商业银行等金融机构或商业企业处收购债权，而后将资产证券化作为处置方式之一。图14-4显示了不良资产证券化的交易结构。

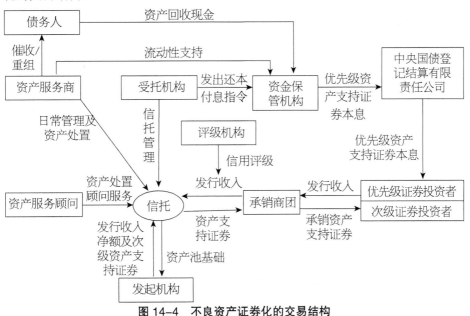

图14-4　不良资产证券化的交易结构

资料来源：《不良贷款资产支持证券信息披露指引（试行）》。

不良资产证券化的业务架构较为复杂，涉及许多参与机构，主要包括发起人（原始权益人）、特殊目的载体（SPV）、资产服务者、主承销商、信用评级机构、信用增级机构、资产管理机构以及投资人等。其基本流程主要包括：确定证券化的不良资产并组建资产池—设立SPV—转让资产以实现真实"出售"—信用增级和信用评级—证券销售—后期服务与管理等，如图14-5所示。

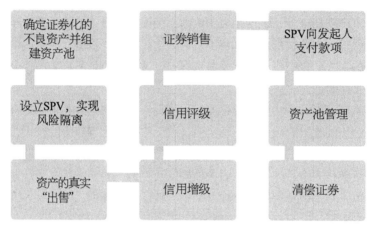

图14-5　不良资产证券化主要流程

资料来源：作者整理。

2.不良资产证券化与一般资产证券化的主要区别

虽然一般资产证券化与不良资产证券化的业务逻辑基本相同，但两者在基础资产、定价机制、信用增级等方面存在差异。具体来说，一是在基础资产方面，一般资产证券化资产池中资产质量较好，现金流的回流金额与时间具备一定的稳定性；不良资产证券化的次级、可疑、损失类贷款大多依赖于对抵押物、担保人和借款人的后续跟进处理，还款时间、还款比例具有较大的不确定性。二是在定价机制方面，前者包含两次定价，即发起人将基础资产转售给特殊目的机构定价和资产证券化定价；而后者是在综合考虑未来预计回收现金流、参与主体中介费用、流动性溢价等多种因素后进行定价，具有较高的不确定性。且定价区间的波动性也会对各参与方的利益造成影响，过高的定价会使产品发行困难，融资目的难以实现，过低的定价则会导致资产利益流失。三是在信用增级方面，前者主要是依靠内部信用增级，包括破产分离、超额担保、现金储备账户等，其中超额担保为常见的内部信用增级方式；而后者除处理内部信用增级外，还经常采用外部信用增级，即第三方信用担保，包括政府担保、保险公司增级担保、担保公司增级担保等。四是在投资者及次级证券投资人的参与程度方面，后者的参与投资者范围较小，一般为经验较为丰富的投资机构，且次级证券投资人往往会参与到不良资产的处置中，以提高投资者的信心；而前者往往不包括次级证券参与人。五

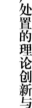

是在资产服务机构的激励机制方面，前者的服务报酬始终优先于优先级，并为固定报酬；后者的资产服务报酬更为置后，并会设置浮动报酬。六是在信息披露方面，前者仅要求披露交易结构、基础资产和发行结构等基础信息；而后者则要求信息披露得更为详细，涉及基础资产、回收能力等多个方面。另外，不良资产证券化和资产证券化相比多了一道核销程序，不良资产证券化是先减值再出表，核销本身很复杂，因此不良资产证券化过程中要考虑好衔接问题（见表14-3）。

表14-3　不良资产证券化与普通资产证券化的差别

不同之处	不良资产证券化	一般资产证券化
基础资产	（1）资产池的现金流多依赖于对抵押物的处置、担保人的追偿、借款人资产的处置 （2）不良资产的还款时间和还款比例不确定，现金流波动大 （3）不良资产的同质性很弱，受经济周期影响很大	资产池的现金流依赖于正常经营的现金流，且现金流持续、稳定、可预期
定价机制	综合考虑未来预计回收的现金流、参与主体的中介费用、流动性溢价等多种因素后进行定价	发起人将基础资产转售给特殊目的机构的定价和资产证券化的定价
信用增级方式	除了内部信用增级，还经常使用外部信用增级	主要是内部信用增级
投资者	范围较小，一般是具有丰富的不良资产处理经验的投资者	范围相对更广
次级证券投资人的参与程度	次级证券投资人通常作为资产服务顾问，加入基础资产的处置中，以增强次级证券投资者的信心	次级证券投资人一般不参与现金流回收等过程
资产服务机构的激励机制	（1）资产服务报酬全部置后于优先级证券利息偿付，在极端情况下甚至置后于优先级本息偿付 （2）设置部分浮动报酬，当资产池回收比例高于一定水平时，高出部分按比例分配给资产服务机构	资产服务机构一般只回收现金流，同时也只享有普通的报酬，并且支付服务机构的报酬优先于优先级证券的利息偿付
信息披露要求	除了要求对不良资产的抵押品、担保情况有比较详细的说明，还要求对资产服务机构的回收能力等方面有比较详细的披露	只要求发起人披露交易结构、基础资产、证券发行结构等基本信息

数据来源：作者根据"普益标准"研究机构资料进一步整理而得。

（二）不良资产证券化现状及存在的主要问题

1. 不良资产证券化现状

（1）商业银行不良资产证券化规模小，但呈增长趋势。2006—2019 年，总体来看，不良资产证券化规模小，但呈现增长趋势。特别是 2016 年重启以来，商业银行不良资产证券化发行规模在加速提升，但一直保持在 150 亿元左右，仅占国家核准 500 亿元额度的 30%，其处置的不良资产总额在 400 亿~600 亿元间，不到同期全国商业银行不良资产总额的 3%。❶ 实践中也远未达到国家期望的试点规模，总体规模偏小。2019 年第三次不良资产证券化额度进一步扩大到 1000 亿元，国家鼓励金融机构积极采用证券化方式处置不良资产。图 14-4 显示了 2006—2019 年不良资产证券化发行情况。2016 年 6 家首批试点的银行发行了 14 单、总规模约 156.10 亿元的不良资产证券化产品，涉及工商贷款、个人信用卡、个人消费贷、个人住房贷和个人经营贷五类借款共 358840 笔，处置不良资产金额达452.33 亿元。❷2017 年发行主体增至 10 家，发行 19 单、总规模 129.61 亿元，涉

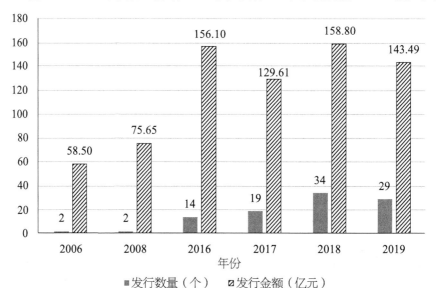

图 14-6 2006—2019 年不良资产证券化发行情况

数据来源：Wind 数据库。

---

❶ 杨宁，张雪鹿.中国商业银行不良资产证券化现状［J］.中国外资，2021（1）：73-75.

❷ 涉及借款笔数和处置金额数据来自杨宁，张雪鹿.中国商业银行不良资产证券化现状［J］.中国外资，2021（1）：73-75，下同。

及借款 753520 笔，处置不良资产金额达 404.25 亿元。2018 年参与主体 13 家，共发行 34 单，发行规模达 158.80 亿元，涉及借款 2002041 笔，处置不良资产金额达 588.31 亿元。2019 年发行主体 8 家，共计 29 单和 143.49 亿元，涉及借款 32411167 笔，处置不良资产金额达 663.31 亿元。从 2016—2019 年四年的处置不良资产的规模来看，除了 2017 年有所下降外，整体呈增长趋势。

（2）发行机构集中，产品多元化。2016—2019 年我国不良资产证券化共发行 96 单，发行规模总计 588.01 亿元。其中五家大型银行 ❶ 发行 60 单，占全部发行总数的 62.50%；股份制商业银行发行 33 单，占比 34.38%；城商行发行 3 单，占比 3.12%。发行产品数位列前三名的分别为中国工商银行、中国建设银行、招商银行，见表 14-4。2019 年年末不良资产证券化试点第三次扩容，增加了发行主体。2020 年不良资产证券化产品发行主体有国有银行、股份制银行、城商行和金融资产管理公司四种类型共 15 家机构，全年共发行 55 单，发行规模达 282.60 亿元，见表 14-5。国有银行发行单数和规模依然最多，总共发行 27 单，发行规模达 206.59 亿元，占整个不良资产证券化发行规模的 73.1%；股份制银行次之，为 25 单，共计 52.67 亿元，占比 18.65%。特别指出，2019 年第三次不良资产证券化产品试点扩容时，金融资产管理公司和城市商业银行被纳入试点范围，华融和东方资产管理公司及贵阳银行各一单，发行规模总计 23.34 亿元，规模占比 8.16%。

表 14-4　2016—2019 年不良资产证券化发行机构及规模 ❷

发起机构	发行规模（亿元）	发行规模占比（%）	发行数量
中国工商银行股份有限公司	254.04	43.20	23
中国建设银行股份有限公司	132.15	22.47	19
招商银行股份有限公司	40.31	6.86	15
中国农业银行股份有限公司	54.05	9.19	9
中国银行股份有限公司	23.72	4.03	6
华夏银行股份有限公司	10.40	1.77	3
交通银行股份有限公司	23.30	3.96	3
上海浦东发展银行股份有限公司	19.89	3.38	7

数据来源：Wind 数据库。

---

❶　指中国银行、中国农业银行、中国工商银行、中国建设银行和中国交通银行。

❷　其他银行有民生银行、中信银行、江苏银行、平安银行、兴业银行、浙商银行、北京银行、杭州银行和光大银行。

表 14-5　2020 年不良资产证券化产品发行情况

机构类别	发起机构	发行规模（亿元）	发行规模占比（%）	发行数量
国有大行	中国建设银行股份有限公司	104.29	36.90	9
	中国工商银行股份有限公司	54.42	19.26	8
	交通银行股份有限公司	28.10	9.94	3
	中国银行股份有限公司	12.30	4.35	2
	中国农业银行股份有限公司	7.48	2.65	5
股份制银行	上海浦东发展银行股份有限公司	11.66	4.13	6
	平安银行股份有限公司	10.50	3.72	2
	中信银行股份有限公司	9.70	3.43	3
	招商银行股份有限公司	9.46	3.35	7
	兴业银行股份有限公司	8.01	2.83	4
	中国民生银行股份有限公司	1.74	0.62	2
	浙商银行股份有限公司	1.60	0.57	1
金融资产管理公司	华融资产管理股份有限公司	13.5	4.78	1
	中国东方资产管理股份有限公司	9.00	3.18	1
城商行	贵阳银行股份有限公司	0.85	0.30	1

数据来源：Wind 数据库，作者整理。

（3）不良资产证券化的商品类别分布特征。2016—2018 年，我国不良资产证券化的底层资产种类主要包括以下几种：混合不良贷款、房屋贷款、企业贷款（CLO）、微小企业贷款（SME）、消费性贷款和信用卡贷款，见表 14-6。其中发行单数最多的为信用卡贷款，共计 32 单；发行规模占比位列前三的分别为混合不良贷款 29.47%、房屋贷款 28.30% 和信用卡贷款 24.30%。另外，2018 年抵押类不良贷款资产支持证券的发行规模高于信用类不良贷款资产支持证券的发行规模，占比达 68.54%。

表 14-6　2016—2018 年不良资产证券化底层资产分类及规模

发行类别	发行规模（亿元）	发行规模占比（%）	发行数量（单）
混合不良贷款	131.01	29.47	8
房屋贷款	125.80	28.30	10
企业贷款（CLO）	52.64	11.84	8

发行类别	发行规模（亿元）	发行规模占比（%）	发行数量（单）
微小企业贷款（SME）	22.33	5.02	7
消费性贷款	4.72	1.06	2
信用卡贷款	108.02	24.30	32

数据来源：Wind 数据库。

（4）不良资产证券化在资产证券化市场中占比小。2019 年，信贷资产证券化市场共发行规模达 9634.59 亿元的产品，其中不良贷款 ABS 发行规模仅占全年发行总量的 1.49%。2020 年，信贷 ABS 发行规模达 8041.90 亿元，其中不良贷款 ABS 规模达到 282.60 亿元，较 2019 年多 139.11 亿元，所占市场份额从 2019 年的 1.49% 提升至 2020 年的 3.51%。但不良资产证券化在信贷资产证券化市场中占比仍较小，未来仍有较大发展潜力，见表 14-7。

表 14-7　2019—2020 年各类型信贷 ABS 发行规模对比

发行类别	2020 年			2019 年		
	发行数量（单）	发行规模（亿元）	发行规模占比（%）	发行数量（单）	发行规模（亿元）	发行规模占比（%）
RMBS	54	4072.63	50.64	67	5162.71	53.59
Auto ABS	41	1940.32	24.13	41	1965.92	20.40
CLO	14	754.01	9.38	17	796.76	8.27
微小 ABS	10	629.26	7.82	4	94.80	0.98
消费贷 ABS	9	347.41	4.32	22	1431.87	14.86
不良贷款 ABS	55	282.60	3.51	29	143.49	1.49
融资租赁 ABS	1	15.65	0.19	2	39.04	0.41
合计	184	8041.90	100	182	9634.59	100

数据来源：Wind 数据库、中债资信，作者整理。

2. 不良资产证券化存在的主要问题

（1）投资者市场不完备，专业投资者缺乏。中国资产证券化产品市场缺少次级投资者，资产证券化的次级产品基本上是采取非市场化形式去发行，导致竞价机制发育不完全，影响发行规模。而对于高风险的次级产品来说，由于其未来价值不确定，投资者需要具备更加专业的知识和丰富的投资经验，但现实中我国不良资产证券化起步较晚，不良资产证券化专业投资者较为缺乏。

除了次级产品的复杂性，相对于普通信用债券，资产支持证券的风险与投资收益本身就更为复杂，具体体现在：一是资产支持证券具有更为复杂的交易结构与基础资产类型；二是资产支持证券具有许多特有风险，需要评估资产证券化违约前后的各层级现金流分析、违约概率等，这均要求投资者具备完善、系统的投资分析能力。另外，产品估值和定价难也导致投资者难以建立市场化的定价估值体系，难以较为准确地预测未来现金流分布，这也增加了投资者对证券化产品的投资分析难度。

（2）信息披露不够充分，信用评级能力有待加强。信息披露在不良资产证券化产品投资方面有很重要作用，能为投资者选择提供准确的信息支撑。2008年美国次贷危机后，欧美各国均加强了信息披露管理，缩短信息披露的时间频率、扩大信息披露的内容范围。❶ 我国也陆续发布了相关文件，意在加强证券化业务的信息披露要求，但实际在披露范围和披露程度等方面还存在规范性不够等部分问题，导致资产池的信息公开不完全，进而导致投资者对不良资产证券化产品信息了解不充分，难以根据公开披露信息进行投资收益与风险的分析。

而信用评级是不良资产证券化产品信息披露的重要组成部分，也是投资者投资决策的重要支撑材料，我国的信用评级机构发展时间较短，存在评级标准不完全透明、市场认可度相对较低等问题，尤其当面对不良资产证券化这些复杂的证券化产品时，信用评级机构在专业水准和评级质量方面的表现不尽如人意，同时，也缺乏专门的不良资产信用评级系统。

（3）不良资产证券化产品流动性较弱。我国不良资产证券化产品自发行以来，规模有限、流动性较弱。从金融产品的性质来讲，由于交易结构较为复杂、涉及数量庞大的基础资产以及基础资产更新难度较大等原因，资产证券化产品在我国二级市场的交易体量相比其他债券一直较小，流动性较弱。

另外，按照主管机构及审批方式，我国目前主要的资产证券化产品分为以下三类：由银保监会主管，在银行间发行交易的金融机构信贷资产证券化产品；由证监会主管，在交易所、报价系统、证券公司柜台等发行交易的企业资产证券化产品；由交易商协会主管，在银行间市场发行交易的信托型资产支持票据。而由于银行发行的资产支持证券主要是在银行间债券市场交易，产品流动性受限，且参与主体还受金融市场监管制度限制，只能由有限的投资者购买，所以不良资产证券化产品相对规模更小、交易量更小、流动性更弱。进一步地，没有二级市场流动性的产品，产品规模化与常态化发行都会受到影响。

❶ 林华.中国资产证券化操作手册：下［M］.2版.北京：中信出版集团，2016.

中国特色不良资产处置的理论创新与实践

3. 我国不良资产证券化的发展历程及阶段

（1）探索和试点阶段（1999—2008 年）。早在 1999 年，就有学者提出中国可借鉴国际经验尝试以资产证券化方式处置不良资产，2003 年中国证监会成立资产证券化课题组，2004 年成立了中国人民银行牵头的信贷资产证券化试点协调小组，开始对不良资产证券化进行尝试。尝试项目主要有：2003 年 1 月，德意志银行利用资产证券化方式处理信达资产管理公司的高风险资产，涉及 20 个项目的不良债权余额 25.52 亿元人民币，这笔业务被视为我国首笔不良资产境外证券化交易。2004 年 4 月，中国工商银行宁波分行将面值 26.19 亿元、预计回收 8.2 亿元的不良债权信托给中诚信托，并委托中信证券作为包销商将其 A、B 级受益权转让给外部投资者，一般认为该笔业务属于我国商业银行直接发起的境内首单不良贷款的"准资产证券化"产品。❶2005 年，中国人民银行等十个部门组成工作组，正式宣布启动我国信贷资产证券化试点工作。这一阶段，国家制定了一系列相关法律法规，标志着国内资产证券化的正式开启，由此我国资产证券化获得了长足进步。例如，2005—2006 年发布了《信贷资产证券化试点管理办法》《信贷资产证券化试点会计处理规定》《资产支持证券操作交易规则》《资产支持证券信息披露规则》《金融机构信贷资产证券化试点监督管理办法》《财政部　国家税务总局关于信贷资产证券化有关税收政策问题的通知》《关于信贷资产投资公司开展集合资金信托业务创新试点有关问题的通知》等。2006—2008 年由资产管理公司作为发起人发行不良资产证券化产品，如由信达资产管理公司发行的"信元 2006-1""信元 2008-1"以及东方资产管理公司发行的"东元 2006-1"。后来由建设银行作为发起人发行了"建元 2008-1"项目；东方资产、信达资产和建设银行共发行了 4 期不良资产支持证券，发行总额为 134.15 亿元，其中优先级 78.5 亿元，涉及 12365 笔不良贷款，对应的不良贷款本金共计 516.32 亿元，见表 14-8。

表 14-8　试点阶段不良资产证券化产品

名称	东元 2006-1	信元 2006-1	建元 2008-1	信元 2008-1
发行日期	2006 年 12 月 14 日	2006 年 12 月 20 日	2008 年 1 月 30 日	2008 年 12 月 30 日
发起机构	东方资产	信达资产	建设银行	信达资产
是否对公贷款	是	是	是	是

---

❶　杨宁，张雪鹿.中国商业银行不良资产证券化现状［J］.中国外资，2021（1）：73-75.

名称	东元 2006-1	信元 2006-1	建元 2008-1	信元 2008-1
基础资产	可疑类 100%	可疑类 100%	次级 13.90% 可疑类 71.98% 损失类 14.12%	可疑类 100%
发行规模 （亿元）	优先 7.0 次级 3.5	优先 30.0 次级 18.0	优先 21.5 次级 6.15	优先 20.0 次级 28.0

数据来源：作者根据产品发行说明书整理。

（2）发展停滞阶段（2009—2015 年）。2008 年金融危机爆发，高风险金融创新项目饱受质疑，我国暂停了资产证券化试点工作，2009 年 1 月 13 日在北京召开的"2009 年工作会议"宣布禁止开展不良资产证券化业务，2009—2011 年资产证券化处于暂停状态。2012 年，在金融市场以及世界政治经济趋于平稳后，我国重启了信贷资产证券化业务，但并没有重启不良资产证券化业务。2013 年为了加快资金周转，盘活企业的资金存量，国家虽然加大了对信贷资产证券化的支持力度，但不良资产证券化仍不予开展。表 14-9 显示了 2012—2015 年国家颁发的信贷资产证券化主要政策文件及其相关内容。

表 14-9　2012—2015 年国家颁发的信贷资产证券化主要政策文件及其相关内容

时间	文件	主要内容
2012 年 5 月	《关于进一步扩大信贷资产证券化试点有关事项的通知》（银发〔2012〕127 号）	资产证券化试点重启
2012 年 8 月	《银行间债券市场非金融企业资产支持票据指引》（中国银行间市场交易商协会公告〔2012〕14 号）	允许企业发行资产支持票据
2013 年 3 月	《证券公司资产证券化业务管理规定》（证监会公告〔2013〕16 号）	进一步明确参与各方的法律地位
2013 年 12 月	《中国人民银行　中国银行业监督管理委员会公告》（〔2013〕第 21 号）	规定自留比例不低于 5%
2014 年 11 月	《证券公司及基金管理公司子公司资产证券化业务管理规定》（证监会公告〔2014〕49 号）	扩大业务主体与基础资产范围
2014 年 11 月	《关于信贷资产证券化备案登记工作流程的通知》（银监办便函〔2014〕1902 号）	信贷资产证券化业务实施备案制

中国特色不良资产处置的理论创新与实践

时间	文件	主要内容
2014 年 12 月	《关于发布〈资产支持专项计划备案管理办法〉及配套规则的通知》（中基协函〔2014〕459 号）	对企业资产证券化实施备案制，对基础资产实行负面清单制度
2015 年 3 月	《中国人民银行公告〔2015〕第 7 号》	信贷资产支持证券试行注册制
2015 年 8 月	《资产支持计划业务管理暂行办法》（保监发〔2015〕85 号）	推动保险业开展资产证券化业务

数据来源：作者根据"普益标准"研究机构资料进一步整理而得。

（3）重启发展阶段（2016 年至今）。2016 年我国商业银行不良贷款增长较快，迅速有效处置不良资产势在必行。2016 年 2 月 14 日，中国人民银行等八部委发布了《关于金融支持工业稳增长调结构增效益的若干意见》，提出"在审慎稳妥的前提下，选择少数符合条件的金融机构探索不良资产证券化试点"。这标志着我国不良资产证券化工作的重启。2016 年 4 月 19 日，中国银行间市场交易商协会发布《不良贷款资产支持证券信息披露指引（试行）》和配套表格体系，明确了不良资产证券化的基本交易结构以及发行环节和存续期信息披露要点。同年 5 月，中国银行发行"中誉 2016-1"以及招商银行发布"和萃 2016-1"，标志着我国正式重启不良资产证券化业务。目前，我国商业银行不良资产证券化发展进一步加快，已成为商业银行处置不良贷款的重要手段。表 14-10 显示了 2016年 2 月之后不良资产证券化重启以来的主要政策文件及其相关内容。

表 14-10　2016 年 2 月之后不良资产证券化重启以来的主要政策文件及其相关内容

时间	文件	主要内容
2016 年 2 月	《关于金融支持工业稳增长调结构增效益的若干意见》（中国人民银行等八部委印发）	不良资产证券化试点重启
2016 年 4 月	《不良资产支持证券信息披露指引（试行）》（中国银行间市场交易商协会公告〔2016〕10 号）	明确不良资产证券化的基本交易结构以及发行环节和存续期信息披露要点
2017 年 4 月	《关于 2017 年深化经济体制改革重点工作的意见》（国发〔2017〕27 号）	要求稳步扩大银行不良资产证券化试点参与机构范围
2018 年 8 月	《中国银保监会办公厅关于进一步做好信贷工作提升服务实体经济质效的通知》（银保监办发〔2018〕76 号）	要求综合运用核销、现金清收、批量转让等方式，加大不良贷款处置力度

第十四章　市场化债转股和不良资产证券化概述、问题及建议

时间	文件	主要内容
2018 年 9 月	《商业银行理财业务监督管理办法》（银保监发〔2018〕6 号）	规定不良资产支持证券投资产品范围，不能包含商业银行面向非机构投资者发行的理财产品等
2019 年 6 月	《资产支持计划注册有关事项的通知》（银保监办发〔2019〕143 号）	实行"初次申报核准、后续产品注册"制度
2020 年 9 月	《关于银行业金融机构信贷资产证券化信息登记有关事项的通知》（银保监办发〔2020〕99 号）	银保监会不再对信贷资产证券化产品备案登记，实施信贷资产证券化信息登记

资料来源：作者整理。

（三）推进不良资产证券化及防范风险的政策建议

1. 完善市场投资者层次结构与人才培养机制

针对我国投资者市场不完备的情况，建议大力培育或引进有风险识别能力和风险定价能力的次级产品投资人。例如，交易型机构投资者和私募股权（PE）管理机构能够承受较大风险，对高收益的次级档产品也更感兴趣，这些机构如果能进入证券化领域作为次级投资人，将对资产证券化起到至关重要的推动作用。

鉴于我国不良资产证券化专业投资者缺乏，市场投资者对于不良资产证券化产品缺乏认识或认识较为片面，首先，银行应加大宣传力度，做好推广工作，给投资者创造学习的环境，培养专业的投资人，提高市场成熟度；其次，不良资产证券化作为一种新型投资方式，其操作流程十分复杂，甚至有的银行相关部门人员或证券从业者中都缺乏很精通的专业人员，所以银行和证券等金融机构应加大对内部人员的管理和培训；最后，政府也要逐步培养相关的综合型法律人才，形成不良资产证券化的专业性、综合性人才队伍，引导需求方市场走向繁荣。

2. 完善不良资产信用评级制度及信息披露机制

完善不良资产证券化相关的信用评级及信息披露机制，是充分保护投资者利益的基础。良好的信用评级是保证不良资产证券化发行成功的关键因素。应严格执行 2021 年 3 月 28 日发布的《关于促进债券市场信用评级行业高质量健康发展的通知（征求意见稿）》中对信用评级机构的要求，例如：强调完善公司治理和内部控制，坚守评级独立性；加强信息披露，强化市场约束机制；优化评级生态环境，营造公平、公正的市场环境；严格监督管理，加大对违规行为的惩戒力度；联合制定统一的债券评级机构业务标准，防止监管套利等。除此之外，还建

中国特色不良资产处置的理论创新与实践

议专门针对不良资产证券化评级问题做出改进，例如：完善供投资人查阅的公共信用信息平台，推进不良资产信用评级系统建设与市场化运作等；同时，要利用政府监管的效能，督促评级机构规范化、专业化运行，保障评级的公平性，提高信用评级的市场认可度。

我国资产证券化业务信息披露的精细化程度与美国相比还有一定差距，结合我国的市场现状，可以逐步采取措施来提高信息披露质量和精细化程度，例如，逐步制定和完善更细致、更具体的信息披露内容，逐步建立更完备的信息披露质量的评价制度，逐步提高证券化产品信息披露时间频率等，通过这些措施来保证为投资者提供源源不断的真实且完整的信息流，从而避免信息不对称问题，保护投资者合理利益。

3. 增强银行间市场与交易所市场互联互通，提高产品流动性

我国债券市场主要分为银行间债券市场和交易所市场，信贷资产证券化产品的主要发行场所是银行间债券市场。❶ 如果银行间市场与交易所市场之间没有很好的连通机制，那么信贷资产证券化产品的交易只能在银行间流动，主要持有人只是商业银行，导致直接融资无法实现，风险还是留存在银行体系内。因此，应逐步推动证券化产品跨市场发行，扩展资产证券化的交易平台。交易所平台多样化系统有助于产品流动性增强，交易所交易平台既可以是集中竞价交易系统，又可以是大宗交易系统或综合协议交易平台，尤其是集中竞价交易系统的投资者范围更广、交易更活跃，有助于信贷资产证券化产品的交易流通。进一步地，为了规避风险承受能力弱的个人投资者参与，可只允许机构账户参与交易证券化产品。

4. 适度运用不良资产证券化，防止过度引致风险

不良资产证券化作为处置不良资产的市场化方式之一，在一定程度上起到了积极化解风险的作用，但同时也是一把"双刃剑"：如果过度扩张，不仅不能降低风险，反而还可能成为风险的源头，引致更大的风险扩散。因此，要警惕过度证券化。所谓过度不良资产证券化，就是把根本达不到证券化最低条件的不良资产证券化以及将证券化产品再度证券化。金融危机教训告诉我们，不良资产证券化作为一种金融创新手段，如果缺乏有效监管，可能会加剧扩大证券化规模，证券化链条可能会大幅延长，风险可能会迅速扩散。由于不良资产证券化产品定价难度大，一旦发生兑付风险，投资者出于"羊群效应"心理，将急于清空所持有的证券，导致个别的兑付风险转化为系统性风险。另外，如果缺乏有效监管，在转移信贷风险和逐利的动机下，商业银行可能会降低信贷门槛，将信贷风险通过证券化的方式转移至投资者，导致风险扩散，最终形成系统性金融风险。

---

❶　林华.中国资产证券化操作手册：下［M］.2版.北京：中信出版集团，2016.

防范不良资产过度证券化对防范系统性金融风险具有重要意义，必须高度重视过度证券化的危害，避免盲目将不良资产通过证券化处置。需要注意以下几方面：首先，客观认识资产证券化。要客观地认识证券化的利弊，合理合法开展不良资产的证券化，避免盲目和过度证券化。其次，严格规定基础资产标准和加强证券化产品的风险管理。严格规定不良资产证券化产品发起人必须持有基础资产足够长的时间，严格控制对未达到证券化资格的资产开展证券化，同时严厉禁止证券化产品再证券化等。另外，为保护投资者利益，要做到证券化基础资产的破产隔离，确保基础资产的安全，因为资产证券化的核心就是基础资产的破产隔离。最后，国家需要严格监管不良资产证券化。国家必须实行统一监管，避免因监管机构各自为政而存在监管漏洞，防止评级机构在对不良资产证券化产品进行评级时弄虚作假，以及因盲目扩张证券化产品而导致过度不良资产证券化。同时，国家应逐步完善与资产证券化有关的会计制度和税收制度等法律制度。

第十五章 国有资产管理公司现代职能定位与风险管理长效机制

国有资产管理公司具有特殊的社会责任和历史使命，通过其核心主营业务处置不良资产，达到服务实体经济、化解金融风险的目的。我国经济持续增长四十多年，中间虽有波动，却从未被金融危机打断过，究其原因，是以国有银行为主体的金融系统具备较高的抗系统性风险能力。但是，随着金融市场化和深度开放，我国终将面临两种可能：一是终有一天会爆发大规模金融危机；二是居安思危，寻求长治久安之策，建立一个没有金融危机的经济体制，从制度上寻求强国之策。中国特色不良资产处置的独到之处是具备市场"清道夫"的功能和作用，可以避免金融危机爆发。在维持以国有银行为主的金融体制的前提下，构建一套防范系统性风险、避免金融危机爆发的体制是我国的战略选择。实行以部分国有资产管理公司为主的不良资产处置机制，并将这种机制与以国有企业为主体的金融系统有机并长期地结合在一起，使国有资产管理公司逐渐成长为我国高质量增长与不发生大规模金融危机这一重大平衡机制的保障机构，实现金融系统效率与公平的一致性，这也是中国特色社会主义市场经济的标志性特征之一。基于以上思考，本章就国有资产管理公司的现代职能定位和金融体系建设中的风险管理长效机制及发展方向进行讨论。

一、国有资产管理公司发展中存在的问题

（一）对实体经济的支持力度有限

2008 年金融危机爆发后，我国在宽松的财政政策和货币政策刺激下，实体经济经历了一段迅速扩张的时期。然而，经济的迅猛发展很快暴露出了结构性问题：一方面，实体经济行业的无序扩张使生产成本上升，利润率下降，实体经济的偿债能力降低；另一方面，实体企业寄希望于在虚拟经济领域寻求更多、更快的收益，导致经济出现了"脱实向虚"的不良倾向。实体经济成为商业银行不良资产的主要源头。

如图 15-1 所示，2009—2018 年我国商业银行大部分不良贷款集中在制造业、批发和零售业、农林牧渔业等实体经济行业，其中，制造业的不良贷款余额最

大，2018 年为 6537.5 亿元，较 2009 年增长了 3834.9 亿元，增幅 141.90%；批发零售业位居第二，2018 年为 5320.9 亿元，较 2009 年增长了 4676.7 亿元，增幅高达 725.97%；农、林、牧、渔业的增幅更大，从 2009 年的 83.2 亿元到 2018 年的 1458.1 亿元增长了 1652.52%。同样呈爆发式增长的行业还有建筑业和采矿业。而房地产行业不良贷款余额较少，2018 年为 857.1 亿元，仅占商业银行不良贷款总余额的 4.23%，远远低于制造业等实体经济行业。

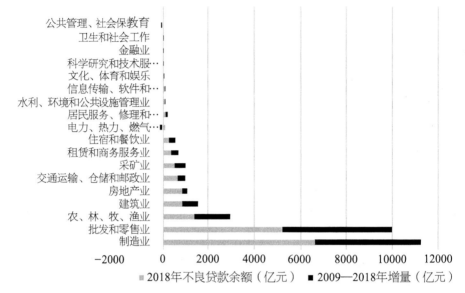

图 15-1　2009—2018 年我国各行业商业银行不良贷款余额变动情况

数据来源：Wind 数据库、银监会（银保监会）。

面对实体经济领域大量不良资产积累的事实，我国国有资产管理公司却并没有表现出对实体经济较好的支持作用。国有资产管理公司的商业化改革使其不再享有国家财政的无条件支持与担保。在市场规则下运营的国有资产管理公司需要自负盈亏，并为股东的利益负责。国有资产管理公司追求利润的目标与防控金融风险的职能间的矛盾也就开始日渐显露。

不良资产处置业务过度依赖房地产行业，已经成为我国国有资产管理公司的一个显著弊端。以信达、华融两家上市的国有资产管理公司为例，作为公司主要收益来源的不良资产收购重组类业务，来自房地产业的不良资产占据了其债权总额的接近一半，如图 15-2 所示。

对房地产行业的过度依赖，不仅使国有资产管理公司违背了服务实体经济的初衷，还加剧了国有资产管理公司的虚拟化程度。房地产市场的波动会密切影响国有资产管理公司，使其经营绩效受制于金融周期规律。国有资产管理公司作为"逆周期"风险管理工具的职能被削弱，使之不仅难以对问题金融机构实施救助，还容易变得自身难保，因资产价值贬损成为新的问题金融机构。

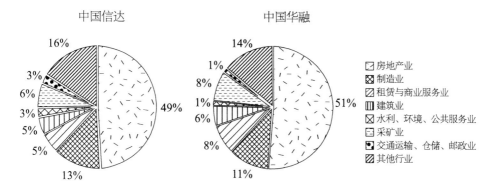

图 15-2　2019 年信达、华融收购重组类业务债务人所属行业分布

数据来源：信达、华融公司年报。

（二）存在偏离不良资产处置主业的倾向

国有资产管理公司应以不良资产收购与处置为主业，但在资产管理公司商业化改革后，随着各类金融牌照的悉数到位，其逐渐与一般金融机构同质化，金融和投资业务逐渐成为营业收入与业务的中流砥柱。国有资产管理公司偏离主业的趋向愈发严重。

国有资产管理公司的营业收入按业务门类，可分为不良资产经营、投资与资产管理、金融服务三大类别。其中，作为主业的收购与处置类业务的营业收入主要被划分入不良资产经营门类当中。如表 15-1 所示，上市公司信达与华融在 2014—2017 年的营业收入总体表现出不断上升的趋势。然而营业规模不断上升的背后，却是投资与金融服务业务的疯狂扩张与不良资产经营的不断萎缩。其中，信达偏离主业的现象最为显著，2014 年，其不良资产经营的收入占比为 51.5%，而到了 2017 年，该占比萎缩至 37.2%；与之相对的，则是金融服务的收入占比从 2014 年的 28.7% 上升至 2017 年的 35.2%。

2017 年 12 月 26 日，银监会印发了《金融资产管理公司资本管理办法（试行）》，以引导国有资产管理公司在经营中回归主业，同时设立资本充足性等监管标准，加强了对国有资产管理公司金融风险的防控。2018 年，在强化金融监管的背景下，虽然信达与华融的营业收入规模均显著下降，但偏离主业的趋势却得到了抑制。尽管如此，从相关报表上来看，我国国有资产管理公司依然不能称得上是完全专注于本业。推动国有资产管理公司回归主业，要从金融监管的角度下手，更要从利益分配的角度做文章，让市场化运作的企业目标与社会目标尽可能地吻合。

表 15-1　2014—2018 年信达、华融营业收入组成　　（百万元）

公司	业务门类	2014 年	2015 年	2016 年	2017 年	2018 年
信达	不良资产经营	31495（51.5%）	32552（40.3%）	32069（34.3%）	45269（37.2%）	44805（41.0%）
	投资与资产管理	12167（19.9%）	19274（23.9%）	27303（29.2%）	33708（27.7%）	35059（32.1%）
	金融服务	17534（28.7%）	28972（35.9%）	34165（36.5%）	42842（35.2%）	29382（26.9%）
华融	不良资产经营	28647（55.5%）	40468（53.3%）	50696（52.3%）	68913（52.1%）	64771（57.4%）
	投资与资产管理	17915（34.7%）	23463（30.9%）	24450（25.2%）	30931（23.4%）	30275（26.8%）
	金融服务	5050（9.8%）	12003（15.8%）	21702（22.4%）	32480（24.5%）	17809（15.8%）

数据来源：信达、华融公司年报。

（三）业务规模无序扩张造成金融风险积累

在利润导向下，不良资产管理公司放松了在不良资产处置业务方面的投入，更加偏向于收益高的投资类项目，因此其漂亮的营收规模扩张的背后，实际上是资产管理、投资业务和金融业务的扩张，而由此产生的投资收益、利息收入，以及不同形式的公允价值变动等项目的盈亏，与相应的资产价格变动和资产交易量有着密切的关系。然而，依靠资产价格上的业务模式来实现自身收入规模的扩大，却蕴含的巨大的内部风险。当市场上出现内部或外部冲击导致资产价格暴跌、交易量骤减时，这些依靠价格支撑的收入将随之瞬间蒸发，资产管理公司自身会因借新债还旧债的庞氏债务链条断裂而陷入严重的债务危机。

以上市国有资产管理公司信达、华融为例，其资产负债表均表现出较为明显的债务规模累积的趋势。如表 15-2 所示，两家上市国有资产管理公司在 2014—2018 年间资产规模不断上升的同时，负债规模以更快的速度膨胀。其中，信达的资产负债率从 2014 年的 81.3% 攀升至 2018 年的 88.1%，华融的资产负债率从 2014 年的 86.1% 攀升至 2017 年的 90.2%。借款与应付债券与票据均是两家资产管理公司负债的主要构成部分。凭借国有金融机构的身份，两家公司能够较为容易地吸收到大量资金，然而，债台高筑若没有可观的盈利能力作为支撑，极容易造成资金链的断裂，从而使金融风险爆发。

中国特色不良资产处置的理论创新与实践

表 15-2　2014—2019 年信达、华融资产负债情况

公司	年份	资产总额（亿元）	负债总额（亿元）	资产负债率（%）	负债：借款（亿元）	负债：应付债券与票据（亿元）
信达	2014	5444	4426	81.3	2635	437
	2015	7140	6031	84.5	3171	1118
	2016	11745	10265	87.4	4505	1525
	2017	13869	12187	87.9	5804	2065
	2018	14958	13172	88.1	5709	2831
	2019	15132	13248	87.5	5366	3048
华融	2014	6005	5170	86.1	2398.9	480
	2015	8665	7477	86.3	2950.3	1431
	2016	14197	12619	88.9	5113.1	2431
	2017	18703	16876	90.2	7730.6	3320
	2018	17101	15415	90.1	7610	3533
	2019	17050	15415	90.4	7615.1	3673

数据来源：信达、华融年报。

2018 年后，随着国家对资产管理公司金融监管的强化，各公司业务规模的无序扩张得到了遏止，但之前累积下的负债依旧有待处理。巨额负债的存在不仅是国有资产管理公司履行本职的阻碍，同时也是金融系统中的定时炸弹。国有资产管理公司要深刻认识到其自身是作为隔离与分散金融风险的"公器"而存在，而不是作为追求利润、无限扩张的金融机构而存在。

二、国有资产管理公司的现代职能定位

（一）化解系统性风险是首要职能

资产管理公司实行商业化改革后，政府不再对其进行财政支持，而是转向以自有资金和社会融资作为不良资产收购资金的自负盈亏的市场化经营模式。因此，四大资产管理公司若要继续发展，也就必须将不良资产处置或其他金融服务作为其重要的利润来源，这是保证其自负盈亏、持续经营的基本条件。但是，由于资产管理公司具有特殊的历史背景与社会经济发展实践要求，决定了其在经营模式和经营目的上，不能同市场上其他的金融机构一样以盈利为首、风险次之，即不顾系统性风险，仅在自身风险可控的前提下实现利润最大化，甚至形成"脱实向虚"的不良倾向。相反，国有资产管理公司本身应作为社会风险的"守夜人"与处置者，必须遵循以防范系统性金融风险为首、盈利次之的基本发展方

向，即在自负盈亏、良性发展的前提下，最大化地发挥防范系统性风险、保证经济平稳运行的职能，并且应将不在没有风险的地方创造风险作为其业务经营的基本底线。不宜同其他金融控股公司一样，继续将赢利放在首位，尤其不可以在高负债、高风险的业务上大幅度扩张，破坏国家金融监管秩序，进一步扩大系统性风险。

目前，资产管理公司依靠金融牌照提供不再依附于不良资产经营主业的金融与投资服务，实际上同其他金融类企业经营业务的性质并无二致，不仅处置不良资产的职能被弱化，而且也因自身债务规模高企，或者因混业经营出现与集团内其他金融牌照监管套利，反而在金融体系内部创造出了巨大的风险隐患。监管部门要求金融机构各自回归主业，防止"大而全"的混业经营，本身就是将这些集中风险分散的过程。否则，当资产管理公司自身出现大规模不良资产时，同时受到威胁的是大批与资产管理公司自身有着复杂债权债务关系的实体企业和银行等金融部门，资产管理公司不仅会因此丧失处置盘活自身不良资产的能力，还会加速那些通过债转股、注资等方式得以暂时缓释的风险集中爆发的进程。此时的资产管理公司已不是在消除危机，而是在现有的经济环境中酿造更大的危机。

（二）具备及时应对不良资产大规模集中爆发和能力

如前所述，美国、日本等发达国家大规模爆发不良资产进而形成金融危机的重要原因，归根结底是房地产泡沫的集中破裂。房地产就像中国"杆秤"的秤砣，它以自身的名义价值托起秤杆另一头的巨额债务，而债务又通过金融杠杆托起全部经济。

目前，我国尚未出现大规模不良资产爆发的情况，一方面，是由于房地产价格没有发生大幅下跌，因为房地产在市场经济中最主要的社会功能就在于它是各类债务中最主要的抵押资产，占抵押品的近70%，加之资产管理公司长期集中于房地产业的不良资产处置，一定程度上延缓了泡沫的破裂。但另一方面，当投资房地产成为一种赚快钱的工具时，各行业对于投资房地产的热情也会爆发，并会对地产价格的上涨抱以极大的希望，这又为掩盖潜在不良资产提供了充分的价格支撑。但当房地产市场下行，地产价格长期下滑甚至暴跌的时候，房地产业不仅不能作为不良资产处置手段并以此获利，反而会成为不良资产的来源。这些不再有高价格支撑的不良资产就会成为资产管理公司自身的债务负担，并无法通过资产价格上涨进行处置，进而导致系统性风险全面爆发。

基于这种风险前提，虽然我国没有出现金融危机级别的不良资产大规模爆发的情况，但是国有大型资产管理公司作为我国防范系统性风险的专业机构，必须具有随时应对大规模不良资产集中爆发的充分准备和处置能力；同时，国有大型资产管理公司在处置不良资产的过程中，应加大计提并设立不良资产处置准备金，以备不时之需，设立多道防线，以便在大规模不良资产集中爆发的情况下，可以在相当大程度上缓解财政压力。

（三）选择典型国有资产管理公司并确立其主导地位

不良资产处置的核心是先将不良资产与正常的金融活动隔离开来，只有这样，金融系统和经济中的风险才可以被剥离出去。不同于西方"秃鹫基金"等食利的市场化金融机构，我国应该选择和确立几家具有代表性的大型资产管理公司，作为保障国家经济稳定执行重要特殊职能的金融机构，其主要职能是化解整个国家的系统性风险。但是，地方资产管理公司、银行系资产管理公司甚至其他非持牌资产管理公司等中小型资产管理公司，以及外资系资产管理公司在自身处理不良资产的过程中容易出现一些问题。首先，这些机构可能会违背化解风险这个首要原则，并依然将风险留在经济系统内。其次，在利润导向下，地方和银行系等资产管理公司容易抬高不良资产包价格，使不良资产本身出现泡沫，从而将不良资产处置转为不良资产制造的业务，给市场平添了大量风险；外资系资产管理公司更是以牟利为第一要务。最后，一旦不良资产大规模集中爆发，上述这些不良资产处置机构本身均不具备处理大型不良资产的资金准备、业务能力以及整体性的战略布局，容易出现"赚钱时一哄而上，系统风险真正爆发时一哄而散"的情况。同时，还会因自身复杂的债务链条断裂而产生更多的不良资产，并严重影响国有大型资产管理公司化解危机期间系统性风险的进程与效率。

因此，应确立不良资产处置由国有大型资产管理公司主导的发展方向。目前虽然不宜将其他金融业务剥离，但是我国系统性风险的化解，需要由几大国有资产管理公司及其分支机构作为不良资产的主要处置机构，防止地方和银行系以及非持牌资产管理公司过度扩张。否则，这些机构不仅会将大量不良资产滞留在系统内，还会成为系统性风险的"放大器"。只有资产管理公司在严格的监管秩序下开展专业化的不良资产处置业务，才能增强资产管理公司化解风险的能力，聚焦不良资产主业，真正发挥化解系统性风险的重要职能，对经济和社会发展起到正面推动作用。

（四）围绕金融服务实体经济，化解实体经济债务风险

围绕金融服务实体经济这一基本原则，优化不良债权资产配置结构，降低对房地产等依靠短周期价格上涨实现不良资产盘活的行业的依赖，提高制造业、批发和零售业、建筑业等不良资产率高但又对我国经济发展至关重要的实体经济行业不良资产的收购比重，持续救助有希望的企业，修复经济系统中的问题企业、不良倾向和风险爆发点，并时刻将外部风险和自身风险均纳入可控风险的防范范畴。

一方面，强大的实体经济，尤其是以制造业为主的完整工业体系是一个国家能够位列世界前茅的基本保障，也只有大力发展实体经济，才是有效拉动经济增长、助推产业升级发展的关键途径。当前正是我国实体经济需要持续健康发展的重要战略机遇期，然而，大规模呆账、坏账等不良资产的出现，不仅对实体经济质量造成了严重破坏，也在宏观经济系统内部形成了巨大的风险因素。同时，经济"脱实向虚"不良倾向的持续显露，不仅导致实体经济的融资来源越来越依赖于非正规金融机构，实体企业的账面利润也更多地来自金融资产、房地产等资产价格的膨胀，不良资产、债务风险随着这些资产价格的不确定性而不断积聚甚至大规模爆发，最终反噬的是实体经济、大国经济自身。

另一方面，相比于房地产行业，实体经济行业的不良资产通常具有相对稳定的收入流、稳定的市场、较小的资产价格风险以及更大潜力的增长空间。尤其是在经济"脱实向虚"的背景下，资产管理公司在处置实体企业不良资产时，应该有效发挥以下两个基本职能：一是对于确实无法持续经营、规模较大的企业，可以通过对企业残值进行最大限度的处置，尽量减少企业破产对社会和经济的负面冲击和震荡，同时妥善处置好安置就业等善后问题；二是对于可救助企业，利用其资金雄厚的自身优势，可以帮助企业缓解财务困难，避免企业被迫向非正规金融机构融资而产生债务风险，在一定程度上抑制经济"脱实向虚"的不良倾向。同时，可以携手资金雄厚、经营状况优良的实体企业作为战略投资者，与产生不良贷款的问题企业合并，形成新的企业，改善问题企业自身经营环境，优化公司治理结构。通过实现不良资产的处置盘活，将经济系统的惰性因素转化为经济增长的新生动力，创造一个新的格局。因此，在当今经济整体下行的趋势下，资产管理公司处置不良资产不应再过度依赖短周期资产价格暴涨，依赖银行贷款资金供应其拓展虚拟经济活动，而是应聚焦于实体企业的生产能力和盈利能力的改善，并且应将以服务实体经济的不良资产经营作为长期发展目标。

（五）平衡好资本的营利性与社会职能的关系

我国的经济发展实践证明：中国没有进行金融自由化改革，但却成功地解决了"金融压抑"问题。其重要的原因之一，就是我国以国有为主的银行、金融体系在推动经济市场化改革的过程中发挥了巨大作用，如国有商业银行始终承担着服务国企改革、宏观经济政策调控，以及提供各种援助性贷款、政策性贷款的职能，在市场经济活力高涨时，为国有企业、地方企业甚至是民营企业提供了巨额、广泛且借贷门槛较低的资金支持，促成了我国市场经济的飞速发展，同时也为提高民生福祉做出了巨大贡献。

在这种发展模式下，与经济高速增长相伴的就是不良贷款规模的剧增，如扶植民营企业发展、支持"三农"社会责任等，由于大量民营企业、乡镇企业经

中国特色不良资产处置的理论创新与实践

营不善产生了巨额不良贷款。一方面，巨额不良资产是我国经济实现高速增长的必然产物，因为如果国有银行因过度限定不良贷款率而缩减信贷规模，那么将不存在大量乡镇企业、民营企业的迅速崛起，也不会产生中国经济增长奇迹。因此，不良资产在我国改革开放实践中具有一定的"特殊性"和"正当性"。另一方面，经济体中不良资产规模过大，将会严重侵蚀甚至摧毁一国经济结构，严重减损经济发展质量。当企业债务和金融庞氏债务扩张到经济体不足以消化的程度时，将会引发金融危机及经济危机，债务风险爆发导致大量的银行、实体企业倒闭，国有银行此前承担的经济职能、社会责任以及由此推动的国家经济发展也都会因此功亏一篑。美国等国家金融危机的经验教训无不证明了这一点，造成的经济损失，尤其是社会损失不计其数。但是，我国并没有发生大规模银行倒闭或金融危机，其重要原因之一，就是我国特有的以资产管理公司为核心的风险防控体系。

在国有银行促进经济增长的同时，资产管理公司将不良资产风险从银行系统中剥离出来并处置盘活，转为优质资产，不仅降低了经济系统内的债务风险，保证了金融系统，尤其是银行系统的稳定，也避免了大量实体企业倒闭以及由此引发的大规模失业潮，维护了社会的稳定。中国实践证明，资产管理公司的重大意义不仅在于其发挥了救助性金融机构的职能，通过处理不良资产获取了经济利益，而且在于资产管理公司的存在所换来的长期经济稳定，由此产生的稳定就业、增加税收、发展"三农"、推进"一带一路"等社会价值远远超过了其经济收益。相比于美国经济危机造成的经济和社会损失，以及灾后重建所花费的经济和社会成本，我国利用不良资产处置机制消除危机所花费的成本则少之又少，而且是利在当代与千秋的事业。相关数据显示：2008 年金融危机期间，美国 TARP 财政救助计划实施后，2010 年仍有 157 家银行倒闭，创下了自 1992 年以来的最高纪录；同时，美国的失业率直到 2015 年才恢复到 2008 年危机爆发前的水平，经济增长至今仍较为乏力。

有鉴于此，我国资产管理公司在发挥现代职能的过程中，既要回归主业、实现营收规模有效扩张，提高自身处置不良资产的能力，更应该聚焦资产管理公司的社会职能，充分发挥救助性金融服务功能，为经济社会稳健运行发挥"安全网"和"稳定器"的作用。

（六）信用评级作为系统性风险发现的重要机制

资产管理公司若要有效发挥防范系统性风险的现代职能，对整个经济体系的系统性风险，尤其是债务风险进行准确的测度和识别是重要前提，而信用评级则是发现上述风险的重要机制之一。由于系统性风险具有蔓延性和传染性，因此，当市场上的个别企业或金融机构发生违约风险，导致评级机构下调其信用评级时，会引起上市交易产品的资产价格下跌，依赖评级的投资者则会对所持单位债权或者产品进行大量抛售，进而导致市场流动性缩减。此时，大批依靠资产价格上涨实现账面利润收益的企业或投资者则会因庞氏债务链条断裂而资不抵债，从而触发信用违约的"链式反应"，导致风险的爆发。这表明，市场上个别实体企业或金融机构信用评级的变化，是个体波动性风险向其他个体和行业传染为系统性风险的重要渠道。因此，资产管理公司应做到如下几点。

首先，在处置不良资产的过程中，其面对的是市场上已经产生严重债务违约的企业个体，应该意识到这些个体的信用违约风险绝不是孤立存在的，很有可能因为资产管理公司处置不当，或者由于利润导向没有将一些严重违约的企业纳入不良资产处置范围而造成其倒闭，形成个别风险的系统化。

其次，信用评级作为资产管理公司处置不良资产的重要环节，能够有效地对已经成为系统性风险的潜在触发个体的问题企业进行信用级别的动态监控，并作为预判系统性风险爆发点的重要依据，尤其是资产管理公司通过问题企业债务等级的变化，可以很好地展示系统性风险的严重等级，并由此为投资者和其他市场需要承担的风险给予提示。所以，信用评级应该揭示信用风险，构建以违约率为核心的评级质量验证机制，使评级具有较好的预警性，避免"事前预警不足，事后大幅下调"问题；对于"评级悬崖"要有回溯监测机制，如果一次性调整信用评级超过三个子级，应立即启动全面的回溯检验。

最后，资产管理公司对系统性风险等级的监测应具有独立性，设立资产管理公司下属的评级机构，减少市场上其他评级机构对问题企业评级决策的干扰，在保持信用评级的独立性方面，与国家监管部门协同制定统一的信用评级业务标准，在业务检查、违规惩戒方面加强监管协同和信息共享，提升监管效力和防止监管套利。这样不仅有利于资产管理公司更准确地判断企业的实际经营情况和债务等级，也更有利于其发挥监测与化解系统性风险的现代职能。

（七）加强与国际先进不良资产投资基金的合作

我国经济在一段时期内将呈现平缓发展甚至是下行的态势。传统的"逆周期收购，顺周期处置"的不良资产处置业务已经发展成为资产管理公司较为成熟的业务，然而经济"L形"的走势，意味着单纯依靠经济上行周期的逻辑处置不良资产的传统方式已经难以为继。经济的新常态，对资产管理公司现有的不良资产经营操作水平以及不良资产处置手段的创新均提出了更高的要求。

受到市场环境和国际经济形势的影响，资产管理公司开展的债转股、不良资产证券化等不良资产投资基金业务启动时间较晚，尚处于探索试点阶段，尤其是不良资产证券化业务发展较慢，对不良资产的剥离和处置能力尚且相当有限。致使资产管理公司在资产证券化发展的市场活跃度始终较低，在经济下行周期中的进一步发展受到限制，甚至会由于经营模式难以与经济新环境相匹配而产生风险。

相比于我国，美国等发达国家的不良资产证券化等投资基金起步较早，不仅有专业从事不良资产管理的"秃鹫基金"，如柯尼资本、橡树资本、贝恩资本、阿波罗等，也有大型金融集团涉猎不良资产处置业务，如黑石集团、高盛集团等，这些不良资产处置机构在全球布局，面对高度市场化的不良资产剥离和处置具有丰富的经验，对于自身和外部风险的把控能力也更加精准。不足的是，具有投资银行属性的"秃鹫基金"在处置不良资产的过程中会索取高额利润，也并不会将提升企业价值、引导预期发展作为其主要的处置目标，在一定程度上可能会加重我国不良资产生成企业的经济负担。因此，应在避免国内资产利润外流、规范操作流程的前提下，充分借鉴国外投资银行对我国不良资产处置有利的操作手段，继续引入并加强与国际知名不良资产投资基金的合作和投资者的支持，强化资产管理公司人才队伍的专业化程度和不良资产处置创新能力，实现融资模式和不良资产处置业务的创新，提高风险管理能力。尤其是在我国金融领域不断开放的历史机遇下，应继续以优化不良资产经营主业为前提，推进不良资产处置业务国际化发展。这不仅有利于国有资产管理公司迅速提高自身金融操作水平，更快地适应不良资产处置市场化进程，也更有利于其高质量地回归不良资产经营主业，有效行使"全力化解系统性金融风险"的历史使命，真正为中国特色社会主义经济的可持续、高质量增长提供保障。

三、中国金融风险管控长效机制及其发展方向

（一）中国特色"三位一体"金融风险管控长效机制

处置不良资产是中国金融系统风险有效管控机制最重要的组成部分之一。中国特色的系统风险管控机制应由"不良资产处置的常设机构""及时有效的流动性调节和金融监管""强化风险意识的金融文化"的"三位一体"共同组成。

金融风险管控长效机制"三位一体"中的"不良资产处置的常设机构"，应以大型国有资产管理公司为主构建不良资产处置机制，并将这种机制与以国有为主体的金融系统有机地结合在一起，实现金融系统效率与公平的一致性，形成中国特色的金融体系，防范金融风险，避免金融危机。从实践上说，我国国有资产管理公司承担着为中国金融体系化解不良资产、降低金融系统风险的特殊职能，同时也承担着将经济增长的负面因素部分转化为正能量的职能。如此前

---

❶　贝恩和高盛集团等多家外资机构现已参与我国不良资产处置业务。

章节所述，早年不良资产政策性处置中，四大资产管理公司都切实履行了其责任与使命。其中 1998 年年末四大银行的不良资产约为 2.1 万亿元，不良资产率为 22.3%，有的银行不良贷款率已高达 35%、44%，这是什么概念？2020 年年底全国商业银行的不良贷款率为 1.84%，2008 年也仅为 2.4%。通过这一对比，我们能感受到 20 世纪 90 年代末银行系统坏账问题的严峻性。但任由商业银行自行消化这些不良资产，银行必然会进一步缩小贷款规模，影响经济发展，甚至会造成银行经营困难，引发挤兑问题。同样，对于 2004 年"德隆系"事件，在不良资产的处置过程中，国有资产管理公司依法与德隆签署了资产委托协议，全面托管了"德隆系"金融机构和实业公司，严格执行了高风险金融机构的工作程序，最终解决了"德隆系"实业企业的生存和发展问题，有效地化解了金融风险，支持了实体经济发展。

但是，在后来的市场化转型中，部分不良资产管理公司却渐渐偏离了防范风险的职责，甚至出现了损害国家利益、助长金融风险等行为，背离了其成立的初心与使命。未来如何在金融市场化过程中构建中国特色社会主义市场经济的风险防控体系和机制，作为处置风险资产的专业机构——国有不良资产处置机构应是化解中国金融系统风险的主要组成部分及重要机制之一，应该做到：第一，不良资产处置的专门机构必须随中国经济增长而增长，保证其规模和能力足以覆盖金融系统的或明或暗的所有不良资产，为较大规模地处理不良资产做充分准备。第二，不良资产处置机构的专业职能不应定位为一般的营利性金融机构，而要将配合金融监管机构承担和化解我国金融系统风险定为主要职能，在当下特别要注意，不良资产处置机构不能形成"赢利时一哄而上，亏损时一哄而散"的局面。第三，不良资产处置要以遵守市场规则为原则，需要坚持：不应也不能够触碰自己处置自己不良资产的底线，否则就会破坏市场的正常运行秩序。

（二）金融市场化核心机制——债券市场与融资模式方向

在金融风险管控长效机制"三位一体"的体系中，"及时有效的流动性调节和金融监管"涉及在市场化条件下如何认识以国有金融机构为主的金融系统与金融业的市场化及国际化关系问题。下面将从中国金融市场化的核心机制开始探讨。

金融业的市场化与以国有银行为主体的金融系统并不矛盾，关键仅在于要培育一个规模庞大、品种齐全、市场活跃的债券市场，以便更好地调节流动性，防范和化解风险。以国有为主体的金融系统并不排斥市场化。在银行业国有为主体的原则下，可以将其他金融机构的管制放开，允许证券业、基金等在金融领域占较大比例的民营金融机构存在。这将有利于发挥资金配置的灵活性和提高资金配置与利率之间的相互敏感度。以国有为主体的银行体系与民营为主体的其他金融机构组成的金融系统，既可以提高市场配置资金的效率，又可以加强金融当局对系统风险的掌控。

金融市场化的核心就是要建立利率与资金配置之间有效的运行机制。一般来说，固定收入的债券价格并不与其票面价值始终保持一致，当市场利率下降的时候，债券市场价格就会升高。这意味着票面利率大于实际利率；反之，则票面利率就小于实际利率。实际利率与债券价格之间的负相关关系对真实利率有重大影响，债券市场越大，其对真实利率的影响就越大，当债券市场和其他金融工具的融资规模远远大于银行贷款的时候，债券市场对利率就起着决定性的作用。这个作用与债券市场的规模及其二级市场的活跃度有关，与金融机构是否私有化无关。债券的买卖主体可以是广大群众、个体户和众多实体企业，他们对利率的影响才是金融市场化的坚实基础。所以，培育一个规模庞大、品种齐全、市场活跃的债券市场，可以更好地调节流动性，防范和化解风险。

当今世界，美英两国是典型的以直接融资为主的金融系统，而德国和日本虽然直接融资的比例也在增大，却长期维持着以间接融资为主的体制。许多学者认为这是金融当局选择的结果，或者是金融系统的传统习惯所致。我们认为并非如此，在世界经济格局中，经济体越大，国际贸易的份额越大，其本币成为国际货币的需求必定越大，其货币作为储备货币的境外需求也就越大。这意味着国际化大国必须有足够的高等级债券供给，以满足国际上对其本币储备资产的需要。同时，必须保证作为国际储备的人民币资产变现的灵活性，这就要求我国必须建立起与世界接轨的、规范化的债券一级市场和二级市场。我国金融市场的发展必然要适应我国在世界经济格局中不断壮大的现实，因此，建立以直接融资为主的金融市场与金融业的国际化必然会是同一个过程。抓住债券市场有序发展这个重心，强化全局意识、全球意识，将是近期我国金融企业能否在"一带一路"倡议引领下，跟上我国经济深度国际化步伐的关键。

四、中国金融市场发育的核心——规范化与法治化

"三位一体"风险管控机制中的"强化风险意识"的金融文化，是希望培育金融市场"规范化和法治化"的金融文化，更好地发挥金融市场配置资源的功能。下面探讨金融市场发育的核心基础，以及如何通过规范化和法治化建设金融市场，强化金融市场维护公共利益和有效化解系统风险的职能。

（一）规范化与法治化金融市场以维护公共利益

国有金融机构本质上都是为公众谋利益。列宁在谈到银行国有化意义时指出：银行国有化对于全体人民，好处是非常大的，"银行是现代经济生活的中

心，是整个资本主义国民经济体系的神经中枢"。银行国有化"使国家知道几百万以至几十亿卢布流动的来去方向、流动的方式和时间"，这样"才能做好对全部经济生活的监督，做好对最重要产品的生产和分配的监督，才能做到调节经济生活"，"真正征收到所得税，才不致发生隐瞒财产和收入的事情"。❶ 因此，规范国有金融市场，首先需要确保国有金融机构在资金配置乃至收入配置的过程中，不能成为少数人牟利的工具。金融为公意味着任何国有金融机构都不能将少数人的利益以及本集团的利益放在公众利益之上，国有金融机构不能形成少数人利益至上的利益集团，更不能形成少数人控制的利益集团。杜绝国有金融机构利用权力、资金优势、信息不对称等牟取一己私利，损害国家利益，金融市场应维护公众利益。

高管是国有金融机构的"领头羊"，在人权、事权、财权等方面有着很大的话语权和支配权，规范高管行为，有利于避免国有金融机构在其带领下踏上与国家利益背道而驰的不归之路。因此，需要规范和强化对高管权力运行的制约与监督，给予高管与其经营绩效相匹配的报酬，可以获取高薪，但不能贪污腐败，不能进行权钱交易。否则，社会主义法制法规将坚决打击侵害公共利益的任何高管。中国"金融领域反腐败工作"会常态化，社会主义法制时刻保持着对非法占有国有公共资源的终极威慑。

国有金融机构的其他工作人员也应严格遵守相关规章制度，规范办事流程，不得勾结不法分子损害国家利益。金融资产管理公司在处置不良资产时，需要严格依据法制法规办理，不得造成国有资产的流失。其一，当转让的不良债权的债务人或担保人为国家机关时，人民法院应当认定转让合同损害国家利益或社会公共利益，或者违反法律、行政法规强制性规定而无效。其二，当转让的不良债权的债务人或担保人不是国家机关时，资产管理公司也不得以低价出让等手段损公肥私。2009 年，某公司在处置一笔不良资产时，明知债务人存在土地等足额的抵押担保，却仍将此优良债权以低于标的价格近 1500 万元的转让价转让给了私人，致使原本应由国家享有的利益被个人以严重不对等的价格套取，违背了国家为处置不良资产而成立金融资产管理公司的本意，损害了国家利益。最终，法院依照《中华人民共和国合同法》第五十二条第（四）项的规定，判定转让行为无效。

（二）规范化与法治化金融市场以防范金融风险

近年来，我国开启了创业板改革并试点注册制，取消了证券、期货和基金管理公司的外资股比限制。随着金融改革和开放的逐步推进，我国面临的金融风险

---

❶ 列宁. 列宁选集：第三卷［M］. 中共中央马克思恩格斯列宁斯大林编译局，译. 北京：人民出版社，2012.

也在加大。这就要求国有金融市场牢记自己的社会责任，在防范化解金融风险方面做出表率，切实担当起维护我国金融安全的重大使命。未来，防止资本无序扩张是防范风险的一项重要举措。国有金融机构作为我国金融市场生存和发展的基石，一旦走上无序扩张的道路，不仅无法履行防范化解金融风险的职责，反而还会引发更严重的风险。无序扩张包含三个方面：一是业务规模的盲目扩大，二是金融创新的盲目实施，三是互联网金融逐利行为。

1. 规范国有金融机构盲目扩大业务规模的行为

以国有银行和国有资产管理公司为例，国有银行不得为抢占市场份额而降低审批门槛，盲目扩张贷款规模，从而造成不良贷款风险上升。例如，2021 年 1 月，隆鑫控股有限公司超 60 亿元债务逾期，导致工行、中行、建行等国有银行纷纷"踩雷"。国有资产管理公司原本是为化解金融风险的，而业务规模的过度膨胀，偏离不良资产处置的主责主业，过度涉足租赁、信托、证券等领域可能使其本身成为不良资产的生产者和风险源。2019 年，四大国有资产管理公司华融、东方、长城、信达的资产负债率分别高达 90.4%、88.5%、89.7% 和 87.5%，由于债务资金大多来自银行，导致高风险存在传染银行的可能性。对此，应进一步规范对国有金融机构资产负债率等指标的监管要求，对于违反监管要求造成恶劣影响的，必要情况下应采取法律手段。

2. 规范国有金融机构盲目实施金融创新的行为

国有金融机构作为我国金融市场的压舱石，应当严格遵守相关规章制度，谨慎开展金融创新。否则，一旦创新失败，不仅会触发金融风险，其自身也将受到法制法规的严厉制裁。一个典型的例子是中国银行"原油宝穿仓"事件。2020 年 4 月，中国银行贸然推出"原油宝"这一高风险的新型金融产品，导致国内投资者惨遭收割，损失高达 300 多亿元。对此，银保监会依据《中华人民共和国银行业监督管理法》第二十一条、第四十六条等对中国银行合计罚款 5050 万元，同时依法依规严肃问责了相关人员。另外，对于五花八门的金融创新行为也要进行监管。国有金融市场也应规范化和法治化管理网络金融及消费金融。近年来，除民营企业推出的借呗、花呗、微粒贷、京东白条、天猫分期购等，工商银行、农业银行、中国银行、建设银行、交通银行、邮政储蓄银行六大国有银行也涉足了消费金融领域。事实上，消费金融的发展需要谨而慎之，它可能导致个人不良贷款激增、居民部门杠杆率攀升，会使个人不良贷款后续的处置更为困难，也更易引发社会性事件。对此，2020 年央行指出，"不宜以消费金融扩大消费"。随着后续相关法制法规和规章制度的完善，必将进一步推动国有金融市场在防范金融风险方面的规范化与法治化。

3. 规范网络金融企业服务实体经济的发展方向

我国金融业遵从的安全性、流动性、效益性三原则中，安全性永远排在第一位。"要坚持金融服务于实体经济。金融脱离实体经济就是无源之水，无本之木。中国金融不能走投机赌博的歪路，不能走金融泡沫自我循环的歧路，不能走庞氏骗局的邪路。"❶ 反对资本垄断及其无底线的逐利行为；对于互联网金融创新，要引导其为实体经济服务，抑制空转及自我膨胀。互联网金融是互联网技术与金融业组合在一起提供产品、服务，均与货币金融关系密切，必须纳入金融监管框架。

在重视市场活力与监管的循序渐进中平衡发展网络金融。网络金融的发展监管部门在网络经济初期的宽松监管环境中起到了关键作用。一方面，应鼓励创新，加大对创业和新技术的支持；另一方面，在制度、法规和监管方面应初期宽松，中期适度，成熟期从严的循序渐进地调整，促进网络支付技术等的发展，使得我国网络金融活动逐渐进入稳定有序的发展轨道。未来中央及有关部门应及时调整相关政策，在保障国家安全、维护数据安全和促进互联互通的基础上，鼓励创新驱动、先行先试，激活市场机制，使其转化为推动中国经济发展的巨大生产力。

总之，在早年不良资产政策性处置中，四大资产管理公司都切实履行了金融为公、保护公众利益和防范风险的责任与使命。然而在后来的市场化转型中，有些国有资产管理公司以及金融机构却渐渐偏离了规范化与法治化的准绳，甚至出现了损害国家利益、助长金融风险等行为，严重背离了其初心与使命。因此，无论何时，国有金融市场发展的核心都应是促进金融市场的规范化与法治化，兼顾公平和效率。

---

❶ 2020 年王岐山副主席在外滩金融峰会上的致辞。

第十六章　不良资产处置的创新实践与制度优势——以包商银行为例

2020 年 11 月 12 日，银保监会发布《中国银保监会关于包商银行股份有限公司破产的批复》，原则上同意包商银行正式进入破产程序，这意味着历时一年半的包商银行不良资产风险处置基本结束。本章深入分析包商银行不良资产形成的原因，阐述监管部门和存款保险基金处置不良资产的措施、特点、社会效应和损失分担情况，总结包商银行不良资产处置体现的中国特色及其反映出的"监管 + 大行"不良资产处置新模式的历史逻辑与制度优势。包商银行风险处置是我国金融史上一个具有重大历史意义的标杆事件，其不仅对于防范和化解中小银行不良资产风险具有重要价值，同时也是问题金融机构不良资产处置创新实践的典型案例。回顾包商银行不良资产产生、被发现和被处置的全过程，并归纳总结包商银行不良资产处置模式中体现的中国特色和创新实践，对于我国问题金融机构不良资产风险处置、后续银行业监管、建立规范有效的公司治理机制和维护金融体系的稳定，均具有重要的理论价值和现实意义。

一、包商银行不良资产的成因与处置

（一）不良资产的形成原因

1. 接管前包商银行的基本情况

包商银行是 1998 年成立于内蒙古自治区的一家区域性股份制商业银行，截至 2018 年年末，包商银行在全国 16 个省份共有 18 家分行、291 个营业网点。2019 年 5 月 24 日，包商银行出现严重信用风险，中国人民银行和银保监会依法对包商银行进行联合接管，并以市场化方式委托中国建设银行托管包商银行经营业务。2020 年 4 月 30 日，银保监会发布《关于包商银行股份有限公司转让相关业务、资产及负债的公告》，拟由蒙商银行承接包商银行于内蒙古自治区内的相关业务、资产与负债，由徽商银行承接包商银行于内蒙古自治区外的相关业务、资产与负债。包商银行改革重组工作完成后，依法依规进入破产清算阶段。2021 年 2 月 7 日，北京第一中级人民法院裁定宣布包商银行破产。至此，包商银行完全退出市场。

包商银行在被接管之前，已显现出经营风险恶化的迹象。由表 16-1 可见，其资本充足率、一级资本充足率和核心一级资本充足率分别自 2013 年的 12.05%、11.42% 和 11.42% 下降至 2017 年第三季度的 9.52%、7.38% 和 7.38%，均跌破资本监管红线。从不良贷款来看，不良贷款率和损失类占比分别自 2013 年的 1.04% 和 0.29% 持续上升至 2017 年第一季度的 1.70% 和 0.53%。而且截至 2017 年第一季度末，逾期 90 天以上贷款余额为 57.23 亿元，如果将其纳入不良贷款，则包商银行不良贷款率实际为 3.25%。进一步地，考虑到包商银行 2017 年与 2018 年两年年报未披露，包商银行不良贷款存在严重低估的可能。依据《中华人民共和国商业银行法》，在商业银行资产质量持续恶化、不良贷款过高与资本严重不足的条件下，国务院银行业监督管理机构可以对其实行接管措施。可见，包商银行不良资产高企引发的严重信用风险是导致其被接管的直接原因，虽然包商银行不良资产攀升有宏观经济下行、中小银行行业特征、金融监管趋严等导致不良攀升的原因，但最主要的原因是其内部的大股东违规占款、公司治理失灵和信贷风险管理能力低下等。

表 16-1　2013—2017 年包商银行资本和不良贷款状况　　　　（%）

年份	资本状况			不良贷款状况			
	资本充足率	一级资本充足率	核心一级资本充足率	不良贷款率	次级类占比	可疑类占比	损失类占比
2013	12.05	11.42	11.42	1.04	0.13	0.62	0.29
2014	11.19	10.59	10.58	1.37	0.73	0.42	0.23
2015	12.22	9.34	9.33	1.41	0.30	0.76	0.34
2016	11.69	9.07	9.07	1.68	0.53	0.63	0.52
2017	9.52	7.38	7.38	1.70	0.54	0.63	0.53

注：数据来源于包商银行年报；2017 年包商银行资本与不良贷款分别为第三季度数据与第一季度数据。

2. 大股东违规占款、逾期不还

1995 年，国务院决定撤并城市信用社改制为城市商业银行，明天集团（以下简称"明天系"）趁机入股包商银行，并通过设立众多壳公司以交叉持股方式逐步实现了对包商银行的绝对控股，同时采取"隐蔽 + 分散"的策略掩盖其对包商银行的大股东身份。监管部门接管包商银行后发现，包商银行 79 户机构股东持股比例为 97.05%，而明天系直接控股的股东有 35 户，包商银行前十大股东均为明天系为控制包商银行而设立的壳公司，最终明天系合计持有包商银行 89% 的股权，远超 20% 的监管上限规定。❶ 明天系的"一股独大"导致包商银行股东监督机制完全失效，明天系可以通过股东大会直接干预包商银行的人事安排和经营决策，特别是信贷决策，使包商银行成为自身的"提款机"。根据包商银行接管组清产核资结果，自 2005 年至包商银行被接管时，明天系使用资金占用、不正当关联交易和资金担保等手段进行利益输送，通过 209 家影子公司共计 347 笔借款从包商银行套取 1560 亿元信贷资金，全部形成不良资产。❷

明天系"掏空"包商银行最重要的工具是影子公司和旗下的新时代信托公司。一条路径是，明天系虚设影子公司，由影子公司直接采取股权质押的方式从包商银行获得贷款资金，明天系 1560 亿元占款中有约 300 亿元来自股权质押贷款。另一条路径是，通过明天系旗下的新时代信托公司发行信托产品套取包商银行资金。2011—2017 年，新时代信托公司以包商银行股权质押的方式滚动发行大量股权投资类信托产品，如"慧金""蓝海"和"鑫业"系列等，所募集资金主要流向明天系关联公司。例如，新时代信托公司于 2012 年 10 月发行"鑫业 215号"集合信托，该信托项目是为明天系关联方大连智光杰商贸有限公司发放信托贷款，其中由内蒙古网通计算机有限责任公司（明天系影子公司）作为出质方，将其持有的 4.85% 的包商银行股权质押给新时代信托公司。再者，包商银行借由信托通道向明天系关联企业输送资金。包商银行先后和中粮信托、光大信托、国民信托、渤海信托等合作发行单一信托计划，向明天系关联公司发放信托贷款。例如，2018 年包商银行通过"鑫喜汇嘉"系列理财产品募集资金投资非标准化债权资产，并与国民信托公司合作发行"贞观 3 号"单一资金信托，向宁波泰博金康网络科技有限公司共计发放信托贷款 1.2 亿元，而该公司同样属于明天系设立的影子公司，并于 2019 年 11 月注销。据统计，明天系通过操纵包商银行进行同业业务投资非标的方式形成占款约 1000 亿元。❸ 明天系控制下的大股东违规占款，逾期不还，是导致包商银行不良资产飙升和信用风险加剧的决定性因素。

3. 公司治理失灵，内部人控制严重

明天系为规避监事会和管理层的掣肘，扶持包商银行某高管作为明天系的大股东代理人，使得包商银行经营权高度集中于其一人手中，成为包商银行事实上的内部控制人，董事会的监督检查功能以及公司规章制度的约束功能基本

第十六章　不良资产处置的创新实践与制度优势——以包商银行为例

---

❶　马艳超 . 包商银行经营危机案例分析：基于退出路径的视角［D］. 保定：河北大学，2020.

❷　周学东 . 中小银行金融风险主要源于公司治理失灵：从接管包商银行看中小银行公司治理的关键［J］. 中国金融，2020（15）：19-21.

❸　吴红毓然 . 包商行破产倒计时 2000 亿不良的形成与分担［J］. 财新周刊，2020（32）：3-10.

失效。其领导下的包商银行管理层不仅助力明天系违规套取资金，也导致其自身产生了将近500亿元的不良资产。❶明天系主要通过两种手段套取包商银行资金。

第一，设立影子公司直接违规贷款。例如，中微小（北京）投资管理集团有限公司曾是明天系设立的影子公司，包商银行共计向该公司发放近200亿元贷款。第二，通过工会间接控制影子公司套取信贷资金。例如，包商银行前十大贷款客户中，包商银行包头分行工会和呼和浩特分行工会分别持有北京万方恒泰资产管理有限公司90%和10%的股权，该公司从包商银行合计贷款近40亿元。另外，宝恒（北京）投资控股集团有限公司也是包商银行工会100%控股的影子平台，其从包商银行合计贷款近30亿元。以上包商银行关联方贷款损失甚高，不良贷款率高达98%。❷除此之外，包商银行公司治理失败也导致管理层贪腐渎职、高管违规薪酬、虚开发票套取资金以及薪酬费用化严重等问题。其中，包商银行的两名中层领导收取借款人贿赂之后，在未对用款企业的信用等级、提交的借款材料真实性、借款人的真实身份及权限等内容进行尽职调查的情况下，便违规发放贷款，直接造成包商银行2亿元的不良贷款。❸

4. 信贷风险管理能力低下，贷款客户及行业风险集中度高

大股东违规占款和内部人控制严重是形成包商银行不良资产的重要原因。此外，包商银行正常的信贷业务也由于其信贷风险管理能力低下而形成大量的不良资产，包商银行在信用管理、信用评估和授信管理等方面存在严重问题。包商银行前十大客户贷款集中度为6.75%，为行业正常水平。但在包商银行2016年前十大贷款客户中，第一大客户荣泰置业有限责任公司同时被认定为失信人和股权冻结，第二大客户联众木业有限责任公司存在失信、股权出质、股权冻结和动产抵押等问题，第三大客户中化联合能源发展有限公司存在司法涉诉问题，另外，木材交易市场有限公司、庆华能源集团有限公司和宝恒（北京）投资控股集团有限公司三家公司也存在上述信用问题。即包商银行前十大贷款客户中就有六家存在信用资质问题，见表16-2，60%的企业风险较大。由此可见，包商银行在借款人筛选上存在巨大漏洞，为不良资产持续累积提供了机会。

---

❶ 吴红毓然.包商行破产倒计时 2000亿不良的形成与分担［J］.财新周刊，2020（32）：3-10.

❷ 周学东.中小银行金融风险主要源于公司治理失灵：从接管包商银行看中小银行公司治理的关键［J］.中国金融，2020（15）：19-21.

❸ 华青剑，田云绯.包商银行85后经理刑期又现漏罪 违法放贷2亿元收不回［EB/OL］.（2019-03-13）.http://finance.ce.cn/rolling/2019/03/13/t20190313_31667059.shtml.

表16-2 2016年包商银行前十大贷款客户

贷款客户	贷款占比（%）	所属行业	信用状况
包头市荣泰置业有限责任公司	0.91	房地产业	失信人、股权冻结
满洲里联众木业有限责任公司	0.77	制造业	失信人、股权冻结、动产抵押
深圳市中化联合能源发展有限公司	0.73	批发和零售业	司法涉诉
深圳市朗信天下金融供应链管理有限公司	0.71	批发和零售业	无
满洲里木材交易市场有限公司	0.67	批发和零售业	失信人、股权冻结、动产质押
宁夏银行	0.67	金融业	无
北大方正集团有限公司	0.64	信息传输、软件及信息技术服务业	无
中国庆华能源集团有限公司	0.56	采矿业	失信人、股权冻结、司法涉诉
宝恒（北京）投资控股集团有限公司	0.56	租赁和商务服务业	股权冻结
吉林省九州能源集团股份有限公司	0.53	制造业	无

资料来源：包商银行2016年年报。

从行业分布来看，截至2016年年底，贷款投向行业排名前三的依次是批发和零售业（21.53%）、制造业（12.65%）和采矿业（4.15%），见表16-3。按照2016年三大行业平均不良贷款率来计算，包商银行在批发和零售业、制造业和采矿业的贷款至少形成了25.71亿元的不良资产。同时，包商银行前十大贷款客户中，所在行业为批发和零售业的有三家公司，为制造业的有两家公司，为采矿业的有一家公司，可见，其对于这三个行业不良贷款率较高容易引发风险没有给予足够的重视。

表 16-3　2016 年包商银行贷款主要行业分布

项目	账面余额（亿元）	占比（%）
个人贷款	679	43.39
批发和零售业	337	21.53
制造业	198	12.65
采矿业	65	4.15
买断式转贴现	39	2.49
其他	247	15.78
合计	1565	100.00

资料来源：包商银行 2016 年年报。

（二）不良资产的处置措施

1. 舆论引导，稳定市场

中国人民银行和银保监会接管包商银行向市场释放风险信号，一方面可能导致公众恐慌、挤兑等群体性事件；另一方面可能导致银行同业市场信用紧缩，出现中小银行流动性短缺等情况。包商银行被接管后，监管部门采取媒体公告和新闻发言等措施积极进行舆论引导，安抚市场情绪。2019 年 5 月 24 日，接管组在新闻发言中称在接管期间：个人储蓄存款本息得到中国人民银行、银保监会以及存款保险基金的全额保障，且个人存取自由；个人理财业务原有合同完全有效，继续执行；包商银行各项业务正常开展。2019 年 5 月 26 日，接管组在新闻发言中进一步说明在接管期间：包商银行获得国家信用，个人储蓄存款全额保障，企业存款充分保障；针对大额对公存款和同业负债，5000 万元（含）以下的，本息全额保障，5000 万元以上的，依法保障；包商银行设立的村镇银行正常经营。为防止因包商银行接管事件导致市场流动性趋紧，2019 年 6 月 14 日，中国人民银行增加了 2000 亿元再贴现额度和 1000 亿元常备借贷便利额度，以保证中小银行具有充足的流动性。

2. 政府注资成立存款保险基金公司，保障债权

监管部门通过舆论引导和定向宽松流动性支持有效地稳定市场，从而可以有序推进包商银行不良资产风险处置工作。包商银行被接管当日，表内总资产、总负债和所有者权益分别为 5536 亿元、5218 亿元和 318 亿元，其中，贷款不到 2000 亿元，同业资金规模近 3000 亿元。同时，约有 473.16 万户客户，包括 466.77 万户个人客户、6.29 万户企业客户和 700 多家同业机构客户。❶ 一方面，

---

❶　吴红毓然. 包商行破产倒计时 2000 亿不良的形成与分担［J］. 财新周刊，2020（32）：3–10.

包商银行资金来源高度依赖于同业拆借市场，这导致其极易产生风险外溢；另一方面，与包商银行存在交易往来的个人客户、企业客户和同业机构客户数量众多，地域分布广泛，信用危机一旦爆发，将产生存款人挤兑和冲击金融市场等联动效应。因此，中国人民银行于2019年5月24日注资100亿元，100%控股成立存款保险基金公司，为保障存款人和债权人的合法权益不受损害提供资金支持。存款保险基金在包商银行资产处置之前先行对个人存款和机构债权进行保障。其中，对个人存款进行本息全额保障。《存款保险条例》规定同业机构债权不属于刚兑范畴，因此根据债权规模差异化偿付（见表16-4）。《2020年第二季度中国货币政策执行报告》显示：包商银行大额机构债权人获得了平均90%的债权保障程度。

表16-4 大额机构债权偿付规定

债权规模	偿付规定
5000万元以内	本息全额兑付
5000万~1亿元	兑付100%本金
1亿~20亿元	兑付90%本金
20亿~50亿元	兑付80%本金
50亿元以上	兑付70%本金

资料来源：银保监会官网。

3. 市场化清产核资，奠定资产处置基础

公司治理体系完全失灵，导致包商银行经营情况、财务状况和资产状况混乱无序。例如，信息披露存在严重不实，2016年年报显示，包商银行当年无重大关联交易，前十大股东之间以及包商银行与前十大贷款客户之间不存在任何关联关系。而接管组清产核资结果显示，包商银行对大股东明天系的众多子公司、分公司和关联企业进行了大量违规授信。且前十大贷款客户中，有荣泰置业和宝恒集团等数家公司由李某个人或包商银行工会实际控制，并存在违法套现的事实。同时，包商银行存在大股东明天系违规占款、内部人套取资金和管理层贪腐渎职等违法行为，而且不良资产确切规模、资产价值和负债状况在接管时尚不清楚。因此，接管组以市场化方式委托会计师事务所、律师事务所等中介机构对包商银行开展清产核资工作。通过资本核实、账务清理、资产负债清查和资产价值重估，逐笔核查对公业务和同业业务，接管组全面掌握包商银行的各项情况。清产核资结果证明，包商银行资产负债缺口近2200亿元，❶其中明天系违规占款形成了

---

❶ 吴红毓然.包商行破产倒计时2000亿不良的形成与分担 [J].财新周刊，2020（32）：3-10.

1560 亿元不良资产。包商银行清产核资的结果为后续资产处置奠定了基础。

4. 收购与承接，推进市场化改革重组

中国人民银行和银保监会接管包商银行后确立的处置原则之一是，努力实现处置成本最小化。为了减少甚至不动用公共资金分担包商银行损失，接管组在推动包商银行改革重组工作之初，意图通过引进新的战略投资者，从而利用股权收购溢价款抵补包商银行 2200 亿元的资产负债缺口。但由于包商银行不良资产规模巨大，市场主体不愿意在公共资金将包商银行损失缺口收缩至合理范围前参与重组。因此，接管组决定采用收购承接模式进行包商银行不良资产风险处理。2019年 4 月 30 日，银保监会发布《关于包商银行股份有限公司转让相关业务、资产及负债的公告》，接管组将包商银行相关业务、资产及负债转让至新设银行蒙商银行和徽商银行。存款保险基金公司根据《存款保险条例》第十八条的规定，分担原包商银行资产价值损失，同时向两家银行提供资金支持。但存款保险基金未保障的债权仍保留在包商银行。

（1）蒙商银行。新设银行蒙商银行由存款保险基金牵头设立，拥有独立于包商银行的法人主体，属于区域性股份制商业银行。存款保险基金管理有限责任公司出资 66 亿元，持股比例为 27.50%，为第一大股东；徽商银行出资 36 亿元，持股比例为 15.00%，为第三大股东；中国建设银行子公司建信投资出资 12 亿元，持股比例为 5.00%；内蒙古自治区财政厅、包头市财政局以及内蒙古电力等五家当地国企出资 126 亿元，合计持股比例为 52.5%，见表 16-5。蒙商银行所有股东出资金额为 240 亿元，注册资本为 200 亿元，股权溢价款 40 亿元抵补包商银行损失缺口。蒙商银行收购承接内蒙古自治区内包商银行总行及分支机构的个人业务、对公存款业务、同业负债业务、中间业务以及注册地在内蒙古自治区内的对公贷款业务、表外业务。同时，蒙商银行收购承接包商银行所有个人理财产品、对公理财产品、其他同业资产类业务、金融市场相关资产类业务与股权投资。存款保险基金采取市场化定价方式向蒙商银行收购明天系产生的 1560 亿元不良资产，并由中国人民银行提供再贷款支持。

表 16-5　蒙商银行股权架构

股东名称	出资金额（亿元）	持股数量	持股比例（%）
存款保险基金管理有限责任公司	66	55.00	27.50
内蒙古自治区财政厅	40	33.33	16.67
徽商银行股份有限公司	36	30.00	15.00
内蒙古电力（集团）有限责任公司	20	16.67	8.33

中国特色不良资产处置的理论创新与实践

股东名称	出资金额(亿元)	持股数量	持股比例（%）
内蒙古高等级公路建设开发有限责任公司	20	16.67	8.33
包头稀土高新技术产业开发区管理委员会	12	10.00	5.00
内蒙古金融资产管理有限公司	12	10.00	5.00
内蒙古公路交通投资发展有限公司	12	10.00	5.00
建信金融资产投资有限公司	12	10.00	5.00
包头市财政局	5	4.17	2.08
中国北方稀土（集团）高科技股份有限公司	5	4.17	2.08
合计	240	200	100

资料来源：蒙商银行官网。

（2）徽商银行。徽商银行除出资 36 亿元参股新设蒙商银行外，还直接收购承接包商银行位于内蒙古自治区外的四家异地分行，包括包商银行宁波分行、深圳分行、成都分行和北京分行。徽商银行参与包商银行改革重组的原因在于，徽商银行是包商银行第一大同业交易对手。截至包商银行被接管时，徽商银行对包商银行的同业授信规模为 200 亿元，按照接管组大额债权人处置方案，徽商银行存在 60 亿元的损失（同业存单约 30 亿元、同业理财约 30 亿元）。❶ 而通过参与包商银行重组，36 亿元的债权转换为蒙商银行 15% 的股权，24 亿元转换为收购包商银行异地分行的支付对价，徽商银行将可能的同业业务 60 亿元损失转换为优质股权和资产，属于最优选择。根据徽商银行 2020 年 11 月 27 日发布的《收购承接包商银行部分资产负债公告》，徽商银行收购包商银行四家异地分行的个人业务、对公存款业务、同业负债业务、中间业务以及注册地在内蒙古自治区外的对公贷款业务与表外业务等。截至交易时，包商银行四家异地分行账面净值为 984 亿元，资产评估价值为 653 亿元，徽商银行承接的负债总额为 984 亿元，业务价值为 153 亿元。徽商银行承接的负债和收购的资产评估价值之间存在 331 亿元缺口，由存款保险基金予以补足，徽商银行 153 亿元的交易对价无须支付，再由存款保险基金向徽商银行支付 177 亿元，促成徽商银行顺利收购承接包商银行

---

❶ 吕笑颜，石丹．入股"新包商银行"，徽商银行前路几何？［J］．商学院，2020（Z1）：152−154.

四家异地分行相关业务、资产及负债。❶ 徽商银行参与包商银行改革重组总体状况如图 16-1 所示。

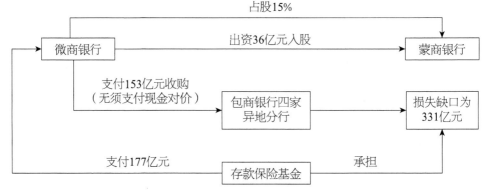

图 16-1　徽商银行参与包商银行改革重组总体状况

二、包商银行不良资产处置的社会效应与损失承担

（一）不良资产处置的社会效应

中国人民银行和银保监会通过成立存款保险基金公司、资产处置和引进战略投资者等多种方式有效化解了包商银行产生的巨额不良资产，防范了重大金融风险，牢牢守住了不发生系统性金融风险的底线。

1. 存款人与投资人利益得以维护

包商银行不良资产形成过程中，违法违规行为层出不穷，包括大股东明天系占款、管理层套取资金以及内部人贪腐渎职等，其产生的损失不应该由存款人和投资人承担。因此，接管组提出"最大限度保护存款人和其他客户的合法权益"的处置原则。包商银行被接管获得事实上的显性国家信用背书，各类客户的合法权益均得到有效保障，尤其是个人业务。中国人民银行和银保监会在接管之初就对个人业务十分重视，保障接管后包商银行正常运行，个人存、贷、汇等各项业务照常办理，个人存取自由，并且个人储蓄存款本息得到全额保障。针对对公存款和同业负债，为防范道德风险、严肃市场纪律和纠正刚性兑付的市场预期，接管组在兼顾市场主体损失承受能力的前提下，对 6.36 万户对公和同业客户的大额债权提供平均 90% 的保障程度。其偿付率高于国际同类型金融机构处置时的债权保障水平和我国 2004 年证券公司综合治理时期的保障程度，很好地维护了投资人利益。

---

❶　数据来源：徽商银行官网。

2. 同业市场刚性兑付得以打破

包商银行不良资产处置中，同业刚性兑付的预期被打破，5000万元以上的大额债权人并未获得本息全额清偿。近年来，中小银行凭借刚兑预期和银行"牌照信仰"，在同业市场采取过激策略，外源融资过度依赖同业业务。同业负债过高导致的融资成本上升和负债期限错配，使得中小银行信用风险不断攀升。包商银行同业负债刚性兑付的打破，直接促进了金融市场信用分层和市场谨慎情绪上升。银保监会于2019年5月24日宣布接管包商银行，同年5月27日至29日，我国同业拆借市场同业存单计划发行1173亿元，实际发行915亿元，认购率为78%。而2018年6月至包商银行被接管期间，我国同业存单计划发行共22.27万亿元，实际发行19.56万亿元，认购率高达87.83%。❶两者对比可以发现，包商银行被接管后同业存单认购率明显下滑，下降了近10个百分点。打破刚兑在短期内提高了中小银行在金融市场上的融资难度，但长期来看有利于金融市场的健康发展。同业拆借市场刚性兑付模式的转变，使得同业拆借利率在定价时更加贴近风险因素，信贷机构将更加重视信用等级问题。

3. 有效遏制风险蔓延，金融及社会稳定得以维持

包商银行清产核资结果显示，被接管时其资产规模为5536亿元，相较于5家国有银行和12家全国性股份制银行，资产规模较小。但包商银行有6.36万户企业客户和同业客户，其中债务规模在5000万元以下的有2.5万户，债务规模在5000万元以上的有2.86万户，同业交易对手有700多家，关联甚广。2008年美国金融危机时，雷曼银行总资产为6000多亿美元，以我国银行业标准衡量，资产规模不属于行业前列。❷但雷曼银行破产通过金融网络传染式外溢，成为金融危机爆发的导火索。监管部门在包商银行信用危机进一步恶化前，以行政力量接管包商银行，首先切断了金融风险传导链条，避免了区域性、系统性金融风险爆发和传染的可能，维持了金融系统的稳定性。为防范包商银行接管事件造成中小银行流动性短缺和流动性危机，中国人民银行一方面通过增加再贴现和常备借贷便利额度向市场投放流动性，另一方面通过货币政策操作及时稳定市场主体信心。在有效遏制包商银行风险向其他中小银行蔓延的同时，维持了债券、票据和货币等金融市场的稳定性。在维持社会稳定方面，监管部门和存款保险基金的介入使包商银行获得了事实上的国家信用，降低了公众恐慌和挤兑等群体性事件发生的可能性。同时，接管组委托中国建设银行托管包商银行，保证了包商银行不良资产处置期间其金融服务的连续性和关键功能的作用发挥。综上所述，包商银行风险处置维持了金融稳定和社会稳定，保护了社会公众对银行业的信心。

---

❶ 数据来源于Choice数据库。

❷ 陈志武. 银行何以"大而不能倒"［N］. 经济观察报，2020-11-14（035）.

（二）不良资产处置的损失承担

问题金融机构风险处置和破产清算本质上都是面临偿付危机的金融机构进行损失分配的方式，但金融机构风险处置的目的是公共利益最大化，破产清算的目的是保护债权人利益。[●] 金融机构直接进入司法破产程序，则损失缺口主要由股东和债权人承担，一般情况下纳税人不承担损失。而对问题金融机构进行风险处置时，由于目的是社会公众利益最大化，因此存在使用公共资金承担债权人及其他非股东利益相关者损失的可能。监管部门对包商银行采取先接管进行不良资产风险处置、后进入破产程序的目的，一方面是进行包商银行风险隔离，维持金融稳定；另一方面是改变包商银行损失分配方式，保护存款人和投资人的利益。

1. 包商银行不良资产形成损失的承担分类

包商银行清产核资结果显示，其存在 2200 亿元的资产负债缺口。不良资产损失的承担分类有三：一是关于股东和股东权益。银保监会提出，在使用公共资金之前，必须先对包商银行资本进行减记或清零，使原股东承担损失。包商银行被接管时，包商银行所有者权益为 318 亿元，包括明天系通过多家影子公司交叉持股共计 89% 的包商银行股份，接管组对其全部依法清零。同时，2015 年 12 月 25 日包商银行发行"2015 包行二级资本债"，接管组对其 65 亿元本金全部减记，且不再支付利息。二是关于债权人。在债权人方面，个人储户和债权规模 5000 万元以下的对公和同业客户没有损失，债权规模 5000 万元以上的对公和同业客户得到平均 90% 的偿付率，损失规模约为 327 亿元。[❷] 三是对包商银行的收购和承接。接管组采取收购承接模式进行资产处置。包商银行四家异地分行由徽商银行承接，四家异地分行业务、资产及负债作价 153 亿元，资产负债缺口 331 亿元由存款保险基金补足，徽商银行 153 亿元交易对价无须支付，再由存款保险基金向徽商银行支付 177 亿元。包商银行位于内蒙古自治区内的相关业务、资产和负债由新设银行蒙商银行收购承接。蒙商银行由存款保险基金牵头设立，股东合计注资 240 亿元，注册资本为 200 亿元，股权溢价 40 亿元作为资本公积抵补包商银行资产负债缺口。蒙商银行承接的包商银行资产负债缺口由存款保险基金采取市场定价方式收购 1560 亿元不良资产，其中中国人民银行发放 800 亿元再贷款进行支持。同时，中国人民银行向包商银行提供 235 亿元常备借贷便利保证其具

---

❶ 敖希颖. 金融机构风险处置与破产的比较与选择 [J]. 银行家，2020（4）：134-136.

❷ 吴红毓然. 包商行破产倒计时 2000 亿不良的形成与分担 [J]. 财新周刊，2020（32）：3-10.

有充足流动性。❶

2. 包商银行不良资产形成损失的承担分配

综上，各方对包商银行的损失承担如下：公共资金分担损失 1737 亿元，包括存款保险基金向徽商银行支付的 177 亿元、存款保险基金向蒙商银行支付的 1560 亿元（含中国人民银行发放的 800 亿元再贷款支持）；包商银行原股东分担 318 亿元所有者权益清零损失；包商银行 2015 年二级资本债投资者分担 65 亿元本金和累计应付利息全部减记损失；包商银行债权规模 5000 万元以上的大额债权人合计承担 327 亿元损失。另外，蒙商银行存在 40 亿元损失；徽商银行虽然作为包商银行第一大同业交易对手，同业授信 200 亿元合计损失 60 亿元，但其中 36 亿元转为对蒙商银行的股权，24 亿元抵减收购包商银行四家异地分行的交易对价，所以徽商银行无损失。上述损失承担情况如图 16-2 所示。

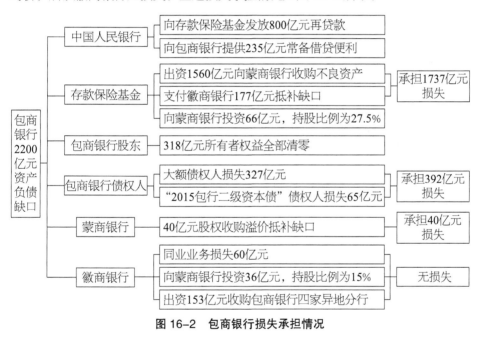

图 16-2 包商银行损失承担情况

三、包商银行不良资产处置创新实践的中国特色

包商银行不良资产处置方式体现出我国与西方发达国家处置方式的不同之处。在中国特色社会主义政治制度和经济制度背景下，坚持防范金融风险、体现中国特色的基本原则是：守住不发生系统性金融风险的底线，稳定经济社会发展大局。一旦出现重大金融风险苗头，果断决策、快速处置，坚决不让局部风险发

❶ 数据来源：中国人民银行 2020 年第二季度《中国货币政策执行报告》。

展成系统性风险、区域性风险演化为全国性风险。因此，不良资产处置就成为防范风险的安全网和经济金融正常运行的稳定器，是维持金融安全和经济稳定的最为重要的防线。

（一）政策性与市场化相结合

西方发达国家不良资产处置机构分为民间资产管理公司和官方资产管理公司。官方资产管理公司仅在金融危机爆发时才发挥为经济化解不良资产的作用，而经济正常运行时产生的不良资产主要依赖民间资产管理公司进行处理，其完全是市场化行为。我国在应对产生不良资产的问题金融机构时，采用政策性与市场化相结合的方式。其逻辑在于，金融业具有准公共品属性，完全政策性会导致政府承担金融企业经营风险的无限责任，导致严重的道德风险问题；而完全市场化又无法避免单个金融机构局部风险的扩散和放大，守住不发生系统性金融风险底线的难度会大大增加。因此，我国采用政策性和市场化相结合的方式，在适度保护金融业和防范道德风险之间寻求平衡。一般来说，金融监管部门在发现金融机构产生了可能导致重大金融风险的不良资产时便会首先介入，以国家信用支持金融机构信用，稳定市场信心且提供充裕流动性，率先将风险控制在个体范围之内，切断风险的传染源。其后采用市场化处置原则，引入市场主体，共同进行不良资产的处置，最小化处置成本和最大化处置效率。

具体而言，监管部门发现包商银行存在严重的信用风险后，采取接管的措施率先介入。中国人民银行和银保监会宣布接管包商银行后，由两部门组成的接管组代行包商银行股东大会、董事会以及监事会等部门职能，全面接管包商银行的经营管理权。为加速包商银行不良资产风险的化解，中国人民银行作为唯一出资人成立存款保险基金公司，再次体现出宏观调控、政策干预的积极作用。监管部门在有效抑制系统性风险发生的概率之后，在具体进行包商银行不良资产处置时，采用市场化原则。首先，引进建设银行托管包商银行日常经营运行，保证接管期间金融服务的连续性。其次，委托会计师事务所、律师事务所等中介机构对包商银行进行清产核资，摸清"家底"。最后，委托北京金融资产交易所，遴选出合格战略投资者参与包商银行市场化改革重组。共有 15 家商业银行存在收购承接包商银行部分资产负债的意向，而最终徽商银行以 153 亿元获得相关标的，接收包商银行内蒙古自治区外四家分行的相关业务、资产及负债。同时，徽商银行作为战略投资者参股新设银行即蒙商银行。

（二）事前化解危机

西方发达国家无论是在经济正常运行时处置不良资产的民间资产管理公司，还是在金融危机发生时成立的官方不良资产处置机构，均是在问题金融机构已经

中国特色不良资产处置的理论创新与实践

因资产质量严重恶化而濒临破产或已经破产时，才会进行不良资产的事后处置。而我国不良资产处置属于事前化解危机的常态化机制，在不良资产未对问题金融机构产生严重破坏时，已经开始进行不良资产消除和风险化解，将不良资产消灭在萌芽状态，极大地提高了不良资产的处置效率，降低了处置成本。且不良资产的处置活动贯穿于整个金融周期。一方面，不良资产的常态化事前化解机制可以有效地阻止金融风险的传染和外溢，避免个体风险向系统性风险演变；另一方面，鉴于金融机构风险的负外部性，对问题金融机构防患于未然相较于风险扩大后再进行处置，可以最小化监管成本、社会成本以及金融效率的损失。

具体而言，包商银行被中国人民银行和银保监会联合接管时，我国宏观经济运行总体平稳、经济金融良性循环、金融风险趋于收敛且中小银行运行稳健，并非处于金融风险大量积聚、危机爆发期间。监管部门是在对"明天系"进行风险处置的过程中，发现"明天系"存在对包商银行的非法巨额占款事实，且发现包商银行资产负债状况恶化、资产充足率不足和信用评级下调等负面信息，从而判定包商银行出现严重信用风险。为避免包商银行不良资产问题进一步恶化损害存款人利益和导致区域性甚至系统性金融风险，中国人民银行和银保监会对包商银行进行了联合接管。可见，我国不良资产处置属于事前化解危机的常态化机制，与西方发达国家只有在金融危机爆发的特殊情况下，官方不良资产处置机构才发挥为整个经济化解不良资产、减轻金融危机损害的功能不同。

（三）秉持救助性目标的长效机制

西方发达国家民间不良资产处置机构处置不良资产的目标是营利性的，例如典型的"秃鹫基金"，榨取企业残值、追逐自身利润最大化是其本性；官方不良资产处置机构虽然是基于救助性目标，但多是在金融危机爆发后不得已的情况下政府才介入干预，处置不良资产以化解风险，如美国的储贷危机及次贷危机，日本的泡沫经济，德国、瑞士等国的欧债危机。在危机期间，各国政府及民间机构采用众多处置措施进行大规模不良资产集中处理，救助措施具有典型的以短期赢利为主的特征；同样，官方设立的不良资产处置专职机构多为短期存续，其运行具有显著的短期性特征，待不良资产规模降低和金融体系风险化解之后，大多退出市场，未能贯穿经济周期和金融周期的全过程。例如，美国储贷危机时期设立的重组信托公司（RTC）存续期只有几年，而在次贷危机时期只设立问题资产救助计划（TARP）和公私合营投资计划（PPIP）短期项目；欧债危机时期的英国和瑞士等国家也大多以短期项目为主。我国不良资产处置在博采西方国家民间和官方不良资产处置机构优点的基础上，构建秉持救助性目标的长效机制，即旨在通过不良资产处置协助企业化解风险、提升价值，最大化社会公众利益，兼顾当下和未来的不良资产风险处置长效机制。

马克思主义经济理论将银行作为必须实现国有化的公共权力机构。现代金融是经济的核心，是资源配置的主要机制，其关系国家命脉。让国家重要的经济权力和资源成为少数人牟利的工具不符合社会主义的性质。即使我国目前不断推进金融市场化改革，鼓励民间资本和外国资本进入金融市场，金融是社会"公器"的定位始终不变，金融系统绝不是少数人牟利的工具。问题金融机构不良资产风险处置发挥救助性功能，体现在其最终目标是社会公众利益最大化，特别助力实体经济风险化解，在经济发展中担任稳增长、防风险和保就业的角色。同时，不良资产处置附属于金融机构资金融通功能的发挥，是金融体系中常态化的存在，且具备明显的顺周期性。因此，经济中必须存在不良资产风险消除的长效机制，以对冲不断积累的不良资产风险，成为经济社会稳健运行的"安全网"和"稳定器"。目前，我国不断完善的"三位一体"不良资产风险管理的长效机制已经基本形成。

包商银行虽然由于公司治理机制失灵、内部人控制严重、信用风险管理能力低下等因素致使银行资产质量恶化，但其存在完整的业务体系、稳定的客户群体以及较高的金融服务能力，在行业中具备一定的竞争力和地位。包商银行被接管期间，中国建设银行以国有大行领先的金融科技力量、丰富的管理经验和稳健的经营理念，对包商银行的治理结构、风险管理体系、内部控制、IT架构和功能等方面进行全面优化升级，在维持包商银行接管期间正常经营的基础上推动其价值的提升。而后接管组决定由存款保险基金牵头，引进建信投资和徽商银行等市场主体，共同设立蒙商银行，并由蒙商银行收购承接包商银行相关业务、资产及负债，中国人民银行和存款保险基金提供资金支持。2021年2月7日，北京第一中级人民法院裁定宣告包商银行破产，包商银行退出市场。从社会利益来看，包商银行不良资产风险处置完毕后，经济体系中消失了一家资不抵债的问题金融机构，替代地出现了一家公司治理架构完善、内控严密、运营安全、资本充足、资产质量良好以及服务和效益良好的区域性股份制商业银行，服务于地方经济社会发展。问题金融机构经过处置重新加入经济增长的主流，社会公众利益得到保障。包商银行接管组秉持救助性目标进行不良资产处置，在有效化解金融风险的同时实现了社会利益最大化。纵观包商银行信用风险化解过程，历经风险发现、风险预警、风险处置（债权保障与处置、清产核资与改革重组、破产清算）及问责等阶段，最终在守住不发生系统性风险的底线的前提下，以最小处置成本实现了包商银行风险的消除。在宏观经济平稳运行、微观经济主体局部出现不良资产抬升和风险积聚时，以中国人民银行、银保监会和存款保险基金公司等多部门联合工作的机制可以有序、高效地处置问题金融机构产生的不良资产，对风险苗头"打早、打小"，维护金融稳定。事实证明，金融风险预防、预警、处置和问责制度体系是不良资产风险管控长效机制的重要组成部分。

（四）防范系统性风险的最后防线

我国相较于西方发达国家在不良资产处置方面的一大不同是：防范风险特别是系统性风险也是不良资产处置的功能之一。在西方发达国家，金融危机起到消除经济运行中产生的不良资产的金融"清道夫"功能，但通过金融危机清理社会经济发展过程中累积的不良资产将引致巨大的经济损失，经济会长期处于衰退之中。且通过金融危机消除不良资产只能起到化解风险的作用，不良资产引发的社会成本已经产生。我国所建立的不良资产处置机制可以有效避免发生金融危机，在消除不良资产的同时降低金融危机发生的概率，化解局部风险和个体风险的同时牢牢守住不发生系统性风险的底线。这种机制能够实现金融系统效率与公平的一致性，是中国特色社会主义市场经济的标志性特征之一。

银行作为特殊的企业类型，和一般企业的标志性区别在于，银行关联广泛，金融体系呈现高度系统关联性。银行个体风险极易通过金融网络向同业金融机构传导，导致破产银行的直接对手方出现流动性危机、债务危机等，并沿着金融网络向下一交易对手方传导风险，风险在金融体系内持续蔓延的结果是出现区域性金融风险或系统性金融风险。银行作为实体经济和金融体系的枢纽，金融风险并不会止步于金融体系内，而是会传染至实体经济。银行及金融机构大批破产倒闭会导致社会信用紧缩，信贷规模下降，并最终导致经济危机，出现产出下降、失业增加、收入减少等社会成本。而对不良资产累积至可能产生重大个体风险的金融机构进行不良资产处置，一方面可以直接化解个体风险；另一方面，可以从根源上消除风险传染的可能性，将风险限制于问题金融机构个体，从而成为防范系统性金融风险的防线。

包商银行被接管时，虽然出现了巨额资不抵债缺口，但其存贷款业务和同业拆借业务仍在形式上正常运行，存款人并没有出现集中挤兑行为，到期债务也未出现违约现象，即包商银行没有发生挤兑危机和偿债危机，金融风险控制在包商银行内部。监管部门没有采取直接破产清算措施，而是利用接管的方式进行包商银行不良资产处置。首先，接管组宣布由中国人民银行、银保监会和存款保险基金保证个人储蓄存款本息的全额清偿，从根源上抑制社会公众的恐慌和防止挤兑行为的传染。其次，接管组根据《存款保险条例》和监管部署，对于对公存款和同业债权采取梯度偿付，大额债权人获得了平均90%的偿付率，包商银行6.29万户企业客户和700多家同业交易对手合计损失300多亿元，金额十分有限。包商银行同业交易对手债权问题的解决直接切断了包商银行个体风险通过债务链条外溢的可能，有效地防止了区域性金融风险甚至系统性金融风险的产生。由上可见，包商银行不良资产处置将单个银行不良资产高企所导致的风险对金融系统的破坏程度降到最低，将问题金融机构带来的风险局限于可控范围之内，最有效地规避了直接破产清算可能导致的最大社会成本。因此，我国不良资产处置可以起到防范风险特别是重大金融风险的作用。

四、"监管＋大行"不良资产处置的历史逻辑与制度优势

（一）"监管＋大行"不良资产处置的中国模式

1. 问题金融机构处置历史回顾

问题金融机构被接管早有案例可循。在银行业，1998 年海南发展银行由于资不抵债且面临挤兑，中国人民银行成立清算组，对其依法进行关闭清算，并由中国工商银行托管其债权债务。2001 年，汕头商业银行因高息揽存、账外贷款和挪用资金等违规行为导致不良贷款率高达 40%，出现偿债危机，中国人民银行勒令其停业整顿，后经汕头市政府运作，重组更名为华兴银行。在信托业，1995 年，中银信托投资公司因资产质量恶化和违法经营等原因，严重损害了存款人利益，后由中国人民银行对其实行接管。1998 年，广东国际信托投资公司因发生严重外债支付危机，中国人民银行决定对其成立清算组，进行行政关闭清算。2004 年，金新信托投资公司和伊斯兰信托投资公司因挪用委托人资金面临债务偿还问题而被接管，其中金新信托投资公司由原银监会主管；伊斯兰信托投资公司由宁夏政府全面负责接管工作，原银监会参与。在证券业，2004 年，南方证券因巨额亏损和信用危机，由深圳市政府和证监会对其实施行政接管，并于 2005 年破产清算，退出历史舞台。对高风险金融机构除采取接管处置措施外，也有通过促成其重组进行实质性处置的案例。2019 年，锦州银行由于内部人控制、同业激进扩张和关联贷款违规等行为导致资产质量恶化和流动性风险上升，后由中国人民银行牵头，对其进行不良资产剥离，引进三家战略投资者重组和完善公司治理机制，较好地处理了危机。同年，恒丰银行因公司治理基础薄弱、内部管理失控和业务激进扩张等致使不良资产高企和资不抵债，后由山东省政府牵头，引入中央汇金公司和山东省金融资产管理股份有限公司两家战略投资者，采取增资扩股、债务重组和更换全部管理层等措施，最终使其成为资产质量较好和资本充足的银行。包商银行作为我国第三家破产倒闭的商业银行，其不良资产处置过程体现出与以往问题金融机构不良资产处置所不同的特征。

2. "监管＋大行"模式概述

包商银行不良资产处置过程体现了中国特色不良资产处置新趋势——"监管＋大行"模式。"监管"有两层含义：第一层是中国人民银行实施宏观审慎监管，强化中国人民银行的宏观审慎管理职能，以防范金融危机为主要目标，减缓金融体系的跨市场风险传染对金融稳定和实体经济造成的冲击；第二层是事前监

管，当金融机构触发资产质量持续恶化、流动性严重不足、资本严重不足等条件时，监管部门提前介入，防止个体风险的恶化和传染。"大行"有两层含义：其一，是要将金融系统中规模巨大或关联甚广的银行作为重点监督对象；其二，是当这些金融机构出现流动性危机、偿债危机或支付危机等问题时，选取大型国有银行进行全面托管。采用"监管＋大行"模式进行问题金融机构不良资产处置的原则是捍卫金融为国家"公器"的定位，最大化社会利益；处置目标是防范重大金融风险的发生；处置手段是政策化和市场化相结合；处置介入时机是个体风险和局部风险向系统性风险和总体风险演化前；处置对象是在金融体系内有重要地位的银行。

（二）金融危机后宏观审慎监管的各国共识

1. 央行实施宏观审慎监管是众多国家的共识

2008 年金融危机前，各国央行主要负责货币政策的制定和实施，金融监管部门负责进行微观审慎监管，从而在货币政策和微观审慎监管之间留下系统性金融风险无防可守的空白。金融危机后，央行实施宏观审慎监管是众多国家的共识，各国十分重视宏观审慎监管在防范重大金融风险方面的作用。欧洲议会授权欧洲央行直接监管大型银行，并有权对其他银行实施监管。英格兰银行是英国的央行，英国政府授权英格兰银行执行宏观审慎管理，并将金融服务局的金融监管权转移给英格兰银行。美国授权美联储负责监管大型和复杂金融机构，成立金融稳定监督委员会（FSCO）承担监测系统性金融风险的职责，并由联邦存款保险公司负责处置系统重要性机构，建立较为全面的防范系统性金融风险机制。2017年，国务院金融稳定发展委员会成立，强化中国人民银行系统性风险防范和宏观审慎监管职责。同年，中国人民银行设立金融稳定局，负责监测和评估系统性风险。2020 年，中国人民银行和银保监会联合发布《关于建立逆周期资本缓冲机制的通知》，这是完善宏观审慎政策框架和丰富宏观审慎政策工具箱的关键举措，有助于提升宏观审慎政策的逆周期调节能力。

我国在分业监管体系形成之前，当金融机构出现重大风险时，一般由中国人民银行牵头接管；在分业监管体系形成之后，主持接管工作的一般是对应的监管机构或地方政府。此次包商银行接管事件虽然有银保监会的参与，但是中国人民银行在其中担任主导角色：一是包商银行接管组组长由中国人民银行办公厅负责人担任；❶二是中国人民银行全资设立存款保险基金公司，在包商银行不良资产风险化解中发挥了重要作用；三是中国人民银行扮演了最后贷款人角色，为存款

❶ 周学东. 中小银行金融风险主要源于公司治理失灵：从接管包商银行看中小银行公司治理的关键［J］. 中国金融，2020（15）：19−21.

保险基金收购包商银行不良资产提供了800亿元的再贷款支持和向包商银行发放了235亿元的常备借贷便利。

2. 中国人民银行主导包商银行不良资产处置的监管优势

第一，监管金融风险是中国人民银行的法定职责。《中华人民共和国中国人民银行法》第二条规定："中国人民银行在国务院领导下，制定和执行货币政策，防范和化解金融风险，维护金融稳定。"所以，包商银行不良资产高企导致的信用风险从法律层面来讲，理应归中国人民银行管理。

第二，中国人民银行具备监管协调能力。金融监管是一个系统工程，其不但依靠监管当局的有效监督，还依赖于央行、政府相关部门等的配合与协作，特别是金融监管当局与央行之间的合作和协调。央行牵头的金融监管协调机制能促进我国金融市场持续稳健发展。中国人民银行联合银保监会进行包商银行接管，设立存款保险基金公司进行大额债权的收购与转让，引进内蒙古财政厅、包头市财政局等多家政府部门参与包商银行重组，发挥了重要的协调作用。

第三，中国人民银行是事实上的"最后贷款人"。金融机构受到最后贷款人和存款保险的保护，当发生系统性金融风险时，需要由央行提供流动性和存款保险基金的财务救助。如果最后贷款人不具有监管权，将导致严重的道德风险。我国存款保险基金公司由中国人民银行全资控股，应强化中国人民银行的监管权。包商银行被接管后，首先需要解决的是债权人的支付问题和包商银行的流动性问题，存款保险基金提供资金支持保障债权人的合法权益，中国人民银行通过再贷款和常备借贷便利等工具使包商银行具有充裕流动性，起到了巨大的作用。

第四，中国人民银行是整个金融体系的"大后台"。央行对于金融体系掌握有实时、全面和立体的数据，这是相较于其他金融监管部门更大的优势，在金融业混业经营发展的大趋势下，有助于更好地防控系统性风险。包商银行巨大的资产负债缺口是长期形成的，但包商银行通过不实披露、操纵盈余以及买通第三方中介机构出具虚假验资证明和审计报告等方式进行掩盖。央行在处置包商银行实际控股股东明天系偿债风险的过程中，发现了明天系自2005年开始通过各种方式套取包商银行巨额资金的事实，因此判定包商银行出现严重信用风险，从而果断实施接管措施。可见，央行对于混业经营导致的金融风险具有更大的监管优势。

（三）加强对系统性重要金融机构的监管

对于系统性重要金融机构的识别和监管是宏观审慎监管目的实现的必要条件。根据2014年11月金融稳定理事会（FSB）发布的全球系统重要性金融机构名单，我国工商银行、建设银行、农业银行和中国银行属于全球系统重要性银行，平安保险集团属于全球9家系统重要性保险机构之一。全球系统重要性金融机构业务规模大、市场重要性程度高、机构间关联度大，一旦出现经营危机或倒闭等情况，将严重紊乱本国及全球的经济金融体系，引起系统性风险的爆发。与此同时，金融稳定理事会将系统重要性银行分为全球系统重要性银行和国内系统重要性银行。2018年11月，中国人民银行、银保监会、证监会联合发布《关于完善系统重要性金融机构监管的指导意见》（以下简称《意见》），意味着国内系统重要性金融机构的遴选也开始进行。"我国银行业机构数量超过4500家，在金融业总资产中占比超过95%，中小银行市场份额占比超过60%，有196家银行按一级资本进入全球前1000家银行。因此，有必要按照系统重要性金融机构评估识别机制，充分运用监管判断，将具有较强业务关联性和风险外溢性的金融机构纳入系统重要性监管范畴，在附加资本、杠杆率、流动性、逆周期措施以及公司治理、风险管理、压力测试、数据治理、现场检查等方面实施差异化监管"（曹宇，2020）。《意见》指出，银行业参评机构数量不少于30家。

包商银行在我国银行业中具有重要地位。根据中国银行业协会发布的"2018中国银行业100强榜单"，包商银行以5559亿元的资产规模位居第37名，接近《意见》中的参评标准。截至接管时，包商银行共有473.16万户客户，包括6.29万户企业客户和700多家同业客户。包商银行在资产规模、业务范围和金融关联度等方面均远超过1998年关闭的海南发展银行等金融机构，其在我国银行机构中占据重要地位。"全面准确识别对金融体系和实体经济具有系统重要性的金融机构，对其提出更高标准和更严要求，将有利于打赢防范化解金融风险攻坚战，防范系统性风险，维护金融系统稳健运行"（曹宇，2020）。所以，监管系统重要性银行的目的是在对金融系统有重要影响的金融机构发生问题时，可以在金融风险溢出前进行干预，避免造成重大金融风险，维持金融体系的稳定。

（四）事前阻隔风险，防范个别风险系统化

个别金融机构的局部风险会通过金融网络传染和扩散，造成重大金融风险，其社会成本远远超过单个金融机构的承受能力。因此，监管部门对未造成更大损失的问题金融机构实施事前监管非常重要。施行事前监管的原因有三个：首先，金融风险具备传染性。金融企业通过支付清算系统与同业机构及其他债权人、债务人发生广泛的联系，经济金融关联性的增强也加大了风险交叉传染的可能性。当一家金融企业处于危机中时，就可能通过与"链式反应"类似的过程，引起金融风险在金融系统中的传播和扩散，甚至导致系统性金融风险的产生。其次，金融企业风险具有负外部性。单个金融机构自身风险承担能力的有限性和金融风险传染造成损失的无限性之间的矛盾，决定了金融企业个体风险扩散后造成的成本将由其外部机构部门承担，尤其是承担流动性创造和支付清算职能的银行。从理论上说，金融机构可以通过风险控制技术进行风险转移、风险对冲和风险规避等，降低内部整体风险。但风险天然的外溢和传染特点无法将个体风险限制在

金融机构内部，其具有较强的负外部性。最后，个别风险可能发生系统化演变。风险消除和风险转移对于单个金融机构整体风险而言具有相同效果，但对于金融系统来说，是完全不同的概念。风险消除是风险在单个金融机构内部和整体金融系统中均消失；风险转移则仅仅是单个金融机构不再承担该风险，而此风险仍停留在金融系统中，只是将其转移到风险承受能力更强的金融机构。实际上，风险转移过程也是风险扩散过程，个别风险会不断向风险承受能力更强的金融机构汇集。个别风险随着交易的扩散引起损失的风险降低，但影响的范围扩大，隐藏的危害越来越大，这就是个别风险的系统化演变。❶

以包商银行第一大同业交易对手徽商银行为例。徽商银行于 2018 年年底开始与包商银行开展同业业务，至包商银行被接管时，其向包商银行同业拆放资金规模达 200 多亿元。徽商银行 2019 年税前利润为 123.01 亿元，❷ 包商银行信用风险一旦爆发，在没有公共资金介入的情况下，徽商银行将面临直接亏损的结果，金融风险由包商银行向徽商银行传染。监管部门采取事前监管方式，在包商银行偿付危机未爆发前对其进行接管，从源头上切断了金融风险的传染渠道，维护了金融体系的稳定。同时，包商银行损失缺口约为 2200 亿元，引进战略投资者获得的股权收购溢价款仅 40 亿元，其余损失由存款保险基金、大额债权人和二级资本债权人承担。因此，监管部门事前监管可以尽可能减少单个金融机构风险对金融系统和金融资产价值的破坏程度，最小化社会成本。

（五）大型银行托管，保障社会公众利益

选取大型银行对问题银行进行业务托管有两个优势。第一，我国在经济体制的转型过程中，"稳定第一"始终是政府制定和实施政策的重要原则，这种原则也带来了公众对银行等金融机构的信任。公众信任的保持给政策制定者对问题金融机构的处置保留了充足的时间，不会发生西方发达国家公众在银行出现危机时的恐慌和挤提行为。这种可以避免重大金融风险发生的公众信任必须得到有效的保护，而大型银行的权威性可以发挥稳定公众对银行体系信心的作用。第二，金融是国家"公器"，其目的是最大化社会公众利益，坚守人民利益至上的理念。问题金融机构因内部控制机制缺乏或失灵、不良资产高企、流动性丧失等原因而无法提供金融服务，会造成社会公众利益的损失。因此，即使在对问题金融机构进行不良资产处置的过程中，也应保留问题金融机构向社会提供金融服务的能力，而由大型银行接管可以很好地保证日常经营活动的连续性。

---

❶　刘晓欣. 个别风险系统化与金融危机：来自虚拟经济学的解释［J］. 政治经济学评论，2011，2（4）：64-80.

❷　数据来源：2019 年徽商银行年报。

中国特色不良资产处置的理论创新与实践

包商银行的不良资产处置中，接管组委托中国建设银行进行包商银行的托管。中国建设银行作为国有大型银行，具备稳健的经营理念、丰富的管理经验和领先的金融科技力量，可以保障包商银行在处置期间各项业务的正常开展和持续运营，减少其经营失败对公众和社会的负面影响。而且在处置期间，中国建设银行替换包商银行的管理人员，全力帮助其完善治理结构、风控体系，在提升客户体验、加强内部管理、保护消费者合法权益、优化IT架构和功能等方面发挥了积极作用，促进了包商银行的正常经营和稳健发展，推动了其价值提升。同时，在市场化托管方式下，中国建设银行与包商银行之间建立起利益冲突"防火墙"，不会发生同业接管下不当关联交易和争抢客户资源等现象。

第十六章 不良资产处置的创新实践与制度优势——以包商银行为例

第四篇

4

国际经验

第十七章　美国储贷危机和次贷危机时期的不良资产处置

美国在处理银行不良资产方面具有丰富的经验和较成熟的做法。第二次世界大战结束以来，美国曾两次大规模地处置金融机构不良资产。一次是在 20 世纪 80 年代末到 90 年代中期的储贷危机时期，另一次是在 2008—2013 年的次贷危机时期。本章梳理了两大危机产生的背景以及各个时期采用的不良资产处置的机构与措施，分析了不良资产处置产生的效应。储贷危机时期，美国成立了重组信托公司（Resolution Trust Corporation，RTC），及时成功地化解了储贷协会和商业银行的不良资产，培育了美国不良资产市场。次贷危机时期，美国主要采用问题资产救助计划（Troubled Asset Relief Program，TARP）及公私合营投资计划（Public-Private Investment Program，PPIP）进行不良资产处置，其中 TARP 与 PPIP 成本低于预期，且 TARP 救助效果较好。在上述分析的基础上，本章还总结了美国处置不良资产的经验和教训，对我国不良资产处置法律法规和相关制度建设、政府主导与市场化关系处理、实体经济发展战略制定和不良资产处置最终职能等问题有一定的启示。

一、美国储贷危机时期不良资产处置

（一）不良资产产生的背景

20 世纪 80 年代中期，美国房地产市场的迅速降温迫使储贷机构不良资产急剧增加，大量储贷机构接连倒闭，最终引发了一场储贷危机。其中，储贷机构是由"储贷协会"发展而来的金融机构，其最初的功能是为协会内会员提供服务，主要是吸纳协会内会员存款，并向协会内会员提供住房贷款。1850 年后，部分储贷协会面向普通公众提供存贷的功能，使得储贷协会的规模快速发展。储贷机构在吸纳一般公众的中短期存款后，为购房者提供 20~30 年的固定抵押贷款服务。第二次世界大战后，美国经济运行平稳，物价、利率趋于稳定，监管当局逐渐放松了对银行等储贷机构利率水平和业务风险的监管要求，使得储贷机构的行业规模大幅上升，同时储贷机构大举对房地产等高风险行业提供贷款。当时，遍及美国各州的储贷机构已经超过 50000 多家，行业总资产接近美国国内总资产的 2/5，住房抵押贷款的市场份额已经是当时美国商业银行的两倍之多，储贷机构的业务成为美国金融市场的重要组成部分。

20 世纪 70 年代，美国开始启动为期 30 年的金融自由化改革进程。金融自由化改革之初，美国存款利率仍存在上限，加之石油贸易赤字冲击等国际贸易因素促使美国经济开始发生滞胀，种种因素促使自第二次世界大战后流向海外市场的美元倾向于在离岸市场流通而非回到美国，大量资金逃离储蓄贷款机构。美国联邦储备局数据显示，1981—1982 年，美国储蓄机构的流出资金（320 亿美元）远超过存入资金。在此情况下，为了保住现有的存款，以商业银行为代表的储蓄机构不得不支付更高的利息，存款利率大幅上升。1981 年，受越南战争结束和中东石油危机影响，美联储为应对通货膨胀更是将隔夜利率提升至 20%。与此同时，美国 10 年期国债利率从 1970 年的 8% 左右一路飙升至 1980 年的约 15%，❶ 如图 17-1 所示。

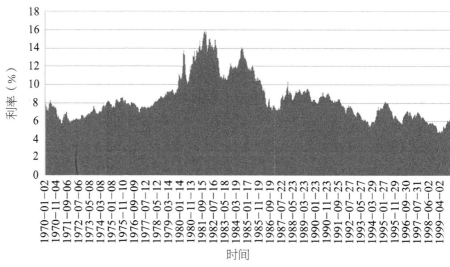

图 17-1　1970 年 1 月至 2000 年 1 月美国 10 年期国债利率

数据来源：美国经济分析局数据库。

随着美国金融自由化进程的加速，利率开始趋于市场化，美国不再对存款利率上限做出限制，市场利率的不断上浮导致以固定利率发放贷款的储贷机构的资金成本直线上升。表 17-1 显示了 1978—1982 年美国储蓄业利润率，可以看到，1981 年，美国储蓄业盈利机构占比仅为 15.20%，即 84.40% 的储蓄机构出现了亏损，同时盈利储蓄机构资产占所有储蓄机构资产的百分比更是触及底线，仅为

---

❶　数据来源：美国经济分析局数据库。

8.70%，从中也可预见储蓄机构后续出现大量不良资产的悲剧。❶

表 17-1　1978—1982 年美国储蓄业利润率　　　　　　（%）

年份	盈利储蓄机构占所有储蓄机构的百分比	盈利储蓄机构资产占所有储蓄机构资产的百分比
1978	97.30	98.70
1979	93.50	95.90
1980	64.40	67.00
1981	15.20	8.70
1982	32.20	39.40

　　资料来源：费尔德斯坦 . 20 世纪 80 年代美国经济政策 ［M］. 王健，等译 . 北京：经济科学出版社，2000：463.

　　此外，房地产市场的降温直接导致储贷机构的贷款难以回收，大部分储贷协会出现严重亏损，不良资产飙升。从 1983 年开始，美国储贷机构开始陷入信用危机，并接连倒闭。截至 1988 年，超过 2000 家银行和储贷机构破产被迫关闭或接受政府援助，其中银行 1617 家、储贷机构 1295 家，约占同期银行和储贷机构总数的 14%，而倒闭机构的资产总额高达 9236 亿美元，约占同期银行和储贷机构资产总额的 20%，储贷危机全面爆发。❷

（二）不良资产处置的措施

1. 不良资产处置机构

　　在储贷危机期间，美国处置与管理不良资产的机构主要是重组信托公司。重组信托公司成立于 1989 年，结束于 1995 年，存续时间为 6 年。面对储贷危机中各银行产生的大量不良资产，1989 年 8 月，美国在联邦保险存款公司（Federal Deposit Insurance Corporation，FDIC）下面开设了它的附属机构——RTC，并于同年颁布了《美国金融机构改革、复兴和实施法案》。RTC 作为暂时性的联邦政府机构，初期附属于联邦存款保险公司，1991 年 11 月正式独立经营，1995 年完成了不良资产处置并在年底被解散，有关职能部门和人员重新回到联邦存款保险公司。

　　RTC 的总部设在华盛顿，主要负责整个机构的整体运营和管理工作，并定

---

❶　数据来源：美国经济分析局数据库。

❷　BENNETT R W，LOUCKS C.Politics and length of time to bank failure：1986－1990［J］. Contemporary Economic Policy，1996，14（4）：29－41.

期向董事会、监事会和美国国会汇报，此外，它还负责对大型储贷机构进行处置。同时，RTC 在美国共设立了 4 个区域总部，主要负责公司资产管理和处置工作，并负责相关合同的审批及管理；其在全国设立了 14 家机构办事处，主要负责资产管理和销售工作。RTC 的公司组织中设有监督委员会，旨在监督和监管在处置储贷机构过程中的行为，并对公司的融资计划进行审批。

1989 年，为使 RTC 接管所有储贷机构的不良资产，美国通过 RTC 发行的期限为 30 年和 40 年的合计约为 300 亿美元的不可赎回的零息国库券、美国财政部注资的 188 亿美元及联邦家庭贷款银行注资的 12 亿美元这三种渠道向 RTC 注资 500 亿美元。RTC 处置不良资产的原则是较快出售不良资产并取得较高的回报率。从 1989 年成立到 1995 年解散，RTC 成绩斐然，先后共处置和收购了 747 家破产的储贷机构，处置的问题资产总值达 4025 亿美元，这些资产大约占 1989 年储贷机构总资产的 23.2%，占整个银行及储贷机构总资产的 8.5%，资产回收率近 40%。❶

2. 不良资产处置过程

RTC 主要采取"好银行 + 坏银行"模式进行不良资产处置，即将储贷机构的坏资产从好资产中分离出来，由 RTC 接管并集中处理。此外，随着一系列处置项目的进行，RTC 发现，越早接管濒临倒闭的储贷机构，越可以节省美国联邦政府给予的资金，因此，开始实施"快速处置方案"。总体而言，RTC 对问题金融机构主要采用接管—处置或快速处置等手段。

（1）接管—处置过程。在 747 家问题金融机构中，有 90% 是采用接管—处置的模式进行不良资产处置。在接管方面，RTC 在处置濒临破产的储贷机构的过程中，首先以接管人的身份直接对濒临或者已经倒闭的储贷机构进行管理，其主要目标是维护在该储贷机构中存款的公众的利益。除此之外，RTC 在接管过程中的目标主要有以下三点：其一，取得被接管机构的控制权和监管权，以维持存款人和社会公众的信心，避免出现大规模的预期崩溃；其二，对被接管的储蓄机构进行各方面的评估，提出最优的处置计划；其三，在接管过程中，约束该储蓄机构继续发放贷款，控制和减小该储蓄机构的资产规模，同时缩减日常工作支出，以及避免内部人员借机浪费、欺诈和滥用职权等行为的发生。储贷危机时期，在 RTC 成立之前，已经有大量的储贷机构濒临倒闭，当时没有相应的专门机构、资金支持和人员进行相关工作的处置。因此，RTC 在成立之初就已经接管了 262 家濒临或已经破产的储贷机构，到 1989 年年底共接管 318 家。1990—1993 年，RTC 又分别接管了 207 家、123 家、50 家和 8 家储贷机构。截至 1995 年 6 月底，

❶ 王元凯.国有资产管理公司金融功能的国际比较［J］.新金融，2015（3）：43-47.

RTC 累计接管 706 家储贷机构。**❶**

在处置方面，RTC 作为一个暂时性机构，主要以快速处置为主，其处置方法主要有"收购承接"与"存款赔付"两种。"收购承接"是指撤销濒临或已经破产的储贷机构的法人资格，通过一个正常运营的机构或一个投资小组来收购其部分或全部资产，并承担其部分或全部债务。在处置濒临倒闭的储贷机构时，RTC 需要经过以下几步程序：第一，将濒临破产的储贷机构公布于社会；第二，专业人员对储贷机构的待售资产进行估价；第三，对有意购买待售资产的投资者或投资机构进行搜集汇总；第四，针对上述列表，对潜在的竞标者进行挑选，并向潜在竞标者提供有关储贷机构的财务资料以及其他相关材料；第五，召开投标会，具体说明并发放有关储贷机构的文件以及法律条文；第六，挑选最合适的投标书，选择成本最低的处置方案。"存款赔付"可以分为两种渠道：一是直接赔付存款人，即直接对即将倒闭的储贷机构中 10 万美元以下的存款公众直接进行赔付；二是受保存款转移，即不提供直接取款服务，而是将被保客户的账户转移到其他正常运行的金融机构供其随时支取。储贷机构其余的资产和负债则进入清算程序。存款赔付往往更适合小规模的濒临破产的储贷机构。在被 RTC 接管并处置的 747 家储贷机构中，共有 250 家濒临破产的储贷机构选择了存款赔付方式，占比 1/3。

（2）快速处置过程。1997 年 7 月，RTC 与储贷机构监管办公室开始实施"快速处置方案"，该方案要求 RTC 尽可能在最短的时间内，针对有限的具有潜在收购意愿的投资者完成处置，在这个过程中避免采用"接管"这一过程。在 RTC 接管并处置的 747 家储贷机构中，有 39 家濒临倒闭的储贷机构采用了快速处置方案。**❷** 但在快速处置方案中，由于财务信息没有全部暴露于社会，这时储贷机构的所有资产在处置时均可出售，因此在这之前应该主要对这些濒临倒闭的储贷机构进行详细、周密的资产检查和尽职调查。

在解决此次储贷危机的过程中，美国联邦政府运用了相当多的法律手段，政府出台密集的政策进行事后干预，使 RTC 的各项业务内容都得到有效的监管并具有法律依据。其中，1989 年 8 月美国国会通过的《金融机构改革、复兴和实施法案》确定了 RTC 经营的首要原则是尽快出售不良资产并提高回报率，为 RTC 后续的运行提供了坚实的基础。此外，在《金融机构改革、复兴和实施法案》颁布并实行后，美国联邦政府又先后颁布了《银行违约处罚法》《存款保险公司改进法》《RTC 再融资、重组与改进法》《"一揽子"预算协调法》《RTC 终止法》以及《RTC 再融资、重组及改良法》共六部法案用于解决此次储贷危机。

---

❶ 田国立. 好银行？坏银行！［M］. 北京：经济科学出版社，2011：5.

❷ 王元凯. 国有资产管理公司金融功能的国际比较［J］. 新金融，2015（3）：43-47.

3. 不良资产处置方式

为提高资产运作效率，并最大限度地获得高回报，RTC 根据资产分类情况创新多样化的处置方式，采取了包括公开拍卖、暗盘竞标、资产管理合同、资产证券化和合伙经营等在内的多种资产处置手段。

（1）公开拍卖。在《金融机构改革、复兴和实施法案》的支持下，RTC 可以与私人部门共同完成处置项目的相关工作，以完成贷款评估、打包和促销贷款的处置过程，此时，私人部门可以向 RTC 提供具有丰富经验的工作人员，为 RTC 重新雇用和培训新员工节省了大量成本。RTC 把向贷款收购方提供担保或融资作为贷款出售的工具。为避免资金支持的存续期限到期，RTC 在短期内进行了多次拍卖。美国联邦储备局数据显示，1991—1992 年，RTC 先后进行了 12 次地区性的贷款拍卖和 8 次全国性的贷款拍卖。同时，RTC 还在此期间颁布并实行了《国家贷款拍卖计划》，促进其各个分支机构对滞销贷款的出售，使其快速进入市场。可以看出，该法案的出台为贷款拍卖提供了良好的环境，属于依靠政府的处置方式。

（2）暗盘竞标。暗盘竞标主要依靠市场机制的价格发现功能，首先由 RTC 将需要处置的大量资产进行打包，并移交给私人部门。随后，在暗盘竞标的出售过程中，有收购意愿的投资人以秘密方式向其意愿投资的资产包或贷款组合投交标书，如果其标价达到了 RTC 规定的最低成交价格，则按价高者成交。一旦收到标价，这些资产包或不良资产的收益权和所有权就转移给投资人或投资机构，一般是以电子转账或支票的形式进行支付。与公开拍卖相比，暗盘竞标的效率更高，获利空间更大，并且也有助于在最短的时间内出售资产，特别是有利于出售那些现金流为负值和持有成本巨大的资产。

（3）资产管理合同。RTC 成立后接管的不良资产规模越来越大，于是开始尝试以合同方式借助外部力量处置不良资产。RTC 采用的资产管理合同方式主要为"标准资产管理和处置协议"，即 RTC 与符合条件的私营公司签订合同，由私营公司管理和处置 RTC 接受的不良资产。协议管理的房地产和不良资产组合一般为 5000 万美元，期限为 3 年，可续约。1991—1993 年，RTC 共签订了约 199 份标准资产管理和处置合同，处置的资产账面金额高达 485 亿美元。与此同时，作为 RTC 母公司的 FDIC 也采用了该方式，其资产管理合同方式主要为"资产清算协议"，由 FDIC 与资产管理公司签订，期限为 3 年，不可续约。1988—1993 年，FDIC 共签订了 14 份资产清算合同，处理的资产账面金额超过 330 亿美元。❶

（4）资产证券化。自美国的金融自由化改革以来，美国资产证券化市场迅

中国特色不良资产处置的理论创新与实践

---

❶ 刘明彦. 美国处置银行不良资产举措［J］. 银行家，2015（10）：90–92.

猛发展，RTC 将居民住房抵押贷款、商业房抵押贷款、零售贷款等作为基础资产，以该基础资产为特殊目的实体发行贷款类的资产证券化产品，并在金融市场对这些证券化产品进行销售，加快各类贷款资产的出售。RTC 较为擅长的是发行以商业性房地产贷款证券为核心的"非传统性"资产支持的 ABS，商业性房地产证券化便于 RTC 将大量不良房地产资产移交至私人部门，而后推向市场，为这些不良资产市场价格的确定提供了一个解决办法。1991—1997 年，RTC 累计进行了 72 笔资产证券化交易。在 RTC 的不良资产组合中，以证券化的方式处置的不良资产高达 422 亿美元，相当于总资产的 10% 以上。❶

（5）运用股权合伙企业经营资产。为了缩减处置成本，提高项目的处置收益和净现值回报，以及利用市场复苏所带来的某些正面效应和私人部门的专业性人才与工作效率，RTC 创造性地选择了股权合伙企业处置不良资产。RTC 将从问题金融机构获得的金融资产出售给其与私人投资者组建的股权合伙企业，为新成立的合伙企业安排融资，对其出售的资产享有股息，私人投资者作为普通合伙人对合伙资产进行经营。1992 年 12 月至 1995 年 10 月，RTC 与私人部门企业共同建立了 72 家合伙企业，经营资产的价值达 214 亿美元，衍生资产的投资价值达 38 亿美元。❷

（三）不良资产处置的效果

为储贷危机而生的 RTC 共存续了六年，最终，RTC 较好地完成了不良资产处置任务，其付出了 875 亿美元的处置成本并收回了约 5 倍面额的不良资产，资产处置率高达 98%。RTC 的成功建立和运行，使得美国金融业风险大幅降低，宏观经济环境有所改善，促进了美国 20 世纪 90 年代的经济发展。同时，RTC 盘活了储贷机构的滞留住房，并以此提高了低收入群体的社会福利。最后，美国的 RTC 系统为其他国家处置不良资产提供了范例。

1. 美国金融业风险大幅降低，宏观经济环境有所改善

1989 年初建立的 RTC 原计划于 1992 年年底撤销，但因问题储贷机构数量日益上升，所以，经过先后两次延长最终改为 1995 年年底。在此期间，RTC 共处置了约 4025 亿美元的不良资产，有效化解了美国金融市场的风险，此后十年，美国银行不良贷款率始终保持在 1% 左右，并于 2005 年达到历史新低 0.7%。同时，美国银行的银行资本金与总资产的比率逐年攀升，从 2000 年的 8.5% 一路提升到

❶ 罗洪波，夏翰，冯诗杰，等 . 美国银行业不良资产处置的经验及启示 [J] . 西南金融，2016（9）：52–55.

❷ 王元凯 . 金融资产管理公司经营不良资产的国际比较 [J] . 开发性金融研究，2020（3）：42–48.

2006 年的 10.5%，提高了银行抵御风险的能力。此外，金融市场的逐步恢复也有力地促进了美国经济的发展。图 17-2 展示了 1988—2006 年美国 GDP 增长率及国内失业人数占总劳动人数的比率，可以看出，1988 年储贷危机爆发之初，美国 GDP 增长率逐年下降，并在 1991 年触及谷底 -0.10%，这与储贷问题机构数量逐年上升息息相关，随着 RTC 处置规模及效率的提升，GDP 增长率快速反弹至 1992 年的 3.50%，并在此后十年间不断攀升，于 1999 年达到 4.75% 的高位。同时，随着美国经济的复苏，失业率则逐步下降，从 1992 年 7.50% 的高位逐渐下降至 1995 年的 5.70%，并在此后五年间始终保持下降态势，于 2000 年达到 3.99%，美国宏观经济环境得到改善。

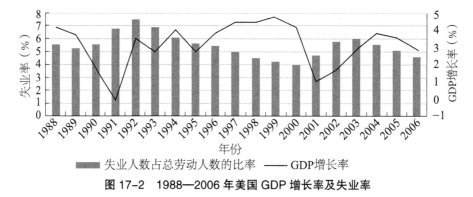

图 17-2　1988—2006 年美国 GDP 增长率及失业率

数据来源：世界银行数据库。

2. 房产存量得以盘活，部分群体社会福利得到改善

RTC 接管的储贷机构不良资产不仅包括住房抵押贷款、其他商业性抵押贷款，还包含其拥有的房地产。1990 年，RTC 的房地产存量已高达 180 亿美元以上。为了快速盘活手中的房地产存量，同时满足提高少数民族拥有储贷机构数量的法律规定，RTC 通过少数民族优先购买计划和经济适用房政策，有效地处置了不良资产，同时也提高了少数民族和中低收入阶层的社会福利。其一，少数民族优先购买计划是指在满足处置项目的投标成本小于清算成本的前提下，与金融机构前股东的民族相同的人们具有优先收购该金融机构的权力。1993 年，少数民族优先购买计划又拓宽了收购人的限制范围，规定只要金融机构所在区域中有一半以上的公众是少数民族，少数民族收购人便具有优先收购任何一家被处置的储贷机构的权力。此外，RTC 还实行了提供融资、单独竞标权、免付租金等多种优惠政策为少数民族优先获得收购权助力。其二，经济适用房计划主要面向中低收入家庭，该计划主要实施了五年，共向中低收入家庭提供了超过 11 万套经济适用房，总价值超过 20 亿美元。❶ 此外，对于那些非营利性机构或公共机构，RTC

❶ 佟铁成 . 银行不良资产与金融资产的管理［D］. 长春：吉林大学，2005.

也采取了捐赠政策，在其存续的六年中，共捐赠了1000多套房屋，使得较低收入群体的社会福利得到改善。

3. 重组信托公司为其他国家处置不良资产提供了范例

美国是历史上金融危机发生最多的国家之一，也是最早一批开展不良资产处置的国家之一。储贷危机期间，美国推出RTC进行不良资产的集中处置，不仅培育了一批经验丰富的个人和机构，初步培养了美国不良资产处置市场，而且为后续各国不良资产处置提供了范例。无论是20世纪80年代泡沫经济时期的日本，还是20世纪90年代不良资产剧增的瑞典、波兰、捷克，均采用了建立专门的资产管理机构重组银行不良资产的模式。这种模式将有问题的不良资产从原机构中剥离出来，改善原机构的财务状况，使其能在较好的环境下集中于正常业务和利润的实现，可统称为RTC系统，❶ 更为一般的说法是"好银行 + 坏银行"模式。例如，20世纪80年代的日本通过建立整理回收机构与产业再生机构，在1997—2007年间成功处置了近40万亿日元的不良资产，挽救了濒临崩溃的国内经济。我国也在21世纪初建立了四大国有资产管理公司，成功剥离了国有银行2.69万亿元的不良资产，有效化解了系统性金融风险。2008年次贷危机和欧洲债务危机中有也不少国家采用这一模式处置不良资产，化解金融风险。

二、美国次贷危机时期不良资产处置

（一）不良资产产生的背景

随着20世纪初互联网泡沫的破灭以及美国去工业化的发展态势，美国经济增长逐渐放缓，在此背景下，为促进美国经济增长，美联储开始持续降息。2001年，美国开始下调利率，到了2003年6月，美国联邦基金利率已经下降到1%，这也是近50年来美国联邦基金利率的最低水平。随即，美国房地产贷款利率也持续下调。持续低水平的房地产贷款利率和宽松的货币政策大大刺激了美国公众的购房需求，这也使得美国的房地产市场交易火爆，房地产投机应运而生。由于金融系统监管懈怠与缺失，大量不符合贷款条件的美国公众获得了贷款，这些贷款构成了金融机构发行金融衍生品的主要底层资产。在市场利率大幅下调的条件下，金融机构为了吸引大量市场资金，发行了由各类房地产抵押贷款为底层资产的ABS以及各类高风险、高收益的衍生品。通常而言，住房抵押贷款分为优质贷款、次优贷款和次级贷款三种类别。其中，次级贷款的贷款人风险最大，这些次级贷款的申请者往往身有负债，没有稳定的收入，违约概率也较高。因此，

---

❶ 孙健，孙巍，王稳. 从全球视角看重组信托公司在中国的发展 [J]. 世界经济，2000（12）：69–73.

以此为底层资产发行的次级债券往往具有高风险和高收益的特点。

美国国内经济由于炙热的房地产市场而蒸蒸日上，通货膨胀逐步攀升，为了缓解国内经济过热的发展趋势，2004—2006 年，美联储累计加息 17 次，促使联邦基金利率从 1% 一路上升至 5.25%，较高的利率增加了房地产贷款的成本，房价开始下降，许多低收入的次级贷款者无法偿还其肩负的巨额贷款，以这些次级贷款为底层资产发行的证券类资产的违约事件也频频爆发，房地产泡沫逐渐破裂，经营房地产次级贷款相关业务的金融机构也相继倒闭。2007 年 4 月，新世纪金融公司申请破产，次贷危机初见端倪，紧接着 4 个月后美国第五大投资银行贝尔斯登于 8 月份宣布停止赎回对冲基金，引发投资者大量撤资，从而触发了流动性危机，标志着美国次贷危机的全面爆发。此后，多家金融机构接连倒闭，不良资产规模急剧上升。截至 2010 年，美国破产的银行数量从 2007 年的 3 家攀升至 157 家，不良资产率从 2008 年 4 季度的不到 3% 迅速上升到 5.46%，账面总值高达 4100 亿美元，企业违约率从 2008 年的不足 1% 提高到 10.74%，提高了近 10 个百分点。同时，次贷危机还对美国的实体经济造成了严重的打击，推高了实体经济企业的违约风险。仅 2009 年，申请破产的企业中，债务规模在 10 亿美元以上的就多达 50 家，1 亿美元以上的也有 234 家，包括克莱斯勒、通用在内的大量企业陷入债务困境。❶

（二）不良资产处置的措施

与储贷危机时期设立 RTC 不同，在金融危机时期，美国没有组建专门处置不良资产的机构，而主要通过政府部门推出相应的救助计划来处置不良资产。主要有两项计划：一是推出问题资产救助计划（TARP）；二是实行公私合营投资计划（PPIP），成立公私合营基金清理不良资产。

1. 推出问题资产救助计划（TARP）

TARP 开始于 2008 年 10 月，结束于 2010 年 10 月，持续期为 2 年。2008 年 10 月，美国国会审议通过了《2008 年经济紧急稳定法案》，法案的核心内容便是"问题资产救助计划"（TARP）。该计划授予财政部 7000 亿美元资金用于担保和购买问题资产，主要救助具有系统重要性的金融机构。随后，附加了一项 1100 亿美元的惠及中产阶级和企业的减税计划，最终救助资金扩大到 8500 亿美元。这一计划最初设想用于购买各大金融机构的不良资产，然而，随着次贷危机的蔓延，美国整个金融体系深陷困境，通过直接购买不良资产进行危机救援的成本大幅上涨，因此在实际操作中，该救助计划主要采取对银行注资的方式间接处置不良资产。TARP 最初推出时定于 2009 年 12 月结束，但后来逐步调整至 2010 年

❶ 罗洪波，夏翰，冯诗杰，等. 美国银行业不良资产处置的经验及启示 [J]. 西南金融，2016（9）：52-55.

10 月，此后，政府逐步启动计划退出机制，截至 2013 年年末，财政部已收回其在 TARP 下的绝大部分投资，标志着 TARP 彻底走向尾声。

TARP 的救助对象以大型金融机构和大型公司为主，具体包括大中型银行、保险公司巨头美国国际集团（American International Group，AIG）以及房地产市场。首先，TARP 对大中型银行提供了超过 1586 亿美元的资金支持。在得到注资后，大中型银行的破产风险基本消失，且纷纷赢利，相继偿还了政府的援助资金。截至 2010 年 11 月，美国约 7700 家银行和储蓄机构的净利润累计达 145 亿美元，高于上年同期的 20 亿美元。赢利银行占比超过 60%，达到了 2008 年 6 月以来的最高水平。其次，该救助计划先后为美国国际集团提供了超过 1820 亿美元的资金。最后，该救助方案计划向房地产市场援助资金 2750 亿美元。其中，750 亿美元用于直接补贴购房者，降低贷款的违约率；另外 2000 亿美元用于支持房利美和房地美，增加市场的流动性，降低抵押贷款利率。截至 2010 年 10 月，房利美和房地美累计获得政府救助资金 1480 亿美元。❶

2. 实施公私合营投资计划（PPIP）

PPIP 开始于 2009 年 3 月，结束于 2017 年 12 月，持续 8 年零 9 个月。2009 年 3 月，美国政府依据"金融稳定计划"对前一问题资产救助计划（TARP）进行改进，正式提出"公私合营投资计划"（PPIP）。在 PPIP 中，美国财政部与投资者按照各自 50% 的比例出资共同组建公私投资基金（Public-Private Investment Fund，PPIF）收购银行、保险公司、各类基金等金融机构的不良贷款，成为美国处置不良贷款的新型组织。该计划的机制是，美国财政部从 TARP 中拿出 750 亿~1000 亿美元的资金，与联邦保险存款公司（FDIC）一起带动私人资本，通过乘数效应给予美国政府相当于 5000 亿美元的购买力，并希望通过 PPIF 购买至多 1 万亿美元的美国银行业不良资产，该计划旨在利用包括政府和私人在内的多个主体的力量剥离金融市场的不良资产，提高金融机构存量贷款和各类证券的流动性，重启信贷市场。

PPIP 在运行中遵循三项基本原则。一是最大限度地发挥纳税人每一元钱的效用。财政部通过联邦存款保险公司、美联储与私人投资者进行联合，创造坚实购买力，最大限度地运用纳税人的资金。二是公私部门共担风险和收益。PPIP 确保私人投资者与纳税人投资紧密联系，避免了风险集聚于一方，实现了风险分担，同时纳税人也可以分享投资收益。三是发挥私人投资者的价格发现功能。私人投资者进行竞争，通过市场力量来确定资产的价格，可避免政府高价收购不良资产从而招致损失。

PPIP 分为美联储主导和财政部主导两种模式。在美联储主导的模式下，私

---

❶ 田国立.好银行？坏银行！［M］.北京：经济科学出版社，2011：231.

人部门的投资者首先出资，而后美联储通过抵押证券化资产收购融资工具进行融资，将两部分资金汇合用于购买市场上的不良资产。在财政部主导的模式下，合格的私人部门投资者申请成为公私合营基金的基金经理人来管理基金，财政部充当项目合资人，与私人部门的投资者共同承担项目收益和亏损。同时，PPIP 将金融机构的不良资产分为不良贷款和不良证券，并分别提供融资。对于不良贷款，美国财政部与私人投资者按 1：1 的比例出资，共建基金来收购银行的不良贷款。FDIC 为私人投资者的融资提供担保，融资杠杆比率最高可达 6：1。对于不良证券，财政部与私人投资者按 1：1 的比例出资，并为私人投资者提供与政府出资相同比例的贷款。此外，私人投资者还可以利用美国定期资产抵押证券贷款工具来为不良证券的处置提供融资支持。

（三）不良资产处置的效果

次贷危机发生后，美国很快提出了 TARP 和 PPIP 来购买大型金融机构的不良资产，强力救助资本市场。其中，TARP 卓有成效，但 PPIP 的三大目标均未实现。美国的宏观经济增长虽在短期内小有起色，但由于实体经济的萎靡，危机后长期处于疲软状态。

1. 问题资产救助计划成本低于预期，救助效果不一

一方面，在 TARP 存续的 2 年间，其执行成本远低于预期。2008—2009 年年底，美国政府对 TARP 总计分配了 5607 亿美元，分别用于投资和收购不良资产。被投资的大中型银行、汽车业及大中型金融机构纷纷偿还了援助资金，使美国政府获得了可观的利息收入和认股权证收益，其中银行总计偿还 1160.3 亿美元，汽车相关产业偿还 21.5 亿美元。TARP 投资获得近 100 亿美元的股息收入，出售认股权证收入约为 39.9 亿美元。因此，在对中小型金融机构的援助遭受了一些损失的情况下，TARP 的执行成本仍远远低于预期。❶

另一方面，在对银行、汽车业、房地产业的救助过程中，大中型银行及汽车业净利润不断增长，并提前偿还了 TARP 的贷款，但小银行及房地产业不仅没有达到预期效果，反而经营状况持续恶化，倒闭数量逐年增加。2010 年 7 月，美国国会监管小组报告指出，约 99 家接受援助的小银行已无力向财政部支付季度股利，预计到 2013 年无法支付的股利将增加一倍。美国联邦储备数据表明，2009 年倒闭银行数超过 140 家，并于 2010 年进一步增至 157 家，创下储贷危机以来的新高。房地产市场的效果类似，2010 年 8 月，美国四家最大的银行——摩根大通、花旗集团、美国银行和富国银行回购的问题房贷总额约为 1800 亿美元，可能遭受的损失高达 420 亿美元。可见，美国在不良资产处置过程中，主要关注"大

❶ 数据来源：美国经济分析局数据库。

而不能倒"的金融机构，忽视了对小型金融机构的救助。近年来，人们一直在反思"大而不倒"的负面影响。

2. 公私合营投资计划未达到预期目标

PPIP 的主要资金来源是 TARP，美国政府在最初设想中希望通过乘数效应，实现用 1000 亿美元的投入资金创造出 5000 亿美元购买力的目标，并在必要时利用公私合营投资基金收购 1 万亿美元的问题资产。因此，PPIP 有三个预期目标：一是尽可能以有限的财政资金处置更多的不良资产；二是通过自主清理问题贷款来推动一级信贷市场的恢复；三是采取高度市场化的运作模式，提高资金利用效率。但在具体操作过程中，PPIP 产生的效果远远低于预期。

首先，PPIP 希望以有限的财政资金撬动大规模资产处置，但实际上不良资产处置规模及资金运作效率远未达到预期。其次，PPIP 中的不良证券计划目的在于重启不良证券市场，释放银行和其他金融机构的资本并刺激信贷增加。但由于实体经济的持续衰退形成了较大的冲击，金融体系深陷危机，想要重新释放活力需要一个漫长的过程；同时，买卖双方对问题资产信息的严重不对称，可能存在逆向选择问题。最后，PPIP 的不良资产运作是高度市场化的，但市场化运作也可能出现损害公共利益的行为，因为在金融危机时期，市场机制在很大程度上已经失灵，难以发挥正常的自我约束功能，市场中可能出现串谋、道德风险等市场失灵现象，导致 PPIP 的目标难以实现。所以，贷款类项目的运行效果不错，但资产证券化启动效果不佳。

3. 美国金融业风险依然可观

表 17-2 展示了 2008—2019 年美国银行业资本金占银行总资产的比重。可以看出，次贷危机发生后的 2008—2010 年，银行为了增强自身处置不良资产的能力，纷纷提高了自己的资本金，并于 2010 年间达到了顶峰（12.74%），随着问题资产救助计划的实施完成，银行业的经营状况稍有改观，各银行便纷纷降低了各自的资本金比例，并在之后的 2011—2016 年一直保持下降态势，说明美国结束问题资产救助计划和公私合营投资计划后，金融系统内部风险仍在持续提升，这些救助项目只是起到暂时而非长效控制风险的作用。

虽然 2017—2019 年银行资本金占总资产的比重有所提高，但美国银行业抵御风险的意识随着 2008 年金融危机影响程度的消退而迅速下降和懈怠。2010—2019 年美国金融资产不断扩张，2019 年与 2008 年相比资产规模扩张了 1.5 倍，且始终超过 GDP 的增速和增幅。宏观资本杠杆率也不断增大，2019 年为 5.88，金融资产总额约为 GDP 的 6 倍，这一指标高于 2007 年完成第一轮计划时期的 4.59、2017 年完成第二轮计划时期的 5.67，达到了最高水平，它反映了美国系统风险积累和扩散的过程，说明美国金融业在不断积累金融风险，正等待下一次金融危机的爆发。

表 17-2　2008—2019 年美国银行资本金占比与宏观资本杠杆率

年份	银行资本金占总资产的比重（%）	金融资产总额（十亿美元）	GDP（十亿美元）	宏观资本杠杆率（倍）
2008	9.30	68874.68	14997.76	4.59
2009	12.37	70729.24	14617.30	4.84
2010	12.74	72396.11	14992.05	4.83
2011	12.23	74108.02	15224.55	4.87
2012	11.96	78459.21	15567.04	5.04
2013	11.78	84584.02	15853.80	5.34
2014	11.66	88705.06	16254.26	5.46
2015	11.71	88884.27	16754.16	5.31
2016	11.59	92528.77	17040.90	5.43
2017	11.65	99238.57	17438.41	5.69
2018	11.69	98445.70	17960.94	5.48
2019	11.78	107880.64	18349.11	5.88

数据来源：根据美国联邦储备数据库整理。

4. 宏观经济环境稍有改善，但危机后经济持续疲软

虽然 PPIP 执行进度非常缓慢，但其在一定程度上促进了美国实体经济的短期复苏。图 17-3 表明，美国 GDP 增长率在 2009 年触及了近十年的谷底（−2.54%），随后在 2010 年快速反弹，实现了 2.56% 的正增长，说明美国于 2008—2009 年通过的"经济紧急稳定法案"与"金融稳定计划"对其经济恢复有一定帮助，这点从美国失业率中也能体现出来。

美国的失业率在 2010 年达到 9.63%，是其自储贷危机以来最高的失业率，充分说明次贷危机对美国实体经济的打击比储贷危机时期更甚。而 TARP 通过对汽车产业的救助，消除了近百万人的就业危机，促使美国失业率在 2011 年下降至 8.95%，下降了近 0.7 个百分点。

但美国之后的发展明显后劲不足，2011 年 GDP 增长率便下降至 1.55%，下降了约 1 个百分点，往后十年间也一直在 2% 的增长率上下徘徊。可见，次贷危机对美国实体经济冲击巨大，虽然对金融市场的临时救助能帮助美国暂时走出危机的阴霾，但却难以推动美国经济迅速走出低谷。

事实上，美国实体经济创造的 GDP 在第二次世界大战后的初期占 GDP 总值

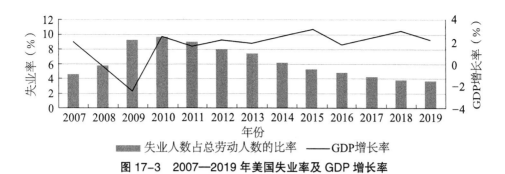

图 17-3 2007—2019 年美国失业率及 GDP 增长率

数据来源：世界银行数据库。

的 27%，到 2010 年降到 11%，萎缩了一半以上；虚拟经济创造的 GDP 占 GDP 总值的比重，则从第二次世界大战后初期时的 15% 上升到 2010 年的 34%，增加了一倍以上。"去工业化"使以制造业为核心的实体经济正在淡出美国经济，"经济虚拟化"使以金融房地产业为核心的虚拟经济成为美国经济的支柱。虚拟经济理论认为，"奥肯定律"GDP 创造与就业创造一致的理念完全脱离了美国经济的现实。美国 20 世纪三四十年代经济 GDP 与就业增长同步的模式，已逐渐让位于"GDP 创造依赖虚拟经济，就业依赖一般服务业"的模式。既要实现经济增长，又要解决就业压力，确实是一个大难题。这是美国虚拟经济与实体经济失衡的矛盾，也是"GDP 创造与就业"失衡的矛盾，同时又是金融危机后经济仍难以复苏的症结所在。

三、美国不良资产处置的启示

20 世纪 80 年代，美国金融自由化的发展加上两次石油危机的冲击，促使美国国内储贷机构成本大幅上升，房地产的降温直接导致储贷机构不良资产飙升，储贷机构开始陷入信用危机并纷纷倒闭，储贷危机全面爆发。在储贷危机中，美国成立了重组信托公司（RTC）集中处置不良资产。RTC 利用"好银行 + 坏银行"模式进行不良资产处置，并采用接管—处置或快速处置等手段。在 1989—1995 年六年的存续时间中，RTC 累计接管储贷机构 747 家，之后采取收购与承接、存款赔付等方法对接管的储贷机构进行处置。在 RTC 接管并处置的 747 家储贷机构中，约 33.5% 的机构选择了存款赔付方式。最后，为了提高处置效率，自 1990 年 7 月起，RTC 开始实施快速处置方案。在具体的不良资产处置方式上，储贷危机时期的美国主要采取了公开拍卖、暗盘竞标、资产管理合同、资产证券化和合伙经营等多样化的处置方式。经过 RTC 为期六年的不良资产处置后，美国金融业风险大幅降低，宏观经济环境有所改善；储贷机构房产存量得以盘活，部分群体社会福利得到改善。RTC 为其他国家处置不良资产提供了范例。

21 世纪初，美国房地产市场迅速膨胀，金融系统缺乏有效监管，导致大量贷款流入不符合贷款条件的公众手中，房地产投机行为横行，市场上充斥着用次级贷款作为抵押的次级债券。随着美国利率的多次下调，房价大幅下跌，房地产泡沫破裂，次级贷款者资不抵债，违约事件频频发生，与次贷相关的金融机构相继倒闭，从而爆发了次贷危机。在次贷危机中，美国主要通过政府干预并推出相应的救助计划来处置不良资产，具体措施主要包括 TARP 和 PPIP。其中，前者分别为大中型银行、保险公司巨头美国国际集团和房地产市场提供了 1586 亿美元、1820 亿美元和 2750 亿美元的资金支持；后者分为美联储主导和财政部主导两种模式，并根据处置资产种类的不同而采取不同的融资方式。最终，TARP 完成了自己的使命，实现了对多数金融机构的救助，但其对小银行和房地产业的救助远低于预期；PPIP 的三大目标则均未实现。危机过后，美国宏观金融杠杆率不断增大，银行资本与总资产的比率也逐渐下降，说明美国国内金融资产仍在不断扩张，系统性风险还在扩散与积累，同时银行自身的防风险能力也未得到改善。最后，美国宏观经济环境稍有改善，但危机后保持经济持续疲软状态。

美国不良资产处置与管理的经验对我国的启示主要有以下几点：

第一，规范不良资产处置法规、政策和相关制度。储贷危机时期，在成立重组信托公司（RTC）的同时颁布的法案是《金融机构改革、复兴和实施法案》，随后在实施过程中，《RTC 再融资、重组与改进法》《RTC 终止法》以及《RTC 再融资、重组及改良法》等一系列法案相继推出。次贷危机时期，美国政府在《2008 年经济紧急稳定法案》的指导下推出 TARP 和 PPIP。事实证明，由于不良资产处置过程中的债权债务关系复杂，法律诉讼过程烦琐，健全的法律、法规及相关制度是不良资产处置顺利进行的有力保障，也是提升处置效率的重要法宝。当前，我国在不良资产处置的法规和制度安排方面与美国相比还有一定差距，说明我国不良资产处置的效率和收益还有很大的提升空间，需要推动监管、财税等多部门出台并完善相关的法律法规体系。同时，政府也需要给予有力的政策支持，例如建立规范统一的不良资产转让交易平台，召集不同特征和风险偏好的参与主体，从而提高不良资产市场交易的自由度，促进不良资产处置的规范性与快速性。

第二，明确政府干预在不良资产处置中的重要作用。从储贷危机时期设立RTC，到次贷危机时期采用 TARP、PPIP 两种计划，美国政府都扮演了重要的角色。虽然美国自 20 世纪 80 年代便开始了金融自由化，崇尚市场经济能够自动达到平衡，风险能够随之消失的理念，但事实证明，市场化的美国金融市场由于高度虚拟化而衍生出大量金融风险，金融脆弱性上升，实体经济萎靡，产生的不良资产最终只能依靠政府干预集中化处理。由于金融机构的运营往往会因追求自身利益而罔顾存款人的资金安全，政府便成为存款人利益的最佳保护者。因此，面对大危机爆发时的金融机构不良资产处置问题，政府干预始终占据重要地位乃至主导地位。在处置过程中，仅靠金融机构本身，远远无法完成资产剥离、重组和清收等繁杂且资金需求高的工作，两次危机也表明，美国政府的注资对不良资产处置机构的运行起到了重要的支撑作用。同时在金融危机时期，市场的自主运行机制受到极大限制，市场有效性大打折扣，此时需要政府积极有力地参与，提高市场有效性。当然，不良资产的处置也不能完全依赖政府。与政府相比，市场机制在价格发现、处置效率、人才培养等方面均有较大优势。因此，在处置不良资产的方式方法上，政府可减少干预，充分利用市场机制达到减少损失的目的。

第三，更新处置理念，注重处的及时性与长效性。储贷危机时期，专职处置不良资产的机构 RTC 虽取得了显著成效，但仅仅存续了 6 年；次贷危机时期，救助机构和处置不良资产的 TARP 与 PPIP 分别存续了 2 年和 8 年半，可见美国每次的救助措施具有典型的短期性特点。事实证明，处置的短时性思维仅是表面上帮助金融体系扫清现有问题资产，缓解了暂时的危机，却忽略了问题金融机构未来及金融系统风险累积的隐患。政府的事后援助没有彻底解决引发危机的根源问题，反而孕育了新一轮危机，这是由资本主义制度内在矛盾及其资本逐利的本性所决定的。与处置完不良资产后立即宣布处置机构解散的做法相比，我国现有的不良资产处置机构可有效发现不良资产、及时快速化解风险，一方面，为政府及相关处置部门节省了预算与处置成本，提高了整体社会福利；另一方面，也建立了避免金融危机的长效机制，具有替代金融危机清理经济系统中不良资产的职能。但国有不良资产处置机构应始终坚持不良资产处置的主营业务，创新不良资产处置模式，从而做到事前处置不良资产，有效化解金融市场风险，防范金融危机发生。

第四，注重对实体企业的救助，有效助力经济长期发展。与储贷危机时期相比，次贷危机时期美国的不良资产处置效果并不理想，金融系统风险依旧可观、宏观经济发展持续疲软。究其原因，在于次贷危机时期，美国对危机中出现衰退迹象的实体经济行业并未给予充分的关注，仅通过持有优先股、普通股等形式对汽车业进行救助，而这是远远不够的。事实证明，一国经济的长期发展与其国内实体经济的振兴息息相关。储贷危机后，美国长期的去工业趋势导致其国内经济高度虚拟化，次贷危机只不过是对其国内经济发展模式的回应。正是由于始终坚持这种虚拟化的经济模式，美国在次贷危机时期秉持着"大而不倒"的观念，一味地救助资本市场，忽视了实体经济对一国经济发展的重要支撑作用。因此，我国在不良资产处置过程中，不仅要注重对问题金融机构的及时救助，更重要的是关注实体经济的复苏，坚持虚拟经济为实体经济服务的宗旨，促进金融与企业、产业的共同再生，从而有效助力经济长期可持续发展。

第十八章　日本泡沫经济时期的不良资产处置

本章分析日本在 20 世纪 80 年代泡沫经济时期不良资产产生的背景、不良资产处置机构及处置过程和效果。泡沫经济时期，日本提出了"一揽子投资银行方案"解决银行债务危机，其中日本政府最终设立的"不良债权清理回收机构"极大地推动了日本金融体系恢复健全性。在"金融再生计划"期间，日本政府设立了产业再生机构（IRC）与整理回收机构（CRC）共同处置不良资产与促进产业再生。IRC 和 CRC 在配合过程中各有侧重，形成了一套"虚拟经济救助"＋"实体经济扶持"的处置模式。总结日本走出泡沫经济、有效处置不良资产的经验，对于我国注重金融与企业的共同再生，促进实体企业长远发展有重要启示。

一、日本泡沫经济时期不良资产产生的背景

日本于 20 世纪 80 年代开启了金融自由化进程，利率市场化和金融管制放松，金融市场规模日益膨胀，大中小企业资金"脱实向虚"，纷纷投向金融市场和房地产市场进行投机炒作，非金融机构的借贷资金也投资于股票和房地产，由此催生了日本金融、房地产市场的泡沫。为解决国际贸易失衡问题，日本政府开始干预外汇市场，1985 年 9 月 22 日，美国、日本、德国、法国和英国五国签订了《广场协议》，该协议迫使日元汇率一路走高，日本被迫通过扩大内需来替代出口，其再贴现率从 1986 年 1 月的 5% 下降至 1987 年 2 月的 2.5%。据日本金融厅统计，日本东京城市圈的土地成交价格增长率由 1986 年的 48.2% 上升至 1987 年的 61.1%，1987 年东京日经交易所的日经指数比 1986 年增长了 41.7%。从 1989 年开始，日本政府为缓解通货膨胀和经济过热的趋势开始采取紧缩的货币政策。1989 年 5 月，日本银行将官方贴现率提高到 3.25%，年底进一步提高到 4.25%。但长时间低利率水平的"神话"没有引起市场的足够反应，资产价格依旧高涨。1990 年 5 月，"海湾战争"迅速拉高了石油价格，日本国内面临严重的通货膨胀压力。对此，1990 年 8 月，日本银行进一步采取了"预防性紧缩政策"，再一次将官方贴现率提高到 6%。至此，日本的再贴现率由 1987 年的 2.5% 直线上升至 1990 年的 8 月的 6%。❶ 一系列宏观调控措施的出台，导致公众预期逆转，早已敏

---

❶　数据来源：世界银行数据库。

感的资产价格开始暴跌。1990 年 9 月，日本股市和房地产市场的价格指数同时大幅度下跌，经济泡沫正式破裂。❶

经济泡沫破裂之初，银行业不良债权迅速攀升，但并没有发生大型金融机构破产案。日本政府认为，零星的小型金融机构破产事件不会对金融系统产生大的影响，因此对银行业不良资产采取怀柔政策，并未对大银行的不良债权提出专门的解决方案，仅督促它们从呆账准备金中核销不良资产。实际上，银行当时卖出所持股票后的收入足以处置全部不良资产，但由于金融监管当局并未果断地确认和处置不良资产问题，加之银行出于公开不良资产问题会降低其信用的考虑，刻意隐瞒了不良资产情况，导致日本错过了确认和处置不良资产的最佳时机。与之相对，日本政府主要将注意力放在了问题较集中的中小金融机构和住宅金融专门公司（以下简称"住专"）上，并先后成立了共同债权收购机构（Common Claims Purchasing Corporation，CCPC）、东京共同银行（Tokyo Kyodo Bank，TKB）、整理回收银行（Recycle Collation Bank，RCB）、住宅金融债权管理公司（Housing Loan Administration Corporation，HLAC）等不良债权处置机构，试图解决信用社和"住专"问题，然而效果并不显著。1992—1995 年日本不良资产持续攀升，从 1992 年不足 13 万亿日元猛增到 1995 年的 45 万亿日元。

此外，大量不良资产进一步冲击了实体经济，成为 20 世纪 90 年代日本经济持续衰退的重要原因。如图 18-1 所示，1995—1998 年，日本经济增长率持续走低，并在亚洲金融危机期间迅速沉沦，经济增长率从 1996 年的 3% 下降至 1998 年的 −1.12%。

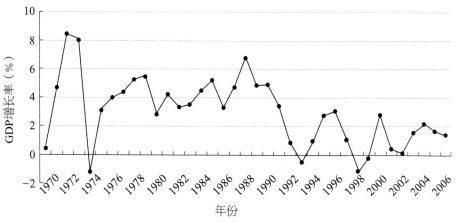

图 18-1 1970—2006 年日本 GDP 增长率

数据来源：世界银行数据库。

---

❶ 基于日本经济景气日历，日本经济泡沫的破裂期为 1991 年 3 月至 1993 年 10 月。

1998 年 2 月，日本国会通过了《存款保险法》的修改，并颁布了《金融机能安定化紧急措施法》，为存款保险机构（JDIC）安排了约 30 万亿日元财政预算，用于存款人存款的全额保护以及银行资本充足率的强化。随后，日本政府又颁布了《金融再生法》等系列法案，并安排了约 60 万亿日元的财政预算来保障法案的实施。在强力的政策实施与大规模的财政资金救助下，不良资产规模的增长趋势得到了遏止，但这并没有扭转经济整体的衰退趋势，2001 年，日本不良资产规模与不良资产率再度回升，达到了经济泡沫破裂后的最高水平。

2002 年，日本政府在认识到不良资产对金融体系与实体经济的危害性后，宣布了针对金融和产业部门的"金融再生计划"，制定了新的政策方针，促使日本不良资产处置取得了一定的效果，金融体系的不良资产大幅减少。2002—2005 年的数据显示，大银行不良贷款率从 2002 年 3 月的 8.4% 下降到 2005 年 3 月底的2.9%，到 2007 年底进一步降到 1.5%。❶ 地方银行在降低不良贷款率方面虽不及大银行，但也取得了一定进展。不良资产处置和企业再生并举，使企业资产负债表和经营状况得以改善。

二、日本不良资产处置的措施

（一）不良资产处置机构

日本政府处置与管理不良资产的机构依照成立的时间主要有以下几个：存款保险机构、共同债权收购机构、东京共同银行、住宅金融债权管理公司、整理回收银行、整理回收机构和产业再生机构。初期日本政府先后成立了东京共同银行、整理回收银行、住宅金融债权管理公司三大机构，来处理中小金融机构和住宅金融专门公司的不良资产。1999 年，日本存款保险公司将整理回收银行与住宅金融债权管理公司整合为整理回收机构，用来收购、处置破产机构和一般金融机构的不良债权。2003 年，日本存款保险机构再次出资设立产业再生机构。整理回收机构与产业再生机构两者分别服务于虚拟经济和实体经济，在不良资产处置中发挥了重要作用。

1. 存款保险机构

存款保险机构（Deposit Insurance Corporation of Japan，DICJ）是基于日本《存款保险法》运营的政策性金融机构，其由日本政府、日本央行以及民间金融机构于 1971 年 7 月各出资 1.5 亿万日元建立。金融机构强制性地向存款保险机构缴纳保险金，而当金融机构发生破产时，存款保险机构将保护存款者的利益，补

---

❶ 数据来源：世界银行数据库。

偿其在金融机构的存款（补偿额最多为每人1000万日元）。20世纪90年代，在经济泡沫破裂、金融机构大量破产的背景下，存款保险机构发挥着资金援助、发放贷款、临时国有化管理等金融救助的职能。存款保险机构与其子公司整理回收机构（RCC）作为日本最主要的不良资产问题应对机构，一直运营至今。截至2021年3月底，存款保险机构援助案例累计为182件，直接注资金额累计190319亿日元，资产收购金额累计64210亿日元 ●。

2. 共同债权收购机构

共同债权收购机构（Cooperative Credit Purchasing Company，CCPC）是以处理金融机构的不良资产问题为目的，以金融机构的不动产为担保来收购不良资产的民间金融机构，其于1993年1月由162家民间金融机构（都市银行、长期信用银行、信托银行等）共同出资成立。成员金融机构将以不动产为担保的不良资产交予价格判定委员会进行价格评估后，卖给共同债权收购机构进行处置。截至2001年3月，共同债权收购机构债权累计收购成本为5.8亿日元（债权金额为15.4亿元），并成功回收4.7亿日元。之后，因回收率过低，共同债权收购机构终止了其不良资产收购业务。

3. 东京共同银行

东京共同银行（Tokyo Kyodou Bank，TKB）成立于1995年1月，结束于1996年9月，存续时间为1年9个月。TKB是专门处理东京协和信用组合与安全信用组合破产后续问题的资产管理机构，其于1995年1月由日本央行与民间金融机构各出资200亿日元而成立。经济泡沫破裂初期，日本政府首次联合私人金融机构成立了TKB，用来接收东京协和信用组合和安全信用组合的资产损失。1994年12月，两个信用组合的资产损失规模超过了日本存款保险公司的赔付能力，为了接收这两家信用组合的资产和负债，TKB一方面接受私人资金的低息贷款，另一方面得到日本存款保险公司的援助，很快便解决了两大组合的不良债权问题。此后，宇宙信用组合也通过向TKB转让业务处置了其不良资产。到1996年9月，日本金融机构信用组合破产压力急剧上升，日本银行、日本存款保险公司联合民间金融机构共同出资将TKB改组成整理回收银行（RCB）。

4. 住宅金融债权管理公司

住宅金融债权管理公司（Housing Loan Administration Corporation，HLAC）成立于1996年7月，结束于1999年4月，存续时间为2年半。1996年7月，依据日本《住专法》，日本存款保险公司成立HLAC，旨在专门处理住专清偿事务、维持信用秩序、保护存款者等，进而保证国民经济的健康发展。20世纪80

● 数据来源：日本存款保险机构。

年代中后期，由银行出资建立的 8 家住专公司从金融机构筹集了大量资金，并将资金转贷给房地产公司牟取高额利润。日本泡沫经济破灭后，房地产价格暴跌，房地产公司无法偿还住专公司提供的贷款，导致住专公司也无力归还银行的贷款，进而形成了呆账、坏账。截至 1996 年，7 家住专公司共产生约 6.78 万亿元不良资产。同年 7 月，日本存款保险公司从政府设立的紧急金融安定化筹集资金和金融安定化筹集基金中划拨 2000 亿日元，成立 HLAC，从 7 家住专公司处接过其全部不良债权及自有资产。根据规定，HLAC 最终若不能全额收回贷款，则由国家财政补贴一半的坏账款额。1996 年 12 月，HLAC 开始进行不良资产清收，在此后的两年里，HLAC 通过处置不良资产累计收回资金 15503 亿日元。❶HLAC 作为专门清偿住专公司债权的机构，存续了约两年半的时间，最终于 1999 年 4 月与 RCB 被重新整合为整理回收机构。

5. 整理回收银行

整理回收银行（Resolution and Collection Bank，RCB）成立于 1996 年 9 月，由 TKB 改组而来，结束于 1999 年 4 月，存续时间约为两年半。其业务范围包括承接破产金融机构的业务、支付存款、回收不良债权等。截至 1998 年 5 月，整理回收银行接受了山阳信用组合、大阪信用组合等 15 家信用组合的业务转让，此后还收购了北海道拓殖银行、德阳城市银行等 30 家金融机构的不良资产。1999 年 4 月，根据金融再生系列法案，整理回收银行与住宅金融债权管理机构合并，成立为整理回收机构。

6. 整理回收机构

整理回收机构（RCC）是以不良资产回收与处置为主要目的的政策性机构，其于 1999 年 4 月由住宅金融债权管理机构与整理回收银行合并而来。RCC 的注册资本金为 2120 万亿日元，是由日本存款保险公司全额出资设立的政府金融机构，即存款保险机构的全资子公司。 2002 年 RCC 开始商业化转型，2003 年 RCC 内设企业再生部，作为同时处置不良资产与促进企业再生的机构，RCC 被日本政府作为永久性机构存续至今，并在之后的次贷金融危机中发挥了举足轻重的作用。RCC 的主要业务包括：①处置破产金融机构的不良资产；②处置健全金融机构的不良资产；③承接金融机构所持有的回收困难的债权；④临时承接破产金融机构的业务；⑤防范金融风险，对金融机构实施资金注入。据整理回收机构网站统计，2001 年 4 月，日本政府推出"紧急经济对策"，强化与充实 RCC 的机能，赋予其以信托方式回收不良债权、资产证券化担保、企业重组等职能等。2002 年，RCC 进行资产证券化的不良资产达 1419 亿日元；2009

---

❶ 数据来源：日本存款保险机构 2009 年、2010 年年报。

年，RCC 共回收 1211 亿日元债券，并参与了 26 家企业的再生；截至 2010 年 3 月底，RCC 累计参与了 630 家企业的再生活动；截至 2021 年 3 月末，RCC 累计收购了 173 家破产金融机构的不良资产，不良债权购买成本累计为 97695 亿日元，不良债权回收金额累计为 101578 亿日元，回收率达到了 104%❶。

7. 产业再生机构

产业再生机构（Industrial Revitalization Corporation of Japan，IRCJ）成立于 2003 年 4 月，结束于 2007 年 3 月，存续时间约为 4 年。IRCJ 是以援助实体企业为目的的政策性机构，其由存款保险机构出资 495 亿日元与农林中央金库注资 11 亿日元建立。作为金融再生计划的组成部分，IRCJ 以有发展潜力且有生存希望的实体企业为援助对象，通过购买债权、发放贷款、提供担保等手段解决实体企业的资金经营问题。根据计划，IRCJ 原定于成立 5 年后解散，但由于援助计划的提前完成，其于 2007 年 3 月 15 日提前解散，并于同年 6 月 5 日完成资产清算。在运营的四年间，IRCJ 累计帮助了 41 家企业复兴与再建，援助了近 1.43 万亿日元，处置了超 4 万亿元的不良资产，并在资产清算时向国库上缴了 432 亿日元的利润和 200 万日元的净收益，累积缴纳税金 312 亿日元。❷ IRCJ 是日本不良资产处置过程中收益最高的机构。

（二）不良资产处置过程及方式

1. "金融再生计划"纲要和内容

日本政府于 1998 年陆续颁布了《金融再生法》《金融机能稳定法》《金融早期健全化法》等一系列法案，随后制定了"金融再生计划"，并于 2002 年 10 月开始实施。"金融再生计划"包括"新金融体系框架""新企业复兴框架"和"新金融行政框架"三部分。其中"新金融体系框架"和"新企业复兴框架"从提振实体经济、恢复虚拟经济的角度出发，对不良资产问题进行解决：一方面，通过强化 RCC 的职能等手段来加速金融机构不良资产的剥离；另一方面，通过设立 IRCJ 完善中小企业融资机制等手段来支持实体经济的复兴。"新金融行政框架"则着重于不良资产问题的防范，主要有三方面内容：首先，加大了资产审查程序的严格程度与对账面造假的惩罚力度，定期公布银行自查与金融厅检查的结果；再次，通过调整税率、引入外部监督机制等手段，来提高金融机构资本充足率；最后，通过制定优先股转化为普通股的指导意见、建立早期预警制度等来强化治理水平。日本"金融再生计划"纲要见表 18-1。

---

❶ 数据来源：日本整理回收机构。

❷ 数据来源：日本存款保险机构 2007 年、2008 年年报。

表 18-1　日本 "金融再生计划" 纲要

方案	目标	主要内容
新金融体系框架	构建稳定的金融系统	保障金融结算系统的稳定
		整顿金融监管体制
	解决中小企业融资还款难问题	扩充中小企业贷款机构数量
		整顿中小企业救助机制
		完善中小企业运营审查程序
	2004 年终结不良资产问题	建立政府与央行协同的支援体制
		改革特别支援金融机构的经营方针
		建立全新的公共资金运用制度
新企业复兴框架	"特别支援" 工程推动企业复兴	推进银行债权的去表化
		建立债务人占有（Debtor in Possession）的破产重整制度
	强化整理回收机构（RCC）的职能	设立贷款债券交易市场
		强化与企业再生资金的联协
		发展不良资产的证券化处置
	优化实体经济市场环境	成立产业再生机构（IRC）
		缓解商品市场供大于求的问题
		完善股票价格变动风险应对措施
新金融行政框架	严格资产审查	修订坏账准备金计提标准
		向社会公开金融机构自查与金融厅官方审查的结果
		加大金融机构自查结果造假的惩罚力度
	提高金融机构资本充足率	降低金融税收压力
		设立资本充足率的外部监察机制
	强化治理水平	制定优先股转化为普通股的指导意见
		建立 "早期警戒制度"

资料来源：日本金融厅.金融再生计划：通过解决主要银行的不良贷款问题振兴经济。

2. 不良资产的收购和处置

作为"日本版RTC"，RCC的不良资产处置同样是政府主导下的集中化处理，先对倒闭金融机构和健康金融机构的不良资产进行收购，再对不良资产进行处置，包含支持企业再生（包括利用信托功能）、资产证券化等不良资产处置方式，以及与之配合的产业再生机构在整个经营中处置方式相对单一。

（1）不良资产收购方面。第一，RCC是一个业务全面的政策性金融机构，在收购倒闭金融机构的不良资产时，RCC不仅提高了收购价格，还拓宽了收购形式，开始参与银行资产的公开竞拍，收购了竞标资产中近25%的资产。据日本金融厅统计，1999—2003年，RCC共收购近4.71万亿日元的不良资产，其中近2/3的收购量是在2002年完成的，截至2005年6月，RCC累计收购了173家倒闭金融机构的不良资产。而在收购健康金融机构不良资产时，其价格计算方式及收购方式相较收购倒闭金融机构而言更加灵活，截至2005年6月，RCC以3557亿日元的价格累计收购健康金融机构4.05万亿日元的不良资产。第二，IRCJ仅是为了企业再生而设，因此，它在收购不良资产之前，最重要的是确定待再生企业的名单，与RCC相比，其运作过程更注重细节，前期准备工作较多。在IRCJ的产业再生委员会批准援助申请之前，需要经过四大流程，分别是问题机构咨询和预沟通、IRCJ尽职调查、形成再生计划及提交援助申请。其中，IRCJ尽职调查是任务重、耗时长且异常重要的环节，是从多个角度收集信息对企业进行尽职调查，评估、分析该企业可能面临的各种风险。而后产业再生委员会与企业相关债权人共同制定再生对策，与利益相关者协调救助方案，完成财务重组，购买债权或进行投资。

（2）不良资产处置方面。第一，RCC在整个不良资产处置过程中，处置原则明确，实现了快速化、收益化及多样化。其中，收益化主要是通过日本存款保险公司、日本政府和私人金融机构与RCC共同形成的"救助＋处置"的模式实现的。截至2010年3月31日，RCC清收和处置住专资产的二次损失达1.2万亿日元，由政府和私人部门共同通过补贴进行补偿，而来自金融稳定捐助基金的投资收益由日本存款保险公司以补贴的形式提供给RCC，并在RCC损益表上计为利润。2001年"紧急经济对策"强化了RCC的处置措施，使其处置方式与业务形式愈发多元化。一是除了运用传统的债权清收方式外，RCC还能够用信托方式回收金融机构的不良资产，并在日本政府的担保下，对不良资产进行资产证券化运作。二是根据《经济和财政管理以及结构改革的基本方针》，以及《金融再生法》的修改法案，RCC还肩负着企业再生的使命，分别于2001年11月、2002年1月设立企业再生总部及企业再生研究委员会，并采用批量出售的方式处置不良资产。三是RCC广泛开展信托业务，该业务限于其持有的金融机构和其他实体的不良贷款处置。在处理住专和倒闭金融机构的房地产时，RCC还开展网上业务，在网上发布出售房地产的信息，通过打包、竞标的方式进行出售。第二，IRCJ 在处置不良资产过程中，以合适的市场价格从非主银行购买债权，之后，IRCJ 和主银行成为目标企业共同的债权人，承担该公司的风险。成为债权人后，IRCJ 会通过注资、担保、提供咨询等多种方式和手段促进企业再生，并在企业成功完成重组后，对其持有的企业债权或股权进行转让或出售。虽然 IRCJ 的处置形式与业务比较单一，但其实施效果却比较明显，其对企业的援助金额也更高。据日本存款保险公司年报统计，截至 2005 年 3 月底，产业再生机构共援助了包括制造业、建筑业在内的 12 家实体企业，援助金额高达 1.43 万亿日元，这一援助金额相当于企业总借款额的 35%。IRCJ 对日本产业再生起到了巨大的促进作用，带动了经济的短期恢复。

三、日本不良资产处置的效果

RCC 和 IRCJ 是日本不良资产处置的核心机构，两者相互配合，促使日本金融业与实体企业共同再生，并在 2007 年年底完成了日本泡沫经济时期的不良资产处置。整体来看，一是 RCC 与 IRCJ 在实现净收益的同时，也促进了大量企业的再生；二是日本经济增速从 2002 年的 0.11% 迅速恢复到 2004 年的 2.2%，并在今后的几年中始终保持正的增长速度，但以制造业为主的实体经济比重逐年下降，且主要行业的就业形势不容乐观；三是虽然 RCC 通过购买金融机构股份，提高了金融机构的资本金水平，但始终未达到国际标准的 8% 的要求，日本银行业抵御风险的能力仍然不足。

（一）收益率高并实现大量企业再生

在不良资产清收过程中，RCC 对住专、倒闭金融机构、健康金融机构不良资产的回收都取得了较好的效果，其中 RCC 充分考虑债务人的情况，就债务人还款计划反复协商的做法起到了重大作用。1998—2007 年，RCC 累计回收现金 8.26 万亿日元，其中，收购倒闭金融机构不良资产的利润率达到了 17.1%，收购正常金融机构不良资产的利润率则高达 90.2%。而 IRCJ 在四年存续期内收购并成功重组了 41 家借款企业账面价值 4 万亿日元的不良贷款，实现了 435 亿日元的利润、200 亿日元的净收益。❶

在处置不良资产促进企业再生方面，从 1996 年成立至 2010 年 3 月，DICJ 共促进了 630 家企业再生。❷ 而虽然 IRCJ 在其存续的四年间仅帮助了 41 家企业，

---

❶　数据来源：日本存款保险机构 2007 年、2008 年年报。

❷　数据来源：日本存款保险机构 2009 年、2010 年年报。

但它在不良资产处置过程中，不仅承担了经济职能，提升了企业的长远价值，改善了债权银行的经营状况，同时也为市场储备了大量的人才，不断促进不良资产处置市场的发展与完善。首先，在收购企业不良资产后，IRCJ以第三方的身份介入企业的经营过程中，并通过市场化的运作方式参与企业的财务重组，促使企业负债结构更加合理，提供"治本"之策，从根本上提升了有潜力企业的盈利能力。其次，对提出申请的金融机构援助金额充足，且在出售权益时引入了利润分成的方式，加速了债权人的早期调整。同时，其专业的处置方法为债权市场输送了大量的人才，为债权银行的内部管理积累了大量的经验。

"金融再生计划"下的不良资产处置体系让日本较为顺利地摆脱了持续十余年的不良资产问题。金融再生计划实施后，日本金融机构不良资产余额与比率迅速下降，其中主要银行的不良资产率由2002年的8.4%降低至2005年的2.9%（见图18-2），超额完成了计划的2005年不良资产率减半的目标。此外，地域银行、都市银行等其他金融机构的不良资产也得到了迅速的剥离，不良资产率得到了迅速下降。

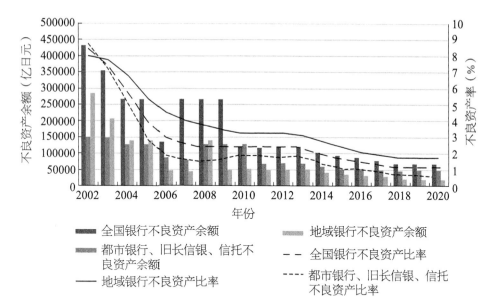

图18-2　1993—2020年日本金融机构不良资产余额与比率变动

资料来源：日本金融厅。

（二）经济增长稍有改善，但就业形势仍不乐观

由于政府早期对于不良资产处置的消极态度，日本错失了不良资产处置的最佳时期，其不良资产也从1993年的不足13万亿日元陡增至2002年的52.4万亿

日元，约占日本当年 GDP 的 11%，不良贷款率高达 7.2%。随着金融体系的动荡延伸到实体经济领域，日本经济增长率迅速下降，并在 1998 年达到近 20 年来的最低水平 -1.13%。采取一系列不良资产处置措施后，其不良资产率从 2002 年开始逐步下降，到 2007 年年底不良资产率仅为 1.5%，达到新低。同时，日本经济增长也触底反弹，从 2002 年的 0.11% 恢复到 2004 年的 2.2%，如图 18-3 所示。虽然日本经济增长稍有改善，但其制造业的发展受挫，在国民经济中的占比有所下降。从泡沫危机爆发开始，日本制造业占比一直处于下降态势，并在 2002 年下降到近 20 年来的最低点 20.9%，虽然从 2002 年开始其占比开始回升，但始终保持在 21% 左右，次贷危机后，更是一路跌破 20%。日本的制造业再难发展到泡沫危机之前 35% 的高占比水平。

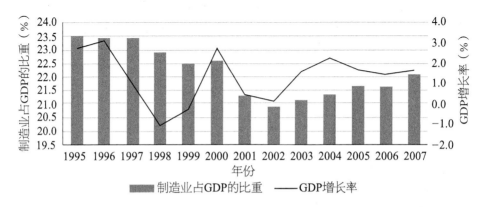

图 18-3　1995—2007 年日本 GDP 增长率及制造业产值占 GDP 的比重

数据来源：世界银行数据库。

伴随着以制造业为主的实体经济在经济中占比的下降，就业形势也变得严峻。制造业的就业趋势从 2001 年 12 月的 29.88% 飞速下降至 2004 年的 1.76%，并于 2005 年迅速下滑为 -3%，三年间下降了 30%，表明日本制造业的发展不容乐观。值得注意的是，制造业就业趋势的下降并不能通过其他行业的上升来弥补，因为建筑业、服务业及零售业等二、第三产业的就业率均出现大幅下降，建筑业与制造业类似，就业趋势由正转负，服务业、零售业也呈负增长态势，见表 18-2。说明日本泡沫经济后，金融系统惜贷明显，长期宽松的货币政策并未促使实际投资形成，同时，债务问题使经济长期负重前行，实体经济融资动力不足。虽然日本具有较好的工业基础，但由于其实行以新自由主义为导向的改革，金融市场出现了投机繁荣。所以，日本实体经济并未得到有效恢复与发展，就业问题也受到影响。

表 18-2　1996—2007 年日本各行业就业率趋势　　　　　　（%）

时间	建筑业	服务业	制造业	零售业
1996 年 12 月	1	−13	10.2	−4
1997 年 12 月	22	−8	9.21	−3
1998 年 12 月	27	6	33.14	5
1999 年 12 月	26	0	22.99	5
2000 年 12 月	25	−6	13.9	1
2001 年 12 月	36	2	29.88	6
2002 年 12 月	36	2	20.89	2
2003 年 12 月	20	−4	7.84	−3
2004 年 12 月	16	−8	1.76	−4
2005 年 12 月	6	−14	−3	−9
2006 年 12 月	−3	−21	−8	−15
2007 年 12 月	−4	−26	−7	−15

数据来源：中经网数据库。

（三）银行资本金要求未达标，风险抵御能力不足

2001—2007 年日本银行业资本金占总资产的比率显示，银行资本金与总资产的比率略有上涨，但始终未超过 6% 的一级资本充足率的要求，距离监管标准的 8% 的资本充足率要求更是相去甚远。银行流动准备金占总资产的比率则经历了先升后降的过程，最终在 2007 年达到与 2001 年相同的水平 1.83%（见表 18-3），但远远未达到《巴塞尔协议》中核心一级资本充足率至少为 5% 的规定，说明日本银行业抵御风险的能力严重不足。与之相对的是，日本宏观资本杠杆率始终保持在 11 倍以上的高位，甚至比同期的美国还要高，这意味着日本银行体系内部风险仍在扩散，在抵御能力不充分的条件下，日本银行业的脆弱性大幅上升。

表 18-3　2001—2007 年日本银行业资本金比率与宏观资本杠杆率

年份	2001	2002	2003	2004	2005	2006	2007
银行资本金与总资产的比率（％）	3.90	3.30	3.90	4.10	4.50	4.80	5.30
银行流动准备金占总资产的比率（％）	1.83	2.74	3.80	4.23	4.38	1.82	1.83
宏观资本杠杆率	11.64	11.46	11.45	11.48	12.05	11.82	11.34

四、日本不良资产处置的启示

经济泡沫破裂初期，日本政府在面对不良资产问题时并未给予充分重视，而是寄希望于经济复苏及低利率政策增加银行盈利空间，在市场自动调节下经济不良资产问题会自然解决。但事实却相反，不良资产处置收效甚微，并于 1997 年出现一大批银行的接连破产，经济增速随之跌入谷底。在实体经济与不良资产陷入恶性循环后，日本政府才认识到不良资产处置问题的严峻性，才开始确认不良资产损失，延误了问题的解决时机。亚洲金融危机期间，日本开始进行政策和制度调整，1997—2001 年，日本不良资产始终处于增长态势，2001 年，日本政府开始制定新的政策方针，"紧急经济对策""金融再生法案"接连出台，终于使日本不良资产处置取得了明显的成效。大型银行的不良贷款率从 2002 年 3 月的 8.4%下降到 2005 年 3 月的 2.9%，而后进一步下降至 2007 年 3 月的 1.5%，达到近十年内的最低状态。日本经济也缓慢复苏，失业率开始逐年下降。2008 年次贷危机爆发后，日本又设立了企业再生支持机构来处置不良资产，援救中小骨干企业重生。具体概括如下：

1995—2003 年，日本政府相继成立了东京共同银行（TKB）、整理回收银行（RCB）、住宅金融债权管理公司（HLMC）、整理回收机构（RCC）、产业再生机构（IRCJ）等用于处置不良资产。RCC 和 IRCJ 是处置不良资产的主要机构，其始终坚持快速性、收益性与多样性的原则，帮助大量企业再生，促进了日本实体经济与金融业共同复苏。在具体的处置方式上，RCC 通常先收购倒闭金融机构和健康金融机构的不良资产，然后采用债权清收、支持企业再生、单项处置、批量处置等方法进行处置。截至 2005 年 6 月，RCC 累计收购了 173 家倒闭金融机构和健康金融机构 4.05 万亿日元的不良资产。而到 2010 年 3 月底，RCC 单项处置、批量处置和证券化的不良资产本金高达 9.13 万亿日元。RCC 对住专、倒闭金融机构和健康金融机构等的不良资产处置都取得了较好的效果，其自身也实现了一定的盈利，从 1996 年到 2010 年 6 月底，RCC 累计上缴日本存款保险公司的利润总额达到 1.2 万亿日元。与 RCC 相比，IRCJ 的经营更注重细节，处置方式以产业重组为主，且实施效果更加明显。在其存续的四年中，IRCJ 成功收购并重组了 41 家借款企业的账面价值 4 万亿日元的不良贷款，提高了借款企业的盈利能力，改善了债券银行的经营状况。

日本不良资产处置与管理的经验对我国的启示主要有以下几点。

第一，重视不良资产处置的及时性与快速性。日本对待不良资产问题经历了一个逐步重视的过程，在多家资产管理公司成立后，才致力于不良资产处置和企业再生。20 世纪 90 年代日本资产泡沫破裂初期，由于仅是部分中小金融机构受到影响，并未出现银行等金融机构大量倒闭的情况，导致日本政府一直未对不良资产问题给予重视，从而错过了不良资产确认和处置的最佳时期，最终日本耗时近十年才将不良资产问题解决。由于对不良资产的性质和严重性估计不足，日本政府没有及时解决问题，而是在不良资产与实体经济陷入恶性循环后，才开始确认资产损失，此时政府再出手难免顾此失彼、疲于应对。日本首相曾在 2008 年 G20 峰会上指出：日本在 20 世纪 90 年代金融危机中得到的重要教训就是要迅速处置不良资产。有鉴于此，在不良资产问题浮现之初，政府就应主动采取措施积极应对，决不能拖延，应加大处置力度，避免后续问题恶化而导致公众对银行信心不足，威胁金融稳定。同时，有效处置不良资产的前提是及时准确地确认不良资产。金融机构可能会出于自身信誉的考虑，虚报瞒报不良资产情况，此时，在确认不良资产的过程中，除了账面数额，政府更应注重那些虚假出表、被遮掩的不良资产，从而及时清除不良资产隐患。

第二，注重金融与企业的共同再生，促进实体企业长远发展。2003 年日本在推出"金融再生计划"不久便设立了 IRCJ 和 RCC 共同处置不良资产与促进产业再生。RCC 和 IRCJ 在配合过程中各有侧重，形成了一套"虚拟经济救助"+"实体经济扶持"的处置模式。事实证明，金融与企业的再生能够使不良资产处置效率大幅提高，从而使宏观经济快速回暖。IRCJ 在完成使命后便被撤销，仅留下以金融救助为主的 RCC，只在 RCC 内设立企业再生部。次贷危机爆发后，2009 年 10 月 14 日，日本政府又成立了企业再生支持机构（ETIC），这是一家存续期为 5 年的机构，它被视为产业再生机构的地方版，主要援助具有技术和经营资源，但因负债过多而导致经营陷入困境的中小型骨干企业，也不排除大企业，为区域经济发展注入活力。其中，日本对第二次世界大战后最大的非金融破产企业——日本航空公司实施再生救助最具典型性。受次贷危机影响，日本航空公司危机爆发后，日本航空公司、日本政府和日本企业立即组建了再生支援机构，积极推进对日本航空公司的援救活动。可见，日本在泡沫经济、亚洲金融危机和次贷危机期间成立多家资产管理公司，致力于产业再生和企业再生，注重实体经济的发展和救助，这使日本自泡沫经济以来不良资产规模始终处于较低水平。我国可以吸取日本的经验与教训，通过我国不良资产处置的常设机构，提高实体经济企业的再生概率。同时，应长期持续关注企业长远价值的提升，注重信用市场制度建设及完善，促进金融与实体经济良性循环。

第三，发挥民间金融机构在处置不良资产中的重要作用。在日本的不良资产处置过程中，无论是在出资设立处置部门方面，还是在具体处置不良资产方面，民间资本的作用均不容小觑。尤其是民间金融机构采取的市场化运作方式，例如分类、清理、出售、证券化等，极大地提高了不良资产的处置效率。但民间资本的逐利本性更易促使企业"脱实向虚"，增加风险集聚。2001—2007 年，日本宏观资本杠杆率比同期的许多发达国家都高，持续保持在 11~12 倍的高位就是一个例证。因此，在遵守我国现行法律、政策和市场规律的条件下，应鼓励商业银行和资产管理公司根据不良资产的特性，有针对性地采取多样化的管理和处置方法，充分利用实体经济、货币市场、资本市场、外汇市场等，提高不良资产处置的效率与效益，促进社会资源的合理利用和有效配置。同时，与国有金融机构相比，民间金融机构更注重自身的营利性，此时，政府需加强对民间机构的资本监管，通过法律制度等措施，明确它们的主要职能，防止其因过度追求利益而偏离不良资产处置的主业。

第十九章　韩国亚洲金融危机时期的不良资产处置

本章主要分析在 1997 年亚洲金融危机背景下，韩国对不良资产的处置情况。从亚洲金融危机发生的背景入手，分析韩国不良资产的处置过程及方式。在应对危机时，韩国政府大力推进金融和经济调整政策，成立韩国资产管理公司作为资产迅速处置机构，并且一直存续至今；韩国资产管理公司不断进行资产处置方式、业务形式和内容方面的创新，最终开拓了市场，使韩国成功处置了不良资产。总结韩国不良资产处置的经验及教训，有利于我国明确资产管理公司的目标定位以及在转型变化中坚守金融服务实体经济的初心。

一、韩国亚洲金融危机时期不良资产产生的背景

20 世纪 60 年代，韩国开始推行"出口导向型"经济发展战略，在之后的 20 年间，其经常项目逆差逐年缩小，GDP 更是一路高歌猛进。到了 20 世纪 80 年代，随着韩国国际地位的大幅提升，部分发达国家急切要求韩国开放其国内金融市场。韩国政府为了顺应国际经济发展形势并顺利加入 WTO，大力推进金融自由化政策，鼓励国内财团在海外进行并购与扩张，不断开放金融及资本市场，但与此同时，韩国的经常项目赤字规模也不断扩大。如图 19-1 所示，韩国经常项目赤字从 1986 年的几近为零不断增至 1996 年的 237 亿韩元，赤字占 GDP 的 4.9%，达到十年间的峰值。彼时，为了弥补赤字，韩国政府不得不从海外大量借债，其中短期借款高达 50%，而这些债务也让韩国政府在 1997 年亚洲金融危机期间陷入严重的债务危机中。

图 19-1　1960—2004 年韩国经常项目占 GDP 的比率

数据来源：世界银行数据库。

在韩国经济起飞的整个过程中，政府始终处于主导地位，其突出表现为政府规划了一系列国家战略性产业以及相关大企业享有更加优惠的金融政策。一方面，韩国经济发展依赖各大企业财团的发展；另一方面，韩国财阀在政府扶持下普遍超贷，规模迅速壮大，两者相辅相成。据韩国银行《经济统计年鉴》显示，1972—1976年，韩国国内企业总融资额中，政策性信贷占比为45.1%，该比例在1976—1980年甚至一度超过50%。同时，韩国金融监督院的数据表明，1997年年底，韩国商业银行内部有30%以上的贷款集中在国内前30大企业财阀，其中前五大财阀集团占商业银行内部总贷款金额的17.8%，而这些财团内部的平均债务与股权比高达5∶1。可见，政策导向对韩国银行信贷投放的指引作用十分明显，而韩国大企业集团也充分利用了优惠政策，过大地放大了财务杠杆。

与此同时，由于政府的长期庇护，韩国银行体系内部对经济规律和经营效率都缺乏足够的重视。金融机构极其看重规模的扩大，为了争夺客户，商业银行纷纷降低信用审核门槛，信用评估预防潜在贷款损失的作用被忽视。此外，对于除银行以外的"第二金融圈"，保险、证券、信托等各类金融投资公司也因为特殊的有利政策，大幅扩张自身规模，在存贷市场的占有率开始急剧膨胀。《经济统计年鉴》显示，1980—1998年韩国银行存款占有率从1980年的29.1%扩张到1998年的72.2%，为商业银行存款占有率的3.5倍，同期贷款和贴现市场占有率从1980年的36.7%增加到1998年的62.1%，为商业银行存款占有率的3倍。值得注意的是，这些投资公司存在严重的操作不规范问题，表现在其存贷期限和结构不匹配的情况非常严重，最终导致危机发生时资金链断裂，形成大量的不良资产。

总体而言，政府的宏观原因加之金融体系内部的脆弱性，为韩国银行系统埋下了不良资产的种子，而1997年的亚洲金融危机则是催生大量不良资产的直接原因。面对亚洲金融危机，韩元迅速贬值，给韩国的商业银行及从事国际贸易的企业造成了巨额的货币兑换损失。与此同时，房地产、股市等金融资产的价格也急剧下跌，企业资产大幅缩水，银行借债难以偿还，造成多家金融机构相继倒闭，不良资产直线攀升。据韩国资产管理公司（Korea Asset Management Corporation，KAMCO）统计，1999年年底，韩国金融机构的不良资产达到了88万亿韩元，同时不良贷款率高达25%。

二、韩国不良资产处置及管理的主要机构和方式

韩国在面临金融危机产生的大量不良资产时，开创了一种新的处置模式——资产管理公司模式。2000年韩国政府正式设立韩国资产管理公司（KAMCO），将其作为专门管理和处置不良资产的机构，并于2004年年底，完成了账面价值超

过 518 亿美元的不良资产处置计划。同时，韩国政府出台的调整政策为韩国资产管理公司不良资产的有效处置提供了良好的外部环境。总体来讲，2001—2004 年韩国政府在金融机构和企业重组中发挥了主导作用，不良资产处置模式属于以政府为主导的处置模式。

（一）不良资产处置机构

亚洲金融危机期间，韩国处置不良资产的机构主要是韩国资产管理公司，与此共生的机构有韩国存款保险公司和金融监管委员会。

1. 韩国资产管理公司

韩国资产管理公司（KAMCO）在 1998 年 6 月成为不良资产处置专门机构，并留存至今。亚洲金融危机时期，韩国的不良资产规模出现了急剧膨胀，1998 年 6 月不良贷款为 63.5 兆亿韩元，占金融机构总贷款的 10.2%。由于金融与非金融企业间存在复杂的股权关系，单纯依靠金融企业的收益和私人部门的努力难以完全解决不良资产问题，因此韩国选择了集中债务处置方式，迅速成立了韩国资产管理公司，与 1996 年成立的韩国存款保险公司并肩作战，形成"救助 + 清理"的模式，全方位助力韩国金融体系的调整和重组。韩国资产管理公司的官方名称在 2000 年 1 月 1 日被正式宣布，由成业公社易名而来，可谓渊源已久。早在 1962 年 4 月 6 日，韩国政府就根据《韩国商业银行法》成立了成业公社，专门用于处置韩国开发银行的不良贷款。同年 8 月，成业公社开始接手处置全部韩国金融机构的不良贷款。亚洲金融危机期间，在 1997 年 11 月 24 日，韩国政府再次扩大了成业公社的业务范围，除接收和处置问题金融机构的不良资产外，要求其同时承担起管理"不良资产整理基金"的任务。1999 年 4 月 30 日，根据新的《资产管理公社法》，增加成业公社的注册资本并发行不良资产整理基金债券，全面授权成业公社完成收购、处置问题金融机构不良资产，使其成为韩国境内唯一具备处置金融机构不良资产能力的机构。2000 年 1 月 1 日，成业公社正式易名为韩国资产管理公司，其主要业务为收购和处置金融机构的不良资产以及管理不良资产整理基金的资产。

韩国资产管理公司是一家公共的非银行金融公司，由经营管理委员会、董事会及监事会构成，属于政策性金融机构，接受金融监管委员会的监督。其主要股东是韩国财政部和韩国发展银行，其中韩国财政部持有其 42.8% 的股份，韩国发展银行持有其 28.6% 的股份，其他韩国银行持有其剩余 28.6% 的股份。1998—2002 年，韩国资产管理公司累计收购 110.1 万亿韩元的不良贷款，其中约 65 万亿韩元成功出售并实现资产重组增值，剩余的 45 万亿韩元贷款通过市场化的其他方式相继解决。在此期间，实现了 3.8 万亿韩元的利润，处置收益回报率高达

114%。❶2002年年底，在完成受韩国政府委托的运用不良资产整理基金接纳新的不良贷款的任务后，韩国资产管理公司使用自身账户继续购入不良资产，完成转型路径的探寻，成为韩国产权市场上一个活跃的交易主体。2004年，在完成政策性不良资产处置任务后，政府并未将其撤销。在之后的2008年金融危机期间，韩国资产管理公司在维护金融稳定方面不负众望，再次快速强力处置了韩国银行体系的不良资产，成为构建韩国经济安全网的重要武器。当前，韩国资产管理公司作为永久性机构被韩国政府留存，其业务范围除接受政府委托处置银行不良资产外，还承担政府委托处置的其他不良资产任务。❷

2. 韩国存款保险公司

韩国存款保险公司（Korea Deposit Insurance Corporation，KDIC）成立于1996年6月，且留存至今。1996年6月1日，依据《存款人保护法案》，韩国存款保险公司正式成立，并在1997年1月1日开始营业，主要负责在资金层面向问题金融机构的资产重整提供协助，以及临时性全额赔付问题金融机构存款。1997年12月31日相关法案修订之后，韩国存款保险公司承担起对银行、证券公司、保险公司、互助储蓄银行、信用社和商人银行六类金融机构的存款保险责任。2001年，韩国政府改全额保险为限额保险，赔付上限为5000万韩元。亚洲金融危机期间，韩国存款保险公司负责为金融机构注资、分摊损失以及保护存款人，而金融机构一旦发生坏账，就将坏账转移给韩国资产管理公司处置。截至2002年6月底，存款保险公司共向金融机构注入165.7万亿韩元的公共资金，其中存款保险公司和资产管理公司发行债券102.1万亿韩元，恢复资金32.2万亿韩元，公共资金20.9万亿韩元。公共资金使用的构成如下：60.2万亿韩元用于金融机构的股权参与，资本分摊和存款清偿耗资42.9万亿韩元，14.9万亿韩元投向资产购买，不良贷款购买则耗费了38.7万亿韩元。❸

存款保险公司按照现代公司治理模式建立了组织架构，由存款保险委员会、监察员和董事会组成。其中，存款保险委员会是最高决策机构，董事会是最高执行部门。❹与为了处置不良资产而专设的资产管理公司相比，存款保险公司的使命与责任似乎更加重大，其目的是保护存款人利益、阻止银行发生挤兑、维持金融体系稳定，在金融危机爆发期间，存款保险公司在迅速筹措资金方面起到了重

---

❶ 数据来源：KAMCO《不良资产白皮书》。

❷ 陈成.金融资产管理公司转型问题研究：国际经验与我国现状[J].改革与战略，2012，28（11）：83-85，113.

❸ 周蓉.韩国存款保险公司在金融重建中的举措及其启示[J].当代经理人，2006（21）：353-354.

❹ 吴越.韩国存款保险公司救助和处置机制及启示[J].金融发展评论，2013（12）：151-158.

要作用。因此，即使在不良资产处置完成后，存款保险公司依然不断地发展与完善。作为韩国存款保险制度实施中的代表性机构，存款保险公司一直存续至今。在此期间，它成功保护并救助了多家金融机构，实施了对倒闭机构及时、有序、合理的处置，在健全韩国金融安全网方面发挥了重要作用。

3.金融监管委员会

金融监管委员会（Financial Supervisory Commission，FSC）成立于 1998 年 4 月，并留存至今。为强化对金融机构的一致监管，韩国政府依据《关于金融监管机构设立的相关法律》，成立了金融监管委员会，将金融监管职能从当时的财政经济部和韩国银行集中到金融监管委员会，它的成立消除了韩国监管政策制定职能和监管执行职能相互分离的不足，提高了金融监管的中立性和效率。韩国资产管理公司在运行过程中接受金融监管委员会的全面监管，就业务、会计和财产等事项提出要求。同时，前者的成员也是后者经营管理委员会的委员，拥有对后者董事长的审批权和监事的任命权。此外，监管委员会与韩国存款保险公司具有紧密的业务合作关系。存款保险公司在审查参与投保的金融机构时，可要求与存款保险公司共同审查并共享相关文件，同时，金融监管委员会的高层管理人员均为彼此机构的直接委员。❶2008 年，金融监管委员会进一步改制为金融委员会，与韩国企划财政部、韩国银行、金融监督院等机关共同抵御全球金融危机。时至今日，金融监管委员会仍然是韩国金融监管体制中的重要机构，执行着政策制定与金融监督的职能。

（二）不良资产处置过程及方式

韩国资产管理公司（KAMCO）的不良资产处置过程是先接管再处置，与美国重组信托公司（RTC）的模式相同。KAMCO 处置不良资产时所遵循原则的顺序是快速性、收益性与稳妥性。在接管方式上，采用了一次性买断、附加回购及置换条款收购、多次循环收购以及保底条款加盈利分成等多种收购方式，以及国际业务招标与拍卖和资产证券化方式，创新性地设立合资公司，包括合资企业重整专业公司（Joint Venture-Corporate Restructuring Company，JV-CRC）、合资企业重整投资公司（Joint Venture-Corporate Restructuring Vehicle，JV-CRV）及合资企业资产管理公司（Joint Venture-Asset Management Company，JV-AMC）的不良资产处置方法。整体而言，KAMCO 不良资产处置业务创新是依据各种不良资产的特点分类选择最适宜的出售方式，将以最快速度获得收益作为第一原则。

---

❶ 姜海燕.韩国金融监管体制演变路径与经验分析［J］.国际金融，2017（2）：65-71.

1. 四种主要收购方式

（1）一次性买断收购。一次性买断收购是一种典型的以现金支付的收购方式，是通过资产管理公司与商业银行签署"协议定价"，确定双方不良资产的成交价格，并且采取现金支付的方式，一次性买断商业银行的不良资产，不良资产处置过程简便、快速。同时，由于双方权责分明，可避免处置后发生纠纷。另外，一次性买断的价格优惠力度大，拥有较大的利润空间。

（2）附加回购及置换条款收购。这一处置不良资产的方式最具韩国特色。一般来说，KAMCO 先拟定收购不良资产的折扣比例价，收购后再由 KAMCO 和相关商业银行一起选择评估委员会对不良资产价格进行重新评估，确定最终清算调整价格，并依据此清算最终收购差价。附加回购及置换条款收购方式使 KAMCO 在信息不对称的条件下多了一重保护。

（3）多次循环收购。首先可用初始发行债券、基金份额或从韩国中央银行借款获得的资金购买首批不良资产，再用将其处置之后的现金收益重新购买后续的不良资产并进行处置，如此循环，直至达到不良资产处置目标。这一方式的特点是单次收购的规模较小，利息成本相对较低；但处置过程相对较慢、资金占用期相对较长，达到商业银行不良资产快速处置的目标有难度。

（4）保底条款加盈利分成收购。这一方式是以商业银行对于 KAMCO 的信任为前提，其交易本质类似于委托出售。这种处置方式的特点是 KAMCO 遭受损失的可能非常小，因此，AMC 获得收益的空间也有限。

2. 资产证券化

资产证券化（Asset-Backed Securities，ABS）是韩国金融市场最具效率的不良资产处置方式之一。韩国银行的统计数据显示，到 2005 年年底，以资产证券化方式出售的不良资产占到不良资产总额的 12%，而且回收率达到了 56%，明显高于公开出售的 34% 的回收率。一般来说，KAMCO 对打包的资产进行处置和出售时，会采用证券化处理方式，即将不良资产从原始权益人手里进行"剥离"，将其作为抵押资产，发行资产支持证券。发行人对底层资产进行分层处理，评级机构对分层后的不良资产进行信用评级，利用公募或私募渠道发行 ABS。从资金流向来看，KAMCO 作为发起人将不良资产打包出售给特殊目的公司（Special Purpose Company，SPC），即由 SPC 向发起人购买基础资产。

3. 设立合资公司

KAMCO 设立合资公司，来应对一些特殊的和大规模的不良资产处置情况，提高处置效率。其主要借鉴美国 RTC 的股份出售方式，通过与国外投资者共同设立合资公司来处置与整合不良资产，达到迅速、有效处置不良资产的目的。共设立了合资企业重整专业公司（JV-CRC）、合资企业重整投资公司（JV-CRV）及合资企业资产管理公司（JV-AMC）三类合资公司。

（1）合资企业重整专业公司（JV-CRC）。它的主要职能是按照企业重整计划的要求，对处在转型升级时期的企业进行税收和财务方面的综合整治。投资对象是 KAMCO 持有的不良资产及《产业发展法》规定的需要进行结构调整的问题企业，且问题企业的规模普遍较小。JV-CRC 直接接管被重整和重组企业的日常经营业务，改善企业的经营和财务状况，当得到援助的企业恢复正常经营后，再将收购的资产出售获利。JV-CRC 对企业重组的处置方式较为灵活，一般由企业和相关的金融机构自主协商，政府主管部门进行法律仲裁。

（2）合资企业重整投资公司（JV-CRV）。这是一个基金型的非实体公司，依据《合伙企业重整投资公司法》建立，旨在重整问题企业，其资金来源是世界银行的支持资金。JV-CRV 处置的不良资产业务一般是对韩国经济具有举足轻重的影响、需要债权银行救助的困难企业股权，主要以信托的方式间接管理。一般而言，JV-CRV 的存续期限为 5 年，必要时可延长 1 年。2001 年 7 月，韩国建立了第一个 JV-CRV，以竞价拍卖的方式将大宇企业集团子公司大来卡公司一半的股份出售给现代投资公司。截至 2006 年，该公司收购了 2498 亿韩元的不良资产，出售额高达 4110 亿韩元，实现了资产的增值。❶

（3）合资企业资产管理公司（JV-AMC）。这是由韩国资产管理公司和投资者或投资机构共同设立的"新资产管理公司"，其资本额不低于 10 亿韩元。运营资本主要来自 KAMCO 对某一特定不良资产包的公开招标，KAMCO 将实收资本的 35% 用于设立 JV-AMC，将剩余的 65% 作为 JV-AMC 的初始资本，并且采用收取佣金的方式，JV-AMC 的经营管理权为 KAMCO 和其授权的外资企业所有。此外，根据 KAMCO 和来自本土或国际的投资机构是否对不良资产包进行全部收购，商业银行关于分配的处置权利也有所差异。通过组建合资企业资产管理公司，实现了 KAMCO 和 JV-AMC 在处置过程中的风险共担，减少了 KAMCO 的不良资产管理和处置成本。通过外资企业的先进管理技术，还可分享不良资产价值上升的利润。总之，JV-AMC 式的不良资产处置方法，能够提高国际投资者参与投资的积极性，有助于获得更多的资金支持，也有助于优化资产管理的效率，是一种多方共赢的模式。

4. 网上拍卖及处置业务

在使用拍卖方式处置不良资产方面，KAMCO 在"不良资产整理基金"时期积累了丰富的经验。2002 年，KAMCO 研发出一种网上拍卖系统，该系统包含韩

---

❶ 数据来源：安永全球不良资产报告 2006。

国的各种关于不良资产的拍卖信息。其提供的服务包括在线竞标以及电子合同服务两种，之后该系统还做了进一步的优化，除了竞标功能之外，还可以进行合同的签署、登记转让等，使得服务范围变广。该网站所提供的新功能拥有巨大的市场空间，在两个月的时间内，网站注册人员就已经超过60万，其中包含个人、私企等。2007年KAMCO通过网上系统拍卖的不良资产总共超过了2万单，成交额占总资产额的近30%。❶当系统介入韩国政府的时候，不良资产的交易量逐渐增加，并且增加速度越来越快。由此，KAMCO在不良资产处置的电子商务领域占据了领先地位。

5. 国际招标与拍卖及国际业务

KAMCO与商业银行在招标和拍卖方面与国际接轨得较为成功，每次处置均有国际投资者参与，交易规则采用国际通用惯例。公开拍卖的处置方式一般适用于基础价值较高、具有大量潜在市场需求、通用性强的不良资产，如土地、房产、生产设备、车辆和原材料物资等。20世纪90年代，KAMCO建立了汉城产权交易所用于开展公开拍卖活动，并确保公开拍卖程序的严谨与风险的可控。国际招标与拍卖处置方式有其独到的优势：一是引进外资可以有效弥补国内市场流通性不足的问题；二是国际招标与拍卖的步骤简洁、过程透明，能够满足不良资产处置的快速性要求；三是不断改进处置技术，在国际业务方面开展人才培养。2007年，KAMCO宣布正式进入中国市场，参与中国不良资产管理和处置，对中国东方资产管理公司的156个不良债权项目进行收购。次贷危机后，KAMCO提出其新的发展战略计划，参与到西方国家不良资产处置的市场，此举也体现出韩国政府积极推进不良资产处置国际化的发展战略。韩国资产管理公司的中长期目标是打造不良资产处置的国际空港——金融机构不良资产处置的国际中心市场❷。

6. 管理土地业务

由于KAMCO在2002年的第一轮不良资产政策性处置中的突出表现，韩国政府对其充满了信任。2002年后，KAMCO除了肩负为政府运作不良资产整理基金的任务外，还被政府授权管理有价证券和国有土地（国有土地的25%）。其经营的房地产主要来源于收购的欠税抵押房地产、政府委托管理的房地产和从金融机构收购的贷款担保房地产。KAMCO专门设立了房地产公司，将业务拓展到商业房地产开发和经营领域。在房地产领域，从过去单纯的出售模式转变为追求处置价值最大化的资产管理模式。最初，KAMCO仅经营9宗国有土地的委托开

❶ 数据来源：安永全球不良资产报告2007。

❷ 杜惠芬. 资产管理公司持续发展的途径与运行机制：对韩国资产管理公司运营的考察与思考［J］. 财贸经济，2005（8）：21-25.

发业务，随着积累的有利资源越来越多，其参与房地产行业的积极性不断增加，通过公开拍卖出售、改善增值后卖出、改造后出租等方式，发挥其公共开发商的功能。2002 年 11 月，KAMCO 运营的不良资产整理基金任务期终止，依据相关政策，KAMCO 此后能够使用自身会计账户接收、处置新的不良贷款。这意味着KAMCO 开始进行商业化转型的探索，2002—2008 年，KAMCO 积极拓展不良资产处置方式，并在业务上进行了创新。与此同时，KAMCO 逐步从单一处置不良资产的准政府机构，发展成为综合资产管理公司。

三、韩国不良资产处置的效果

韩国政府立足于本国社会经济的发展现状，并借鉴他国的先进经验，不仅在处置模式上创新地提出了"资产管理公司"模式，而且在具体业务形式上也推陈出新，因此在帮助韩国处理金融危机、化解信用风险、促进宏观经济恢复方面均取得了良好的效果。

（一）现金回收效率较高

从对资产的接收和处置效率来看，无论是在不良债权整理基金阶段，还是在自身商业化处置不良资产阶段，KAMCO 的现金回收率与处置回报率均达到了较高的水平。2002 年《不良资产白皮书》显示，1998—2002 年 KAMCO 累计收购金融机构不良贷款 110.1 万亿韩元，其中约 65 万亿韩元被成功出售并实现了资产重组增值，回收现金 30.3 万亿韩元，回收率高达 46.6%。同时，KAMCO 实际支付 26.5 万亿韩元收购全部不良资产，获得收益 3.8 万亿韩元，处置回报率高达 114.34%。其间，KAMCO 面向全球的投资者出售了 13 个资产组合，发行了 7次 ABS，回收资金远超出支付成本。此外，KAMCO 统计数据显示，2003 年，其又收购了商业银行不良债权约 0.4 万亿韩元，总处置额达 68.8 万亿韩元；同期，销售不良贷款实现 2.5 万亿韩元的收入，处置回报率继续升高到 115.90%。截至2006 年 1 月末，KAMCO 已经累计收购各类不良贷款 110.8 万亿韩元，并处置了其中 73.8 万亿韩元，回收金额 36.6 万亿韩元，现金回收率高达 49.59%，处置回报率高达 120.7%，两者均远高于国际平均水平。

（二）宏观经济环境有所改善

KAMCO 的不良资产处置举措对韩国经济恢复起到了重要作用，促进了韩国社会经济的发展和稳定。1999 年年底，韩国金融系统中的不良资产为 88 万亿韩元，相当于韩国 GDP 的 17.00%，严重威胁到韩国宏观金融的稳定，经过

KAMCO 的不良资产处置，到 2002 年 12 月底，韩国不良资产总量下降为 31.80 万亿韩元，不良资产率仅为 3.90%，达到了金融监管部门不良资产率的安全线，金融风险大幅下降。此外，1991—2010 年韩国实体经济也得到了恢复，经济增速有所提升，失业率也显著下降，如图 19-2 所示。经济增速从 1998 年的 5.50% 的负增长迅速恢复到 1999 年的 11.30% 和 2000 年的 8.92%，两年间提升了 10 多个百分点。不良资产处置后，失业人数占总劳动力的比率从 1998 年的 6.96% 下降至 2000 年的 4.00% 左右，之后一直稳定在 3%~4%。可见，韩国不良资产处置对其经济恢复和稳定以及未来近十年的持续发展起到了积极的促进作用。

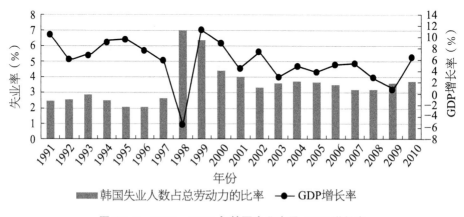

图 19-2 1991—2010 年韩国失业率及 GDP 增长率

数据来源：世界银行数据库。

（三）永久存续的 KAMCO 的未来发展拭目以待

欧美多数国家的金融资产管理公司仅仅服务于一个政策目标，完成任务后即关闭退出市场。KAMCO 却由于其多次出色表现而存续至今，其经历了两次转型：第一次是亚洲金融危机时期，从银行内机构转变为全国性的不良资产处置机构；第二次是不良资产政策性处置结束后，实行商业化、国际化转型。KAMCO 不断扩充业务范围，促使资产处置方式和技术不断更新而持续经营，成为金融风险的缓冲池和产权市场中一个活跃的交易主体。目前，KAMCO 仍然是一个永久性的机构，公司股权结构仍以国家控股为主：韩国政府占比 76.4%，韩国进出口银行占比 14.2%，15 家金融机构占比 5.0%，韩国发展银行占比 4.4%，如图 19-3 所示。KAMCO 的主要角色和功能有：购买和处置金融机构的不良贷款，完成企业重组；管理国民幸福基金和支持信贷回收；管理和开发国有财产；征收逾期税款；竞标、管理在线公共财产处理系统等。其中，不良资产处置及管理是它的主要任务。

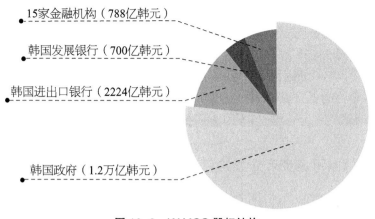

图 19-3　KAMCO 股权结构

数据来源：KAMCO 官网。

KAMCO 在次贷危机期间也起到了积极的作用。它通过一系列创新的举措，例如支持援救陷入流动性危机的韩国海运产业，组建"国家船舶基金"，妥善化解了实体经济的不良资产风险，增强了金融机构的流动性，同时又保证了自身获得一定的收益，避免了国家财政的浪费。后危机时代，KAMCO 继续承担"金融消防队"的作用，促进韩国经济整体的良性发展。相关数据显示：2008—2019 年韩国不良贷款率一直维持在较低的水平，次贷危机期间为 0.6%，远低于 10% 的国际警戒线，除 2012 年同比上涨 23% 外，其余年份均同比下降，2018 年同比下降 28.5%，达到历史最低的 0.25%，而 2019 年继续保持了 0.25% 的水平，如图 19-4 所示。

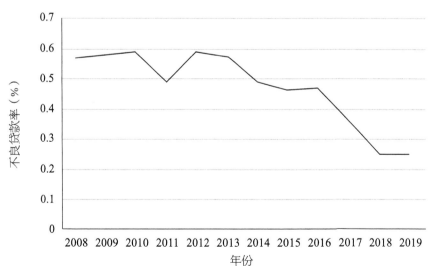

图 19-4　2008—2019 年韩国银行不良贷款率

数据来源：世界银行数据库。

KAMCO 作为一个处置不良资产的较好典型，其在债务处理方式、不良资产回收办法、改善金融机构经营管理，以及减少新增不良贷款等方面的措施和经验，对其他国家均有借鉴价值。但值得注意的是，二次转型的 KAMCO，其经营理念和运营策略从快速恢复市场流动性逐渐转变为获取最大化资产价值利益。虽然 KAMCO 在财务上表现亮眼，但其本质却发生了一定的改变，未来是否能够保障金融市场稳定，为韩国经济后续发展提供动力，需要拭目以待。

四、韩国不良资产处置的启示

韩国经济在亚洲金融危机的冲击下遭受了巨大的打击。1997 年 1 月，韩宝集团的轰然倒塌引爆了大企业的破产危机。此后数月，大量的韩国企业接连陷入危机，导致韩国商业银行等的不良资产规模直线攀升。1994 年年底韩国银行业的不良资产率仅为 1%，但 1997 年 9 月该指标上升至 15%，到了 1999 年年底，韩国银行业的不良资产率高达 25%，解决不良资产问题迫在眉睫。

2000 年，为了专门管理和处置不良资产，韩国政府在成业公社的基础上正式成立了韩国资产管理公司。该公司属于政策性金融机构，接受韩国金融监督委员会的监督，其主要股东是韩国政府和韩国发展银行。亚洲金融危机期间，KAMCO 借鉴国际上处置不良资产的经验，结合本国经济和潜在投资者的特点，采用了一次性买断、附加回购及置换条款、多次循环以及保底条款加盈利分成等收购方式。在收购完成后的处置过程中，除采用国际招标和拍卖、资产证券化的处置方法外，还创新地推出了合资企业重整专业公司、合资企业重整投资公司、合资企业资产管理公司等不良资产处置机构。其中，通过前两种机构累计收购并处置了超过 74.6 万亿韩元的不良债权。最终，KAMCO 于 2004 年完成了政策性处置不良资产的任务。在历时 4 年的不良资产处置中，KAMCO 不仅实现了较高的现金回收率，而且成功地化解了金融风险，促进了经济复苏，降低了失业率。如今，KAMCO 被韩国政府永续留存，并不断拓展其业务，逐渐从单一处置不良资产的准政府机构，发展成为综合资产管理公司。

韩国不良资产处置与管理的经验对我国的启示主要有以下几点。

第一，资产管理公司目标定位明确，坚持主营业务。亚洲金融危机期间，KAMCO 作为政策性金融机构，受政府委托运用不良资产整理基金接纳不良资产并取得了显著成效。事实证明，在不良资产处置过程中，只有强调企业救助，才能从根本上解决不良资产问题。KAMCO 在前期主要追求快速性与收益性，后期则通过综合整治问题机构的税收和财务状况，拯救了韩国的部分实体经济。2008 年次贷危机时期，韩国不良资产风险重现，转型后的 KAMCO 再次全力处置不良资产、化解风险，成为保障韩国金融体系长期稳定的重要力量。由此，在 2009

年的 G20 峰会上，KAMCO 作为不良资产处置的范例被介绍给世界主要国家。但 KAMCO 在转型后更多地涉猎房地产行业，从过去单纯的出售模式转变为追求处置价值最大化的经营模式，这种处置理念极易引发资产管理公司脱离主业经营的问题。我国资产管理公司应学习韩国在处置不良资产的同时关注企业的再生问题，完善实体企业的救助性宗旨。同时要意识到，近年来，我国不良资产处置市场的竞争加剧，有的机构为了获取高额利润而通过套利手段开展能够实现更快、更多收益的经营业务，甚至高价购买海外地产等。这些行为无疑加剧了金融体系的风险，对此，政府应加大对不良资产处置机构的管理力度，规范资产管理公司的定位，促使其回归主业、化解风险并为实体经济服务。

第二，依据国情积极优化现有资产管理公司。韩国目前仅有一家国有资产管理公司，最初由政府注资，目前已成为永久性金融机构，后经过商业化转型实行市场化运转，被誉为亚洲资产管理公司成功转型的典范。与之相对，我国当前成立了五家大型国有资产管理公司，与我国国有金融制度相适应。关于我国资产管理公司存续这个战略性问题，应依据设置目标进行动态调整。21 世纪初，在政策性处置不良资产之后，我国四大国有资产管理公司被全部保留，并纷纷凭借自身的经营经验完成了商业化转型。韩国资产管理公司的作用在于：自创立以来为韩国化解经济危机与发展金融产业做出了贡献，在 1997 年韩国金融危机、2003 年信用卡危机和 2008 年金融危机中均起到了坚固经济金融安全网的作用。我国国有资产管理公司普遍具有相同的业务领域，应积极优化现有资产管理公司的业务经营范围，同时对于市场中不断涌现的资产管理公司，须对其业务经营范围进行严格把关，对于那些过度同质化经营的公司，应考虑进行合并以及"瘦身"并专注于风险防范的职责。

第三，增加资本市场透明度，积极引进外资。无论是在亚洲金融危机期间还是在商业化转型之后，KAMCO 在开展不良资产处置业务时，均引进了实力强大的外资。这种方式不仅增强了资金的流动性、提高了处置效率，还吸收了国外先进的处置与管理经验，为本公司专业化人才的培养提供了帮助。事实证明，KAMCO 多样化的不良资产处置模式是韩国不良资产处置行业走在世界前列的制胜法宝。只有在一个竞争透明度高的资本市场中，才能使商业银行不良资产的处置模式更加多样化。因此，我国也应积极引进外资和民间资本，形成多元化的资本组合。同时，政府应加强对市场主体的有效监督，形成一个良性竞争、公正透明的不良资产处置市场。资产管理公司也应充分发挥公司资源，结合互联网科技，积极探索新型的不良资产处置手段，争取早日走向更广阔的国际市场。

第二十章 欧洲债务危机与德国不良资产处置

本章首先阐述了欧洲债务危机产生的背景与原因，为分析欧洲国家不良资产处置及管理情况做一个铺垫。在欧洲国家中选择了以实体经济为主的德国、以虚拟经济为主的英国、金融业和制造业均比较发达的瑞士三个国家进行不良资产处置的分析。本章对德国不良资产处置机构、措施和效应及启示进行了较为深入的分析。其中欧洲债务危机期间德国设立的不良资产处置机构——第一清算机构，一直履行化解风险、服务实体的作用并持续至今，给予我们了一定的启示。

一、欧债危机产生的背景及原因

（一）欧债危机产生的背景

2007 年，美国次级住房抵押贷款违约事件频频发生，由于欧洲的银行业等金融部门持有大量的美国次级抵押贷款及其衍生品，因此，市场恐慌迅速波及了欧洲各个国家，使其接连陷入困境，先后经历了银行业危机、希腊债务危机、希腊债务危机波及葡萄牙等国、欧债危机蔓延至欧元区核心国家四个阶段，最终演变为整个欧洲的金融危机。

第一，欧洲银行业危机产生阶段。欧债危机爆发的导火索是美国的次级住房抵押贷款危机。2007 年，美国次级抵押贷款的风险开始显现。由于美国早期向信用等级不达标的购房者发放了大量次级抵押贷款，投资银行等机构为了牟利，将这些次级贷款不断证券化为多种高收益、高风险的金融衍生品，如住宅地产抵押贷款支持证券、信用违约掉期、抵押贷款担保债务凭证等并将其出售给欧洲银行和投资基金。因此，当美国国内利息上扬、房市降温，大量次级贷款人无法按时还贷时，风险便无可避免地传导到了持有大量美国次级贷款证券的欧洲银行业，几乎在同一时间，欧洲主要银行和保险公司都出现了信贷急剧收紧、流动性严重短缺等问题，银行业相继遭受两轮冲击。第一轮冲击大约发生在 2007 年 7 月至 2008 年 4 月。2007 年 4 月，美国第二大次级抵押贷款公司——新世纪金融申请破产，❶ 此后法国巴黎银行、德国工业银行、英国北岩银行、法国兴业银行、瑞联

---

❶ 王伟光，程恩富，胡乐明.西方国家金融和经济危机与中国对策研究：上 ［J］.马克思主义研究，2010（7）：5-19，159.

银行等欧洲大行被接连卷入美国次贷危机中并遭受巨大损失，德国工业银行甚至一度濒临破产边缘。2008 年 1 月，欧洲三大股指急剧下跌，进一步触发了欧洲市场的恐慌心理。2008 年 9 月，美国雷曼兄弟申请破产，❶欧洲银行业随即迎来了第二轮冲击。在这轮冲击中，欧洲大批知名银行如布莱德福宾格里银行、桑坦德银行、富通银行、格里特利尔银行、德克夏银行、联合爱尔兰银行、裕信银行等纷纷陷入流动性短缺。

第二，希腊债务危机形成阶段。希腊债务危机的根源可追溯至其加入欧元区的那一刻。欧洲共同体签订的《马斯特里赫特条约》要求欧盟成员国达到较低的预算赤字和负债率标准，而希腊在加入欧元区时的负债率远高于条约规定的标准。为此，希腊政府委托高盛等投资银行通过金融创新的方式掩饰了其真实的财务状况。事实上，从 2006 年开始，希腊国家统计服务机构就将各种非正式经济的价值计入了 GDP，此外统计人员还在政府官员的要求下篡改数据。❷通过人为推高 GDP 规模，营造出虚假的经济繁荣现象，希腊得以侥幸加入欧元区。但是，希腊在加入欧元区后，其经济发展仍处于较低水平，而随着金融危机的爆发，各国出游人数减少，其赖以生存的旅游业遭受重创，在国际贸易中的进口远大于出口，出现了巨额贸易逆差，不得不举债度日。2009 年 10 月，希腊政府公布财政赤字和公共债务占 GDP 的比例分别高达 12.7% 和 113%，❸远远超过欧元区规定的 3% 和 60% 的上限。2009 年 12 月，希腊债务累计达到 3000 亿欧元。❹同月，全球三大信用评级机构惠誉、穆迪和标准普尔相继下调希腊的主权信用评级，希腊政府借贷成本进一步上升，国内经济雪上加霜，希腊债务危机全面爆发。

第三，希腊债务危机波及葡萄牙等国阶段。由于希腊加入欧元区后，和其他成员国都使用共同的货币，执行相同的货币政策，互相持有债券等金融产品，经济和贸易活动往来密切，因此，希腊严重的债务危机很快就波及了与其联系紧密、同样面临高财政赤字和违约风险、低信用等级的爱尔兰、葡萄牙、西班牙和意大利。首先，受次贷危机影响，爱尔兰银行业不良资产比例持续上升，对此政府向银行业投入了大量资金用于救市，导致财政赤字节节攀升，短短一年内，爱尔兰的财政赤字率就上升了 23 个百分点，2010 年，国际信用评级机构下调了爱尔兰的主权信用评级，其融资更加艰难，同年年底不得不向欧盟和 IMF 申请救

---

❶　章曦.中国系统性金融风险测度、识别和预测［J］.中央财经大学学报，2016（2）：45–52.

❷　科伊尔.极简 GDP 史［M］.杭州：浙江人民出版社，2017.

❸　谢世清，向南.从欧债危机的影响看欧元区的发展趋势［J］.宏观经济研究，2018（1）：156–163.

❹　郭婼锋.希腊债务危机的演变、原因及传导机制研究：兼论希腊退出欧元区的成本［J］.财政研究，2015（11）：104–110.

援。其次，2009 年，在经历了连续几十年的财政赤字后，葡萄牙政府财政赤字率达到了 9.4%，❶ 成为欧洲最贫穷的政府之一。尽管葡萄牙采取了紧缩的财政政策，但其债务问题仍无法解决。2010 年年底，葡萄牙政府负债总额占 GDP 的比例高达 83.1%，❷ 国际信用评级机构下调其主权信用等级至"BBB-"。2011 年 4 月，葡萄牙向欧盟申请救援，成为继希腊和爱尔兰后第三个政府破产的国家。再次，西班牙经济状况原本优于希腊、爱尔兰和葡萄牙，但是受国内房地产过热影响，在经济危机中，房价暴跌、失业率上升，银行业出现了大额坏账，西班牙政府出手救市，但却造成了财政赤字高涨，2011 年，西班牙主权信用等级接连遭遇了两次下调，政府信誉濒临破产。最后，意大利虽然整体经济实体较强，但实体经济疲软，经济结构失衡，贸易逆差过大，2011 年因其 1.9 万亿欧元的巨额债务遭到评级下调。❸

第四，欧债危机蔓延至欧元区核心国家阶段。2011 年下半年，由于葡萄牙等五国政府债务问题日益加剧，危机开始向欧元区其他国家蔓延。由于欧洲国家普遍实行高福利政策，因此较高的公共债务在欧洲各国中是普遍存在的情况。这在经济形势大好的情况下无关痛痒，但当葡萄牙等五国陷入困境，欧元区其他国家需要出手援助时就容易引发风险。2010—2011 年，欧盟先后出台多项救援计划，然而这些资金不但无法从根本上解决葡萄牙等五国的债务危机，反而将原本经济实力较为强大的法国、德国等国家拖垮。2011 年 7 月，由于欧盟救市成效甚微，葡萄牙等五国再度遭遇评级下调，其中葡萄牙和爱尔兰被穆迪降为垃圾级别，标志着其政府信用全面破产。而葡萄牙等五国的大部分国债由欧盟其他国家持有，因此欧元区其他国家也蒙受损失，遭到牵连。两家持有较多葡萄牙等五国国债的法国银行遭遇评级下调，德国政府发行国债无人问津。2012 年年初，匈牙利政府信用等级遭评垃圾级。欧洲多个国家再次遭到标普、穆迪等机构下调评级，欧元对美元汇率大跌，资金纷纷离开欧洲市场，至此欧债危机全面爆发。

（二）欧债危机产生的原因

1. 国际金融危机的冲击

2008 年美国次贷危机爆发所引致的全球金融危机是欧债危机产生的外部原因。一方面，全球金融危机影响波及广泛，使得全球的经济增长率出现严重下

❶ 江洋.合法性危机与财政危机：美国马克思主义者对马克思经济危机理论的继承与发展 [J].马克思主义与现实，2014（4）：139-146.

❷ 刘璐，武月.欧债危机对保险业的影响研究 [J].宏观经济研究，2014（1）：135-143.

❸ 钟无涯，谢琼.欧债危机与福建出口变化：结构与机制 [J].当代经济管理，2014，36（3）：64-70.

滑。此外，欧盟各成员国的全要素生产率一直处于较低水平，这令本就放缓的经济增长速度雪上加霜，欧盟各国政府的财政收入均出现了明显的下滑。IMF 的数据显示，2009 年，与经济危机前相比，欧元区经济增长率下滑超过 4 个百分点，下降幅度甚至超过了金融危机的爆发地美国，导致欧元区政府收入呈断崖式下跌。另一方面，为了刺激经济增长和减缓衰退速度，欧盟各个国家均出台了大量扩张性的财政政策，如增加政府公共开支、减少税收等。但在财政收入大幅下降的情况下，扩张性财政政策的实行推动了欧盟各成员国政府财政赤字的飞速上涨，政府公共债务与 GDP 之比不断提高，为欧债危机的爆发埋下了外部隐患。

2. 欧元区的制度缺陷

由于欧洲央行统一发行货币和制定出台相关货币政策，欧元区各国不具有发行货币和颁布货币政策的权力，这一制度安排成为欧债危机爆发的内部原因。虽然统一的货币制度降低了欧盟各国在进行欧盟区跨国贸易等方面的交易成本，有利于欧元区经济一体化的战略发展。但是统一的货币制度安排有着无法回避的短板，即欧元区各个成员国只能依靠财政政策调控本国经济。一方面，当没有金融危机时，为保证各国的经济发展和国际贸易正常运转，欧洲央行的首要目标是维持欧元区的物价稳定，因此欧洲央行大多实行紧缩性的货币政策。但各个成员国为了维持自身社会经济的发展，在紧缩性货币政策的前提下，只能在本国实行积极的财政政策来刺激本国经济，产生的结果之一就是政府赤字和政府债务水平不断上升，成为欧债危机爆发的隐患。另一方面，当发生金融危机时，各个成员国也无法根据本国的实际经济情况选择准确的货币政策，既不能发行货币充盈经济体的流动性，也不能使欧元贬值来降低本国政府的债务水平，而等待欧洲央行出台统一的货币政策来应对危机存在一定的滞后性，往往错过了颁布政策的最佳时机。因此，受制于欧元区的单一货币制度，一旦欧盟中的任何一个成员国出现经济问题，必然会对其他成员国甚至整个欧盟产生负面冲击，对整个欧盟的经济稳定造成挑战。同时，欧盟区单一的货币制度往往不能适应每个成员国的经济状况，也很难与每个成员国的财政政策相配合，导致在制定货币政策时往往会顾此失彼，提高了政策成本。在发生经济危机时，单一的货币政策会在各个成员国的利益间进行权衡，在进行救助时"一盘棋"的思维与核心国的利益无法同时保证，使得使用货币政策进行调控时效果有限。并且使用财政政策进行调控时，欧元区各国的财政政策往往没有统一的制定原则，这进一步导致了各个成员国的财政政策没有"一盘棋"的思维，为欧债危机埋下了隐患。

此外，在第二次世界大战后，欧洲国家普遍实行"从摇篮到坟墓"的高福利制度，这也是欧债危机爆发的重要内因。欧洲经济一体化后，其成员国的社会福利水平均以德国、法国等核心国家为标准来制定，导致欧洲各国的养老金、教育医疗、失业救济、带薪休假等福利项目的政府支出都处于全球最高水平。随着欧洲出生人口的不断下降以及老年人口占总人口比重的持续上升，其在养老金等社会福利方面的支出飞速上升。2010年，希腊的社会福利支出占全国 GDP 的比例达 20.6%，占政府总支出的比例达 41.6%。❶ 如此高水平的社会福利支出显然超出了希腊等一些经济发展较差的成员国的承受范围，进而存在引发债务危机的可能。

3. 银行业危机与主权债务危机的叠加

欧元区潜伏已久的银行业危机与欧盟各国政府的主权债务危机相互叠加，最终成为全面引发欧债危机的导火索。一方面，全球金融危机下，欧元区银行业风险传导至政府部门。当金融危机蔓延到欧洲后，欧洲的绝大多数银行都受到了严重冲击，银行业面临严重的系统性风险。为了降低银行系统的风险及缓解银行体系的流动性压力，欧盟设立了相关的救助机制，但由于欧盟单一货币制度的安排，各国的央行没有权力向本国的商业银行进行注资。对此，各国政府采取的方法是，由政府向本国的银行体系注入流动性，使系统性风险由银行部门转移至政府部门，即转化为主权债务风险。与此同时，在全球金融危机的负面冲击下，经济增长率普遍下滑，使得政府税收接连下降，政府债务进一步累积，主权信用风险激增。以爱尔兰为例，2007年，爱尔兰的政府债务与 GDP 之比为 25%。❷ 之后金融危机席卷全球，爱尔兰政府使用公共财政对本国银行业进行救助，导致 2012年第二季度末政府债务与 GDP 之比飙升至 111.5%。❸ 另一方面，欧盟各国政府的债务危机又通过商业银行持有的政府债券进一步推高了银行业风险。由于经济增长速度下滑和政府财政支出增加的双重压力，欧盟各成员国政府不得不在债务负担沉重的情况下向银行发放债券。这使得欧盟各成员国的商业银行持有大量的政府债券，且规模不断增加，致使银行系统受主权债务危机的冲击加大。2010年年末，在政府债务问题较为突出的希腊、爱尔兰、葡萄牙和西班牙四个欧盟成员国中，政府债务占 GDP 的平均比重高达 92.5%，其中，银行系统持有的债券约占全部债务规模的 50%。❹ 因此，当政府债务出现违约时，持有大量政府债券的商业银行不仅资产负债表出现迅速恶化，而且其以政府债券作为抵押品的担保能力下降，融资渠道进一步收紧。此外，由于商业银行持有大量低信用评级的政府债

❶ 杨琳琳. 从福利依赖看欧洲的高福利困境 [J]. 中共青岛市委党校—青岛行政学院学报，2015（5）：108-114.

❷ 刘亮. 美国次贷危机对欧洲主权债务危机的传导效应研究 [J]. 南方金融，2011（12）：60-63，69.

❸ 韩永辉，邹建华，王雪. 欧债危机的成因及启示：基于货币一体化的视角 [J]. 国际商务（对外经济贸易大学学报），2014（1）：52-62.

❹ 杨继梅. 欧洲银行业危机与主权债务危机的相互传导路径 [J]. 南方金融，2016（8）：74-81.

券，标普、穆迪和惠誉等评级机构相继下调欧洲多家商业银行的信用评级，导致即便是欧洲管理制度最为完善的银行也难以获得其他银行的贷款，欧洲银行系统的流动性骤减，欧盟各成员国内银行间同业拆借利率迅速上升，银行日常业务的运行难以为继，大量银行面临破产的风险。由于欧盟各国以间接融资为主，商业银行在资本市场中的地位十分重要，因此，如果商业银行面临濒临破产或倒闭的风险，政府为挽救本国经济，会对商业银行进行注资，这又加重了政府的债务负担，如此反复循环，银行业系统性金融风险与政府债务风险在相互作用中螺旋式上升，最终引爆了欧债危机。

（三）德国、英国及瑞士等国家的经济表现

鉴于欧洲国家众多，且在欧债危机中表现不一，此处重点分析德国、英国及瑞士在2006—2016年欧债危机期间的经济表现并着重阐述德国不良资产处置与管理经验。以这三个国家为例的原因如下：一是德国是欧共体的六大创始国之一，是典型的工业化国家，也是欧盟的重要成员国，其经济对于整个欧洲而言具有举足轻重的地位；二是在当时的欧盟成员国中，英国是老牌资本主义强国，曾经一度占据世界第一大国的地位，但出现了长期去工业化和经济虚拟化；三是瑞士是世界上第一个永久中立国，是一个典型的非欧盟成员国的欧洲国家，其金融业及资产管理和制造业均非常发达，能够反映次贷危机、欧债危机后欧洲国家的发展特征。因此，德国、英国和瑞士等在欧债危机期间的经济表现具有一定的代表性。最后，由于欧债危机在2009年左右爆发，爱尔兰在2013年年底退出欧债危机纾困机制，成为首个脱困国家，❶ 而各国经济恢复时间不等，因此，我们选取2006—2016年这一时间段来考察2009年前后，德国、英国和瑞士等国的经济状况及不良资产处置效果，而各国处置与管理不良资产的具体机构和措施将在后面详细展开。

1. GDP

由表20-1可知，在2006—2016年欧债危机发生的十年间，德国、英国和瑞士的经济发展较为缓慢。其一，2009年欧债危机爆发后，德国GDP由2008年的374.5百亿美元下降至340.8百亿美元，减少了将近十分之一，同时GDP增长率由2006年的3.8%下降至 −5.7%，减少了9.5个百分点。2010—2011年，德国GDP增长率出现了短暂的回升，但之后连续两年徘徊在0.4%左右，截至2016年，GDP增长率仅为2.2%，低于危机爆发前的水平。其二，2007—2009年，英国GDP由310.2百亿美元下降至242.0百亿美元，减少了1/5以上，GDP增长

---

❶ 尹应凯，虞峥，崔茂中，等．三次危机，两种失衡，一个世界：次贷危机十周年祭［J］．上海大学学报（社会科学版），2017，34（4）：116-127．

率由 2.4% 下降至 -4.2%，减少了 6.6 个百分点，2010 年以后，GDP 增长率有所上升，但仍低于危机之前的水平。截至 2016 年，英国 GDP 和 GDP 增长率分别为 270.4 百亿美元和 1.9%，均低于 2007 年的水平。其三，2009 年，瑞士 GDP 和 GDP 增长率都出现了下滑，同比下降了 2.2% 和 4.3 个百分点。危机之后，瑞士 GDP 开始稳步回升，但 GDP 增长率普遍低于危机爆发前的水平。截至 2016 年，瑞士 GDP 增长率为 1.7%，与 2007 年的 4.1% 相比降低了 2.4 个百分点。

表 20-1　2006—2016 年德国、英国及瑞士名义 GDP 和增长率

年份	德国		英国		瑞士	
	GDP（百亿美元）	GDP增长率（%）	GDP（百亿美元）	GDP增长率（%）	GDP（百亿美元）	GDP增长率（%）
2006	299.5	3.8	271.8	2.8	43.1	4.1
2007	342.6	3.0	310.2	2.4	48.0	4.1
2008	374.5	1.0	295.4	-0.3	55.4	2.1
2009	340.8	-5.7	242.0	-4.2	54.2	-2.2
2010	340.2	4.2	247.8	1.9	58.3	2.9
2011	374.9	3.9	266.0	1.5	70.0	1.8
2012	352.9	0.4	270.5	1.5	66.8	1.0
2013	373.4	0.4	278.8	2.1	68.9	1.9
2014	389.0	2.2	306.5	2.6	70.9	2.5
2015	335.8	1.5	292.9	2.4	68.0	1.3
2016	346.9	2.2	270.4	1.9	67.1	1.7

数据来源：国际货币基金组织。

2. 失业率

2009 年欧债危机爆发，德国、英国和瑞士的失业率都出现了不同程度的上升。从图 20-1 可以看出，其一，2008—2009 年，德国的失业率由 7.4% 上升至 7.7%，提高了 0.3 个百分点。此后，随着一系列不良资产处置措施的出台，德国经济开始复苏，企业逐步走出困境，开始雇佣员工恢复日常生产经营，失业率逐渐下降至 2016 年的 4.2%。其二，2009 年英国失业率为 7.6%，与 2008 年相比上升了 1.9 个百分点，危机爆发后，这一数字先增长至 2011 年的 8.1%，而后下降至 2016 年的 4.9%。其三，2008—2009 年，瑞士失业率由 2.6% 上升至 3.7%，提高了 1.1 个百分点，但这一增长趋势很快得到了遏制，2016 年瑞士失业率下降至 3.3%。总的看来，2006—2016 年，德国和英国失业率呈现下降趋势，分别减少了 5.8 和 0.5 个百分点，而瑞士则与其欧债危机前的数据基本持平。

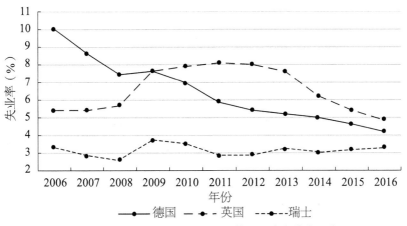

图20-1　2006—2016年德国、英国及瑞士的失业率

数据来源：国际货币基金组织。

3. CPI

2006—2016年，德国、英国和瑞士的CPI经历了循环往复的波动过程。如图20-2所示，其一，2006—2008年，德国CPI提高了0.9个百分点，但在欧债危机爆发后，其CPI先下降至2009年的0.2%，而后上升至2011年的2.5%，最后减少至2016年的0.4%。其二，英国CPI也经历了先下降再上升而后又下降的波动过程，2016年英国CPI为0.7%，与2008年相比减少了2.9个百分点。不同于德国和英国，瑞士的情况较为特殊，2009年欧债危机爆发后，其CPI由2008年的2.4%下降至-0.5%，减少了近3个百分点，此后长期处于负值状态，截至2016年，瑞士CPI仅为-0.4%，表明欧债危机后瑞士国内可能出现了资本外逃，引发了严重的通货紧缩，经济开始陷入衰退。

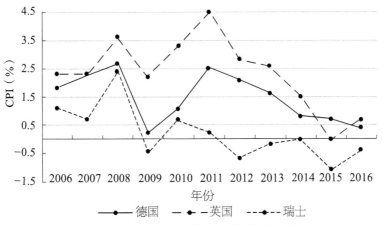

图20-2　2006—2016年德国、英国及瑞士的CPI

数据来源：国际货币基金组织。

4. 不良贷款比率

欧债危机期间，德国和英国的不良贷款率较高，瑞士的不良贷款率较低。由图 20-3 可见，2007—2009 年，德国的不良贷款率由 2.7% 增加至 3.3%，上升了 0.6 个百分点，但此后随着不良资产处置与管理的推进，不良贷款率出现了持续下降，截至 2016 年，德国不良贷款率已减少至 1.7%。与德国相比，英国不良贷款风险较高，2011 年，英国不良贷款率达到欧债危机期间的最高水平，为 4.0%，与 2008 年相比提高了 2.4 个百分点，但之后在英国政府的干预下，其不良贷款率得到了控制，截至 2016 年已下降至 0.9%。相较之下，由于瑞士是全球最大的离岸金融中心，银行业是瑞士最重要的行业之一，其较为完善的银行体系使得瑞士银行业在欧债危机中受到的冲击相对较小，其不良贷款率始终维持在 1% 左右，银行业风险远低于德国、英国等欧盟国家。

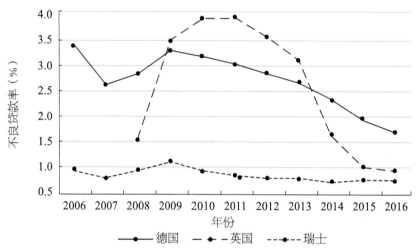

图 20-3　2006—2016 年德国、英国及瑞士银行不良贷款占贷款总额的比率

数据来源：世界银行数据库。

5. 中央政府债务占 GDP 的比率

如图 20-4 所示，其一，2006—2016 年，英国政府债务占 GDP 的比率最高，远远超过德国和瑞士，由最初的 39.8% 一路攀升至 86.9%，增长了 47.1 个百分点，公共债务风险持续上升。其二，德国政府债务占 GDP 的比率由 2006 年的 41.0% 缓慢上升至 2016 年的 43.6%，仅增加了 2.6 个百分点，与欧债危机前的水平基本持平。其三，不同于英国和德国，瑞士政府债务一直控制在 20% 左右，且不断下降，截至 2016 年，瑞士政府债务占 GDP 的比率仅为 14%，与十年前相比减少了 8.3 个百分点。得益于较低的债务水平，欧债危机期间，瑞士政府在处置与管理不良资产，对银行业等金融部门提供援助上更为从容。相比之下，英国政府不容乐观的债务情况则会制约其救市计划的执行，加大了不良资产处置与管理难度。

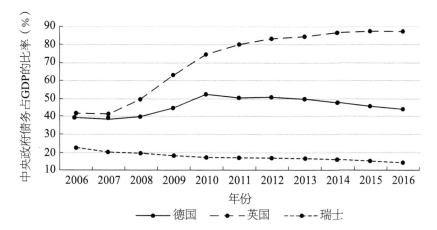

图 20-4　2006—2016 年德国、英国及瑞士中央政府债务占 GDP 的比率

数据来源：国际货币基金组织。

二、德国欧债危机时期的不良资产处置

（一）不良资产处置及管理的主要机构

在欧债危机期间，德国处置不良资产的机构主要有金融市场稳定局和第一清算机构。

1. 金融市场稳定局

金融市场稳定局（Federal Agency for Financial Market Stabilisation，FMSA）成立于 2008 年 10 月，在 2018 年作为一个独立运营的部门被整合进了联邦金融监管局（Federal Financial Supervisory Authority，BaFin）。

依据《金融市场稳定法》，金融市场稳定局作为政府派出的监管机构，主要负责监管维护金融稳定的金融市场稳定基金（Financial Market Stabilisation Fund，FMS，或称稳定基金）的使用和投放。2009—2010 年，金融市场稳定局先后主导成立了第一清算机构（Erste Abwicklungsanstalt，EAA）和 FMS 韦尔特管理机构（FMS Wertmanagement，FMS-WM）来接收西德意志银行（Westdeutsche Landesbank，WestLB）与海波房地产控股公司（Hypo Real Estate，HRE）的坏账，处置与管理不良资产。金融市场稳定局自成立以来已成为维护德国金融市场稳定的重要支柱，因此，其在实现对西德意志银行等不良资产的妥善处置之后被保留了下来，在危机结束后还承担了起草《德国银行恢复计划》等任务。2018 年 1 月 1 日，根据《FMSA 重组法》（FMSA Reorganisation Act，FMSARA），金融市场稳定局被整合并入联邦金融监管局，仍独立监管第一清算机构和 FMS 韦尔特管理机构。

2. 第一清算机构

第一清算机构（EAA）成立于 2009 年 12 月 11 日，预计将结束于 2027 年。欧债危机期间，德国先后出台了《金融市场稳定基金法》《加快金融市场稳定法》等法案，立法允许金融企业将不良资产转移至为它们专门设立的，在结构和财务上都独立于它们的不良资产处置机构。第一清算机构就是接受不良资产的专门机构。2009 年年底，由金融市场稳定局主导，在德国北莱茵－威斯特法伦州的首府杜塞尔多夫成立了用于接收和处置西德意志银行共 770 亿欧元的不良资产的第一清算机构。第一清算机构的管理部门由监事会、董事会和股东委员会组成，并接受金融市场稳定局的监督，如果董事会成员违反其法定义务，金融市场稳定局有权在任何时候解雇该成员。第一清算机构需要向金融市场稳定局提交月度、季度和年度报告来反映其薪酬制度以及不良资产处置程序进度和处置计划执行情况，但金融市场稳定局对第一清算机构的损失不承担任何责任。❶

2009—2010 年，第一清算机构接收了西德意志银行转移的第一批约 775 亿欧元的不良资产，2012 年又接收了大约 900 亿欧元的投资组合，这些不良资产将持续处置至 2027 年。

（二）不良资产处置措施——西德意志银行的危机

银行业在德国金融系统乃至全国经济中占据重要地位。西德意志银行是德国最大的联邦州北莱茵－威斯特法伦州的州立银行，业务遍及全球，是德国最大的银行之一，综合实力位居全国前列。1995—2000 年，西德意志银行的税前年均净资产收益率为 17.7%，高于德累斯顿银行、德国裕宝联合银行、德国产业投资银行、德国商业银行等传统大行。❷ 欧债危机时期西德意志银行遭受了巨大冲击，国际资本市场的持续恶化导致其出现了巨额亏损，不良资产急剧增加。考虑到西德意志银行的系统重要性，它一旦倒闭势必会引发相关银行和存款机构的多米诺骨牌效应，为了维护金融市场稳定，避免其因不良资产倒闭而引发系统性金融风险，自 2007 年开始，德国政府相继采取了包括推进合并重组、执行风险隔离、实施金融救援、成立金融市场稳定基金、转移出售资产组合等一系列措施救助西德意志银行。

1. 推进合并重组

为了使西德意志银行摆脱经营困境，在其大股东北莱茵－威斯特法伦州政府的主导下，先后尝试对其进行了两轮合并重组。第一轮重组计划始于 2007 年 9

---

❶ https://www.fmsa.de/fileadmin/user_upload_fmsa/Statuten/Statut_EAA_en.pdf.

❷ "Expert opinion of the market conformity of the 2 January 2003 capital injection" of 5 May 2003 by Lehman Brothers.

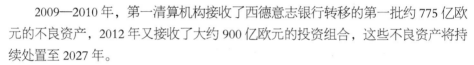

中国特色不良资产处置的理论创新与实践

月，止于 2007 年 11 月。2007 年 9 月，北莱茵 – 威斯特法伦州政府开始联合巴伐利亚州政府、巴 – 符州政府协商西德意志银行与巴伐利亚州立银行、巴 – 符州立银行两家州立银行间的兼并重组计划。但是，2007 年 11 月，受美国次贷抵押债券投资资产高额减值的影响，巴 – 符州立银行陷入了经营困境，合并计划不得不搁浅。第二轮重组计划始于 2007 年 12 月，止于 2008 年 2 月。2007 年 12 月，西德意志银行的三大股东——北莱茵 – 威斯特法伦州政府、莱茵储蓄银行和汇划协会、威斯特法伦 – 里帕储蓄银行和汇划协会试图推进黑森 – 图林根州地方银行与西德意志银行的合并计划。为了达到黑森 – 图林根州地方银行的合并要求，2008 年 1 月，北莱茵 – 威斯特法伦州政府、莱茵储蓄银行和汇划协会、威斯特法伦 – 里帕储蓄银行和汇划协会向西德意志银行注资了 20 亿欧元，用于解决银行的亏损和资产减记问题，改进商业运作模式，加快战略调整步伐，推进合并重组。然而，这一合并重组计划遭到票据清算协会和黑森 – 图林根州地方银行的大股东黑森州储蓄银行的反对，在 2008 年 2 月戛然而止，政府主导的两轮重组方案最终均以失败结束。

2. 执行风险隔离

由于两轮合并重组相继夭折，2008 年 2 月，西德意志银行的经营状况持续恶化，核心资本充足率即将低于《巴塞尔协议 II》的最低资本要求，金融风险一触即发。因此，德国金融监管部门联合中央银行，与西德意志银行的股东达成了一项旨在改善其资本充足率的风险隔离计划。该计划使得西德意志银行能通过把高风险投资组合转让给独立于自身的特殊目的实体 Phoenix，从而将"坏资产"从西德意志银行的资产负债表中剔除，与"好资产"隔离开来，提高银行的资本充足率。具体来看，特殊目的实体 Phoenix 将向西德意志银行发行与其不良资产面值相等的总额约为 230 亿欧元的债券来购买其不良资产。在风险隔离计划实施期间，西德意志银行将会一直持有这些债券，一旦不良资产出现损失，那么这些损失首先由 50 亿欧元的初级票据承担，超出 50 亿欧元的损失则由 180 亿欧元的高级票据弥补。由于欧盟相关法规规定，欧盟成员国必须在得到欧盟委员会的批准后才能对其金融机构提供救助。2008 年 3 月，德国政府向欧盟委员会提交了这一风险隔离计划。但是欧盟委员会认为在此救援方案中，德国地方政府参与提供的 50 亿欧元风险担保构成了政府补贴，可能会因政府救助而扭曲市场竞争，这使得德国政府向欧盟委员会提交的西德意志银行风险隔离计划最终搁浅。

3. 实施金融救援

由于欧债危机进一步加剧，2008 年 10 月，欧元区 15 国首脑在巴黎召开首次峰会，决定由各国政府为银行再融资提供担保并向银行注资，来共同应对此次危机。基于此，欧盟委员会批准了德国政府申请的 5000 亿欧元的金融救援计划。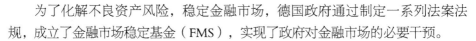其中，4000 亿欧元用来担保银行间贷款；200 亿欧元的预防性资金用来在紧急情况下购买银行坏账，帮助银行渡过危机。

另外，还建立了一笔 800 亿欧元的特别基金——"稳定金融市场特别基金"，用来增加银行自有资本，抵御危机。具体而言，流动性困难的银行向"稳定金融市场特别基金"提出申请，并经由欧盟委员审核之后，即可获得特别基金的担保和注资。特别地，这 5000 亿欧元的金融救援计划对受助银行附加了苛刻的条件，比如政府有权对受助银行的货币政策和可持续性发展战略进行监控，并要求其改变或放弃某种经营策略和业务模式。

4. 成立金融市场稳定基金

为了化解不良资产风险，稳定金融市场，德国政府通过制定一系列法案法规，成立了金融市场稳定基金（FMS），实现了政府对金融市场的必要干预。

2008 年 10 月，德国政府颁布了包括《金融市场稳定基金法》（以下简称《基金法》）在内的一系列法律，建立了总额为 4800 亿欧元的稳定基金，用于向处于高风险状态的金融企业提供担保、调整资本结构和购买风险资产。《基金法》明确了稳定基金由政府设立并运营，联邦政府对金融市场稳定基金的债务负有直接责任，但是与联邦政府的其他财产无关，不能用于偿付联邦政府的其他债务。待金融市场稳定的任务完成后，稳定基金将会清盘解散，剩余资金在联邦政府与各联邦州之间按 65∶35 的比例进行分配。稳定基金的主要投向是经营状况较差的小微企业和国有企业。《基金法》规定，稳定基金为企业提供担保、调整资本结构和购买资产权益并不是无偿的，应向企业收取一定费用。具体要求如下。

（1）稳定基金可用于为金融企业发行的新债券或外部债务进行担保。《基金法》明确规定了稳定基金担保金额最多不超过 4000 亿欧元，担保对象既可以是企业发行的新债券，也可以是企业的外部债务。对担保时间的要求较为严格，如果为新发行的债券担保，那么债券发行时间须在 2009 年 12 月 31 日前。如果为外部债务担保，要么债务时长不超过三年，超过三年的债务必须得到相关监管机构的授权，且最长不超过五年。同时，政府会对担保企业的经营情况和财务状况加强监管，确保其做到企业合规经营和正当竞争，尽量规避风险。

（2）稳定基金可用于帮助金融企业调整资本结构。《基金法》第 7 条规定，在征得管辖部门同意后，稳定基金可用于金融企业的资本结构调整，但最高金额

---

❶　金碚，原磊．德国金融危机救援行动的评析及对中国的启示 [J]．中国工业经济，2009（7）：26-33．

❷　朱时敏，强力．中德金融危机应对策略比较法分析 [J]．经济法论丛，2010，18（1）：63-87．

不超过 800 亿欧元。原则上，用于一家金融企业资本调整的金额不超过 100 亿欧元。但如果投放银行规模较小、稳定程度较低，那么此时投入金额可以超过 100 亿欧元，但其资本结构调整时间不能长于半年。稳定基金可通过注资购买股份、投入资金买入控股该企业的其他公司、投入资金购买这一企业的合伙股份三种途径调整资本结构。同时，稳定基金必须从公司而非股票市场上购买没有股东购买的股份。此外，《基金法》还对接受用于资本结构调整的稳定基金的金融企业提出了要求：一是金融企业必须合规经营，尽量规避风险和减少相关业务，保证企业稳定、有序、健康发展；二是金融企业的信贷业务应当优先面向国有企业、国家扶持的小微企业和重点行业企业；三是金融企业的薪酬结构应该合理，避免差距过大，每年现金薪酬应低于 50 万欧元；四是金融企业在接受稳定基金援助期间，不得进行股金分红和发放股息；五是金融企业应在市场中正当竞争；六是金融企业需每半年以书面材料的形式向政府报告其财务状况和经营状况。

（3）稳定基金可用于帮助金融企业分担经营风险。对此，《基金法》在风险类别、时间期限、资金数额等方面都做出了明确规定。在风险类别上，稳定基金可分担的风险包括证券，应收款项，金融衍生产品，基于贷款、担保和参与股份而获得的债权债务，以及上述各项可能产生的担保物权。在时间约束上规定，接受稳定基金用于分担风险的金融企业最晚不能迟于 2009 年年底完成金融稳定方案，且在最迟三年内应向政府赎回风险资产，确保政府在买入和卖出中不受损失。同时若金融企业走出风险，恢复健康经营，用于帮助金融企业承担风险的稳定基金应及时撤出。在资金数额上，使用稳定基金帮助金融企业分担风险的最高金额不超过 800 亿欧元，且对单个金融企业的支持金额不能高于 50 亿欧元。

5. 转移出售资产组合

美国次贷危机使西德意志银行在亏损的泥潭中越陷越深，早在 2007 年年初，西德意志银行就由于对优先股和普通股之间的差价进行套利投机活动而遭受严重损失，导致了 6.04 亿欧元的损失，致使其 2007 年上半年的利润由同期盈利 2.77 亿欧元急剧跌至亏损 3800 万欧元。2009 年年底，金融市场稳定局主导成立了第一清算机构，开始转移和处置西德意志银行的不良资产。2009—2010 年，第一清算机构接受了西德意志银行 775 亿欧元的不良资产；在 2012 年西德意志银行解散重组时，其又接收了将近 900 亿欧元的高风险投资组合，此后逐步处置出售。截至 2012 年年底，第一清算机构的资产组合由三种主要资产组成：33.2% 的贷款、42.1% 的结构性证券和 24.7% 的有价证券。就贷款而言，其 25.7% 来自房地产业，11.4% 来自交通运输业，11.2% 来自传统工业，10.4% 来自金融业。❶ 由表 20-2 可见，2010—2020 年，第一清算机构不良资产处置数额最大的年份是 2012 年，不

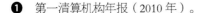 ❶ 第一清算机构年报（2010 年）。

良资产名义量减少了 320 亿欧元；处置比例最大的年份是 2015 年，处置了不良资产总额的 31.2%。截至 2020 年年底，与 2012 年相比已处置了近 90% 的不良资产。

表 20-2　2010—2020 年第一清算机构不良资产处置进度

时间	名义量（十亿欧元）	变化量（十亿欧元）	变化率（%）	时间	名义量（十亿欧元）	变化量（十亿欧元）	变化率（%）
2010 年 6 月 30 日	71.3	−6.2	−7.9	2015 年 12 月 31 日	36.0	−16.3	−31.2
2010 年 12 月 31 日	63.8	−7.5	−10.5	2016 年 12 月 31 日	29.7	−6.3	−17.5
2011 年 12 月 31 日	51.0	−12.8	−20.1	2017 年 12 月 31 日	22.9	−6.7	−22.7
2012 年 12 月 31 日	94.4	−32.0	−25.3	2018 年 12 月 31 日	18.2	−4.7	−20.6
2013 年 12 月 31 日	70.7	−23.7	−25.2	2019 年 12 月 31 日	14.9	−3.3	−18.2
2014 年 12 月 31 日	52.3	−18.4	−26.0	2020 年 12 月 31 日	12.7	−2.2	−14.7

数据来源：第一清算机构年报（2010—2020 年）。

第一清算机构将不良资产分为三类：待售类资产、持有类资产和重组类资产。并以此为依据实施三种不同的处置与管理策略：对于待售类资产，一般等到市场环境改善以后，在中长期以不低于资产账面价值的价格出售；对于持有类资产，通常将其持有到期；对于重组类资产，则将其记录在观察表上，密切关注信贷质量，如果时机合适则实施资产重组。

从表 20-3 可以看到，2010—2017 年，第一清算机构的三类资产中，待售类资产的处置较为顺利，由最初的 196 亿欧元减少至 22 亿欧元，下降了近 90%。持有类资产次之，由 410 亿欧元下降至 102 亿欧元，处置了 75% 以上。而重组类资产的处置则较为缓慢，与 2010 年年中相比，2017 年年底，重组类不良资产仅减少了 2 亿欧元，处置比例不到 1/5。

表 20-3　2010—2017 年第一清算机构不良资产分类处置与管理情况　（十亿欧元）

时间	待售类	持有类	重组类	时间	待售类	持有类	重组类
2010 年 6 月 30 日	19.6	41.0	10.7	2013 年 12 月 31 日	11.7	37.1	21.9
2010 年 12 月 31 日	19.1	35.5	9.1	2014 年 12 月 31 日	9.3	22.7	20.3
2011 年 12 月 31 日	16.5	24.6	9.9	2015 年 12 月 31 日	3.3	16.1	16.6
2012 年 6 月 30 日	7.3	92.5	12.8	2016 年 12 月 31 日	2.8	13.5	13.4
2012 年 12 月 31 日	13.9	52.8	27.7	2017 年 12 月 31 日	2.2	10.2	10.5

数据来源：第一清算机构年报（2010—2017 年）。

注：2017 年以后第一清算机构年报不再显示资产分类情况。

（三）不良资产处置的效果

1. 西德意志银行经营好转后成功退出市场

2009—2010 年西德意志银行通过"瘦身"行动，陆续关闭了其在明斯特、比勒费尔德、多特蒙德和科隆等地的多家分行，出售了多家子公司，并向第一清算机构转移了大批不良资产，其经营状况明显好转。2008 年年底，西德意志银行总资产接近 2900 亿欧元，自有资本和核心资本比率均处于较低水平（见表20-4）。在剥离大量不良资产和非战略性资产后，其经营状况明显好转。截至2011 年上半年，总资产由 2008 年年底的 2881 亿欧元下降至 1604 亿欧元，减少了 44.3%。其中，风险加权资产由 885 亿欧元下降至 454 亿欧元，减少了将近一半；自有资本和核心资本比率则分别由 2008 年年底的 38 亿欧元和 6.4% 上升至 2011 年上半年的 42 亿欧元和 10.7%，核心资本比率提高了 4.3 个百分点。此外，职工数量由 2008 年年底的 5957 人减少至 2011 年上半年的 4622 人，下降了22.4%，从而减少了西德意志银行的运营成本。

表 20-4　2008—2011 年西德意志银行经营状况

时间	2008 年 12 月 31 日	2009 年 12 月 31 日	2010 年 12 月 31 日	2011 年 6 月 30 日
总资产	288.1	242.3	191.5	160.4
自有资本（十亿欧元）	3.8	3.7	4.1	4.2
风险加权资产（十亿欧元）	88.5	83.0	48.6	45.4
核心资本比率（%）	6.4	6.4	11.4	10.7
职工数量（人）	5957	5214	4712	4622

数据来源：欧盟委员会。

与此同时，西德意志银行的重组也取得了可喜的进展。2011 年 6 月 23 日，金融市场稳定局与西德意志银行的所有股东以及第一清算机构就西德意志银行的重组条件达成一致。同年 6 月 30 日，德国向欧盟委员会提交了重组计划的最终版本。2011 年 12 月 20 日，欧盟委员会批准了西德意志银行的重组计划。2012 年7 月 2 日，西德意志银行在将一些资产转移至第一清算机构和德国的黑森－图林根兰德斯银行（Landesbank Hessen–Thüringen，Helaba）后，正式更名为波蒂贡股份公司（Portigon Aktiengesellschaft，Portigon AG），结束了长达 180 年的银行经营历史。根据欧盟委员会的要求，波蒂贡股份公司将继续清理资产并缩减资产负债表。

由表 20-5 可见，波蒂贡股份公司自 2012 年成立至今较好地履行了缩减资产负债表与降低人事开支等职责。2012—2020年，其总资产由959亿欧元下降至28亿欧元，减少了97%；信贷额由130亿欧元下降至12亿欧元，减少了90%以上；风险加权资产由20亿欧元减少至1亿欧元，降幅达95%，资产处置与风险控制均取得了突出的成绩。此外，该公司还将职工数量由2012年的2711人减少至2020年的73人，削减幅度达97%，大幅降低了人事支出。

表 20-5　2012—2020 年波蒂贡股份公司运营状况

年份	2012	2013	2014	2015	2016	2017	2018	2019	2020
总资产（十亿欧元）	95.9	31.0	19.4	14.1	11.5	7.4	4.9	4.3	2.8
信贷额（十亿欧元）	13.0	9.2	7.7	4.7	4.3	2.1	1.8	1.5	1.2
风险加权资产（十亿欧元）	2.0	2.0	1.1	0.6	0.6	0.5	0.3	0.2	0.1
职工数量（人）	2711	2103	840	451	268	159	120	94	73

数据来源：波蒂贡股份公司年报（2012—2018 年）。

2. 第一清算机构处置不良资产的效果显著

2009—2012年，第一清算机构接收了两批不良资产。由表20-6可见，在完成接收后，第一清算机构的总资产由2010年的493亿欧元上升至2012年的1233亿欧元，增加了150%，贷款额也由350亿欧元上升至706亿欧元，提高了一倍以上。同时开始扭亏为盈，2010年亏损将近6亿欧元，而到2012年实现了660万欧元的盈利。此后，随着不良资产处置和管理工作的推进，第一清算机构的盈利能力不断提升，2014年的净利润约为0.6亿欧元，与2012年相比增长了超过8倍。与此同时，资产负债表大幅缩减，截至2020年，总资产降至322亿欧元，与最初从西德意志银行那里接收的775亿欧元相比，减少了将近60%；贷款额则降低至123亿欧元，与2010年相比减少了近65%。第一清算机构在救助西德意志银行中起到了重要作用。

表 20-6　2010—2020 年第一清算机构经营状况　　　　（百万欧元）

年份	总资产	贷款额	净利润
2010	49300	35000	−599.6
2011	50800	32100	−878.2
2012	123300	70600	6.6
2013	78900	46800	59.0
2014	79500	39900	62.5
2015	68700	37800	13.1

年份	总资产	贷款额	净利润
2016	60700	31000	9.6
2017	46600	21800	14.4
2018	39700	19800	2.6
2019	37800	15900	−2.7
2020	32200	12300	−1.9

数据来源：第一清算机构年报（2010—2020 年）。

3. 银行业风险成功化解

欧债危机中，以西德意志银行为代表的一大批德国银行陷入了前所未有的财务困境，不良资产急剧上升。为了处置与管理不良资产，降低银行业金融风险，德国政府先后主导成立了金融市场稳定局和第一清算机构，加强了对银行业的金融监管。由表 20-7 可知，2008—2016 年，德国银行业监管资本占风险加权资产的比重从 13.59% 上升至 18.79%，提高了 5 个百分点以上；监管一级资本占风险加权资产的比重从 9.55% 上升至 16.28%，提高了将近 7 个百分点；准备金中不良贷款净额与资本比从 25.33% 下降至 14.68%，减少了 10 个百分点以上；外汇净敞口头寸与资本比从 6.56% 下降至 4.00%，降低了 2.56 个百分点，银行业风险得到了有效控制。

表 20-7　2008—2016 年德国银行业经营状况　　　　（%）

年份	监管资本占风险加权资产的比重	监管一级资本占风险加权资产的比重	准备金中不良贷款净额与资本比	外汇净敞口头寸与资本比
2008	13.59	9.55	25.33	6.56
2009	14.82	10.84	36.85	5.28
2010	16.05	11.83	34.22	4.40
2011	16.40	12.14	31.63	4.48
2012	17.94	14.18	27.41	3.93
2013	19.16	15.57	24.98	3.84
2014	17.96	15.35	21.28	3.95
2015	18.26	15.72	17.36	4.62
2016	18.79	16.28	14.68	4.00

数据来源：国际货币基金组织。

4. 制造业贷款不升反降，资金"脱实向虚"

欧债危机爆发后，随着不良资产处置与管理的进行，2010—2011 年德国 GDP 增长率出现了短暂的回升，分别为 4.2% 和 3.9%。然而这一态势并未延续下来，而后 GDP 增长率再次下跌，2012—2016 年均低于危机爆发前的水平。事实上，由图 20-5 可知，虽然德国试图通过对银行业不良资产的处置来化解金融风险，提高对实体经济产业的支持，但在其不良资产处置之后，制造业贷款总额却呈逐年下滑的趋势，截至 2016 年，德国制造业贷款仅为 5203 亿欧元，与 2008 年相比减少了近 1/5。

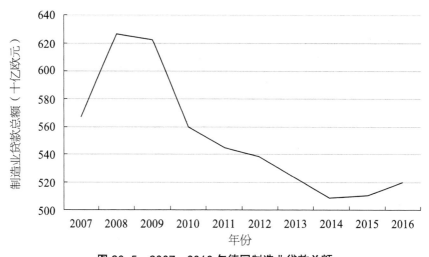

图 20-5　2007—2016 年德国制造业贷款总额

数据来源：德国央行。

三、德国不良资产处置的启示

欧债危机期间，德国银行业不良资产大规模膨胀，系统性金融风险急剧上升。2008 年，德国工业银行、德国第二大住房抵押银行等因持有大量美国次级贷款证券、基金等金融衍生品而陷入流动性困境，银行资产大幅缩水，不良资产规模直线上升，截至 2008 年年底，银行业出现了高达 670 亿美元的巨额亏损。❶ 当时德国金融市场上共有近 1400 家银行及经济组织，其中包括 350 家私有银行、约 520 家国有州立银行、约 500 家社员出资的信用合作社，大量银行及经济组织的存在体现的市场分散性导致不良资产问题越发严峻，一旦金融市场崩溃，实体经济中企业的资金链也将面临断裂的风险。德国政府对此高度重视，采取了一系列

---

❶　徐明棋 . 全球金融危机与欧洲经济的困境［J］. 世界经济研究，2009（12）：29-33，84-85.

措施着力化解不良资产风险，提高不良资产处置效率。

第一，采取了合并重组、风险隔离和金融救援等措施。为帮助西德意志银行（WestLB）摆脱经营困境，北莱茵－威斯特法伦州政府在2007年9月至2008年2月先后开启了两轮合并重组计划，试图推进西德意志银行与巴伐利亚州立银行、巴－符州立银行以及黑森－图林根州地方银行的兼并重组计划，但受巴－符州立银行陷入经营困境及黑森－图林根州地方银行的大股东黑森州储蓄银行反对等因素影响，均以失败告终。而在2008年2月以后，西德意志银行的经营状况持续恶化，核心资本充足率有跌破《巴塞尔协议Ⅱ》最低资本要求的风险，对此，德国金融监管部门联合中央银行与西德意志银行的股东达成了一项旨在改善资本充足率的风险隔离计划并提交欧盟委员会审核。然而，由于欧盟委员会认为这一救援方案存在扭曲市场竞争的可能性，最终没有予以批准。此后，随着欧债危机的进一步加剧，德国政府最终出资5000亿欧元救援金融机构。

第二，建立了金融市场稳定基金（FMS），用于向高风险的金融企业提供担保、调整资本结构和购买风险资产。2008年10月，德国政府颁布了《金融市场稳定法》，在此基础上设立了金融市场稳定局（FMSA）和总额为4800亿欧元的FMS。明确规定了可使用最多不超过4000亿欧元的FMS为金融企业发行的新债券或外部债务进行担保，不超过800亿欧元的金额帮助金融机构调整资本结构，以及低于800亿欧元的金额分担金融企业的经营风险。

第三，批准了银行自设"坏银行"的方案，经由这一市场化处置手段提高了处置效率。成立了德国历史上首家独立于自身的"坏银行"——第一清算机构（EAA）。在成立不到7个月的时间内，EAA累计处置不良资产的账面价值达62亿欧元，成功化解了西德意志银行的不良资产风险。可以看到，德国在不良资产处置及管理过程中，考虑到银行贷款对实体经济企业融资的重要性，将维护金融稳定、促进产业发展作为主要目标，因此，德国不良资产处置与管理的模式属于"产业导向型"。

德国不良资产处置与管理的经验对我国的启示如下。

第一，政府积极主导援救危机中的金融机构。在西德意志银行的不良资产处置过程中，德国政府反应迅速，2007年上半年银行一出现亏损，9月政府就立即着手推进多种纾困方案。德国是银行主导型金融体系，银行体系主要分为全能银行和专业银行两类。全能银行由公立银行、私人银行和合作银行构成，是德国银行体系的主体。其中，公立银行又由州立银行和储蓄银行构成，占有较大的市场份额。西德意志银行为德国第三大州立银行，如果一旦倒闭会引发连锁效应，至少有数家州立银行、十几家存放款机构和无数家企业将陷入困境。因此，德国政府积极主导进行不良资产处置，推出了合并重组、风险隔离、注入资金等政府救援计划，并制定了《金融市场稳定法》等多项法规。德国的金融体系与我国相同，银行是企业贷款，尤其是中长期贷款的主要来源，银行通过影响企业的投资决策、经营行为、风险管理等方面，深入了国民经济生活的各个领域，在国民经济中占据了重要地位。所以，政府对系统性重要银行及关键性金融机构的不良资产处置应积极发挥"救助性"职能。

第二，问题银行"瘦身"，着力于长远发展。为处置西德意志银行的不良资产，德国成立"坏银行"即第一清算机构转移其不良资产，隔离和化解了银行业的风险。设立"坏银行"的救助目标是提高处置效率，但"坏银行"的根本目标并非短期盈利的最大化，而是着力于降低系统性风险，着力于长远发展。所以，推动西德意志银行"瘦身"等纾困方案，其终极目标是处理所有西德意志银行转移的不良资产和非战略性业务资产，在危机中确立"亏损最低、风险最小"的目标具有合理性，但只有在危机后根据市场环境调整资产管理策略，才能将"坏银行"的功能发挥得当。第一清算机构成立于欧债危机时期的 2009 年 12 月 11 日，主要处置西德意志银行转移出的不良资产，在西德意志银行退出市场后，这一机构仍然继续处置剩余的不良资产并持续至今，为稳定德国金融市场发挥了重要作用。与西德意志银行的"瘦身"类似，2020 年以来，我国各大金融资产管理公司正在大力推进其旗下多家子公司以及金融牌照的出售，回归主责主业。但从德国的经验来看，金融机构的"瘦身"并非一劳永逸，也不意味着金融服务实体经济能力的提升。未来不良资产的处置与管理应当借鉴德国经验，切实化解金融风险，但不应止步于德国经验，还应进一步提高金融支持实体经济的能力。

第三，不良资产处置共享收益和共担风险的机制。德国不良资产处置成本在银行股东、国家和纳税人之间以一定的比例分摊。银行股东承担的部分体现在设立和运营"坏银行"的过程中，其承担的成本主要有：一是西德意志银行的股东投入了 40 亿欧元作为对其不良资产的担保；二是西德意志银行出资 30 亿欧元，设立了一家独立于自身的"坏银行"；三是西德意志银行为化解风险获得政府的有偿担保，并支付了相关费用；四是"坏银行"法律规定，接收不良资产价值遭受损失时，需由西德意志银行赔偿。

国家和纳税人承担的部分反映在政府提供的 5000 亿欧元的金融救助资金，救助金融机构以化解不良资产风险。其中，4000 亿欧元用于为银行间贷款提供担保，200 亿欧元用于在紧急情况下购买银行坏账，帮助银行分担经营风险。此外，政府通过金融市场稳定局建立了总额为 800 亿欧元的"金融市场稳定基金"，用于注资购买股份、投入资金买入控股该企业的其他公司、购买合伙股份等以调整资本结构。例如，在设立"坏银行"及"金融市场稳定基金"的过程中，通过向西德意志银行核心银行注资 30 亿欧元，交换了"沉默参与权"，这一权利可转换成 49% 的西德意志银行股权。

政府认为，由国家和纳税人共同承担财政拨款 5000 亿欧元，比建立一家大型国有"坏银行"集中接收所有问题银行的不良资产更加合理。这样可以避免金融机构恢复后的利润归私人所有、损失由国家和纳税人承担的不公平的后果。所以，虽然大型国有"坏银行"能帮助金融机构尽快脱离危机，加速恢复，但德国政府要求各银行自设"坏银行"，对不良资产自负其责，防范金融机构高管与股东逃避责任。对于我国金融市场的规范化与法制化，德国的这一做法值得我们借鉴。

第二十章　欧洲债务危机与德国不良资产处置

第二十一章　英国、瑞士欧洲债务危机时期的不良资产处置

本章分析了欧债危机时期，英国和瑞士不良资产处置的经验与教训。通过对两个国家不良资产处置机构、法案法规、处置过程、政策原则与处置效果的梳理，揭示英国和瑞士不良资产处置的特点和不足。英国在北岩银行经营困难时，三家监管机构相互推诿、难以协调，延误了救助时机，任由市场上的恐慌情绪愈演愈烈，最终引发了英国历史上 140 多年以来的首次挤兑危机。如何处理一般危机救助与系统性危机救助的关系，构建应急预案及时处置和化解风险，是值得我们思考的问题。瑞士虽然设立了特殊目的实体 StabFund，对不良资产进行了接收及处置，但救助仅仅是危机期间资本追逐货币利润的满足，对于本国实体经济发展关注较少，只着眼于当下、着眼于金融业。对我国的启示：建立应对不良资产风险的长效机制，建立一套兼顾当下和未来、兼顾化解风险和支持实业的长效机制。

一、英国欧债危机时期的不良资产处置

（一）不良资产处置及管理的主要机构

在欧债危机期间，英国处置不良资产的机构主要有英国金融投资公司、北岩资产管理公司和英国资产处置有限公司。

1. 英国金融投资公司

英国金融投资公司（UK Financial Investment，UKFI）成立于 2008 年 11 月 3 日，结束于 2018 年 3 月 31 日，存续时间将近 10 年。为应对全球性金融危机，英国财政大臣阿利斯泰尔·达林（Alistair Darling）宣布由政府全资成立 UKFI 来管理其在苏格兰皇家银行（Royal Bank of Scotland，RBS）、劳埃德银行集团（Lloyds Banking Group，Lloyds）所持有的股份。UKFI 的董事会成员包括一名来自私营部门的主席、三名来自私营部门的非执行成员，以及来自英国财政部和股东执行委员会的一名首席执行官和两名政府高级官员。此后，UKFI 还管理了英国政府在 2010 年 1 月 1 日新成立的北岩银行（Northern Rock PLC，NRK）和 2010 年 10 月 1 日成立的英国资产处置有限公司（UK Asset Resolution Limited，

UKAR）的 100% 的股权。在 2011 年 11 月 18 日和 2017 年 5 月 17 日分别出售完政府持有的 NRK 和 Lloyds 的全部股份后，❶2018 年 3 月 31 日，UKFI 的剩余资产和业务被转让给由英国财政部全资成立的英国政府投资公司（UK Government Investments，UKGI）。

2. 北岩资产管理公司

北岩资产管理公司（Northern Rock Asset Management PLC，NRAM）成立于 2010 年 1 月 1 日，结束于 2016 年 5 月 5 日，运营时间达 6 年多。2010 年 1 月 1 日，由于原北岩银行在国有化后财务状况仍未改善，因此，英国政府将原北岩银行的不良资产剥离出来，正式成立了账面价值约为 749 亿英镑的 NRAM。❷2016 年 5 月 5 日，NRAM 的主要资产被出售给美国一家专门投资不良资产的私人股权投资公司——塞伯鲁斯资本管理公司（Cerberus Capital Management，以下简称"Cerberus"），并在 2016 年 7 月 18 日更名为地标抵押贷款有限公司（Landmark Mortgages Limited，LM）。

3. 英国资产处置有限公司

英国资产处置有限公司（UK Asset Resolution Limited，UKAR）成立于 2010 年 10 月 1 日，存续至今。为管理和处置金融危机中北岩资产管理公司和布拉德福德 – 宾利银行（Bradford & Bingley PLC，B&B）的不良资产，保护纳税人利益，英国金融投资公司宣布成立英国资产处置公司来控股北岩资产管理公司和布拉德福德 – 宾利银行。

2016 年资产处置公司将北岩资产管理公司的主要资产出售给 Cerberus，2021 年 2 月 26 日，又将剩余资产全部出售给了戴维森·坎普纳资产管理有限公司（Davidson Kempner Capital Management LP，以下简称"Davidson Kempner"），由此结束了英国政府对 NRAM 和 B&B 的所有权，而 UKAR 仍为政府所有，继续履行其合同义务，但不再有员工，其业务委托普华永道会计事务所以政府采购的形式外包出去。❸

（二）不良资产处置的措施

英国北岩银行成立于 1965 年，进入 21 世纪后，NR 以住宅抵押贷款为核心业务，采取了激进的扩张策略，将大量住宅抵押贷款证券化，迅速成长为英国第五大抵押贷款商。然而受美国次贷危机影响，证券化资产的市场需求大幅下降，批发融资市场崩溃。不同于德国的金融体系由银行业主导，英国是典型的市场主

---

❶　Share sale returns Lloyds to private sector. https：//www.bbc.com/news/business-39932871.

❷　National Audit Office analysis of Northern Rock published accounts.

❸　https：//ypfs.som.yale.edu/library/ukar-update.

导型金融体系，以直接融资为主，资本市场较为发达，能够自发地、有效地配置资源，英国企业的资金主要来自资本市场，较少依赖银行系统。因此，在 NR 的不良资产问题刚浮出水面时，英国政府出于对道德风险的担忧，没有在第一时间施以援手。然而，2007 年 7 月，NR 发生了自 1866 年以来英国银行业的首次挤兑事件，❶引发了英国银行业的系统性金融风险。自此，英国政府依次采取了将 NR 国有化、对银行业展开全面救助，以及出台法律法规改革金融制度等措施。

1. 北岩银行国有化

在 NR 危机爆发后，英国央行提供了约 250 亿英镑的紧急贷款，但考虑到国有化的政治风险，英国政府最初寄希望于由私营企业收购 NR，甚至愿意为收购方发行政府债券提供担保，然而只有两家私营企业提交了申请，且它们的报价都未达到政府要求，无法为央行收回前期贷款提供充分保障。因此，政府不得不放弃私人收购这一方案。2008 年 2 月，NR 被收归国有，财政部任命 Ron Sandler 为 NR 的执行主席。2008 年 3 月，财政部批准了 NR 管理层制定的国有化后的商业计划：第一，资产从 2007 年的 1090 亿英镑减少到 2011 年的 510 亿英镑；第二，零售存款从 2007 年的 100 亿英镑增长到 2011 年的 200 亿英镑；第三，新的抵押贷款从 2007 年的 300 亿英镑下降到 2008—2011 年的每年约 50 亿英镑；第四，运行成本降低 20%，包括员工人数从 2007 年的 6345 人减少到 2011 年的 4069 人。该计划预计在 2010 年年中偿还完英格兰银行的紧急贷款，在 2011 年年底取消财政部的担保安排。此后，NR 将实现增长，最终通过出售或上市退出国有化，回归私营部门。至此，NR 在遭遇了百年不遇的恐慌性挤兑后，成为 19 世纪 70 年代以来英国首个企业国有化案例。

2. 三轮救助计划

在对不良资产状况最为严重的北岩银行实施国有化之后，考虑到其他银行也不同程度地出现了不良资产问题，于是英国政府面向整个银行业实施了三轮全方位、大力度的救助计划，包括 5000 亿英镑救助计划、政府担保计划和资产保护计划。

（1）5000 亿英镑救助计划。

2008 年 10 月 8 日，为了解决银行业流动性紧缺的问题，防止不良资产问题持续恶化进而引发银行业的系统性风险，英国政府提出了一项总金额为 5000 亿英镑的银行救助计划，这一计划主要包括三个方面的内容。其一，英国政府设立了总金额为 500 亿英镑的"银行资本调整基金"，❷以优先股的方式注入英国各

❶ 张光涛，刘春波 . 金融稳定在英国的发展及其对我国的启示：从北岩银行说起［J］. 金融发展研究，2014（1）：36-40.

❷ 郭世坤，蒋清海，刘都生 . 美国次贷危机引发国际金融危机：原因及后势［J］. 投资研究，2009（1）：3-11.

大商业银行，通过将这些银行部分国有化来避免其因不良资产而倒闭。其中 250
亿英镑用于持有和政府达成协议的八家主要银行的股份，另外 250 亿英镑用于提
供给任何有意愿参与这一计划的银行。每家银行获得的注资金额各不相同，主要
取决于银行的派息政策和高管薪酬的支付政策。接受这一救助方案的银行必须满
足一系列条件，如承诺持续放款给中小企业和房屋抵押贷款人、政府优先股先于
其他股东获得固定利率的回报、限制银行经理人的薪酬奖金、严格制定高管收入
和分红制度、避免不负责任的经营等。其二，央行向各大商业银行提供总金额为
2000 亿英镑的短期融资贷款，以增加各大银行的资本金和流动性。同时，尽管英
国的通货膨胀率远高于政府制定的 2% 的目标水平，但央行仍将基准利率降低了
50 个基点至 4.5%。其三，英国政府成立了一家特别的担保公司，用来为银行和建
筑协会间的相互贷款提供 2500 亿英镑的债务担保。欧债危机爆发后，各大银行
的不良资产增加，银行惜贷加剧，信贷市场萎缩，因此，英国政府希望通过这一
举措增强市场流动性，重拾投资者信心，从而化解不良资产风险。

（2）政府担保计划。

由于首轮 5000 亿英镑的救助计划收效甚微，2009 年 1 月 19 日，英国政府开
启了第二轮政府担保计划，这一计划可分为三个方面。其一，英国政府决定再次
向面临困境的银行提供资金援助，对其不良债务进行担保，减少银行在抵押贷款
以及其他贷款业务方面的损失。具体地，政府事先与银行谈判，就银行未来某类
特定不良资产带来的损失总额达成协议，然后政府负责为这一数额以外的额外损
失提供 90% 的担保，同时政府还有偿地为银行所持资产中风险最高的部分提供担
保。但是，这些银行对其资产的亏损仍然负有责任，只是政府的担保使得银行承
担的责任有了上限，帮助银行提升了信心。其二，英国政府完善了一系列担保机
制，有助于银行提升流动性。首先，政府建立了一套资产担保证券的担保机制；
其次，政府将信用担保计划的窗口延长至 2009 年年底；最后，面对即将到期的
特别流动性机制，英国央行将贴现窗口工具的到期日延长了 11 个月，以帮助银
行获得流动性。其三，英国政府为最大的银行——苏格兰皇家银行给予了特别援
助。政府将苏格兰皇家银行的股份从 58% 增至近 70%，❶ 并将之前购买的苏格
兰皇家银行的 50 亿英镑的优先股转换为普通股，缓解了银行的分红压力。

（3）资产保护计划。

2009 年 2 月 26 日，为控制银行损失，英国政府完善了第二轮担保计划中对
银行损失的担保制度，并在此基础上出台了"资产保护计划"。❷ 这一计划旨在

❶ 许闲.欧洲银行国有化：一把双刃剑［J］.银行家，2009（5）：95-96.

❷ 张鑫.不良贷款处置的国际经验：关键因素、政策工具与经验启示［J］.国际金
融，2018（6）：25-32.

通过帮助银行分担其风险最大、前景最不确定的不良资产可能带来的亏损，从而降低银行面临的系统性风险，确保其能正常经营。该计划允许任何合格资产价值超过 250 亿英镑的英国银行申请加入，并规定提出申请的截止日期是 2009 年 3 月 31 日，申请一旦通过，最低担保年限为 5 年。英国政府将预先向参与该计划的银行收取担保资产面值的 2%~3% 作为担保费用。担保过程中，在得到政府批准的情况下，被担保银行可以随时全部或部分退出该计划。这一计划所担保的资产总额超过 5000 亿英镑。

3. 改革金融制度

北岩银行由不良资产引发的挤兑危机暴露了英国金融稳定"三边制度"框架存在的缺陷、存款保险制度设计的不当和银行破产机制的缺失。其一，1997 年，英国发布了《财政部、英格兰银行和金融服务局之间的谅解备忘录》， 明确了由英国央行、财政部和金融服务局三个部门共同负责金融监管和危机管理，且在央行设立了三方常设委员会。但共同协调监管的结果是三方都没有足够的激励和资源在银行爆发危机的第一时间站出来，反而出现了互相推诿的情况，而三家机构在协调过程中对于救助方案的确定迟迟难以达成统一意见，最终延误了北岩银行的最佳救助时机，引发了英国历史上 140 年以来的首次银行挤兑危机。其二，20 世纪 70 年代，在经历了大规模的银行危机之后，英国建立了强制性的存款保险制度，成为保障存款人利益、维护公众信心和金融稳定的最后一道防线，然而在北岩银行挤兑危机中，由于这一制度的赔付数额较低和赔付时间较长，导致其未能发挥稳定公众信心、驱散恐慌情绪的作用，在存款者的持续挤兑下，危机一触即发。其三，英国银行缺乏合理的破产机制。英国的金融监管体系一直没有制定清晰明确的银行危机管理机制，北岩银行发生危机之前，英国银行破产一直遵循的是《公司破产法》。根据《公司破产法》，北岩银行即便陷入困境，最早也需要在 60 天以后才能被政府接管。因此，北岩银行的挤兑危机暴露了英国金融制度的内在缺陷，导致银行无法在第一时间得到救助，反而在危机中越陷越深。对此，英国政府通过了《2009 年银行法》和《改革金融市场》白皮书，以修补其在银行不良资产危机中暴露的金融监管漏洞。

（1）针对"三边制度"导致英国央行、财政部和金融服务局的互相推诿，2009 年 2 月英国政府颁布了《2009 年银行法》。该法案打破了"三边制度"造成的权责不清的局面，明确了央行在维护金融稳定中的核心地位，将对不良资产负担较重而可能破产的银行的干预权明确分配给了英国央行和财政部，英国央行和财政部在行使权力时应当相互协商，必要时可征求金融服务局的意见，从而提升

❶ 吕素香. 北岩银行国有化所反映出的英国金融稳定机制缺陷及其改革［J］. 现代财经（天津财经大学学报），2009，29（9）：87-92.

了三个部门的监管效率。同时，该法案提出了银行破产的公共政策目标。在之前的普通破产法中，对银行破产的相关要求主要集中在微观层面，如遵循合法的破产程序、保护债权人的权益不受侵犯等，缺乏对于银行危机可能引发的系统性风险的考虑。因此，在《2009 年银行法》中，要求相关金融监管部门在处理银行破产问题时需要考虑其对英国整个金融体系的影响，避免引发公众恐慌，进而引发挤兑，爆发系统性金融风险。❶ 此外，该法案还赋予了财政部采取国有化措施的权力。当问题银行的不良资产风险较大以至于可能损害整个金融系统的安全与稳定时，财政部在与央行和金融服务局协商后，可以动用公共资金获得问题银行的股权，通过暂时的国有化帮助银行度过危机。

（2）2009 年 7 月，英国政府发布了《改革金融市场》白皮书，加强了金融监管。首先，成立了由英国央行、财政部和金融服务局组成的金融稳定理事会，理事会定期举办会议，分析评估系统性金融风险，出版如《金融稳定报告》《金融风险展望》等报告，增强了监管部门间的交流合作与信息共享。其次，加强了对金融业消费者权益的保护，将其列为金融监管的目标之一。银行危机的爆发，极大地损害了消费者对金融产品的信心，降低了金融市场的活跃度，不利于金融业的长足发展与经济复苏。对此，白皮书提出金融机构应为消费者提供正规的金融产品，并公开、透明地披露产品的相关信息，禁止诱导和欺骗消费者，损害消费者权益。否则，消费者有权对相关机构提起诉讼，追讨损失，并追究法律责任。最后，要求加强金融监管的国际合作。全球金融危机的爆发，让英国意识到其面临的金融风险不仅来自于内部，也来自于外部，因此，需要与其他国家加强合作以抵御外部金融风险对其金融稳定的不利影响。❷ 对此，白皮书提出建立国际性的金融稳定监管机构和金融风险预警系统，将金融监管纳入全球性框架之下，设立一套适用于各个国家的统一的监管标准，更好地量化和评估风险，同时防范监管套利行为。

（三）不良资产处置的效果

1. 北岩银行国有化效果不佳

由于在收归国有时，财政部缺乏对 NR 全面、系统的尽职调查，没有对 NR 最初提出的商业计划进行充分的测试和论证，导致后续国有化未能达到预期效果。事实上，2008 年 3 月财政部批准的商业计划是由 NR 的管理部门在 2007 年

❶ 解正山. 金融稳定与存款人保护：英国银行破产法改革及其借鉴意义 [J]. 金融论坛，2011（11）：73-79.

❷ 中国社科院金融所课题组. 西方金融监管改革的动向、趋势与中国金融监管改革再审视 [J]. 经济学动态，2009（11）：22-28.

年底制定的，这一计划对于房地产市场的未来走势态度过于乐观，假设2008—2011年房价跌幅为5%，然而后来每年的房价跌幅达到了8%~14%，高于NR的假设。受房价下跌、欠款增加等的影响，2008年7月，NR向财政部报告资本状况恶化，要求额外注资30亿英镑。2009年3月，NR报告截至2008年12月31日，年度亏损14亿英镑，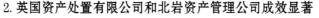远超其商业计划中的预期亏损。对于NR高于预期的接连亏损，财政部认为如果继续向NR注入资金，可能还需注资45亿~60亿英镑，然而市场未来可能会进一步恶化，NR迅速实现盈利并偿还公共资金的可能性较低。2010年1月1日，经多方权衡之后，政府决定将NR拆分为新的北岩银行（NRK）和北岩资产管理公司（NRAM），其中，NRK承接了包括210亿英镑的零售存款、100亿英镑表现最佳的抵押贷款和110亿英镑现金在内的优质资产，此外财政部还通过发行政府债券，以新股东资本的形式向其注入了14亿英镑的现金；而NRAM主要承接了NR的不良资产并进行专门的处置与管理。然而，拆分后的NRK也未能实现其在2010年和2011年的150亿英镑的贷款目标，同时再次产生了高于预期的2.48亿英镑的亏损。针对这一状况，英国金融投资公司（UKFI）仔细审查后认为NRK的盈利遥遥无期，尽早出售有利于遏制进一步的损失。因此，2011年11月18日，UKFI将NRK出售给了维珍货币（Virgin Money，VM）。英国审计署（National Audit Office，NAO）的调查显示，尽管UKFI在交易中提高了VM的整体报价，尽可能地降低了未来损失，但纳税人在出售中仍损失了2.32亿英镑，再加上出售前2.48亿英镑的亏损，纳税人累计损失了4.80亿英镑。值得庆幸的是，2016年5月5日，英国资产处置有限公司（UKAR）将NRAM的抵押贷款和无担保贷款组合以高出面值7400万英镑的价格出售给了Cerberus，向纳税人支付了55亿英镑的现金收益，为投资者提供了较高的收益率。

2. 英国资产处置有限公司和北岩资产管理公司成效显著

2010年，为处置和管理不良资产，英国政府成立了英国资产处置有限公司（UKAR）和北岩资产管理公司（NRAM）。2016年5月，NRAM被Cerberus收购，在此期间它们取得了较为显著的成果。首先，资产负债表规模得到缩减；其次，三个月以上未偿还的抵押贷款和无担保贷款不断减少；最后，机构运营的成本持续下降。

事实上，UKAR和NRAM的经营目标之一就是尽快出售不良资产组合，缩小资产负债表的规模，在这一点上效果十分显著。从表21-1可以看出，2010—2016年，UKAR的资产负债表规模由1108.74亿英镑收缩至432.69亿英镑，降幅约为61%。NRAM的资产负债表规模则由660.96亿英镑收缩至126.15亿英镑，

---

❶ 数据来源：英国国家审计署。

减少了近 81%。特别地，UKAR 和 NRAM 三个月以上未偿还抵押贷款和无担保贷款的数额也大幅减少，分别由 2010 年的 55.56 亿英镑和 36.82 亿英镑降低至 2016 年的 9.29 亿英镑和 5.88 亿英镑，降幅分别达 83% 和 84%。此外，两家机构的运营成本也大幅减少，其中，UKAR 的运营成本由 4.30 亿英镑下降至 2.54 亿英镑，减少了约 41%；NRAM 的运营成本由 3.04 亿英镑减少至 0.78 亿英镑，降幅超过了 74%。

表 21-1　2010—2016 年 UKAR 和 NRAM 的经营状况　　　（亿英镑）

年份	UKAR			NRAM		
	BS	RUL	TAE	BS	RUL	TAE
2010	1108.74	55.56	4.30	660.96	36.82	3.04
2011	952.30	48.25	2.86	553.24	36.13	1.57
2012	868.86	37.51	2.67	486.10	29.90	1.50
2014	749.40	22.40	2.46	399.22	17.12	1.31
2015	661.42	17.23	1.77	346.24	12.83	0.90
2016	432.69	9.29	2.54	126.15	5.88	0.78

数据来源：UKAR 年报。

注：BS 指资产负债表规模（Balance Sheet），RUL 指三个月以上未偿还的抵押贷款和无担保贷款（Residential and Unsecured Loans arrearing 3 months and over），TAE 指机构运营成本（Total Administrative Expenses）。

3. 行业风险得到控制

北岩银行的挤兑危机爆发后，为解决银行业的不良资产问题，英国采取了一系列改革措施，加强了对银行业的监管，有效地控制了金融风险。从表 21-2 中可以看到，2008—2016 年，英国银行业的监管资本由 4112 亿英镑增加至 6437 亿英镑，增幅约为 57%；监管资本占风险加权资产的比重相应地由 12.92% 上升至 20.80%，提高了将近 8 个百分点。而监管一级资本则由 3059 亿英镑增长至 5225 亿英镑，涨幅近 71%；监管一级资本占风险加权资产的比重由 9.61% 提升至 16.88%，增加了 7.27 个百分点。

表 21-2　2008—2016 年英国银行业监管资本状况

年份	监管资本（百亿英镑）	监管资本占风险加权资产的比重（%）	监管一级资本（百亿英镑）	监管一级资本占风险加权资产的比重（%）
2008	41.12	12.92	30.59	9.61
2009	46.04	14.80	35.99	11.57

年份	监管资本（百亿英镑）	监管资本占风险加权资产的比重（%）	监管一级资本（百亿英镑）	监管一级资本占风险加权资产的比重（%）
2010	46.89	15.89	39.06	13.23
2011	47.55	15.73	40.24	13.31
2012	47.64	17.07	40.50	14.51
2013	50.17	19.61	41.12	16.08
2014	55.32	17.31	43.54	13.63
2015	58.72	19.62	46.95	15.69
2016	64.37	20.80	52.25	16.88

数据来源：国际货币基金组织。

与此同时，银行业准备金中的不良贷款净额也大大减少。2010 年，不良贷款净额达 790.8 亿英镑，截至 2016 年这一数字已降低至 222.0 亿英镑，降幅达 72%。而准备金中的不良贷款净额与资本的比率也由 2010 年的 16.86% 下降至 2016 年的 3.45%，减少了 13.41 个百分点，如图 21-1 所示。

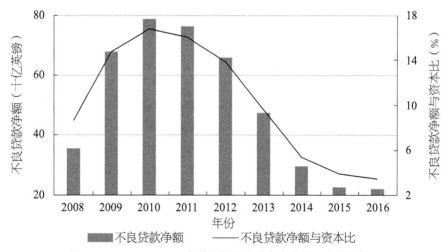

图 21-1　2008—2016 年英国银行业准备金中的不良贷款情况

数据来源：国际货币基金组织。

4. 非金融企业贷款额下降，持续经济"脱实向虚"增长模式

2009 年危机爆发后，随着不良资产处置工作的推进，英国经济逐渐回暖，但仍低于 2009 年之前的水平，截至 2016 年，英国 GDP 和 GDP 增长率分别为 2.7 万亿美元和 1.9%，与 2007 年相比分别下降了 0.4 万亿美元和 0.5 个百分点。但未

中国特色不良资产处置的理论创新与实践

来经济增长将仍然依赖金融业创造的 GDP，因为英国不良资产的处置也未能提高其金融服务实体经济的能力。从图 21-2 中可以看到，2008 年英国非金融企业贷款额达 12740 亿英镑，而到了 2014 年这一数字降低至 9920 亿英镑，降幅超过了 1/5，此后虽有小幅回升，但仍低于危机爆发前的水平，经济"脱实向虚"的模式不曾改变。

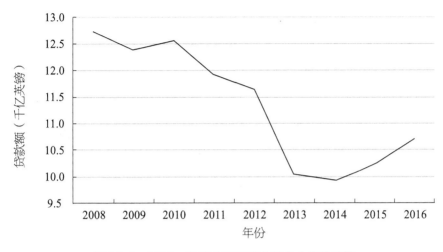

图 21-2　2008—2016 年英国非金融企业贷款总额

数据来源：国际货币基金组织。

（四）英国不良资产处置的启示

受次贷危机和欧债危机等的冲击，以北岩银行为代表的英国银行业出现了大量不良资产。在危机发生之前，北岩银行一直秉持激进的发展战略，保持较快的资产扩张速度，且过度依赖房地产业务。1997—2006 年，北岩银行资产总额增长了 5 倍以上，其中住房抵押贷款的占比接近 90%，而现金和存放央行款项仅占 1%，❶ 资产负债结构失衡，流动性风险管理不足。从 2007 年开始，在美国次级住房抵押贷款问题的影响下，英国房地产市场遇冷，房价下跌，导致住房抵押贷款证券化市场大幅缩水，同业拆借资金大规模撤退，北岩银行资金压力日益凸显，最终陷入流动性危机，并引发了英国历史上近 140 年来的首次挤兑。对此，英国政府采取将北岩银行国有化、实施三轮救助计划、改革金融制度等方式处置了各银行的不良资产，化解了英国银行业可能爆发的系统性金融风险。

第一，将北岩银行国有化。在挤兑危机爆发后，英国政府最初寄希望于私人企业出面收购，但只有两家企业参与报价且报价太低，私人重组方案宣告失败，

---

❶　数据来源：英国国家审计署。

政府不得不将其转为公有制，成为 19 世纪 70 年代以来英国首个企业国有化案例。然而，由于国有化之前缺乏对银行贷款质量的充分考察，且对房地产市场的前景过于乐观，导致北岩银行在国有化后亏损高于预期，政府不得不将其拆分为新北岩银行和北岩资产管理公司，并最终将两家公司出售给私营部门。第二，政府主导实施了三轮面向银行业的救助计划。首先，2008 年 10 月，为保障银行系统拥有充足的资本金和流动性，英国政府提出了一项总金额为 5000 亿英镑的救助计划。这项计划由三部分组成：一是设立"银行资本调整基金"，向各大商业银行注入 500 亿英镑资金；二是向商业银行提供总金额为 2000 亿英镑的短期融资贷款；三是政府出资 2500 亿英镑成立特别担保公司，为银行和建筑协会间的相互贷款提供担保。其次，由于第一轮计划收效甚微，于是英国政府在 2009 年 1 月又开启了第二轮政府担保计划，完善了一系列提升银行流动性和保障资产担保证券的机制。最后，2009 年 2 月，在之前两轮救助的基础上，再次出台了"资产保护计划"，帮助银行分担其风险最大的不良资产可能引发的亏损。第三，出台了法律法规，实施了金融制度改革。北岩银行的挤兑危机暴露了英国金融"三边框架"、存款保险制度和银行破产机制的漏洞，针对这些问题，英国政府先后颁布了《2009 年银行法》和《改革金融市场》白皮书，加强了对商业银行的金融监管。其中，《2009 年银行法》设立了特别处置机制，建立了金融稳定委员会，明确了央行在维护金融稳定中的首要责任；《改革金融市场》白皮书提出了包括强化国际监管合作在内的多项改革方案。可以看到，英国在不良资产处置过程中，首先希望私人企业出面收购北岩银行，这一方案失败后采取了将其国有化的措施，而最终还是将北岩银行出售给了私营部门。此外，英国政府还实施了救助计划，改革了金融制度。因此，一定程度上，英国不良资产处置与管理的模式具有"公私结合型"特征。

英国不良资产处置与管理的经验对我国的启示主要有以下三点。

第一，警惕金融机构房地产业务的过度扩张。北岩银行挤兑事件的根源在于其早期过分依赖房地产红利，大肆扩张造成资产中住房抵押贷款占比过大，资产和负债结构失衡、流动性紧张。2006 年年底，北岩银行 89.8% 的业务为住房抵押贷款，而到了 2007 年年底这一数字上升至 92.2%。❶ 过度依赖资产证券化和短期资本市场融资的模式容易形成短视行为，会因极端事件导致流动性枯竭。在次贷危机爆发后，随着房地产及其抵押贷款证券价格的下跌，北岩银行的资金压力日益凸显，融资成本大幅上升，财务状况持续恶化，不良资产规模急剧增大。因此，我国商业银行应汲取北岩银行的经验，采取稳健的经营策略，将与房地产相关的业务控制在一定规模以内，避免出现资产负债结构失衡，防范由房地产市场

❶ 根据北岩银行 2006—2007 年年报计算得到。

波动导致的不良资产规模飙升。此外，国有大银行应坚持以信贷资金支持实体经济，助力资产管理公司回归不良资产处置的主责主业，始终坚持"房住不炒"，从源头上阻止房地产市场的无序扩张和投机泛滥引发的风险扩张。

第二，处理好一般危机救助与系统性危机救助的关系。北岩银行的危机暴露了英国金融监管"三边制度"框架的缺陷。在这一制度下，央行、财政部和金融服务局权责不清、界限不明，在北岩银行经营困难时，三家监管机构相互推诿、难以协调，延误了救助时机，任由市场上的恐慌情绪愈演愈烈，最终引发了英国历史上 140 多年以来的首次挤兑危机。英国央行作为最后贷款人，因过于担心道德风险而无意提供资金援救，加剧了挤兑。银行危机的救助会引发一定的道德风险，但这不应成为正面应对系统风险的借口，政府应区分和处理好一般危机救助与系统性危机救助的关系，及时救助危机中的系统重要性金融机构，以免危机蔓延。随着我国金融开放的不断深化，未来银行等金融机构面临的风险也在上升，因此，相应的金融监管体制也应与时俱进，不断适应新形势下的新要求，明确各监管部门的责任分工，促进各部门的协调配合，及时化解公众恐慌，有效提振市场信心，强化危机应对与管理能力。

第三，建立健全监管体制及监测体系。2008 年雷曼兄弟公司的所有指标均符合《巴塞尔协议》监管的要求，但最终还是倒闭了。同样，英国在《巴塞尔协议》等的监管要求下并未能阻止北岩银行的危机，这是因为 1986 年英国实行了史称金融"大爆炸"的改革，打破了金融分业经营的体制，商业银行与投资银行的风险资产关系密切，使得银行表外业务大肆扩张的同时，难以受到严格监管。此外，各种金融杠杆的叠加、交叉和延长也使"银行自有资金比率""保证金比率"等监管指标无法反映真实的金融杠杆率。❶ 一个金融杠杆具有长期发展趋势，是因为其可以用少量资金撬动巨大的交易，也可以将收入的涓涓细流资本化为巨额资产，金融杠杆越长，同样金额的金融资产对应的流动性就可以越少。所以，在高度虚拟化了的经济中，引起金融危机的因素是金融系统中的金融杠杆断裂，导致系统风险网络中高风险节点处的危机全面爆发，金融机构大批倒闭，而不再是由以制造业为主时的有效需求不足引起的。这种变化来自经济虚拟化过程中引起系统性风险长期积累和集聚的新机制，这个新机制与依靠虚拟经济的 GDP 增长方式有关。微观和宏观的情况均是如此，事实上，监管要求的制定往往会滞后于银行业务的创新，这就意味着监管难以看到全部风险。要树立新的监管理念，实施监管之外的日常监测，只有建立对银行资金流量和存量的实时监测系统，才

❶ 刘晓欣.个别风险系统化与金融危机：来自虚拟经济学的解释［J］.政治经济学评论，2011，2（4）：64-80.

能有效规避银行危机。❶

二、瑞士欧债危机时期的不良资产处置

（一）不良资产处置及管理的主要机构

在欧债危机期间，瑞士处置及管理不良资产的机构主要有两个：一是在危机爆发初期特别设立的机构——瑞士金融市场监督管理局；二是瑞士央行设立的特殊目的实体——瑞士央行共同投资有限合伙稳定基金。

1. 瑞士金融市场监督管理局

瑞士金融市场监督管理局（Swiss Financial Market Supervisory Authority，FINMA）成立于 2007 年 6 月 22 日并运行至今。受次贷危机冲击，瑞士政府整合联邦银行委员会（Swiss Federal Banking Commission，SFBC）、联邦私人保险办公室（Federal Office of Private Insurance，FOPI）和反洗钱管制委员会（Anti-Money Laundering Control Authority，AMLCA）成立 FINMA，主要包括四个部门：银行部、保险部、市场部、战略与中央服务部，负责对银行、保险、证券、基金等多个部门进行监督管理。FINMA 的主要职责有三个，分别是许可、监管和执法。其中，最核心的职责是监管，FINMA 负责监督金融机构的财务状况，确保它们有充足的资本来应对危机中的潜在损失，而抵押贷款市场是 FINMA 监管的重点领域。事实上，FINMA 的监管范围覆盖了包括 520 家银行、170 家证券公司、9900 项共同投资计划等在内的共 29040 个机构和产品。❷FINMA 最后的手段是执法，对于涉嫌违反监管法律的金融市场参与者，FINMA 可展开调查并在必要时启动执法程序或提起诉讼。为了确保 FINMA 能不受政治干预地客观履行监管职责，立法者赋予了 FINMA 充分的独立性，虽然也接受政府监督，但它的财务不受中央预算约束且监管活动不受政府指示，由董事会和执行委员会控制。不良资产处置结束后，FINMA 被保留下来并运行至今。❸

2. 瑞士央行共同投资有限合伙稳定基金

瑞士央行（Swiss National Bank，SNB）共同投资有限合伙稳定基金（The SNB StabFund Limited Partnership for Collective Investment，StabFund），简称稳定

---

❶ 刘晓欣，熊丽.资金存量流量核算与金融风险的文献综述：基于虚拟经济的视角〔J〕.政治经济学评论，2021，12（2）23–21.

❷ https：//www.finma.ch/en/documentation/finma-publications/kennzahlen-und-statistiken/。

❸ https：//www.finma.ch/en/documentation/finma-publications/kennzahlen-und-statistiken/statistiken/aufsicht/。

中国特色不良资产处置的理论创新与实践

基金，又称干预基金，是政府通过证监会、财政部、交易所等特定机构，以法定方式建立的一家由瑞士央行全资控股的特殊目的实体，于 2008 年 11 月 27 日在伯尔尼正式成立，结束于 2013 年 11 月 8 日，存续了将近 5 年。为了处置欧债危机期间暴露的大量不良资产，瑞士央行和瑞银集团（United Bank of Switzerland，UBS）按 9：1 的出资比例成立了用于处置 UBS 近 600 亿美元不良资产的专项基金——StabFund。其中，SNB 以 1 个月的 Libor 上浮 250 个点的价格提供了 540亿美元的无追索权贷款，贷款期限为 8 年，必要时可延长至 12 年；UBS 提供了60 亿美元现金。❶ 在治理结构上，StabFund 董事会的五名成员中，有三名来自SNB，两名来自 UBS。StabFund 的行政管理团队来自 SNB，而资产管理团队来自 UBS。StabFund 接收不良资产后，将其交由一家总部位于美国的金融公司——北方信托公司（Northern Trust）负责管理和处置。2013 年 8 月 15 日，StabFund提前全额偿还了 SNB 的贷款，2013 年 11 月 8 日，UBS 以 37.62 亿美元的价格从SNB 回购了 StabFund，至此 StabFund 完成了不良资产处置的使命，成功退出了历史舞台。❷

（二）不良资产处置的措施——瑞士瑞银集团危机

2007 年，瑞士所有银行的总资产高于 4.7 万亿瑞士法郎，为当年 GDP 的 9倍以上，银行数量为 323 家，银行从业人员数量为 13.6 万人。❸ 可以看到，瑞士银行业提供了大量的就业岗位，是瑞士重要的支柱性产业，对瑞士经济有着重要影响。而瑞银集团（UBS）和瑞士信贷是瑞士最大的两家银行，它们的资产占银行业总资产的 76%。然而，欧债危机爆发后，UBS 由于持有大量美国次级抵押贷款产品，财务状况持续恶化，亏损不断加大。2007 年第三季度，UBS 宣布亏损8.3 万亿瑞士法郎。考虑到 UBS 提供了 2.7 万个工作岗位，拥有将近 13 万个大额存款账户，在瑞士银行业中具有重要地位，政府担心 UBS 一旦破产可能会对瑞士经济造成灾难性的后果，同时损害瑞士银行业和金融中心的国际声誉，因此，政府果断出手积极援助，主要通过先后成立的瑞士金融市场监督管理局（FINMA）和瑞士央行共同投资有限合伙稳定基金（StabFund），大力推进对 UBS 不良资产的处置与管理。

❶ 田国立．好银行？坏银行！：中国信达资产管理股份有限公司资产管理案例精选［M］．北京：经济科学出版社，2011：188.

❷ https://www.snb.ch/en/mmr/reference/pre_20131108/source/pre_20131108.en.pdf。

❸ 数据来源：瑞士央行。

1. 风险补偿机制及回购期权

SNB 向 UBS 出售了一项购买期权,将 StabFund 的购买期权归于 UBS。在 UBS 偿还完全部贷款后,它可以选择向 SNB 支付 10 亿美元加上交易时 StabFund 剩余权益价值减去 10 亿美元之后的 50%,从而行使购买期权,回购对 StabFund 的控制权。这一期权设计保障了 SNB 的利益不会受损。如果市场好转,SNB 能够收回最初发放的全部贷款,那么 UBS 行权会带给 SNB10 亿美元的额外收入和部分 StabFund 收益的提成;如果市场恶化,SNB 未能收回全部贷款,UBS 放弃行权,那么 UBS 最初出资的 60 亿美元将会作为对 SNB 损失的补偿。同时,为了防止 UBS 出现转移控制权从而进行套利的行为,最大化公共资金的救助效率,SNB 有权在任何时候要求 UBS 回购 StabFund。所以,稳定基金采用了两级止损机制以降低潜在损失可能带来的风险。一级止损机制是 UBS 的权益出资。不良资产减值时,其权益出资额将会作为主要补偿。二级止损机制是 UBS 股票的担保,如果不良资产处置中发生巨额损失,使得平准基金无法全额偿还 SNB 的贷款,那么 SNB 可以通过出售 UBS 的股票来弥补损失。可见,稳定基金实体的援救方案实际起到了中介作用,帮助将 UBS 不良资产转移出报表,促使其扭亏为盈;又使 UBS 改善经营后,可以回购股权重新控股。

2. StabFund 处置 UBS 不良资产的总量与特征

在明确最终处置方案后,StabFund 开始分三批接收从 UBS 转移来的不良资产。最初,UBS 计划转让总额为 600 亿美元的不良资产。2008 年 12 月,UBS 向 StabFund 转让了第一批总价值为 164 亿美元的不良资产组合,其中 83% 的资产以美元计价,其余资产以欧元和英镑计价。2009 年 2 月,SNB 和 UBS 协商决定减少转让量,最终转让 387 亿美元的不良资产。因此,在同年 3 月和 4 月 UBS 又分两批向 StabFund 转让了不良资产。这些由 UBS 转移至 StabFund 的不良资产组合具有以下三个特点:一是证券化资产和金融衍生品占比高达 86%,这些资产价值受市场波动影响较大;二是房地产抵押贷款支持证券占比高达 67%,这部分资产受房地产市场价格波动的影响较大;三是资产计价以美元为主的占总资产的 67% 以上。

由于 UBS 向 StabFund 转移的不良资产主要是美国的房地产和商业抵押贷款,以及在美国、欧洲、亚洲的各类金融衍生品。美国希望与瑞士共享金融信息,主要用于计算资本利得税的纳税人银行存款、股息、利息收入和销售收入等。所以,2009 年美国开始向 UBS 施压,2009 年 2 月 19 日,UBS 被迫向美方支付了 7.8 亿美元的巨额罚款,并提供 250~300 名美国客户的信息。2009 年 2 月 20 日,UBS 被要求交出其所有的 5.2 万个美国客户的资料。事实上,瑞士银行保密法规在为其吸引了大量境外存款的同时,也暴露出缺乏透明度的弊端,客观上为逃税和洗钱等犯罪活动提供了便利,被称为"避税天堂"。美国的施压导致了瑞士银行保密制度的终结。因此，对市场风险及隐患的准确把握是成功处置不良资产的关键。

3. StabFund 不良资产处置策略——即刻清算、持有到期和择机变现

在接收完全部的不良资产之后，StabFund 拟定了即刻清算、持有到期和择机变现三种处置策略。具体而言，就是对于那些即刻出售获取收益大于未来出售预期收益现值的不良资产，立即出售；对于那些当下出售回报较低的不良资产采取持有到期的策略，倘若在此期间市场回暖，资产价格上升，则可择机变现。

随着不良资产处置的深入，StabFund 开始逐步偿还 SNB 的贷款。由表 21-3 可知，2009—2012 年，StabFund 偿还了 155 亿美元的贷款，贷款余额下降 76%，其中，美元、欧元、英镑和日元贷款偿还幅度分别为 80%、89%、50% 和 42%，最终在 2013 年 8 月 15 日提前偿还完 SNB 的全部贷款。2013 年 11 月 8 日，UBS 以 37.62 亿美元的价格从 SNB 回购了 StabFund，加上 SNB 以 1 个月 Libor 上浮 250 个点的价格提供贷款的利息回报，SNB 最终获得了 51.62 亿美元的风险补偿。

表 21-3　2009—2012 年 SNB 对 StabFund 的贷款　　　（百万美元）

年份	2009	2010	2011	2012
USD	15951.5	9618.8	6129.1	3118.2
EUR	1345.3	756.3	360.9	149.7
GBP	2662.1	2023.7	1418.8	1334.2
JPY	322.9	220.1	231.6	188.0
合计	20281.9	12618.9	8140.4	4790.1

数据来源：StabFund 年报（2009—2012 年）。

（三）不良资产处置的效果

1. UBS 财务状况好转，银行业风险得到控制

通过不良资产处置，UBS 得以从欧债危机中生存下来，且财务状况明显好转。由表 21-4 可知，从净利润来看，在次贷危机爆发前的两年，UBS 的净利润均为 100 多亿瑞士法郎；而在欧债危机爆发后，2007—2008 年，UBS 的净利润一度跌至 -52.47 亿瑞士法郎和 -212.92 亿瑞士法郎，跌幅分别高达 146% 和 306%。2009 年 UBS 的不良资产全部转移至 StabFund 后，集团盈利能力终于好转，2010 年，实现了自 2007 年以来的首次盈利，净利润同比增长 375%。从净资产收益率来看，UBS 的净资产收益率由负转正。欧债危机爆发前的两年，UBS 的净资产收

益率虽然出现了下滑，但始终维持在 20%~40% 的水平。由于在之前投资了大量的美国次级抵押贷款产品，UBS 遭遇了大面积的亏损，2008 年它的净资产收益率跌至 -58.7%，但随着坏账的剥离与处置，2009—2010 年其净资产收益率显著上升，增幅约为 50.9 个和 24.5 个百分点。从成本收入比来看，受欧债危机影响，UBS 的经营效率大幅下滑，2008 年其成本收入比飙升至 753%，达到了危机期间的最高水平，与 2007 年相比增长了将近 6 倍。在经历了不良资产处置后，2010 年这一数字回落至 76.5%，但仍高于危机发生前的水平。从 BIS 风险加权资产来看，2007 年，UBS 的 BIS 风险加权资产暴涨至 3700 多亿瑞士法郎，金融风险急剧上升，对此，SNB 主导成立了 StabFund，分三批转移了 UBS 的不良资产，使其资产状况明显好转，2009 年 UBS 的 BIS 风险加权资产降低至约 2065 亿瑞士法郎，同比下降约 32%。2010 年与 2009 年相比又呈现下降趋势。

表 21-4　2005—2010 年 UBS 财务状况

年份	2005	2006	2007	2008	2009	2010
净利润（百万瑞士法郎）	13517	11527	-5247	-21292	-2736	7534
净资产收益率（%）	39.7	25.7	-10.9	-58.7	-7.8	16.7
成本收入比（%）	65.7	70.5	111	753	103	76.5
BIS 风险加权资产（百万瑞士法郎）	310409	341892	372298	302273	206525	198875

数据来源：UBS 年报（2005—2010 年）。

2. StabFund 成效显著，政府套现退出

在欧债危机中，瑞士金融市场监督管理局和瑞士央行共同投资的 StabFund 发挥了它们在不良资产处置与管理中的重要作用，取得了较为突出的成绩。不同于 2008—2009 年的接连亏损，2010 年 StabFund 实现了自欧债危机以来的首次盈利，净收入约为 25.29 亿美元，同比增长近 200%。2011 年盈利水平略有回落，但 2012 年又增长至 18.80 亿美元，同比上涨 78%，见表 21-5。伴随着不良资产处置的推进，StabFund 的总资产持续减少，由 2009 年的近 200 亿美元减少至 2012 年的约 108 亿美元，降幅接近一半。最后，StabFund 面临的风险不断降低，2009—2012 年，信用衍生品的风险敞口从 37.32 亿美元下降至 8.07 亿美元，降低了将近 80%；不可撤销贷款承诺从 0.74 亿美元下降至 0.15 亿美元，降幅超过了 80%。

表 21-5　2008—2012 年 StabFund 的经营状况　　　　　（百万美元）

年份	2009	2010	2011	2012
净收入	-2623.8	2528.5	1057.3	1880.1

年份	2009	2010	2011	2012
总资产	19980.9	14968.7	11784.0	10826.0
信用衍生品的风险敞口	3732.4	2073.8	843.0	806.8
不可撤销贷款承诺	74.3	36.9	21.3	14.7

数据来源：StabFund 年报（2009—2012 年）。

瑞士政府成功出售了其在危机期间持有的 UBS 股份。在建立特殊目的实体对 UBS 实施援助时，政府增资 UBS 60 亿瑞士法郎（利率为 12.5%）。市场信心逐步恢复后，政府套现约 55 亿瑞士法郎。同时，UBS 向政府支付了 18 亿瑞士法郎的利息补偿，政府共收回 72 亿瑞士法郎。瑞士政府对 UBS 10 个月的投资，获利 12 亿瑞士法郎，投资年回报率约为 26%。

3. 银行业风险大幅下降

欧债危机期间瑞士政府成立的专用于监管各类金融机构和金融市场的监督管理局化解了不良资产风险，提升了对瑞士银行业的监管，降低了银行系统面临的风险。由表 21-6 可知，2008—2016 年，瑞士银行业监管资本由 1781 亿瑞士法郎增加至 2258 亿瑞士法郎，提高了近 27%，监管资本占风险加权资产的比重相应地由 14.97% 上升至 16.08%。其中，监管一级资本由 1490 亿瑞士法郎上升到了 2208 亿瑞士法郎，增幅将近 50%。监管一级资本占风险加权资产的比重由 12.52% 提高至 15.73%，增加了 3 个百分点以上。

表 21-6 2008—2016 年瑞士银行业监管资本状况

年份	监管资本（百亿瑞士法郎）	监管资本占风险加权资产的比重（%）	监管一级资本（百亿瑞士法郎）	监管一级资本占风险加权资产的比重（%）
2008	17.81	14.97	14.90	12.52
2009	17.36	17.49	14.81	14.92
2010	16.29	17.06	14.66	15.35
2011	16.70	16.59	15.50	15.39
2012	16.46	16.87	15.29	15.68
2013	18.27	18.66	17.46	17.84
2014	21.57	16.61	20.84	16.05
2015	22.62	17.02	22.06	16.60
2016	22.58	16.08	22.08	15.73

数据来源：国际货币基金组织。

此外，瑞士银行业准备金中的不良贷款也大幅减少。不良贷款净额由 2009 年的 121.2 亿瑞士法郎减少至 2014 年的 80.1 亿瑞士法郎，下降了 34%，此后不良贷款略有上升，但与欧债危机期间相比已得到有效控制。相应地，不良贷款净额与资本比由 2009 年的 6.98% 降低至 2014 年的最低水平，到 2016 年为 3.91%，减少了 3 个百分点以上，如图 21-3 所示。

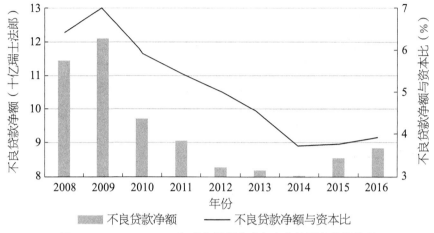

图 21-3　2008—2016 年瑞士银行业准备金中的不良贷款情况

数据来源：国际货币基金组织。

4. 社会固定资本增速低于预期

2009 年瑞士 GDP 增长率跌至 −2.2%，此后尽管瑞银集团等的不良资产得到处置，金融业风险得到化解，但 GDP 增长率仍然长期徘徊在 2% 左右的水平，与危机爆发之前相比下降了 2 个百分点以上。

瑞士被誉为全球最大的离岸金融中心和国际资产管理业务领导者。危机后的 2011 年金融业增加值达 594 亿瑞士法郎，占 GDP 的比重为 10.3%，其中银行业和保险业分别占比 6.2% 和 4.1%。与金融业恢复相比，如图 21-4 所示，2007 年前，瑞士固定资本形成总额的增长率达到了 7.18%，而 2009 年这一数字跌落至 −7.37%，固定资本形成总额的增速远低于危机之前的水平，截至 2016 年仅为 2.06%，与 2007 年相比下降了 5 个百分点以上。而此后瑞士 GDP 和固定资本形成总额的增速仍远低于危机爆发前，说明瑞士银行业的纾困并未惠及实体经济，相反地，实体经济出现了通货紧缩，降低了生产者的积极性，企业亏损范围进一步扩大。另外，不良资产的处置在化解了银行业风险后就戛然而止，未能提升银行对实体经济的支持。

与欧美以资本市场为主的国家不一样，瑞士金融体系以银行业为主。而瑞士又是发达的工业国家，工业是其国民经济的主体，工业产值约占国内生产总值的 50%。机械制造、化工、医药、高档钟表、食品加工、纺织业是瑞士的主要支柱

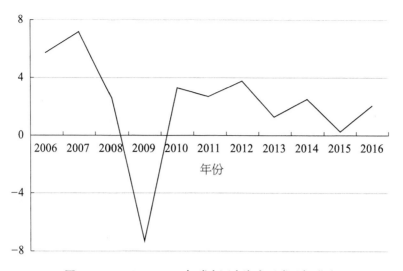

图 21-4　2006—2016 年瑞士固定资本形成总额增速

数据来源：瑞士联邦统计局。

产业。外贸在瑞士经济中也占有重要地位，工业产品中的 70%~90% 用于外销，商品和服务出口占国内生产总值的 40%；主要贸易伙伴是欧盟和美国。危机后社会固定资本形成不足势必会影响瑞士工业及实体经济的发展，这将成为瑞士继续作为世界最稳定经济体的隐患。

（四）瑞士不良资产处置的启示

受美国次贷危机影响，瑞银集团、瑞士信贷集团等银行不良资产风险激增。银行业素来是瑞士的一大重要行业，是维护瑞士在国际金融市场中地位的重要基石。2001—2005 年，瑞银集团的资产规模稳居全球前十，并在 2005 年坐上全球银行业的头把交椅。然而，由于对美国次级住房抵押贷款的投资失误，2007—2008 年出现了历史上的最大亏损。考虑到瑞银集团规模巨大、业务复杂，一旦陷入困境，势必危及整个国家的金融安全，因此，面对日益加剧的不良资产风险，一方面，瑞士政府依据《瑞士金融监管局联邦法案》，在整合瑞士联邦银行业委员会、联邦私人保险管理办公室等部门的基础上，成立了 FINMA，实现了对瑞士银行、保险公司、证券交易所等的全面监管。另一方面，瑞士央行还主导成立了 StabFund，在 2008—2009 年分三批接收了总价值为 387 亿美元的不良资产，并将这些高风险资产组合交由美国的北方信托公司保管和处置，最终在 2013 年 8 月提前偿还了瑞士央行的全部贷款。可以看到，在瑞士不良资产的处置与管理过程中，StabFund 仅作为接收和转移资产的中介，而最终的处置与管理却是在美国完成，而非瑞士境内。可见，瑞士不良资产处置的模式具有政府果断出手构建应急救助方案、不良资产处置"市场外延型"和建立长效宏观监管机制等特征。

瑞士不良资产处置的经验对我国的启示如下。

第一,政府构建救助预案,强化应急效应。早在2007年6月,瑞士政府就未雨绸缪,成立了瑞士金融市场监督管理局,实现了对瑞士金融系统的全面监管。2007年秋,瑞士政府敏锐地意识到瑞银集团购买了大量"有毒证券",且从事的金融衍生品开发和杠杆交易有巨大的风险敞口,很有可能会在金融危机中遭受重创。因此,瑞士政府当机立断,着手准备救援方案的基础工作。从2008年10月16日宣布援救到2008年11月27日救助实体机构StabFund的注册成立,只用40天时间就将计划转变为现实,援救时间的争取使得瑞银集团在一年后就扭亏为盈,恢复迅速。我国坚持对外开放,未来外部金融冲击在所难免,借鉴瑞士经验构建及时有效的应急体系和应急预案,制定风险对冲机制和策略具有重要意义。

第二,不良资产处置转变业务模式,创新处置方式。瑞士是跨国资产管理业务的全球"领头羊",其在欧债危机中的不良资产处置创新表现为:一是瑞士央行控股的专项基金StabFund,用于专门处置不良资产,提高了处置效率;二是专项基金在承接不良资产后交由境外的美国公司——北方信托公司负责处置,扩大了不良资产处置的市场范围;三是不良资产处置的止损机制和处置策略,利益同享、风险共担和损失均分的处置原则,均有利于提高处置收益。我国在不良资产外延扩展和国外资本进入的背景下,应提高市场行为的感知力和判断力,选择灵活的处置方式,除了稳步推进市场化债转股、不良资产证券化和债务重组等多种市场化处置方式外,还可以运用"互联网+不良资产"创新处置方式,鼓励市场各投资主体、各类资金参与不良资产的交易和处置,如产业基金、风险基金、信托公司、私人投资机构和投资者等。另外,还可以将不良资产处置范围拓展至国际金融市场,推进金融国际化,提高不良资产处置效率。

第三,构建化解不良资产风险的长效机制,促进实体经济与金融良性循环。StabFund在2013年完成不良资产处置后,存续不到五年就关闭了,而FINMA却一直保留持续至今。特别地,在新冠肺炎疫情对金融市场的冲击下,FINMA对杠杆率等指标给予了监管豁免,以支持瑞士联邦委员会为实体经济提供的流动性,有效化解了实体经济衰退可能引发的金融机构不良资产上升的风险。瑞士是全球最大的离岸金融中心,超过伦敦、纽约和法兰克福,占全球35%的市场份额,被公认为国际资产业务管理的全球领导者。同时,瑞士的经济总量大,经济结构较合理,也有较为强大的制造业。瑞士的经济和金融之所以能够长期保持稳定,维持低通货膨胀率、低利率,与其金融业发达和不良资产处置机制合理有效密不可分。瑞士的不良资产处置与管理不仅仅着眼于当下、着眼于金融业,还保留了长效的监督机制和体系,并与资产管理技术结合建立起一套应对不良资产的规范、稳定、完善的短期和长效相容的机制。有鉴于此,我国不良资产处置与管理应综合考虑所有可能发生的情况，并据此建立一套兼顾当下和未来、兼顾化解风险和支持实业的长效机制，保持经济与金融的良性循环。

三、主要国家不良资产处置经验总结

从全球金融业的发展来看，金融发展史既是一部危机与反危机史，同时也是一部不良资产产生与处置史。不良资产的产生最早可追溯至 1720 年西方国家金融投机泡沫的破裂，这也是历史上第一次国际性金融崩溃。20 世纪 80 年代以来，金融国际化、自由化、金融创新和金融深化的迅速发展，无论是市场经济国家、新兴工业国家，还是经济转轨国家，在金融业都出现过巨额不良资产，有的甚至直接导致银行危机并引发系统性风险，爆发金融危机祸及世界经济。金融自由化后不良资产的大规模处置始于美国的"储贷危机"，当时，美国经济出现高通胀、高利率的现象，加上过度竞争、管理失责和监管能力等方面的原因，在金融系统中产生了大量不良资产。20 世纪 80—90 年代，日本房地产、股票等资产价格飙升，催生了资产价格泡沫。随后，日本政府多次提高再贴现率，使得资产价格暴跌、泡沫破裂，金融机构的贷款无法收回，形成大规模的呆坏账，金融系统不良资产急剧增加。1997 年爆发的亚洲金融危机，使得韩国的许多大型银行和企业面临倒闭风险，韩国金融机构普遍遭遇严重的资金链断裂，金融系统的不良资产陡增。2008 年，由次级贷款机构破产和监管能力缺失所引发的美国次贷危机又一次造成了美国金融系统大量"有毒资产"的产生，美国金融体系面临崩溃。2009 年，美国次贷危机的影响迅速波及欧洲，首先引发的是希腊债务危机，随后迅速蔓延至其他成员国，欧盟核心国家也受到严重影响。其中，英国、德国和瑞士三个国家受到的负面冲击最大、损失最为严重。因此，如何有效地处置、化解和预防银行体系内的巨额不良资产，成为世界各国政府、金融监管当局、银行，乃至整个国际金融界共同面临的难题。

本篇概括了美国、日本、韩国、德国、英国和瑞士六个典型资本主义国家不良资产处置的经验，对这些国家不良资产的爆发背景、处置措施、处置模式和处置效果等方面进行了梳理。通过对国际上不良资产处置经验较为成熟的处置模式进行总结，我们发现，一种效果较好的不良资产处置模式需要良好的法制环境、合理的顶层设计、强有力的执行机构、权责清晰的分担机制和综合性的救助措施等配套设施的综合支持。其中，以下几点经验值得我国借鉴。

第一，出台专门的不良资产处置法规。

在不良资产处置效果较好的国家，针对不良资产都会出台相关的处置法案或者处置条例。例如，美国在储贷危机时期颁布的《金融机构改革、复兴和实施法案》和次贷危机时期出台的《公私合营投资法案》，这两部法案为美国有效应对危机、减缓危机蔓延、稳定局势、处置金融系统的不良资产有着重要作用。日本政府出台的《特别措施结束后存款保险制度和倒闭金融机构处理架构报告》对不良资产处置机构的功能进行了明确定位，并详细说明了必要的金融制度，在其金融系统的不良资产处置上具有一定的指导作用。韩国政府颁布的《有效管理金融机构不良资产与设立金融资产管理公司法》中，对资产管理公司的性质、使命、运行机制、业务开展、公司架构等进行了规定，对韩国金融系统不良资产的处置做出了统一的安排，并在法律法规、处置机构、处置方案和资产管理上进行了细化。德国政府先后出台了《金融市场稳定法》和建立"坏账银行"的法案，从稳定金融市场和清算银行业资产的角度综合施策，在处置银行业不良资产的同时，展开对陷入困境银行的救助，以维护整个金融市场的稳定，防止危机继续向实体经济传导。英国政府出台了《改革金融市场》白皮书，强化了金融监管制度，理顺了监管机制；同时，英国政府从更为宏观的层面入手干预，一方面积极稳定局面，另一方面展开对"三边制度"框架金融制度的改革，着手处理银行业的不良资产，以减轻银行业的负担。瑞士政府反应较为及时，迅速推出了救援法案，明确了采取银行救助与不良资产处置相结合的方式应对危机。因此，一部完善的处置法案是确保不良资产处置成功的必要条件。一部专门的不良资产处置法案是对解决银行业不良资产问题的顶层设计，是对不良资产处置方案的统筹安排，是从法制法规、处置机构、处置方式、处置机制和权责分担等多方面进行的整体规划，具有重要的指导作用。

第二，成立专业的不良资产处置机构。

首先，不良资产的处置是一项高度复杂的技术性工作，涉及法律、经济和金融等诸多领域的知识储备，需要具有专业性知识的人才从事此项工作，因此成立专业化的不良资产处置机构显得尤为必要，这样既可以专司于银行业的不良资产处置，也能为不良资产处置培养专业化的人才。其次，如果不成立专业化的处置机构，不良资产的处置一般交由不良资产所在商业银行的某个部门负责，分散了商业银行从事主业的能力。从国际上不良资产的处置经验来看，较为成功的不良资产处置模式均成立了专业化的不良资产处置机构，如美国在储贷危机时期成立了重组信托公司，主要负责接收、管理和处置不良资产。日本政府先后成立了整理回收银行、整理回收机构、产业再生机构以及中小企业再生支援协会等专业化的不良资产处置机构，负责处置各种类型的不良资产。此外，日本的不良资产处置机构也是由政府主导设立的，专职履行处置银行业不良资产的使命。值得借鉴的是，日本政府在处置银行业不良资产的同时，不仅采用了传统的不良资产处置方式，还对不良资产的处置技术进行了创新，将不良资产处置与本国产业振兴进行了结合，进而拯救了一大批前景良好而暂时经营困难的企业。韩国同样设立了专业化的资产管理公司，其最大股东是韩国政府，负责执行由韩国财务监督委员会制定的银行业重组支援方案，并对银行业的不良资产进行政策性处置，所需资金由韩国政府担保发行债券募集。欧盟成员国内，德国政府成立了第一清算机构对不良资产进行专业化处置。值得注意的是，在接收不良资产以后，第一清算机构不直接从事不良资产的处置，而是将不良资产的处置外包给第三方机构进行。英国政府将北岩银行一分为二，成立了北岩资产管理公司"坏银行"处置不良资产。瑞士则由瑞士央行负责成立了特殊目的实体 StabFund 公司，专职于不良资产的处置。因此，专业化的不良资产处置机构不仅具有专业的业务能力，而且是一家强有力的执行机构，能够较好地执行不良资产处置法案提出的各项任务。但各国在金融危机中成立的不良资产专职处置机构在危机后有不同的结局，有的被撤销（如美国和瑞士等），有的则长期存续（如韩国等）。

第三，政府对商业银行及时展开救助。

不良资产的大规模爆发，带来的直接后果往往是商业银行陷入经营困境，形势严峻的银行将处于濒临破产倒闭的边缘，严重威胁着金融市场的稳定。在西方市场经济国家，商业银行实行的是私人所有制，抵御风险的能力有限，一旦遇到危机，会产生大量不良资产，商业银行的稳定将面临严峻挑战。实际上，商业银行不良资产的大量出现又是银行业危机来临的直接表现，在解决银行业的不良资产问题时，往往需要政府出手干预，对商业银行进行救助以稳定金融市场，并及时制定银行业不良资产的处置法案。例如，次贷危机时期，美国联邦政府面对陷入困境的房利美和房地美两大金融机构及时出手救助，直接注资 1480 亿美元对"两房"金融机构进行了接管。随后，美国政府又以 850 亿美元收购了 AIG 保险公司 80% 的股份。在对商业银行的救助方面，美国政府于 2008 年 10 月 26 日向九家银行共注资 1250 亿美元，并以 335.6 亿美元对 21 家银行的部分股份进行了国有化。日本在不良资产处置的过程中，其产生的损失由日本政府与金融机构共同承担。韩国在不良资产的处置中，政府同样积极对商业银行进行了救助，由韩国存款保险公司负责，以被救助银行的部分国有化为条件，向救助对象提供资金援助，并有权干预其经营管理。在不良资产处置资金的筹措中，由韩国政府担保发行债券，剩余部分则由财政资金和金融机构筹措。当时的欧盟成员国中，德国政府设立了规模为 5000 亿欧元的金融市场稳定基金，其中 800 亿欧元用来向金融机构注资，以增加金融机构的资本金，充盈其流动性；4000 亿欧元作为德国银行间贷款的担保基金，由德国政府为银行间贷款提供担保；剩余 200 亿欧元用于收购银行业的不良资产。英国政府出台了资金总额为 5000 亿英镑的救助计划，其中500 亿英镑用于商业银行补充资本金，2000 亿英镑作为英格兰银行的短期贷款，剩余 2500 亿英镑用于担保商业银行与建筑协会之间的相互贷款。瑞士政府则出资60 亿美元购买了瑞银集团的债券，并且瑞士央行直接出资 540 亿美元成立了"特殊目的实体"，负责以账面价值收购瑞银集团的不良资产。因此，国际上通行的不良资产处置模式往往是不良资产的处置与金融业救助相结合，政府主导注资等措施，甚至将金融机构临时国有化。政府的及时救助能够快速稳定金融市场，阻止风险继续向实体经济蔓延，为不良资产的处置赢得了稳定的外部环境。

第四，建立权责清晰的责任分担机制。

金融系统的不良资产是质量已经严重恶化的资产，不管是将不良资产继续留在商业银行体系内部，还是将其剥离转让至专业化的不良资产处置机构，都已经无法改变不良资产作为劣质资产的现状。一部分前景良好的不良资产，在经过处置机构的积极管理以后，可能会再次转变为正常资产甚至优质资产，但这部分资产在不良资产总额中的占比较小，大部分不良资产会一直处于资产质量恶化的状态。因此，从宏观视角来看，不良资产的处置总体上还是要面临一定的损失。商业银行在现代经济体系中的地位不言而喻，随着不良资产的大规模产生，政府及时对商业银行展开救助，对稳定金融市场、恢复市场信心和阻止危机蔓延具有重要的作用。但是，不良资产是由商业银行的不当经营造成的，理应由商业银行自负盈亏，即便商业银行体系的稳定关系着经济形势的好坏，也不应由政府完全承担不良资产带来的损失。因此，政府在积极推进商业银行救助和不良资产处置的同时，需要建立权责清晰的责任分担机制。例如，储贷危机时期，美国政府主要采用了收购承接的处置方式，将倒闭的储贷机构接收后完全转让给第三方投资者，投资者需要全盘接收其资产和负债，政府仅仅是中间人的角色，不良资产形成的损失由储贷机构承担。次贷危机时期，美国政府以国有化为条件出资救助了房利美和房地美两大抵押贷款融资机构和 21 家主要的商业银行。对于国有化后的金融机构，美国政府有权干预其经营管理，待渡过危机以后，美国政府再以市场价向市场出售国有化的金融机构，这样一来，不良资产造成的损失仍然由市场承担。然而，在不良资产损失的承担上，日本政府选择了与金融机构按比例共同分担。韩国政府也选择了市场化的方式剥离商业银行的不良资产，韩国资产管理公司依据评估对不良资产进行定价，然后展开收购，不良资产形成的损失由商业银行自负盈亏，对于一些质量较差的不良资产，韩国资产管理公司还与相应商业银行签订了附加协议，约定不良资产如果无法得到成功处置，商业银行必须进行回购，附加协议的存在进一步强化了商业银行应承担的责任。当时的欧盟成员国中，德国政府救助商业银行的条件较为严格，只有商业银行完成政府规定的治理整顿，并采用出售股份的方式才能获得政府的注资。英国政府对商业银行的救助也是以国有化为条件，待渡过危机后，选择合适的时机再度进行私有化。瑞士在处置不良资产之初，便由商业银行出一部分资金建立"坏账银行"，商业银行的那一部分资金作为弥补不良资产处置损失基金使用。可见，成功化解银行业不良资产风险的国家，都比较注重加强商业银行承担不良资产损失的责任，这一做法值得我国借鉴。

在不良资产大规模产生和经济危机爆发以前，这些国家并没有成立不良资产的专门处置机构及时化解经济系统的风险，直至系统性金融风险爆发后，才由政府牵头成立专门的机构进行不良资产的处置。由于经济系统中不存在日常性处置不良资产的专业机构，导致临时出台的法案和处置措施效率不高、效果有限，同时也推高了由于缺乏事前防范而使得金融危机爆发、经济增速放缓和失业率激增等的经济成本和社会成本。由于我国的制度环境不同于西方的市场经济国家，决定了我国不可能完全采用国外不良资产的处置模式，在借鉴国外成功经验的基础上，还需从我国的具体国情出发，构建符合国情的银行业不良资产处置模式。例如，我国深度开放后将形成国际化的金融系统，会进一步提高虚拟经济脱离实体经济的程度，有可能形成长期去工业化和经济虚拟化的趋势。如果任由市场自发决定实体经济与虚拟经济的结构，必然会导致经济虚拟化。因此，有必要通过加强政府干预和引导来处置不良资产，加强对实体经济的救助，以维持工业化经济的合理结构，促进金融与实体经济的良性循环。

参考文献

[1] AFRICAN DEBT. "Vulture Funds" Threat[J/OL]. Africa Research Bulletin: Economic, Financial and Technical Series, 2008, 45（3）：17774C−17776A. https：//onlinelibrary. wiley. com/doi/10. 1111/j. 1467−6346. 2008. 01570. x.

[2] Bank of England, HM Treasury and the Financial Services Authority. Financial Stability and Depositor Protection: Strengthening the Framework[EB/OL]. https：//www. gov. uk/government/publications/financial−stability−and−depositor−protection−strengthening−the−framework.

[3] BROWN C. MPs Blame Regulator's Failures for Run on Northern Rock Bank[EB/OL]. https：//www. independent. co. uk/news/uk/politics/mps−blame−regulator−s−failures−for−run−on−northern−rock−bank−774296. html.

[4] CROFT J. Northern Rock Mortgage Trade Collapses[N/OL].（2007−11−05）. https：//www. ft. com/content/8b7213aa−8be4−11dc−af4d−0000779fd2ac.

[5] CONGDON T, GOODHART C A E, EISENBEIS R A, et al. The Failure of Northern Rock: A Multi−dimensional Case Study[M]. Vienna: The European Money and Finance Forum, 2009.

[6] HILL A. Northern Rocks Business Model No Longer Looks as Solid[N/OL].（2007−06−27）. https：//www. ft. com/content/8da38e4a−24df−11dc−bf47−000b5df10621.

[7] HILL A, BETTS P. World View: A History Lesson in the Wake of Northern Rock Crisis[N/OL].（2007−10−16）. https：//www. ft. com/content/8a6f5dfa−7b45−11dc−8c53−0000779fd2ac.

[8] NAKASO H. Recent Banking Sector Reforms in Japan[EB/OL]. https://www. doc88. com/p−7178356406270. html？r=1.

[9] HM Treasury. Memorandum of Understanding between HM Treasury[R]. the Bank of England and the Financial Services Authority, 2006.

[10] EVA H. Insolvency: Why a special regime for banks？[J]. Current Development in Monetary and Financial Law, 2005（3）.

[11] SHIN H S. Reflections on Modern Bank Runs: A Case Study of Northern Rock[EB/OL]. https：//www. dse. univr. it/documenti/Avviso/all/all187620. pdf.

中国特色不良资产处置的理论创新与实践

[12]KEASEY K, VERONESI G. Lessons from the Northern Rock Affair[EB/OL]. (2008-02-22). https://www. emeraldinsight. com/ 1358-1988. htm.

[13]MEGLIANI M. For the Orphan, the Widow, the Poor: How to Curb Enforcing by Vulture Funds against the Highly Indebted Poor Countries[J]. Leiden Journal of International Law, 2018, 31 (2): 363-381.

[14]HALL M J B. The Sub-prime Crisis, the Credit Squeeze and Northern Rock: The Lessons to Be Learned[EB/OL]. (2008-02-22). https://www. emeraldinsight. com/1358-1988. htm.

[15]MOFFETT M H. Argentina and the vulture funds[J]. Journal of International Business Education, 2015, 10: 321-336.

[16]GIETZMANN M, ISIDRO H, RAONIC I. Vulture funds and the fresh start accounting value of firms emerging from bankruptcy[J]. Journal of Business Finance & Accounting, 2018, 45 (3-4): 410-436.

[17]CHARLES P. Vulture funds and sovereign debt: The Zambian experience[J]. Tydskrif vir die Suid-Afrikaanse Reg, 2007 (4): 629-840.

[18]REUTERS. Vulture Funds Smell Blood from Spanish Bank Woes[EB/OL]. (2012-06-06). https://www. reuters. com/article/uk-spain-funds/vulture-funds-smell-blood-from-spanish-bank-woes-idUKLNE85501G20120606.

[19]TAKAGI S. Restructuring in Japan[J]. International Insolvency Review, 2003, 12 (1): 1-10.

[20]TAKAG I S. Inauguration and First stage of the Industrial Revitalzation Corporation of Japan[C]//Forum for Asian Insolvency Reform (FAIR) Maximising Value of Non-performing Assets, Seoul, Korea, 2003.

[21]CHEOL S. Theory of credit risk and securitization of non-performing loans [J]. Journal of Financial and Quantitative Analysis, 2002 (3): 57-59.

[22]HOSHI T, KASHYAP A K. Solutions to the Japanese Banking Crisis: What Might Work and What Definitely Will Fail[EB/OL]. (2004-06-15). https:// hi-stat. ier. hit-u. ac. jp/research/discussion/2004/pdf/D04-35. pdf.

[23]CALLEN T, OSTRY J D. Japan's Lost Decade: Policies for Economic Revival[M]. Washington: International Monetary Fund, 2003.

[24]UBS. Shareholder Report on UBS's Write-Downs[EB/OL]. (2008-04-18). https://www. documentcloud. org/documents/253075-shareholder-report-on-ubss- write-downs. html.

[25]WestLB: Analyst and Investor Presentation[EB/OL]. (2010-03-25). http:// www. westlb. com.

参考文献

[26] 布林德 . 当音乐停止之后 [M]. 巴曙松，徐小乐，等译 . 北京：中国人民大学出版社，2014.

[27] 安德鲁·霍尔丹，王胜邦，俞靓 . 金融体系的贡献：奇迹还是幻觉？（下）[J]. 银行家，2012（11）：80–83.

[28] 敖希颖 . 金融机构风险处置与破产的比较与选择 [J]. 银行家，2020（4）：134–136.

[29] 奥村洋彦 . 日本"泡沫经济"与金融改革 [M]. 余燠宁，译 . 北京：中国金融出版社，2000.

[30] 艾肯格林 . 拿什么对付秃鹫基金 [N]. 第一财经日报，2014–09–12（B05）.

[31] 白玲 . 我国国有商业银行不良资产处置及管理途径探索 [J]. 国际金融研究，2003（7）：33–38.

[32] 卞金鑫 . 当前不良资产处置的现状、问题及国际经验借鉴 [J]. 西南金融，2018（7）：10–14.

[33] 宾融 . 中美不良资产证券化的对比分析 [J]. 财贸经济，2002（5）：55–58.

[34] 蔡利安 . 银行不良资产重组的国际比较与启示 [J]. 经济学动态，1999（7）：16–21.

[35] 蔡臻欣，谢洁 . 海南发展银行的关闭及其警示 [J]. 中国城市金融，1999（1）：24–26.

[36] 陈建梁，林平 . 银行不良资产处理的国际经验及我国的选择 [J]. 学术研究，1999（12）：58–63.

[37] 陈军辉 . 简析国际比较视角下的不良资产处置方法 [J]. 金融经济，2019（12）：113–114.

[38] 陈梦非，肖振兴 . 商业银行不良资产成因及应对措施 [J]. 经济研究导刊，2018（17）：149–150.

[39] 陈晓华，朱琳 . 不良资产处置实务 [M]. 北京：中国金融出版社，2018.

[40] 陈筱语 . 浅议商业银行不良资产处置中的以债转股模式：也谈秃鹫基金在我国的应用 [J]. 商场现代化，2016（5）：230–231.

[41] 陈阳 . 互联网不良资产处置模式 [J]. 中国金融，2017（1）：24–26.

[42] 陈哲，范效军 . 问题金融控股公司的风险处置：基于"安邦系"和"明天系"的案例研究 [J]. 银行家，2019（8）：19–23.

[43] 陈志武 . 银行何以"大而不能倒" [N]. 经济观察报，2020–12–14（035）.

[44] 程华 . 不良资产和日本经济的结构改革 [J]. 中国人民大学学报，2002（5）：52–57.

[45] 戴璐，邹磊 . 以市场化为核心原则 稳妥有序推进债转股 [J]. 宏观经济管理，2016（8）：43–45，57.

中国特色不良资产处置的理论创新与实践

[46] 科伊尔 . 极简 GDP 史 [M]. 邵信芳，译 . 杭州：浙江人民出版社，2017.

[47] 单建军 . 英格兰银行破产金融机构处置对我国的启示 [J]. 青海金融，2019
（10）：49–51.

[48] 单建军 . 英美两国问题金融机构风险处置经验及对我国的启示 [J]. 华北金
融，2019（11）：30–34，80.

[49] 邓舒仁 . 债转股的实践经验、问题和对策研究 [J]. 浙江金融，2016（4）：
38–42.

[50] 丁少敏 . 国有企业债转股问题研究 [J]. 中国工业经济，2003（8）：5–13.

[51] 杜尔玏 . 新一轮不良资产的形成机理、清收障碍与处置创新 [J]. 求是学刊，
2018，45（3）：74–81.

[52] 杜惠芬 . 资产管理公司持续发展的途径与运行机制：对韩国资产管理公司运
营的考察与思考 [J]. 财贸经济，2005（8）：21–25，96.

[53] 杜丽虹 . UBS：过度协同导致风险从打折到爆发 [J]. 新财富，2009（2）：
84–95.

[54] 樊怿霖，肖恩敏，米晓文 . 不良资产证券化的国际借鉴 [J]. 中国金融，2015
（24）：39–40.

[55] 方星海 . 如何处置中国商业银行的不良资产 [J]. 国际经济评论，1999（Z2）：
31–32.

[56] 封文丽，张晓阔 . 供给侧结构性改革下大型商业银行不良资产处置探究 [J].
农村金融研究，2017（6）：36–40.

[57] 冯俊扬，宋洁云 . 南美国家严防“秃鹫基金”[N]. 新华每日电讯，2010–
11–29（006）.

[58] 冯彦明，黄晶 . 中国如何向欧洲借鉴不良资产处置经验？[J]. 银行家，2015
（10）：93–96.

[59] 高蓓，张明 . 不良资产处置与不良资产证券化：国际经验及中国前景 [J]. 国际
经济评论，2018（1）：124–142.

[60] 高思卓 . 受压资产：“秃鹫”的投资盛宴 [J]. 新财富，2013（7）：116–120.

[61] 高鑫 . 我国商业银行不良资产问题及其处置对策 [J]. 企业改革与管理，2017
（17）：111–112.

[62] 龚雯，许志峰，吴秋余 . 开局首季问大势：权威人士谈当前中国经济 [J]. 理论
导报，2016（5）：9–18.

[63] 龚晓伟 . 商业银行不良资产处置业务的创新思路探讨 [J]. 中国商论，2018
（1）：46–48.

[64] 顾志刚，唐建伟 . 韩国金融结构调整与不良资产处理的经验及启示 [J]. 经济
纵横，2002（12）：41–44.

[65] 郭婧洲. 浅析我国国有商业银行不良资产形成的原因及对策 [J]. 统计研究, 2010, 27（8）：96–98.

[66] 郭一先, 吴鹤立. 曾记否, 金融梦在椰风中逝去: 回首海南发展银行关闭始末 [J]. 金融经济, 2001（11）：6–9.

[67] 郭志国, 贾付春. 新地方金融监管体制下完善地方资产管理公司监管体系研究 [J]. 金融发展评论, 2020（2）：64–77.

[68] 郭子源. 不良资产证券化试点有望再扩围 [N]. 经济日报, 2019–12–16.

[69] 中国国家统计局. 中国国民经济核算体系 2016 [R]. 2017.

[70] 国务院发展研究中心金融所课题组. 不良资产处置与金融风险防控 [M]. 北京：中国发展出版社, 2018.

[71] 韩健, 向森渝. 地方政府隐性债务诱发系统性金融风险的路径与防范 [J]. 财会月刊, 2018（24）：9–13.

[72] 韩旭. 我国商业银行如何化解不良资产 [J]. 经贸实践, 2017（6）：33–34.

[73] 贺显南, 荆晶. 日韩资产证券化发展及其启示 [J]. 国际经贸探索, 2008, 24（8）：41–45.

[74] 洪艳蓉. 资产证券化与不良资产处置: 中国的实践与反思 [J]. 证券市场导报, 2018（12）：4–15, 23.

[75] 侯成琪, 黄彤彤. 影子银行、监管套利和宏观审慎政策 [J]. 经济研究, 2020, 55（7）：58–75.

[76] 侯亚景, 罗玉辉. "供给侧结构性改革"背景下我国金融业不良资产的"处置之道" [J]. 经济学家, 2017（1）：16–23.

[77] 侯亚景. 我国金融业不良资产处置策略研究 [J]. 上海经济研究, 2017（1）：24–31, 51.

[78] 胡古月. 金融资产管理公司逆周期调节机理 [J]. 中国金融, 2020（12）：76–77.

[79] 胡建忠. 金融资产管理公司化解金融风险的历史经验 [N]. 金融时报, 2019–12–16（008）.

[80] 胡建忠. "互联网 +"不良资产处置新视角 [N]. 上海证券报, 2017–11–03（12）.

[81] 胡建忠. 资本性投行是 AMC 发展方向 [J]. 中国金融, 2020（21）：41–43.

[82] 胡乐明, 杨静. 资本主义经济危机与经济周期: 历史与理论 [M]. 北京：中国社会科学出版社, 2018.

[83] 胡祖六. 十年启示录 [J]. 金融博览, 2007（8）：6–7.

[84] 华蓉晖, DIEHL M. 欧洲银行业的监管特点及其对我国的启示: 以德国和瑞士为例 [J]. 金融理论与实践, 2010（1）：111–115.

[85] 黄金老. 论债转股的理论和政策问题 [J]. 金融研究, 2000（1）：63–70.

中国特色不良资产处置的理论创新与实践

[86] 黄茉莉 . 中国商业银行不良资产处置问题研究 [M]. 北京：社会科学文献出版社，2016.

[87] 黄志凌 . 问题银行的判断与破产早期干预机制 [J]. 金融研究，2015（7）：45-59.

[88] 纪炜 . 我国商业银行不良资产现状及解决对策研究 [J]. 时代金融，2018（21）：99-106.

[89] 贾正晞 . 市场风险监管资本规则的演进及最新进展研究 [J]. 新金融，2016（10）：31-37.

[90] 江曙霞，郭晔 . 债转股的风险与时机分析：为当前债转股设计最优机制安排 [J]. 金融研究，2000（5）：108-112.

[91] 姜何 . 资产市场新规则：不良资产前线操作备忘录 [M]. 北京：中信出版集团，2018.

[92] 蒋照辉 . 我国银行业不良资产证券化若干理论与实践问题再探讨 [J]. 上海金融，2015（11）：55-58.

[93] 类金融控股企业集团监管课题组 . 类金融控股企业集团的监管与风险处置 [M]. 天津：南开大学出版社，2008.

[94] 李波 . 2020 年资产证券化发展报告 [J]. 中国债券，2021（1）：65-70.

[95] 李翀宇，陶峰英 . 尽职调查的解读与实操：以市场化债转股为例 [J]. 法制与社会，2018（27）：74-77.

[96] 李东卫 . 基层银行呆账核销面临的难点及建议 [J]. 金融会计，2012（6）：72-75.

[97] 李广子 . 市场化债转股：理论基础与中国实践 [J]. 国际金融研究，2018（12）：31-39.

[98] 李健 . 论国有商业银行的双重功能与不良资产的双重成因 [J]. 财贸经济，2005（1）：72-78，97.

[99] 李健 . 市场化债转股的运作模式、实施困境与改革路径研究 [J]. 金融监管研究，2018（7）：16-31.

[100] 李军 . 国有商业银行不良资产的成因与处置建议 [J]. 经营与管理，2018（6）：15-17.

[101] 李玲 . 不良资产处置的国际经验 [J]. 中国金融，2014（24）：33-34.

[102] 李玲 . 我国金融不良资产的发展趋势、监管政策与处置机制：兼论大型资产管理公司的战略取向 [J]. 新金融，2015（11）：38-44.

[103] 李一，王学军 . 新常态下对金融资产管理公司处置不良资产的思考与探索 [J]. 东岳论丛，2016，37（11）：169-176.

[104] 李玉敏 . 21 金融研究：问题金融机构的风险化解及出清机制探讨 [N]. 21

世纪经济报道，2019-12-23（009）.

[105] 连维良 . 积极稳妥降低企业杠杆率　有序推进市场化银行债权转股权 [J]. 宏观经济管理，2016（11）：4-6.

[106] 林华，许余洁，高瑞东 . 不良资产证券化问题探讨 [J]. 中国金融，2015（24）：35-36.

[107] 林建设 . 中国地方政府债务问题研究 [D]. 大连：东北财经大学，2011.

[108] 刘超，王海军 . 中国商业银行不良资产的新周期：问题与对策 [J]. 西南金融，2018（8）：17-23.

[109] 刘方，俞苇然 . "僵尸企业"债务处置方式研究文献综述 [J]. 当代经济管理，2017，39（10）：1-8.

[110] 刘皓，别姝姝 . 经济新常态下商业银行呆账核销的变革与展望 [J]. 中国商论，2018（33）：34-36.

[111] 刘华 . 海南发展银行倒闭警示今犹在 [J]. 银行家，2004（2）：123-125.

[112] 刘佳，刘原 . 出售式破产重整与不良资产处置创新 [J]. 上海金融，2018（1）：55-59.

[113] 刘骏民，廖舜正，李自磊 . 中国金融体系的特色及改革方向 [J]. 开放导报，2013（2）：79-82.

[114] 刘骏民，宛敏华 . 经济虚拟化下的呆坏账问题研究 [J]. 经济与管理研究，2009（6）：44-50.

[115] 刘骏民 . 呆坏账处理是否蕴含着制度创新 [J]. 开放导报，2008（5）：20-23，29.

[116] 刘先 . 经济新常态下我国商业银行不良资产证券化发展研究 [J]. 经济研究参考，2016（21）：96-100.

[117] 刘晓欣 . 个别风险系统化与金融危机：来自虚拟经济学的解释 [J]. 政治经济学评论，2011，2（4）：64-80.

[118] 刘晓欣，刘骏民 . 虚拟经济的运行方式、本质及其理论的政策含义：马克思逻辑的历史延伸 [J]. 学术月刊，2020，52（12）：42-56.

[119] 刘晓欣，张珂珂 . 为何虚拟经济的收益高于实体经济 [J]. 中国统计，2021（5）：25-27.

[120] 刘晓欣，田恒 . 中国经济从"脱实向虚"到"脱虚向实"：基于马克思主义政治经济学的分析视角 [J]. 社会科学战线，2020（8）：44-55，281.

[121] 刘晓欣，张艺鹏 . 中国经济"脱实向虚"倾向的理论与实证研究：基于虚拟经济与实体经济产业关联的视角 [J]. 上海经济研究，2019（2）：33-45.

[122] 刘晓欣，张艺鹏 . 虚拟经济的自我循环及其与实体经济的关联的理论分析和实证检验：基于美国 1947—2015 年投入产出数据 [J]. 政治经济学评论，

中国特色不良资产处置的理论创新与实践

2018, 9（6）：158-180.

[123] 刘晓欣，宋立义，梁志杰 . 中国实体经济"账期"问题及对策 [J]. 经济与管理研究，2017，38（1）：3-15.

[124] 陆岷峰 . 完善新时期中国特色金融治理体系 [EB/OL].（2020-02-10）[2021-11-20]. https：//www. financialnews. com. cn/ll/gdsj/202002/t20200210_177523. html.

[125] 陆岷峰，杨亮 . 我国经济金融化的形成逻辑、风险问题与治理路径 [J]. 华侨大学学报（哲学社会科学版），2019（2）：59-67.

[126] 路透社 . 美国政府 TARP 资金使用情况 [EB/OL]. [2020-03-18]. http：//cn. reuters. com/.

[127] 吕晓 . 韩国不良资产处置经验对中国金融机构债务重组的启示 [J]. 世界经济研究，2003（4）：45-50.

[128] 吕笑颜，石丹 . 入股"新包商银行"，徽商银行前路几何？ [J]. 商学院，2020（Z1）：152-154.

[129] 马成，陈源，史玉琼 . 不良资产处置的国际经验及政策启示 [J]. 时代金融，2015（10）：10.

[130] 马克思 . 资本论 [M]. 中共中央马克思恩格斯列宁斯大林著作编译局，译 . 北京：人民出版社，2004.

[131] 马克思，恩格斯·马克思恩格斯全集 [M]. 中共中央马克思恩格斯列宁斯大林著作编译局，译 . 北京：人民出版社，2006.

[132] 马腾跃 . 包商银行被接管完全是"个案"[J]. 中国金融家，2019（6）：106-107.

[133] 美国联邦存款保险公司 . 危机管理：1980~1994 年联邦存款保险公司和处置信托公司的经验 [M]. 刘士余，等译 . 北京：中国金融出版社，2004.

[134] 裴桂芬 . 美日监管当局处理金融机构危机方式的比较 [J]. 世界经济与政治，2000（7）：60-64.

[135] 彭惠 . 不良资产证券化的交易结构分析 [J]. 金融研究，2004（4）：23-36.

[136] 齐忠恒 . 秃鹫基金买卖破产企业 [J]. 英才，2010（5）：32.

[137] 舒尔茨，刘易丝 . 秃鹫投资：重组股如何以低得惊人的风险获得高得惊人的回报 [M]. 何正云，张晓雷，译 . 合肥：安徽人民出版社，2016.

[138] 秦珊珊 . 试论国有商业银行不良资产处置中的问题与对策 [J]. 现代商业，2018（1）：89-90.

[139] 邱立成，翁伟斌 . "互联网＋不良资产"模式研究 [J]. 现代管理科学，2016（8）：9-11.

[140] 邱宜干 . 包商银行被接管的深层原因分析 [J]. 现代营销（经营版），2019

（12）：150-151.

[141] 任文峰. 战后初期日本金融改革与主银行体制的延续 [J]. 外国问题研究，2009（2）：83-87.

[142] 山田能伸. 银行业特别报告：学习韩国的结构改革：金融和产业的综合研究 [R]. 日本证券会社，2002.

[143] 沈晓明. 金融开放对资产管理公司的影响 [J]. 中国金融，2019（12）：13-15.

[144] 沈晓明. 以 AMC 独特优势助力"六稳""六保"[J]. 中国金融，2020（16）：15-17.

[145] 石明磊，罗玉辉. 当前地方 AMC 的发展应"由量转质"：基于历史与现实的双重审视中国经济体制改革研究会 [J]. 经济研究参考，2020（13）：62-71.

[146] 束庆年. 关于美国清理不良资产应对危机政策的研究 [J]. 新金融，2009（6）：54-57.

[147] 束庆年. 美国问题资产救助计划（TARP）调整简评 [J]. 金融与经济，2008（12）：39-41.

[148] 宋科，邵梦竹. 中央银行与宏观审慎政策有效性：来自 121 家央行的经验证据 [J]. 国际金融研究，2020（6）：44-53.

[149] 孙国茂，李猛. 宏观审慎监管下的证券公司系统重要性评价体系研究 [J]. 山东大学学报（哲学社会科学版），2020（5）：131-143.

[150] 孙京菁. 资产管理公司运作的国际经验及对我国的启示 [J]. 金融论坛，2003（11）：21-27.

[151] 孙晓晶. 国外金融不良资产处置模式及其启示 [J]. 山东社会科学，2009（S1）：74-75.

[152] 孙兴杰. 阿根廷是秃鹫的猎物吗？[J]. 中国经济和信息化，2014（16）：17-19.

[153] 谭水梅，张定法. 中国式不良资产年度报告 [M]. 北京：中国社会科学出版社，2017.

[154] 谭杨靖，陈麟. 资产管理公司不良资产处置业务研究 [J]. 西南民族大学学报（人文社科版），2017，38（4）：112-115.

[155] 唐珂. 德国银行业的发展现状 [J]. 吉林金融研究，2010（1）：20-22.

[156] 田国立. 好银行？坏银行？[M]. 北京：经济科学出版社，2011.

[157] 田国强. 中国银行业：改革两难与外资作用 [J]. 中国金融家，2004（Z1）：22-23.

[158] 王国刚. 市场化债转股的特点、难点和操作选择 [J]. 金融研究，2018（2）：1-14.

[159] 王国松. 不良资产处置模式及资产管理公司实践的国际比较 [J]. 外国经济与管理，2004，26（4）：34-39.

中国特色不良资产处置的理论创新与实践

[160] 王海军，张海亮．不良资产处置与管理 [M]．北京：中国金融出版社，2017．

[161] 王隽．不良资产证券化的风险控制 [J]．中国金融，2016（7）：58－59．

[162] 王亮亮．我国不良资产证券化的对外比较、纵向比较及模式探索 [J]．金融理论与实践，2018（7）：19－23．

[163] 王宁．看，那些秃鹫投资者 [J]．金融博览（财富），2017（5）：96．

[164] 王昕，任书亮．呆账核销在防范和化解金融风险中的运用 [J]．中国国情国力，2018（12）：31－34．

[165] 王一江，田国强．不良资产处理、股份制改造与外资战略：中日韩银行业经验比较 [J]．经济研究，2004（11）：28－36，68．

[166] 王元凯．金融资产管理公司经营不良资产的国际比较 [J]．开发性金融研究，2020（3）：42－48．

[167] 王元龙，赵怀勇．处理银行不良资产措施的国际比较 [J]．金融研究，1999（11）：54－60．

[168] 王占峰．新时代金融资产管理公司的变与不变 [J]．中国金融，2019（23）：12－13．

[169] 乌拉尔·沙尔赛开，苏志强．金融资产管理公司不良资产证券化障碍与解决途径 [J]．金融理论与实践，2016（6）：11－15．

[170] 巫燕玲．捡食危机残骸 "秃鹫基金" 飞临亚洲 [N]．中国经营报，2008－10－20（A18）．

[171] 吴婷婷，项如意．系统性金融风险防控：国别经验与政策启示 [J]．金融理论与实践，2020（11）：36－44．

[172] 武安华．稳妥有序接管包商银行 [J]．银行家，2020（1）：24．

[173] 肖宇桐，孙英隽．从包商银行事件看我国中小银行发展中的问题 [J]．经济研究导刊，2019（33）：101－102．

[174] 徐定成．商业银行不良资产处置研究 [J]．时代金融，2016（35）：126－127，131．

[175] 徐文彬．金融业混业经营的范围经济分析 [M]．北京：经济科学出版社，2006．

[176] 杨岚．欧盟金融机构处置机制对我国的启示 [J]．西部金融，2020（6）：52－56．

[177] 杨蕾．我国金融控股公司发展现状、风险分析及处置机制研究 [J]．金融经济，2019（12）：56－58．

[178] 杨宁，张雪鹿．中国商业银行不良资产证券化现状 [J]．中国外资，2021（1）：73－75．

[179] 杨文华，周凯．我国市场化债转股现状、问题与对策研究 [J]．管理现代化，2019，39（5）：8－11．

[180] 杨雪，等．当前市场化债转股需要关注的问题及建议 [N]．金融时报，2019-02-18（009）．

[181] 杨玉红．商业银行不良资产处置方法创新研究 [J]．经贸实践，2018（14）：176-177.

[182] 姚斌．秃鹫投资者的谋略 [J]．现代商业银行，2017（6）：71-72.

[183] 易纲．金融助力全面建成小康社会 [J]．中国金融，2020（Z1）：14-18.

[184] 易纲．新中国成立 70 年　金融事业取得辉煌成就 [J]．中国金融，2019（19）：9-13.

[185] 中国银行保险监督管理委员会．中国银保监会党委委员、副主席梁涛在 2020 年金融街论坛上的致辞 [EB/OL]．https：//3g. 163. com/money/article/FPIBETLP00259DLP. html.

[186] 于浩宇，刘澄．银行不良资产处置研究 [M]．上海：文汇出版社，2003.

[187] 张程．银行还安全吗 [J]．检察风云，2019（12）：64-65.

[188] 张大荣．日本银行的不良资产问题 [J]．国际金融研究，1995（10）：14-16.

[189] 张凤龙，杨春杰，臧良．中国国有商业银行不良资产处置研究 [M]．长春：吉林人民出版社，2006.

[190] 张海蔚，陈海威．东亚各国资产管理公司运行与启示 [J]．外国经济与管理，2001，23（5）：37-42.

[191] 张汉飞，张汉鹏．国外解决银行不良资产成功经验对我国的启示 [J]．经济问题探索，2005（7）：110-112.

[192] 张金丽．商业银行不良资产处置偏好探讨 [J]．当代经济，2017（17）：42-43.

[193] 张明．次贷危机的传导机制 [J]．国际经济评论，2008（4）：32-37.

[194] 张婷婷．韩国不良资产证券化及其经验 [J]．经济导刊，2008（1）：29-31.

[195] 张文魁，李德，纪敏，等．债转股对企业治理结构的影响及其前景分析 [J]．管理世界，2001（5）：152-158.

[196] 张艳．金融业混业经营的发展途径研究 [M]．北京：中国金融出版社，2003.

[197] 张智富，郭云喜，张朝洋．宏观审慎政策协调能否抑制国际性银行危机传染？：基于跨境金融关联视角的实证研究 [J]．金融研究，2020（7）：21-37.

[198] 张子艾．不良资产证券化的实践 [J]．中国金融，2014（24）：24-26.

[199] 章晓洪，黄文礼．银行不良资产处置方式 [J]．中国金融，2016（13）：57-58.

[200] 赵璐．国外银行化解不良资产风险的经验与借鉴 [J]．云南财贸学院学报，2002，18（2）：45-48.

[201] 赵旭．日韩资产证券化发展的经验与借鉴 [J]．亚太经济，2010（4）：72-76.

[202] 中央财经大学课题组．借鉴韩国经验实现我国资产管理公司持续经营 [J]．宏

中国特色不良资产处置的理论创新与实践

观经济研究，2005（3）：38-41.

[203] 钟吉鹏.国有商业银行不良资产处置及资产管理公司发展研究［M］.北京：中国金融出版社，2011.

[204] 周金黄.解决国有商业银行不良资产的政策选择［J］.金融研究，1998（6）：59-62.

[205] 周景彤.不良资产证券化重启如何走稳走好［N］.上海证券报，2016-06-17（12）.

[206] 周伟.基于新常态背景下商业银行不良资产的清收处置策略初探［J］.财经界（学术版），2017（8）：20-21.

[207] 周小川.关于债转股的几个问题［J］.经济社会体制比较，1999（6）：1-9.

[208] 周小川.金融政策对金融危机的响应：宏观审慎政策框架的形成背景、内在逻辑和主要内容［J］.金融研究，2011（1）：1-14.

[209] 周小川.重建与再生：化解银行不良资产的国际经验［M］.北京：中国金融出版社，1999.

[210] 周学东.中小银行金融风险主要源于公司治理失灵：从接管包商银行看中小银行公司治理的关键［J］.中国金融，2020（15）：19-21.

[211] 周兆生.中国国有商业银行不良资产的处置问题研究［J］.世界经济，2004（7）：17-23.

[212] 朱宏春.从包商银行被接管事件审视中小银行金融风险防控［J］.清华金融评论，2019（11）：49-50.

[213] 朱满洲，刘潇，苏桐.不良资产集中处置的国际经验及启示［J］.金融市场研究，2020（12）：99-105.

[214] 朱民，赵春堂，黄雪飞.政府主导、分工明确、市场行为：韩国和马来西亚处置不良贷款的经验［J］.国际经济评论，2003（6）：26-32.

[215] 朱翔宇.商业银行监管之"早期介入"：以包商银行案为切入视角［J］.经营与管理，2021（2）：71-79.

[216] 朱一鸣，程惠芳.宏观审慎监管下的跨境资本流动和金融稳定性［J］.财经论丛，2020（7）：53-62.

[217] 竹内宏.日本金融败战［M］.彭晋璋，译.北京：中国发展出版社，1999.

[218] 邹晓梅，张明，高蓓.美国资产证券化的实践：起因、类型、问题与启示［J］.国际金融研究，2014（12）：15-24.

参考文献

后　记

不良资产处置是所有市场经济国家都存在的一种金融活动，对不良资产处置经济学内涵的探讨一直是虚拟经济研究的主要方向。虚拟经济命题源于马克思的虚拟资本理论，虚拟资本具有两种增殖方式：参与产业资本循环和自行增殖。"虚拟经济自我循环"的本质就是虚拟资本相对脱离实际生产过程自行增殖的独立化。由此，资本在虚拟经济与实体经济领域的运行可以分为三类：一是虚拟经济服务实体经济，资本通过金融体系进入实体经济领域，参与产业资本循环。虚拟经济发挥资源配置、价值实现和风险管理等功能，服务于实体经济发展。二是虚拟经济自我循环，资本不进入实际生产过程，仅在虚拟经济领域空转。例如，在高杠杆叠加等金融创新工具下，衍生出大量金融资产。虽然单纯的金融交易可能降低独立经济个体风险，但虚拟资本的无序扩张加剧了经济系统存量及个体风险传染，终将导致金融危机爆发。三是实体经济"脱实向虚"，资本绕过产业资本的形式，转向虚拟经济领域投机。面对资本积累的内在矛盾，大量资本从生产领域和流通领域游离出来，投向金融资产和房地产市场，"低进高出"。第二、第三类属于虚拟经济自我循环，以追逐货币利润为目标，背离了金融服务于实体经济的本源。

市场经济下厂商或企业的效率标准是利润最大化，金融产品作为一般均衡框架中的商品，盈利指标同样是金融业效率的评价标准。所以，作为金融活动的不良资产处置，从微观层面看，无论中外都没有脱离追逐盈利的基本性质。例如，资产管理公司市场化改革后，成为"全牌照金融控股公司"，融资便利和各种有利可图的业务，使得不良资产从金融系统中剥离或隔开的基本原则被盈利优先的目标所取代。市场哄抢有盈利潜力的不良资产成为常态，不仅减弱了化解系统性风险的能力，还制造和平添了更多风险。近年来由于债务违约爆雷频繁，国家为化解不良资产风险新成立了多家资产管理公司，不良资产市场形成了"5+2+N+银行系 AIC"的格局，但大多数公司仍将追逐利润作为主要目标。

那么，需要回答这一问题：盈利是金融机构和企业的自身效率，还是金融系统对整个经济的效率？在通常情况下，金融业的盈利能力和对经济的作用被认为是一致的，不能赢利就无法生存。但事实证明，金融业自身盈利不一定对整个经济起正面的推动作用，有时反而会抑制整个经济的发展。当金融为房地产、股

中国特色不良资产处置的理论创新与实践

票、债券及衍生品的炒作融资，为芯片及操作系统和高科技炒作提高融资效率时，其更多地只是为了获得货币收入。金融介入资源配置的效率、金融服务实体经济的效率出现了"脱实向虚"的不良倾向，从名义利润和产值角度来看，提高"金融效率"就是过度地放任金融，系统性风险极大。而不良资产处置活动的"脱实向虚"更容易引发金融系统风险，使社会秩序遭到严重破坏，应给予高度重视。

"脱实向虚"的核心原因在于虚拟经济的收益高于实体经济，两者盈利差异悬殊。如何引导资金直达实体经济，重新设定金融效率的评价标准至关重要。虽然盈利是金融业效率的重要衡量标准之一，但金融活动的盈利方式十分重要，这关系到宏观效率、经济发展方向和系统性风险。单纯从盈利出发判断金融业的效率有失偏颇，单纯从宏观经济的角度来考虑金融业的效率也有一定危害。中国将实体经济作为国之根本，比金融活动赢利更为重要的应是抑制金融炒作行为，带动实体经济发展，否则，"自我循环""自我空转"经济活动创造的价值都将成为可瞬间蒸发的虚拟价值和财富。所以，"金融是否为实体经济服务"应是实体经济视角下金融效率最佳的判断标准，衡量金融效率的基本原则应是既可适度赢利，又有利于实体经济增长。

基于金融监管视角，本书有以下不成熟的思考：一方面，构建宏观金融效率指标，平衡好资本的营利性与社会职能的关系，既注重金融机构的盈利能力，以保障其自身生存发展，又兼顾金融资源支持实体经济，以助力经济持续高质量发展；用科学有效的评价标准监管金融机构的行为，防止资本由实体经济扩张至虚拟经济自我循环及空转而危及实体经济，推高金融风险；规范资产管理公司行为，严控不良资产处置业务的过度逐利行为，打击空转套利和伪金融创新行为，特别是要防止为盈利出现处置风险。另一方面，国有资产管理公司要将化解系统性风险作为首要职能，具备及时应对不良资产集中大规模爆发的能力，围绕金融服务于实体经济，化解实体经济债务风险；增加国有资产管理公司的政策性处置力度，以助力重要实体企业起死回生，并对政策性和商业化业务在资金、成本及盈利方面实行分账管理和考核。

纵观经济金融史，金融危机是市场经济的"清道夫"，它是最终消除不良资产和不良金融机构的一种自动机制，通过定期清洁经济体，重启经济的生态系统。而我国是在没有金融危机的情况下保持了经济持续高速增长，这是任何西方国家都无法做到的。这一事实背后蕴藏的重要"市场经济新规则"给理论经济和传统宏观政策带来了冲击。我国坚持实体经济发展战略，遵循不走金融自由化和"脱实向虚"道路原则，未来将建立不良资产"随生随治"机制，不使个别风险在空间和时间上集中与积累，形成系统风险引爆金融危机。无论是有效需求不足引发的经济危机，还是债务过度膨胀引起的金融危机，均能够被化解。中国在实践中建立一套相对于金融危机可以大致实现不良资产"随生随治"的有效处置机制，为建立既有高效的资源配置市场机制，又无金融危机的特色社会主义市场制度提供了基本保证。所以，总结中国经济持续高增长的规律和经验，梳理中国特色不良资产处置的社会意义和制度角色具有重大价值，有利于世界寻求更优越的经济制度——中国特色社会主义市场经济的机制和方式。

《中国特色不良资产处置的理论创新与实践》书稿经过反复讨论和修改，历时五年多终于交付出版。真诚感谢不良资产处置领域众多一线业务人员和权威人士的帮助和鼓励，衷心感谢南开大学刘骏民教授、中国人民大学吴晓求教授、清华大学宋逢明和何平教授、北京大学王一鸣教授等专家学者的意见和建议，感谢项目参与者张艺鹏、田恒、师翠英、张坷坷、熊丽、王文清、张耀、张辉、李军帅、陈天鑫、吴天铠、王富豪、姚鹏、李兆涵和王圆圆等教师和博士、硕士的潜心研究，特别感谢张艺鹏博士对前期书稿的重要贡献，感谢知识产权出版社的大力支持，感谢编辑老师的辛苦付出。鉴于理论水平和实践经验有限，书中存在诸多不足，敬请大家批评指正。

刘晓欣

2022 年 2 月 26 日　于南开园

中国特色不良资产处置的理论创新与实践